基础统计学

（第14版）

[美] Mario F. Triola 著

钱辰江　潘文皓 译

Elementary
Statistics
14th edition

电子工业出版社
Publishing House of Electronics Industry
北京·BEIJING

内容简介

《基础统计学》历经14版，经久不衰。该书已经作为国际版统计教材被翻译成多国文字，连续25年在美国统计类教材中排名第一。

本书以浅显易懂的文字及贴近实际的案例，带领读者专业系统地学习统计思维和批判性思维，领略统计学的真实魅力。本书的第1~3章着重介绍描述统计学；通过第4~6章的概率分布逐渐过渡到第7~9章的推断统计学；第10~15章介绍了现代统计学中一些重要的实践方法，例如回归分析、拟合优度、方差分析、非参数检验等，读者可以根据自身的兴趣与背景学习相关内容。

本书适合任何专业背景的学生学习，也适合统计学爱好者自主学习。作者马里奥致力于不断更新基本统计数据，提供前所未有的大量最新真实数据，以便各种背景的读者了解统计数据在他们周围世界中的作用。除大量的新数据集、示例和习题外，《基础统计学》（第14版）的设计更加灵活，增加了专业统计学家使用的最新和最佳的方法、更大的数据集和符合统计学发展的新主题。

Authorized translation from the English language edition, entitled ELEMENTARY STATISTICS, 14th Edition, 9780136803201 by Mario F. Triola, published by Pearson Education, Inc., Copyright © 2022 Pearson Education, Inc.. All rights reserved. This edition is authorized for sale and distribution in the People's Republic of China(excluding Hong Kong SAR, Macao SAR and Taiwan). No part of this book may be reproduced or transmitted in any form or by any means, electronic or mechanical, including photocopying, recording or by any information storage retrieval system, without permission from Pearson Education, Inc..

CHINESE SIMPLIFIED language edition published by PUBLISHING HOUSE OF ELECTRONICS INDUSTRY CO., LTD., Copyright © 2024.

本书简体中文版专有出版权由 Pearson Education, Inc. 培生教育出版集团授予电子工业出版社有限公司在中国大陆地区（不包括香港、澳门特别行政区及台湾地区）独家出版发行。未经出版者预先书面许可，不得以任何方式复制或抄袭本书的任何部分。

本书简体中文版贴有 Pearson Education, Inc. 培生教育出版集团激光防伪标签，无标签者不得销售。

版权贸易合同登记号　图字：01-2022-3033

图书在版编目（CIP）数据

基础统计学：第14版 /（美）马里奥·F. 特里奥拉（Mario F. Triola）著；钱辰江，潘文皓译. —北京：电子工业出版社，2024.4
书名原文：Elementary Statistics 14th edition
ISBN 978-7-121-47566-5

Ⅰ.①基… Ⅱ.①马… ②钱… ③潘… Ⅲ.①统计学—教材 Ⅳ.①C8

中国国家版本馆CIP数据核字（2024）第061558号

责任编辑：张慧敏
印　　刷：三河市华成印务有限公司
装　　订：三河市华成印务有限公司
出版发行：电子工业出版社
　　　　　北京市海淀区万寿路173信箱　　邮编：100036
开　　本：787×1092　1/16　　印张：31　　字数：820千字
版　　次：2024年4月第1版（原书第14版）
印　　次：2025年7月第9次印刷
定　　价：169.00元

凡所购买电子工业出版社图书有缺损问题，请向购买书店调换。若书店售缺，请与本社发行部联系，联系及邮购电话：（010）88254888，88258888。
质量投诉请发邮件至zlts@phei.com.cn，盗版侵权举报请发邮件至dbqq@phei.com.cn。
本书咨询联系方式：faq@phei.com.cn。

谨以此书献给

Ginny、Marc、Dushana 和 Marisa，
还有 Scott、Anna、Siena 和 Kaia。

译者序

随着大数据时代的到来,数据科学、深度学习以及人工智能等新颖的概念随之而至。在这些全新概念的背后,仍然能看到统计学的影子。统计学历经百年发展,已经从一个辅助其他学科的工具蜕变为一门独立的科学,而统计学的基础普及,仍然是统计从业人员的一项任重而道远的任务。

特里奥拉教授的《基础统计学》历经 14 版,经久不衰。该书以浅显易懂的文字以及贴近实际的案例,带领读者进入真实的统计世界。任何一名具备初等数学知识的读者,都可以通过《基础统计学》领略统计学的真实魅力。该书的第 1~3 章着重介绍描述统计学;通过第 4~6 章的概率分布逐渐过渡到第 7~9 章的推断统计学;第 10~15 章介绍了现代统计学中一些重要的实践方法,例如回归分析、拟合优度、方差分析、非参数检验等,读者可以根据自身的兴趣与背景学习相关内容。

《基础统计学》让无数莘莘学子从初识到热爱统计学,进而踏入统计学相关行业。我在美国读本科期间,统计学导论的教材便是特里奥拉教授的《基础统计学》,也因此与统计学结缘。我在研究生学习期间攻读了统计学硕士,也在之后的工作中从事着与统计学密切相关的数据科学工作。

我和潘文皓博士非常荣幸获得电子工业出版社张慧敏老师的邀请,负责该书的中文翻译。我和潘博士一致认为,普及统计学的基础教育工作是一件非常有意义的事情。我们热情高涨,在工作之余的 7 个月内完成了译著的初稿,其中包括自校以及交叉校对。无论是中文能力还是英文水平,我们都深感有限,译文难免会有瑕疵或者生硬之处,从而无法全部表达原作者的真实思想和观点。因此,我们强烈建议有条件的读者能够去阅读原著,并对我们提出批评指正。

钱辰江

2023 年 9 月 9 日于美国硅谷

前言

中国古代哲学家老子曾经说过:"千里之行,始于足下。"本书将带领你一步步开启统计学之旅。如果你此时正在阅读这本书,那么你已经迈出了第一步!值得庆幸的是,我们的行程没有"千里"那么远,并且仅需要用你的双脚丈量"偏度"(见第2章)。

我们现在正处于重大科技变革的前沿,本书中的内容正是这场变革的关键。人工智能、机器学习和深度学习是数据科学的研究领域,而研究数据科学则需要统计学知识。数据科学正在经历前所未有的蓬勃发展。一些预测表示,在短短几年内,对数据科学的需求将增长33%,具备统计学技能的从业者将会出现严重缺口。此外,过去的几十年已经证明,统计学对包括医学、法学、教育学、新闻学、经济学、自然科学、商业和问卷调查在内的众多学科领域仍然至关重要。毫不夸张地说,现在开始学习统计学是一项非常明智的决定。

第 14 版的目标

- 通过对批判性思维和统计软件的应用,以及对协调合作和沟通技能的培养,促进个人的进步和成长。
- 学习专业统计学家使用的最新和最佳的方法。
- 更新了美国统计协会(American Statistical Association,简称 ASA)发布的《统计学评估和教育指导纲要》(*Guidelines for Assessment and Instruction in Statistics Education*,简称 GAISE)中所建议的要点。
- 提供了大量新颖和有趣的数据集、示例以及习题。例如,与生物安全、网络安全、无人机和互联网流量等相关的数据集。
- 通过大量广泛的辅助材料以及电子资源,使得教学相长。

读者定位

《基础统计学》适合任何专业的学生。本书涉及少量的初等代数知识,因此建议读者至少完成一门初等代数的课程。在通常情况下,本书介绍的内在基础理论并不像数学专业那样要求有严谨的数学证明。当然,本书不是一本没有任何理论的"食谱",而是会讲解重要统计方法背后的数学理论。更重要的是,希望读者理解和应用这些统计方法并能对结果进行合理的解读。

本书的独特性

我们致力于确保本书每章的内容都能够帮助学生理解所介绍的概念。以下为本书的独特之处。

数据真实

我们花费了数千小时为学生寻找真实、有趣且有意义的数据。全书中 94% 的示例和 93% 的习题都来自真实数据。部分习题来自附录 B 中的 46 个数据集,其中 20 个数据集是第 14 版新增的内容。需要直接使用数据集的习题,一般可在每章习题集的末尾找到,并标有 图标。

通俗易懂

本书示例易学易懂、妙趣横生又兼具相关性,作者为此倾注了大量的心血和热情。任何专业的学生都能在本书中找到与未来工作相关的实际应用。

附赠资源

- 46 个完整数据集的 Excel 文件。
- 附录 B "数据集简介"的 PDF 文件。
- 附录 C "网站与参考书目"的 PDF 文件。
- 附录 D "习题参考答案"的 PDF 文件。
- 每章配套学习资源的 PDF 文件(包括每章的习题 + 章节小测试 + 复习题 + 综合复习题 + 软件项目 + 大数据项目 + 小组活动题材,近 300 页)。
- 常用符号表。

以上附赠资源,读者可以添加封底读者服务小助手微信,回复"47566"领取。

章节特色

章节的开篇特点

- 每章都会以一个基于真实数据的"本章问题"开始,引出本章所关注的内容。
- 每章都会有"本章目标",对本章中每节的重点学习目标进行概括。

习题特点

许多习题的要求是对结果进行解读。作者倾注了大量心血以确保习题的实用性、相关性和准确性。习题难度是逐渐递增的并分为两部分:基础技能与概念部分和提高部分。提高部分的习题涉及较为复杂的概念或需要较强的数学背景知识。在少数情况下,也会介绍一种全新的概念。

其他特点

- 小故事：全书共有 109 个小故事，用于突出现实生活中的主题，以及培养学生的兴趣。
- 流程图：用于简化和厘清较为复杂的概念和统计方法。
- 公式和图表：按章节排列的关键公式，给学生提供了学习便利和快速参考，可以打印出来用于考试。它还包括常用统计表。

统计软件应用

与本书之前的版本一样，全书中有许多根据统计软件显示结果的示例和习题。通常章节的末尾会包含"使用软件"的参考部分。

第 14 版的变化

新增特点

新增内容：第 14 版包含大量的新习题、新示例以及"本章问题"，参见下表。

	数　　量	新版内容	真实数据
习题	1822 道	64%（1172）	93%（1703）
示例	213 个	58%（124）	94%（201）
本章问题	14 个	100%（14）	100%（14）

新增数据集：本书附录 B 中包含丰富的数据集资料库。附录 B 中的数据集从上一版的 32 个扩展到了 46 个。新增的数据集包括互联网流量数据、队列数据、汽车数据、通勤时间数据、糖果数据、出租车数据和迪士尼乐园等候时间数据。

大数据集：上一版中最大的数据集有 600 行数据。第 14 版新增 6068 行、3982 行、5755 行、8959 行和 1000 行数据的数据集。此外，还有 465,506 行和 31,784 行的大数据集。对于进入大数据和数据科学时代的学生来说，处理大数据集的能力是必不可少的。

新类型习题：为了培养学生的批判性思维，第 9~11 章的综合复习题包含开放式问题。在此类问题中，学生根据一组给定的数据，建立一个与之相关的问题，再应用适当的统计方法来分析数据并给出结论。

新增小故事：第 14 版新增 36 个小故事。

大数据项目：第 14 版新增大数据项目，要求学生在使用大数据集时应用批判性思维。

新增"本章问题"：与"本章问题"相关的示例用图标 (CP) 标出，以凸显统计方法在现实问题中的应用。

章节内容调整

重采样法：上一版仅在 7-4 节介绍了自助法。第 14 版将新增重采样法中的自助法和置换检验：

> 单个总体比例的自助法
> 两个总体比例差的自助法
> 单个总体均值的自助法
> 两个总体均值差的自助法
> 配对样本的自助法
>
> ----------------------------------
>
> 单个总体比例的置换检验
> 两个总体比例差的置换检验
> 单个总体均值的置换检验
> 两个总体均值差的置换检验
> 配对样本的置换检验
> 相关性的置换检验

新增 4-5 节：假设检验的统计模拟。

新增 8-5 节：重采样法的假设检验。

新增 9-5 节：重采样法的统计推断。

新增 10-1 节第 3 部分：置换检验（对于相关性）。

新增第 15 章：整体统计学。

软件更改

Statdisk 新增内容：Statdisk 新增了自助法和置换检验的功能。

在线 Statdisk：Statdisk 现在是一个基于浏览器的统计应用工具。在线 Statdisk 包含了 Statdisk 早期版本的所有统计功能，并在不断添加新的功能。

新的软件：章节末尾的"使用软件"包含了 R 的介绍。

灵活的教学大纲

本书的组织结构符合大多数统计学老师的偏好，但是有两个常见的教学变化。

- **相关性和回归分析的授课顺序**：一些老师偏向于在课程早期就涵盖相关性和回归分析的基础知识。2-4 节包括散点图、相关性和回归分析的基本概念，但不涉及公式。第 10 章则对相关性和回归分析进行了深入探讨。

- **概率论涵盖的内容**：一些老师喜欢详细讲解概率论，而另一些老师则偏好只讲概率论的基本概念。如果是后者，那么可以只讲解 4-1 节的内容，而跳过第 4 章的其他部分（因为那些章节不是必要的）。许多老师倾向于在讲解加法原理和乘法原理的同时，也讲解概率论的基础知识（4-2 节）。

本书涵盖 ASA 发布的《统计学评估和教育指导纲要》中所建议的要点。该纲要对教学的指导意见如下。

1. 强调统计素养和培养统计思维：每节的习题都从统计素养与批判性思维习题开始。书中多数习题的设计目的是鼓励培养统计思维，而不是盲目地照搬计算过程。

2. 使用真实数据：94% 的示例和 93% 的习题使用了真实数据。

3. 强调对概念的理解，而不只是掌握计算过程：大多数习题和示例不只是教会学生求解一个最后的数字，而是通过实际解读结果使学生理解统计概念。此外，每章都包括一个"数据驱动决策"的项目。

4. 促进课堂上的主动学习：每章都包括"小组活动题材"。

5. 使用统计软件加深学生对概念的理解，并培养他们分析数据的技能：统计软件的分析结果贯穿全书。"使用软件"部分也会提供软件的操作指南。每章还包括一个"软件项目"。当查表所得答案和使用统计软件所得答案之间存在差异时，附录 D 的习题参考答案会分别提供这两种答案。

6. 通过一些评估手段来提高学生的学习效果并评估学生的学习成果：评估工具包括大量的习题、章节小测试、复习题、综合复习题、软件项目、大数据项目、数据驱动决策、小组活动题材。

致谢

我要感谢成千上万的统计学教授和学生，他们为这本书的成功做出了贡献。我也要感谢审稿人员对本书第 14 版提出的建议：Mary Kay Abbey（Vance Granville Community College）、Kristin Cook（College of Western Idaho）、Celia Cruz（Lehman College of CUNY）、Don Davis（Lakeland Community College）、Jean Ellefson（Alfred University）、Matthew Harris（Ozarks Tech Community College）、Stephen Krizan（Sait Polytechnic）、Adam Littig（Los Angeles Valley College）、Dr. Rick Silvey（University of Saint Mary, Leavenworth）、Sasha Verkhovtseva（Anoka Ramsey Community College）和 William Wade（Seminole Community College）。我尤其要感谢 Broward College 的 Laura Iossi 女士一直以来对《基础统计学》系列图书的支持和贡献。

另外一些近期的审稿人员包括：Raid W. Amin（University of West Florida）、Robert Black（United States Air Force Academy）、James Bryan（Merced College）、Donald Burd（Monroe College）、Keith Carroll（Benedictine University）、Monte Cheney（Central Oregon Community College）、Christopher Donnelly（Macomb Community College）、Billy Edwards（University of Tennessee,

Chattanooga)、Marcos Enriquez(Moorpark College)、Angela Everett(Chattanooga State Technical Community College)、Joe Franko(Mount San Antonio College)、Rob Fusco(Broward College)、Sanford Geraci(Broward College)、Eric Gorenstein(Bunker Hill Community College)、Rhonda Hatcher(Texas Christian University)、Laura Heath(Palm Beach State College)、Richard Herbst(Montgomery County Community College)、Richard Hertz、Diane Hollister(Reading Area Community College)、Michael Huber、George Jahn(Palm Beach State College)、Gary King(Ozarks Technical Community College)、Kate Kozak(Coconino Community College)、Dan Kumpf(Ventura College)、Ladorian Latin(Franklin University)、Mickey Levendusky(Pima County Community College)、Mitch Levy(Broward College)、Tristan Londre(Blue River Community College)、Alma Lopez(South Plains College)、Kim McHale(Heartland Community College)、Carla Monticelli(Camden County Community College)、Ken Mulzet(Florida State College at Jacksonville)、Julia Norton(California State University Hayward)、Michael Oriolo(Herkimer Community College)、Jeanne Osborne(Middlesex Community College)、Joseph Pick(Palm Beach State College)、Ali Saadat(University of California, Riverside)、Radha Sankaran(Passaic County Community College)、Steve Schwager(Cornell University)、Pradipta Seal(Boston University)、Kelly Smitch(Brevard College)、Sandra Spain(Thomas Nelson Community College)、Ellen G. Stutes(Louisiana State University, Eunice)、Sharon Testone(Onondaga Community College)、Chris Vertullo(Marist College)、Dave Wallach(University of Findlay)、Cheng Wang(Nova Southeastern University)、Barbara Ward(Belmont University)、Richard Weil(Brown College)、Lisa Whitaker(Keiser University)、Gail Wiltse(St. John River Community College)、Claire Wladis(Borough of Manhattan Community College)、Rick Woodmansee(Sacramento City College)、Yong Zeng(University of Missouri at Kansas City)、Jim Zimmer(Chattanooga State Technical Community College)、Cathleen Zucco-Teveloff(Rowan University)、Mark Z. Zuiker(Minnesota State University, Mankato)。

《基础统计学》(第14版)是一个真正的团队合作产物,我认为自己能与具有奉献精神的培生集团的团队一起合作非常幸运。因此,我要感谢 Suzy Bainbridge、Amanda Brands、Deirdre Lynch、Peggy McMahon、Vicki Dreyfus、Jean Choe、Robert Carroll、Joe Vetere 以及 RPK Editorial Services 的 Rose Kernan。

我还要感谢为第14版校对文字、核对答案准确性的 Paul Lorczak 和 Dirk Tempelaar。

最后,我要特别感谢纽约大学医学院的医学博士 Marc Triola,感谢他在创建全新的在线统计软件 Statdisk 方面所做的出色工作。还要感谢 Scott Triola 在整个第14版出版过程中提供的帮助。

马里奥·F. 特里奥拉(Mario F. Triola)

目录

第 1 章　统计学概述　　001

1-1　统计与批判性思维　　004
例 1：总体和样本　　004
例 2：自愿样本　　007
例 3：统计显著性与实际显著性　　008

1-2　数据类型　　010
第 1 部分：基本数据类型　　010
例 1：参数和统计量　　011
例 2：定量数据和分类数据　　012
例 3：离散型数据和连续型数据　　013
例 4：名目测量尺度　　014
例 5：次序测量尺度　　015
例 6：等距测量尺度　　015
例 7：等比测量尺度　　016
例 8：区分等比测量尺度和等距测量尺度　　017

第 2 部分：大数据和缺失数据——过量和不够　　018

1-3　样本数据的收集　　022
第 1 部分：实验设计与样本数据收集的基础　　022
例 1：索尔克疫苗实验　　022
例 2：冰激凌与溺水　　023
例 3：多阶段抽样设计　　026

第 2 部分：实验设计与样本数据收集的进阶　　026

第 2 章　用图表探索数据　　031

2-1　频数分布表——数据的整理与汇总　　033
例 1：洛杉矶每日通勤时间频数分布表　　035
例 2：空难原因频数分布表　　036
例 3：比较纽约和博伊西的每日通勤时间　　037
例 4：探索数据——心率是如何测量的　　039
例 5：探索数据——差异告诉了我们什么　　040

2-2　直方图　041
第 1 部分：直方图的基本概念　041

第 2 部分：使用正态分位图评估正态性　044

2-3　启发性图表与误导性图表　045
例 1：男性心率的点图　045

例 2：男性心率的茎叶图　046

例 3：全球个人计算机出货量的时间序列图　047

例 4：用帕累托图展示空难原因　048

例 5：空难原因的饼状图　049

例 6：洛杉矶每日通勤时间的频数多边形　050

例 7：相对频数多边形——洛杉矶和博伊西的每日通勤时间　050

例 8：误导性图表——非零纵轴　051

例 9：误导性图表——图标的使用　052

2-4　散点图、相关分析与回归分析　053
第 1 部分：散点图和相关性　053

例 1：存在相关性——用相机对海豹称重　054

例 2：不存在相关性——总统的身高与其主要对手的身高　055

例 3：不存在相关性——硬币的质量与其制造年份　055

第 2 部分：线性相关系数　056

例 4：通过 5 对数据判断鞋印长度与身高之间是否存在相关性　056

例 5：通过 40 对数据判断鞋印长度与身高之间是否存在相关性　058

第 3 部分：回归分析　059

例 6：通过回归线判断相关性　059

第 3 章　描述、探索和比较数据　060

3-1　集中趋势的度量指标　062
第 1 部分：集中趋势度量的基本概念　062

例 1：均值　064

例 2：中位数——奇数个数据值　066

例 3：中位数——偶数个数据值　066

例 4：众数　067

例 5：中程数　068

例 6：批判性思维与集中趋势的度量指标　069

第 2 部分：集中趋势度量指标的进阶　071

例 7：根据频数分布表计算均值　071

例 8：平均绩点的计算　072

3-2　离散程度的度量指标　074

第1部分：离散程度的基本概念　074
  例1：全距　076
  例2：使用公式 3-4 计算标准差　077
  例3：使用公式 3-5 计算标准差　079
  例4：使用范围经验法则解读 s　080
  例5：使用范围经验法则估计 s　081

第2部分：离散程度的进阶　083
  例6：经验法则　084
  例7：切比雪夫定理　085
  例8：比较"飞船摇滚飞车"和"恐怖魔塔"的等候时间　085
  例9：比较成年男性的身高和体重　086

3-3　相对位置的度量与箱形图　087

第1部分：z 分数、百分位数、四分位数及箱形图　087
  例1：比较成年人的体温和 25 美分硬币的重量　088
  例2：4.01 级地震的震级是否显著高　089
  例3：求等候时间为 45 分钟的百分位数　090
  例4：将 P_{25} 百分位数转换为相应的数据值　092
  例5：将 P_{90} 百分位数转换为相应的数据值　092
  例6：五数概括法　094
  例7：构建箱形图　095
  例8：比较迪士尼乐园热门游乐项目的等候时间　095

第2部分：异常值和修正箱形图　097
  例9：构建修正箱形图　097

第4章　概率论　099

4-1　概率　101

第1部分：概率的基本概念　101
  例1：分析索赔　101
  例2：简单事件和样本空间　103
  例3：相对频数法——空难　107
  例4：经典计算法——性别相同的概率　107
  例5：主观估计法——在这门统计课中获得 A　107
  例6：求成年人认为其见过或遇到过鬼的概率　108
  例7：求感恩节在星期三和星期四的概率　108
  例8：求成年人不上网的概率　109

第2部分：发生比　110
  例9：实际发生比与赔率　111

4-2 加法原理和乘法原理 112
  例1：求吸食毒品或检验结果为阳性的概率 113
  例2：互斥事件和非互斥事件 113
  例3：求没有智能手机的概率 114
  例4：毒品检验和乘法原理 115
  例5：求无放回随机选取的3人检验结果都为阳性的概率 117
  例6：求随机选取的两个人生日在一周中同一天的概率 118
  例7：根据概率判断显著性结果 119
  例8：求一块硬盘能正常工作一年的概率 120

4-3 对立事件、条件概率以及贝叶斯定理 121
  第1部分：对立事件，"至少一个"的概率 121
    例1：求至少一件产品有缺陷的概率 122
  第2部分：条件概率 123
    例2：入职前的毒品检验 124
    例3：条件概率谬论 125
  第3部分：贝叶斯定理 125
    例4：解读医学检验结果 126

4-4 计数法则 128
  例1：乘法计数法则——黑客破译密码 129
  例2：阶乘法则——打乱字母 129
  例3：排列法则（元素相异）——三重彩投注 131
  例4：排列法则（元素重复）——出色的问卷调查设计 132
  例5：组合法则——彩票中头奖的概率 133
  例6：排列和组合——公司官员与委员会的任命方式有多少种 134

4-5 假设检验的统计模拟 134
  例1：检验人的平均体温为98.6 ℉的命题 135
  例2：求至少三个人生日都为同一天的概率 137

第5章 离散概率分布   139

5-1 概率分布 141
  第1部分：概率分布的基本概念 141
    例1：两个新生儿中女婴数量的概率分布 142
    例2：未授权软件的概率分布 144
    例3：求概率分布的均值、方差和标准差 145
    例4：通过范围经验法则确定显著值 147
    例5：使用概率确定显著值 148
  第2部分：期望值和公式的基本原理 149
    例6：期望值应用——明智的赌徒 149

5-2 二项分布   151

第 1 部分：二项分布的基础   151

例 1：求正好有 2 人没有携带现金的概率   152
例 2：使用二项概率公式求正好有 2 人没有现金的概率   154
例 3：求橄榄球加时赛中胜利的概率   155
例 4：求 5 个成年人中恰好有 2 人是素食主义者和素食主义者少于 3 人的概率   156

第 2 部分：均值 / 标准差与批判性思维   157

例 5：使用参数判断显著性   157

5-3 泊松分布   160

例 1：应用泊松分布求飓风发生的概率   161
例 2：求一年 365 天至少中奖一次的概率   162

第 6 章 正态分布   164

6-1 标准正态分布   166

例 1：机场安检等待时间的均匀分布   168
例 2：求机场安检等待时间至少需要 2 分钟的概率   168
例 3：骨密度测试——试求测试分数低于 1.27 的概率   170
例 4：骨密度测试——试求给定值右侧的面积   172
例 5：骨密度测试——试求两值之间的面积   173
例 6：骨密度测试——试求测试分数   175
例 7：骨密度测试——试求分开最低 2.5% 和最高 2.5% 的分数   176
例 8：试求临界值 z_α 177

6-2 正态分布的实际应用   179

例 1：求身高高于 72 英寸的男性比例   180
例 2：求满足飞行员身高要求的女性比例   181
例 3：一扇门的高度应该是多少   183
例 4：显著低的出生体重   185

6-3 抽样分布和估计量   186

例 1：样本比例的抽样分布   189
例 2：样本均值的抽样分布   190
例 3：所有样本均值的抽样分布   191
例 4：样本方差的抽样分布   192
例 5：样本全距的抽样分布   194

6-4 中心极限定理   195

例 1：波士顿通勤时间的正态分布   195
例 2：如何调整波音 737 飞机的座椅宽度   198
例 3：通过概率确定显著值——人的平均体温是 98.6 ℉ 吗   200

6-5 正态性检验 — 202

第1部分：正态性检验的基本概念 — 202
第2部分：正态分位图的手动构建 — 204
例1：确定达拉斯通勤时间的样本是否来自正态分布的总体 — 204
例2：通过正态性检验评估达拉斯通勤时间的样本 — 205

第7章 参数估计和样本量确定 — 207

7-1 总体比例的估计 — 209

第1部分：点估计、置信区间和样本量 — 210
例1：上网课学生比例的最佳点估计 — 210
例2：构建置信区间——上网课 — 216
例3：试求样本比例和误差范围 — 218
例4：成年人选择网购的比例是多少 — 220

第2部分：更准确的置信区间 — 221

7-2 总体均值的估计 — 224
例1：求解临界值 $t_{\alpha/2}$ — 227
例2：花生巧克力的置信区间 — 228
例3：批判性思维——黑胶唱片的销量 — 230
例4：关于二手烟置信区间的比较 — 232
例5：统计学专业学生的智商分数 — 235

7-3 总体标准差或方差的估计 — 235
例1：试求 χ^2 临界值 — 237
例2：心率 σ 的置信区间估计 — 239
例3：求估计 σ 所需的样本量 — 242

7-4 自助法 — 242
例1：收入的自助样本 — 243
例2：眼睛色彩调查——比例的自助法置信区间 — 245
例3：年收入——均值的自助法置信区间 — 246
例4：年收入——标准差的自助法置信区间 — 248

第8章 假设检验 — 249

8-1 假设检验的基础 — 251

第1部分：假设检验的基本方法 — 251
例1：大多数互联网用户使用双重认证来保护他们的网络数据 — 251

第2部分：第一类错误和第二类错误 — 261
例2：描述第一类错误和第二类错误 — 262

第 3 部分：统计功效	263
例 3：求统计功效	263
例 4：达到 80% 的统计功效所需的样本量	264

8-2 总体比例的假设检验 265

第 1 部分：正态近似法	266
例 1：少于 30% 的成年人有过梦游吗	270
第 2 部分：精确法	271
例 2：应用精确法评估"例 1"的结论	272

8-3 总体均值的假设检验 273

例 1：成年人睡眠时间——使用统计软件计算 p 值	275
例 2：成年人睡眠时间——手算 p 值法	278
例 3：成年人睡眠时间——临界值法	278
例 4：成年人睡眠时间——置信区间法	279
例 5：人的平均体温真的是 98.6 °F 吗	280

8-4 总体标准差或方差的假设检验 282

例 1：铸造 25 美分硬币——使用统计软件	283
例 2：铸造 25 美分硬币——置信区间法	285

8-5 重采样法的假设检验 286

例 1：置换检验	287
例 2：总体比例的假设检验——重采样法	289
例 3：成年人睡眠时间——重采样法	290
例 4：铸造 25 美分硬币——重采样法	290

第 9 章 两个样本的统计推断 291

9-1 两个总体比例 293

例 1：电子烟的戒烟成功率和尼古丁替代品的戒烟成功率有差异吗	295
例 2：两个总体比例的置信区间	298

9-2 两个总体均值：独立样本 300

第 1 部分：独立样本，σ_1 与 σ_2 未知且不相等	300
例 1：人们越来越高了吗	303
例 2：身高差的置信区间估计	305
第 2 部分：其他方法	306

9-3 配对样本 308

例 1：人们会谎报体重吗	310
例 2：置信区间法——估计男性的实测体重和自报体重差值的均值	313

9-4　两个总体方差或标准差　314

第1部分：两个总体方差或标准差的 F 检验　314
例1：美国陆军男性人员的体重　317

第2部分：其他方法　319

9-5　重采样法的统计推断　320
例1：双样本的置换检验　320
例2：重采样法——检验总体比例差　322
例3：重采样法——检验独立总体的均值差　323
例4：重采样法——配对样本　324
例5：重采样法——检验两个总体的方差或标准差　325

第10章　相关分析与回归分析　326

10-1　相关分析　328

第1部分：相关性的基本概念　328
例1：通过统计软件求 r　332
例2：通过公式10-1求 r　333
例3：通过公式10-2求 r　333
例4：两个变量之间是否存在线性相关性　335
例5：伪相关　336
例6：可解释变异　337

第2部分：假设检验　338
例7：相关系数的 t 检验　338

第3部分：置换检验　340

10-2　线性回归　342

第1部分：回归的基本概念　342
例1：使用统计软件求回归方程　344
例2：通过手算求回归方程　345
例3：绘制回归线　345
例4：模型预测　347

第2部分：线性回归的分析工具　348
例5：强影响点　348
例6：残差图　350

10-3　预测区间　352
例1：彩票的头奖金额与销售量的预测区间　353
例2：彩票的头奖金额与销售量数据——求决定系数　355

10-4　多元线性回归　356

第1部分：多元回归方程的基本概念　356

例 1：预测体重 357
例 2：根据足迹证据预测身高 360
第 2 部分：虚拟变量与逻辑回归 361
例 3：虚拟变量作为预测变量 362
例 4：逻辑回归 363

10-5 非线性回归 364
例 1：求最佳人口模型 365
例 2：解读 R^2 366
例 3：新型冠状病毒感染疫情——判断预测值的准确性 366

第 11 章 拟合优度与列联表 368

11-1 拟合优度 369
例 1：实测数据与自报数据 372
例 2：本福特定律：检测计算机入侵 375

11-2 列联表 378
第 1 部分：独立性检验的基本概念 378
例 1：求理论频数 380
例 2：接种疫苗与自闭症之间是否有关联 381
第 2 部分：同质性检验、费希尔精确检验和配对卡方检验 383
例 3：归还钱包实验 384
例 4：打哈欠会传染吗 385
例 5：髋关节保护器的效果 386

第 12 章 方差分析 388

12-1 单因素方差分析 390
第 1 部分：单因素方差分析的基本概念 390
例 1：车型与头部损伤结果 392
第 2 部分：单因素方差分析的进阶 394
例 2：邦费罗尼校正 398

12-2 双因素方差分析 399
例 1：汽车碰撞测试中的股骨受力情况 402

第 13 章 非参数检验方法 405

13-1 非参数检验的基本方法 407
例 1：平均秩次 408

13-2 符号检验 　　409
例1：与备择假设相矛盾的样本数据　　411
例2：实测体重与自报体重之间是否存在显著差异　　411
例3：性别选择　　412
例4：体温的中位数检验　　414

13-3 威尔科克森符号秩检验　　416
例1：实测体重和自报体重　　418
例2：体温的中位数检验　　419

13-4 威尔科克森秩和检验　　421
例1：男性身高样本数据检验　　423
例2：男性身高——更大的样本　　424

13-5 Kruskal-Wallis 检验　　425
例1：车型与头部损伤结果　　426

13-6 秩相关性检验　　428
例1：质量好的智能手机售价更高吗　　430
例2：大样本的情况　　431

13-7 游程检验　　433
例1：小样本——总统的政党　　437
例2：大样本——气温的随机性　　437

第 14 章　统计过程控制　　439

14-1 均值和波动的控制图　　441
例1：全球温度——过程数据　　441
例2：全球温度——趋势图　　442
例3：全球温度——R 控制图　　447
例4：全球温度——$\bar{x}$ 控制图　　449

14-2 比例的控制图　　450
例1：不合格的飞机高度计　　451

第 15 章　整体统计学　　453

附录 A　附表和公式　　458

1-1：统计与批判性思维

1-2：数据类型

1-3：样本数据的收集

第 1 章

统计学概述

本章问题：YouTube 正在成为重要的学习工具吗？

　　来自调查问卷的数据能让我们更好地了解这个世界，感知他人的意见、习惯和行为的变化。调查数据为公共政策提供指导，影响着商业活动、教育实践，以及日常生活的方方面面。培生集团的一项调查研究——技术如何塑造学生的学习习惯——比较了美国"00 后"和"80/90 后"受试者首选的学习工具，YouTube 被所有年龄段的美国人同时认定为最受欢迎的工具之一。图 1-1 展示了首选 YouTube 的人数在"00 后"和"80/90 后"中的占比。

　　批判性思维： 可以很明显地看出，在图 1-1 中，"00 后"首选 YouTube 的人数比例是"80/90 后"的两倍。如果只是简单地扫一眼，则会很容易认为大多数"80/90 后"并不喜欢将 YouTube 作为学习工具。但是仔细观察就会发现，图中纵坐标的值域为 52%~60%，不是从 0% 开始的，所以这张图具有误导性。这就导致图中两个"柱子"之间的差异在视觉上被放大了。图 1-2 展示了同样的数据，但纵坐标是从 0% 开始的。可以看出，"00 后"首选 YouTube 的人数比例只是略微高于"80/90 后"（确切地说，高 4%）。由此可知，图 1-1 具有误导性，而图 1-2 才是对数据客观公正的描述。

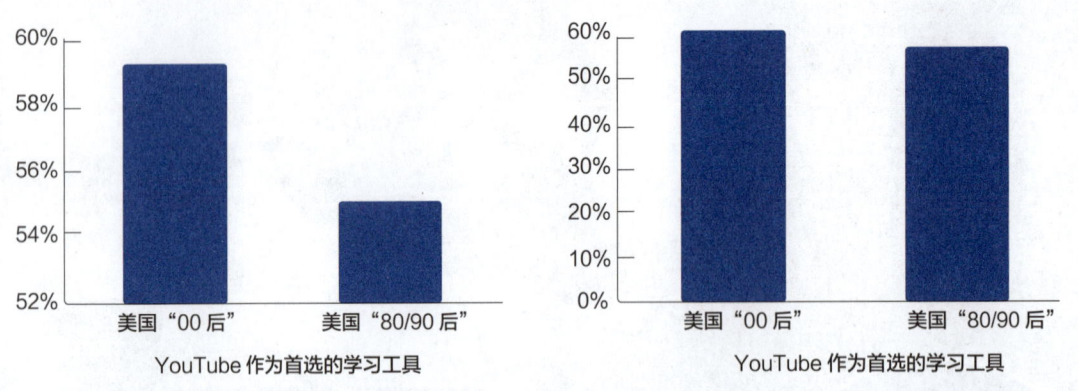

图 1-1：YouTube 作为首选的学习工具

图 1-2：YouTube 作为首选的学习工具，纵坐标从 0% 开始

这份调查数据或许可以帮助我们更好地提高本书的教学体验。图 1-2 显示大多数的"00 后"和"80/90 后"都喜欢将 YouTube 作为学习工具，并且一代胜于一代。了解到 YouTube 以及各类视频内容已经逐渐成为广受欢迎的学习工具，本书作者开设了一个 YouTube 频道，为读者提供了个性化教学视频（登录 TriolaStats 网站获取链接）。此外，MyLab 额外提供了更多教学视频以及互动内容，以帮助读者学习。

图 1-1 的缺陷是最常见的用来提出误导性论点的策略之一，因此认识到这一点尤为重要。以下是对常见缺陷的简要说明。

缺陷 1——误导性图片：图 1-1 中的柱状图是非常具有欺骗性的。由于没有使用从 0% 开始的纵坐标，两个百分比之间的差值被严重放大。2-3 节会对欺骗性图片做进一步的讨论。

缺陷 2——错误的抽样方法：图 1-1 和图 1-2 基于我们之前提到的培生集团的问卷调查。这项研究包含 2587 名具有代表性的样本受试者。根据报告中的叙述，抽样方法看似是合理的。然而，很多其他的调查通过不恰当的方法来获取受试者，从而可能导致有偏见的结果。例如：

- **自愿样本**：受试者自行决定是否参与。例如，在网站上发布一个调查问题，由网友自己决定是否参与作答。对于自愿样本，通常是对该主题有浓厚兴趣的人更有可能参与，因此调查结果是非常值得怀疑的。

- **任意样本**：那些更容易被调查者接触到并且又恰好可以接受采访的受试者。例如，一位学生调查者在学校餐厅采访那些正在休息的同学。

当使用样本数据对总体进行研究时，获取对总体具有代表性的样本是至关重要的。在本章接下来的部分，在讨论数据类型和抽样方法的时候，应当重点关注以下两个重要原则：

- 样本数据必须以恰当的方式收集，比如随机抽样。
- 如果样本数据没有以恰当的方式收集，那么该数据可能是完全无用的，即使使用再多的统计方法也是徒劳的。

如果只是简单地分析数据，而不批判地思考样本数据是怎样获取的，那么很有可能会从根本上得出错误的、具有误导性的结论。相反，我们应该培养统计与批判性思维，这样才可以区分正确的和有严重缺陷的抽样方法。

本章目标

本章最重要的原则：当使用样本数据对总体做出结论时，使用恰当的方式收集样本数据是重中之重。以下是本章目标。

1-1：统计与批判性思维

- 依据背景知识、数据来源和抽样方法，分析样本数据。
- 理解统计显著性和实际显著性的区别。
- 界定自愿样本，理解根据自愿样本所得的统计结论一般无效。

1-2：数据类型

- 掌握如何区分参数和统计量。
- 掌握如何区分定量数据和分类数据（或称为定性数据、属性数据）。
- 掌握如何区分离散型数据和连续型数据。
- 学会判断基础统计计算是否适用于一个特定的数据集。

1-3：样本数据的收集

- 界定简单随机样本。
- 掌握重要的抽样方法以及理解好的实验设计的重要性。

1-1 统计与批判性思维

核心概念：本节从一些非常基础的定义开始，介绍统计学研究的基本流程，包括准备阶段、分析阶段和总结阶段。准备阶段包括思考背景知识、数据来源以及抽样方法。后面的章节将会介绍如何构建相应的图表、如何探索数据，以及如何运用统计方法进行计算。另外，还将通过判断结果是否具有统计显著性和实际显著性来给出结论。

统计思维要求的远不止掌握复杂计算的能力，更注重批判性思维和理解结果的能力。本书将会通过大量的示例、习题以及讨论，帮助读者掌握在当今社会尤为重要的统计思维能力。

让我们从一些基础的定义开始。

定义

数据是观测结果的集合，例如测量值、性别和调查结果。

统计学是包含下述内容的一门科学：计划研究和实验；获取数据；对数据进行组织、总结、展现、分析以及解读，然后在此基础上得出结论。

总体是被考虑的所有测量值或数据的完整集合。

人口普查（或人口统计）是总体中每一个个体的数据集合。

样本是从总体中选取的个体的子集合。

因为在通常情况下，总体是非常大的，所以统计学的一个常见目标是通过样本获取数据，并运用这些数据对总体给出相应的结论。

例 1： 总体和样本

在美国人力资源管理协会（Society for Human Resource Management）的一项针对 410 名人力资源专业人士的调查中，有 148 人表示，求职者会因为在社交媒体上发布的信息而导致求职被拒。在该案例中，总体和样本如下。

总体：所有人力资源专业人士。

样本：410 名接受调查的人力资源专业人士。

调查的目的是通过样本对所有人力资源专业人士这一总体做出某些结论，这时候统计方法就有了用武之地。

▶ 轮到你了：试试 1-1 基础题的习题 2

人口普查结果准确性的重要性

美国宪法规定每十年进行一次人口普查。受人口普查结果影响的因素有：国会席位的分配；如何向各州分配用于交通、学校和医院的数十亿美元的联邦资金；企业和店铺的选址。虽然人口普查结果的准确性非常重要，但是由于语言和文化的多样性，以及对政府的不信任，收集准确的人口普查数据变得越来越困难。即使进行再多的统计分析也无法挽救不可靠的数据，因此，以恰当的方式收集普查数据是至关重要的。

现在考虑统计研究的全部流程。图 1-3 是对该流程的总结。值得注意的是，相比于数学计算，批判性思维才是重点。得益于科学技术的巨大发展，我们拥有可以有效进行数字运算的工具，从而更专注于理解和解读计算结果。

准备阶段

1. 背景知识
- 数据代表了什么？
- 研究的目标是什么？
2. 数据来源
- 数据是否来自具有特殊利益的群体？若是，则会迫于压力，从而得出对来源有利的结果。
3. 抽样方法
- 数据收集的方式是公正的还是存在偏见的（如自愿样本）？

分析阶段

1. 数据作图
2. 数据探索
- 是否存在异常值（远离其他大部分数据的数据）？
- 有哪些重要的统计量可以汇总数据（如第 3 章中介绍的均值和标准差）？
- 数据是如何分布的？
- 是否存在数据缺失？
- 是否有许多被选中的受试者拒绝回应？
3. 应用统计方法
- 利用统计软件获得分析结果。

总结阶段

1. 显著性
- 研究结果具有统计显著性吗？
- 研究结果具有实际显著性吗？

图 1-3：统计与批判性思维

准备阶段

数据背景：图 1-3 建议，我们的准备工作应当从思考数据的背景知识开始，以表 1-1 中的数据为例，该表包括 8 名男性的鞋印长度和身高。法医会通过从盗窃现场及其他犯罪现场提取的鞋印长度来估计罪犯的身高。表 1-1 中的数据表明了以下目标：确定男性的身高和鞋印长度之间是否存在关联。这个目标提出了一个合理的假设：鞋印长度较大的男性往往更高（这里仅用男性的数据，是因为 84% 的入室盗窃是由男性实施的）。

表 1-1：男性的鞋印长度和身高

鞋印长度（厘米）	27.6	29.7	29.7	31.0	31.3	31.4	31.8	34.5
身高（厘米）	172.7	175.3	177.8	175.3	180.3	182.3	177.8	193.7

数据来源：准备工作的第二步是考虑数据来源。表 1-1 中的数据来自附录 B 中的数据集 9 "足与身高"，并标注了出处。很显然，该数据来源是可靠的。

抽样方法：准备工作的最后一步是选择抽样方法。表 1-1 中的数据是随机选取的，因此抽样方法是合理的。

抽样方法以及随机选择的应用场景将在 1-3 节中讨论。现在必须强调的是，在统计研究中，合理的抽样方法对于取得良好的结果是绝对必要的。尽管自愿样本的使用非常普遍，但并不是一个好的做法。

幸存者偏差

在第二次世界大战期间，统计学家亚伯拉罕·瓦尔德（Abraham Wald）在美国应用数学小组的工作挽救了许多人的生命。军方领导人向专家小组询问如何提高轰炸机执行任务后返回的概率。他们记录了轰炸机上有弹孔的位置。军方认为应该加强弹孔最多地方的防护，但瓦尔德认为，这种策略将是一个重大错误，而应该加强的是轰炸机没有损坏的地方的防护。他的理由是：安全返航的轰炸机是幸存者，因其受到攻击依然可以安全返航。飞机上没有受损的位置才是最脆弱的，而在这些脆弱区域受损的飞机则是那些没有返航的。如果军方领导人只研究幸存的飞机，而不去考虑那些没有返航的飞机，那么他们就犯了一个关于幸存者偏差的重大错误。

定义

自愿样本（或称为自选样本）是由受试者自己决定是否被纳入的样本。

以下类型的问卷调查是自愿样本的常见例子。就其本质而言，它们都有严重的缺陷，因为我们不能依据带有强烈偏见可能性的样本来对总体做出结论。

- 由网民决定是否参与的互联网问卷调查。
- 让收件人决定是否回复的邮件调查。
- 电话打入调查，即报纸、广播或电视的公告要求你主动拨打一个号码来表达自己的意见。

例2： 自愿样本

美国广播公司（简称 ABC）的电视节目《夜线》询问观众联合国总部是否应该留在美国，观众自行决定是否打入电话以表达他们的意见。在 18.6 万名打入电话的观众中，67% 的人认为联合国应该迁出美国。在另一项独立调查中，随机选取 500 名受试者并对其调查，其中 38% 的人希望联合国迁出美国。两项民意调查产生了截然不同的结果。尽管《夜线》的调查有 18.6 万名观众参与，而随机抽取的 500 名受试者的调查规模要小得多，但因为后者的抽样方法更好，所以更有可能提供合理的结果。

▶ 轮到你了：试试 1-1 基础题的习题 1

分析阶段

在完成对背景知识、数据来源和抽样方法的准备工作之后，我们开始对数据进行分析。

数据作图和数据探索：分析应该从适当的图表和数据探索开始。第 2 章将介绍图表的绘制，第 3 章将讨论重要的统计量。

应用统计方法：之后的章节将介绍重要的统计方法，对这些方法的应用通常很容易通过统计软件来实现。良好的统计分析不一定需要很强的计算能力，但一定需要常识性知识和合理地选择统计方法。

"统计学"的来源

"统计"（statistics）一词来源于拉丁语中的"状态"（status）一词。统计学的早期应用包括数据的汇编和描述一个州或国家某些方面的图表。1662 年，约翰·格兰特（John Graunt）公布了出生和死亡的统计信息。在这之后出现了很多其他研究，比如研究死亡率、疾病率、人口规模、收入和失业率。家庭、政府和企业在很大程度上依赖统计数据作为指导。例如，失业率、通货膨胀率、消费者指数、出生率和死亡率的数据都是定期认真汇编而成的。商业领袖根据这些数据做出决策，从而对未来招聘市场、生产水平和新市场的开拓产生影响。

总结阶段

我们需要掌握区分统计显著性和实际显著性的能力。

统计显著性：如果一项研究的结果不太可能偶然出现，我们就称其具有统计显著性。一个常见的标准是：如果事件偶然发生的可能性小于或等于 5%，那么它就具有统计显著性。

- 100 个随机出生的婴儿中有 98 个是女孩，这就是统计显著性的体现，因为这样极端的结果不太可能是随机产生的。
- 100 个孩子中有 52 个女孩在统计上并不显著，因为这个事件很容易随机发生。

> **注意**：一个具有统计显著性的结果可以是重要的，也可以是不重要的。不要将统计显著性与重要性联系起来。

实际显著性：有可能某些治疗方法或调查结果是有效的，但根据常识，这些治疗方法或调查结果并没有产生足够的差异来证明其使用的合理性或实用性，如"例 3"所示。

例 3：统计显著性与实际显著性

在一项减肥计划的试验中，21 名参加阿特金斯减肥计划的受试者在一年后平均减掉了 2.1 公斤。结果表明，该减肥计划的平均减重在统计上是显著的，即不太可能偶然发生。然而，许多节食者认为，按照这种饮食方式，一年仅仅减掉 2.1 公斤的体重是不值得的。因此，对于这些人来说，这种饮食方式没有实际意义，即不具有实际显著性。

（数据来源："Comparison of the Atkins, Ornish, Weight Watchers, and Zone Diets for Weight Loss and Heart Disease Reduction", Dansinger et al., Journal of the American Medical Association, Vol. 293, No. 1.）

▶ 轮到你了：试试 1-1 基础题的习题 13

"例 3"中的样本量很小，仅有 21 名受试者。在数据集非常大（如"大数据"）的情况下，很小的差异往往也能导致统计显著性。因此，我们应该避免错误地认为那些微小的差异也具有实际显著性。

分析数据：潜在的陷阱

以下还有一些在分析数据时可能会出现的问题。

误导性结论：根据统计分析得出的结论应当是浅显易懂的，即使是那些不了解统计学及其术语的人也能明白。我们应该谨慎避免发表没有统计分析依据的结论。例如，第 10 章会介绍相关性的概念。比如男性的身高和鞋印长度，通过统计分析可以证明鞋印长度和身高之间存在相关性，但不能证明鞋印长度的增加会导致身高的增加。这种关于因果关系的论证可以用实证来证明，而不是通过统计分析得出。

相关不蕴涵因果。

报告数据而不是测量数据：在收集数据时，最好是调查者亲自测量，而不是让受试者报告结果。当询问他人的体重时，调查者很可能会得到受试者自己期望的体重，而不是他们实际的体重。人们倾向于将体重向下取整，有时甚至过于离谱。一个实际体重为 187 磅的人，可能会回答其体重为 160 磅。准确的体重是通过体重秤实际测量得出的，而不是通过询问得来的。

有偏向性的问题：如果调查问题的措辞不准确，研究结果可能会产生误导。调查问题可以是"有偏向性的"，或者是有方向性地引出预期的回答。以下是对于同一个问题的两种不同措辞，以及赞成的实际比率。

"总统应该有消除浪费的否决权吗？" 97% 的人赞成。

"总统是否应该行使否决权？" 57% 的人赞成。

问题的呈现顺序：有时调查结果会无意中被问题的呈现顺序所误导。以下是在德国进行的一项问卷调查中的两个问题，以及截然不同的回应率。

"你认为交通对空气污染的影响比工业大还是小？"（45% 归咎于交通；27% 归咎于工业）

"你认为工业对空气污染的影响比交通大还是小？"（24% 归咎于交通；57% 归咎于工业）

除了同一个问题中表达顺序不同的影响，不同问题之间的顺序也会影响作答。

无回应：当受访者拒绝回答或者没空回答调查问题时，就会出现无回应的情况。近年来，拒答率一直在上升，部分原因是许多固执的电话推销员在推销商品或服务时，一开始的推销说辞听起来就像是问卷调查的一部分。在《谎言，该死的谎言，统计数字》（*Lies, Damm Lies, and Statistics*）一书中，作者迈克尔·惠勒发现了一个非常重要的现象：

> 拒绝与调研人员交谈的人可能与不这样做的人不同。一部分人可能是因为害怕与陌生人交流，另一部分人可能是为了提防其隐私泄露。但他们拒绝交谈的行为表明，他们对周围世界的看法与那些允许调研人员进入家里的人明显不同。

低回应率：与前一项无回应相关的是低回应率。如果调查的回应率较低，那么结果的可靠性就会降低。除样本量更小外，那些做出回应的人也更有可能存在偏差。以下是防止低回应率的一些措施：①调查应该为其重要性提供引人入胜的论据；②调查不应耗费时间太长；③为完成调查的受试者提供奖励是非常有帮助的，如现金或赢得奖品的机会。我们无法定义一个可接受的回应率，但一个非常好的回应率可以是 80% 或者更高。也有些人认为，回应率至少为 40% 是可接受的。皮尤研究中心（Pew Research Center）的报告称，其典型的电话调查回应率约为 9%，但他们的调查往往做得相当不错。第 7 章将介绍如何确定用于估计总体特征（比例、均值、标准差）所需的样本量。当然，这些方法需要可靠的抽样方法的支持。

> **统计学家的工作**
>
> 《美国新闻与世界报道》（*U.S. News and World Report*）曾列出了十大最佳工作。以下是排名前两位的工作：软件开发工程师和统计学家。有人指出，统计学家的排名如此靠前，其中一个原因是这项职业的失业率只有 0.9%。更不要说当代统计学科已经变得越来越炫酷了！

百分比：一些研究引用了具有误导性或不明确的百分比。注意，某些数量的 100% 就代表了全部，但是如果引用的百分比超过 100%，那么通常是不合理的。如果一个广告商声称你的水电煤费用可以减少 200%，那么这就是一种误导。取消所有的水电煤费用将减少 100%，而减少 200% 是没有意义的。

"%"的实际含义就是"除以 100"。一个数的百分比就是把"%"符号替换为"除以 100"，然后把"的"理解为乘法。以下例子为 1200 的 6% 等于 72：

$$1200 \text{ 名受试者的 } 6\% = 1200 \times \frac{6}{100} = 72$$

1-2 数据类型

核心概念：统计学的一个主要用途是通过收集和使用样本数据对其总体进行总结，因此我们应该理解统计量和参数的概念。本节将介绍几种不同的数据类型。数据类型是决定我们在分析中使用何种统计方法的关键因素之一。

本节的第 1 部分将介绍不同数据类型的基础知识，第 2 部分将讨论"大数据"和缺失数据。

第 1 部分：基本数据类型

参数和统计量

> **定义**
>
> **参数**是描述总体某些特征的数值度量。
>
> **统计量**是描述样本某些特征的数值度量。

> 提示：可以使用"总体参数"和"样本统计量"的术语以避免混淆。

以下例子是关于参数和统计量的区别的。

例1： 参数和统计量

美国有 250,342,875 名成年人。在一项随机抽取 1659 名成年人的调查中，28% 的人拥有信用卡。

1. 参数：250,342,875 名成年人的总体大小是一个参数，因其是美国成年人的全部人口。（如果我们知道所有 250,342,875 名成年人中拥有信用卡的比例，那么该比例也是一个参数。）

2. 统计量：1659 名成年人的样本容量是一个统计量，因其基于一个样本，而不是美国成年人的全部人口。28% 是另一个统计量，因为它也是基于样本的，而不是整个总体。

▶ 轮到你了：试试 1-2 基础题的习题 1

定量数据和分类数据

有些数据表示的是计数或测量值（如成年人的身高），而有些数据则表示属性（如绿色或棕色的眼睛）。定量数据和分类数据用于区分这些数据的类型。

> **定义**
> 定量数据（或称为数值数据）由表示计数或测量值的数字组成。
> 分类数据（或称为定性数据、属性数据）由名称或标签组成。

> **注意**：分类数据有时会用代替标签的数字进行编码。虽然这些数字看上去是定量的，但实际上是分类数据。参见本节"例2"中的第3点。

测量单位：对于定量数据，使用适当的测量单位是非常重要的，如小时、英尺或米。我们应该非常注意有关测量单位的信息，如"所有金额都以千美元为单位"或"所有重量单位都采用公斤"。忽略这些测量单位的代价可能是巨大的。美国国家航空航天局（NASA）因为火星气候轨道器的坠毁而损失了 1.25 亿美元。其坠毁原因是控制软件的加速度数据是英制单位的，但被错误地假定为公制单位。

希望在不久的将来，美国将采用全球几乎所有其他国家都使用的公制单位。

测量单位

美国电视新闻节目《60 分钟》（*60 Minutes*）报道了林木宝公司（Lumber Liquidators）销售的复合地板产品会增加患癌的风险。美国疾控中心（CDC）表示，患癌的风险实际上是之前报道的 3 倍。之所以会出现这个错误，是因为在最初的一些计算中，CDC 错误地把英尺换算成米。林木宝公司已经停止销售有问题的复合地板。

例 2： 定量数据和分类数据

1. **定量数据**：一项临床试验中受试者的年龄（岁）。

2. **标签式的分类数据**：一项临床试验中受试者的性别（男 / 女）。

3. **数字式的分类数据**：数字 1, 2, 3, …, 25 被随机分配给 25 名临床试验的受试者以代替他们的名字。这些数字并不是测量值或计数，而是分类数据。

▶ 轮到你了：试试 1-2 基础题的习题 2

离散型数据和连续型数据

定量数据可以通过离散型数据和连续型数据进一步加以区分。

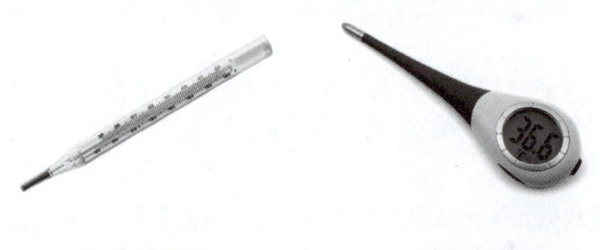

连续型数据　　　　　　离散型数据

定义

如果数据是定量数据，且数据值的个数是有限的（可数的），则称其为**离散型数据**。（如果存在无穷多个数据值，但数据值的集合是可以逐一计数的，那么该数据值的集合就是可数的。比如得到一次硬币的正面所需要抛掷的次数。）

如果定量数据存在无穷多个可能的数据值，且数据值的集合是不可数的，则称其为**连续型数据**（或**数值型数据**）。（也就是说，不可能对单个项计数，因为其中至少有一些是连续的，比如从 0 到 12 厘米距离的长度。）

> **注意**：可数数据的概念在上述定义中起着关键作用，但它不是一个特别容易理解的概念。连续型数据可以被测量，但不能被计数。如果从连续型数据中选择特定的数据值，则没有"下一个"数据值的概念。参见"例 3"。

验证问题

在调查中有时会使用一个问题来确认受试者是否认真完成了调查问题，而不是随意选择答案。以下是一个例子：

这个问题不同于其他问题。为确认您已仔细阅读此问题，请从以下列表中选择"不知道"。
- 一定会
- 可能会
- 可能不会
- 绝对不会
- 不知道

例 3： 离散型数据和连续型数据

1. 有限类型的离散型数据：统计课教授的上课点名。因为点名是来自计数过程的有限数字，所以其为离散型数据。

2. 无限类型的离散型数据：统计学专业的学生为得到一次硬币的正面所需要抛掷的次数。从理论上讲，抛掷硬币是有可能永远不会得到正面的，并且针对抛掷次数的计数也可能一直持续下去，但是抛掷次数本身是可以计数的。因为抛掷次数是由计数过程产生的，所以其为离散型数据。

3. 连续型数据：缅甸蟒正在入侵美国佛罗里达州，研究人员捕捉蟒蛇并测量其体长。迄今为止，在佛罗里达州捕获的最大蟒蛇有 17 英尺长。如果蟒蛇的体长在 0 到 17 英尺之间，那么在 0 到 17 英尺之间有无穷多个值。因为不可能在这样一个连续的尺度上对不同可能值的个数进行计数，所以蟒蛇体长是连续型数据。

▶ 轮到你了：试试 1-2 基础题的习题 3

测量尺度

对数据进行分类的另一种常见方法是使用四个测量尺度[1]：名目、次序、等距和等比，其定义如下（请参照表 1-2 中对四个测量尺度的简要描述）。当应用统计学来解决实际问题时，数据的测量尺度有助于我们决定使用哪种分析流程。本书会依此介绍这些测量尺度，但这里的重点是基于常识：不要做计算，不要使用不适合数据的统计方法。例如，计算身份证号码的均值是没有意义的，因其用于数据识别，而非代表测量值或用于计数。

> **定义**
> *名目测量尺度*的特征是数据只包含名称、标签或类别。数据不能按某种顺序排列（比如从低到高）。

例 4： 名目测量尺度

以下是名目测量尺度的样本数据示例。

1. **是 / 否 / 未决定**：调查反馈中是、否、未决定的。

2. **编码形式的调查反馈**：对于调查中的一个问题，回答者可以选择一个按如下编码的可能答案："同意"为 1；"不同意"为 2；"不在乎"为 3；"拒绝回答"为 4；"走开，别烦我"为 5。数字 1、2、3、4、5 不作为测量值或用于计数。

▶ 轮到你了：试试 1-2 基础题的习题 21

由于名目数据不具有排序或数值意义，因此它们不被用于计算。诸如 1、2、3、4 这样的数字有时被分配到不同的类别中（尤其是当数据作为计算机编码时），但是这些数字没有真正的计算意义。由此计算得出的任何平均数（均值）都是没有意义的，而且可能会造成误导。

测量"不服从程度"

如何收集一些似乎无法测量的数据，比如人们的不服从程度？社会心理学家斯坦利·米尔格拉姆设计了如下实验：一名研究人员指示一名志愿者操作一个控制板给第三个人施加越来越痛苦的"电击"。而实际上并没有进行真正的电击，并且第三个人其实是一个演员。志愿者从 15 伏特开始，然后被指示以 15 伏特的增量递增。不服从程度是指志愿者拒绝增加电压的程度。令人惊讶的是，三分之二的受试者甚至在演员尖叫和假装心脏病发作时都服从了命令。

---

[1] 译者注：测量尺度又被称为测量层次或度量水平。

> **定义**
> 如果数据可以按某种顺序排列，但是数据值之间的差值要么无法确定，要么没有意义，那么数据就处于次序测量尺度。

例 5： 次序测量尺度

以下是次序测量尺度的样本数据示例。

课程成绩：大学教授给学生的成绩分为 A、B、C、D、F 五个等级。这些成绩可以按序排列，但我们无法确定这些成绩之间的差值。例如，我们知道等级 A 比等级 B 高（所以有顺序），但不能通过 A 减 B 求其差值。

▶ 轮到你了：试试 1-2 基础题的习题 23

次序数据提供的信息是关于相对比较的，而不是差值大小。在通常情况下，次序数据（如课程成绩 A、B、C、D、F）不被用于计算平均数，但是某些次序数据也可用于计算，如来自评分范围为 0~10 的调查问卷的数据。（李克特量表是一个用于表示认同程度的量表，用来测量态度或意见。该量表通常有 5~10 个选项，比如从强烈反对到坚决同意。）

> **定义**
> 如果数据可以按某种顺序排列，并且数据值之间的差值能被确定且有意义，那么数据就处于等距测量尺度。处于等距测量尺度的数据没有一个自然的零起点。

例 6： 等距测量尺度

以下是等距测量尺度的样本数据示例。

1. 气温：在地球上记录的最低气温和最高气温分别是 -129 ℉ 和 134 ℉。这两个值是有序的，且其差值是确定的 263 ℉，因此其为等距数据。然而，该数据并没有自然的起点。0 ℉ 的定义是随意的且并不代表完全没有热量（温度为负是常见的）。

2. 年份：1492 年和 1776 年可以按顺序排列，而且其差值为 284 年且有意义，但是时间不是从 0 年开始的。0 年是任意的，而不是表示"没有时间"的自然零起点。因此，1492 年和 1776 年处于等距测量尺度。

3. 鞋码：10 号鞋码和 5 号鞋码可以按顺序排列，其差值与 8 号鞋码和 13 号鞋码的差值相同。但是，0 是任意的且不具有任何意义[1]。

▶ 轮到你了：试试 1-2 基础题的习题 25

---

[1] 译者注："例 6"中的鞋码为北美鞋码，使用英寸衡量鞋楦长度，因此 0 号鞋码是一个任意值。

麻疹疫苗与自闭症的大数据研究

2019年，美国一些地区因大量儿童没有接种麻腮风三联疫苗（MMR）而爆发了麻疹疫情。许多父母反对接种该疫苗，因为他们认为它与自闭症有关。1998年发表在《柳叶刀》（*Lancet*）上的一项"研究"助长了这种看法。该研究显示，自闭症和MMR之间存在联系，但是那篇文章后来被撤回。根据一项对657,461名儿童为期10年的研究，《内科学年鉴》（*Annals of Internal Medicine*）报告称，"MMR疫苗接种不会增加患自闭症的风险，不会引发易感儿童的自闭症，也不与疫苗接种后的自闭症病例聚集相关"。《纽约时报》（*New York Times*）的一篇文章报道了这项研究，并以这样的标题强调了重点："再一次，大数据告诉我们：麻疹疫苗不会导致自闭症"。在这种情况下，大数据正被用来帮助消除导致不必要的对麻疹疫情的误解。

定义

如果数据可以按某种顺序排列，数据值之间的差值也能被确定且有意义，并且数据有一个自然的零起点，那么数据就处于**等比测量尺度**。对于该尺度下的数据，差值和比率都是有意义的。

例7： 等比测量尺度

以下是等比测量尺度的样本数据示例。请注意自然零值的存在，并注意"两倍"和"三倍"的有意义比率的使用。

1. 学生身高：一名高中生和一名幼儿园儿童的身高分别为180厘米和90厘米（0厘米代表没有身高，180厘米是90厘米的两倍）。

2. 课堂时间：统计课50分钟和100分钟的时间（0分钟代表不上课，100分钟是50分钟的两倍）。

> 轮到你了：试试1-2基础题的习题27

表1-2：测量尺度

测量尺度	其他名称[1]	简要描述	举　　例
等比	比率、比例	有一个自然的零起点，且比率有意义	高度、长度、距离、体积
等距	间隔、间距、区间	差值有意义，没有自然的零起点，且比率无意义	体温（华氏度/摄氏度）
次序	顺序、序列、等级	数据可以排序，但无法计算差值且无意义	《美国新闻与世界报道》上的高校排名
名目	名义、类别	单纯的分类，数据无法排序	眼睛的颜色

---

[1] 译者注：其他名称是译者添加的。

> 提示：等比测量尺度和等距测量尺度之间的区别可能有点儿棘手。以下两个方法可以帮助区分。
> 1. 比率检验：通过提出以下问题进行"比率检验"——"两倍"合理吗？"两倍"对于等比测量尺度下的数据有意义，但是对于等距测量尺度下的数据是没有意义的。
> 2. 真正的零：为了使比率有意义，必须有一个"真正的零"的值，也就是值为零表明没有任何数量存在，并且零不是一个刻度上的任意值。0 ℉的定义是任意的，并不表示没有热量，因此华氏温标上的温度处于等距测量尺度，而不是等比测量尺度。

六度分隔理论

　　社会心理学家、历史学家、政治学家和通信专家对"小世界问题"很感兴趣：对于世界上任意两个人，需要多少中间关系才能把这两个人联系起来？在20世纪五六十年代，社会心理学家斯坦利·米尔格拉姆做了一个实验，实验对象试图通过向其认为离目标更近的熟人邮寄一个信息文件夹来联系该目标。在启动的160个这样的链接中，只有44个达成联系，失败率为73%。在成功的案例中，中间熟人的数量从2到10不等，中位数为6（"六度分隔"）。这个实验因其高失败率和不成比例的高收入受试者而受到批评。微软研究员Eric Horvitz和斯坦福大学助理教授Jure Leskovec的一项研究包含了300亿条即时消息和2.4亿人。这项研究发现，两人之间使用微软即时消息的平均路径长度是6.6，也就是"七度分隔"。这一重要而有趣的研究仍在继续。

例8： **区分等比测量尺度和等距测量尺度**

　　对于以下每一项，判断数据是处于等比测量尺度还是等距测量尺度：
　　1. 学生统计学考试的答卷时间（分钟）。
　　2. 统计学专业学生的体温（摄氏度）。

　　解答：

　　1. 应用前面"提示"中的"比率检验"。如果一个学生在40分钟内交卷，而另一个学生在20分钟内交卷，那么第一个学生用了两倍的时间是否有意义？答案是肯定的！所以时间处于等比测量尺度。我们也可以利用"真正的零"来检验。0分钟的时间确实表示"没有时间"，因此0值是一个真正的零，即表示没有使用时间。

　　2. 应用前面"提示"中的"比率检验"。如果一个学生的体温是40℃，而另一个学生的体温是20℃，那么第一个学生的体温比第二个学生的体温高两倍是否有意义？（忽略主观判断，只考虑科学依据。）答案是否定的！所以体温不处于等比测量尺度。又因为40℃和20℃之间的差值与90℃和70℃之间的差值是等价且有意义的，所以体温处于等距测量尺度。此外，0℃的温度不代表"没有热量"，所以0值不是一个真正的零，不表示没有热量存在。

▶ 轮到你了：试试1-2基础题的习题28

第 2 部分：大数据和缺失数据——过量和不够

在处理数据时，数据集可能会非常庞大，也可能会缺少单个元素。这一部分将简要讨论这两种情况。

大数据

美国联合包裹运送服务公司（UPS）每天会运送 2000 万件包裹。UPS 通过分析大量数据来优化其卡车和空运路线，并且制订维护计划。迄今为止，通过数据分析和优化工作，UPS 节省了 4000 万加仑燃料，缩短了 3.7 亿英里的运送距离。对大数据的分析需求促使数据科学诞生。关于以下定义并没有普遍的共识，仅作为参考。

> **定义**
> **大数据**是指传统软件工具因数据集过于庞大复杂，以至于对该数据集的分析超出其本身所具备的能力。分析大数据可能需要软件同时在许多不同的计算机上并行运算。
> **数据科学**涉及统计学、计算机科学、软件工程的应用，以及其他一些相关领域（如社会学或金融学）。

> **大数据而非临床试验**
> 哥伦比亚大学的 Nicholas Tatonetti 在美国药监局（FDA）的数据库中搜索了患者因不同药物搭配服用而产生的不良反应。他发现治疗抑郁症的药物帕罗西汀和治疗高胆固醇的药物普伐他汀相互作用，会导致葡萄糖（血糖）水平升高。当患者单独服用时，两种药物都不会使血糖水平升高，但是当两种药物同时服用时，血糖水平就会升高。这一发现来自对多种药物组合的数据库的检索，而不是某一项患者同时服用两种药物的临床试验。

数据集大小示例：从大数据的定义中可以看到，并没有一个固定数字作为判断数据集是否是大数据的确切边界，但通常大数据的数据量如下。

- TB：太字节（10^{12} 字节）
- PB：拍字节（10^{15} 字节）
- EB：艾字节（10^{18} 字节）
- ZB：泽字节（10^{21} 字节）
- YB：尧字节（10^{24} 字节）

大数据应用示例：以下是一些与大数据有关的例子。

- 谷歌通过记录和分析从司机的智能手机上收集的全球定位系统（GPS）数据，提供实时路况信息。
- 网飞（Netflix）通过收集和分析观看记录的数据来制作原创节目，以及确定应该购买哪些电影。
- 研究人员通过分析网络上对流感症状的搜索记录来预测流感的爆发。
- 斯隆数字巡天计划开始于2000年。该计划收集到的天文数据比之前收集的数据总和还要多。它现在拥有超过 140TB 的天文数据。
- 沃尔玛每小时处理 2.5PB 的数据。在线上销售方面，沃尔玛开发了北极星搜索引擎，使销售额增长 10%~15%（价值为数十亿美元）。
- 亚马逊每天监控和追踪从其门店发出的约 600 万件商品。这些商品分布在世界各地的数百个物流中心。
- 优步通过司机和乘客数据，识别出司机与乘客的最优匹配方案。

就业示例：根据 Analytic Talent 的数据，目前有 6000 家公司在招聘数据科学家，以下是一些招聘广告的例子。

- 脸书：数据科学家
- IBM：数据科学家
- PayPal：数据科学家
- 美国大学理事会（The College Board）：SAS 程序员，数据科学家
- 网飞：高级数据工程师，高级数据科学家

本书前言中指出，我们正在经历一场新的重大技术革命，即应用人工智能、机器学习和深度学习——数据科学中研究的主要课题。因此，我们需要学习统计学。数据科学和统计学正在经历前所未有的发展。

数据科学中的统计学：现代的数据科学家在统计学和计算机系统领域都有着坚实的基础，并且在统计学之外的领域也具备专业的知识。现代的数据科学家可以熟练使用 R、Python 或 Hadoop 软件，在其他一些领域也可能具有很强的背景，比如心理学、生物学、医学、化学或经济学。由于所需要的学科范围很广，涉及数据科学的项目通常可能需要一个团队，该团队由不同领域的专家组成。学习统计学入门课程是成为数据科学家的第一步。

网上约会中的统计学

在线约会公司 OkCupid 的四位创始人是数学家，他们使用统计方法来分析网站的数据。OkCupid 的首席执行官曾说："我们不是心理学家，而是数学学霸。"OkCupid 的独特之处在于，它使用统计方法来更有效地匹配用户。

OkCupid 的分析师通过分析 7000 名用户的照片和反馈发现，在创建头像照片时，男性头像不应该为正面照，也不应该露笑脸。对于女性而言，有趣的灵魂比性感的外表更有吸引力。另外，发布的第一条信息要简洁，比如在 40 字以内，也就是在 1 分钟内大约能输入的字数。

（资料来源："Looking for a Date? A Site Suggests You Check the Data", Jenna Wortham, New York Times.）

缺失数据

收集到的样本数据经常会被发现有数据值缺失。忽略缺失数据有时会产生误导性的结果。如果有几个样本值是在将数据录入统计软件的过程中不小心遗漏的，那么缺失值对结果可能不会产生严重的影响。然而，如果一项调查中由于低收入者不愿透露自己的收入而产生很多缺失数据，那么这样的缺失数据会因收入看起来比实际高而产生严重的影响。

有关缺失数据的示例，请参见下表（此表为数据集 5 "体温"的前三行数据）。对象 2 在第二天凌晨 12 点的体温数据缺失。

对象	性别	吸烟	第一天体温 早8点	第一天体温 凌晨12点	第二天体温 早8点	第二天体温 凌晨12点
1	M	Y	98.0	98.0	98.0	98.6
2	M	Y	97.0	97.6	97.4	---
3	M	Y	98.6	98.8	97.8	98.6

缺失数据可以被分为不同的类型，定义如下：

> **定义**
>
> 如果一个数据值缺失的可能性与该值本身或该数据集中的任何其他值无关，那么该数据值就是**完全随机缺失**（Missing Completely at Random，MCAR）的。也就是说，任何数据值缺失的可能性都相同。

> **注意**：如果在分析中控制了其他变量，数据值缺失的可能性与该值本身无关，那么该数据值就是随机缺失（Missing at Random，MAR）的。在本书中，不需要掌握随机缺失与完全随机缺失的区别。

完全随机缺失的示例：操作员在将受试者的年龄录入系统时，因同事唱歌而分心，没有录入其中的一个数据值，这个数据值就是完全随机缺失的。

> **定义**
> 如果数据缺失的原因与缺失值本身有关，那么该数据值就是非随机缺失（Missing Not at Random，MNAR）的。

> **霍桑效应和罗森塔尔效应**
> 众所周知，安慰剂效应是指一个未接受治疗的受试者错误地认为自己正在接受真正的治疗并报告症状有所改善。霍桑效应是指接受治疗的受试者因为知道自己是受试对象而做出了不同的反应（之所以称为"霍桑效应"，是因为该效应是在对西方电气公司霍桑工厂的工人的一项研究中被首次观察到的）。当研究人员或实验员无意中通过诸如面部表情、语气或态度等因素影响受试者时，就会发生罗森塔尔效应。

非随机缺失的示例：调查问卷中的一个问题涉及受试者的年收入，但是低收入的受试者会跳过此问题，因为觉得很尴尬。

有偏见的结果？ 根据上述两个定义和相关示例，我们可以得出如下结论：如果忽略完全随机缺失的数据，那么其余的数据不太可能存在偏差。然而，如果忽略非随机缺失的数据，那么很有可能会因为其余的数据存在偏差而产生误导性的结论。

缺失数据的修正：有以下几种方式可以处理缺失数据。

1. 删除法：删除所有有缺失的数据。这是处理缺失数据的一种常见方式。

- 如果数据是完全随机缺失的，那么删除以后，剩余的数据不太可能存在偏差，但样本量会减少。

- 如果数据不是随机缺失的，那么删除以后，剩余的数据有可能会因为其余的数据存在偏差而产生误导性的结论。

2. 插补法：插补法的含义是用某些值替换缺失数据。确定替换值有不同的方法，例如，使用非缺失值的均值、从类似的观测值中随机选取替换值，或者使用回归分析（参见第 10 章）。

本书不会过多讨论处理缺失数据的方法，但理解以下这一点是非常重要的：

当分析有缺失值的样本数据时，判断数据为何缺失，以及剩余的数据是否能够代表总体。如果缺失值不是非随机缺失的，那么很有可能会因为其余的数据存在偏差而产生误导性的结论。

1-3 样本数据的收集

核心概念：在分析样本数据前，必须使用恰当的方式对样本数据进行收集。本节包括对各种抽样方法及其流程的介绍。特别重要的方法是简单随机抽样。本书后续内容将经常使用这种抽样方法。

当读者学习本节内容时，务必记住：

如果样本数据没有以恰当的方式收集，那么该数据可能是完全无用的，即使使用再多的统计方法也是徒劳的。

第 1 部分：实验设计与样本数据收集的基础

黄金标准：被随机分配至实验组或安慰剂组（对照组）的样本，因其有效性有时被称为"黄金标准"。

> **定义**
> 安慰剂是一种无害且无效的药物或治疗方案，有时用于心理上的安慰，有时被研究人员用来与其他治疗方法进行对照。

以下示例描述了黄金标准是如何在有史以来最大的健康实验中发挥作用的。

例 1： 索尔克疫苗实验

1954 年，脊髓灰质炎已经导致数千名儿童死亡或瘫痪，一项实验被设计用来测试索尔克疫苗在预防脊髓灰质炎方面的有效性。将 401,974 名儿童随机分为两组：① 200,745 名儿童注射了疫苗；② 201,229 名儿童注射了不含药物的安慰剂。通过与抛掷硬币等效的随机选择过程，儿童被分配至实验组或安慰剂组。在接种疫苗的儿童中，有 33 名后来患上了脊髓灰质炎；而在被给予安慰剂的儿童中，有 115 名后来患上了该病。

▶ 轮到你了：试试 1-3 基础题的习题 1

"例 1"描述的是一个实验，因为实验对象被给予了某种治疗。但有时由于伦理、成本、时间等其他考虑因素，实验是被禁止的。例如，边开车边发短信的实验是绝对不能做的，否则就有可能导致车祸。只需要观察以往的车祸结果，就能了解到边开车边发短信的危害。请参考以下定义。

> **定义**
> 在一个**实验**中,我们对实验中的个体施以一些处理(或治疗),然后观察其对个体的影响(实验中的个体被称为**实验单位**。若实验单位是人,则通常被称为**受试者**)。
> 在一个**观察性研究**中,我们观察和测量特定的特征,但不试图改变被研究的个体。

实验的效果通常比观察性研究的效果好,因为精心设计的实验通常会减少结果受某些其他变量影响的概率。此外,未知变量是指会影响所研究变量的一种变量,但其自身并没有被包含在该研究内。

例 2: 冰激凌与溺水

观察性研究:根据以往的数据,冰激凌销量的增加与溺水人数的增加有关,因此得出吃冰激凌会导致溺水的错误结论。得出该谬论的原因在于忽略了未知变量气温。随着气温的升高,冰激凌的销量增加了。因为有更多的人游泳,所以溺水人数也增加了。

实验:进行一项对照实验——一组人吃冰激凌,而另一组人不吃。我们可以看到,两组中溺水者的比例大致相同,所以说吃冰激凌对溺水没有影响。

因此可以看到实验的效果通常比观察性研究的效果好。

▶ 轮到你了:试试 1-3 基础题的习题 6

临床试验与观察性研究

在《纽约时报》的一篇关于女性激素疗法的文章中,记者丹尼斯·格雷迪(Denise Grady)报道了一项随机临床试验。研究对象被随机分配到一个治疗组和一个对照组。这种随机临床试验通常被称为医学研究的"黄金标准"。相比之下,观察性研究可以让患者自行决定是否愿意参加试验。然而,自愿参加试验的受试者通常比其他受试者会更加健康,因此治疗组的结果可能看起来更为成功。研究人员批评了这项关于女性激素疗法的观察性研究,称其结果只是看上去比实际更有效而已。

实验设计

一个好的实验设计需要具有重复原则、盲法实验和随机性。

- **重复原则**是指在多个个体上重复同一实验。利用好重复原则需要足够大的样本量,以保证可以看到处理的效果。"例 1"中的索尔克疫苗实验因其样本量足够大,所以研究人员可以判断疫苗是有效的。

- **盲法实验**是指受试者不知道自己接受的是治疗还是安慰剂。安慰剂效应是指未经治疗的受试者认为自身症状有所改善（这种改善可能是真实的，也可能是想象的），而盲法实验可以规避该效应。"例1"中的索尔克疫苗实验为双盲实验，即在以下两个层面采取保密措施：①受试儿童不知道被注射的是疫苗还是安慰剂；②实施注射和评估结果的医生也不知道受试儿童属于哪个组。通过对每组进行编码，研究人员能够客观地评估疫苗的有效性。

- **随机性**是指个体通过随机选择的过程被分配到不同的组，例如"例1"的实验。随机性背后的逻辑是根据概率创造两个相似的组。以下定义为根据随机性收集样本数据的一种常见抽样方法。

> **定义**
> 一个包含 n 个个体的**简单随机样本**的抽样方式，必须满足任意样本量为 n 的样本被选取的机会都是相同的。一个简单随机样本通常被称为随机样本，但严格地说，两者并不相同。随机样本的条件较弱，即总体中所有个体被选取的机会都是相同的（这种区别在本书中并不十分重要。参见"习题36"）。

对于本书中使用的各种统计方法，一个经常出现的先决条件即为收集一个简单随机样本。

不同于粗心大意地抽样，随机抽样通常需要深思熟虑并且贯彻始终。

其他抽样方法：除了简单随机抽样，以下还有一些在调查中常用的抽样方法。图1-4也展示了这些不同的抽样方法。

> **定义**
> **系统抽样**（也称为等距抽样或机械抽样）是指先从总体中选择某个起点，然后按相等的距离或间隔（如每隔50个）从总体中抽取个体。
> **任意抽样**是指仅使用非常容易获得的数据。
> **分层抽样**是指先将总体细分为至少两个不同的子群（或层级），同一子群中的个体具有相同的特征（如相同的性别），然后从每个子群中抽取个体。
> **整群抽样**是指先将总体划分为若干区块（或集群），然后从这些区块中随机选取至少一个区块。最后的样本即为这些所选取的区块中所有的个体。

模式效应

进行问卷调查的模式繁多，而采用何种模式会在很大程度上影响调查结果，例如敏感话题的调查。皮尤研究中心的报告称，当被问及个人财务状况时，20%的网络受试者表示财务状况不佳，但电话受试者中仅有14%给出了相同的回答。当问题为单选题时，网络受试者更倾向于第一个选项，而电话受试者更倾向于最后一个选项。这些都是模式效应的例子，即采用何种模式做问卷调查会对人们的回答产生影响。

简单随机抽样
任意样本量为 n 的样本被选取的机会都相同。

系统抽样
按等距抽取。

任意抽样
使用非常容易获得的数据。

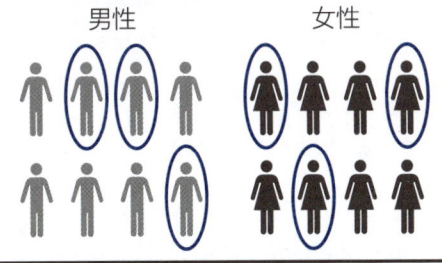

分层抽样
先将总体按相同特征细分为子群（或层级），再从每个子群中抽取个体。

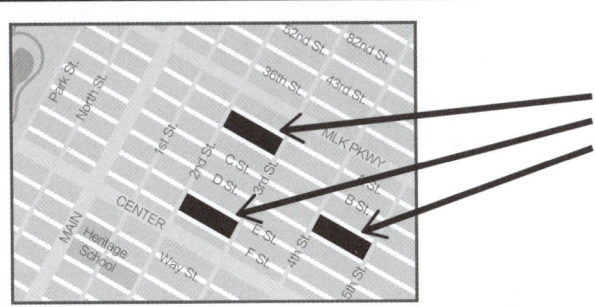

整群抽样
先将总体划分为若干区块（或集群），再成群成组地抽取。

图 1-4：常用的抽样方法

多阶段抽样：专业的问卷调查专家和政府研究人员经常组合使用上述抽样方法来收集数据。在多阶段抽样的设计中，研究人员在不同的阶段选取样本，且在每个阶段可能使用不同的抽样方法，如"例3"所示。

> **调查中的措辞会影响结果**
>
> 皮尤研究中心进行了一项针对 1505 名美国成年人的调查实验,来更好地了解问题中的措辞是如何影响受试者的回答的。调查显示,一半受试者被问及是否能找到"工作",其中有 33% 的人表示很难找到;另一半受试者被问及是否能找到"好工作",其中有 45% 的人表示很难找到。

例 3: **多阶段抽样设计**

美国政府统计的失业数据是根据住户调查得出的。因为住户分散在全国各地,不可能一一联系,所以通过简单随机样本的抽样方法挨家挨户调查是不切实际的。美国普查局和劳工统计局合作进行了一项名为"当前人口调查"的调查。该调查采用了多阶段抽样设计,大致遵循以下步骤:

1. 将整个美国划分为 2025 个不同的区域,称为主要采样单元。每个主要采样单元由大都市区、较大郡县或较小郡县组合而成。然后,将这 2025 个主要采样单元分到 824 个不同的层级中。

2. 在每个层级中,按照以下方式选取一个主要采样单元:选取的概率与每个主要采样单元中人口的规模成正比。

3. 在所选取的 824 个主要采样单元中,利用普查数据随机选取约 6 万个住户。

4. 与所选取的住户的户主或主要负责人进行面谈,以了解每个 16 岁或以上家庭成员的就业状况。

在该例中,多阶段抽样设计包括在不同的阶段随机抽样、分层抽样和整群抽样的组合。最终结果是一个非常复杂的抽样设计,但它与使用诸如简单随机样本的简单设计相比,能够体现事半功倍以及经济实惠的特点(使用简单随机样本的缺点是家庭成员间距离很远,难以联系)。

第 2 部分:实验设计与样本数据收集的进阶

这一部分将讨论不同类型的观察性研究和不同的实验设计方法。

观察性研究: 以下定义是不同类型的观察性研究在专业期刊中的标准用语。参考图 1-5。

> **定义**
> 在**横断面研究**中，数据是在某一时点上（而不是在一段时间内）观测、测量和收集的。
> 在**回顾性研究**（或称为**病例对照研究**）中，数据是在过去的一段时间内（通过患者病历或与病人会面等方法）收集的。
> 在**前瞻性研究**（或称为**队列研究**、**纵向研究**）中，数据是在将来一段时间内从具有共同因素的群组中收集的（这些群组被称为队列）。

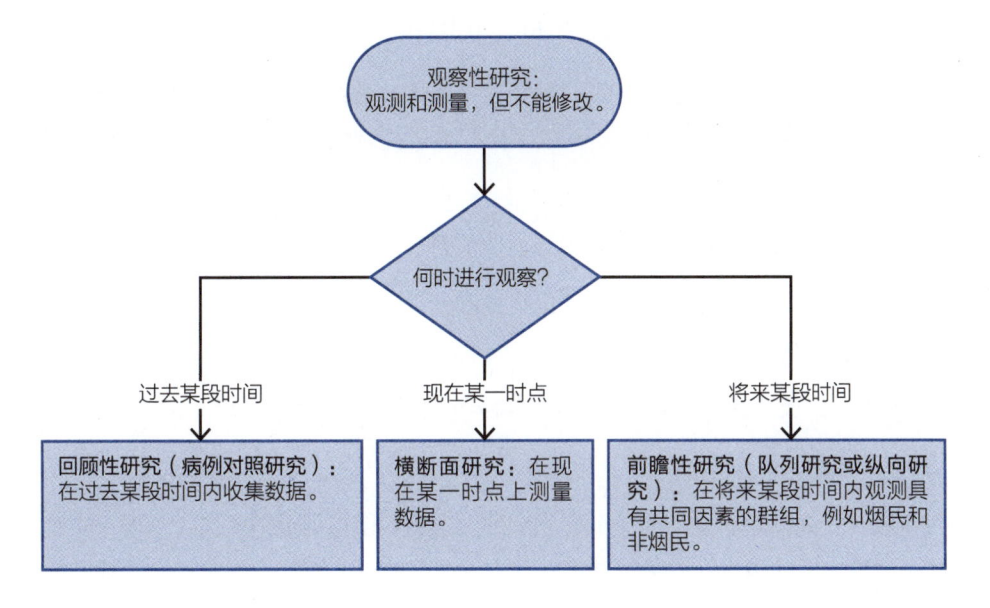

```
              观察性研究：
            观测和测量，但不能修改。
                   ↓
              何时进行观察？
        ↙          ↓          ↘
   过去某段时间   现在某一时点   将来某段时间
   ┌─────────┐   ┌─────────┐   ┌─────────┐
   │回顾性研究│   │横断面研究：│  │前瞻性研究（│
   │(病例对照 │   │在现在某一 │   │队列研究或 │
   │研究)：在过│   │时点上测量 │   │纵向研究）：│
   │去某段时间│   │数据。    │   │在将来某段 │
   │内收集数据│   │         │   │时间内观测 │
   │。       │   │         │   │具有共同因 │
   │         │   │         │   │素的群组， │
   │         │   │         │   │例如烟民和 │
   │         │   │         │   │非烟民。   │
   └─────────┘   └─────────┘   └─────────┘
```

图 1-5：不同类型的观察性研究

人类计划

"人类计划"是一项始于 2014 年的前瞻性研究，它将对 1 万名纽约人进行数十年的跟踪调查。这项雄心勃勃的研究的目标是"为理解生物学、环境学以及人类行为学之间如何相互作用来决定人类的健康提供新的见解"。研究中的受试者会被要求收集其医疗记录、教育记录、体检数据、体育活动数据、生活环境数据等测量数据。我们寄希望于大数据分析能够让研究人员完成既定目标。该研究是由 Kavli 基金会和美国纽约大学跨学科决策研究所发起的。

实验： 在实验中，混杂是指虽然结果呈现一定的效果，但是不能确定造成这种效果的具体因素，如"例 2"中冰激凌与溺水的观察性研究。如图 1-6(a)所示的随意实验设计：将男性全部纳入安慰剂组，而将女性全部纳入实验组。当实验组呈强阳性结果时，混杂就会发生。因为我们无法确定阳性结果是归因于治疗本身还是受试者的性别。而"例 1"中的索尔克疫苗实验展示了控制处理效应（治疗效应）的一种方法：完全随机设计，即将受试者随机分配至实验组和安慰剂组。完全随机设计只是以下用于控制变量效应的其中一种方法。

完全随机设计：通过随机选择的过程，将受试者分配至不同的处理组〔参见图 1-6(b)〕。

随机区组设计：区组（或称为区块）是一组具有相似特征的受试者，但区组间的差异可能会影响实验的结果。其设计流程如下〔参见图 1-6(c)〕：

1. 将具有相似特征的受试者划分至相同的区组。

2. 对于每个区组，将受试者随机分配至不同的处理组。

例如，如果需要设计一个实验用于测试阿司匹林治疗心脏病的有效性，那么由于男女间心脏的生理差异，我们可以把男女分别划分至不同的区组。通过控制性别，随机区组设计消除了性别作为混杂的可能来源。

随机区组设计与分层抽样的思想基本相同，但前者用于设计实验，而后者用于问卷调查。

配对设计：先将两个具有相似特征的受试者或研究中的自身对照配成一对，再让每对中的个体接受不同的处理，用于比较两个处理组的效果（如实验组和安慰剂组）。

- 前后对照：配对数据包括受试者在治疗前后的测量数据〔参见图 1-6(d)〕。
- 双胞胎：同卵双胞胎中的一个人使用佳洁士牙膏，另一个人使用其他牙膏。

严格控制设计：谨慎地将受试者分配到不同的处理组，使得每组的受试者从对于实验的重要性上来讲都是相似的。但这种设计通常很难确保考虑到所有的相关因素，因此该设计基本无法实现。

统计生命值

统计生命值（Value of a Statistical Life）是一种可以定期计算的指标，用于医疗、保险、环境健康和运输安全等领域的决策。截至撰写本书时，一个统计生命值是 740 万美元。

许多人反对用金钱衡量生命，但"统计生命值"中"统计"一词的使用，是为了确保我们不会把它与人类生命的实际价值画等号。虽然有些人理所当然地认为生命无价，但另一些人则认为，在某些情况下，拯救每一条生命是不可能的或不切实际的，因此必须以某种方式衡量一条生命的价值，以便做出理性决策。在离作者家不远的一条主干道上曾经发生过重大车祸导致人员伤亡，之后政府花费了大约 300 万美元对道路进行改造，以提高行车安全。统计生命值就被应用在该例的成本效益分析中。

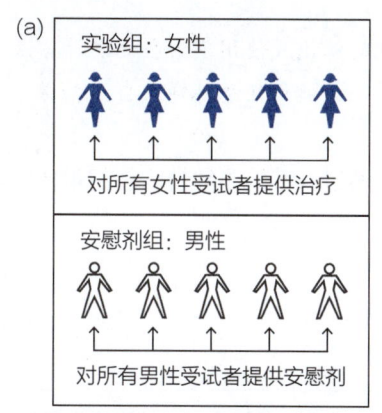

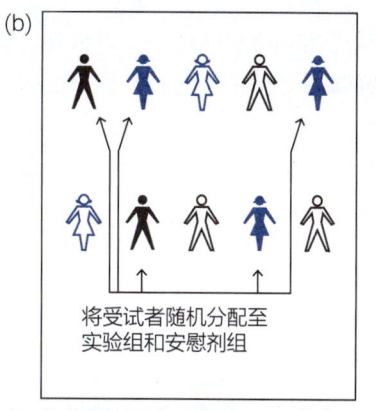

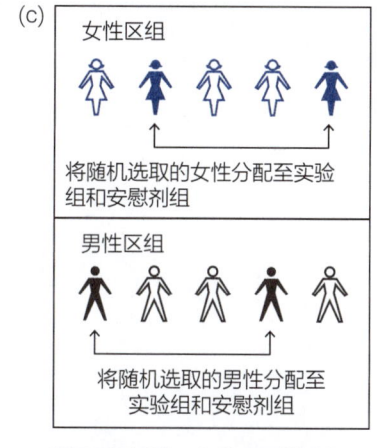

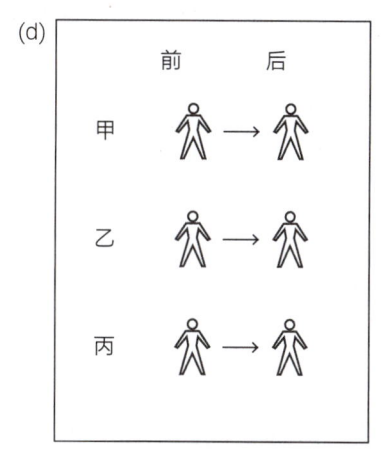

图 1-6：实验设计

抽样误差

在统计中，即使我们使用了正确的抽样方法以及做好了每件事情，也仍然可能得到错误的结果。无论如何计划和执行样本的收集过程，结果都可能出现误差。以下为不同的抽样误差的定义：

> **定义**
> **抽样误差**（或称为**随机抽样误差**）是指对于通过随机方法选取的样本，样本结果与总体结果之间存在的差异。这种误差是由于随机样本的波动性造成的。
> **非抽样误差**是人为错误的结果，包括数据输入错误、计算错误、带有偏见性措辞的调查

问题、受试者提供的数据错误、得出带有偏见的结论或使用不恰当的统计方法等因素。
非随机抽样误差是使用非随机抽样方法的结果，如使用任意抽样或自愿抽样。

  实验设计需要深思熟虑并且贯彻始终，这不是通过一节的内容就能全部掌握的。对此有兴趣的读者，可以学习完整的实验设计课程。

调查缺陷

  在美国，问卷调查构成了一条庞大且不断增长的产业链，但调查结果却可能受到许多因素的影响。越来越多的人拒绝调查：截至撰写本书时，问卷调查的平均回复率约为 22%，而 2000 年回复率为 36%。越来越多的人因使用手机而非电话簿而很难联系到。现在大约 15% 的成年人只有手机而没有固定电话，且他们往往更年轻。此外，当受试者不希望调查员看轻自己时，他们就不会如实回答。

2-1：频数分布表——数据的整理与汇总

2-2：直方图

2-3：启发性图表与误导性图表

2-4：散点图、相关分析与回归分析

第 2 章

用图表探索数据

本章问题 堵车窘境

司机们感觉到交通越来越糟糕，交通高峰期已经扩大到一天中的大部分时间。你感觉到的是通勤时间越来越长，事实确是如此！美国普查局根据社区调查发现，人们的平均通勤时间在一年内从 26.6 分钟增加到 26.9 分钟。这个增长看起来很小，但意味着人们平均每年要在通勤上多花 2.5 个小时！即使是日常通勤时间的微小变化，也会对工作效率、环境、心理健康等产生严重的影响。

在本章问题中，我们将考虑不同城市的每日通勤时间。值得注意的是，对通勤时间的分析要分别在不同的国家和地区进行，以便发现并缓解不良趋势。洛杉矶因其拥堵的交通而臭名昭著，表 2-1 中列出了洛杉矶居民报告的 50 个每日通勤（上班）时间。这些数据来自数据集 31 "通勤时间"。

仅仅依据表 2-1 中的数据，很难得出有价值的结论。我们必须致力于描述、探索和比较这些数据，以获得有意义的见解。本章的方法着重于整理和汇总数据，并使用图表帮助我们理解数据的重要特征，尤其是数据的分布。

表 2-1：洛杉矶每日通勤时间（分钟）

| 18 | 25 | 45 | 75 | 60 | 40 | 25 | 8 | 50 | 10 | 10 | 30 | 15 | 25 | 50 | 20 | 30 | 20 | 45 | 30 | 60 | 30 | 20 | 15 | 30 |
| 60 | 30 | 15 | 35 | 40 | 5 | 30 | 40 | 20 | 10 | 45 | 30 | 15 | 25 | 25 | 5 | 90 | 30 | 15 | 60 | 20 | 60 | 30 | 25 | 25 |

本章目标

本章和下一章将主要讨论数据的重要特征，其中包括：

- 中心——数据集中心的代表值。

- 离散程度——对数据值变化量的度量。

- 分布——数据在其全距范围内的特征或形状（如钟形）。

- 异常值——远离绝大多数其他数据的样本值。

- 时间——随时间变化的数据特征。

本章提供的统计工具，可以帮助我们通过整理、汇总和展示数据的方式进一步探索数据的重要特征。以下是本章目标。

2-1：频数分布表——数据的整理与汇总

- 掌握频数分布表和相对频数分布表。

- 掌握频数分布表中的组距、组中值、组上限、组下限和组界。

2-2：直方图

- 掌握直方图或相对频数直方图。

- 学会根据直方图判断常见分布的类型，包括均匀分布和正态分布。

2-3：启发性图表与误导性图表

- 掌握点图、茎叶图、时间序列图、帕累托图、饼状图和频数多边形。

- 学会如何判断常见的误导性图表。

2-4：散点图、相关分析与回归分析

- 掌握成对数据的散点图。

- 学会通过分析散点图来判断两个变量之间是否存在相关性。

2-1 频数分布表——数据的整理与汇总

核心概念：在处理大型数据集时，频数分布表（或称为频数表）通常有助于整理和汇总数据。频数分布表能帮助我们理解数据集分布的特点。此外，构建频数分布表通常是构建直方图的第一步，而直方图是用于数据分布可视化的图表。

> **定义**
> 频数分布表（或频数表）通过展示数据类别（或组）以及每个类别中数据值的数量（频数），来显示数据是如何在不同类别（或组）间划分的。

表 2-2 是对表 2-1 中列出的通勤时间进行汇总的频数分布表。任意一组的频数都是属于该组的原始值的个数。例如，表 2-2 中第一组的频数是 6，所以通勤时间数据中有 6 个样本点在 0 到 14 分钟之间（包括 0 和 14）。检查频数列表，可以看到大多数通勤时间分布于数据值较低的一侧。

表 2-2：洛杉矶每日通勤时间的频数分布表

洛杉矶每日通勤时间（分钟）	0~14	15~29	30~44	45~59	60~74	75~89	90~104
频　　数	6	18	14	5	5	1	1

在构建频数分布表和图表时，经常需要使用下列标准术语。

> **定义**
> 组下限是指能够被分配到每个不同组的原始值的最小值（表 2-2 中的组下限分别为 0、15、30、45、60、75 和 90）。
> 组上限是指能够被分配到每个不同组的原始值的最大值（表 2-2 中的组上限分别为 14、29、44、59、74、89 和 104）。
> 组界是用来分隔不同组的数字，但不存在组上下限之间产生的间隔。图 2-1 展示了表 2-2 中组上下限所产生的间隔，并且可以看到 14.5、29.5、44.5、59.5、74.5 和 89.5 位于这些间隔的中心。依据组界设定的模式，可以看到最低组界为 -0.5，最高组界为 104.5，因此组界的完整列表为 -0.5、14.5、29.5、44.5、59.5、74.5、89.5 和 104.5。
> 组中值是位于每组中间的值。表 2-2 中的组中值分别为 7、22、37、52、67、82 和 97。该值的计算方式为组下限和组上限之和再除以 2。
> 组距是频数分布表中两个连续的组下限（或两个连续的组下界）之差。表 2-2 中使用的组距为 15（前两个组下限分别为 0 和 15，其差值为 15）。

> **注意**：在计算组距时，一种常见的错误是使用组上限与组下限之间的差值。例如表2-2中，组距是15，而不是14。

> **注意**：务必记住组界分割了一个组结束和下一个组开始之间的差值，如图2-1所示。

第1步：列出表2-2中所有的组上限和组下限。

第2步：分割差值。

第3步：沿用第2步中的方法，找到第一个值和最后一个值，分别为-0.5和104.5。

```
0   14 15   29 30   44 45   59 60   74 75   89 90   104
    14.5    29.5    44.5    59.5    74.5    89.5
-0.5                                                104.5
```

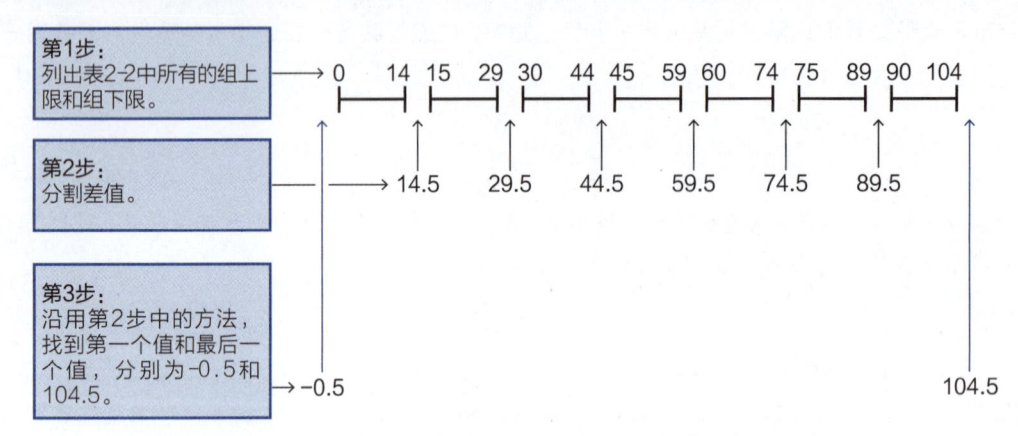

图 2-1：通过表 2-2 中的组上限和组下限找到所有的组界

构建频数分布表的流程

构建频数分布表的目的是：①汇总大型数据集；②查看数据分布；③识别异常值；④为构建图表（如直方图，将在2-2节中介绍）提供基础。频数分布表可以使用统计软件生成，也可以通过如下步骤手动构建。

1. 选择分组的数目，通常在 5 到 20 之间。组数的选择有时需要考虑使用近似值是否方便（根据"斯透奇斯规则"，最佳组数的选择可以依据 $1+(\log n)/(\log 2)$ 近似，其中 n 是数据的个数。本书并不采用此规则）。

2. 计算组距：

$$组距 \approx \frac{数据最大值 - 数据最小值}{组数}$$

对结果取整，以便得到一个方便使用的数字（通常向上取整）。使用特定的组数不是最为关键的，而更需要关注的是通过更改组数得到方便使用的组上下限。

3. 选择最小值或低于最小值的某一个较为方便使用的值作为第一组的下限。

4. 通过第一组的下限与组距，得到其他组的下限（用第一组的下限加组距得到第二组的下限；用第二组的下限加组距得到第三组的下限，以此类推）。

5. 在一个数列中列出所有组的下限，然后确定并列出所有组的上限。

6. 求得每组的频数。

判断文章作者

1787—1788 年,亚历山大·汉密尔顿、约翰·杰伊和詹姆斯·麦迪逊为了说服纽约人批准宪法,出版了著名的《联邦党人文集》。其中大多数文章作者的身份是为人所知的,但其中 12 篇文章作者的身份存在争议。通过对各种词语出现频数的统计分析,我们可以得出结论:詹姆斯·麦迪逊很可能就是这 12 篇文章的作者。对于这些有争议的文章来说,支持麦迪逊为其作者的证据是压倒性的。巧合的是,这本书的作者现在住在一个叫麦迪逊的小镇。

在构建频数分布表时,要确保各组之间不重叠,即每个原始值只属于一个组。即便是那些频数为 0 的组,也要包含在内进行统计。另外,尽可能对所有的组使用相同的宽度,但有时也不可避免地需要使用开区间,如"65 岁或以上"。

CP 例 1: 洛杉矶每日通勤时间频数分布表

使用表 2-1 中的数据,依照以上步骤构建如表 2-2 所示的频数分布表,将数据分为 7 组。

解答:

第 1 步:选择 7 为组数。

第 2 步:计算组距。注意,此处我们把 12 向上取整为 15,以便更好地统计数据。

$$组距 \approx \frac{数据最大值 - 数据最小值}{组数} = \frac{90-5}{7} = 12.1 \approx 15 （近似为更易使用的数字）$$

第 3 步:选择 0 作为第一组的下限,因为其小于 5 且作为通勤时间易于使用。

第 4 步:组距 15 与起始值 0 之和为第二组的下限,即为 15,以此类推,得到 7 个组的下限,即 0、15、30、45、60、75 和 90。

第 5 步:列出各组的下限,如下所示。根据各组的下限,确定相应的上限为 14、29、44、59、74、89 和 104。

各组下限	0~	15~	30~	45~	60~	75~	90~

第 6 步:对相应组内的每一个数据值进行标记,统计得到每组频数。对各组计数,求得每组频数,如表 2-2 所示。

▶ 轮到你了:试试 2-1 基础题的习题 13

分类数据：目前，我们只讨论了定量数据集的频数分布表，但频数分布表也可以用于汇总分类（或定性或属性）数据，如"例 2"所示。

例 2： 空难原因频数分布表

表 2-3 中列出了从 1960 年到最近几年有关空难原因的数据。数据是名目测量尺度下的分类数据，但也可以创建如表 2-3 所示的频数分布表。可以看到，飞行员失误是空难的主要原因。这些信息有助于美国联邦航空管理局（Federal Aviation Administration）等监管机构制定减少此类事故的策略。

表 2-3：空难原因的频数分布表

空难原因	频数
飞行员失误	640
机械故障	195
人为破坏	95
天气问题	63
其他原因	111

▶ 轮到你了：试试 2-1 基础题的习题 27

相对频数分布表

频数分布表的一种变形是相对频数分布表或百分比频数分布表，其中每组的频数用一个相对频数（或比例）或百分比代替。在本书中，无论使用的是相对频数还是百分比，我们都称其为"相对频数分布表"。相对频数和百分比计算如下：

$$每组相对频数 = \frac{组频数}{总频数}$$

$$每组百分比 = \frac{组频数}{总频数} \times 100\%$$

表 2-4 是一个相对频数分布表的例子，它是表 2-2 的变形，其中每组的频数都被替换为相应的百分比，即将每组的频数除以 50（表 2-2 中频数的总和）。例如，表 2-2 中的第一组频数为 6，因此其对应的百分比为 6/50=12%。百分比的总和是 100%，四舍五入导致的误差，如 99% 或 101% 是可以接受的。表 2-4 中各百分比之和为 100%。

表 2-4：洛杉矶每日通勤时间的相对频数分布表

洛杉矶每日通勤时间（分钟）	频　　数
0~14	12%
15~29	36%
30~44	28%
45~59	10%
60~74	10%
75~89	2%
90~104	2%

相对频数分布表中的百分比之和必须非常接近 100%（四舍五入导致的误差是可以接受的）。

比较： "例 3" 说明了以下原则。

将两个或多个相对频数分布表组合在一个表中，可以更好地比较不同的数据集。

例 3： **比较纽约和博伊西的每日通勤时间**

比较两个不同城市的通勤时间：表 2-5 为纽约市和博伊西市的 1000 次通勤时间（来自"数据集 31"）的相对频数分布表。由于这两个城市的规模不同，其通勤时间很有可能差异明显。通过比较表 2-5 中的相对频数，确实可以看到比较大的差异。博伊西市的通勤时间比纽约市的通勤时间要短（在博伊西市，前两个组的通勤时间占所有通勤时间的 75.8%，而纽约市只有 28.9%）。考虑到这两个城市的相对规模和人口密度，这并不令人惊讶。

表 2-5：纽约市和博伊西市的每日通勤时间的相对频数分布表

每日通勤时间（分钟）	纽约州纽约市	爱达荷州博伊西市
0~14	8.6%	30.3%
15~29	20.3%	45.5%
30~44	24.8%	17.0%
45~59	17.2%	3.5%
60~74	18.5%	2.2%
75~89	3.3%	0.3%
90~104	4.7%	0.3%
105~119	0.1%	0.0%
120~134	0.0%	0.0%
135~149	2.5%	0.9%

▶ 轮到你了：试试 2-1 基础题的习题 23

标准表的更新

儿科医生通常使用身高体重标准表来比较儿童间的体重和身高。如果儿童的体重和身高在第 5 百分位数和第 95 百分位数之间，则认为其处于正常范围；如果超出该范围，则需要接受进一步的检查以确保没有严重的健康问题。然而，儿科医生越来越意识到：因为身高体重标准表的数据来自 1929 年至 1975 年之间的儿童，所以这张表现在变得非常不准确。为了纠正这一问题，该表于 2000 年进行了更新，以反映当时数百万儿童的测量结果。儿童的体重和身高是随时间变化的一个很好的例子，这就是我们需要考虑总体特征随时间变化的原因。

累积频数分布表

频数分布表的另一种变形是累积频数分布表，其中每组的频数是该组频数与前面所有组的频数之和。表 2-6 是由表 2-2 得到的累积频数分布表。根据原始频数 6、18、14、5、5、1、1，通过 6 + 18 得到第二个累积频数 24，通过 6 + 18 + 14 得到第三个累积频数 38，以此类推。注意，除了使用累积频数，组的上下限还被"小于"表达式所取代，该表达式描述了每组值的范围。

表 2-6：洛杉矶每日通勤时间的累积频数分布表

洛杉矶每日通勤时间（分钟）	累积频数
小于 15	6
小于 30	24
小于 45	38
小于 60	43
小于 75	48
小于 90	49
小于 105	50

批判性思维：通过频数分布理解数据

频数分布表可以帮助我们理解数据集的分布，即数据在其全距范围内所形成的特点或形状（如钟形）。在统计学中，我们常常热衷于判断数据是否服从正态分布（参见第 6 章）。近似正态分布的数据具有下列特征的频数分布表。

正态分布

1. 频数开始时较低，接着上升到一个或两个高频数，最后下降到一个低频数。

2. 分布是近似对称的：最大频数之前的频数应该大致是最大频数之后频数的镜像。

表 2-7 满足两个条件：①频数开始时较低，上升到最大值 18，然后下降到一个较低的频数。②最大值之前的频数 2、4、10 和最大值之后的频数 10、4、2 相互对称。真实的数据集通常不会像表 2-7 所展示的那样完美，需要仔细研判以确定分布是否足够近似满足这两个条件（在以后章节中会介绍更为严谨的流程）。

表 2-7：正态分布的频数分布表

时间（分钟）	频　数	正态分布
0~14	2	← 频数开始时较低，…
15~29	4	
30~44	10	
45~59	18	← 上升到最大值，…
60~74	10	
75~89	4	
90~104	2	← 再下降到低频数

考虑表 2-1 中的通勤时间和表 2-2 中总结的频数分布表，可以看到频数从较低的 6 开始，上升到最大值 18，然后下降到低频数 1。该分布远非对称分布，因此数据不满足呈正态分布的标准。

对末位数字的分析："例 4"说明了以下原则。

末位数字的频数有时揭示了数据是如何被收集或测量的。

例 4： 探索数据——心率是如何测量的

现有来自《美国国家健康与营养检查调查》的 2219 名成年人心率的数据，其末位数字所组成的频数分布表如表 2-8 所示。以下是对这些末位数字的一个重要发现：所有的末位数字都是偶数。如果确实是在 1 分钟内计算出的心率，那么应该会有大量数据的末位数字是奇数。究竟发生了什么？

一个合理的解释是，尽管心率是每分钟心跳的次数，但很可能只计算了 30 秒内的心跳次数，然后乘以 2 得到心率（原始数据并不都是 4 的倍数，所以可以排除记录 15 秒，然后乘以 4 的计数法）。对末位数字的分析揭示了获取数据的方法。

在许多调查中，如果数据的末位数字不成比例地以 0 或 5 结尾（比如身高或体重），那么我们就可以判断出数据是由调查对象主动汇报的。受访者给出的数字是经过处理的，而不是真实地进行了测量。

表 2-8：心率的末位数字的频数分布表

心率的末位数字	0	1	2	3	4	5	6	7	8	9
频　数	455	0	461	0	479	0	425	0	399	0

▶ 轮到你了：试试 2-1 基础题的习题 21

差异："例 5"说明了以下原则。

差异的存在表明数据可能来自两个或多个不同的总体。

反之则不然，来自不同总体的数据不一定会产生差异。

例 5： 探索数据——差异告诉了我们什么

表 2-9 是随机选取的硬币重量（克）的频数分布表。经过检查发现，最轻的硬币和最重的硬币之间有很大的差异。这表明有两个不同的总体：1983 年以前制造的硬币含有 95% 的铜和 5% 的锌，而 1983 年以后制造的硬币含有 2.5% 的铜和 97.5% 的锌，这就解释了表 2-9 中最轻的硬币和最重的硬币之间的巨大差异。

表 2-9　随机选取的硬币重量的频数分布表

硬币重量（克）	频　数
2.40~2.49	18
2.50~2.59	19
2.60~2.69	0
2.70~2.79	0
2.80~2.89	0
2.90~2.99	2
3.00~3.09	25
3.10~3.19	8

▶ 轮到你了：试试 2-1 基础题的习题 21

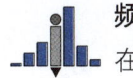

> **使用软件**
>
> **频数分布表**
> 在生成直方图后,就很容易获得频数分布了(参见 2-2 节)。

2-2 直方图

第 1 部分:直方图的基本概念

核心概念:虽然频数分布表是总结数据和研究数据分布的实用工具,但相比之下,直方图因其通俗易读而成为一种更好的选择。

> **定义**
> **直方图**是由彼此相邻(除非数据中有间隔)且宽度相等的长条所组成的图表,其横坐标(水平刻度)代表定量数据的不同分组,纵坐标(垂直刻度)为频数。长条的高度即为对应的频数。

直方图的重要应用场景

- 数据分布形状的可视化。
- 显示数据中心的位置。
- 显示数据的分布情况。
- 检测异常值。

直方图实质上就是一个频数分布表的图形形式。例如,表 2-1 所对应的直方图如图 2-2 所示。

每组的频数用于绘制垂直刻度,刻度可以参考图 2-2 进行标记。并没有统一的标准用于选择水平刻度上长条的位置,通常使用组中值(如图 2-2 所示)、组界、组上下限或其他。对于初学者来说,推荐使用组中值作为水平刻度。直方图通常可以通过统计软件生成。

相对频数分布直方图

相对频数分布直方图具有与直方图相同的形状和横坐标,但纵坐标应使用相对频数(百分比或比例),而不是实际频数。图 2-3 是图 2-2 对应的相对频数分布直方图。

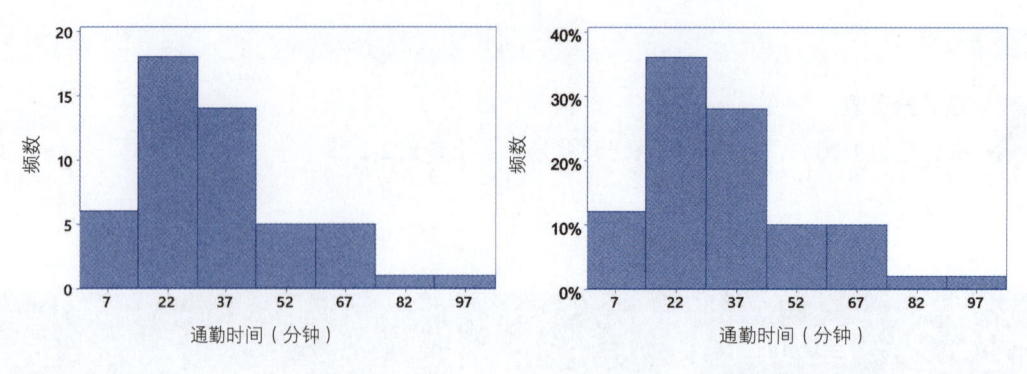

图 2-2：表 2-1 对应的直方图　　　　　图 2-3：表 2-1 对应的相对频数分布直方图

批判性思维：解读直方图

尽管构建直方图的过程十分有趣，但我们的最终目标是理解数据的特征。通过分析直方图来探索数据，了解数据的中心、方差（将在 3-2 节中详细讨论）、分布的形状、是否存在异常值（远离其他数据的值）和时效（数据的特征是否随时间发生变化）。检查图 2-2，我们看到直方图的中心大约在 30（分钟）左右，分布的形状有点儿向一方倾斜。

常见的分布形状

图 2-4 所示的直方图描述了四种常见的分布形状。

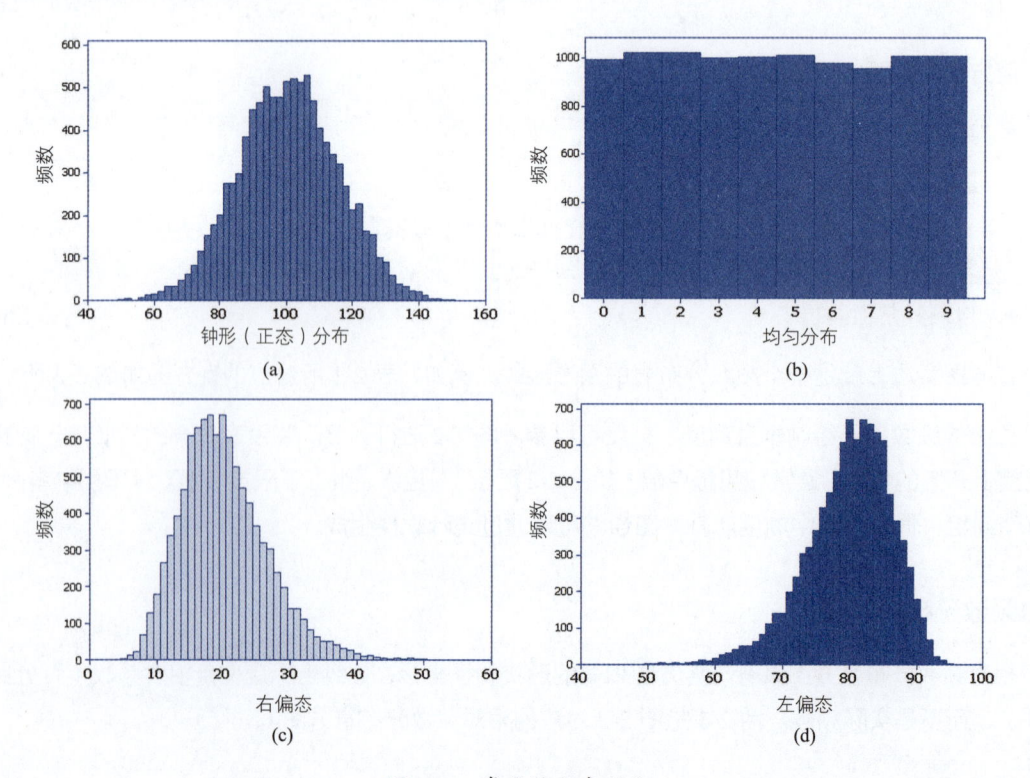

(a) 钟形（正态）分布

(b) 均匀分布

(c) 右偏态

(d) 左偏态

图 2-4：常见的分布形状

正态分布

当将数据绘制为直方图时，正态分布将呈现"钟"形，类似于图 2-5 中曲线的形状。许多统计方法要求样本数据来自具有近似正态分布的总体，我们通常可以使用直方图来判断是否满足这一要求。除此之外，还有其他更加高级和客观的方法来判断分布是否近似正态分布。例如，正态分位图就是一种对评估正态性非常有帮助的图形（参见本节的第 2 部分）。

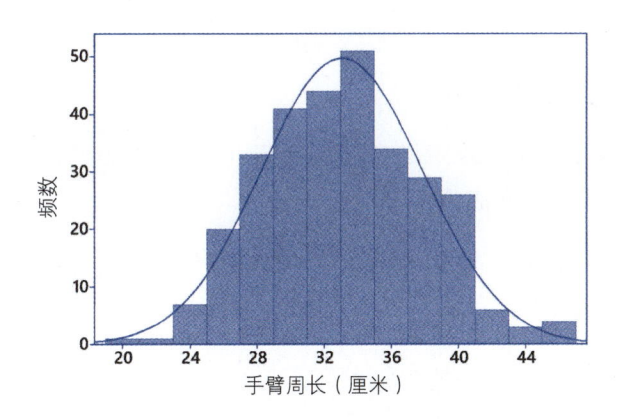

图 2-5：手臂周长的钟形分布

因为该直方图大致呈现钟形，所以我们说该数据服从正态分布（更严格的定义将在第 6 章中给出）。

均匀分布

当数据服从均匀分布时，数据中不同的可能值将以近乎相同的频数出现，因此直方图中长条的高度近乎一致，如图 2-4(b) 所示。图 2-4(b) 描述了某州彩票的开奖数字结果。

偏度

如果数据的分布不是对称的，并且高峰位于一侧，尾部向另一侧延伸，那么数据的分布就是偏态的。右偏态（也称为正偏态）的数据有较长的右尾，如图 2-2 和图 2-4(c) 所示。洛杉矶的通勤时间呈右偏态分布，美国成年人的年收入也呈右偏态分布。左偏态（也称为负偏态）的数据有较长的左尾，如图 2-4(d) 所示。人类寿命数据呈左偏态分布（这里有一个记忆偏度的方法：右偏态分布类似于右脚的脚趾；左偏态分布类似于左脚的脚趾）。右偏态分布比左偏态分布更常见，因为获取很大的数值通常比获取很小的数值更容易。

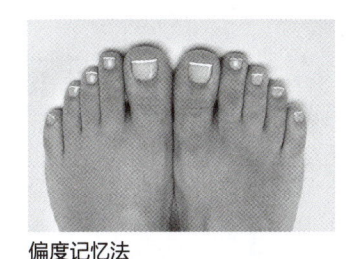

偏度记忆法
左偏态：类似于左脚的脚趾
右偏态：类似于右脚的脚趾

以年收入为例，数值不会低于零，但会有少数人一年能赚数百万美元或数十亿美元。因此，年收入数据大多呈右偏态分布。

第 2 部分：使用正态分位图评估正态性

在后面的章节中将要介绍的一些非常重要的方法，有时要求样本数据必须来自具有正态分布的总体。直方图可以帮助判断是否满足正态性的要求，但对于数据量较小的数据集，它就爱莫能助了。6-5 节将讨论评估正态性的方法——确定样本数据是否来自具有正态分布的总体。6-5 节还将介绍构建正态分位图的操作流程，那时候统计软件就可以派上大用场了。下面列出了解读正态分位图的参照标准。

使用正态分位图评估正态性的标准

- 正态分布：如果正态分位图中点的分布相当接近直线，并且这些点没有任何非直线的系统性特征，那么该总体呈正态分布。

- 非正态分布：如果正态分位图满足以下两个条件中的一个或两个，那么该总体不呈正态分布。
  – 这些点完全不接近直线。
  – 这些点显示出某种非直线的系统性特征。

下面给出了几个正态分位图的例子。6-5 节将介绍如何构建此类图形。

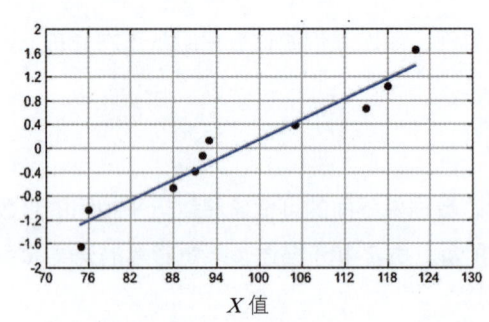

正态分布：各点有规律、合理地分布于一条直线的附近，且各点没有表现出其他非直线的系统性特征。

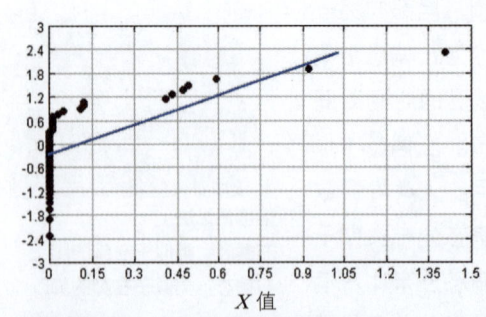

非正态分布：这些点完全不接近直线。

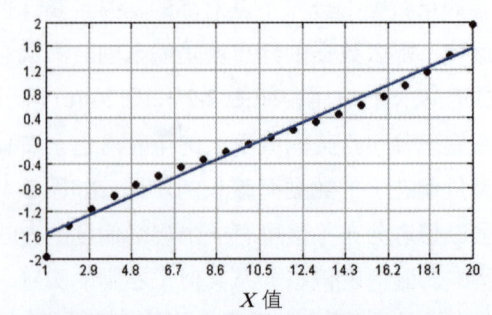

非正态分布：这些点显示出某种非直线的系统性特征。

使用软件

直方图

R

R 命令：hist(x)

2-3 启发性图表与误导性图表

核心概念：2-2 节介绍了直方图，本节将介绍其他几种有助于理解数据的常见图表。我们还会讨论一些具有误导性的图表，它们会误导读者对数据产生错误的判断。

原始的手绘图表时代已经过去，现代技术为我们提供了强大的工具来生成各式各样的图表。

启发性图表

点图

点图（又称为点阵图）由定量数据构成，其中每个数据值都是横坐标上方的一个点。若数据值相等，则点被堆叠在纵坐标上。

点图的特点

- 显示数据分布的形状。
- 通常可以根据点图重新构建原始数据值。

例 1： 男性心率的点图

图 2-6 展示了数据集 1 "身体数据"中男性心率的点图。50 刻度上方的两个点表示有两个心率为 50 的数据（在该点图中，因为原始心率都为偶数，所以横坐标仅出现偶数）。

出于教学目的，该点图包含了一个虚构的每分钟 10 次的心率（不属于原始数据集）。健康人的最低心率是每分钟 28 次，因此该值很明显是一个错误。在这种情况下，每分钟 10 次的心率是一个异常值，因为它与其他数据值相差甚远。刻画在点图上的异常值会很容易被检测到。在该例中，点图显示该分布的大致形状近似于正态分布，并且存在一个异常值。

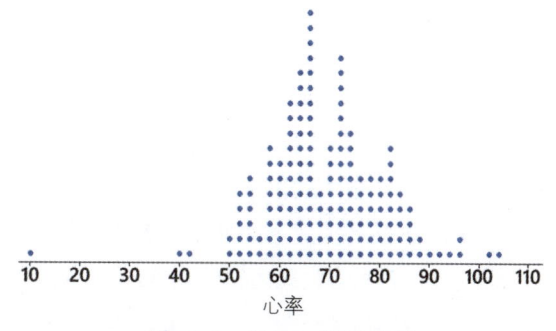

图 2-6：男性心率的点图

▶ 轮到你了：试试 2-3 基础题的习题 5

图表的力量

辉瑞处方药立普妥（阿托伐他汀）的年销售额约为 130 亿美元，并且有大约 5000 万人正在使用。它已经成为有史以来获利最高以及使用最为广泛的处方药。在立普妥研发早期阶段的对照试验中，科研人员将其与其他药物〔佐洛（辛伐他汀）、美瓦科（洛伐他汀）、来司可（氟伐他汀）和普拉伐他霍尔（普伐他汀）〕进行了比较，其总结报告中的一张图表显示，立普妥的曲线比其他药物的曲线上升得更快，直观地展示了立普妥在降低胆固醇方面比其他药物更为有效。当时就职于辉瑞公司的高级营销主管 Pat Kelly 说道："我永远不会忘记看到那张图表时……感叹'哦'！终于知道这是怎么回事了，我们可以宣布了！" 美国药监局批准了立普妥，并允许辉瑞公司在每张处方中附上该图表。辉瑞公司的销售人员还将该图表分发给了医生们。

扰动：点图和某些其他图表不太擅长处理数据中有很多相同数据值的情况。一种改良的方法是添加扰动，即随机地对数据值进行微调，使其不再重叠。不同于叠加相同的数据值，添加扰动后的数据值将被视为彼此接近的独立点。

茎叶图

茎叶图将每个定量数据的数据值都拆分为两部分来表示：茎（如最左边的数字）和叶（如最右边的数字）。通常会先对原始数据值进行舍入，然后再作图。此外，还可以对茎叶图进行扩展或压缩，以包含更多或更少的行数（参考 2-3 提高题的"习题 21"）。

茎叶图的特点

- 显示数据分布的形状。
- 保留原始数据值。
- 样本数据已按顺序排列。

例 2：男性心率的茎叶图

下面的茎叶图显示了数据集 1 "身体数据"中男性的心率（"例 1"中虚构的异常值不包含在本例中）。最低的心率 40 被拆分为 4（茎）和 0（叶）。茎和叶都是递增排序的，而非原始列表的顺序。把茎叶图按逆时针旋转 90° 后，就可以看到心率的分布（如同直方图或点图）。另外，茎叶图中的数据已排序，因此很容易看出最低值是每分钟 40 次，最高值是每分钟 104 次。排序后数据的中间值大约为每分钟 68 次。

```
 4 | 02          ←——————— 心率为40和42
 5 | 00222224444446688888888
 6 | 000000022222222222444444444466666666666666668888
 7 | 00000000222222222224444444444666666888888
 8 | 0000002222222224444446666688
 9 | 02466        ←——————— 心率为90、92、94、96、96
10 | 24
```

▶ 轮到你了：试试 2-3 基础题的习题 7

时间序列图

时间序列图（简称时序图）是关于时间序列数据的图，时间序列数据是在不同时间点收集的定量数据，如每月数据或每年数据。

时间序列图的特点

- 展示数据随时间变化的趋势。

得州神枪手谬论

"得州神枪手谬论"得名于一个人在谷仓边随机开枪，然后在弹孔周围画一个靶心。根据靶心内的弹孔，他声称自己是一个神枪手。当大量数据中仅有一小部分被使用时，就会出现这种谬论。因此，当我们听到"棒球运动员阿伦·贾奇在他最后的 14 个打数中有 7 个被击中"时，就应该知道这个不成比例的集合是经过精心挑选的。另外，通过疾病的出现次数而划分流行病也会产生类似的误导。

例 3： 全球个人计算机出货量的时间序列图

图 2-7 所示的时间序列图描述了个人计算机的年出货量（百万台）。可以看到，出货量一开始稳步上升，直到 2011 年达到峰值并开始下降。忽视该重要趋势，对于试图保持竞争力的企业来说可能是一场灾难。

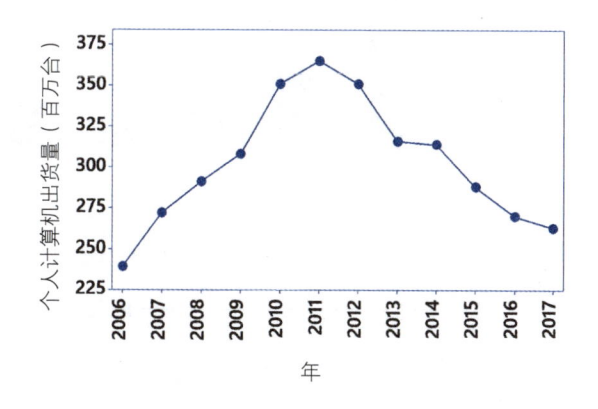

图 2-7：全球个人计算机出货量的时间序列图

▶ 轮到你了：试试 2-3 基础题的习题 9

条形图

条形图（或称为柱状图）使用宽度相等的长条来显示分类（或定性）数据的组内频数。长条之间可以存在或不存在小的间隙。

条形图的特点

- 显示分类数据的相对分布，便于进行组与组之间的比较。

帕累托图

帕累托图是一种用于分类数据的条形图，但长条必须按频数降序排列，即长条高度从左到右依次递减。

帕累托图的特点

- 显示分类数据的相对分布，便于进行组与组之间的比较。
- 将注意力放到更重要的类别上。

例 4：用帕累托图展示空难原因

2-1 节中的"例 2"包含了描述空难原因的频数分布表。图 2-8 展示了基于表 2-3 的帕累托图。图 2-8 和表 2-3 使用了相同的数据，但图 2-8 能让读者更加鲜明地看到，飞行员失误是空难的最重要原因。另外，图 2-8 并没有严格遵循长条高度从左到右依次递减的要求，而是将"其他原因"的组放置在图的最右边起到可视化的效果。

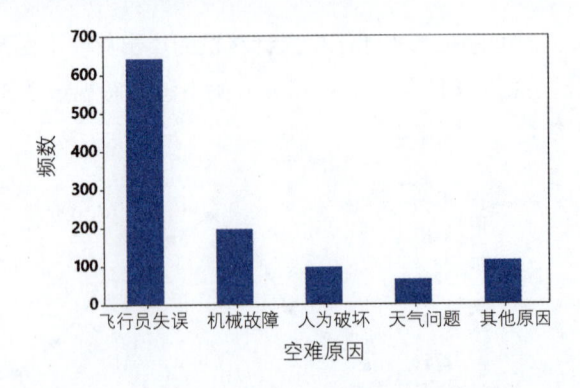

图 2-8：空难原因的帕累托图

▶ 轮到你了，试试 2-3 基础题的习题 11

> **统计学家会成功的原因**
>
> "如果你说天上有一头大象在飞,人们是不会相信你的。但是如果你说天上有 425 头大象在飞,人们可能会相信你。" ——加夫列尔·加西亚·马尔克斯

饼状图

饼状图(或称为饼图)是用扇形切片描述分类数据的一种非常常见的统计图表,其中每个切片的大小与每组的频数成正比。尽管饼状图很常见,但它并不如帕累托图实用。

饼状图的特点

- 展示分类数据的分布。

例 5: 空难原因的饼状图

图 2-9a 是"例 4"中数据的饼状图。构建饼状图的要点在于圆的切片必须代表与之对应的相对频数的适当比例。例如,"飞行员失误"这一组占总体的 640/1104(58%),即代表飞行员失误的切片需要占圆的 58%(圆心角度为 $0.58 \times 360° = 209°$)。

图 2-9b 展示了每一个切片所代表的内容。

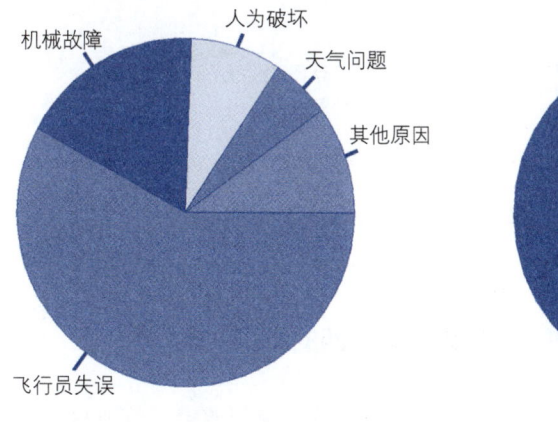

图 2-9a:空难原因的饼状图

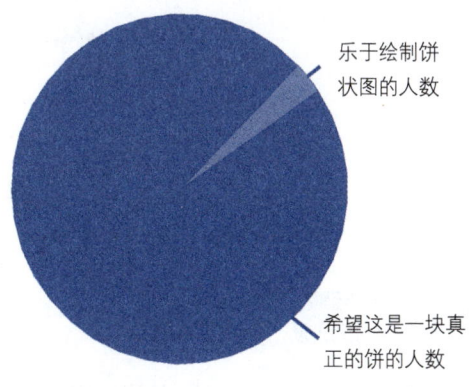

图 2-9b:有趣的"饼"状图

▶ 轮到你了,试试 2-3 基础题的习题 13

图 2-8 中的帕累托图和图 2-9a 中的饼状图以不同的方式描述了相同的数据,但帕累托图在显示不同组之间的相对大小方面更为突出。信息可视化专家爱德华·塔夫特给出过下面的建议:

饼状图把笔墨浪费在不是数据本身的其他部分,并且缺乏恰当的标度,因此永远不要使用饼状图。

频数多边形

频数多边形使用线段将位于组中值正上方的点连接起来。频数多边形与直方图非常相似,但前者使用的是线段,而不是长条。

基本频数多边形的一个变体是相对频数多边形,其纵坐标是相对频数(比例或百分比)。相对频数多边形的一个优势是,两个或多个相对频数多边形可以被组合在一张图表上,便于比较(参见图 2-11)。

CP 例 6: 洛杉矶每日通勤时间的频数多边形

表 2-2 所示的频数分布表汇总了洛杉矶每日通勤时间,其对应的频数多边形如图 2-10 所示。点的高度对应于组内频数,线段向两侧延伸,使得图表的起点和终点都位于横坐标上。

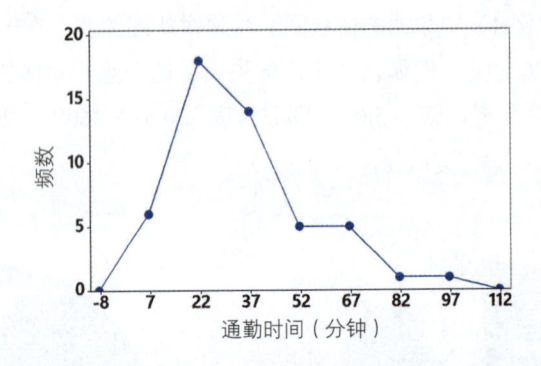

图 2-10:洛杉矶每日通勤时间的频数多边形

▶ 轮到你了:试试 2-3 基础题的习题 15

CP 例 7: 相对频数多边形——洛杉矶和博伊西的每日通勤时间

数据集 31 "通勤时间" 中包含了加州洛杉矶和爱达荷州博伊西的 1000 个每日通勤时间的数据。图 2-11 是这些数据对应的相对频数多边形,不同于表 2-2 和 "例 6" 中使用的 50 个小样本数据。图 2-11 显示洛杉矶的通勤时间比博伊西的通勤时间要长(在图中更向右偏)。考虑到洛杉矶的人口密度,这是意料之中的结果。

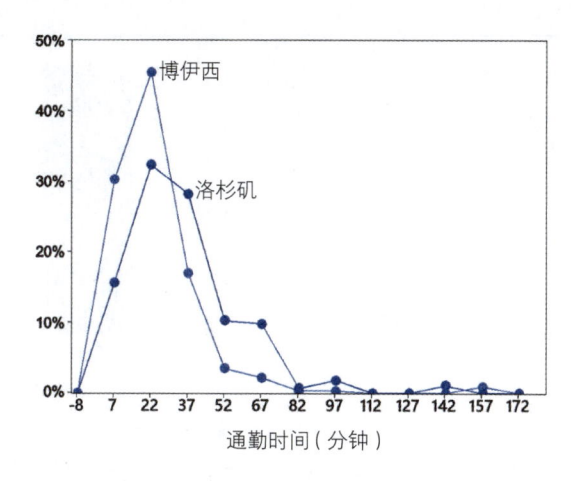

图 2-11：洛杉矶和博伊西每日通勤时间的相对频数多边形

误导性图表

误导性图表通常被用于误导大众，统计学专业的学生不应当轻易受到这种误导的影响。统计图表的构建应该是公平且客观的，读者应当从中做出自己的判断，而不是被其误导。本节将介绍两种常见的使用图表歪曲数据的方法。

非零纵轴

一种常见的误导性图表的纵轴是从大于零的某个值开始的，以此夸大组与组之间的差异。

> **非零纵轴**：仔细检查统计图表的纵轴，看它是否是从会夸大组间差异的非零点开始的。

例 8： 误导性图表——非零纵轴

图 2-12(a) 和图 2-12(b) 使用的是奥施康定临床试验中相同的数据。奥施康定是一种用于治疗中度至重度疼痛的药物。该临床试验的结果包括奥施康定治疗组和安慰剂组中出现恶心症状的受试者所占的百分比。

图 2-12(a) 使用从 10% 开始的纵坐标，严重夸大了两组之间的差异。根据图 2-12(a)，使用奥施康定的受试者出现恶心症状的百分比比使用安慰剂那一组的百分比看上去要高出约 12 倍，但图 2-12(b) 显示其真实比例约为 2：1，而不是 12：1。也许有人想误导大众，让其相信恶心症状的出现比实际情况要严重得多，从而阻止人们滥用药物。目的可能是善意的，但使用误导性图表不是达到该目的的正确方法。

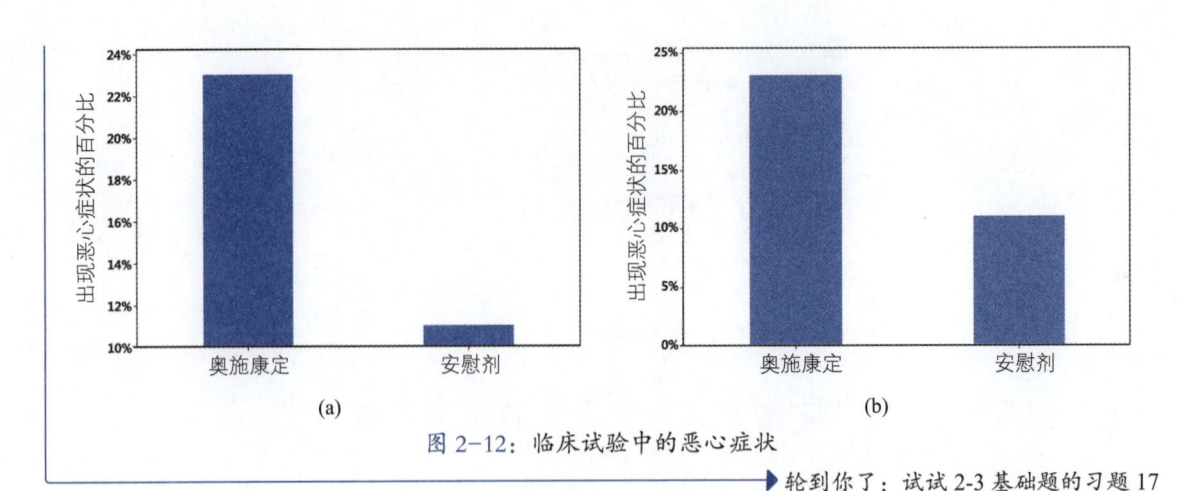

图 2-12：临床试验中的恶心症状

▶ 轮到你了：试试 2-3 基础题的习题 17

图标

物体的图画被称为图标，其常常也具有误导性。一维数据（如预算金额）通常用二维对象（如纸币）或三维对象（如成堆的纸币）来描述。通过图标，艺术家可以利用简单的基本几何原理来制造严重扭曲的虚假印象：①正方形每条边变为原来的 2 倍，将导致其面积变为原来的 4 倍，而不仅仅是 2 倍。②正方体每条边变为原来的 2 倍，将导致其体积变为原来的 8 倍，而不仅仅是 2 倍。

> **图标**：检查描述数据的图标是否具有误导性，因为具有面积或体积的对象会被用来描述实际上是一维的数据（直方图和条形图用二维的长条来表示一维数据，但其使用的是相同宽度的长条，所以图表不会产生误导性）。

例 9： **误导性图表——图标的使用**

美国国家安全局收集的电话记录的数量从 1.51 亿次跃升至 5.34 亿次，5.34 亿大约是 1.51 亿的 3.5 倍。参考图 2-13，可以看到较大电话机的长和高大约都是较小电话机的 3.5 倍。但较大电话机看起来是较小电话机的 12 倍，而实际上前者应该只是后者的 3.5 倍（也就是说，如果正方形的边长变为原来的 2 倍，那么其面积就会变为原来的 4 倍）。

图 2-13 误导大众，使其相信增长的幅度要比实际大得多。正确的图表应该是一个纵坐标从 0 开始的简单条形图：用两个长条表示两年电话记录的数量。

第一年：1.51 亿次 　　　　第二年：5.34 亿次

图 2-13：误导性图标

▶ 轮到你了：试试 2-3 基础题的习题 19

总结性思考

除了本节讨论的图表，还有许多其他有用的图表——其中一些可能还没有被设计出来。这个世界迫切需要更多可以设计和创造启发性图表的人。爱德华·塔夫特在 *The Visual Display of Quantitative Information* 一书中提出了以下原则：

- 对于包含 20 个数据或更少的数据集，使用表格而不是图表。
- 统计图表应该让读者把注意力集中在数据的本质上，而不是其他元素，比如吸引眼球但分散注意力的设计（如图 2-13 中的电话机）。
- 不要扭曲数据；构建用于揭示数据真实本质的图表。
- 图表中所有的信息都应该为数据服务，而不是其他设计元素。

使用软件

绘图功能

此处列出了每种统计软件可以绘制的图表类型。

Excel

直方图、时间序列图、条形图、帕累托图、饼状图、散点图。

R

直方图、点图、茎叶图、时间序列图、条形图、帕累托图、饼状图、频数多边形、散点图。

2-4 散点图、相关分析与回归分析

核心概念：本节将介绍关于成对数据的分析。其中，第 1 部分将讨论相关性以及散点图的作用；第 2 部分将介绍线性相关系数的使用；第 3 部分将简要介绍线性回归，包括配对样本的最佳拟合线的方程和图。

本节中讨论的所有原理都会在第 10 章中进行更全面的介绍，本节只涉及关于相关分析和回归分析的一些重要概念。第 10 章会介绍使用统计软件来获得结果。

第 1 部分：散点图和相关性

本节的目的是探讨两个变量之间是否存在相关性。我们从基本的定义开始讲起。

> **定义**
> 如果一个变量的值与另一个变量的值具有某种关联，那么这两个变量之间存在**相关性**。
> 如果两个变量之间存在相关性，且其散点图的点近似于一条直线，那么这两个变量之间存在**线性相关性**。
> **散点图**是由成对的定量数据 (x,y) 组成的图，其中横轴代表变量 x，纵轴代表变量 y。

> **注意**：两个变量之间存在相关性并不一定意味着其中一个变量是导致另一个变量的原因。比如可能会发现喝啤酒和体重之间存在相关性，但不能从统计上得出喝啤酒对体重有直接影响的结论。
>
> **相关不蕴涵因果！**

年轻人与老年人

据美国普查局估计，到 2035 年，18 岁及以下的人口将达到 7670 万，65 岁及以上的人口将达到 7800 万。这将是美国老年人的数量首次超过年轻人。

散点图在确定两个变量之间是否存在相关性（或关联）时非常有用（详细讨论参见 10-1 节）。

例 1： 存在相关性——用相机对海豹称重

表 2-10 中列出的是从航空照片中测得的海豹头顶的宽度（厘米）和这些海豹的重量（千克）。这项研究的目的是确定是否可以从海豹的头顶照片中判断出其重量。图 2-14 是根据这些数据绘制的散点图，从图中可以看出从左到右有明显的递增趋势。该趋势表明海豹头顶的宽度和海豹的重量之间存在相关性。因此，我们可以用相机来"称"海豹的重量。

（数据来源："Mass Estimation of Weddell Seals Using Techniques of Photogrammetry", R. Garrott, Montana State University.）

表 2-10：海豹的头顶宽度与重量

头顶宽度（厘米）	7.2	7.4	9.8	9.4	8.8	8.4
重　　量（千克）	116	154	245	202	200	191

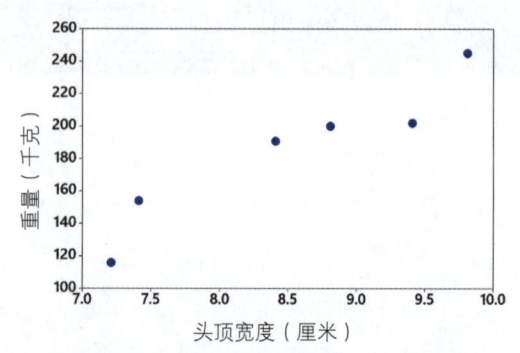

存在相关性：散点图存在明显趋势，表明海豹头顶的宽度和海豹的重量之间存在相关性。

图 2-14：海豹的头顶宽度与重量

➤ 轮到你了：试试 2-4 基础题的习题 7

例2: 不存在相关性——总统的身高与其主要对手的身高

"数据集22"中包含了总统的身高(厘米)与其主要对手的身高(厘米)。图2-15是该配对样本的散点图,可以看到该图没有显示出任何明显的趋势。这种趋势的缺乏表明总统的身高与其主要对手的身高之间不存在相关性。

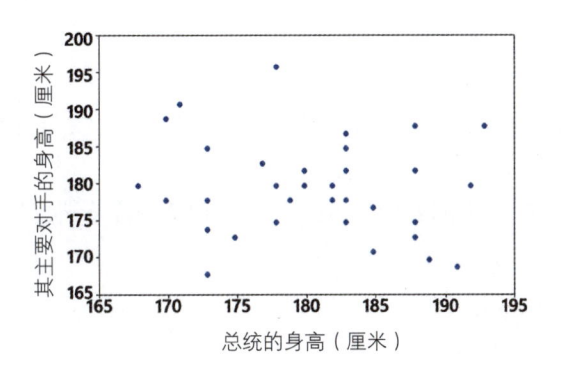

不存在相关性:散点图不存在明显的趋势,表明总统的身高与其主要对手的身高之间不存在相关性。

图 2-15:总统的身高与其主要对手的身高

> 轮到你了:试试 2-4 基础题的习题 5

例3: 不存在相关性——硬币的质量与其制造年份

如图2-16所示,该散点图描述了由72枚硬币的重量(克)和其制造年份组成的成对数据。可以看出图中有两个非常不同的群组,这是因为数据来自两个不同的总体:1983年以前的硬币含有97%的铜和3%的锌,而1983年以后的硬币含有2.5%的铜和97.5%的锌。如果忽略了群组的特征,则可能会错误地认为硬币的重量和其制造年份之间存在相关性。如果我们分别研究这两组数据,那么就会发现硬币的重量和其制造年份之间并不存在相关性。

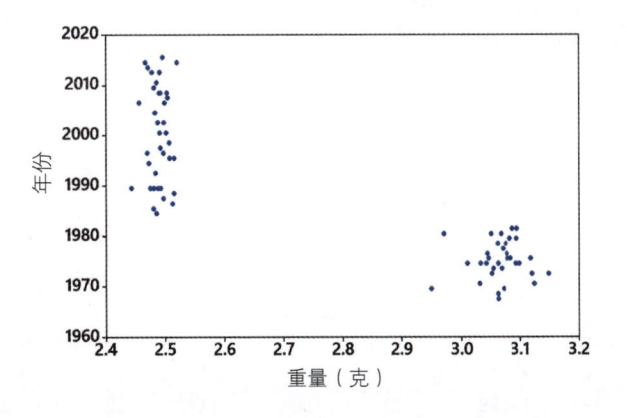

图 2-16:硬币的重量与制造年份

上述三个例子是通过散点图来主观判断变量间是否存在相关性的,而第 2 部分介绍的线性相关系数作为一种数值度量,可以帮助我们更加客观地判断变量间的相关性。通过成对数据,我们可以计算线性相关系数 r 的值。

第 2 部分:线性相关系数

> **定义**
> 线性相关系数(记作 r)度量样本中 x 值与 y 值之间线性相关性的强度。

线性相关系数 r 的值可以通过公式 10-1 或公式 10-2 手算求得,但在实践中,通常可以使用统计软件来计算。

通过 r 值判断线性相关性

线性相关系数 r 的值位于 -1 和 1 之间。如果 r 接近 -1 或 1,则说明变量间存在线性相关性;如果 r 接近 0,则说明变量间不存在线性相关性。对于图 2-14 的散点图中描述的数据,$r = 0.948$(接近 1);对于图 2-15 的散点图中描述的数据,$r = -0.144$(非常接近 0)。这些"接近"-1、1 或 0 的描述是很模糊的,为此,我们将使用一个含有特殊值的表(表 2-12)来客观地判断变量间是否存在线性相关性。请看以下解读线性相关系数 r 的例子。

例 4: 通过 5 对数据判断鞋印长度与身高之间是否存在相关性

考虑表 2-11 中的数据(来自数据集 9 "足与身高")。我们很难通过散点图判断数据间是否存在线性相关性。根据统计软件的结果显示,线性相关系数的值为 $r=0.591$(舍入后)。

表 2-11:鞋印长度与男性身高

鞋印长度(厘米)	27.6	29.7	29.7	31.4	31.8
身　　高(厘米)	172.7	175.3	177.8	185.4	175.3

Statdisk
```
Sample Size, n:      5
Degrees of Freedom:  3

Correlation Results:
Correlation Coeff, r:   0.59127
Critical r:            ±0.87834
P-Value (two-tailed):   0.29369

Regression Results:
Y= b0 + b1x
Y Intercept, b0:      125.40733
Slope, b1:              1.72745

Total Variation:       95.02000
Explained Variation:   33.21891
Unexplained Variation: 61.80109
Standard Error:         4.53876
Coeff of Det, R^2:      0.34960
Adjusted R^2:           0.13280
```

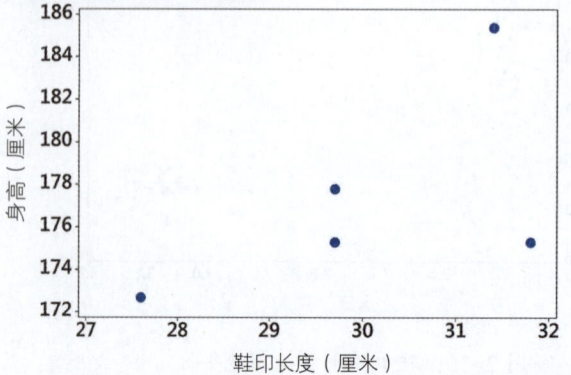

▶ 轮到你了:试试 2-4 基础题的习题 9

我们可以使用以下标准来解读线性相关系数。

根据表 2-12 解读：考虑表 2-12 中的临界值为绝对值，并绘制一个类似于图 2-17 的图。使用表中的值，根据以下标准来判断线性相关系数 r 是 "接近" 0、"接近" -1 还是 "接近" 1。

- **存在相关性**：如果所得的线性相关系数 r 位于图中左尾或右尾区域（区域的划定由表中的临界值确定），那么可以得出有足够的证据支持存在线性相关性的结论。
- **不存在相关性**：如果所得的线性相关系数 r 位于两个临界值之间，那么可以得出没有足够的证据支持存在线性相关性的结论。

由图 2-17 可知，"例 4" 中所得的线性相关系数 $r = 0.591$ 介于临界值 -0.878 和 0.878 之间（由表 2-12 得出）。根据线性相关系数的判断标准，可以认为 $r = 0.591$ 的值接近 0，而不是接近 -1 或 1。因此，没有足够的证据支持男性的鞋印长度与身高之间存在线性相关性。

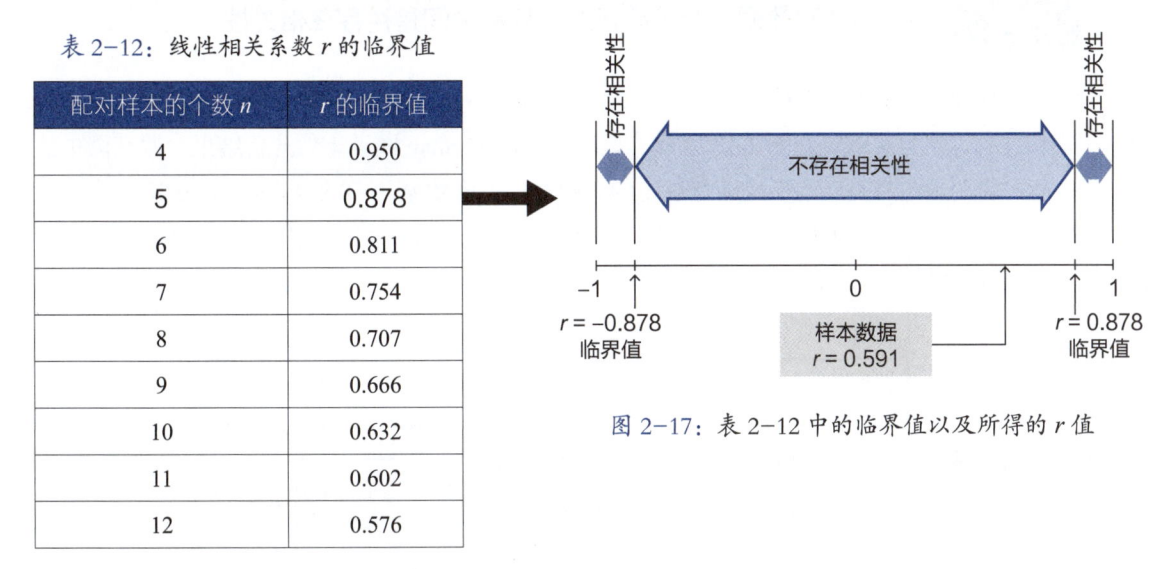

表 2-12：线性相关系数 r 的临界值

配对样本的个数 n	r 的临界值
4	0.950
5	0.878
6	0.811
7	0.754
8	0.707
9	0.666
10	0.632
11	0.602
12	0.576

图 2-17：表 2-12 中的临界值以及所得的 r 值

通过 p 值判断线性相关性

在应用统计的实际使用场景中，通过表 2-12 判断变量间是否存在线性相关性的方法有些过时了。本书 10-1 节描述了一种更常见的基于 "p 值" 而不是表格的判断。第 8 章会介绍 p 值，以下是适用于本节的简单定义。

> **定义**
> 如果两个变量之间不存在线性相关性，那么 p 值是得到至少与该配对样本的线性相关系数 r 一样极端的线性相关系数的概率。

"例4"中统计软件的结果显示 p 值为 0.294（舍入后）。也就是说，在假设鞋印长度与身高之间不存在线性相关性的条件下，有 29.4% 的概率会得到 $r = 0.591$ 或更极端的线性相关系数（"至少与 0.591 一样极端"的 r 值表示大于或等于 0.591 和小于或等于 −0.591）。

解读 p 值： "例4"中 0.294 的 p 值是非常高的。这表明当两个变量之间不存在线性相关性时，很有可能会偶然得到 $r = 0.591$（或更极端的值）的线性相关系数。因为得到 $r = 0.591$ 或更极端的值的可能性非常大（29.4% 的概率），所以我们可以得出没有足够的证据证明鞋印长度与身高之间存在线性相关性的结论。

只有较小的 p 值（如 0.05 或更小）能够表明不存在线性相关性时，不太可能偶然出现这样的样本结果，较小的 p 值才能支持两个变量之间存在线性相关性的结论。

例5： 通过 40 对数据判断鞋印长度与身高之间是否存在相关性

"例4"只使用了 5 对数据。如果使用"数据集 9"中列出的所有 40 名受试者的鞋印长度和身高，那么可以得到图 2-18 所示的散点图以及 Minitab 统计软件分析结果。散点图中的点有一个明显的趋势，而不是随意散布的。线性相关系数为 $r = 0.813$，p 值为 0.000（保留 4 位有效数字）。因为 0.000 的 p 值非常小，所以有足够的证据可以支持鞋印长度与身高之间存在线性相关性。

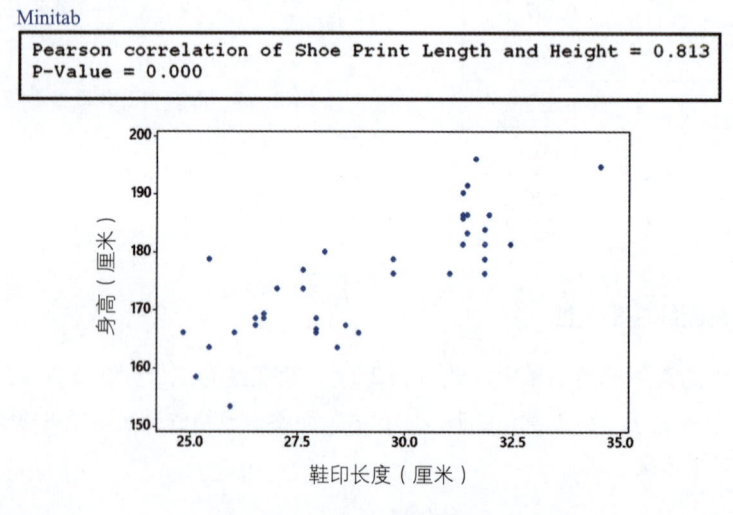

```
Minitab
Pearson correlation of Shoe Print Length and Height = 0.813
P-Value = 0.000
```

图 2-18：40 对数据的散点图

值得注意的是，在只有 5 对数据的"例4"中，没有足够的证据支持存在线性相关性的结论，但在有 40 对数据的"例5"中，则有足够的证据支持存在线性相关性的结论。

▶ 轮到你了：试试 2-4 提高题的习题 13

第 3 部分：回归分析

如果两个变量之间存在线性相关性（如"例 5"），那么就可以找到拟合样本数据的最佳线性方程。该方程可以在给定一个变量的值时，预测另一个变量的值。比如根据"例 5"的结果，可以通过某人的鞋印（可能是在犯罪现场发现的）长度来预测其身高。

> **定义**
> 给定一组成对数据，**回归线**（又称为最小二乘线）是其对应散点图中数据的**最佳拟合线**（最佳拟合的标准是最小二乘法，在本书 10-2 节中会介绍）。

> **回归方程**
> $$\hat{y}=b_0+b_1x$$
> 其中，b_0 是直线在 y 轴的截距，b_1 是直线的斜率。该方程为回归线的代数方程。

本书 10-2 节会具体介绍计算截距和斜率的公式，但在实际操作中，通常可以通过统计软件求值。

例 6： 通过回归线判断相关性

"例 5"展示了 40 名受试者的鞋印长度和身高的散点图。图 2-19 展示了相同的散点图，但添加了回归线，并附上了统计软件的分析结果。

从统计软件显示的结果来看，在回归方程的一般形式中，包含 y 截距 b_0=80.9（舍入后）和斜率 b_1=3.22（舍入后），所以图 2-19 所示的回归方程为 $\hat{y}$=80.9+3.22x。可以通过使用相对应的变量名称来更为清楚地表达该等式：

$$身高 =80.9+3.22（鞋印长度）$$

注意，方程中 y 轴截距为 80.9，它并没有出现在图中的纵坐标上。该散点图的原点并不是 (0,0)。如果将该图向左延伸，回归线将在 y=80.9 的高度与 y 轴相交。

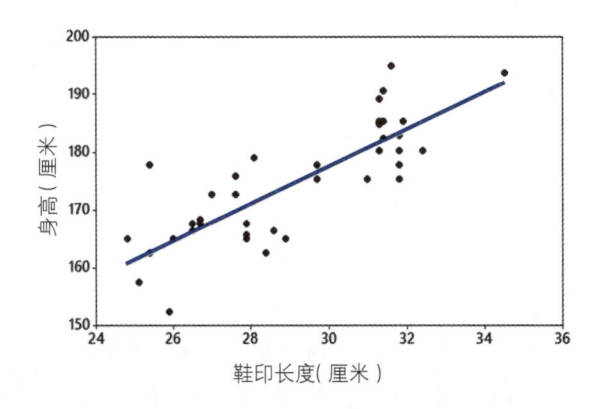

图 2-19：带回归线的散点图

3-1：集中趋势的度量指标

3-2：离散程度的度量指标

3-3：相对位置的度量与箱形图

第3章

描述、探索和比较数据

本章问题 说到底，这就是一个小世界！

数据集33"迪士尼乐园等候时间"中包含数个迪士尼游乐项目在上午10点和下午5点的等候时间（数据是作者通过迪士尼应用程序"我的迪士尼体验"采集的）。哪些游乐项目的等候时间最长？单个项目等候时间的离散程度有多大？不同时间段的等候时间有何不同？对于园区游客和负责园区管理及运营的工作人员来说，这些都是至关重要的问题。

队列是指一列等待被服务的人、交通工具或者物品。排队论是一门复杂但重要的学科，它的应用涉及我们每个人的日常生活。值得注意的是，这其中关于队列的心理学应用通常比统计学要重要得多。让我们来看以下三个例子。

- 到达休斯敦国际机场的旅客抱怨等候拿取行李的时间太长，但是通过增加行李传送带减少等候时间并没有消除旅客的抱怨。于是，旅客下机闸口被设置在远离行李提取处的地方，旅客需要走更远的路才能拿到行李。这样一来，旅客的抱怨反而显著下降了，原因在于，现在他们把原本等待的时间用在了步行上。

- 现在很多车管局都会为访客提供排队号以及预期所要等待的时间。大屏幕上会清晰地显示当前排队状况。研究显示，为访客提供排队信息能够有效减少他们排队时产生的紧张和焦虑情绪。

- 奥兰多环球影城的"哈利·波特与逃离古灵阁"的排队等候区设有夺人眼球的设施和表演，比如可以看到有很多哥布林的古灵阁、以比尔·韦斯莱为特色的表演，以及带给人们深入地下金库错觉的电梯。这些眼花缭乱的体验让炎炎夏日中的排队等待变得惬意。

本章将着手研究关于等候时间的统计量，但应当谨记，许多行之有效的决策不仅仅需要统计知识，更需要依据常识。

让我们来考虑两个最受欢迎的迪士尼游乐项目"飞越太空山"和"阿凡达飞行历险"在上午 10 点的等候时间。

图 3-1 中的点图显示相比于"阿凡达飞行历险"，"飞越太空山"的等候时间更短。后者最大值与最小值之间的差值也小于前者。这种图表的解读过于主观，本章将介绍在任何统计研究中都至关重要的度量指标，其中非常重要的统计量有均值、中位数、标准差和方差。我们将使用这些统计量来描述、探索和比较"数据集 33"中列出的迪士尼著名游乐项目的等候时间。

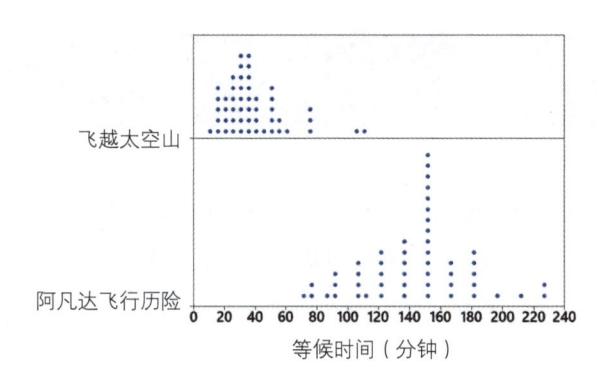

图 3-1：迪士尼乐园的等候时间

本章目标

批判性思维和解读：超越公式与算术本身

现代统计学课程强调的不仅仅是记忆公式和进行复杂运算的能力。我们可以借助统计软件得到结果，以便把精力放在如何通过批判性思维给出合理的结论上。本章提供了相关重要流程的详细步骤，我们并不需要将其全部熟练掌握，但一般而言，在运用统计软件之前，进行一些手算可以帮助我们更好地深入理解。

本章中出现的方法和工具通常被称为描述性统计方法，它用于概括或描述数据的相关特征。在后面的章节中，我们将会运用推断统计对总体做出推断或泛化研究。以下是本章目标。

3-1：集中趋势的度量指标

- 通过计算均值、中位数、众数和中程数，掌握集中趋势的度量指标。
- 判断异常值是否对均值和中位数产生实质性影响。

3-2：离散程度的度量指标

- 通过计算全距、方差和标准差，掌握离散程度的度量指标。
- 运用范围经验法则，掌握标准差的解读，并学会判断某一数值是否显著低或显著高。

3-3：相对位置的度量与箱形图

- 掌握 z 分数，学会通过 z 分数的结果判断某一数值是否显著低或显著高。
- 掌握百分位数和四分位数。
- 掌握构建数据的箱形图。

3-1 集中趋势的度量指标

核心概念：本节的重点是讲解数据集集中趋势的度量指标。具体来讲，我们将用均值和中位数来度量集中趋势。我们的目标不仅仅是求解度量集中趋势的数值，更重要的是如何解读。建议读者在学习第 2 部分之前，先充分理解本节第 1 部分介绍的核心概念。

第 1 部分：集中趋势度量的基本概念

这一部分包含度量集中趋势的不同统计量：均值、中位数、众数和中程数。集中趋势的度量指标被广泛用于"总结"数据集的有代表性的数值。

> **定义**
> 集中趋势的度量指标是位于一组数据中心或中间的数值。

度量集中趋势可以有不同的方法，对于不同的方法会有不同的定义。我们从均值开始介绍。

均值

通常来讲，在所有用来描述数据的数值型度量指标中，最重要的就是均值，也就是大家所说的平均数。

> **注意**：在表示集中趋势的度量值时，千万不要使用"平均数"这个词。它通常被用来指代均值，但有时候也会被用来表示其他集中趋势的度量值。统计学家不会使用"平均数"这个词。在本书后面的章节中，但凡涉及有关具体集中趋势的度量值时，也不会使用该词。统计学界或者专业期刊同样不会使用该词。从现在开始，在提及集中趋势的度量值时，就不要再使用平均数这种说法了。

> **定义**
> 数据集的**均值**（或算术均值）是针对其集中趋势的度量指标，即所有数据值之和除以所有数据值的个数。

均值的重要性质

- 如果从同一总体中抽取不同的样本并计算其均值（样本均值），那么它们之间的差异会小于其他集中趋势的度量指标。
- 计算数据集的均值需要用到其中所有的数据值。
- 均值的一个缺点是，仅一个极端值（异常值）就可以大大改变均值的结果（根据以下定义，我们可以说均值不具备抗性）。

> **定义**
> 如果一个统计量没有因极端值（异常值）的存在而发生很大的变化，那么该统计量就具备**抗性**。

均值的计算及其数学符号

均值定义的数学表达式为公式 3-1，其中希腊字母 $\sum$ 为求和符号，所以 $\sum x$ 为所有数据值之和。n 代表样本量，即所有数据值的个数。

> **公式 3-1**
>
> $$\text{均值} = \frac{\sum x \;\leftarrow \text{所有数据值之和}}{n \;\;\leftarrow \text{所有数据值的个数}}$$
>
> 如果数据是来自总体的样本，则将均值记作 $\bar{x}$（读作 x 杠）。如果数据即总体，则将均值记作 μ。

数学符号

提示：样本统计量通常用英文字母表示，比如 $\bar{x}$，而总体参数通常用希腊字母表示，比如 μ。

$\sum$ 表示某个数据集的数据值之和

x 通常用作代表数据值的变量

n 样本量

N 总体大小

$\bar{x} = \dfrac{\sum x}{n}$ 样本均值

$\mu = \dfrac{\sum x}{n}$ 总体均值

课程人数的悖论

至少存在两种可以计算每门课程平均人数的方法，但结果却大相径庭。在一所大学里，如果我们得到737门课程所有学生人数的数据，那么可以计算出每门课程平均有40个学生。但如果创建一个列表，其中包含每个学生的课程人数，那么可以通过该列表计算出每门课程平均有147个学生。导致两者存在巨大差异的原因是大部分学生上的是大班课，只有少数学生上小班课。因为通常小班课出勤率更高，所以在不改变课程数量或教职员工的情况下，可以采取让每门课程的人数相对一致的方法来改善学生的上课体验，以提高出勤率。

CP **例1：** **均值**

数据集 33 "迪士尼乐园等候时间"中包含 6 个大众游乐项目的等候时间（分钟）。试求在上午 10 点 "飞越太空山"前 11 个等候时间的均值：

50　25　75　35　50　25　30　50　45　25　20

解答：

根据公式 3-1，先计算出所有数据值之和，再除以所有数据值的个数，即可得到均值。

$$\bar{x} = \frac{\sum x}{n} = \frac{50+25+75+35+50+25+30+50+45+25+20}{11} = \frac{430}{11} = 39.1 \text{ 分钟}$$

因此，"飞越太空山"的平均等候时间为 39.1 分钟。

▶ 轮到你了：试试 3-1 基础题的习题 5

中位数

中位数可以被大致理解为"中间的值",即数据集中一半的值比中位数小,另一半的值比中位数大。以下为更加精确的定义。

> **定义**
> 数据集的中位数是针对其集中趋势的度量指标,即将原始数据值按升序(或降序)排列后排在中间的值。

中位数的重要性质

- 如果数据中有一些极端值,中位数不会受到很大影响,那么中位数就是一个具备抗性的集中趋势的度量指标。

- 中位数没有直接用到所有的数据值(例如,如果将数据中的最大值改为更大的值,则中位数不会改变)。

中位数的计算及其数学符号

样本的中位数通常用 $\tilde{x}$(或 M,Med)表示,但并没有一个被广泛认定的符号,也没有专门的符号来标记总体中位数。计算中位数,首先要对数据值进行排序,然后按照以下流程之一进行计算。

1. 如果数据值的个数为奇数,那么中位数为排序后排在中间位置的值。

2. 如果数据值的个数为偶数,那么中位数为排序后排在中间两个值的均值。

测量单位的重新定义

1983 年,距离单位"米"被重新定义为光束在真空中用 1/299,792,458 秒走完的距离。1967 年,时间单位"秒"被重新定义为铯 -133 的原子基态跃迁 9,192,631,770 个周期的持续时间。

在 1889 年到 2018 年期间,质量单位"千克"被定义为国际千克原器的质量:一块存放在巴黎保险库中的铂铱合金。现在质量单位"千克"被重新定义为普朗克常数:一个自然界的物理常数。具体的定义较为复杂,但新的定义可以实现用自然常数而不是实物来定义国际单位制(SI)的基本单位。

截至撰写本书时,仅有利比里亚、缅甸和美国这三个国家还没有把国际单位制纳入官方的测量单位制。

例2： 中位数——奇数个数据值

试求在上午 10 点"飞越太空山"前 11 个等候时间的中位数。

50 25 75 35 50 25 30 50 45 25 20

解答：

先将数据值按升序排列，结果如下：

20 25 25 25 30 35 45 50 50 50 75

因为数据值的个数是奇数（11），所以中位数为排序后中间位置的数据值，即 35.0 分钟。需要注意的是，中位数 35.0 分钟和"例1"中得到的均值 39.1 分钟不同。

▶ 轮到你了：试试 3-1 基础题的习题 17

例3： 中位数——偶数个数据值

重复"例2"，但使用在上午 10 点"飞越太空山"前 12 个等候时间的数据。即计算以下等候时间（分钟）的中位数：

50 25 75 35 50 25 30 50 45 25 20 50

解答：

先将数据值按升序排列，结果如下：

20 25 25 25 30 35 45 50 50 50 50 75

因为数据值的个数是偶数（12），所以中位数为排序后中间两个数据值（35 和 45）的均值。因此中位数为 (35+45)/2=40.0 分钟。

▶ 轮到你了：试试 3-1 基础题的习题 7

众数

众数并不常用于定量数据，但是唯一可以被应用于定性数据（只包括姓名、标签或者类别的数据）的集中趋势的度量指标。

定义

数据集中的**众数**是出现频数最高的值。

众数的重要性质

- 对定性数据也可以计算众数。

- 一个数据集可以没有众数，或者有一个众数，或者有多个众数。

计算众数

一个数据集可以有一个众数、多个众数或没有众数。

- 如果两个数据值具有相同的最大频数，那么每个数据值都是众数，这样的数据集被认为是双众数的。
- 如果两个以上的数据值具有相同的最大频数，那么每个数据值都是众数，这样的数据集被认为是多众数的。
- 如果数据值没有重复出现，那么就不存在众数。

中位数并不是全部

哈佛大学植物学家史蒂芬·古尔德曾经写道："中位数并不是全部信息。"他描述了他是如何因患癌症（腹膜间皮瘤）而有此观点的。他去图书馆了解到该类型的癌症是不治之症，生存期中位数仅为 8 个月，为此他十分震惊。古尔德写道："我怀疑大多数没有学过统计知识的人看到这段话时，会理解为'我在 8 个月内必死无疑'。但是我们不能下这样的结论，因为这不是正确的，与癌症做斗争的心态才是最为重要的。"古尔德非常仔细地解读了中位数：因为他很年轻，且癌症被发现为早期，有最好的药物可以治疗，所以他的生存期要比中位数大很多。他推断一部分人的生存期应该远高于 8 个月，没有理由不相信他不在这些人里面。具备了对中位数深思熟虑的解读和积极的心态，古尔德在确诊后又活了 20 年。他最后死于一种和腹膜间皮瘤不相关的另一种癌症。

例 4： 众数

试求在上午 10 点"恐怖魔塔"前 11 个等候时间的众数：

35　35　20　50　95　75　45　50　30　35　30

解答：

对数据值进行排序，以便找到出现多次的数据值：

20　30　30　35　35　35　45　50　50　75　95

因为出现频数最高的值是 35（三次），所以众数为 35 分钟。

▶ 轮到你了：试试 3-1 基础题的习题 7

在"例4"中,众数是单个值。下面列出了其他可能的情况。

双众数:30、30、50、50 和 75 的等候时间(分钟)中有两个众数,分别为 30 分钟和 50 分钟。

无众数:20、30、35、50 和 75 的等候时间(分钟)中没有重复值,因此不存在众数。

中程数

集中趋势的另一个度量指标是中程数。

> **定义**
> 数据集的中程数是针对其集中趋势的度量指标:数据集的最大值和最小值之间的中间值,即最大值和最小值之和除以 2。其计算公式如下:
>
> $$中程数 = \frac{最大值 + 最小值}{2}$$

中程数的重要性质

- 中程数的计算只涉及最大值和最小值,因此它对异常值非常敏感,即不具备抗性。
- 在实际应用中,很少使用中程数,但它有三个可取之处:
  – 中程数很容易计算。
  – 中程数印证了一个数据集的集中趋势可以有多种不同的定义方式。
  – 中程数很容易和中位数混淆,因此需要熟记两者的定义。

例5: 中程数

试求在上午 10 点"飞越太空山"前 11 个等候时间的中程数:

50　25　75　35　50　25　30　50　45　25　20

解答:

中程数计算如下:

$$中程数 = \frac{最大值 + 最小值}{2} = \frac{75+20}{2} = 47.5 \text{ 分钟}$$

因此,中程数为 47.5 分钟。

➤ 轮到你了:试试 3-1 基础题的习题 7

集中趋势度量指标的舍入

当计算集中趋势的度量指标时，通常需要对结果进行舍入。我们使用下面的规则进行舍入。

> **集中趋势度量指标的舍入规则：**
> 对于均值、中位数和中程数，比原始数据值的位数多 1 位小数。
> 对于众数，数据值位数保持不变（因为众数值与某些原始数据值相同）。

当使用该舍入规则时，只对最终结果进行舍入，在计算过程中出现的中间值不需要舍入。请看如下例子：

- 2、3 和 5 的均值是 3.333333…，舍入到 3.3，比原始数据值 2、3 和 5 多 1 位小数。
- 80.4 和 80.6 的均值是 80.50（比原始数据值多 1 位小数）。

众数：因为众数是一个或多个原始数据值，所以不需要舍入。

批判性思维

在计算样本集中趋势的度量指标时，应该思考计算是否真的有意义。回忆 1-2 节，在名目测量尺度下对数据进行数值计算是没有意义的。因为数据仅由名称、标签或类别组成，所以计算像均值和中位数这样的统计量是没有意义的。我们还应该考虑用于收集数据的抽样方法。如果抽样方法不合理，那么得到的统计量很有可能会具有误导性。

例 6： 批判性思维与集中趋势的度量指标

对于以下列出的每一种情况，计算均值和中位数都是没有意义的。

1. 圣路易斯市拱门、白宫、五角大楼空军部、帝国大厦和自由女神像的邮政编码：63102, 20500, 20330, 10118, 10004（邮政编码只是地理位置的标签，不能用于度量或计算）。

2. 哈佛大学、约翰霍普金斯大学、纽约大学、斯坦福大学、杜克大学医学院的排名：1, 2, 3, 4, 10（排名只是反映了一种顺序，不能用于度量或计算）。

3. 新英格兰爱国者队赢得第 53 届超级碗的首发队员的号码：12, 26, 46, 15, 11, 87, 77, 62, 60, 69, 61（橄榄球球员的号码只是其名字的代号，不能用于度量或计算）。

4. 公司的首席执行官的年薪前 5 名（百万美元）：513.3, 256.0, 146.6, 141.7, 130.7（该类数据根本不能代表总体）。

5. 根据美国 50 个州居民的平均年龄计算得出全美居民的平均年龄（结果并不是真实的全美居民的平均年龄。50 个州的人口规模都应当考虑在内，本节第 2 部分将介绍加权平均数）。

▶ 轮到你了：试试 3-1 基础题的习题 5

本着描述、探索和比较数据的精神，考虑表 3-1 中的数据和图 3-2 中的点图，图表包含了两个游乐项目在不同日期上午 10 点的等候时间（来自数据集 33"迪士尼乐园等候时间"）。每个游乐项目的等候时间都按升序排列。

表 3-1：游乐项目的等候时间（分钟）

飞船摇滚飞车	15	20	45	45	45	55	55	70	75	95	110
恐怖魔塔	45	45	45	50	50	55	60	60	65	75	80

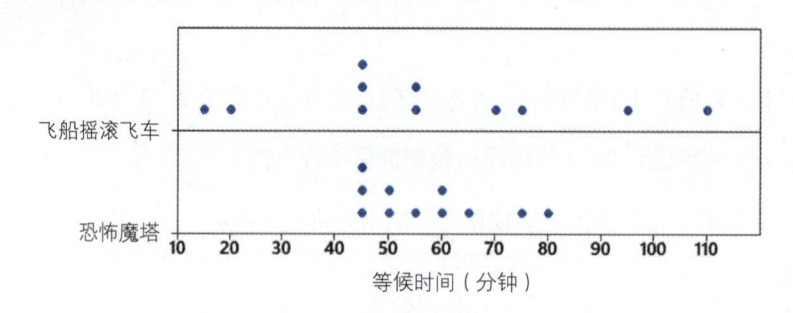

图 3-2：游乐项目等候时间的点图

表 3-2 总结了两个游乐项目等候时间的不同集中趋势的度量指标。

表 3-2：两个游乐项目等候时间的比较（分钟）

	均值	中位数	众数	中程数
飞船摇滚飞车	57.3	55.0	45	62.5
恐怖魔塔	57.3	55.0	45	62.5

怎么会出现这样的结果？两个游乐项目等候时间的所有集中趋势的度量值都相同！原因在于数据是经过精心挑选的。因为集中趋势的度量值完全相同，所以数据本身似乎是相同的。但以下这一点很重要：重新检查两组数据，试着找出集中趋势的度量指标不能确定的一个显著差异。找到了吗？如果没有找到，提示：3-2 节中的"例 8"介绍了该差异。

辛普森悖论

考虑以下数据：在篮球比赛中，巴特上半场 10 投 4 中（成功率为 40%），下半场 4 投 3 中（成功率为 75%），而霍默上半场 4 投 1 中（成功率为 25%），下半场 10 投 7 中（成功率为 70%）。可以看出，巴特在每个半场都比霍默表现好，但反观整场比赛，霍默 14 投 8 中（成功率为 57.1%），而巴特 14 投 7 中（成功率为 50%），霍默在整场比赛中表现更好。这就是辛普森悖论的一个经典例子：

> 每组都出现相同的均值趋势，但合并群组后，趋势可能是相反的。
>
> 一种经典而真实的情况是，加州大学伯克利分校的研究生项目录取了 44% 的男性申请者和 35% 的女性申请者（偏向男性），但当分别观察各个院系时，似乎又存在偏向女性申请者的情况。

第 2 部分：集中趋势度量指标的进阶

根据频数分布表计算均值

公式 3-2 与第 1 部分给出的均值计算公式相同，但它使用的是频数分布表中的汇总数据，并假设每组的所有样本值都等于该组的组中值。公式 3-2 并不是一个新的概念，它只是公式 3-1（均值计算公式）的变形。

公式 3-2：根据频数分布表计算均值

首先用每一个频数乘以组中值，然后将乘积相加。
↓
$$\bar{x} = \frac{\sum f \cdot x}{\sum f} \quad \text{（结果为近似值）}$$
↑
所有组的频数之和
（等于 n）

"例 7"展示了根据频数分布表求均值的过程。

例 7： 根据频数分布表计算均值

表 3-3 的前两列与第 2 章中表 2-2 的洛杉矶每日通勤时间的频数分布表数据相同。根据表 3-3 前两列的频数分布，试求均值。

表 3-3：洛杉矶每日通勤时间

洛杉矶每日通勤时间（分钟）	频数 f	组中值 x	$f \cdot x$
0~14	6	7.0	42.0
15~29	18	22.0	396.0
30~44	14	37.0	518.0
45~59	5	52.0	260.0
60~74	5	67.0	335.0

续表

洛杉矶每日通勤时间（分钟）	频数 f	组中值 x	$f \cdot x$
75~89	1	82.0	82.0
90~104	1	97.0	97.0
总和	$\sum f = 50$		$\sum (f \cdot x) = 1730.0$

解答：

当处理频数分布表中的汇总数据时，可以假设每组中的所有样本值都等于其组中值。以频数为 6 的第一组（0~14）为例，假设 6 个通勤时间都为其组中值 7 分钟，则两者之积为 $7.0 \times 6.0 = 42.0$，如表 3-3 的第 4 列中的第 1 项所示。对每组重复该步骤，可得公式 3-2 中分母的结果。表 3-3 的最后一行包含公式 3-2 的分子和分母的结果，计算如下：

$$\bar{x} = \frac{\sum (f \cdot x)}{\sum f} = \frac{1730.0}{50} = 34.6 \text{ 分钟}$$

因为结果是根据组中值而不是 50 个原始数据值计算得到的，所以 $\bar{x} = 34.6$ 是近似值。使用所有原始数据值得出的 31.4 分钟的均值才是一个更准确的结果。

▶ 轮到你了：试试 3-1 基础题的习题 29

计算加权平均数

如果不同的 x 值被赋予不同的权重 w，那么就可以计算加权平均数，参考公式 3-3。

公式 3-3

$$\text{加权平均数：} \bar{x} = \frac{\sum (w \cdot x)}{\sum w}$$

其中，分子的计算是先将每个权重 w 乘以与其对应的 x 值，再将所有乘积相加；分母是所有权重之和 $\sum w$。

例 8： 平均绩点的计算

假设某个学生大学一年级第一学期修了五门课，她的最终成绩以及每门课程的学分数分别为 A（3 学分）、A（4 学分）、B（3 学分）、C（3 学分）和 F（1 学分）。评分系统按照如下标准定义成绩等级：A=4；B=3；C=2；D=1；F=0（4, 3, 2, 1 为相应的分数）。试求其平均绩点。

解答：

使用学分数作为权重：$w = 3, 4, 3, 3, 1$。将 A、A、B、C 和 F 的字母等级替换为分数：

x=4,4,3,2,0。使用公式 3-3 计算如下,其结果为大学一年级第一学期的平均绩点 3.07(如果使用舍入规则,则结果为 3.1,但平均绩点通常会舍入到小数点后两位)。

$$\bar{x} = \frac{\sum(w \cdot x)}{\sum w} = \frac{(3\times4)+(4\times4)+(3\times3)+(3\times2)+(1\times0)}{3+4+3+3+1} = \frac{43}{14} = 3.07$$

▶ 轮到你了:试试 3-1 基础题的习题 33

使用软件

描述性统计量的示例

以下分析结果基于数据集 33"迪士尼乐园等候时间"中上午 10 点"飞越太空山"的等候时间。

R:

Min.	1st Qu.	Median	Mean	3rd Qu.	Max.
10.00	25.00	35.00	38.00	48.75	110.00

SPACE MT 10AM	
平均	38
标准误差	2.99318955
中位数	35
众数	35
标准差	21.1650463
方差	447.959184
峰度	3.22092059
偏度	1.64095661
区域	100
最小值	10
最大值	110
求和	1900
观测数	50

使用软件

描述性统计

Excel(需要 Excel 加载项:分析工具库)

1. 点击功能区中的"数据"选项卡,然后点击顶部菜单中的"数据分析"。

2. 在"分析工具"下选择"描述统计",点击"确定"按钮。

3. 在"输入区域"中输入变量的数据范围。如果数据第一行是变量名,则勾选"标志位于第一行"复选框。

4. 勾选"汇总统计"复选框,点击"确定"按钮,查看结果。

R

均值 / 五数概括法:summary(x)

标准差:sd(x)

方差:var(x)

3-2 离散程度的度量指标

核心概念：离散程度是统计学中最重要的一个主题，所以本节是本书中最重要的部分。本节介绍三种重要的离散程度的度量指标：全距、标准差和方差。虽然这些统计量只是简单的数字，但我们的重点不只是计算数字，而是培养对其解读的能力，尤其是标准差。

> **学习提示**：本节的第 1 部分介绍离散程度的基本概念，第 2 部分介绍与标准差相关的其他概念。这两部分都含有计算公式，但不要把大部分时间花在记忆公式和计算上。相反，我们的重点是解读标准差的含义。

第 1 部分：离散程度的基本概念

离散程度的可视化：图 3-3 分别通过直方图和点图比较了普通灌装可乐（下称"普通可乐"）和特殊灌装可乐（下称"特殊可乐"）的容量（普通可乐的容量来自"数据集 37"中的真实数据）。回忆 2-3 节，点图中的每个数据值都是横坐标上方的一个点。若数据值相等，则将点堆叠在垂直方向上。请注意以下对图 3-3 中两个数据集极其重要的观察结果：

- 两个数据集的容量均值都是 12.2 盎司。
- 两个数据集的离散程度非常不同，即数据点的散开程度显著不同（对比两个点图可以发现，普通可乐组的圆点相距非常近，而特殊可乐组的圆点相距甚远）。

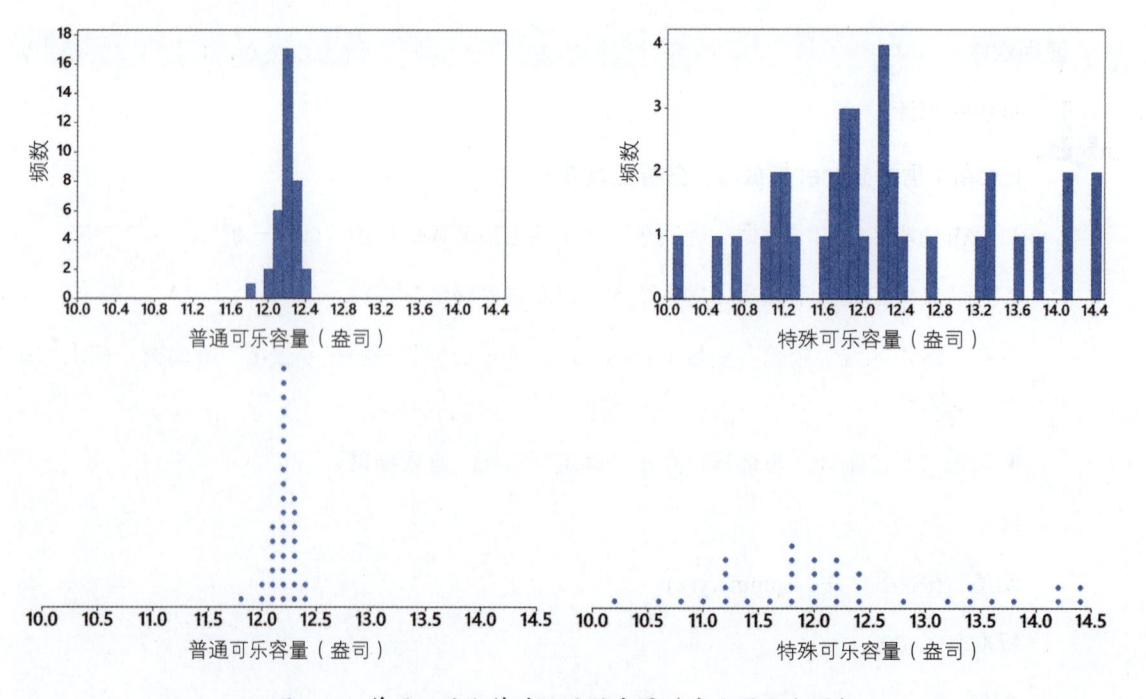

图 3-3：普通可乐和特殊可乐的容量（直方图和点图）

普通可乐的容量在其均值（12.2 盎司）附近的变化较小，而特殊可乐的容量变化较大。继续生产这种容量变化较大的特殊可乐，最终会给公司带来灾难。因此，公司通常有以下重要目标：

通过降低商品和 / 或服务的离散程度来提高其质量。

我们可以主观判断图 3-3 中可乐容量的离散程度，但因为离散程度的概念至关重要，所以需要更为客观的度量。接下来将介绍离散程度的度量指标。为了使舍入规则尽可能简单、一致，我们将对离散程度的度量指标使用以下舍入规则（与集中趋势的度量指标舍入规则一致）：

> **离散程度度量指标的舍入规则**：比原始数据值的位数多 1 位小数。

全距

首先看概念最简单的全距。相比于其他离散程度的度量指标，全距因过于简单有时反而会显得无足轻重。

> **定义**
> 一组数据的**全距**（或**极差**）是最大值与最小值之间的差值。
>
> 全距 = 最大值 − 最小值

全距的重要性质

- 计算全距只需用到最大值和最小值，因此全距对异常值非常灵敏，即不具备抗性。
- 由于全距只需用到最大值和最小值，即无法考虑到数据中的每一个值，因此它不能真实地反映所有数据值之间的离散程度。

1 秒钟

时间单位 1 秒被定义为"铯 -133 原子基态两个超精细能级之间跃迁时所对应辐射的 9,192,631,770 个周期的持续时间"。之前的定义基于地球运动，而现在的定义基于原子运动。现在定义的精度为每 1000 万年 ±1 秒，这是最精确的测量方法。由于"秒"单位的精确性，因此它常被用于定义其他单位，比如"米"。"米"曾经被定义为通过巴黎的子午线从地球赤道到北极点的距离的千万分之一。"米"现在被定义为光在真空中在 1/299,792,458 秒内行进的距离。

传统的标准差很难被应用在时间测量设备上，因为存在均值随时间变化的趋势。相反，一般会采用其他特殊的离散程度的度量指标，如 Allan 方差或总变异。

一个与统计学无关但很有趣的事情是，通常手表广告中手表的显示时间接近 10 点 10 分，原因在于该时间可以让品牌名字清晰可见，并且营造出一个笑脸表情。从 20 世纪 40 年代开始，10 点 10 分的显示时间就成为行业标准。

例 1： 全距

试求以下列出的"飞越太空山"等候时间（分钟）的全距（来自数据集 33 "迪士尼乐园等候时间"上午 10 点等候时间的前 11 个数据）。

$$50 \quad 25 \quad 75 \quad 35 \quad 50 \quad 25 \quad 30 \quad 50 \quad 45 \quad 25 \quad 20$$

解答：

$$\text{全距} = \text{最大值} - \text{最小值} = 75 - 20 = 55.0 \text{ 分钟}$$

因此，全距为 55.0 分钟（比原始数据值多保留 1 位小数）。

▶ 轮到你了：试试 3-2 基础题的习题 7

样本的标准差

标准差是统计学中最常用的离散程度的度量指标。

定义

一组样本数据的**标准差**（记作 s）用于度量数据值偏离其均值的程度。其计算公式为公式 3-4 或公式 3-5。其中公式 3-5 是公式 3-4 的变形形式，两者在代数上是等价的。

由样本数据得到的标准差是一个统计量，记作 s，而由总体数据得到的标准差是一个参数，记作 σ。σ 的计算公式与 s 的略有不同，其分母应为总体大小 N，而不是 $n-1$。总体标准差 σ 将在后面的章节中进行讨论。

数学符号

s = 样本标准差

σ = 总体标准差

公式 3-4：样本标准差

$$s = \sqrt{\frac{\sum(x-\bar{x})^2}{n-1}}$$

> **公式 3-5：样本标准差的快速计算公式（用于计算器或统计软件）**
>
> $$s = \sqrt{\frac{n(\sum x^2) - (\sum x)^2}{n(n-1)}}$$

本节第 2 部分会介绍公式背后的逻辑，这里先让我们学习如何计算标准差。

标准差的重要性质

- 标准差用于度量数据值偏离其均值的程度。
- 标准差 s 不可能为负数。只有当所有数据值完全相同时，s 才等于零。
- s 值越大，表示离散程度越大。
- 当存在一个或多个异常值时，标准差 s 会急剧增大。
- 标准差 s 的单位（如分钟、英尺、磅）与原始数据值的单位相同。
- 样本标准差 s 是总体标准差 σ 的有偏估计，即样本标准差 s 的中心并不是 σ（参考本节第 2 部分内容）。

"例 2" 介绍如何使用公式 3-4 计算标准差，该公式能够更好地阐述标准差为数据值偏离其均值的程度。

CP 例 2： 使用公式 3-4 计算标准差

根据公式 3-4，试求"例 1"中"飞越太空山"等候时间（分钟）的标准差：50, 25, 75, 35, 50, 25, 30, 50, 45, 25, 20。

解答：

表 3-4 的第一列总结了使用公式 3-4 计算标准差的一般流程，第二列给出了使用本例的样本值 50, 25, 75, 35, 50, 25, 30, 50, 45, 25, 20 作为计算示例，所得结果为 16.6，比原始数据值多保留 1 位小数。此外，标准差的单位与原始数据值的单位相同，因此标准差为 16.6 分钟。

表 3-4：使用公式 3-4 计算标准差

使用公式 3-4 计算标准差的一般流程	使用具体样本值的计算示例： 50, 25, 75, 35, 50, 25, 30, 50, 45, 25, 20
第 1 步：计算均值 $\bar{x}$。	50, 25, 75, 35, 50, 25, 30, 50, 45, 25, 20 的和为 430，因此： $\bar{x}=\dfrac{\sum x}{n}=\dfrac{50+25+75+35+50+25+30+50+45+25+20}{11}=\dfrac{430}{11}=39.1$
第 2 步：计算每个样本值与均值的差值（偏差）。（结果是一个表达式为 $(x-\bar{x})$ 的列表）	每个样本值偏离均值的偏差为：10.9, −14.1, 35.9, −4.1, 10.9, −14.1, −9.1, 10.9, 5.9, −14.1, −19.1。
第 3 步：计算第 2 步结果中每个差值的平方。（结果是一个表达式为 $(x-\bar{x})^2$ 的列表）	第 2 步中每个差值的平方为：118.81, 198.81, 1288.81, 16.81, 118.81, 198.81, 82.81, 118.81, 34.81, 198.81, 364.81。
第 4 步：计算第 3 步得到的所有结果之和，即平方和 $\sum(x-\bar{x})^2$。	第 3 步的平方和为 2740.91。
第 5 步：第 4 步所得的平方和除以 $n-1$，其中 $n-1$ 是样本量减 1。	样本量为 11，$n-1=10$，因此 2740.91/10=274.091。
第 6 步：对第 5 步的结果开平方根。结果即为标准差，记为 s。	标准差为 $\sqrt{274.091}=16.556$。比原始数据值多保留 1 位小数，$s=16.6$ 分钟。

▶ 轮到你了：试试 3-2 基础题的习题 7

更多的股票，更小的风险

在《投资学》一书中，作者滋维·博迪、亚历克斯·凯恩和艾伦·马库斯指出，"只由一只股票组成的投资组合平均回报率的标准差为 0.554。随着投资组合中股票数量的增加，投资组合的平均风险会迅速下降。"由 32 只股票组成的投资组合，标准差为 0.325，说明波动和风险要小很多。只有少数几只股票时，投资组合具有高度的"特定公司"风险，即风险可归因于所包含的那几只股票。但如果股票超过 20 只，那么特定公司风险变小；相反，几乎所有的风险都来自"市场风险"，即可归因于整个股市。他们还指出，这些原理"只是众所周知的均值定律中的一个应用"。

例 3： 使用公式 3-5 计算标准差

使用公式 3-5 求"例 1"中"飞越太空山"等候时间（分钟）的标准差：50, 25, 75, 35, 50, 25, 30, 50, 45, 25, 20。

解答：

以下是使用公式 3-5 所需计算的部分：

$n = 11$（样本量为 11）

$\sum x = 430$（原始样本值之和）

$\sum x^2 = 19,550$（原始样本值平方和：$50^2+25^2+75^2+35^2+50^2+25^2+30^2+50^2+45^2+25^2+20^2=19,550$）

因此，根据公式 3-5，可得：

$$s = \sqrt{\frac{n(\sum x^2) - (\sum x)^2}{n(n-1)}} = \sqrt{\frac{11(19,550)-(430)^2}{11(11-1)}} = \sqrt{\frac{30,150}{110}} = 16.6 \text{ 分钟}$$

结果 $s = 16.6$ 分钟与"例 2"中的结果一致（公式 3-4 与公式 3-5 是等价关系）。

▶ 轮到你了：试试 3-2 基础题的习题 7

0.400 打击率的击球手在哪里？

上一位打击率超过 0.400 的棒球运动员是泰德·威廉姆斯，他在 1941 年的打击率为 0.406。平均打击率超过 0.400 的年份有：1876 年、1879 年、1887 年、1894 年、1895 年、1896 年、1897 年、1899 年、1901 年、1911 年、1920 年、1922 年、1924 年、1925 年和 1930 年。然而，在 1941 年之后就没有再出现过了。伟大的击球手消失了吗？哈佛大学已故学者史蒂芬·古尔德指出，平均打击率在大约 100 年的时间里一直稳定在 0.260，但标准差一直在下降，从 19 世纪 70 年代的 0.049 下降到现在的 0.031。他认为现在的明星球员和过去的一样优秀，只是一贯表现出色的投手将现在的平均打击率稳定在 0.400 以下。

理解标准差的范围经验法则

范围经验法则是一种用于解读标准差的工具。该法则粗略但简洁：对于大多数的数据集，绝大多数（如 95%）的样本值位于均值的 2 个标准差范围内。通过考虑样本的大小及其分布等因素，可以提高该法则的准确性，但这里我们更注重简洁性而牺牲准确性。以下关于显著性的概念将在后面的章节中深入讲解，尤其是关于假设检验（也被称为显著性检验）主题的章节。下面的范围经验法

则是基于总体均值 μ 和总体标准差 σ 的，对于数据量较大且具有代表性的样本，也可以使用 $\bar{x}$ 和 s 来代替。

通过范围经验法则确定显著值

显著低：值为 (μ−2σ) 或更低。

显著高：值为 (μ+2σ) 或更高。

不显著：值位于 (μ−2σ) 和 (μ+2σ) 之间。

图 3-4 更好地解释了上述法则。

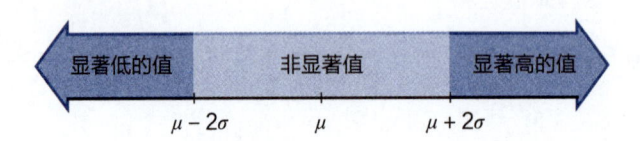

图 3-4：通过范围经验法则确定显著值

> **注意**：结果可能具有统计显著性，但实际上并不重要。不要把统计显著性和重要性联系起来。

使用范围经验法则估计标准差 s

可以通过已知的样本数据粗略地估计标准差：

$$s \approx \frac{\text{全距}}{4}$$

例 4：使用范围经验法则解读 s

数据集 1"身体数据"中含有女性 147 个心率数据，其均值为 74.0 次/分钟，标准差为 12.5 次/分钟。根据范围经验法则，确定区分数据值显著低或显著高的界限，并判断每分钟 102 次的心率是否显著高。

解答：

已知均值为 74.0，标准差为 12.5，使用范围经验法则，确定区分数据值显著低或显著高的界限，如下所示：

显著低的值小于或等于 (74.0−2×12.5)，因此显著低的值小于或等于 49.0 次/分钟。

显著高的值大于或等于 (74.0+2×12.5)，因此显著高的值大于或等于 99.0 次/分钟。

非显著值在 49.0 次/分钟和 99.0 次/分钟之间。

解读：

基于该结果，预计女性的典型心率在 49.0 次/分钟和 99.0 次/分钟之间。因为给定的值 102 次/分钟大于 99.0 次/分钟，所以可以判定为显著高。

▶ 轮到你了：试试 3-2 基础题的习题 33

面部特征的变化

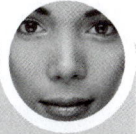

研究人员评论道："如果人们看起来都长得差不多，那么将一片混乱。"他们通过研究人体特征发现，面部特征的变化比其他身体特征的变化都要大，并且最大的变化位于眼睛和嘴巴组成的三角区内。他们了解到面部特征的变化是相互独立的。例如，眼睛之间的距离和嘴巴的大小没有关系。研究人员表示，面部变化在人类进化中发挥了重要作用。

（资料来源："Morphological and Population Genomic Evidence That Human Faces Have Evolved to Signal Individual Identity", Sheehan and Nachman, Nature Communications, Vol. 5, No. 4800.）

例 5：使用范围经验法则估计 s

使用范围经验法则，估计数据集 1 "身体数据"中 147 个女性心率样本的标准差。数据最小值为 36 次/分钟，最大值为 104 次/分钟。

解答：

范围经验法则表明，可以通过全距除以 4 来估计标准差。此处，最小值为 36，最大值为 104，因此，估计的标准差 s 为

$$s \approx \frac{\text{全距}}{4} = \frac{104-36}{4} = 17.0 \text{ 次/分钟}$$

解读：

标准差的实际值为 $s = 12.5$ 次/分钟，因此 17.0 次/分钟的估计值与实际值大致接近。因为估计值仅仅用到最小值和最大值，所以通常是一个粗略的估计，可能会有较大的偏差。

▶ 轮到你了：试试 3-2 基础题的习题 29

总体标准差

标准差的定义以及公式 3-4 和公式 3-5 都适用于样本数据的标准差。总体标准差 σ 的公式略有不同，分母不再是 $n-1$，而是总体大小 N，如下所示：

$$总体标准差\ \sigma = \sqrt{\frac{\sum(x-\mu)^2}{N}}$$

我们需要处理的大多是样本数据，因此通常使用公式 3-4，其中分母为 $n-1$。许多统计软件会同时给出样本标准差和总体标准差，并以不同的数学符号加以区分。

> **注意**：当使用统计软件计算标准差时，请先明确特定软件所使用的数学符号，以确保得到的是样本标准差，而不是总体标准差。

样本和总体的方差

> **定义**
> 一组数据的**方差**是其离散程度的度量指标，等于标准差的平方。
> - 样本方差 s^2：样本标准差 s 的平方。
> - 总体方差 σ^2：总体标准差 σ 的平方。

北美的地理中心

地理学教授 Peter Rogerson 计算出北美的地理中心就位于北达科他州名为"中心"的小镇。Rogerson 博士使用的方法是找到某个点，使所有其他点与该点距离的平方和最小。标准差的计算基于平方和，统计学中的其他一些度量指标也是一样的。

数学符号

以下是关于标准差和方差的数学符号总结：

$s\ =\ $ 样本标准差

$s^2\ =\ $ 样本方差

$\sigma\ =\ $ 总体标准差

$\sigma^2\ =\ $ 总体方差

注：专业期刊和报告中的论文经常使用 SD 表示标准差，VAR 表示方差。

方差的重要性质

- 方差的单位是原始数据值单位的平方（比如，如果原始数据值以英尺为单位，那么方差的单位就是英尺^2；如果原始数据值以秒为单位，那么方差的单位就是秒^2）。

- 当存在一个或多个异常值时，方差会急剧增大（方差并不是一种具备抗性的度量指标）。

- 方差不可能为负数。只有当所有的数据值完全相同时，方差才等于零。
- 样本方差 s^2 是总体方差 σ^2 的无偏估计量（参考本节第 2 部分内容）。

方差会在一些统计方法中使用到，但是由于方差单位的不同，即其单位与原始数据值的单位不同，使得它很难与原始数据值相比较。因此，在解释数据的离散程度时，应首先关注标准差。

第 2 部分：离散程度的进阶

这一部分将重点讨论如何理解标准差，使其不再是没有任何实际意义的神秘数字。首先从一些与标准差相关的常见问题开始。

为什么公式 3-4 是标准差的定义？

测量样本数据的离散程度，往往从测量样本值与均值之间的偏离程度开始。对于任意样本值 x，其与均值的偏差为 $(x-\bar{x})$。如果将这些偏差量通过某种方式合并起来，那么就可以将其作为离散程度的度量值。但是并不能把所有的偏差量都加起来，因为所有的偏差量之和恒等于 0。为了避免正负抵消，其中一种方法是计算偏差绝对值之和，即 $\sum |x-\bar{x}|$。偏差绝对值之和的均值就是平均绝对偏差（简称 MAD），也就是数据与均值之间的平均距离：

$$平均绝对偏差 = \frac{\sum |x-\bar{x}|}{n}$$

为什么不使用平均绝对偏差代替标准差？

平均绝对偏差的计算用到了绝对值，因此其计算过程不是"代数"运算（代数运算包括加法运算、乘法运算、开方运算和整数或分数的幂运算）。绝对值的使用看似简单、直接，但会给后面章节中介绍的统计推断方法造成代数运算的困难。标准差的优点是全部为代数运算。因其运算基于平方和的平方根，标准差与代数中的距离公式非常相似。许多统计方法都会用到类似于平方和的运算。因此，为了不使用绝对值，并且避免出现正负抵消，标准差的计算用到了偏差 $(x-\bar{x})$ 的平方和。

为什么除以 $n-1$？

在求得所有偏差的平方和后，会除以 $n-1$，因为只有 $n-1$ 个数可以被不受限制地赋值。假设已知均值，那么前 $n-1$ 个值可以使用任何数字，但最后一个值会因为前 $n-1$ 个数的选值而自动确定。如果除以 $n-1$，那么所有样本方差 s^2 的分布中心都是总体方差 σ^2；如果除以 n，那么所有样本方差 s^2 都倾向于低估总体方差 σ^2 的值。

如何理解标准差的值？

本节第 1 部分介绍了用于解读和估计标准差的值的范围经验法则（参见"例 4"和"例 5"）。解读标准差的另外两种方法分别是经验法则和切比雪夫定理。

钟形分布数据的经验（或 68-95-99.7）法则

一个有助于解读标准差的概念是经验法则。该法则指出，具有近似钟形分布的数据集有以下属性（参见图 3-5）。

- 约 68% 的数值分布在与均值相差 1 个标准差的范围内。
- 约 95% 的数值分布在与均值相差 2 个标准差的范围内。
- 约 99.7% 的数值分布在与均值相差 3 个标准差的范围内。

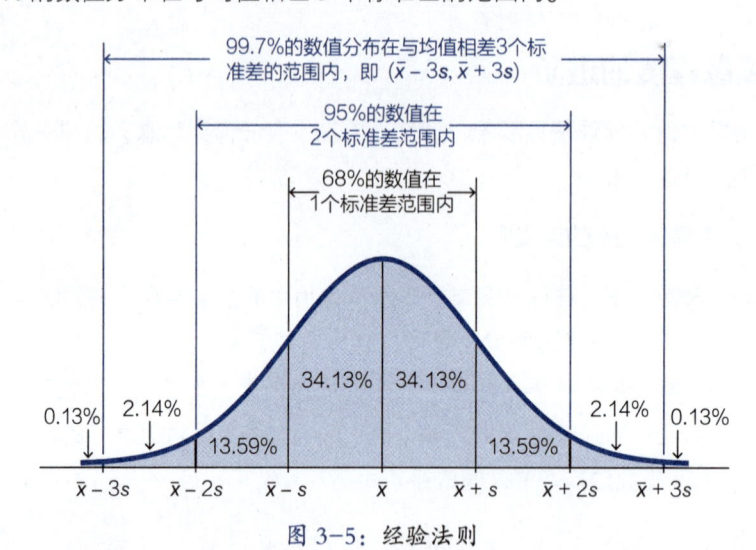

图 3-5：经验法则

例 6： 经验法则

智商分数呈钟形分布，其均值为 100，标准差为 15。问智商分数在 70 和 130 之间的百分比是多少？

解答：

解答该问题的关键是发现 70 和 130 与均值 100 之间都有 2 个标准差的距离，如下所示：

$$2 \text{ 个标准差} = 2s = 2(15) = 30$$

因此，距离均值 2 个标准差为：100−30=70 或 100+30=130。

根据经验法则，可得大约 95% 的智商分数在 70 和 130 之间。

▶ 轮到你了：试试 3-2 基础题的习题 41

另一个有助于理解或解读标准差的概念是切比雪夫定理。经验法则只适用于钟形分布的数据集，而切比雪夫定理适用于任何数据集。但美中不足的是，切比雪夫定理的结果只是近似值。因为其结果是下界限（"至少"），所以切比雪夫定理的用处较为有限。

切比雪夫定理

给定任意数据集，位于该数据集均值 K 个标准差范围内的比例至少为 $1-1/K^2$，其中 K 为大于 1 的任意正数。若 $K=2$ 或 $K=3$，则有如下结果：

- 至少有 3/4（或 75%）的数值位于均值 2 个标准差范围内。
- 至少有 8/9（或 89%）的数值位于均值 3 个标准差范围内。

例 7： 切比雪夫定理

智商分数的均值为 100，标准差为 15。从切比雪夫定理中可以得出什么结论？

解答：

对于均值为 100、标准差为 15 的数据集，使用切比雪夫定理得到的结论如下：

- 至少有 3/4（或 75%）的智商分数位于均值 2 个标准差范围内（在 70 和 130 之间）。
- 至少有 8/9（或 89%）的智商分数位于均值 3 个标准差范围内（在 55 和 145 之间）。

▶ 轮到你了：试试 3-2 基础题的习题 43

比较不同样本或总体的离散程度

3-1 节的最后介绍了"飞船摇滚飞车"和"恐怖魔塔"等候时间的样本数据，这两个数据集有相同的均值、中位数、众数和中程数。然而，这两个数据集的离散程度非常不同，参考如下例子。

例 8： 比较"飞船摇滚飞车"和"恐怖魔塔"的等候时间

表 3-5 给出了图 3-2 中两个数据集的集中趋势和离散程度的度量值。在集中趋势的度量值中，无法"看到"两个数据集之间不同的离散程度。表 3-5 显示 28.8 和 12.1 的标准差相差甚大。如果仅依据集中趋势的度量值进行数据比较，则会产生重大错误。

表 3-5：游乐项目等候时间（分钟）的比较

	均 值	中位数	众 数	中程数	标准差	方 差
飞船摇滚飞车	57.3	55.0	45	62.5	28.8	831.8
恐怖魔塔	57.3	55.0	45	62.5	12.1	146.8

仅当两个样本均值近似相同时，比较两个样本的标准差才是一个好的选择。如果在样本或总体的均值差异很大的情况下比较其离散程度，那么最好使用离散系数。离散系数也可以被用来比较两个不同尺度或单位的样本或总体的离散程度，比如比较成年男性的身高和体重的离散程度。

定义

一组非负样本或总体数据的**离散系数**（或**变异系数**，简称 CV）描述了标准差与均值的百分比，其公式如下。

$$\text{样本：} CV = \frac{s}{\bar{x}} \times 100\%$$

$$\text{总体：} CV = \frac{\sigma}{\mu} \times 100\%$$

离散系数的舍入规则：保留 1 位小数（如 25.3%）。

例 9： 比较成年男性的身高和体重

使用数据集 1 "身体数据"，比较成年男性的身高（厘米）和体重（千克）的离散程度。男性身高：$\bar{x} = 174.12$ 厘米，$s = 7.10$ 厘米；男性体重：$\bar{x} = 85.54$ 千克，$s = 17.65$ 千克。请注意，需要比较的数据使用了不同的测量单位。

解答：

在两个样本的单位相同并且其均值近似相等时，可以直接比较这两个样本的标准差。但本例中样本的单位不同，因此需要计算离散系数。

$$\text{身高：} CV = \frac{s}{\bar{x}} \times 100\% = \frac{7.10}{174.12} \times 100\% = 4.1\%$$

$$\text{体重：} CV = \frac{s}{\bar{x}} \times 100\% = \frac{17.65}{85.54} \times 100\% = 20.6\%$$

可见成年男性体重（CV = 20.6%）的离散程度比成年男性身高（CV = 4.1%）的离散程度要大很多。

▶ 轮到你了：试试 3-2 基础题的习题 21

有偏估计量和无偏估计量

样本标准差 s 是总体标准差 σ 的有偏估计量，也就是说，所有样本标准差的分布的中心不是总体标准差 σ。虽然 s 的个别值可能等于或大于 σ，但 s 值通常倾向于低估 σ 值。例如，考虑一个被设计为总体标准差等于 15 的智商测试。如果随机选取 100 名受试者进行智商测试，重复该实验多次，并计算每次的样本标准差，那么所得的样本标准差将趋向于小于总体标准差 15。没有任何一种修正方法可以修正数据分布的标准差偏差。虽然有一种修正方法可以修正正态分布总体的偏差，但由于它太过复杂且仅可做出较小的修正，因此也很少被使用。

样本方差 s^2 是总体方差 σ^2 的无偏估计量，也就是说，所有样本方差的分布的中心是总体方差

σ^2，而不是系统性地高估或低估 σ^2。例如，考虑一个被设计为总体方差等于 225 的智商测试。如果随机选取 100 名受试者进行智商测试，重复该实验多次，并计算每次的样本方差，那么所得的样本方差将趋向于接近 225 的总体方差。

有偏估计量和无偏估计量将在 6-3 节中详细讨论。

使用软件

离散程度的度量

请参考 3-1 节最后的"使用软件"中给出的流程。

3-3 相对位置的度量与箱形图

核心概念：本节将介绍相对位置的度量，即用数字表示数据值相对于同一数据集中其他数据值的位置。本节中最重要的概念是 z 分数，它在接下来的章节中经常会被用到。我们还将讨论常见的统计量：百分位数和四分位数，以及被称为箱形图的统计图表。

第 1 部分：z 分数、百分位数、四分位数及箱形图

z 分数

z 分数是指数据值偏离均值的标准差的个数，即将一个数据值转换为一个标准分数。

定义

z 分数（或标准分数）是指给定的数据值 x 高于或低于均值的标准差的个数。其计算公式如下。

$$\text{样本}: z = \frac{x - \bar{x}}{s}$$

$$\text{总体}: z = \frac{x - \mu}{\sigma}$$

z 分数的舍入规则：保留 2 位小数（如 2.31）。

该舍入规则来源于标准表的格式，其中 z 分数用 2 位小数表示，参考附录 A 中的表 A-2。"例 1"说明了如何使用 z 分数来比较来自不同总体的数据值。

例 1: 比较成年人的体温和 25 美分硬币的重量

在以下两个数据值中,哪一个相对于它所来自的数据集更为极端?

- 99 ℉ 的成年人体温(来自 106 个成年人的样本,样本均值 $\bar{x}$ = 98.20 ℉,样本标准差 s = 0.62 ℉)

- 5.7790 克的 25 美分硬币重量(来自 40 个 25 美分硬币的样本,样本均值 $\bar{x}$ = 5.63930 克,样本标准差 s = 0.06194 克)

解答:

通过将两个数据值分别转换为 z 分数来进行标准化比较,如下所示。

99 ℉ 的成年人体温:

$$z = \frac{x-\bar{x}}{s} = \frac{99-98.20}{0.62} = 1.29$$

5.7790 克的 25 美分硬币重量:

$$z = \frac{x-\bar{x}}{s} = \frac{5.7790-5.63930}{0.06194} = 2.26$$

解读:

z 分数显示 99 ℉ 的体温比其均值高 1.29 个标准差,5.7790 克的 25 美分硬币重量比其均值高 2.26 个标准差。因为 25 美分硬币的重量远高于均值,所以它更为极端。

▶ 轮到你了:试试 3-3 基础题的习题 13

z 分数的重要性质

- z 分数是给定的数据值 x 高于或低于均值的标准差的个数。

- z 分数是一种纯数字标记,即没有测量单位。

- 使用 3-2 节中介绍的范围经验法则,如果一个数据值的 z 分数小于或等于 −2,那么该值显著低;如果其 z 分数大于或等于 2,那么该值显著高。

- 如果一个数据值小于均值,那么其对应的 z 分数为负数。

使用 z 分数确定显著值: 根据 3-2 节中介绍的范围经验法则,如果样本值位于均值的 2 个标准差范围以外,那么该值显著低或显著高。因此,显著低的值所对应的 z 分数小于或等于 −2,显著高的值所对应的 z 分数大于或等于 2,如图 3-6 所示。将该标准用于"例 1"中的两个数据值,可以看到 25 美分硬币的重量显著高(z 分数大于 2),而体温是非显著值(z 分数介于 −2 和 2 之间)。

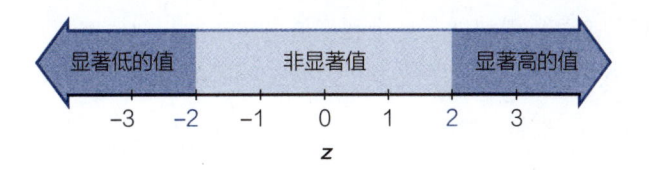

图 3-6：使用范围经验法则解读 z 分数

- 显著低的值：$z \leq -2$
- 显著高的值：$z \geq 2$
- 非显著值：$-2 < z < 2$

笑的成本指数

真的存在"笑的成本指数"（CLI），它的计算方式基于追踪 16 项引人发笑的指标成本，如橡皮鸡、Groucho Marx 眼镜、脱口秀票价等。这与制定消费者价格指数（CPI）时使用的基本方法相同（CPI 是基于消费者购买的典型商品和服务的加权均值）。虽然我们可以通过 z 分数和百分位数比较不同的值，但它们忽略了时间的因素。而诸如 CLI 和 CPI 的指数，允许我们将某些变量的值与其在某个基准时间段的值进行比较。另外，指数的计算方式是当前值除以基准值，再乘以 100。

例 2： 4.01 级地震的震级是否显著高

在数据集 24 "地震"的数据中，有一个较强的地震震级为 4.01 级（里氏震级）。该数据集仅包含 1.00 级或以上地震的震级数据。所有 600 个震级数据的均值为 2.572，标准差为 0.651。对于该数据集而言，4.01 级地震的震级是否显著高？

解答：

将 4.01 级地震的震级转换为 z 分数，如下所示：

$$z = \frac{x - \bar{x}}{s} = \frac{4.01 - 2.572}{0.651} = 2.21$$

解读：

4.01 级地震的震级所对应的 z 分数为 2.21，该值大于 2，因此该震级显著高。

▶ 轮到你了：试试 3-3 基础题的习题 9

z 分数是一种位置的度量，即描述了一个数据值与均值的相对位置（用标准差表示）。百分位数和四分位数是对同一数据集内不同数据位置的度量或不同数据集之间数据值位置的度量。

百分位数

百分位数是一种分位数（或分位点），它将数据划分为组，且每组中数据值的个数大致相同。另外，除了在一般的应用场景下，百分位数在许多重采样过程中也起着重要作用。

> **定义**
>
> **百分位数**是对位置的度量，记作 $P_1, P_2, \cdots, P_{99}$，它将一组数据分为100组且每组包含约1%的数据值。

第50百分位数（记作 P_{50}）表示大约有50%的数据值低于该值，大约有50%的数据值高于该值，因此第50百分位数与中位数相同。对于百分位数的计算，目前并没有普遍的定论，这里将介绍一种相对简单的流程用于以下计算：①求数据值的百分位数；②将百分位数转换为相应的数据值。

求数据值的百分位数

计算与给定的数据值 x 相对应的百分位数，方法如下（结果向下取整）：

$$x \text{ 的百分位数} = \frac{\text{小于 } x \text{ 的数据值个数}}{\text{数据值总数}} \times 100$$

例 3: **求等候时间为 45 分钟的百分位数**

表 3-6 列出了数据集 33 "迪士尼乐园等候时间" 中 50 个上午 10 点 "飞越太空山" 的等候时间（递增排列）。试求等候时间为 45 分钟的百分位数。

表 3-6：上午 10 点 "飞越太空山" 的等候时间（已排序）

10	15	15	15	15	15	20	20	20	20
25	25	25	25	25	25	30	30	30	30
30	30	30	30	35	35	35	35	35	35
35	35	40	40	40	40	45	50	50	50
50	50	55	55	60	75	75	75	105	110

解答：

表 3-6 中有 36 个数据小于 45，因此：

$$45 \text{ 的百分位数} = \frac{36}{50} \times 100 = 72$$

解读：

45 分钟的等候时间在第 72 百分位，P_{72}=45 分钟。可以大致认为，45 分钟的等候时间将数据分为最低的 72% 的数据值和最高的 28% 的数据值两部分。

▶ 轮到你了：试试 3-3 基础题的习题 17

将百分位数转换为相应的数据值

"例 3"展示了如何将给定的样本值转换为相应的百分位数，其逆过程是将给定的百分位数转换为相应的数据值。图 3-7 概括了该计算流程，其中使用了以下数学符号。

n　样本量；数据值总数

k　百分位数（例如：$k=25$ 是第 25 百分位数）

L　数据值的位置（例如：$L=12$ 是排序数据中的第 12 个值）

P_k　第 k 百分位数（例如：P_{25} 是第 25 百分位数）

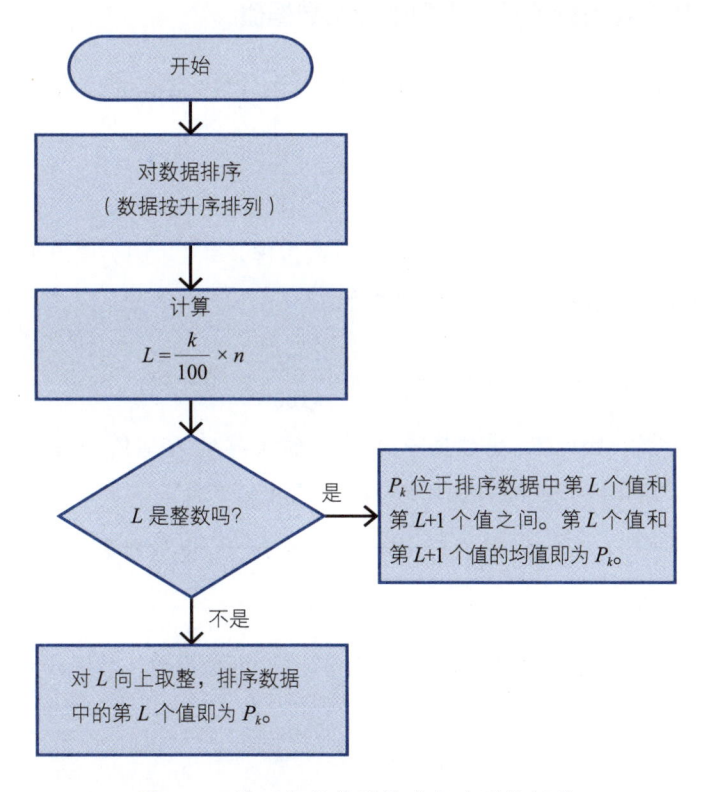

```
开始
  ↓
对数据排序
（数据按升序排列）
  ↓
计算
$L = \dfrac{k}{100} \times n$
  ↓
L 是整数吗？ ──是──→ $P_k$ 位于排序数据中第 L 个值和第 L+1 个值之间。第 L 个值和第 L+1 个值的均值即为 $P_k$。
  │
 不是
  ↓
对 L 向上取整，排序数据中的第 L 个值即为 $P_k$。
```

图 3-7：将百分位数转换为相应的数据值

例 4： 将 P_{25} 百分位数转换为相应的数据值

参考表 3-6 中排序后的 50 个 "飞越太空山" 的等候时间数据，按照图 3-7 所示的流程，试求 P_{25}。

解答：

依据图 3-7，样本数据已按升序排列，可以直接计算 L。因为要求第 25 百分位数，所以 $k = 25$；共有 50 个数据值，$n = 50$。计算如下：

$$L = \frac{k}{100} \times n = \frac{25}{100} \times 50 = 12.5$$

$L = 12.5$ 不是整数，向上取整得 13。数据中第 13 个值为 25，即 $P_{25} = 25$ 分钟。粗略地说：大约 25% 的等候时间小于 25 分钟，75% 的等候时间大于 25 分钟。

▶ 轮到你了：试试 3-3 基础题的习题 27

例 5： 将 P_{90} 百分位数转换为相应的数据值

参考表 3-6 中排序后的 50 个 "飞越太空山" 的等候时间数据，按照图 3-7 所示的流程，试求 P_{90}。

解答：

依据图 3-7，样本数据已按升序排列，可以直接计算 L。因为要求第 90 百分位数，所以 $k = 90$；共有 50 个数据值，$n = 50$。计算如下：

$$L = \frac{k}{100} \times n = \frac{90}{100} \times 50 = 45$$

$L = 45$ 是整数，因此 P_{90} 是数据中第 45 个值和第 46 个值的均值。数据中第 45 个值和第 46 个值分别为 60 和 75，其均值为 67.5，即 $P_{90} = 67.5$ 分钟。

▶ 轮到你了：试试 3-3 基础题的习题 21

四分位数

正如有 99 个百分位数将数据分为 100 组一样，有 3 个四分位数将数据分为 4 组。

定义

四分位数是对位置的度量，记作 Q_1、Q_2 和 Q_3，它将一组数据分为 4 组且每组包含约 25% 的数据值。

以下是对四分位数的描述，比定义中给出的概念更加精确。

Q_1（第一四分位数，又称为较小四分位数）：与 P_{25} 相同，将排序后的数据分为最小的 25% 的数据值和最大的 75% 的数据值两部分（更准确地说，对于排序后的数据，至少 25% 的数据值小于或等于 Q_1，至少 75% 的数据值大于或等于 Q_1）。

Q_2（第二四分位数）：与 P_{50} 以及中位数相同，将排序后的数据分为最小的 50% 的数据值和最大的 50% 的数据值两部分。

Q_3（第三四分位数，又称为较大四分位数）：与 P_{75} 相同，将排序后的数据分为最小的 75% 的数据值和最大的 25% 的数据值两部分（更准确地说，对于排序后的数据，至少 75% 的数据值小于或等于 Q_3，至少 25% 的数据值大于或等于 Q_3）。

求四分位数的方法和求百分位数的方法相同，只需使用如下关系转换。例如，"例 4"中 P_{25} = 25 分钟，因此 Q_1 = 25 分钟。

$$Q_1 = P_{25}$$
$$Q_2 = P_{50}$$
$$Q_3 = P_{75}$$

注意：如同百分位数的计算，目前对于四分位数的计算也没有普遍的定论。如果使用统计软件解答四分位数的习题，则可能会得到与参考答案不同的结果。

有些其他的统计量是根据四分位数和百分位数进行定义的，如下所示：

$$\text{四分位距（简称 IQR）} = Q_3 - Q_1$$

$$\text{半四分位距} = \frac{Q_3 - Q_1}{2}$$

$$\text{四分位中值} = \frac{Q_3 + Q_1}{2}$$

$$\text{10-90 百分位距} = P_{90} - P_{10}$$

五数概括法和箱形图

五数概括法和箱形图的构建会用到最小值、最大值和三个四分位数（Q_1、Q_2 和 Q_3）。

定义

对于一组数据，**五数概括法**包含以下 5 个值：

1. 最小值
2. 第一四分位数，Q_1
3. 第二四分位数，Q_2（中位数）
4. 第三四分位数，Q_3
5. 最大值

CP 例 6： 五数概括法

根据表 3-6 中的 "飞越太空山" 的等候时间数据，求五数概括法中的值。

解答：

数据已按升序排列，可得最小值为 10 分钟，最大值为 110 分钟，第一四分位数 $Q_1 = 25$ 分钟（见 "例 4"），第二四分位数 $Q_2 = 35$ 分钟；通过使用与计算 P_{75} 相同的流程（见图 3-7），获得第三四分位数 $Q_3 = 50$ 分钟。因此，五数概括法的结果为 10、25、35、50 和 110（分钟）。

▶ 轮到你了：试试 3-3 基础题的习题 31

五数概括法中的值可用于构建箱形图，定义如下：

定义

箱形图（或盒须图）包含从 Q_1 到 Q_3 的矩形箱子，内含中位数，以及分别从箱子两端引出的一条至最小值和最大值的水平线（参见图 3-8）。

构建箱形图的流程

1. 求得五数概括法中的值（最小值、Q_1、Q_2、Q_3、最大值）。
2. 画一个两侧为 Q_1 和 Q_3 的矩形（箱子），并用竖线标记矩形内中位数的位置。
3. 在矩形左右两侧各引出一条水平线，分别至最小值和最大值。

注意： 构建箱形图基于四分位数，而四分位数的计算没有统一的定论，所以采用不同的计算方法可能会得到不同的箱形图。

例 7： 构建箱形图

根据表 3-6 中的"飞越太空山"的等候时间数据，构建箱形图。

解答：

使用"例 6"中求得的五数概括法的值 10、25、35、50 和 110（分钟），构建箱形图，如图 3-8 所示。

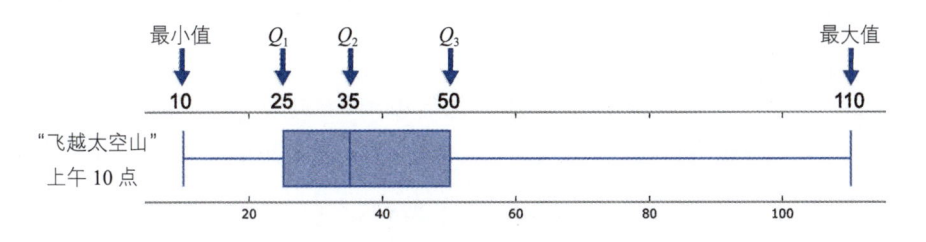

图 3-8："飞越太空山"等候时间（分钟）的箱形图

▶ 轮到你了：试试 3-3 基础题的习题 31

偏度： 箱形图通常可以用来确定偏度。回忆 2-2 节的内容，如果数据的分布不对称且高峰位于一侧，尾部向另一侧延伸，那么数据就呈偏态分布。在数据呈右偏态分布的直方图中，较长的右尾表明相对较少的数据值为高值，而大部分数据值位于左侧。从图 3-8 中的箱形图可以看出，数据呈右偏态分布，大部分数据值位于左侧。

因为箱形图的形状是由五数概括法中的 5 个值确定的，所以箱形图不是关于数据分布的统计图表，也不像直方图或茎叶图那样能够提供很多详细的信息。但箱形图通常非常适合用于比较两个或多个数据集，并应当以相同的比例构建两个数据集的箱形图。虽然构建图表非常有用，但我们不能依赖图表做出主观判断。

例 8： 比较迪士尼乐园热门游乐项目的等候时间

数据集 33 "迪士尼乐园等候时间"中包含了 50 天中在上午 10 点几个热门游乐项目的等候时间。使用相同的比例构建"飞越太空山"、"恐怖魔塔"和"阿凡达飞行历险"的箱形图，并进行比较。

解答：

图 3-9 中的箱形图显示，"阿凡达飞行历险"的等候时间最长，而另外两个游乐项目的等候时间在离散程度和集中趋势上非常接近。

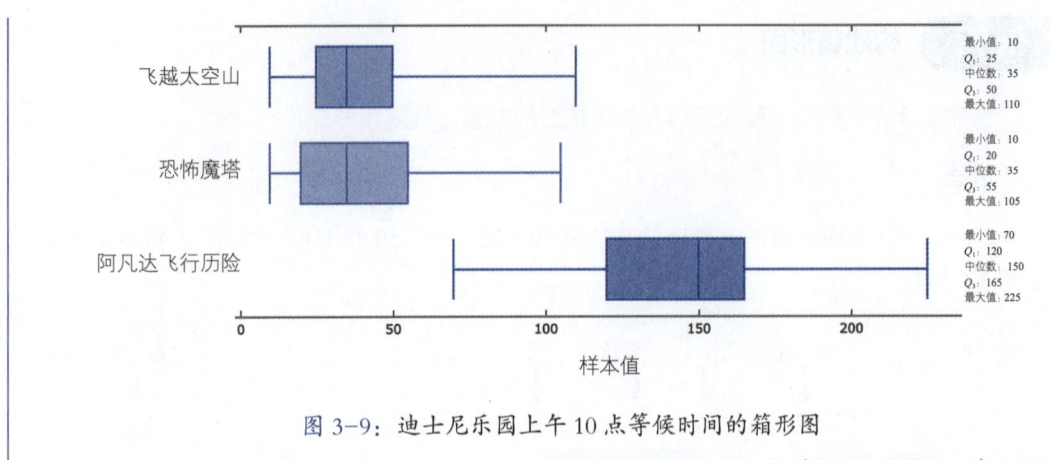

图 3-9：迪士尼乐园上午 10 点等候时间的箱形图

▶ 轮到你了：试试 3-3 基础题的习题 33

参考图 3-10 中的三个直方图及其对应的箱形图。

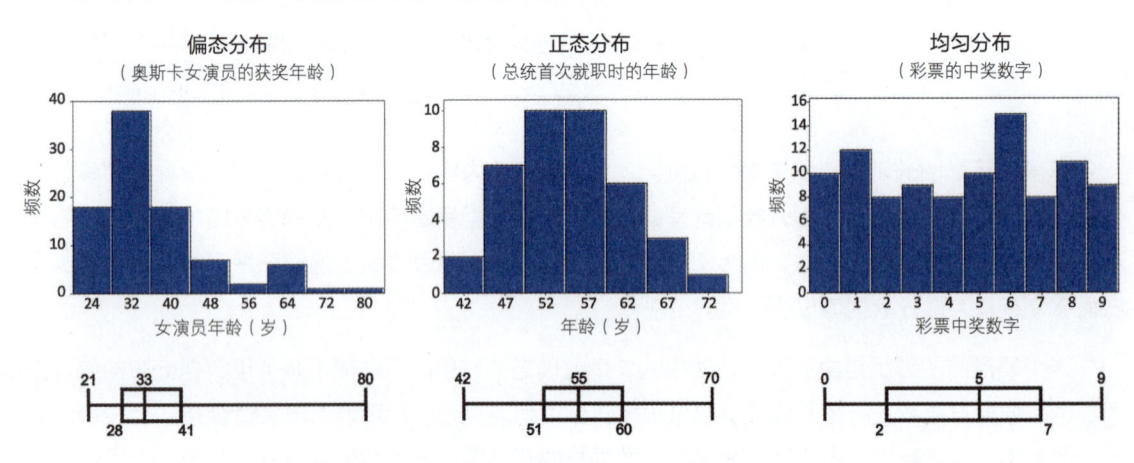

图 3-10：直方图及其对应的箱形图

偏态：第一种情况的箱形图不是对称的。

正态：第二种情况的箱形图是对称的。

均匀：第三种情况的箱形图是对称的。

从第二种和第三种情况可以看到，箱形图能够给出关于数据对称性的信息，但无法展示数据分布的具体形状。

异常值

因为异常值会对某些重要的统计量（如均值和标准差）产生重大影响，所以异常值的确定是非常重要的。第 2 章将异常值描述为一组数据中与绝大多数其他数据值相距甚远的样本值，这种描述因为没有提供具体且客观的标准而变得较为含糊。本节第 2 部分将介绍修正箱形图，以及更为精确的异常值定义。

> 注意：在分析数据时，始终要确定是否存在异常值并考虑其影响。

第 2 部分：异常值和修正箱形图

第 2 章对异常值的描述较为含糊。为了构建修正箱形图，可以根据四分位数和四分位距来定义异常值（四分位距通常被记为 IQR，IQR=Q_3-Q_1）。

通过修正箱形图确定异常值

1. 求四分位数 Q_1、Q_2、Q_3。

2. 求四分位距（IQR），IQR=Q_3-Q_1。

3. 计算 1.5×IQR。

4. 在修正箱形图中，如果某数据值大于 Q_3+1.5×IQR 或小于 Q_1-1.5×IQR，那么该值为异常值。

修正箱形图

本节第 1 部分描述的箱形图是常规箱形图，一些统计软件提供了标记异常值的修正箱形图。修正箱形图是由常规箱形图修改而成的。

1. 上面定义的异常值用特殊的符号（如星号或点）标记。

2. 水平线只延伸到没有标记为异常值的最小值和最大值。

（注意：涉及修正箱形图的习题仅出现在"提高题"中。）

CP 例 9： 构建修正箱形图

根据表 3-6（来自数据集 33"迪士尼乐园等候时间"）中 50 个上午 10 点"飞越太空山"的等候时间数据，构建修正箱形图。

解答：

从上面判断异常值的四个步骤开始。

1. 根据给定的数据，可得 Q_1=25，Q_2=35，Q_3=50（单位为分钟，结果来自"例 6"）。

2. 四分位距：IQR=Q_3-Q_1=50-25=25。

3. 1.5×IQR=1.5×25=37.5。

4. 异常值应当大于 87.5 或小于 -12.5（由于等候时间不能为负数，因此该例子中不存在小于 -12.5 的异常值）。

通过检查原始数据中大于 87.5 的值，可得异常值为 105 和 110。

构建的修正箱形图如图 3-11 所示。图中的两个异常值被标记为特殊的点，三个四分位数由一个常规箱形图展示，水平线从非异常值的最低观测值（10）延伸到最高观测值（75）。

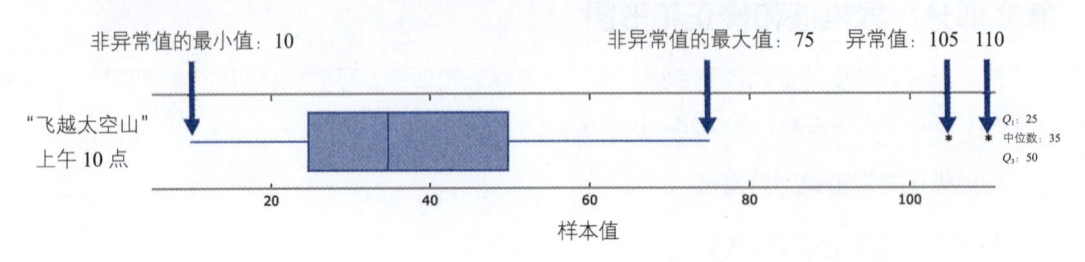

图 3-11：上午 10 点"飞越太空山"等候时间的修正箱形图

▶ 轮到你了：试试 3-3 提高题的习题 37

> **注意**：构建修正箱形图基于四分位数，而四分位数的计算没有统一的定论，所以采用不同的计算方法可能会得到不同的修正箱形图。

使用软件

箱形图、五数概括法、异常值

Excel

请参考 3-1 节最后的"使用软件"中给出的流程。

加载项"分析工具库"仅提供最小值、最大值和中位数的计算。根据下列步骤可以求得四分位数：

1. 打开功能区中的"公式"选项卡，点击"插入函数"。
2. 选择"统计"类别下的 QUARTILE.INC 函数，点击"确定"按钮。
3. 在 Array 框中输入数据值的范围。在 Quart（四分位数）框中，若求最小值，则输入 0；若求 Q_1，则输入 1；若求中位数，则输入 2；若求 Q_3，则输入 3；若求最大值，则输入 4。
4. 点击"确定"按钮。

R

五数概括法：summary(x)

箱形图：boxplots(x,y,z)

异常值：在箱形图中显示（见上述 R 命令），或根据如下步骤对数据排序后可以找到。

1. 使用 sort(x) 命令将数据按升序排列。
2. 判断数据中的最小值和最大值是否与其他值的距离相距甚远。

4-1：概率

4-2：加法原理和乘法原理

4-3：对立事件、条件概率以及贝叶斯定理

4-4：计数法则

4-5：假设检验的统计模拟

第 4 章

概率论

本章问题　概率在判断显著性中的应用

在第 3 章中，我们介绍了如何使用范围经验法则或 z 分数来判断样本值是显著低还是显著高。依据这两种方法，如果一个数据值比均值至少低 2 个标准差（或 $z \leq 2$），那么该数据值是显著低的；如果该数据值比均值至少高 2 个标准差（或 $z \geq 2$），那么该数据值是显著高的。这些标准均依赖均值和标准差，但统计数据可能在很大程度上会受到异常值和数据分布的影响。在很多情况下，我们不使用单一的均值和标准差来分析数据，因此不能使用范围经验法则（例如，在相关性分析中），而使用概率值可以较好地判断数据值的显著性。

需要注意的是，具有统计显著性的结果可能重要也可能不重要。不要将统计显著性与重要性联系起来。

Microsoft XSORT 性别选择技术的设计目的是增加新生儿是女孩的可能性。在该技术的临床试验停止之前，曾有 945 个新生儿出生，其中包含 879 个女孩和 66 个男孩（数据来源：美国遗传与辅助生育研究院，简称 GIVF）。在自然情况下得到该结果的概率为 0.00000000。据此得出结论，该概率值表明 945 个新生儿中有 879 个女孩是一个显著高的值。

现在，让我们思考以下使用本章中的方法可以解决的问题：假设 20 对夫妇使用 XSORT 方法进行性别选择，并且每对夫妇生育一个孩子。这 20 个新生儿都是女孩的概率是多少？20 个新生儿都是女孩的结果是否表明 XSORT 方法是有效的？本章将讨论这些问题。

概率论不仅有趣而且重要，因为它是"统计"这一概念的基础，比如第 8 章介绍的假设检验。概率论并不是一个独立的主题，它在判断结果是否显著方面发挥着重要作用。

本章目标

本章的主要目标是建立对概率值的正确理解，并根据概率值判断结果是否显著。较小的概率值（如 0.01）对应于极其不可能发生的事件，较大的概率值（如 0.99）对应于极其可能发生的事件。此外，概率论是推断统计的基础。假设检验中便用到了一个很重要的概率值，即 p 值。以下是本章目标。

4-1：概率

- 将概率定义为 0 到 1 之间的值，并将这些值解读为事件可能性的表达式。
- 掌握计算事件概率的能力。
- 理解并应用推断统计中的小概率原理，并且判断结果是否显著。
- 定义一个事件的对立事件，并计算该对立事件的概率。

4-2：加法原理和乘法原理

- 计算概率：在一次试验中，可能出现事件 A 发生或者事件 B 发生或者两者都发生的情况。通过正确调整非独立（或重叠）事件来应用加法原理。
- 计算事件 A 在第一次试验中发生并且事件 B 在第二次试验中发生的概率。通过调整非独立事件来应用乘法原理。
- 区分独立事件和非独立事件。

4-3：对立事件、条件概率以及贝叶斯定理

- 掌握事件 A 发生"至少一次"的概率的计算。
- 掌握在条件概率的计算下对乘法原理的应用。

4-4：计数法则

- 掌握基本计数法则、阶乘法则、排列法则和组合法则。

- 区分排列法则和组合法则。

4-5：假设检验的统计模拟

- 通过统计模拟判断样本结果是否显著，以便检验关于人口参数的命题。

4-1 概率

核心概念：本节第 1 部分介绍概率的基本概念。本节最重要的目标是学习如何解读概率值（0 到 1 之间的值）及小概率值（如 0.001，对应的是极少发生的事件）。在解读概率值时，理解推断统计的稀有事件规则是非常重要的，稍后在本节第 1 部分进行介绍。

本节第 2 部分介绍发生比及其与概率的联系。虽然发生比在后面的章节中不再出现，但其概念在彩票业和博彩业中被广泛应用。

第 1 部分：概率的基本概念

概率在统计学中的角色

概率在假设检验（见第 8 章）中起到了关键作用。统计学家根据数据做决策：根据低概率排除偶然发生的可能性。请看以下关于概率的作用和统计学家思维方式的例子。

例 1： 分析索赔

研究人员发表了以下命题：

"我们开发了一种性别选择方法，可以大大提高生女孩的可能性。"

检验上述命题的假设：该性别选择方法是无效的，因此对于使用该方法的夫妇来说，大约 50% 的可能性生的是女孩。

图 4-1 展示了采用该性别选择方法的两组样本数据以及每组测试所得出的结论。

不同的性别选择方法
（每组20个新生儿）

测试A组的结果：20个女孩，0个男孩
结果为20个女孩的概率 = 954/1000000000 = 0.000000954
↓
能够排除偶然发生的可能性
↓
性别选择方法是有效的

测试B组的结果：12个女孩，8个男孩
结果为12个（或更多）女孩的概率 = 251722/1000000 = 0.251722
↓
不能排除偶然发生的可能性
↓
无法得出性别选择方法有效的结论

统计学家根据低概率来排除偶然发生的可能性

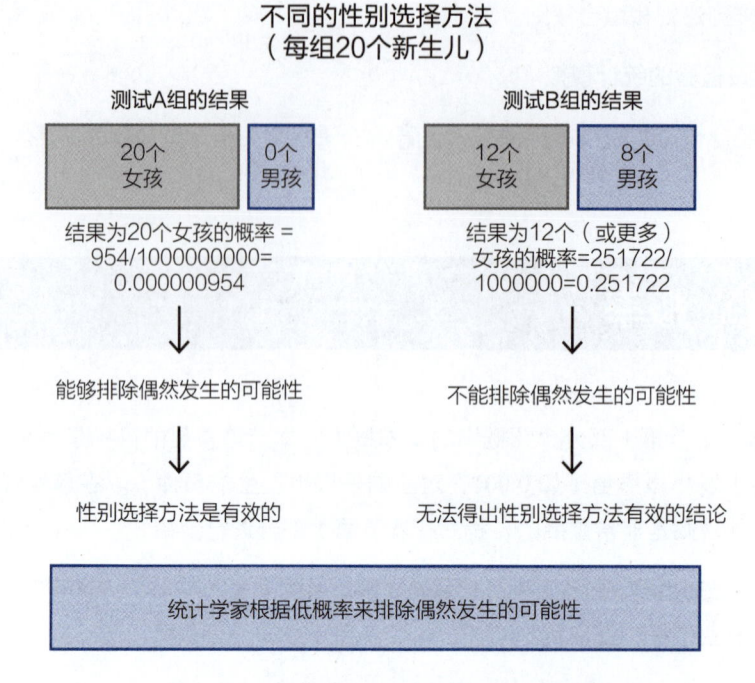

图 4-1：性别选择方法的测试数据和结论

解读：

在 20 个新生儿中，无论是有 20 个女孩还是有 12 个女孩，都比我们通常所预期的 10 个女孩多，但只有 A 组中有 20 个女孩的结果，才会让我们相信性别选择方法是有效的。即使在自然情况下也有可能出现 20 个新生儿全是女孩的情况，但该概率是如此之低（0.000000954），以至于我们应该排除偶然发生的可能性。因此，该结果有力地支持了性别选择方法是有效的说法。这正是统计学家的思维方式：他们根据低概率排除偶然发生的可能性。

▶ 轮到你了：试试 4-1 基础题的习题 29

概率论基础

参考以下概率概念的定义。

> **定义**
> 事件是一个过程的结果或结果的任意集合。
> 简单事件是不能进一步拆分的结果或事件。
> 一个过程的样本空间由所有可能的简单事件组成。也就是说，样本空间由所有不能进一步拆分的结果组成。

参考"例 2"，以理解上述定义。

例2： 简单事件和样本空间

在表 4-1 中，用"b"表示男孩，"g"表示女孩。

表 4-1：简单事件和样本空间示例

过　程	事件示例	样本空间：简单事件的完整列表
1 个新生儿	1 个女孩（简单事件）	{b, g}
3 个新生儿	2 个男孩和 1 个女孩（bbg、bgb 和 gbb 都是 2 个男孩和 1 个女孩结果的简单事件）	{bbb, bbg, bgb, bgg, gbb, gbg, ggb, ggg}

简单事件：

- 对于 1 个新生儿来说，得到 1 个女孩的结果是一个简单事件，得到 1 个男孩的结果也是一个简单事件。它们是单独的简单事件，不能再被进一步拆分。
- 对于 3 个新生儿来说，前 2 个为女孩、最后 1 个为男孩（ggb）的结果是一个简单事件。
- 投掷一枚骰子，结果为 5 是一个简单事件，但结果为偶数不是一个简单事件。

非简单事件： 对于 3 个新生儿来说，"2 女 1 男"是一个非简单事件，因为它可以有三种可能的情况，即 ggb、gbg、bgg。

样本空间： 对于 3 个新生儿来说，样本空间由表 4-1 右下格中列出的 8 个不同的简单事件组成。

▶ 轮到你了：试试 4-1 基础题的习题 23

挑战认知的概率值

在某些情况下，我们对概率值的主观估计与实际概率有很大的不同。如果你深吸一口气，你吸入恺撒临终时呼出的分子的概率超过 99%。本着同样的逻辑继续设想，如果苏格拉底最后饮下的毒堇汁的成分主要是水，那么你喝的下一杯水中很可能含有其中的一个水分子。以下是一个比较好理解的例子：在全班 25 名学生中，至少有两名学生同一天生日（不同年份）的概率超过 50%。

计算事件概率的三种常见方法

概率的数学符号

P，表示概率。

A、B、C，表示具体事件。

$P(A)$，表示"事件 A 发生的概率"。

以下是三种计算概率 $0 \leqslant P(A) \leqslant 1$ 的方法。图 4-2 展示了概率的可能值以及对可能性的描述。

1. 相对频数法：进行（或观察）一个过程并对事件 A 发生的次数计数，则 $P(A)$ 可以近似为

$$P(A) = \frac{\text{事件 A 发生的次数}}{\text{重复该过程的次数}}$$

当使用相对频数法时，本书将不对准确的概率结果和近似的概率结果进行区分，因此"计算概率值"也可能意味着"估计概率值"。

2. 经典计算法（要求结果发生的可能性相等）：如果一个过程有 n 个等可能性的不同简单事件，且事件 A 有 s 种不同的发生方式，那么

$$P(A) = \frac{\text{事件 A 可能发生的次数}}{\text{不同简单事件的个数}} = \frac{s}{n}$$

> **注意**：当使用经典计算法时，务必确认结果是等可能性的。

3. 主观估计法：通过对相关情况的了解，估计发生事件 A 的概率。

图 4-3 展示了上述三种定义的计算方法。

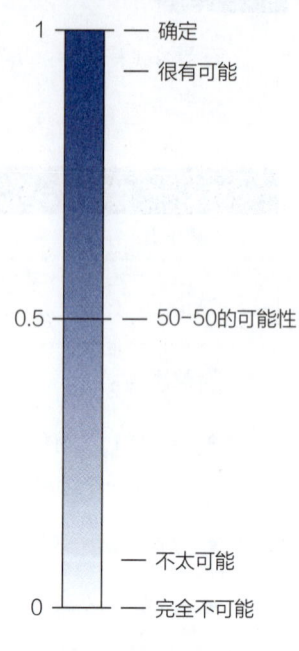

图 4-2：概率的可能值

理解中彩的概率

某彩票游戏的规则是必须首先从 1~75 中选择 5 个不同的数字，然后从 1~15 中选择另一个特别数字。若数字全部选对，则中得头奖，其概率是 1/258,890,850。这种彩票的广告上说"你所需要的只是一点点的运气"，但实际上你需要的运气是巨大的。1/258,890,850 的概率不是那么容易理解的，马里斯特学院的 Donald Kelly 修士对此提出过一个类比。将 258,890,850 枚 25 美分硬币叠起来大约有 282 英里高，而商用飞机一般的飞行高度约为 7 英里，所以这堆硬币的高度大约是商用飞机巡航高度的 40 倍。赢得该彩票头奖的概率相当于从 282 英里高的一堆硬币中随机选择一个特定的硬币。任何花钱买彩票的人都应该明白，中头奖的概率非常、非常、非常接近于零。

第 4 章 概率论 105

1. **相对频数法**：为了确定某类型车辆在一年内发生车祸的概率，我们可以检查过去的结果——一年内正在使用的该类型车辆的数量和该类型车辆的车祸数量；车祸车辆数与总车辆数的比率即为该概率。最近一年，此概率的结果是 0.0480。（参见"例 3"）

2. **经典计算法**：假设某彩票游戏的规则是从 1~60 个数字中选择 6 个不同的数字，且每种组合出现的概率都是相等的。现在需要确定中头奖的概率。使用 4-4 节展示的方法可以发现，中头奖的概率是 0.0000000200。（参见"例 4"）

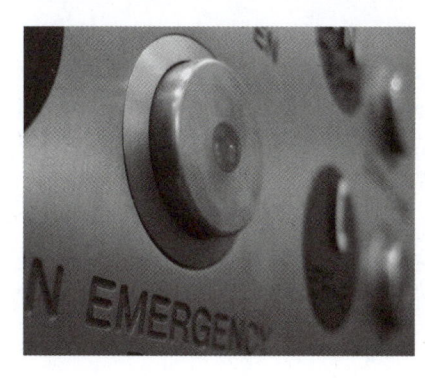

3. **主观估计法**：假设需要估计被困在电梯里的概率，经验告诉我们，这个概率相当低。因此就估计它为 0.001。（参见"例 5"）

图 4-3：三种计算概率的方法

统计模拟：当上述三种方法都不能使用时，可以使用统计模拟的方法，参考 4-5 节。

概率的舍入规则

很难为概率值的舍入设定一个通用的规则，本书中的大多数问题都将使用如下规则：在表示概率值时，要么给出精确的分数或小数，要么将最终的小数结果保留 3 位有效数字。（建议：当概率值不是简单的分数，如 2/3 或 5/9 时，可以用小数表示，便于理解。）请看下面的例子。

- 概率值 0.1827259111333（来自"例 6"）有 13 位有效数字，保留 3 位有效数字可得 0.183。
- 概率值 1/3 可以直接保留原分数形式，也可以舍入到 0.333（不要舍入到 0.3，因为 0.3 只有 1 位有效数字）。
- 概率值 2/8 可以用 1/4 或 0.25 表示（因为 0.25 即为精确值，无须保留 3 位有效数字，如 0.250）。

用百分比表示概率？ 从数学上讲，概率值 0.25 等于 25%，但是一般使用分数和小数而非百分比是有原因的。在进行概率值计算时（如 0.25×0.25），虽然对小数的处理更为容易，但可能会导致很大的计算问题。专业期刊或统计软件几乎都用小数来表示概率。

使用相对频数法所得的概率是一个近似值，而非确切值。但随着观测次数的增加，相应的近似概率趋于接近实际概率。这个性质通常被称为大数定律。

> **大数定律**
> 多次重复某个过程，事件的相对频数概率趋于接近实际概率。

大数定律告诉我们，相对频数法往往随着观测次数的增加而会得到更好的概率估计值。该定律反映了一个符合常识的简单概念：仅基于少数几次试验的概率估计可能会有很大的偏差，但如果进行了大量试验，则估计往往会更加准确。

> **注意：**
> 1.大数定律适用于大量试验，而不适用于任何一个单独的结果。赌徒们有时会愚蠢地认为一连串的输钱会增加下一次翻本的机会，或者认为一连串的赢钱可能会继续下去。
> 2.如果我们对不同可能结果的可能性一无所知，那么就不应该假设其可能性相等。例如，不应该认为下一次统计考试及格的概率是 0.5（及格或不及格）。实际的及格概率取决于复习程度和考试难度等因素。

如何理解"可能"？

我们如何解读"可能"、"不可能"或"极不可能"这些词语？美国联邦航空管理局（FAA）对这些词语的解读如下。

- 可能：每小时飞行中发生该类事件的概率数量级大于或等于 0.00001。在每架飞机的使用寿命中，这样的事件预计会发生几次。

- 不可能：在 0.00001 或更小的数量级上的概率。此类事件预计不会在某一机型的单架飞机的总使用寿命内发生，但可能在某一机型的所有飞机的总使用寿命内发生。

- 极不可能：在 0.000000001 或更小的数量级上的概率。这样的事件是几乎不可能发生的，可以等同为没有发生过。

例 3： 相对频数法——空难

任意给定一个航班，试求其发生空难的概率。假设在最近的一年中，大约有 3900 万个商业航班，其中发生空难 16 次。

解答：

使用相对频数法，计算如下：

$$P(空难) = \frac{空难次数}{总航班数} = \frac{16}{390,000,00} = 0.000000410$$

因为两种结果（空难与没有空难）的可能性是不等的，所以不能使用经典计算法。在没有历史数据的情况下，可以使用主观估计法。

▶ 轮到你了：试试 4-1 基础题的习题 13

例 4： 经典计算法——性别相同的概率

假设有三个新生儿，其性别的样本空间如"例 2"所示：{bbb, bbg, bgb, bgg, gbb, gbg, ggb, ggg}。如果是男孩和是女孩的概率相等，那么这 8 个简单事件的概率也相等。试求三个新生儿性别相同的概率（实际上，是男孩的概率为 0.512）。

解答：

样本空间 {bbb, bbg, bgb, bgg, gbb, gbg, ggb, ggg} 包含 8 个等可能性的结果，并且恰好有两个结果是性别相同的：bbb 和 ggg。采用经典计算法，可得：

$$P(性别相同) = \frac{2}{8} = \frac{1}{4} \text{ 或 } 0.25$$

▶ 轮到你了：试试 4-1 基础题的习题 21

例 5： 主观估计法——在这门统计课中获得 A

你在这门统计课中获得 A 的概率是多少？

解答：

获得 A 的成绩取决于很多因素，包括学习程度、考试难度、上课出勤率、教材好坏以及任课老师的能力。因为无法计算出准确的概率，所以采用主观估计法。你可能会发现自己喜欢学习统计学，并有很强的动力去掌握这门很有价值的学科，这份对统计学的热情和你之前在数学课上的成功都表明获得 A 的可能性很大，因此可以估计该事件的概率为 0.8。

▶ 轮到你了：试试 4-1 基础题的习题 4

例 6： 求成年人认为其见过或遇到过鬼的概率

在皮尤研究中心的一项调查中，随机选取的成年人被问及是否见过或遇到过鬼。366 人回答"是"，1637 人回答"否"。根据结果，求一个随机选取的成年人认为其见过或遇到过鬼的概率。

解答：

> **注意：** 一个常见的错误是直接根据题中数字得到概率 366/1637 = 0.224。我们需要仔细思考其中的逻辑，如下所示。

不要试图从题中信息直接得出答案，而是应当使用一种清晰的格式总结已有信息，如下所示：

$$
\begin{array}{ll}
366 \text{ 人} & \text{回答"是"} \\
1637 \text{ 人} & \text{回答"否"} \\
\hline
2003 \text{ 人} & \text{总回答数}
\end{array}
$$

我们可以使用相对频数法，如下所示：

$$P(\text{回答"是"}) = \frac{\text{回答"是"的个数}}{\text{总回答数}} = \frac{366}{2003} = 0.183$$

解读：

随机选取的一个成年人认为其见过或遇到过鬼的概率为 0.183。

▶ 轮到你了：试试 4-1 基础题的习题 15

> **注意：** 不要直接用题中一个较小的数字除以一个较大的数字来计算概率，参见"例 6"。

例 7： 求感恩节在星期三和星期四的概率

如果随机选取一年，试求美国感恩节在星期三的概率和美国感恩节在星期四的概率。

解答：

1. 在美国，规定感恩节在 11 月的第 4 个星期四。因此，感恩节不可能在星期三。当一个事件不可能发生时，它的概率为 0。$P(\text{感恩节在星期三}) = 0$。

2. 当一个事件一定会发生时，它的概率是 1。$P(\text{感恩节在星期四}) = 1$。

任何不可能发生的事件的概率为 0，任何确定发生的事件的概率为 1，任何可能发生的事件的概率介于 0 和 1 之间，即 $0 \leq P(A) \leq 1$（如图 4-2 所示）。

▶ 轮到你了：试试 4-1 基础题的习题 19

对立事件

有时我们需要求事件 A 不发生的概率。

> **定义**
> 事件 A 的**对立事件**，记为 $\overline{A}$，由事件 A 未发生的所有结果组成。

例 8：求成年人不上网的概率

皮尤研究中心对 2002 个随机选取的成年人进行了调查，其中 1782 人说他们上网。随机选取一个成年人，求其不上网的概率。

解答：

在 2002 个调查对象中，有 1782 人上网，因此其余 220 人不上网，即：

$$P(\text{不上网}) = \frac{220}{2002} = 0.110$$

解读：

随机选取一个成年人，其不上网的概率为 0.110。

▶ 轮到你了：试试 4-1 基础题的习题 17

$P(A)$ 与 $P(\overline{A})$ 的关系：如果用 I 表示一个成年人上网的事件，那么可以得到 $P(I)=1782/2002=0.890$，并且 $P(\overline{I})=1-0.890=0.110$。

博彩的赢面

在典型的美国州彩票中，彩票公司的赢面为 65%~70%，也就是说，有 30%~35% 的投注彩票的收益最终会作为中奖奖金退回。在赛马中，庄家的赢面通常在 15% 左右。而在赌场中，轮盘赌庄家的赢面为 5.26%，花旗骰庄家的赢面为 1.4%，老虎机庄家的赢面为 3%~22%。

21 点庄家的赢面为 5.9%，但一些职业玩家可以通过需要大量时间训练的记牌方法，使庄家的赢面持续降低至 1% 左右。如果一个记牌的玩家突然将赌注增大，那么发牌人就会看出该玩家在记牌，从而将其驱逐。该类玩家会试图通过团队合作来打破这一困局。当记牌记到一定程度时，该玩家就会发出信号，其同伙便会携带大量赌资入局。据称，麻省理工学院的一群学生通过记牌赢得了数百万美元。

根据概率值判断结果是否显著：推断统计的稀有事件规则

如果在给定的假设下，某一特定观测到的事件发生的概率非常低，并且观测到的事件发生的概率明显低于或高于我们通常对该假设的预期，则可以得出结论：该假设可能不正确。

我们可以使用概率来确定显著高或显著低的值，如下所示。

使用概率确定结果显著高或显著低

- 显著高的成功次数：假设 n 次试验中成功 x 次，如果成功 x 次或更多次的概率小于或等于 0.05，那么成功的次数 x 就是显著高的。即，如果 $P(x$ 或更多$) \leq 0.05$，那么 x 为显著高的成功次数[1]。

- 显著低的成功次数：假设 n 次试验中成功 x 次，如果成功 x 次或更少次的概率小于或等于 0.05，那么成功的次数 x 就是显著低的。即，如果 $P(x$ 或更少$) \leq 0.05$，那么 x 为显著低的成功次数。

参见"例 1"，可做如下解读：

- 20 个新生儿中有 20 个女孩的概率是显著高的，因为大于或等于 20 个女孩的概率为 0.000000954，小于 0.05（因此性别选择方法是有效的）。

- 20 个新生儿中有 12 个女孩的概率不是显著高的，因为大于或等于 12 个女孩的概率为 0.251722，大于 0.05（因此性别选择方法没有效果）。

对概率概念的回顾

- 概率值的范围：$0 \leq P(A) \leq 1$。
- 不可能发生的事件的概率为 0。
- 一定会发生的事件的概率为 1。
- $P(\overline{A})=$ 事件 A 发生的概率。
- $P(\overline{A})=$ 事件 A 不发生的概率。

第 2 部分：发生比

通常以发生比来表示可能性，如 50：1。

概率和发生比各自的优点如下：

- 在处理与博彩相关的转账金额时，使用发生比会更加简便（这就是发生比通常用于赌场、彩票和赛马的原因）。

---

[1] 0.05 不是绝对的，其他值（如 0.01）也可以用来区分显著和不显著的结果。

- 概率使计算更加简便（这就是统计学家、数学家、科学家和所有领域的研究人员都倾向于使用概率的原因）。

在以下三个定义中，实际劣势发生比和实际优势发生比反映了事件发生的实际可能性，但赔率描述了赌场、彩票或赛马运营商确定的收益金额。赛马场和赌场都为盈利公司，所以赔率与实际发生比并不相同。

> **定义**
> 事件 A 发生的**实际劣势发生比**为 $P(\bar{A})/P(A)$ 的比值，通常以 $a:b$ 的形式表示，其中 a 和 b 是整数。
> 事件 A 发生的**实际优势发生比**为 $P(A)/P(\bar{A})$ 的比值，即实际劣势发生比的倒数。
> 事件 A 发生的**赔率**等于净利润与赌注的比例：事件 A 的赔率 = 净利润 : 赌注。

例 9： 实际发生比与赔率

假设在轮盘赌的数字 13 上押了 5 美元，赢的概率为 1/38，赌场给出的赔率是 35：1。

1. 试求结果为数字 13 的实际发生比。

2. 如果赌结果为数字 13 赢了 5 美元，那么净利润是多少？

3. 如果赌场为非营利机构，并且所给出的赔率与押注数字 13 的实际发生比相同，那么结果为 13 时，能赢多少钱？

解答：

1. 设事件 A 是结果为数字 13，则有 $P(A)=1/38$，$P(\bar{A})=37/38$，可以得到：

$$A \text{ 的实际劣势发生比} = \frac{P(\bar{A})}{P(A)} = \frac{37/38}{1/38} = 37:1$$

2. 赌场给出的赔率为 35：1，根据 35：1＝净利润：赌注，即每 1 美元的赌注有 35 美元的利润。因此对于 5 美元的赌注而言，压中后的净利润是 5 美元 ×35=175 美元。压中后，拿到的总金额为 180 美元，其中 5 美元是原先的赌注，剩下的是净利润。

3. 根据题意，赔率将变为 37：1，这是结果为数字 13 的实际发生比。因此压中后的净利润是 5 美元 ×37=185 美元。

▶ 轮到你了：试试 4-1 提高题的习题 33

4-2 加法原理和乘法原理

核心概念：本节将介绍用于计算 $P(A \cup B)$ 的加法原理。$P(A \cup B)$ 表示的是事件 A 发生或事件 B 发生（或两者都发生）的概率。计算 $P(A \cup B)$ 的过程是将事件 A 可能发生的次数和事件 B 可能发生的次数相加，但相加时不要重复计算。加法原理中的"或"对应概率中的相加运算。

本节还将介绍用于计算 $P(A \cap B)$ 的基本乘法原理，即事件 A 发生和事件 B 发生的概率。如果事件 A 的结果以某种方式影响了事件 B 的概率，那么修正事件 B 的概率以反映事件 A 的发生是至关重要的。计算 $P(A \cap B)$ 的方法被称为乘法原理，因为涉及两个事件概率的乘法。乘法原理中的"和"对应概率中的乘法运算[1]。

4-1 节只涉及了简单事件，在本节中我们将考虑复合事件。

> **定义**
> 复合事件是由两个或多个简单事件组合而成的事件。

加法原理

加法原理的数学符号

$$P(A \cup B) = P(\text{在一次试验中，事件 A 发生或事件 B 发生或两者都发生})$$

以上表述中使用的数学符号∪，表示存在其中一个或另一个或两者兼有。通常，加法原理以下面的公式呈现，但不要盲目地使用该公式，建议读者采用直观的方法加以理解。

> **加法原理的直观表达**
> 计算 $P(A \cup B)$：将事件 A 可能发生的次数和事件 B 可能发生的次数相加，但要确保每种结果只计算一次。$P(A \cup B)$ 等于上述次数之和除以样本空间中所有可能结果的总数。

> **加法原理的公式**
> $$P(A \cup B) = P(A) + P(B) - P(A \cap B)$$
> 其中，$P(A \cap B)$ 表示事件 A 和事件 B 同时发生的概率。

使用加法原理的一种方法是：将事件 A 和事件 B 的概率相加，如果事件 A 与事件 B 存在重叠部分导致重复计算，则将重复计算的部分从结果中减去。上面的加法原理公式表示的正是这样的计算逻辑。

---

[1] 译者注：这里采用集合论中的符号∪以及∩，其中∪代表并集，即"或"的概念；∩代表交集，即"和"的概念。

例 1: 求吸食毒品或检验结果为阳性的概率

参见表 4-2。如果从 555 名受试者中随机选取 1 人，试求其吸食毒品或检验结果为阳性的概率。

表 4-2：入职前的毒品检验结果

	阳性检验结果	阴性检验结果
受试者的确吸食毒品	**45**（真阳性）	**5**（假阴性）
受试者未曾吸食毒品	**25**（假阳性）	480（真阴性）

* 加粗数字代表阳性检验结果或吸食毒品的受试者，数字总和为 75。

解答：

根据表 4-2，第一列数据的总数为检验结果为阳性的总人数，第一行数据的总数为吸食毒品的总人数，但需要注意人数不能被重复计算。也就是说，当计算第一列数据和第一行数据的频数之和时，45 只被计算一次。阳性检验结果或吸食毒品的受试者人数为 45+25+5=75。因此，所求的概率为

$$P(\text{阳性检验结果或吸食毒品}) = 75/555 = 0.135$$

▶ 轮到你了：试试 4-2 基础题的习题 11

互斥事件和加法原理

当事件为互斥事件时，加法原理的应用变得更为简单。

定义
如果事件 A 和事件 B 不能同时发生，那么它们是**互斥事件**（**互不相容事件**）（也就是说，互斥事件没有重叠部分）。

例 2: 互斥事件和非互斥事件

互斥事件：
事件 A——随机选取男性受试者参加临床试验。
事件 B——随机选取女性受试者参加临床试验。
（受试者无法同时满足这两个事件的要求）

非互斥事件：
事件 A——随机选取正在上统计课的受试者。
事件 B——随机选取女性受试者。
（受试者有可能同时满足这两个事件的要求）。

▶ 轮到你了：试试 4-2 基础题的习题 12

当事件 A 和事件 B 为互斥事件时，加法原理中的 $P(A \cap B)$ 等于 0，因此对于互斥事件 A 和 B，有 $P(A \cup B) = P(A)+P(B)$。

加法原理要点总结（计算 $P(A \cup B)$）

1. 理解∪的意思是"或"，并与加法联系起来。

2. 将事件 A 可能发生的次数和事件 B 可能发生的次数相加，但要确保每种结果只计算一次。

对立事件和加法原理

在 4-1 节中，我们使用 $\bar{A}$ 表示事件 A 没有发生。我们可以确定（概率为 1）事件 A 要么发生，要么不发生，因此有 $P(A \cup \bar{A}) = 1$。由于事件 A 和事件 $\bar{A}$ 一定是互斥的，所以可用加法原理来表示，如下所示：

$$P(A \cup \bar{A}) = P(A) + P(\bar{A}) = 1$$

由该结果可得以下三个等价的表达式。

对立事件准则

$P(A) + P(\bar{A}) = 1$　　　　$P(\bar{A}) = 1-P(A)$　　　　$P(A) = 1-P(\bar{A})$

例 3： 求没有智能手机的概率

根据消费者技术协会的调查结果，在美国随机选取一个家庭，该家庭拥有智能手机的概率为 0.87，即 $P($有智能手机$) = 0.87$。如果随机选取一个家庭，试求该家庭没有智能手机的概率。

解答：

$$P(\text{没有智能手机}) = 1-P(\text{有智能手机}) = 1-0.87 = 0.13$$

随机选取一个家庭，该家庭没有智能手机的概率为 0.13。

▶ 轮到你了：试试 4-2 基础题的习题 7

乘法原理

乘法原理的数学符号

$P(A \cap B) = P($第一次试验中事件 A 发生并且第二次试验中事件 B 发生$)$

$P(B|A)$ 表示假设事件 A 已经发生，事件 B 会发生的概率（B|A 表示事件 B 发生在事件 A 已经发生之后）。

注意：P(A ∩ B) 在不同的语境中可以有两种含义。在乘法原理中，P(A ∩ B) 表示事件 A 发生在一次试验中，事件 B 发生在另一次试验中；在加法原理中，P(A ∩ B) 表示事件 A 和事件 B 发生在同一次试验中。

乘法原理的直观表达
计算事件 A 在一次试验中发生并且事件 B 在另一次试验中发生的概率：将事件 A 的概率乘以事件 B 的概率，并且在计算事件 B 的概率时要假设事件 A 已经发生。

乘法原理的公式
$$P(A \cap B) = P(A) \cdot P(B|A)$$

独立性和乘法原理

在考虑乘法原理中的 $P(B|A)$ 时，其实我们关注的是事件 A 和事件 B 是否独立。

定义
如果事件 A 的发生不影响事件 B 发生的概率，那么事件 A 和事件 B 就是独立事件（在若干事件中，如果任意一个事件的发生不影响其他事件发生的概率，那么就称之为多事件独立）。如果事件 A 和事件 B 不是独立的，那么事件 A 和事件 B 就是非独立事件。

注意：非独立事件并不意味着其中一个事件是另一个事件的直接原因。厨房里的灯亮着和卧室里的灯亮着是非独立事件，因为它们共用同一个电源。其中一盏灯不亮可能会有多种原因，但如果一盏灯不亮，那么另一盏灯也不亮的概率会很大（因为共用电源）。

例 4： 毒品检验和乘法原理

只考虑来自 50 名吸食毒品的受试者的检验结果（参见表 4-2），如下所示：

阳性检验结果：	45
阴性检验结果：	5
总数：	50

1. 如果在这 50 名吸食毒品的受试者中有放回地随机选取 2 人，试求第一个被选中者的检验结果为阳性且第二个被选中者的检验结果为阴性的概率。

2. 重复第 1 问，假设无放回地选取 2 名受试者。

解答：

1. 有放回

第一次选取（50人中有45人检验结果为阳性）：$P(\text{阳性结果}) = \dfrac{45}{50}$。

第二次选取（50人中有5人检验结果为阴性）：$P(\text{阴性结果}) = \dfrac{5}{50}$。

应用乘法原理，如下所示：

$$P(\text{第一次选取为阳性} \cap \text{第二次选取为阴性}) = \dfrac{45}{50} \times \dfrac{5}{50} = 0.0900$$

2. 无放回

在无放回的情况下，第一次选取的计算方法与第1问的相同，但需要修正第二个概率以反映第一名受试者的检验结果为阳性。在选取第一名检验结果为阳性的受试者后，还剩下49人，其中5人的检验结果为阴性。因此第二个概率为5/49，如下所示：

$$P(\text{第一次选取为阳性} \cap \text{第二次选取为阴性}) = \dfrac{45}{50} \times \dfrac{5}{49} = 0.0918$$

▶ 轮到你了：试试4-2基础题的习题13

航空发动机的独立性

从迈阿密起飞后不久，东方航空公司855航班的一个发动机因为液压过低警告而关闭。当飞机转向迈阿密准备降落时，另外两个发动机也显示液压过低警告，并最终全部停止工作。就在飞机没有任何动力从13,000英尺下降到4000英尺的情况下，机组人员成功重启了其中一个发动机，最后机上172人全部安全着陆。三个独立工作的发动机同时出现故障的概率只有0.0001^3，也就是万亿分之一。美国联邦航空管理局调查发现，更换三个发动机机油的是同一名机械师，他未能更换机油塞密封圈，因此导致发动机之间不再相互独立。之后，航空公司修改了规则，由不同的机械师来保养不同的发动机。

"例4"第2问的关键点是：调整第二个事件的概率，以反映第一个事件的结果。在计算无放回情况下的第二个概率时，必须考虑到第一名检验结果为阳性的受试者已被去掉，所以第二次抽样一共只有49名受试者，其中5人的检验结果为阴性。第1问为有放回抽样，因此事件是相互独立的。第2问为无放回抽样，因此事件不是相互独立的。参见以下内容。

抽样

统计学中的抽样方法是至关重要的，并且存在以下关系。

- 有放回抽样：每次抽样都是独立事件。
- 无放回抽样：每次抽样都不是独立事件。

例外：将非独立事件视为独立事件

当从很大的总体中无放回抽取小样本时，可以视其为独立事件，以简化烦琐的计算（在这种情况下，不太会发生先后选出同一个体的情况）。以下是一个常用的指导准则：

> **5% 烦琐计算准则**
> 如果考虑无放回抽样并且样本量不超过总体大小的 5%，那么可以将抽样视为相互独立的（即使实际上抽样并不相互独立）。

"例 5"展示了如何使用上述准则，以及如何扩展乘法原理至三个或更多的事件。

例 5： 求无放回随机选取的 3 人检验结果都为阳性的概率

某调查显示，美国有 130,639,273 名全职工作者。若随机选取其中一人进行毒品检验，则检验结果为阳性的概率为 0.042，即表明该人正在使用非法药物。假设从美国所有的全职工作者中无放回地随机选取 3 人，求 3 人检验结果都为阳性的概率。

解答：

根据题意，无放回抽样表明三个事件不是相互独立的，但在该例中，可以根据 5% 烦琐计算准则，将其视为独立事件。$n=3$ 的样本量很显然没有超过总体的 5%，因此可得：

$P(3 \text{ 人结果都为阳性}) = P(\text{第一个人结果为阳性} \cap \text{第二个人结果为阳性} \cap \text{第三个人结果为阳性})$

$= P(\text{第一个人结果为阳性}) \cdot P(\text{第二个人结果为阳性}) \cdot P(\text{第三个人结果为阳性})$

$= (0.042)(0.042)(0.042)$

$= 0.0000741$

3 人检验结果都为阳性的概率为 0.0000741。

▶ 轮到你了：试试 4-2 基础题的习题 29

冗余设计

关键部件的冗余设计（备份）可以大大提高系统的可靠性。NASCAR 温斯顿杯系列赛（NASCAR Winston Cup）的赛车有两个点火系统，如果其中一个出现故障，另一个仍可以保持赛车的运行。飞机有两套独立的电子系统，以及两套独立的无线电系统。以下内容摘自《大众科学》杂志上一篇关于隐身战机的文章："主要由碳纤维建造的 Lear Fan 2100 飞机必须携带两个雷达应答器。因为如果只携带一个应答器，在应答器出现故障时，雷达就几乎无法追踪飞机了。"这种关键部件的冗余设计就是概率论中乘法原理的一种应用。如果一个部件的失效率为 0.001，那么两个独立部件同时失效的概率仅为 0.000001。

在"例 5"中，如果将事件视为非独立事件，而不使用 5% 烦琐计算准则，那么就会得到如下烦琐的计算：

$$\left(\frac{5{,}486{,}849}{130{,}639{,}273}\right)\left(\frac{5{,}486{,}848}{130{,}639{,}272}\right)\left(\frac{5{,}486{,}847}{130{,}639{,}271}\right) = 0.0000740879 = 0.0000741 \text{（舍入后的结果）}$$

想象一下，如果随机选取 1000 人，上述计算会是怎样的情形。

注意：在任何概率计算中，都应仔细甄别所考虑的事件。"例 6"中的两问看起来非常相似，但结果却非常不同。

例 6： 求随机选取的两个人生日在一周中同一天的概率

在班级中随机选取两个不同的人，假设生日出现在一周中任何一天的可能性相同，计算以下概率：

1. 两个人在一周 7 天中同一天出生的概率。
2. 两个人都是周一出生的概率。

解答：

1. 因为没有指定一周中的哪一天，所以第一个人可以在 7 天中的任何一天出生。第二个人和第一个人在一周中同一天出生的概率为 1/7。因此，两个人在一周中同一天出生的概率为 1/7。

2. 第一个人在星期一出生的概率为 1/7，第二个人在星期一出生的概率也为 1/7。因为这两个事件是独立的，所以两个人都在星期一出生的概率为

$$\frac{1}{7} \times \frac{1}{7} = \frac{1}{49}$$

▶ 轮到你了：试试 4-2 基础题的习题 13

> 注意审题！"例 6"说明了审题远比计算重要。比如，如何正确理解"例 6"中的"一周 7 天中的同一天"？"例 6"中两问的表述区别很大。

CP 例 7： **根据概率判断显著性结果**

根据独立性和乘法原理来重新思考"本章问题"。XSORT 方法的设计目的是增加新生儿是女孩的可能性。假设 20 对夫妇使用 XSORT 方法进行性别选择，并且每对夫妇生育一个孩子。这 20 个新生儿都是女孩的概率是多少？20 个女孩的结果是否表明 XSORT 方法是有效的？

解答：

我们假设 XSORT 方法没有效果，所以 $P(女孩) = 1/2$。因为 20 次出生互为独立事件，可以应用乘法原理，如下所示：

$P(20 个女孩) = P(第 1 个为女孩) \cdot P(第 2 个为女孩) \cdot \cdots \cdot (第 20 个为女孩)$

$= \dfrac{1}{2} \times \dfrac{1}{2} \times \cdots \times \dfrac{1}{2}$ （20 次）

$= (\dfrac{1}{2})^{20} = 0.000000954$

注意，0.000000954 的结果与图 4-1 中测试 A 组的结果一致。

现在必须做出决策：20 个新生儿中有 20 个女孩的结果是随机发生的，还是 XSORT 方法能有效提高生女孩的概率？因为偶然得到 20 个女孩的概率（不受 XSORT 方法的影响）只有 0.000000954，因此应当排除这是偶然发生的。20 个新生儿中有 20 个女孩的结果是一个显著高的数量（概率等于或小于 0.05），因此 XSORT 方法是有效的。

▶ 轮到你了：试试 4-2 基础题的习题 4

冗余设计：乘法原理的重要应用

冗余设计被用于提高系统的可靠性。人眼是一种消极的冗余设计，如果其中一只眼睛无法工作，则还能继续使用另一只眼睛。现代生物学的一项重要发现是，有机体中的基因通常可以相互替代工作。工程师也经常设计冗余组件，使整个系统不会因为单个组件的故障而发生整体故障，参考如下示例。

> **例 8：** 求一块硬盘能正常工作一年的概率
>
> 型号为 ST4000DM000 的希捷硬盘一年内的故障率为 2.89%（数据来源：Backblaze, Inc.）。
>
> 1. 如果计算机内只有该型号的硬盘，试求其能正常工作一年的概率。
>
> 2. 如果计算机内有两块该型号的硬盘，试求有一块能正常工作一年的概率。
>
> **解答：**
>
> $$P(\text{硬盘没有出现故障}) = 1 - P(\text{硬盘出现故障}) = 1 - 0.0289 = 0.971$$
>
> 两块硬盘相互独立，则有：
>
> $$P(\text{至少有一块硬盘没有出现故障}) = 1 - P(\text{两块硬盘都出现故障})$$
> $$= 1 - (0.0289)(0.0289) = 0.999$$
>
> **解读：**
>
> 一块硬盘的故障率为 0.0289，而两块独立硬盘的故障率只有 0.001，即故障风险的降低系数为 1/28.9，计算机的可靠性大大提高了。
>
> ▶ 轮到你了：试试 4-2 基础题的习题 25

乘法原理的基本逻辑

通过以下两个小测试的问题，理解乘法原理背后的逻辑。

1. 是非题（T 或 F）：1 磅羽毛比 1 磅黄金重。

2. 是谁说过，"拿到了线头儿，就抽开了线球儿"？ a. 法官朱迪；b. 法官德雷德；c. 塞万提斯；d. 乔治·盖洛普；e. 甘地

第一个问题的答案是"是"，第二个问题的答案是 c（第一个问题中羽毛的重量是常衡制单位，1 磅是 453.59 克，而黄金和其他贵金属的重量是金衡制单位，1 磅是 373.24 克。第二个问题的答案来自塞万提斯的《堂吉诃德》）。

下面是不同可能答案组合的样本空间：

$$Ta \quad Tb \quad Tc \quad Td \quad Te \quad Fa \quad Fb \quad Fc \quad Fd \quad Fe$$

如果两个答案都是随机猜测的，那么以上 10 个结果的可能性是相等的。因此：

$$P(\text{两题都正确}) = P(T \cap c) = 0.1$$

其中 $P(T) = 0.5$，$P(c) = 0.2$，其等价于 $0.1 = 0.5 \times 0.2$。

树形图列出了所有可能的结果。图 4-4 展示了随机猜测所得到的 10 种等可能情况，因此答案是 (T, c) 的概率为 1/10。第一个问题的每一个答案都有 5 个相对应的第二个问题的答案，因此结果为 2×5=10。树形图可视化了乘法原理。

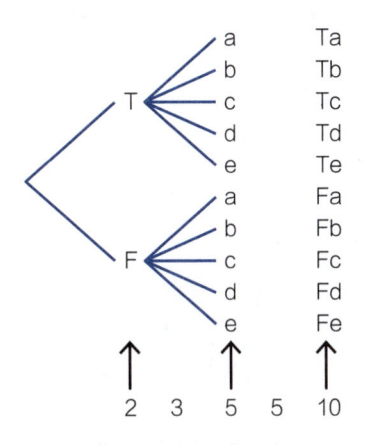

图 4-4：测试答案的树形图

加法原理和乘法原理小结

$P(A \cup B)$ 的加法原理：∪ 即加法，将事件 A 可能发生的次数和事件 B 可能发生的次数相加，但要确保每种结果只计算一次。

$P(A \cap B)$ 的乘法原理：对于两次试验而言，∩ 即乘法，在计算 $P(A)$ 和 $P(B)$ 的乘积时，必须确保事件 B 的概率反映了已经发生的事件 A。

4-3 对立事件、条件概率以及贝叶斯定理

核心概念：本节第 1 部分将扩展乘法原理应用至多个试验的概率，比如至少一个事件发生的概率。第 2 部分将考虑条件概率：已知其他事件已经发生的额外信息，求某个事件发生的概率。第 3 部分将简要介绍贝叶斯定理。

第 1 部分：对立事件，"至少一个"的概率

为了求事件"至少发生一次"的概率，我们必须理解以下概念：

- "至少一个" = "一个或多个"。

- "至少一个"的对立事件＝该事件没有发生。

举例来说，10个新生儿中至少有1个女孩的对立事件是没有女孩，即10个新生儿全都是男孩。

以下为求"至少一个"的概率的解题过程：

1. 设 A 为至少有一个事件发生。

2. $\bar{A}$ 为没有任何事件发生。

3. 求 $P(\bar{A})$，即事件 A 没有发生的概率（使用乘法原理，该步骤会相对比较简单）。

4. $P(A)=1-P(\bar{A})$

事件从来没有发生过的概率

有些事件是有可能发生的，但不太可能发生并且从来没有发生过。以下是政治学家非常感兴趣的一个问题：估计单个选民的选票可以左右美国总统大选结果的概率。研究人员指出，这个概率的确切值并不重要，但对以下三个因素而言却很重要：竞选资源的最佳分配、各州和选民群体是否得到未来总统的关注，以及用于解读选民为什么投票的"理性选择"模型（选民行为模型）。该概率值在势均力敌的选举中为千万分之一。

（资料来源：Andrew Gelman, Gary King, and John Boscardin write in the Journal of the American Statistical Association (Vol. 93, No. 441).）

例 1：求至少一件产品有缺陷的概率

假设某工厂制造产品的不良率为 15%，如果一个顾客购买 12 件该工厂制造的产品，试求其中至少一件产品有缺陷的概率。

解答：

步骤 1： 设事件 A 为 12 件产品中至少一件产品有缺陷。

步骤 2： 事件 A 的对立事件 $\bar{A}$ 为 12 件产品中没有一件产品有缺陷。

步骤 3： 求对立事件的概率。

$$P(\bar{A})=P(12 \text{ 件产品都没有缺陷})=0.85^{12}=0.142$$

步骤 4： $P(A)=1-P(\bar{A})=1-0.142=0.858$。

解读：

12 件产品中至少一件产品有缺陷的概率为 0.858。就质量控制而言，该值过高。该工厂需要改进生产工艺，以降低产品出现缺陷的概率。

▶ 轮到你了：试试 4-3 基础题的习题 7

第 2 部分：条件概率

一个事件的概率通常会被其他事件发生的信息所左右。《高尔夫大师》（*Golf Digest*）曾报道过高尔夫球一杆进洞的概率为 1/12,500，但如果是职业高尔夫球手，那么该概率会变为 1/2500。通常来说，一个事件的条件概率指的是根据其他事件发生的额外信息所得的概率（4-2 节中的无放回抽样就使用了条件概率）。

> **定义**
> 一个事件的条件概率是指通过其他事件发生的额外信息所得的概率。

数学符号：在事件 A 发生的条件下，事件 B 发生的概率，记作 $P(B|A)$。

> **求 $P(B|A)$ 的直观方法**
> 假设事件 A 发生了，计算事件 B 会发生的概率，如"例 2"所示。

> **求 $P(B|A)$ 的数学公式**
> $$P(B|A) = \frac{P(A \cap B)}{P(A)}$$

不要盲目地使用上述条件概率的公式，建议读者采用直观的方法，如"例 2"所示。

> **根据概率定罪**
>
> 　　一个目击者称，洛杉矶的一名抢劫嫌犯为扎马尾辫的金发白人女性，她逃跑时乘坐一辆黄色汽车，司机是一名留有络腮胡的非裔男性。两名嫌犯因符合该描述而被定罪，依据是符合这些特征的概率只有 1/12,000,000。据估计，符合黄色汽车的概率为 1/10，符合其他特征的概率分别为 1/10、1/3、1/10 和 1/1000。但是后来由于没有证据支持概率的估计且这些特征的出现为独立事件，定罪被推翻了。此外，嫌犯不是随机选取的，也没有考虑到同一地区具有相同特征的其他夫妇或情侣的可能性。

例 2： 入职前的毒品检验

参考表 4-2，试求以下概率：

1. 如果从 555 名受试者中随机选取 1 人，若该人吸食毒品，试求其检验结果为阳性的概率，即 P(阳性结果 | 吸食毒品)。

2. 如果从 555 名受试者中随机选取 1 人，若该人的检验结果为阳性，试求其吸食毒品的概率，即 P(吸食毒品 | 阳性结果)。

解答：

1. 直观方法： 此处的关键在于，如果受试者吸食毒品，那么此人为表 4-2 中第一行数据显示的 50 名受试者之一。在这 50 名受试者中，有 45 人的检验结果为阳性，因此：

$$P(\text{阳性结果} | \text{吸食毒品}) = \frac{45}{50} = 0.900$$

数学公式： 设事件 A 为受试者吸食毒品，事件 B 为检验结果为阳性，则有 P(吸食毒品且检验结果为阳性) = 45/555，P(吸食毒品) = 50/555。代入公式：

$$P(B|A) = \frac{P(A \cap B)}{P(A)}$$

则有：

$$P(\text{阳性结果} | \text{吸食毒品}) = \frac{P(\text{吸食毒品且检验结果为阳性})}{P(\text{吸食毒品})} = \frac{45/555}{50/555} = 0.900$$

通过比较上述两种方法，可以看出直观方法因其基于对条件概率的理解而易于使用，并且计算过程不太容易出错。

2. 如果受试者的检验结果为阳性，那么此人为表 4-2 中第一列数据显示的 70 名受试者之一。在这 70 名受试者中，有 45 人的确吸食毒品，因此：

$$P(\text{吸食毒品} | \text{阳性结果}) = \frac{45}{70} = 0.643$$

当然，我们也可以通过条件概率的公式进行计算，此处从略。

解读：

P(阳性结果 | 吸食毒品) = 0.900 意味着吸食毒品的受试者有 90.0% 的可能检验结果为阳性。P(吸食毒品 | 阳性结果) = 0.643 意味着检验结果为阳性的受试者有 64.3% 的可能会是真的瘾君子。比较两者的结果，明显发现两者并不相等，这表明通常而言，P(B|A) ≠ P(A|B)，参见以下"条件概率谬论"。

▶ 轮到你了：试试 4-3 基础题的习题 13

条件概率谬论

"例2"表明,广义上,$P(B|A) \neq P(A|B)$。也就是说,可能会存在个例:$P(B|A)=P(A|B)$,但通常它们不相等。

> **定义**
> 条件概率谬论指的是错误地认为 $P(B|A)=P(A|B)$。

例 3: 条件概率谬论

考虑以下事件:

D:天黑

M:午夜时分

在排除如极地的冬天等极端情况下,则有:

$P(D|M)=1$(考虑到现在是午夜时分,那么肯定天黑了)

$P(M|D)=0$(考虑到现在天黑了,那么正好是午夜时分的概率几乎为 0)

很明显,两者并不相等。

检察官谬论

当专家在庭审中混淆了被告有罪的概率和存在不利于被告的证据的概率时,就会出现对概率的错误使用。例如,被告符合某一描述的概率与符合该描述的人有罪的概率是不一样的。虽然这通常被称为"检察官谬论",但辩护律师也经常会犯同样的错误。在这种情况下,律师必须非常小心地使用条件概率。真实的例子可以参考英国萨利案、美国辛普森案和人民诉柯林斯案。

第 3 部分:贝叶斯定理

这一部分将关于条件概率的讨论延伸至贝叶斯定理的应用。贝叶斯定理是根据所获得的额外信息来修正概率值的。

考虑以下条件概率谬论的案例。医生往往会混淆 $P($患癌|阳性结果$)$ 与 $P($阳性结果|患癌$)$,有大约 95% 的医生会将 $P($患癌|阳性结果$)$ 高估 10 倍,而患者因错误的诊断而备受折磨(检验结果为阳性往往表示患者患癌,而检验结果为阴性意味着患者没有患癌)。参见"例 4"。

例 4： 解读医学检验结果

假设癌症的发病率为 1%（人口的 1% 会患癌）。设事件 C 为患癌，则随机选取的受试者患癌的概率为 $P(C)=0.01$。另外，假设已知以下信息[1]：

- 假阳率：$P($ 阳性结果 | 没有患癌 $)=0.10$。
- 真阳率：$P($ 阳性结果 | 患癌 $)=0.80$。

试求 $P($ 患癌 | 阳性结果 $)$。即给定受试者的检验结果为阳性，求其患癌的概率。

解答：

根据题意，可以构建一个假设的总体。该总体具有如下特征，参见表 4-3。

- 假设有 1000 名受试者，1% 的发病率意味着有 10 名受试者患癌。因此，表 4-3 中第一行数据的和为 10。
- 另有 990 名受试者没有患癌。因此，表 4-3 中第二行数据的和为 990。
- 在 990 名没有患癌的受试者中，10% 的检验结果为阳性，即表 4-3 中第二行数据的 99。
- 因为 990 名没有患癌的受试者中有 99 人的检验结果为阳性，所以另外 891 人的检验结果必为阴性，即表 4-3 中第二行数据的 891。
- 在 10 名患癌的受试者中，80% 的检验结果为阳性，即表 4-3 中第一行数据的 8。
- 另外 2 名受试者的检验结果必为阴性，即表 4-3 中第一行数据的 2。

因此，所有检验结果为阳性的受试者有 107 人，即表 4-3 中第一列数据的总和，其中有 8 人患癌，因此 $P($ 患癌 | 阳性结果 $)=8/107=0.0748$。

表 4-3：检验结果

	阳性检验结果	阴性检验结果	总计
受试者患癌	8（真阳性）	2（假阴性）	10
受试者没有患癌	99（假阳性）	891（真阴性）	990

解读：

随机选取的受试者的癌症发病率为 1%，但是如果假设检验结果为阳性，那么受试者患癌的可能性便增加至 7.48%。根据本例中给出的数据，检验结果为阳性不应该是毁灭性的消息，因为检验结果有很大的可能是错误的。

轮到你了：试试 4-3 基础题的习题 19

---

[1] 数据来源：Probabilistic Reasoning in Clinical Medicine, David Eddy, Cambridge University Press.

"例 4"的逻辑并不复杂。另一种解题方法则是套用贝叶斯公式：

$$P(A|B) = \frac{P(A) \cdot P(B|A)}{P(A) \cdot P(B|A) + P(\overline{A}) \cdot P(B|\overline{A})}$$

代入事件 A 为事件 C，事件 B 为"阳性"事件，则有：

$$P(C|阳性) = \frac{P(C) \cdot P(阳性|C)}{P(C) \cdot P(阳性|C) + P(\overline{C}) \cdot P(阳性|\overline{C})}$$

$$= \frac{0.01 \times 0.80}{0.01 \times 0.80 + 0.99 \times 0.10} = 0.0748$$

案例结论：100 个医生中会有 95 人估计 $P(C|阳性)$ 在 0.70 和 0.80 之间，即比真实值大了 10 倍。该错误来源于条件概率谬论，也就是误认为估计值为 $P(阳性|C)=0.80$。

通过贝叶斯统计挽救生命

贝叶斯统计的一个关键特征是，概率可以随着额外接收到的信息而被修正。自 20 世纪 70 年代以来，美国海岸警卫队一直在使用贝叶斯统计的方法。在一个案例中，美国海岸警卫队接到报告，称一名渔民在晚上 9 点至第二天早上 6 点之间的某个时候出海时落水。搜救人员一开始就将数据输入搜救系统中。之后，诸如洋流方向的其他信息也被获取到并输入搜救系统中，这样就可缩小搜索区域。最后，渔民靠抓住两个浮标在水中漂浮 12 小时后被直升机救起。

贝叶斯定理的重要性和实用性在于它可以用于连续事件，由此可以通过后续事件中的新信息修正初始事件的概率。在这种情况下，引入了先验概率和后验概率。

定义

先验概率：在未获得额外信息情况下的初始概率。

后验概率：在获得额外信息情况下的修正概率。

以"例 4"为例，$P(C)=0.01$ 为先验概率，而当得知受试者的检验结果为阳性（额外信息）时，$P(C|阳性)=0.0748$ 即为后验概率。

巧合比看上去更有可能

伊芙琳·埃文斯在新泽西州的彩票中赢得了 390 万美元，4 个月后她又中奖赢得 150 万美元。《纽约时报》报道称这种情况发生的概率只有 17 万亿分之一。但这种对可能性的描述会让人误解为伊芙琳·埃文斯在两种彩票中各购买一张彩票且都中奖的概率。一个更好的问题描述应该是：某地某人两次中奖的概率有多大？统计学家 George McCabe 和 Steve Samuels 发现，在 7 年的时间里，至少有一个彩票中过奖的人再次中奖的概率为 53%。"17 万亿分之一"的可能性是耸人听闻的，更现实的数据是 53%。

4-4 计数法则

核心概念：在求解概率问题时，通常需要计算简单事件的总数。本节介绍的 5 个计数法则正是用于解决该问题的。在介绍加法原理、乘法原理和条件概率时，我们鼓励读者使用基于理论理解的直观方法，而不是盲目地使用公式。相比之下，本节则需要更多地使用公式。并不是所有的计数问题都可以用这 5 种方法来解决，但它们在实际应用中最为常见。

1. 乘法计数法则

乘法计数法则用于从某些事件序列中找出可能的总数。

乘法计数法则

对于一个事件序列，其中第一个事件可以有 n_1 种发生方式，第二个事件可以有 n_2 种发生方式，第三个事件可以有 n_3 种发生方式，以此类推，事件结果的总数为 $n_1 \cdot n_2 \cdot n_3 \cdots$。

超级百万彩票的规则更改

旧版美国超级百万彩票（Mega Millions）的规则是花费 1 美元从 1~75 个数字中选取 5 个数字，并从 1~15 个数字中选取一个特别数字，在该规则下中头奖的概率为 1/258,890,850。2017 年 10 月 28 日，新的规则是花费 2 美元从 1~70 个数字中选取 5 个数字，并从 1~25 个数字中选取一个特别数字，在该规则下中头奖的概率为 1/302,575,350。规则的更改是由心理因素驱动的，其推理是，如果中头奖的概率降低，那么头奖金额就会增加。而更大的头奖会产生更高的彩票销量，从而使彩票公司收益更多。2018 年 10 月，一个玩家赢得了 16 亿美元的头奖。选择一次性获得奖金的中奖者将赢得约 9.04 亿美元的税前奖金，即约 5 亿美元的税后奖金。

例1: 乘法计数法则——黑客破译密码

计算机黑客发现，虽然看不见输入的密码（•••••），但可以看到字符的个数为5。一个通用的键盘有92个不同的字符。问有多少种不同的可能可以组成5个字符的密码？如果黑客想要尝试所有不同的可能，第一次就破译密码的概率为多少？

解答：

每个字符有92种不同的可能性，因此可能的密码总数为 $n_1 \cdot n_2 \cdot n_3 \cdot n_4 \cdot n_5 = 92 \times 92 \times 92 \times 92 \times 92 = 6,590,815,232$。

因为所有的密码都是等可能的，所以第一次尝试就破译密码的概率为 1/6,590,815,232。虽然概率很低，但某些复杂的程序使得黑客可以尝试大量的可能。

▶ 轮到你了：试试4-4基础题的习题5

2. 阶乘法则

阶乘法则用于计算 n 个不同元素的排列方式总数（需要考虑元素的先后次序）。阶乘法则的数学符号如下所示。

> **数学符号**
> 阶乘符号（!）表示所有小于或等于该数的正整数的乘积。例如，$4! = 4 \times 3 \times 2 \times 1 = 24$。此外，定义 $0! = 1$。

> **阶乘法则**
> n 个不同元素的排列方式总数（需要考虑元素的先后次序）为 $n!$。

阶乘法则的基本原则： 有 n 种不同的方式可以从所有元素中选出第一个元素，有 $n-1$ 种不同的方式可以从 $n-1$ 个元素中选出第二个元素，以此类推。这实际上就是在乘法计数法则中，每次选中一个元素后将其删除。

例2: 阶乘法则——打乱字母

某些英文单词的组成字母可以通过重新排列而形成其他单词。比如"steam"（蒸汽）。

1. "steam"所包含的字母有多少种不同的排列方式？

2. 如果随机排列"steam"中的字母，试求结果恰好是按标准字母顺序排列的概率。

3. "steam"中的字母可以组成多少个不同的单词？

解答：

1. 对于 5 个不同的字母，不同排列方式的总数为 5!=5×4×3×2×1=120。

请注意，此处也可以通过应用乘法计数法则来实现。第一个字母可以是"steam"中 5 个字母的任意一个，第二个字母可以是剩余 4 个字母中的任意一个，以此类推。结果仍然是 5×4×3×2×1=120。

2. 按字母顺序排列的结果只有一种可能（aemst），所以其概率为 1/120。

3. "steam"的字母还可以组合成其他单词：teams、meats、mates 和 tames。此处仅仅是查字典，而不是应用统计学知识。

▶ 轮到你了：试试 4-4 基础题的习题 1

洗牌的次数

在进行了大量的研究后，哈佛大学的数学家佩尔西·戴康尼斯证明了完美的洗牌至少要洗 7 次。只有完美的洗牌，才能保证所有的排列组合是等可能的，7 次以上的洗牌不会有更明显的效果，但少于 7 次又是不够的。赌场的庄家很少洗牌超过 7 次，所以牌面没有完全混合。因此，一些专业的纸牌玩家能够利用该漏洞而盈利。

排列与组合：先后次序有影响吗？

当使用不同的计数方法时，必须要明确排列的顺序有无影响。排列和组合的定义如下：

> **定义**
> 从 n 个元素中任取 r 个元素排成一列，并考虑它们之间的先后次序，我们称之为**排列**（abc、acb、bac、bca、cab 和 cba 是 6 个不同的字母排列）。
>
> 从 n 个元素中任取 r 个元素排成一列，但不考虑它们之间的先后次序，我们称之为**组合**（abc、acb、bac、bca、cab 和 cba 的字母组合都是同一个组合）。

3. 排列法则（元素相异）

当有 n 个不同的元素可供选择时，我们必须无放回地选择其中的 r 个，并且当元素的顺序很重要时，就需要使用排列法则。结果即为所有可能的排列总数（请记住，相同元素的重新排列被视为不同的排列）。

排列法则

从 n 个元素中无放回地任取 r 个元素排成一列，并考虑它们之间的先后次序，其排列总数为

$$P_r^n = \frac{n!}{(n-r)!}$$

条形码

1974年，人类扫描了历史上的第一个条形码：一包售价 67 美分的黄箭口香糖。现在，条形码作为"通用产品代码"每天被扫描大约 100 亿次。当作为数字使用时，条形码由表示 12 位数字序列的黑线组成，因此可以通过基本计数原理找到不同条形码序列的总数，即 10^{12}=1,000,000,000,000。条形码的有效性在于大量不同的可能产品可以用唯一的数字来识别。

当条形码被扫描时，检测到的数字并不是价格，而是一个用于识别特定产品的数字。然后，扫描仪器通过该数字在中央计算机中查询价格。

例 3： 排列法则（元素相异）——三重彩投注

在赛马比赛中，三重彩投注需要以正确的顺序选中一场赛事中的第 1 名、第 2 名和第 3 名的马匹。考虑第 144 届肯塔基赛马有 20 匹马参赛。

1. 有多少种不同的三重彩投注方式？

2. 假设投注者随机选取其中的三匹马下注，试求投注者中奖的概率。是否所有不同的投注方式都有相同的获胜概率？（忽略平局）

解答：

1. 有 n=20 匹马可供选择，无放回地选取其中 r=3 匹马，所得的排列总数如下：

$$P_r^n = \frac{n!}{(n-r)!} = \frac{20!}{(20-3)!} = 6840$$

2. 从 20 匹马中选出 3 匹马，有 6840 种不同的排列可能。如果随机选取其一且中奖，则中奖概率为 1/6840。

虽然有 6840 种不同的排列可能，但并不是所有的赌注都是等可能的，因为实际上有些马跑得更快（该届比赛的热门马最后都进入了前三名。因此，在这场比赛中下注 2 美元的获胜马只赢得了 282.80 美元）。

▶ 轮到你了：试试 4-4 基础题的习题 11

4. 排列法则（元素重复）

当 n 个元素都被无放回地选中，但有些元素相同时，通过以下法则可以找到可能的排列总数（需要考虑元素的先后次序）。

> **排列法则（重复元素）**
> 从 n 个元素中无放回地任取 r 个元素排成一列（考虑先后次序），其中包含重复元素，其排列总数为
> $$\frac{n!}{n_1!n_2!\cdots n_k!}$$
> 其中，n_1 个元素相同，n_2 个元素相同，$\cdots$，n_k 个元素相同。

选择密码

我们所有人都在自动取款机、互联网账户和家庭安全系统中使用个人密码。个人密码的安全性取决于不同排列组合的大小，但现在黑客有了更先进的工具，可以在很大程度上克服这一障碍。研究人员发现，通过使用用户姓名的变体以及其他 1800 个常用名字，他们可以确定典型的计算机系统中 10%~20% 的密码。因此，在选择密码时，不要使用任何姓名的变体、字典中的单词、少于 7 个字符的密码、电话号码或身份证号码。相反，要使用非字母字符，比如数字或标点符号。

例 4：排列法则（元素重复）——出色的问卷调查设计

在设计调查问卷时，调查人员经常会在问卷中重复一个问题，以检验受访者是否只是为了应付调查。在一项包含 10 个问题的调查中，有 2 个问题是完全相同的（只是在措辞上稍有差异），还有 3 个问题也完全相同。在这项调查中，有多少种不同的排列？是否需要足够多的受访者，以满足每种不同的可能？

解答：

在调查问卷中共有 10 个问题，其中有 2 个是完全相同的，还有 3 个也是完全相同的。根据重复元素的排列法则，可得：

$$\frac{n!}{n_1!n_2!\cdots n_k!} = \frac{10!}{2!3!} = 302,400$$

解读：

这 10 个问题有 302,400 种不同的排列，要检验每一种可能的排列是不切实际的。在常见的调查中，受访者的人数在 1000 人左右。

➤ 轮到你了：试试 4-4 基础题的习题 9

5. 组合法则

当有 n 个不同的元素可供选择，其中有 r 个元素被无放回地选中，且顺序无关紧要时，使用组合法则。结果是所有可能的组合总数（注意：重新排列相同的元素被认为是相同的组合）。

> **组合法则**
> 从 n 个元素中无放回地任取 r 个元素排成一列，但不考虑它们之间的先后次序，其组合总数为
> $$C_r^n = \frac{n!}{(n-r)!r!}$$

例 5：组合法则——彩票中头奖的概率

假设赢得某彩票的头奖需要从 1~35 中选取 5 个不同的数字，且与最终中奖的 5 个数字相同。数字可以以任意顺序排列。

1. 有多少种购买该彩票的方式？
2. 试求购买一张彩票并中头奖的概率。

解答：

1. 一共有 $n=35$ 个不同的数字，要从中无放回地选取 $r=5$ 个数字（因为所选数字必须不同）。由于没有先后次序，所以需要求其组合数：

$$C_r^n = \frac{n!}{(n-r)!r!} = \frac{35!}{(35-5)!5!} = 324,632$$

2. 如果选择其中一种组合且中奖，则概率为 1/324,632。

▶ 轮到你了：试试 4-4 基础题的习题 29

如何买彩票

许多书籍和计算机程序的供应商都声称其内容或产品可以预测彩票中奖号码。一些人的理论是必须选择某些号码，因为这些号码不太出现；而另一些人的理论是必须避免选择某些号码，因为这些号码不太出现。此外，还有一些人根据占星术、命理学或梦境选择号码。当然，因为中奖彩票号码的组合是独立事件，所以以上述所有理论都毫无价值。一个有效的方法是选择那些别人不选择的"稀有"数字，这样如果你中奖了，则不需要与别人分享奖金。不要选择类似于 1, 2, 3, 4, 5, 6 的组合，因为很多人倾向于选择该号码。佛罗里达州的一次开奖结果是 1, 2, 3, 4, 5, 6，其奖金为 1.05 亿美元，但有 5.2 万张彩票是该结果，因此每人最后分到的税后奖金只有 1000 美元。

排列还是组合？ 在排列与组合之间进行选择通常是一个棘手的问题，以下例子可以帮助我们更好地对两者进行区分。

> **例 6：** 排列和组合——公司官员与委员会的任命方式有多少种
>
> 假设谷歌公司被要求必须任命 3 名公司官员：首席执行官（CEO）、执行主席和首席运营官（COO）。并且，还需要设立一个由 3 名不同成员组成的规划委员会。现有 8 个合格的候选人，且公司官员同时可以在规划委员会任职。
>
> 1. 不同的官员任命方式有多少种？
> 2. 委员会的任命方式有多少种？
>
> **解答：**
>
> 在第 1 问中，不同的安排顺序会导致官员的职能不同。而在第 2 问中，安排顺序是无关紧要的，因为委员会成员都履行相同的职能。
>
> 1. 需要考虑不同的安排顺序，从 $n=8$ 个候选人中选出 $r=3$ 人的不同排列总数为
>
> $$P_r^n = \frac{n!}{(n-r)!} = \frac{8!}{(8-3)!} = 336$$
>
> 2. 无须考虑安排顺序，从 $n=8$ 个候选人中选出 $r=3$ 人的不同组合总数为
>
> $$C_r^n = \frac{n!}{(n-r)!r!} = \frac{8!}{(8-3)!3!} = 56$$

▶ 轮到你了：试试 4-4 基础题的习题 23

4-5 假设检验的统计模拟

核心概念： 本节将通过统计模拟来确定样本结果是显著低还是显著高。统计模拟也可以用来解决本章前面小节中许多无法解决的概率问题。

> **定义**
>
> 模拟过程指的是与原过程相同的过程，因此其结果也与原过程的相似。

统计模拟用于以下两个方面。

1. **检验命题**：使用统计模拟检验关于总体参数的命题（参见"例1"）。

2. **求解概率**：使用统计模拟求解较难解决的概率问题（参见"例2"）。

> **彩票骗局**
>
> Eddie Tipton 曾被聘为美国多州彩票协会（Multi-State Lottery Association）的安全总监，但众所周知，他是一名重罪犯。他曾经编写并安装了一个生成"随机"彩票号码的计算机程序，这使他自己的中奖劣势发生比从 1/5,000,000 降低到 1/200。因此，他获得了超过 2400 万美元的奖金，但最后他被抓获并被判处 25 年监禁。

例1： 检验人的平均体温为 98.6 ℉ 的命题

数据集 5 "体温"中包含了人的体温样本。根据其中最后一列的数据，可得：$n=106$，$\bar{x}=98.2$ ℉，$s=0.62$ ℉，其分布近似为正态分布。如果人的体温真的像大众所认知的那样为 98.6 ℉，那么 98.2 ℉ 的样本均值是否显著低？

该例的统计模拟过程如下：

1. 假设人的平均体温为 98.6 ℉，并且随机生成含有 106 个服从正态分布的人的体温样本。重复上述过程多次以获取大量样本（统计软件通常要求输入正态分布的具体参数：均值、标准差以及样本量，即题干中的 $\bar{x}$、s、n）。

2. 计算每次生成样本的均值，并构建所有样本均值的列表。

3. 观察样本均值的列表，判断 98.2 ℉ 的样本均值在列表中是否常见。若不常见，则说明 98.2 ℉ 的样本均值显著低。

4. 如果 98.2 ℉ 的样本均值是显著低的，则说明 98.6 ℉ 的均值可能是不正确的（第 8 章将介绍检验该命题的另一种方法）。

解答：

使用统计软件生成 106 个服从均值为 98.6 ℉、标准差为 0.62 ℉ 的正态分布的样本，并假设样本量以及标准差与原始样本的相同。

重复以上过程 50 次并记录每次结果的模拟样本均值，其结果按升序排列如下：

98.5	98.5	98.5	98.5	98.5	98.5	98.5	98.5	98.5	98.6
98.6	98.6	98.6	98.6	98.6	98.6	98.6	98.6	98.6	98.6
98.6	98.6	98.6	98.6	98.6	98.6	98.6	98.6	98.6	98.6
98.6	98.6	98.6	98.6	98.6	98.6	98.6	98.6	98.7	98.7
98.7	98.7	98.7	98.7	98.7	98.7	98.7	98.7	98.7	98.7

通过检查该列表，判断"数据集"5中的样本均值98.2 ℉是否常见。该列表表明，如果总体均值为98.6 ℉，那么典型的均值会落在98.5 ℉和98.7 ℉之间。因此，98.2 ℉的样本均值为显著低的值，该值不太可能出现。

概率值： 在假设总体均值为98.6 ℉的情况下，我们也可以通过上述50个样本均值来估计出现98.2 ℉或更低的样本均值的概率。通过观察发现，50个样本均值中没有一个值比98.2 ℉更低，因此该估计的概率为0/50=0。一些进阶的统计方法可以证明其实际概率为0.00000000002。

解读：

在假设总体均值为98.6 ℉的情况下，可以发现98.2 ℉的样本均值是不太可能出现的且该值为显著低的值。但我们确实在"数据集5"中得到样本均值为98.2 ℉，因此有足够的证据表明总体均值为98.6 ℉的假设很有可能是错误的。

▶ 轮到你了：试试4-5基础题的习题9

以下为"例1"中统计模拟方法的总结。

检验总体均值的命题：统计模拟方法

1. 假设总体均值即为命题中的数据值。计算样本统计量 $\bar{x}$、s、n，并判断其分布。通过统计软件随机生成具有以下特征的样本：样本量为 n（与所用样本的样本量一致）、标准差为 s（与所用样本的标准差一致）、使用根据样本确定的分布、均值为 $\bar{x}$（命题中的总体均值）。重复上述过程多次以获取大量样本。

2. 计算每次生成样本的均值，构建所有样本均值的列表并排序。

3. 观察样本均值的列表，判断真实的样本均值在列表中是否显著低或显著高。

4. 如果样本均值显著低或显著高，则说明命题中的均值可能是不正确的。

例 2： 求至少三个人生日都为同一天的概率

在随机选取的 100 个人中，试求至少三个人的生日都为同一天的概率。

解答：

尽管对概率问题的描述通俗易懂，但使用本章前面介绍的方法来解答该题却相当困难。相反，可以使用统计模拟随机生成含有 100 个生日的不同样本，然后分析每个样本，以确定每个样本中三个或更多的生日是否相同。这里采用整数编码 1, 2, 3, …, 365 代替具体的生日（1=1 月 1 日，2=1 月 2 日，…，365=12 月 31 日）。大多数统计软件都提供了生成随机整数的功能。以下为其中一个随机生成的 100 个生日样本，排序后便很容易判断三个或更多的生日是否相同（113 和 192）。

4	7	7	9	10	11	14	15	16	18
21	25	34	36	37	45	46	61	65	70
75	79	87	92	97	101	105	107	109	110
113	113	113	114	116	123	130	139	142	142
148	149	157	162	173	173	174	174	181	183
185	186	192	192	192	197	201	203	206	211
215	215	225	234	234	235	237	238	240	241
243	245	247	247	252	265	269	270	272	272
273	273	304	315	318	320	321	321	323	327
332	333	337	340	340	357	358	361	363	364

现在可以继续生成更多的样本，且在每个样本中判断三个或更多的生日是否相同。

▶ 轮到你了：试试 4-5 提高题的习题 13

使用软件

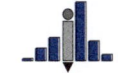

生成模拟数据

Excel

1. 打开功能区中的"公式"选项卡，点击"插入函数"。

2. 选择"数学与三角函数"类别下的 RANDBETWEEN 函数，点击"确定"按钮。

3. 输入所需的最大整数和最小整数的范围，点击"确定"按钮，即生成一个随机数。

4. 将单元格内的随机数据值复制到其他单元格，以获取额外的随机数。

R

R 命令：

正态分布：rnorm(n, mean, sd)

均匀分布：runif(n, min, max)

二项分布：rbinom(n, size, prob)

5-1：概率分布

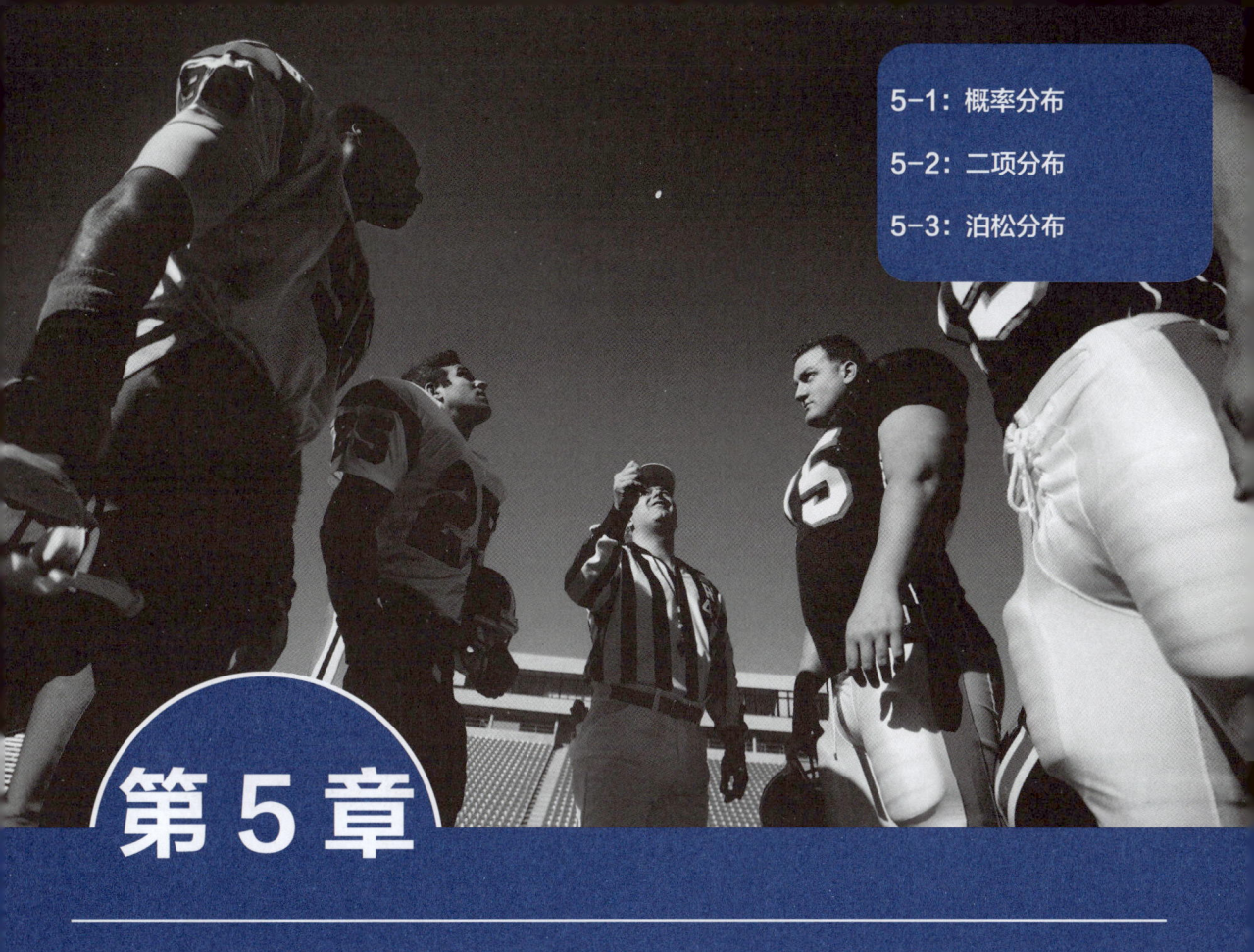

5-2：二项分布

5-3：泊松分布

第 5 章

离散概率分布

本章问题 NFL 加时赛猜硬币公平吗？

美国国家橄榄球联盟（National Football League，简称 NFL）的加时赛以猜硬币正反面开始。猜对硬币的一队可以选择接球或踢球。从 1974 年到 2011 年总共有 477 场加时赛，其中 17 场在加时赛后还是打成平手。这里我们考虑 460 场非平局的加时赛，猜对硬币获得球权的一队赢得了其中 252 场比赛，而没猜对硬币的一队赢得了其中 208 场比赛。2012 年，为了让加时赛更加公平，联盟修改了加时赛规则。截至撰写本书时，自 2012 年以来，有 121 场比赛是在加时赛中决定胜负的。猜对硬币获得球权的一队赢得了其中 67 场比赛。结果如表 5-1 所示。

表 5-1：NFL 加时赛结果统计

	2012 年前	2012 年后
猜对硬币且比赛获胜	252	67
猜对硬币但比赛失利	208	54

根据数据，2012 年 NFL 加时赛规则的改变是否使比赛结果更公平？在之前的规则下，猜对硬币获得球权的一队是否更有优势？我们知道猜对硬币的一队胜率为 54.8%（在 460 场比赛中获胜 252 场），那么这是碰巧还是 54.8% 显著高于 50%？本章中介绍的方法可以解答诸如此类的问题。

自 2012 年以来，加时赛猜对硬币的一队胜率为 55.4%。2012 年之后 55.4% 的加时赛胜率与 2012 年之前 54.8% 的加时赛胜率并没有显著差异，这说明了 2012 年规则的改变并没有产生显著的影响（根据 9-1 节或 11-2 节介绍的方法，我们可以确定两者的胜率并没有显著差异）。

本章目标

图 5-1 直观地展示了本章内容。当研究抛掷两枚硬币所得正面的次数时，可以使用以下两种方法。

- 用真实样本数据记录实际结果：记录抛掷两枚硬币所得正面的次数，将其总结为一个频数分布，并计算均值 $\bar{x}$ 和标准差 s（参见第 2 章和第 3 章）。

- 求每个可能结果的概率：求抛掷两枚硬币所得所有可能的正面的概率（参见第 4 章），将结果汇总到一个描述概率分布的表格中，并计算均值 μ 和标准差 σ。

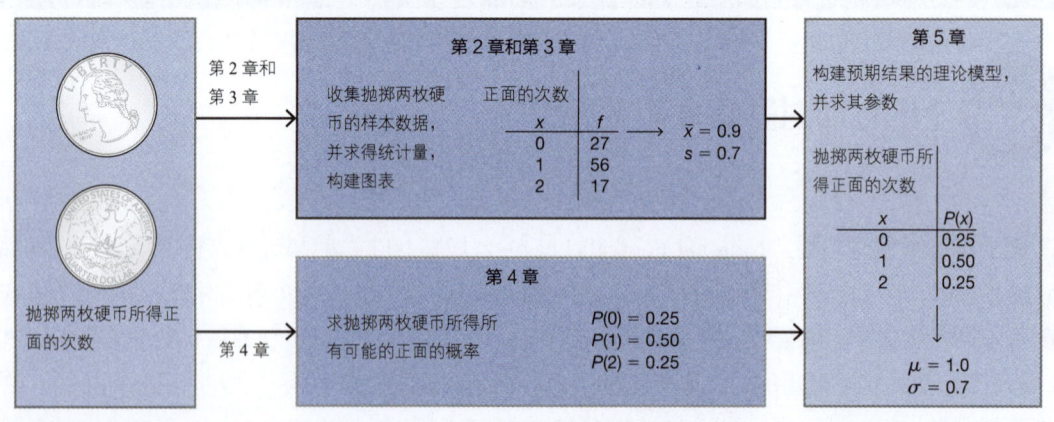

图 5-1：本章内容的直观展示

在本章中，我们将上述两种方法合并为第三种方法：

- 创建一个描述事件可能发生（而不是已经发生的事件）的表格，并计算总体均值 μ 和总体标准差 σ。

图 5-1 中最右边的表格是概率分布，因为它用概率来描述分布，而不是频数。本书的其余部分和推断统计的核心都是基于概率分布的应用。本章将关注离散概率分布。

以下是本章目标。

5-1：概率分布

- 掌握随机变量和概率分布的定义。
- 给定随机变量的值及其对应的概率，判断概率分布的条件是否满足。
- 计算概率分布的均值和标准差，并运用均值和标准差判断结果是显著低还是显著高。

5-2：二项分布

- 掌握二项分布，并求二项分布的概率值。
- 计算二项分布的均值和标准差，并运用均值和标准差判断结果是显著低还是显著高。

5-3：泊松分布

- 掌握泊松分布，并求泊松分布的概率值。

5-1 概率分布

核心概念：本节介绍随机变量和概率分布的概念。我们将学习概率直方图是如何直观地描述概率分布的，并求解概率分布的重要参数：均值、标准差和方差。更重要的是学习如何判断结果是显著低的还是显著高的，或者两者都不是。下面从随机变量和概率分布的相关概念开始介绍。

第 1 部分：概率分布的基本概念

> **定义**
> 随机变量是一个变量（通常用 x 表示），它对于某个过程的每个结果都有一个随机确定的单个值。
> 概率分布是一种描述，它对随机变量的每一个值给出特定的概率。它通常以表格、公式或图表的形式表示。

本书 1-2 节给出了离散型数据和连续型数据的区别。随机变量也可以是离散的或连续的，以下两个定义与 1-2 节中给出的定义一致。

> **定义**
> 离散随机变量是具有有限的或可数的值的集合（如果存在无穷多个值，但是可以对值逐一计数，那么该值的个数仍然是可数的，比如得到一次硬币正面所需要的抛掷次数）。
> 连续随机变量有无穷多个值，并且这些值的集合是不可数的（不可能对单个值计数，因为其中至少有些值是连续的，比如体温）。

本章专门介绍离散随机变量，后面的章节将介绍连续随机变量。

概率分布：满足条件

概率分布必须满足以下所有三个条件：

1. 随机变量 x 是数值型（而非分类型）数据，其值是对应的概率。

2. $\sum P(x)=1$，其中 x 为所有可能值（所有概率之和必须是 1）。

3. 任意取随机变量 x 的值，则有 $0 \le P(x) \le 1$（每个概率值必须在 0 和 1 之间）。

第 2 个条件来自一个简单的事实，即随机变量 x 代表整个样本空间中所有可能的事件，因此可以确定（百分之百确定）其中一个事件必定发生。第 3 个条件来自任何概率值都必须在 0 和 1 之间的基本原则。

例1： 两个新生儿中女婴数量的概率分布

假设男婴和女婴的出生率相同（实际上，$P($ 男婴出生 $)=0.512$），让我们考虑两个新生儿以及以下随机变量：

$$x = 两个新生儿中女婴的数量$$

因为 x 的值是随机的，所以 x 是随机变量。给定两个新生儿，女婴的数量可以是 0、1、2。如表 5-2 所示的是两个新生儿中女婴数量的概率分布，因为它给出了与随机变量 x 的每个可能值相对应的概率，并且满足上面提到的三个条件：

1. 变量 x 是数值型随机变量，其值是对应的概率（见表 5-2）。

2. $\sum P(x)=0.25+0.50+0.25=1$。

3. 每个 $P(x)$ 的值都在 0 和 1 之间（具体来说，0.25、0.50、0.25 都在 0 和 1 之间）。

因为随机变量 x 有三个可能的值（0，1，2），并且"三个"是一个有限数，所以满足有限的或可数的要求。因此，随机变量 x 是离散随机变量。

表 5-2：两个新生儿中女婴数量的概率分布

x：两个新生儿中女婴的数量	$P(x)$
0	0.25
1	0.50
2	0.25

▶ 轮到你了：试试 5-1 基础题的习题 7

数学符号：0+

在表 5-2 或附录 A 中的表 A-1 所列的二项概率中，有时会用 0+ 来表示一个很小的正数概率值，比如 0.000000123（这里直接用 0 表示会有误导性，会错误地暗示事件是不可能发生的，因此用 0+ 来代替）。

概率直方图：概率分布图

绘制概率分布有很多方法，这里只考虑概率直方图。图 5-2 为与表 5-2 对应的概率直方图。注意，该图看上去类似于相对频数直方图（见 2-2 节），但这里纵坐标轴表示的是概率，而不是基于实际样本结果的相对频数。

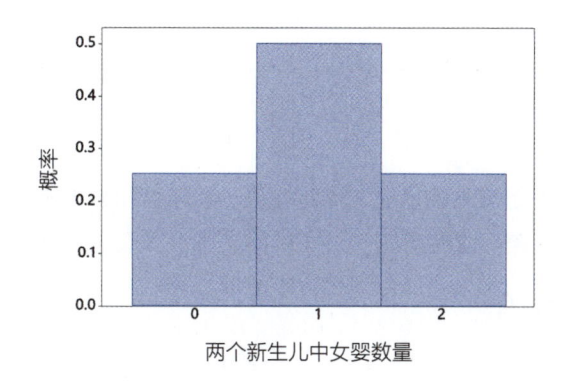

图 5-2：两个新生儿中女婴数量的概率直方图

我们看到图 5-2 中沿横坐标轴的值 0、1、2 位于矩形横边的中点。这意味着每个矩形都是 1 个单位的宽度，因此对应矩形的面积分别为 0.25、0.50 和 0.25。矩形的面积与表 5-2 中的概率相同。第 6 章及以后的章节中会介绍，这种面积和概率之间的对应关系是非常有用的。

概率公式："例 1"介绍了概率分布的表格形式，但概率分布也有公式形式。考虑公式 $P(x) = \dfrac{1}{2(2-x)!x!}$（其中 x 可以是 0、1、2），可得 $P(0)=0.25$，$P(1)=0.50$，$P(2)=0.25$。使用该公式求得的概率与表 5-2 中的相同。因为"例 1"中的三个条件都已满足，所以该公式也可以用来描述概率分布。

例 2： 未授权软件的概率分布

表 5-3 列出了几个国家及其未授权软件的比例（数据来源：商业软件联盟）。表 5-3 是否可以用来描述概率分布？

解答：

表 5-3 不满足第 1 个条件，因为 x 不是一个数值型随机变量。相反，x 的"值"是分类数据，而不是数字。表 5-3 也不满足第 2 个条件，因为"概率"之和是 2.09，而不是 1。因为三个条件并没有全部满足，所以表 5-3 不能用来描述概率分布。

表 5-3：未授权软件

国　　家	未授权软件的比例
美国	0.17
中国	0.70
印度	0.58
俄罗斯	0.64
总计	2.09

▶ 轮到你了：试试 5-1 基础题的习题 11

概率分布的参数

概率分布是对总体而不是样本的描述，因此均值、标准差和方差是参数而不是统计量。离散概率分布的均值、方差和标准差可以使用以下公式求得。

公式 5-1：概率分布的均值

$$\mu = \Sigma[x \cdot P(x)]$$

公式 5-2：概率分布的方差

$$\sigma^2 = \Sigma[(x-\mu)^2 \cdot P(x)]$$

该公式易于理解。

公式 5-3：概率分布的方差

$$\sigma^2 = \Sigma[x^2 \cdot P(x)] - \mu^2$$

该公式手算方便。

公式 5-4：概率分布的标准差

$$\sigma = \sqrt{\Sigma[x^2 \cdot P(x)] - \mu^2}$$

当应用公式 5-1 至公式 5-4 时，请使用以下舍入规则。

> **概率分布中 μ、σ^2、σ 的舍入规则**
> 最终结果的小数位数要比随机变量 x 的位数多 1 位。如果 x 为整数，则将保留 μ、σ^2、σ 小数点后 1 位。

舍入规则的例外情况：在某些特殊情况下，上述舍入规则会产生误导或不恰当的结果。例如，有四个引擎的战机在整个飞行过程中引擎工作正常的均值是 3.999714286，舍入后变成 4.0。但这有明显的误导性，因为这表明所有引擎一直工作正常。这里需要更高的精度来正确地反映真实的均值，比如需要 3.999714 的精度。

期望值

离散随机变量 x 的均值是无穷次试验的理论平均结果。这里可以把均值看作期望值，因为如果试验无限持续下去，均值就为预期的平均值。

> **定义**
> 离散随机变量 x 的**期望值**用 E 表示，期望值是结果的均值，所以 $E=\mu$。E 也可以通过计算 $E=\sum[x \cdot P(x)]$ 得到（如公式 5-1 所示）。

> **注意**：即使 x 的不同可能值都是整数，期望值也不一定是整数。尽管 5 个新生儿不可能有 2.5 个女婴，但其期望值是 2.5。如果调查足够多的有 5 个孩子的夫妇，那么可以预期女婴的均值将是 2.5。

例 3： 求概率分布的均值、方差和标准差

前面的表 5-2 展示了两个新生儿中女婴数量的概率分布。现在试求概率分布的均值、方差和标准差。

解答：

在表 5-4 中，左边的两列为表 5-2 中给出的概率分布，我们创建了右边的两列以方便计算。

根据公式 5-1 和公式 5-2 以及表格所得结果，可得

- 均值：$\mu = \sum[x \cdot P(x)] = 1.0$
- 方差：$\sigma^2 = \sum[(x-\mu)^2 \cdot P(x)] = 0.5$

表 5-4：计算概率分布的 μ 和 σ^2

x	$P(x)$	$x \cdot P(x)$	$(x-\mu)^2 \cdot P(x)$
0	0.25	$0 \cdot 0.25 = 0.00$	$(0-1.0)^2 \cdot 0.25 = 0.25$
1	0.50	$1 \cdot 0.50 = 0.50$	$(1-1.0)^2 \cdot 0.50 = 0.00$
2	0.25	$2 \cdot 0.25 = 0.50$	$(2-1.0)^2 \cdot 0.25 = 0.25$
总计		1.00 ↑ $\mu = \sum [x \cdot P(x)]$	0.50 ↑ $\sigma^2 = \sum [(x-\mu)^2 \cdot P(x)]$

对方差开根号可得标准差，即

- 标准差：$\sigma = \sqrt{0.5} = 0.707107 = 0.7$（舍入后）

舍入：在表 5-4 中，μ=1.0。如果 μ 的值是 1.23456，则可以将其舍入到 1.2，但在表 5-4 的计算中应采用原始值 1.23456。在计算中进行舍入会导致结果误差过大。

解读：

在两个新生儿中，女婴数量的均值为 1.0，方差为 0.5 个 ^{2}，标准差为 0.7。另外，两个新生儿中女婴数量的期望值是 1.0（该值与均值相同）。如果我们收集大量的试验数据，且每次试验有两个新生儿，则期望会得到平均 1.0 个女婴的结果。

▶ 轮到你了：试试 5-1 基础题的习题 15

元分析

元分析是指将多个研究结果整合在一起的一种研究。它的一个优点是可以将单独的小样本组合成一个大样本，使整体结果更有意义；另一个优点是可以利用已有的研究结果。它的缺点是其最多只能达到与所用研究结果相同的水平。如果之前的研究有缺陷，那么就会出现"垃圾进垃圾出"的现象。目前元分析的应用在医学研究和心理学研究中很流行。例如，一项关于偏头痛治疗的研究基于其他 46 项研究的数据（参见 Dominici 等人发表的 "Meta-Analysis of Migraine Headache Treatments: Combining Information from Heterogeneous Designs"，Journal of the American Statistical Association, Vol. 94, No. 445）。

结果是否有意义：显著值

以下两种不同的方法都可以用来确定一个随机变量 x 的值是显著低还是显著高。

使用范围经验法则确定显著值

以下范围经验法则（参见 3-2 节）基于绝大部分值应该位于均值 2 个标准差范围内的原则。

通过范围经验法则确定显著值

显著低：值为 $(\mu-2\sigma)$ 或更低。

显著高：值为 $(\mu+2\sigma)$ 或更高。

不显著：值位于 $(\mu-2\sigma)$ 和 $(\mu+2\sigma)$ 之间。

上述标准如图 5-3 所示（与 3-2 节中的图 3-4 一致）。

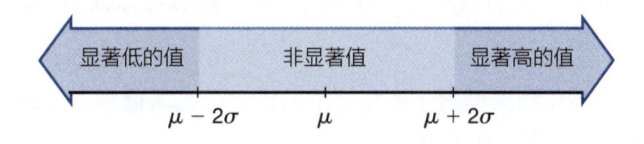

图 5-3：通过范围经验法则确定显著值

> **注意**：范围经验法则的数字"2"仅仅是一个指导原则，不是一个绝对严格的规则。

例 4： 通过范围经验法则确定显著值

在"例 3"中，两个新生儿中女婴数量的均值为 $\mu=1.0$，标准差为 $\sigma=0.7$。根据该结果和范围经验法则来判断两个新生儿都为女婴的结果是否显著高。

解答：

运用范围经验法则，如果值（两个女婴）大于或等于 $(\mu+2\sigma)$，那么结果是显著高的。给定 $\mu=1.0$，$\sigma=0.7$，求得：

$$\mu+2\sigma = 1+2(0.7) = 2.4 \text{（女婴数量）}$$

显著高的女婴数量为 2.4 或者更高。

解读：

基于以上结果得出结论，两个女婴并不是一个显著高的值（因为 2 并不大于或等于 2.4）。

▶ 轮到你了：试试 5-1 基础题的习题 17

使用概率确定显著值

- **显著高的成功次数**：假设在 n 次试验中成功 x 次，如果成功 x 次或更多次的概率小于或等于 0.05，那么成功的次数 x 就是显著高的。即：如果 $P(x \text{ 或更多}) \leq 0.05$，那么 x 为显著高的成功次数[1]。

- **显著低的成功次数**：假设在 n 次试验中成功 x 次，如果成功 x 次或更少次的概率小于或等于 0.05，那么成功的次数 x 就是显著低的。即：如果 $P(x \text{ 或更少}) \leq 0.05$，那么 x 为显著低的成功次数。

判断显著低或显著高的成功次数有时候用于拒绝假设，如以下所述的稀有事件规则。

推断统计的稀有事件规则

在给定的假设下，如果某一特定观测到的事件发生的概率非常小，并且观测到的事件发生的概率明显小于或大于我们通常对该假设的预期，那么可以得出结论：该假设可能不正确。

例如，如果需要检验男婴和女婴出生率相等的假设，那么所得到的 100 个新生儿中有 20 个女婴的结果就是显著低的，并且这将是拒绝该假设的基础。

例 5： **使用概率确定显著值**

抛掷硬币 460 次出现 252 次正面是一个显著高的次数吗？

这个结果如何解释之前的"本章问题"？（回忆"本章问题"，在 460 个猜对硬币的队伍中有 255 个队最终获胜，在这 460 场比赛中，252 场胜利是显著高吗？）

解答：

抛掷硬币 460 次出现 252 次正面的结果比我们预期的随机结果要大，但需要判断 252 次正面是否显著高。

这里相关的概率是抛掷硬币 460 次出现 252 次或更多次正面的概率。使用后面的 5-2 节中介绍的方法，可得 P(抛掷硬币 460 次出现 252 次或更多次的正面)=0.0224。因为此概率小于 0.05，所以可以得出结论，出现 252 次正面是一个显著高的次数。参考图 5-4，关于不同正面次数的概率直方图。

---

[1] 0.05 不是绝对的，其他值（如 0.01）也可以用来区分显著和不显著的结果。

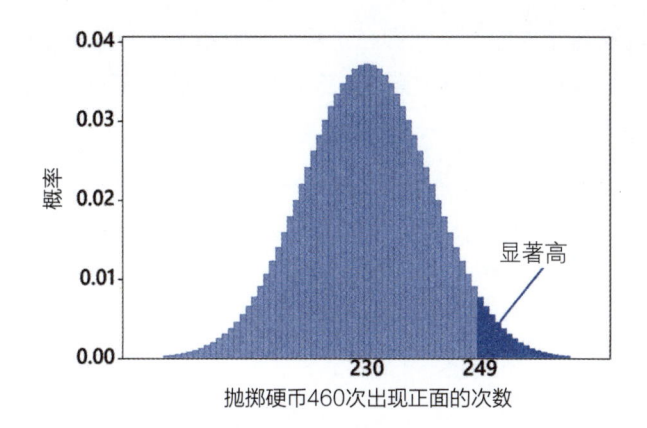

图 5-4：抛掷硬币 460 次出现不同正面次数的概率直方图

解读：

抛掷硬币 460 次不太可能碰巧出现 252 次或更多次的正面。由此可见，加时赛猜对硬币的队伍获胜 252 场是显著高的，因此猜对硬币是有优势的。这就是 2012 年改变加时赛规则的原因。

▶ 轮到你了：试试 5-1 基础题的习题 19

不完全是，但"至少是极端的"

很明显，抛掷硬币 1000 次出现 502 次正面的结果不是显著高的，而出现 900 次正面是显著高的。那么，是什么决定了 900 次正面就是显著高的，而 502 次正面就不是显著高的？这不是通过比较正好出现 900 次正面的概率和正好出现 502 次正面的概率（概率都小于 0.026）来判断的，而是因为出现 502 次或更多次正面的概率（0.462）并不低，而出现 900 次或更多次正面的概率（0+）非常低。

第 2 部分：期望值和公式的基本原理

期望值

本节第 1 部分介绍了随机变量 x 的期望值等于均值 μ，因此通过计算 $\mu = \sum [x \cdot P(x)]$ 可得期望值。另外，期望值的概念也被应用在决策理论中。"例 6"展示了如何在必须做二选一决定的场景下应用期望值。"例 6"涉及一个真实情况下的决策案例。

例 6： 期望值应用——明智的赌徒

假设你有 5 美元可以在拉斯维加斯某赌场下注，且选择范围缩小到以下两种。

- 轮盘赌：在轮盘赌中把赌注押在 7 号上。
- 花旗骰：在花旗骰中把赌注押在"过关线"上。

1. 假设在轮盘赌中把 5 美元押在 7 号上,输掉 5 美元的概率是 37/38,获得 175 美元净收益的概率是 1/38(奖金是 180 美元,除去 5 美元赌注,净收益是 175 美元)。试求赌 5 美元的期望值。

2. 假设在花旗骰中把 5 美元押在"过关线"上,输掉 5 美元的概率是 251/495,获得 5 美元净收益的概率是 244/495(奖金是 10 美元,除去 5 美元赌注,净收益是 5 美元)。试求赌 5 美元的期望值。

从产生更高期望值的角度来看,两者中哪种赌注更好?

解答:

1. 轮盘赌:表 5-5 总结了轮盘赌场景下的概率和收益。期望值为 $\sum[x \cdot P(x)]=-0.26$。也就是说,每次押 5 美元在 7 号上,都要预期平均输掉 0.26 美元。

表 5-5:轮盘赌

事件	x	$P(x)$	$x \cdot P(x)$
输	−5 美元	37/38	−4.868421 美元
赢(净收益)	175 美元	1/38	4.605263 美元
总计			−0.26 美元(舍入后)

1. 花旗骰:表 5-6 总结了花旗骰场景下的概率和收益。期望值为 $\sum[x \cdot P(x)]=-0.07$。也就是说,每次押 5 美元在"过关线"上,都要预期平均输掉 0.07 美元。

表 5-6:花旗骰

事件	x	$P(x)$	$x \cdot P(x)$
输	−5 美元	251/495	−2.535353 美元
赢(净收益)	5 美元	244/495	2.464646 美元
总计			−0.07 美元(舍入后)

解读:

在轮盘赌中赌 5 美元的期望值是 −0.26 美元,而在花旗骰中赌 5 美元的期望值是 −0.07 美元。因为输 0.07 美元总比输 0.26 美元要好,所以尽管参与一次轮盘赌可能会有更大的收益,但从长远来看,参与花旗骰可能会更好。

▶ 轮到你了:试试 5-1 提高题的习题 29

公式 5-1 至公式 5-4 的基本原理

与其死记硬背这几个公式,不如尝试理解其背后的原理。当计算频数分布的均值时,f 表示每组的频数,N 表示总体个数。重写频数表的均值公式如下所示,使其适用于总体。在公式中,f 表

示 x 出现的频数，N 是总体个数，因此 f/N 是 x 值出现的概率。将 f/N 替换为 $P(x)$ 的步骤，其实就是从有限次观测到的相对频数过渡到无限次试验的概率。这就解释了公式 5-1 的基本原理。

$$\mu = \frac{\Sigma(f \cdot x)}{N} = \Sigma\left[\frac{f \cdot x}{N}\right] = \Sigma\left[x \cdot \frac{f}{N}\right] = \Sigma[x \cdot P(x)]$$

采用类似的方法，也可以将第 3 章中的方差公式应用于随机变量的概率分布，也就是公式 5-2。公式 5-3 只是公式 5-2 的另一个版本。虽然公式 5-3 通常更方便进行手算，但是公式 5-2 更容易直接理解。根据公式 5-2，标准差为

$$\sigma = \sqrt{\Sigma[(x-\mu)^2 \cdot P(x)]}$$

即公式 5-4 的等价形式。

5-2 二项分布

核心概念：本节第 1 部分介绍二项分布以及求解其概率的方法，第 2 部分介绍求解二项分布的均值和标准差的简单方法。与其他章节一样，我们强调解读概率值的重要性，即判断事件发生是显著低还是显著高的。

第 1 部分：二项分布的基础

二项分布适用于结果包含两种可能的场景，比如正面 / 反面、合格 / 不合格、存活 / 死亡。

> **定义**
>
> 二项分布满足以下四个条件：
> 1. 试验次数是固定的（试验是一次单独的观测）。
> 2. 试验必须是相互独立的，即任何一次试验的结果都不会影响其他试验的概率。
> 3. 每次试验的结果有且仅有两种可能，通常被称为成功与失败。
> 4. 所有试验中成功的概率都相等。

> **二项分布的数学符号**
>
> 记 S 和 F 为一次试验结果的两种可能（成功与失败）。
>
> $P(S)=p$ （p = 一次成功的概率）
>
> $P(F)=1-p=q$ （q = 一次失败的概率）
>
> n 固定的试验次数

x	n 次试验中成功的次数，x 可以是 0 和 n 之间的任意整数
p	n 次试验中一次成功的概率
q	n 次试验中一次失败的概率
$P(x)$	n 次试验中 x 次成功的概率

注意："成功"一词并不是字面意义上一定是正面的结果。只要两种可能结果中的任意一种的概率被确定为 p，那么它就可以被称为成功（S）（q 值可以通过 $q=1-p$ 求得。比如 $p=0.95$，则 $q=1-0.95=0.05$）。

注意：确保二项分布中 x 和 p 的指代是一致的，都表示成功的结果。

例 1： 求正好有 2 人没有携带现金的概率

假设当随机（有放回）选取一个有智能手机的成年用户时，此人没有现金（从不携带现金）的概率为 0.05。随机选取 10 个成年人，试求正好有 2 人没有携带现金的概率。

1. 该试验过程是二项分布吗？
2. 如果是二项分布，试求 n、x、p 和 q 的值。

解答：

1. 该过程满足二项分布的条件，如下所示。

- 试验次数（10 次）是固定的。
- 因为任何随机选取的成年人没有携带现金的概率都不受其他随机选择结果的影响，所以这 10 次试验是相互独立的。
- 10 次试验结果都有且仅有两种可能：有现金或者没有现金。
- 对于任意随机选取的成年人，没有现金的概率都是 0.05，且此概率对所有人都是相同的。

2. 该过程为二项分布，求各值的过程如下：

- 因为随机选取 10 个成年人，所以 $n=10$。
- 因为考虑正好有 2 人是没有携带现金的，所以 $x=2$。
- 成功的概率（没有携带现金的人）是 0.05，所以 $p=0.05$。
- 失败的概率（携带现金的人）是 0.95，所以 $q=0.95$。

符号一致性：再次强调，确保 x 和 p 都指代相同的"成功"极其重要。该例中 x 为没有现金的人数，所以 p 必须是所选的人没有现金的概率。因此，x 和 p 都指向了相同的"成功"：没有现金。

▶ 轮到你了：试试 5-2 基础题的习题 5

将非独立事件视为独立事件

在抽取样本时（比如在调查中），我们通常采用无放回抽样。无放回抽样会导致非独立事件的发生，从而违反了二项分布的条件。然而，我们可以通过 4-2 节中介绍的 5% 烦琐计算准则将事件视为独立事件：

5% 烦琐计算准则

如果考虑无放回抽样并且样本量不超过总体大小的 5%，则可以将抽样视为相互独立的（即使实际上抽样并不相互独立）。

"统计学如何挽救衰竭的心脏"

David Leonhardt 在《纽约时报》上发表了一篇标题为"统计学如何挽救衰竭的心脏"的文章。如果患者在心脏病发作后的两小时内开通堵塞的动脉，则其预后良好。2005 年，美国卫生与公众服务部开始在其网站上公布医院数据，其中包括心脏病患者在到达医院两小时内因动脉阻塞接受治疗的比例。医生和医院不想因为糟糕的治疗数据而感到尴尬，因此他们尽力缩短开通堵塞动脉的时间，比如加州大学旧金山医学中心将治疗时间缩短了一半（从近 3 小时缩短到约 90 分钟）。有效地使用简单的统计学知识可以拯救生命。

求解二项分布概率的方法

求解二项分布中随机变量 x 对应概率的方法有三种。第一种方法是使用二项概率公式求解，并且它是其他两种方法的基础；第二种方法是使用统计软件求解；第三种方法是查询附录 A 中的表 A-1 求解（随着统计技术的普及，查表法已经过时）。如果使用统计软件，则建议读者使用第一种方法来解几道习题，以更好地理解计算的基本过程。

方法 1：使用二项概率公式

在二项分布中，概率可以通过公式 5-5 求得。

公式 5-5：二项概率公式

$$P(x) = \frac{n!}{(n-x)!x!} \cdot p^x \cdot q^{n-x}, \ x = 0, 1, 2, \cdots, n$$

其中：
n = 试验次数
x = n 次试验中成功的次数
p = n 次试验中一次成功的概率
q = n 次试验中一次失败的概率（$q=1-p$）

公式 5-5 也可以被表示为 $P(x)=C_x^n p^x q^{n-x}$，其中 x 项完全相同，$n-x$ 项也完全相同。组合数为 $C_x^n=n!/[(n-x)!x!]$，因此公式两边可以互换。

> **例 2：** 使用二项概率公式求正好有 2 人没有现金的概率
>
> 假设随机选取一个有智能手机的成年人，其从未携带现金的概率为 0.05。应用二项概率公式，随机选取 10 个成年人，试求正好有 2 人没有现金的概率。即已知 $n=10$, $x=2$, $p=0.05$, $q=0.95$，应用二项概率公式（公式 5-5），试求 $P(2)$。
>
> 解答：
>
> 已知二项概率公式中的 n, x, p, q，可得：
>
> $$P(2) = \frac{10!}{(10-2)!2!}(0.05^2)(0.95^{10-2})$$
> $$= \frac{10!}{8!2!}(0.0025)(0.663420)$$
> $$= (45)(0.0025)(0.663420)$$
> $$= 0.074635 = 0.0746 \text{（保留3位有效数字）}$$
>
> 正好有 2 人没有现金的概率为 0.0746。

▶ 轮到你了：试试 5-2 基础题的习题 13

计算小提示：使用二项概率公式求概率时，最好先计算出每个因子的值，即 $n!/[(n-x)!x!]$、p^x、q^{n-x}，然后将三个因子相乘（"例 2"中的第三行计算过程）。不要对三个因子而是对最后的结果进行舍入。

方法 2：使用统计软件

我们也可以使用统计软件来求二项概率。如下 Excel 的结果为"例 2"中 $n=10$, $p=0.05$ 时的二项概率。注意，概率分布都是以列表的形式给出的。"例 2"中 $P(2)=0.0746$，通过 Excel 也可以得到相同的结果。查看 Excel 结果中 2 次成功对应的概率为 0.0746。

Excel

	A	B
1	0	0.598736939
2	1	0.315124705
3	2	0.074634799
4	3	0.010475059
5	4	0.000964808
6	5	6.09352E-05
7	6	2.6726E-06
8	7	8.03789E-08
9	8	1.58643E-09
10	9	1.85547E-11
11	10	9.76563E-14

例 3： 求橄榄球加时赛中胜利的概率

在"本章问题"中，我们了解到 1974 年至 2011 年间的 460 场 NFL 橄榄球比赛是在加时赛中决定胜负的，其中 252 场的获胜队是加时赛猜对硬币的一方。460 场比赛中的 252 场胜利是碰巧还是显著高的？这里假设输赢的概率是均等的，那么可以通过求 460 场比赛赢得其中 252 场或更多场的概率来解答。

解答：

根据二项概率公式，有 $n=460$，$p=0.5$，$q=0.5$，我们需要求得 x 从 252 到 460 的每个值的所有概率之和。因此需要应用该公式 209 次，但很明显这十分麻烦——此处该公式并不适用。另外，表 A-1（二项概率）也不适用，因为 $n=460$ 远远超出了该表的范围。很显然，这里应该选择统计软件求解。

如下 Statdisk 的统计结果显示，460 场加时赛中 252 场及以上胜利的概率是 0.0224（舍入后），该概率很小（比 0.05 还小），这表明不太可能碰巧获得 252 场或更多场的胜利。如果能有效地排除碰巧的可能，那么就能更合理地推测出在加时赛中猜对硬币的球队更有可能赢得比赛。

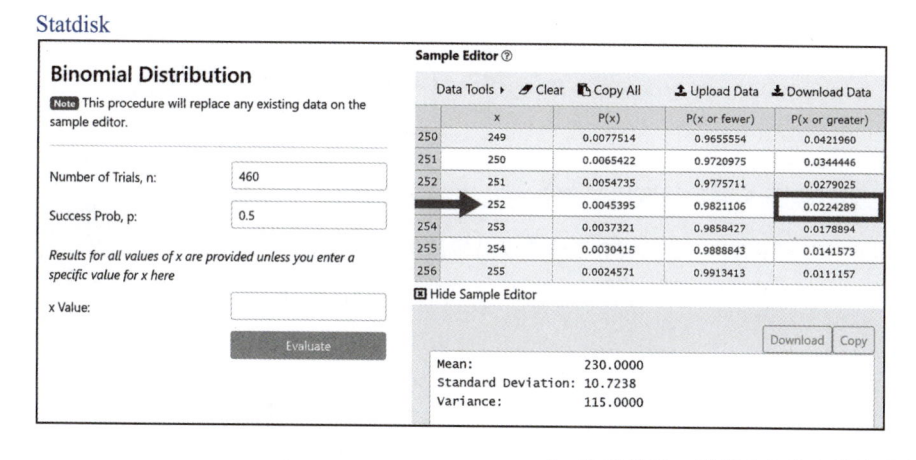

Statdisk

x	P(x)	P(x or fewer)	P(x or greater)
249	0.0077514	0.9655554	0.0421960
250	0.0065422	0.9720975	0.0344446
251	0.0054735	0.9775711	0.0279025
252	0.0045395	0.9821106	0.0224289
253	0.0037321	0.9858427	0.0178894
254	0.0030415	0.9888843	0.0141573
255	0.0024571	0.9913413	0.0111157

Number of Trials, n: 460
Success Prob, p: 0.5

Mean: 230.0000
Standard Deviation: 10.7238
Variance: 115.0000

▶ 轮到你了：试试 5-2 基础题的习题 27

"例 3"展示了统计软件的强大之处和易用性，同时还说明了统计思维下的稀有事件规则：在给定的假设下（如假设加时赛猜对硬币对最终胜负没有影响），如果特定观测到的事件（如在 460 场比赛中获胜 252 场或更多场）发生的概率非常小（如 0.05 或更小），那么就可以得出结论——该假设可能并不正确。

方法 3：查询表 A-1

如果使用统计软件，那么可以跳过此方法。附录 A 中的表 A-1 列出了给定 n 值和 p 值的二项概率。如果 $n>8$ 或概率 p 不在表中给出的 13 个值之内，则不能通过查询表 A-1 来求解。

查询表 A-1 的方法如下：首先必须查找到 n 和所需的对应的 x 值。这一步应该锁定一行数据。然后通过列找到所需的概率 p，该行与该列对应的值即为所需的概率。如果是一个非常小的概率，如 0.000064，则用 0+ 表示。

例 4： 求 5 个成年人中恰好有 2 人是素食主义者和素食主义者少于 3 人的概率

根据盖洛普民意测验，5% 的美国成年人是素食主义者。如果随机选取 5 个成年人，查询表 A-1，试求以下概率。

1. 5 个成年人中恰好有 2 人是素食主义者的概率。

2. 素食主义者少于 3 人的概率。

解答：

1. 以下截取的表 A-1 部分，展示了当 $n=5$，$p=0.05$ 时 $x=2$ 的概率为 $P(2)=0.021$。

表 A-1：二项概率

n	x	.01	.05	.10	x	$P(x)$
5	0	.951	.774	.590	0	.774
	1	.048	.204	.328	1	.204
	2	.001	.021	.073	2	.021
	3	0+	.001	.008	3	.001
	4	0+	0+	0+	4	0+
	5	0+	0+	0+	5	0+

2. "少于 3 人"的意思是素食主义者的数量是 0、1 或 2。

$$P(少于 3 人) = P(0、1 或 2)$$
$$= P(0)+P(1)+P(2)$$
$$= 0.774+0.204+0.021$$
$$= 0.99$$

轮到你了：试试 5-2 基础题的习题 15

出生人口性别比

众所周知，一个新生儿是男孩或是女孩的可能性并不相等。目前人们认为，每 100 个女孩出生就会有 105 个男孩出生，所以生男孩的概率是 0.512。佐治亚大学的 Kristen Navara 的一项研究表明，在世界范围内出生的男孩比女孩多，但人们的居住地离赤道越近，这种差异就越小。其统计分析中的变量涵盖了 200 个国家的纬度、气温、失业率、国内生产总值（GDP）和国民生产总值（GNP），但结果显示男孩的比例似乎只受纬度及相关天气的影响。到本书出版之时，还没有人对这一现象给出合理的解释。

第 2 部分：均值 / 标准差与批判性思维

5-1 节介绍了任意离散概率分布的均值、方差和标准差的公式。因为二项分布是其中的一种离散概率分布，所以完全可以使用相同的公式。但如果知道 n 和 p 的值，那么使用以下公式会容易得多：

> **二项分布**
> 公式 5-6　均值：$\mu = np$
> 公式 5-7　方差：$\sigma^2 = npq$
> 公式 5-8　标准差：$\sigma = \sqrt{npq}$

在之前的章节中，求 μ 和 σ 的值可能非常有趣，但对值的解读和理解才是更重要的，因此推断统计中的范围经验法则和稀有事件规则就变得非常有用。以下是对范围经验法则的简要总结：

通过范围经验法则确定显著值

显著低：值为 $(\mu-2\sigma)$ 或更低。

显著高：值为 $(\mu+2\sigma)$ 或更高。

不显著：值位于 $(\mu-2\sigma)$ 和 $(\mu+2\sigma)$ 之间。

CP 例 5：使用参数判断显著性

"本章问题"和"例 3"涉及 NFL 橄榄球比赛中 $n=460$ 场加时赛的获胜次数。假设在加时赛中猜对硬币并不能提供优势，即 $p=0.5$ 和 $q=0.5$，因此两个队在加时赛中都有相同的获胜概率（0.5）。

1. 试求 460 场比赛中获胜次数的均值和标准差。
2. 使用范围经验法则，试求区分显著低或显著高的获胜次数。
3. 在 460 场比赛中获胜 252 场是否显著高？

解答：

1. 已知 $n=460$、$p=0.5$ 以及 $q=0.5$，根据公式 5-6 和公式 5-8 可得：

$$\mu = np = (460)(0.5) = 230.0 \text{次}$$
$$\sigma = \sqrt{npq} = \sqrt{(460)(0.5)(0.5)} = 10.7 \text{次（舍入后）}$$

对于随机的 460 场加时赛，胜场均值为 230.7 次，标准差为 10.7 次

2. 区分显著低或显著高的获胜次数是距离均值 2 个标准差范围内的值。根据第 1 问中求出的 $\mu=230.0$ 次和 $\sigma=10.7$ 次，可得：

显著低 ≤ $\mu-2\sigma$=230.0−2(10.7)=208.6 次

显著高 ≥ $\mu+2\sigma$=230.0+2(10.7)=251.4 次

因此，显著低的获胜次数是 208.6 次或以下，显著高的获胜次数是 251.4 次或以上。不显著的获胜次数则在 208.6 次和 251.4 次之间。

3. 因为 252 大于第 2 问中求得的 251.4，所以 252 次获胜的结果是显著高的。

▶ 轮到你了：试试 5-2 基础题的习题 29

除了范围经验法则，我们也可以使用概率判断结果是显著高还是显著低。

使用概率判断结果是显著高还是显著低

- 显著高的成功次数：假设在 n 次试验中成功 x 次，如果成功 x 次或更多次的概率小于或等于 0.05，那么成功的次数 x 就是显著高的。即：如果 $p(x$ 或更多$) \leq 0.05$，那么 x 为显著高的成功次数[1]。

- 显著低的成功次数：假设在 n 次试验中成功 x 次，如果成功 x 次或更少次的概率小于或等于 0.05，那么成功的次数 x 就是显著低的。即：如果 $p(x$ 或更少$) \leq 0.05$，那么 x 为显著低的成功次数。

二项概率公式的基本原理

二项概率公式是本节所介绍的三种方法的基础。不要死记硬背该公式，而是要理解其背后的原理。

在"例 2"中，我们通过二项概率公式计算：当随机选取 10 个成年人时，正好有 2 人没有现金的概率。因为 $P(1$ 人没有现金$)$=0.05，根据 4-2 节中的乘法原理，可以求得靠前的 2 人没有现金，而靠后的 8 人有现金的概率。结果如下：

$P($ 靠前的 2 人没有现金，而靠后的 8 人有现金 $)$

=0.05 × 0.05 × 0.95 × 0.95 × 0.95 × 0.95 × 0.95 × 0.95 × 0.95 × 0.95

=$0.05^2 \times 0.95^8$

=0.00165855

该结果为随机选取的 10 个成年人中靠前的 2 人没有现金，而靠后的 8 人有现金的概率。然而，0.00165855 并不是正好有 2 人没有现金的概率。因为这里假设了一个特定的顺序，而其他不同的顺序也是有可能的。

根据 4-4 节的内容，如果有 2 个彼此相同的受试者（比如没有现金的成年人）和另外 8 个彼此

---

[1] 0.05 不是绝对的，其他值（如 0.01）也可以用来区分显著和不显著的结果。

相同的受试者（比如有现金的成年人），那么排列的总数是 10!/[(10−2)!2!]=45。这 45 种不同排列的概率都是 $0.05^2 \cdot 0.95^8$，因此总的概率如下：

$$P(10 \text{ 人中 } 2 \text{ 人没有现金}) = \frac{10!}{(10-2)!2!} \cdot 0.05^2 \cdot 0.95^8 = 0.0746$$

该结果可以被推广为二项概率公式（公式 5-5）。也就是说，二项概率公式是概率乘法原理和从 n 个元素中选取 x 个元素的组合数量的结合。

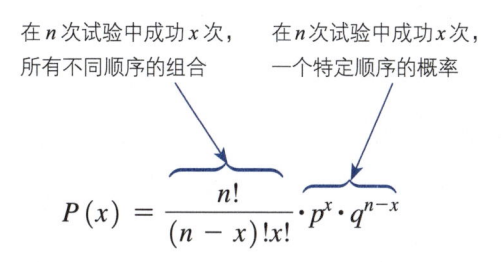

$$P(x) = \underbrace{\frac{n!}{(n-x)!x!}}_{\substack{\text{在 } n \text{ 次试验中成功 } x \text{ 次,}\\ \text{所有不同顺序的组合}}} \cdot \underbrace{p^x \cdot q^{n-x}}_{\substack{\text{在 } n \text{ 次试验中成功 } x \text{ 次,}\\ \text{一个特定顺序的概率}}}$$

使用软件

二项分布

Excel

1. 在 A 列中，输入所需概率的 x 值（比如 0, 1, 2, 3, 4, 5）。

2. 选择 B1 单元格，点击"插入函数"，选择"统计"类别下的 BINOM.DIST 函数。点击"确定"按钮。

3. 对于参数 Number_s（试验成功次数），输入 A1，然后在 Trials（试验次数）框中输入试验次数，在 Probability_s（概率）框中输入概率。

4. 在 Cumulative（是否为累积分布函数）框中输入 0。

5. 点击"确定"按钮，所得概率会在 B1 单元格中显示出来。

6. 向下复制 B1 以得到 A 列中每个 x 值的概率。

提示：在第 4 步中输入"1"代表二项分布的累积函数。

R

R 命令：dbinom(x,n,p)

提示：使用 pbinom(x,n,p) 可以计算累积概率。

5-3 泊松分布

核心概念：本节将介绍泊松分布，即另一种离散概率分布。

泊松分布用于描述特定区间内事件发生的次数，以下是一些应用：

- 每天发生的交通事故数量。
- 1 小时内到达急诊室的病人数量。
- 一天内某网站用户登录的次数。
- 一年中大西洋飓风发生的次数。
- 每页的拼写错误数量。
- 一个月内机器发生故障的次数。

> **定义**
> 泊松分布是适合描述特定区间内某一事件发生次数的离散概率分布。随机变量 x 是区间内事件发生的次数。区间可以是时间、距离、面积、体积或其他类似的单位。区间内事件发生 x 次的概率由公式 5-9 给出。

> **公式 5-9：泊松分布**
>
> $$P(x) = \frac{\mu^x \cdot e^{-\mu}}{x!}$$
>
> 其中 $e \approx 2.71828$，μ = 区间内事件发生次数的均值。

> **泊松分布的条件**
> 1. 随机变量 x 是某一区间内事件发生的次数。
> 2. 事件的发生必须是随机的。
> 3. 事件的发生必须是相互独立的。
> 4. 事件的发生在区间内必须呈均匀分布。

> **泊松分布的参数**
> - 均值是 μ。
> - 标准差是 $\sigma = \sqrt{\mu}$。

泊松分布的性质

1. 泊松分布只有一个参数：均值 μ。因此，使用均值 μ 就可以确定一个特定的泊松分布。

2. 泊松分布的可能值 x 是 $0, 1, 2, \cdots$，没有上界。

例 1： 应用柏松分布求飓风发生的概率

从 1900 年开始的 118 年间，大西洋发生了 652 次飓风。假设每年飓风发生的次数服从泊松分布。

1. 试求每年飓风发生次数的均值 μ。

2. 试求在一个随机选取的年份中正好发生 6 次飓风的概率。即求 $P(6)$，其中 $P(x)$ 为一年内发生 x 次大西洋飓风的概率。

3. 在这 118 年里，实际上 16 年中发生了 6 次飓风。这个实际结果与第 2 问中求得的概率相比如何？泊松分布是一个合适的模型吗？

解答：

1. 因为这里的场景是某个区间（一年）内事件（飓风）发生的次数，所以泊松分布是适用的。每年飓风发生次数的均值为

$$\mu = \frac{飓风发生的次数}{年数} = \frac{652}{118} = 5.5$$

2. 根据公式 5-9，一年中发生 $x=6$ 次飓风的概率为（$x=6, \mu=5.5, e=2.71828$）：

$$P(6) = \frac{\mu^x \cdot e^{-\mu}}{x!}$$

$$= \frac{(5.5^6)(2.71828^{-5.5})}{6!}$$

$$= \frac{(27{,}680.64)(0.0040867866)}{720}$$

$$= 0.157$$

因此，一年中正好发生 6 次飓风的概率为 $P(6)=0.157$。

3. 第 2 问中 $P(6)=0.157$ 的概率为一年内发生 6 次大西洋飓风的可能性。在这 118 年里，发生 6 次飓风的预计年数为 $118 \times 0.157 = 18.5$ 年。即发生 6 次飓风所需年数的期望值为 18.5 年，这与实际中 16 年里发生 6 次飓风相当接近。所以在该情况下，泊松分布是很有效的模型。

▶ 轮到你了：试试 5-3 基础题的习题 5

二项分布的泊松近似

当二项分布中的 n 较大而 p 较小时,泊松分布有时被用来近似二项分布。一条经验法则是当满足以下两个条件时,可以用泊松分布来近似二项分布。

二项分布泊松近似的条件

1. $n \geq 100$

2. $np \leq 10$

如果这两个条件都能得到满足,则需要一个确定的 μ 值。该值可以由公式 5-6(见 5-2 节)求得:

公式 5-6:泊松近似的均值

$$\mu = np$$

例 2: 求一年 365 天至少中奖一次的概率

在缅因州某彩票中,支付 0.5 美元就可以选择一个允许重复的 4 位数字(0~9),如 1377。如果现在每天买一张彩票,试求一年 365 天至少中奖一次的概率。

解答:

时间间隔为 1 天,那么每天买一张彩票将产生 $n=365$ 张彩票。因为一个中奖的数字来自 10,000 个可能的组合(从 0000 到 9999),所以中奖概率为 $p=1/10,000$。当 $n=365$ 和 $p=1/10,000$ 时,$n \geq 100$ 和 $np \leq 10$ 的条件同时得到满足,因此可以使用二项分布的泊松近似。首先需要求出 μ 值,如下所示:

$$\mu = np = 365 \times \frac{1}{10,000} = 0.0365$$

因为需要求得 x "至少是 1" 的概率,这里可以先求出 $P(0)$,即 365 天没有中奖的概率,然后用 1 减去结果,就可以得到至少中奖一次的概率。由 $x=0$, $\mu=0.0365$, $e=2.71828$,求得 $P(0)$,如下所示:

$$P(0) = \frac{\mu^x \cdot e^{-\mu}}{x!} = \frac{(0.0365^0)(2.71828^{-0.0365})}{0!} = \frac{(1)(0.9642)}{1} = 0.9642$$

使用二项分布的泊松近似,可以求得 365 天没有中奖的概率为 0.9642。因此,至少中奖一次的概率为 1−0.9642=0.0358。如果直接使用二项分布求解,则得到的概率为 0.0358。所以,泊松分布的近似在这里是很精确的。

▶ 轮到你了:试试 5-3 提高题的习题 17

使用软件

泊松分布

Excel

1. 在 A 列中，输入所需概率的 x 值（比如 0, 1, 2, 3, 4, 5）。

2. 选择 B1 单元格，点击"插入函数"，选择"统计"类别下的 POISSON.DIST 函数。点击"确定"按钮。

3. 对于参数 X（事件发生次数），输入 A1，然后在 Mean（期望值）框中输入均值。

4. 在 Cumulative（是否为累积分布函数）框中输入 0。

5. 点击"确定"按钮，所得概率会在 B1 单元格中显示出来。

6. 向下复制 B1 以得到 A 列中每个 x 值的概率。

提示：在第 4 步中输入"1"代表泊松分布的累积函数。

R

R 命令：dpois(x, μ)

提示：使用 ppois(x, μ) 可以计算累积概率。

6-1：标准正态分布

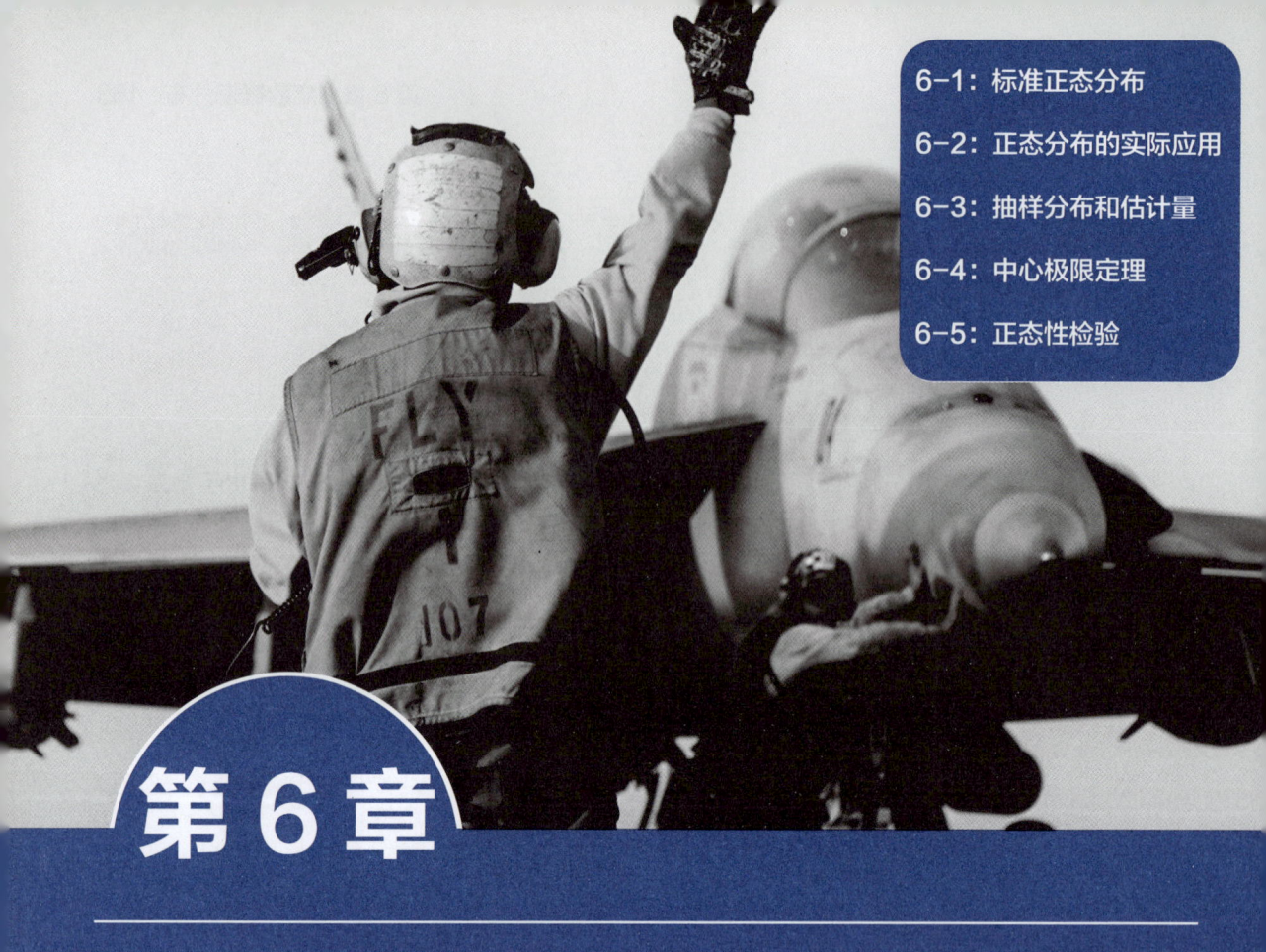

6-2：正态分布的实际应用

6-3：抽样分布和估计量

6-4：中心极限定理

6-5：正态性检验

第 6 章

正态分布

本章问题 你想成为空军飞行员吗？

你是否符合美国空军对身高介于 64 英寸和 77 英寸之间的要求？百分之多少的成年男性满足该身高要求？百分之多少的成年女性满足该身高要求？

人体工程学"入门"： 人体工程学是一门专注于设计工具和设备的学科，致力于研究如何让工具或设备可以更安全、更舒适以及更高效地被使用。在民用飞机和军用飞机的设计上，广泛地采用了人体工程学。本章介绍的一些基本工具能够解决许多与人体工程学相关的问题，例如以下要求：

- 美国空军要求飞行员的身高必须介于 64 英寸和 77 英寸之间（在撰写本书时，此要求正在被更改）。
- 美国陆军要求女性的身高必须介于 58 英寸和 80 英寸之间。

- 美国《残疾人法案》（Americans with Disabilities Act）的 4.4.2 节在关于高度间距的部分写道："步行道、大厅、走廊、通道、过道或其他建筑的交通空间应有 80 英寸（约 2030 毫米）的最小无障碍顶部空间。"
- 在旧金山机场租车大厅的电梯里，警示牌明确标注最大负载为 4000 磅或 27 名乘客。
- 迪士尼对那些想扮演小叮当角色的求职者的要求是，他们的身高必须介于 58 英寸和 62 英寸之间。
- 纽约无线电城音乐厅的火箭女郎舞蹈团女性舞者的身高必须介于 66 英寸和 70.5 英寸之间。
- 庞巴迪 Dash 8 飞机可搭载 37 名乘客，燃料和行李的总载客量为 6200 磅。
- 当女性最终获准成为战斗机飞行员时，工程师需要重新设计弹射座椅，因为最初它是为体重介于 140 磅和 211 磅之间的男性设计的。

人体工程学问题通常涉及极其重要的安全性问题，以下是一些被证明为灾难性事件的真实案例：

1. 就在比奇飞机即将在北卡罗来纳州夏洛特市坠毁前，飞行员凯蒂·莱斯利（Katie Leslie）最后呼救："中西航空 5481 号班机有紧急情况！"该事故导致 21 名机组人员和乘客全部遇难。乘客总重量超载被怀疑是导致空难的主要因素。

2. 纽约乔治湖的游船翻船事故造成 20 名乘客死亡，之后的调查表明，虽然乘客人数低于所允许的最多人数，但船本身只具有搭载更少数量乘客的能力。

3. 一辆水上出租车在巴尔的摩内港沉没，造成 25 人中 5 人罹难。事故船只可以搭载 25 名乘客，但总重量超过了安全最大负载 3500 磅，所以乘客的数量理应被限制在 20 人以内。

本章目标

第 5 章介绍了离散概率分布，这一章将介绍连续概率分布。本章大部分篇幅会重点介绍正态分布，因为它是统计学中非常重要的分布。以下是本章目标。

6-1：标准正态分布

- 掌握正态分布的特征。
- 求解标准正态分布中 z 分数范围内的概率。
- 求解标准正态分布曲线下面积对应的 z 分数。

6-2：正态分布的实际应用

- 掌握正态分布。

- 求解正态分布中某一范围内的概率。
- 求解正态分布曲线下面积对应的 x 值，并学会用此解决实际问题。

6-3：抽样分布和估计量

- 掌握统计量的抽样分布。
- 判断一个样本统计量是否为对应总体参数的一个好的估计量。

6-4：中心极限定理

- 掌握中心极限定理。
- 通过中心极限定理，求解样本均值落在某个指定值范围内的概率。
- 判断是否可以用正态分布来近似样本均值分布的条件。

6-5：正态性检验

- 通过直方图、异常值和正态分布图来判断样本数据是否来自一个近似正态分布的总体。

6-1 标准正态分布

核心概念：本节将讨论标准正态分布，它是一个具有以下三个性质的特殊正态分布。

1. 钟形曲线：标准正态分布的图形为钟形（见图 6-1）。

2. $\mu=0$：标准正态分布的均值为 0。

3. $\sigma=1$：标准正态分布的标准差为 1。

本节将学习计算标准正态分布曲线下不同区域对应的面积（或概率，或相对应的频数）。此外，也会学习计算该曲线下面积所对应的 z 分数。这些技能在学习下一节的非标准正态分布及其应用时，都会变得非常重要。

正态分布

取决于不同的均值和标准差的值，正态分布也是无限的。我们先来简单介绍一下正态分布的一般类型。

第 6 章 正态分布

> **定义**
> 如果一个连续随机变量的分布可以用公式 6-1 所给出的方程来描述，则称其为 **正态分布**
> 正态分布为钟形对称分布，如图 6-1 所示。

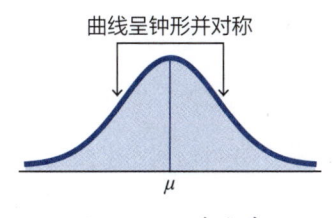

曲线呈钟形并对称

图 6-1：正态分布

公式 6-1

$$y = \frac{e^{-\frac{1}{2}\left(\frac{x-\mu}{\sigma}\right)^2}}{\sigma\sqrt{2\pi}}$$

在实际应用中不会直接使用公式 6-1，但通过观察等式右边可以发现，任何正态分布都有两个参数：总体均值 μ 和总体标准差 σ（x 是变量，π=3.14159，e=2.71828）。一旦 μ 和 σ 被赋予特定的值，公式 6-1 就是一个关于 x 和 y 的方程，这样就可以得到与图 6-1 一样的图形。

均匀分布

本章重点是正态分布的概念，但也需要介绍一下均匀分布，从而得到两个非常重要的性质：

1. 一个连续概率分布曲线下的面积等于 1。

2. 面积和概率之间具有对应关系，因此可以用图中对应的面积来计算概率。对于均匀分布，其概率可以通过矩形面积公式来求得：

面积 = 高 × 宽

> **定义**
> 如果一个连续随机变量的值均匀地分布在所有可能值的范围内，则称其为 **均匀分布**。均匀分布的图形为矩形。

密度曲线：连续概率分布的图形被称为密度曲线，并且任何密度曲线都必须满足曲线下总面积等于 1 的要求。该要求简化了概率问题，因此可以得出如下结论：

因为任何密度曲线下的总面积都等于 1，所以面积和概率之间具有对应关系。

例 1： 机场安检等待时间的均匀分布

假设旅客在纽约肯尼迪机场的安检等待时间服从 0~5 分钟的均匀分布（参考图 6-2）。根据图 6-2，得到以下性质：

- 所有不同的等待时间的可能性都相同。
- 等待时间可以是 0~5 分钟的任意值，所以可能有 1.234567 分钟的等待时间。
- 因为等待时间是 0~5 分钟，并且任何密度曲线下的面积都等于 1，所以图 6-2 中垂直线的高度必须为 0.2（可以得出均匀分布中垂直线的高度等于 1/全距）。

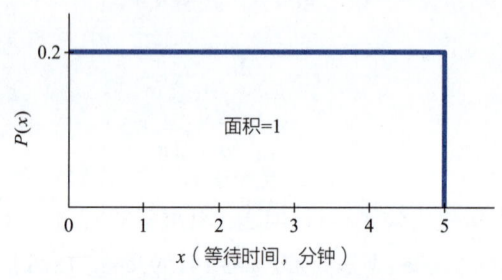

图 6-2：等待时间的均匀分布

▶ 轮到你了：试试 6-1 基础题的习题 5

例 2： 求机场安检等待时间至少需要 2 分钟的概率

给定图 6-2 所示的均匀分布，随机选取一名旅客，试求其至少需要等待 2 分钟的概率。

解答：

图 6-3 中阴影区域为至少 2 分钟的等待时间。因为密度曲线下的总面积等于 1，所以概率和面积是对应的。我们可以通过面积计算概率：

P（至少 2 分钟的等待时间）= 高度 × 图 6-3 中阴影面积的宽度

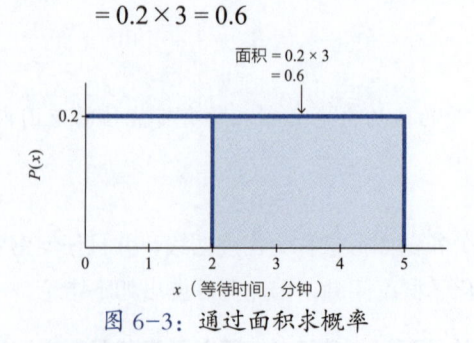

$= 0.2 \times 3 = 0.6$

图 6-3：通过面积求概率

解读：

随机选取一名旅客，其至少需要等待 2 分钟的概率为 0.6。

▶ 轮到你了：试试 6-1 基础题的习题 7

> **小样本的力量**
>
> 美国环保局（Environmental Protection Agency）发现克莱斯勒汽车的化油器有故障，其结果导致一氧化碳排放量过高。其中涉及排量为 360 立方英寸和 400 立方英寸的双缸化油器。美国环保局命令克莱斯勒汽车解决该问题，但克莱斯勒表示拒绝，于是就有了克莱斯勒公司与美国环保局的诉讼。最后该案得出的结论是，有"实质性证据"表明克莱斯勒汽车产生了过量的一氧化碳。美国环保局胜诉，克莱斯勒被迫召回和维修了 20.8 万辆汽车。在美国统计协会杂志（*AMSTAT News*）的一篇文章中，美国环保局的首席统计学家 Barry Nussbaum 在讨论该案例时写道："采样是昂贵的，而环境采样通常更加昂贵。从美国环保局的角度来看，我们必须在使用小样本或建模上做到最好……影响此类召回（20.8 万辆克莱斯勒汽车）所需的样本量是多少？答案是只有 10 个。这既是对推断统计能力的肯定，也解释了为何一个小样本就可以挑战成功。"

标准正态分布

均匀分布的密度曲线是一条水平直线，因此，我们可以通过如下公式求出任何矩形区域的面积：

$$面积 = 高 \times 宽$$

因为正态分布的密度曲线呈更加复杂的钟形（参见图 6-1），所以面积的计算会更加困难。但基本原理是相同的：面积和概率之间具有对应关系。如图 6-4 所示，对于标准正态分布，其密度曲线下的面积等于 1。通常用"z 分数"标记横坐标轴。标准正态分布的定义如下：

> **定义**
>
> 标准正态分布是一个具有以下特性的概率分布：
> - 该分布是正态分布，其曲线呈钟形（如图 6-4 所示）。
> - 总体均值为 $\mu=0$。
> - 总体标准差为 $\sigma=1$。
> - 密度曲线下的面积等于 1（如图 6-4 所示）。

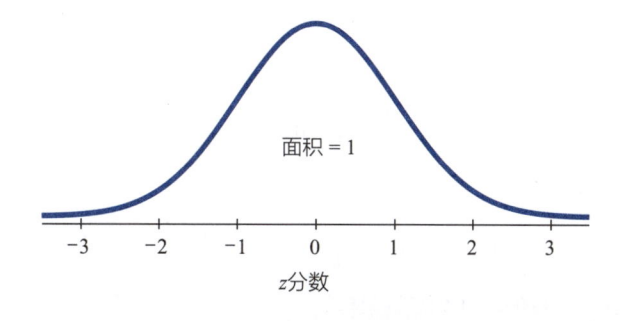

图 6-4：标准正态分布

给定 z 分数求概率

求图 6-4 中的面积并不容易，但可以通过查询表 A-2（见附录 A）或者使用统计软件求面积（概率）。因为统计软件的计算结果通常比表 A-2 的结果更为精确，所以强烈建议读者使用统计软件（当计算结果有差异时，附录 D 中的答案通常会同时包括统计软件的结果和表 A-2 的结果）。

如果查询表 A-2，那么必须了解以下几点：

1. 该表仅适用于标准正态分布，也就是均值为 0，标准差为 1 的正态分布。

2. 该表有两页，第一页是负 z 分数，第二页是正 z 分数。

3. 表内的每个值都是从最左侧到该列第一行的 z 分数的累积面积。

4. 不要混淆 z 分数和面积。

z 分数：沿标准正态分布的横坐标轴的距离（对应高于或低于均值的标准差的值），也就是表 A-2 的第一列以及第一行的值。

面积：曲线下的区域，即对应表内的值。

5. 在该表的第一行可以查到 z 分数中表示百分位的部分。

> **注意**：使用正态分布时，千万不要混淆 z 分数和面积。

> **z 分数舍入规则**：一般保留 2 位小数（表 A-2 中的 z 分数包括小数点后 2 位）。

请看以下几个计算过程的示例。

例 3：骨密度测试——试求测试分数低于 1.27 的概率

骨矿物质密度测试有助于确定骨质疏松症的存在或易感性，骨质疏松症会导致骨骼变得更脆弱，更容易折断。骨密度测试的结果通常用 z 分数来衡量。z 分数的总体服从均值为 0，标准差为 1 的正态分布，因此测试结果符合标准正态分布的要求。骨密度测试分数的图形如图 6-5 所示。

假设随机选取一个成年人接受骨密度测试，试求其骨密度测试分数低于 1.27 的概率。

解答：

注意以下两点是相同的（因为前面提到的面积和概率之间的对应关系）：

- 骨密度测试分数低于 1.27 的概率。
- 图 6-5 中的阴影面积。

其实这里需要求的是图 6-5 中 z 小于 1.27 的面积。如果使用统计软件，则请参考本节末尾的"使用软件"部分。如果查询表 A-2，则先找到左边第一列的 1.2，再找到第一行的 0.07。行与列相交处的值便是所求的概率值（参见以下表 A-2 的部分内容），因此可以求出 z=1.27 对应的面积为 0.8980。这里所得的是 $z \leq 1.27$ 对应的概率，并且表 A-2 中给定的累积面积是从最左边开始计算的，因此所求的面积即为 0.8980。又因为面积和概率之间具有对应关系，所以可得 $P(x<1.27)=0.8980$。

解读：

随机选取一个人，其骨密度测试分数低于 1.27 的概率为 0.8980，见图 6-5 中的阴影区域。也可以说，89.80% 的人的骨密度水平低于 1.27。

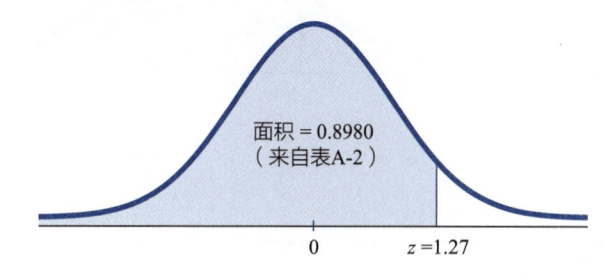

面积 = 0.8980
（来自表A-2）

图 6-5：求 z = 1.27 左侧的面积

节选表 A-2：左侧累积面积

z	.00	.01	.02	.03	.04	.05	.06	.07	.08	.09
0.0	.5000	.5040	.5080	.5120	.5160	.5199	.5239	.5279	.5319	.5359
0.1	.5398	.5438	.5478	.5517	.5557	.5596	.5636	.5675	.5714	.5753
0.2	.5793	.5832	.5871	.5910	.5948	.5987	.6026	.6064	.6103	.6141
1.0	.8413	.8438	.8461	.8485	.8508	.8531	.8554	.8577	.8599	.8621
1.1	.8643	.8665	.8686	.8708	.8729	.8749	.8770	.8790	.8810	.8830
1.2	.8849	.8869	.8888	.8907	.8925	.8944	.8962	.8980	.8997	.9015
1.3	.9032	.9049	.9066	.9082	.9099	.9115	.9131	.9147	.9162	.9177
1.4	.9192	.9207	.9222	.9236	.9251	.9265	.9279	.9292	.9306	.9319

▶ 轮到你了：试试 6-1 基础题的习题 9

例 4： 骨密度测试——试求给定值右侧的面积

给定"例 3"中的骨密度测试，并且随机选取一个人，试求其骨密度测试结果大于 −1.00 的概率。任意大于 −1.00 的值都被认为在正常的骨密度读数范围内。

解答：

这里还是通过找到相应的面积来求概率。由题意得知相应的面积是 z=−1.00 右侧区域的面积，即图 6-6 中的阴影区域。Statdisk 的分析结果显示 z=−1.00 右侧区域的面积是 0.84134。

1. 用表A-2中的 z = −1.00 求此处面积
2. 因为总面积是1，所以此处面积为1−0.1587 =0.8413

0.1587

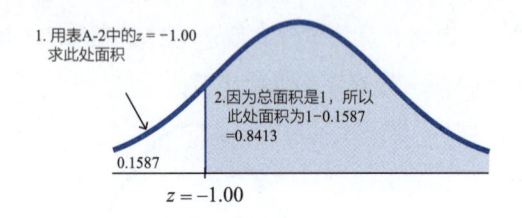

z = −1.00

图 6-6：求 z = −1.00 右侧的面积

Statdisk

Normal Distribution
Enter one value, then click Evaluate to find the other value:

z Value: -1
Cumulative area from the left:
Evaluate

z Value: −1.00000
Prob Dens: 0.24197

Cumulative Probs
Left: 0.15866
Right: 0.84134
2 Tailed: 0.31731
Central: 0.68269
As Table A-2: 0.15866

如果查询表 A-2，则会发现该表只适用于左侧累积面积。从左至 z=−1.00 的累积面积为 0.1587，如图 6-6 所示。因为曲线下的总面积是 1，所以阴影面积为 1−0.1587 = 0.8413。虽然表 A-2 只适用于左侧累积面积，但通过简单转换，也可以求得右侧累积面积。

解读：

由于面积和概率之间具有对应关系，所以我们得出结论：随机选取的人的骨密度读数高于 −1 的概率为 0.8413（ z=−1.00 右侧的面积 ）。也可以说，84.13% 的人的骨密度水平高于 −1.00。

▶ 轮到你了：试试 6-1 基础题的习题 10

"例 4"展示了使用表 A-2 可以间接求得右侧累积面积。以下例子展示了通过表 A-2 间接求得面积的另一种方法。

例 5： 骨密度测试——试求两值之间的面积

骨密度测试读数在 −1.00 和 −2.50 之间表明受试者患有骨质减少症，即骨质流失。求随机选取的受试者的骨密度读数在 −1.00 和 −2.50 之间的概率。

解答：

−1.00 和 −2.50 之间的值所对应的是图 6-7 最右侧图中的阴影区域。虽然不能通过查询表 A-2 直接求该面积，但仍可以得到以下信息：

- $z=-1.00$ 左侧的面积为 0.1587。
- $z=-2.50$ 左侧的面积为 0.0062。
- $z=-2.50$ 和 $z=-1.00$ 之间的面积为前两步的面积之差（图 6-7 最右侧图中的阴影面积）。

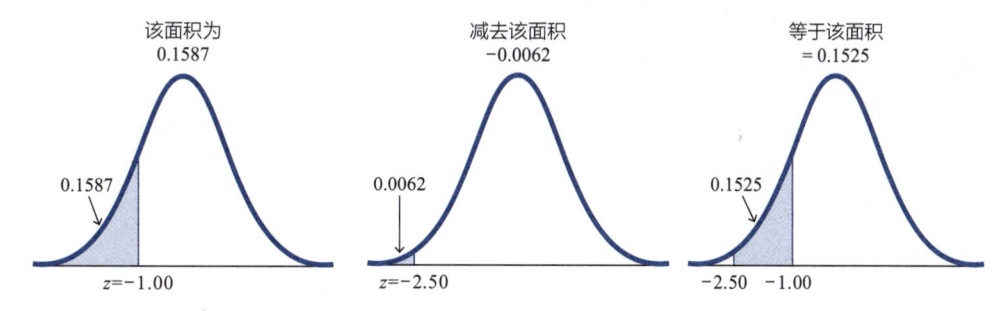

图 6-7：求两个 z 分数之间的面积

解读：

利用面积和概率之间的对应关系，我们得出结论：随机选取的受试者的骨密度读数在 −1.00 和 −2.50 之间的概率为 0.1525。也就是说，15.25% 的人患有骨质减少症，他们的骨密度读数在 −1.00 和 −2.50 之间。

▶ 轮到你了：试试 6-1 基础题的习题 11

通过"例 5"，可以概括出以下规则：

通过表 A-2 中的两个面积之差，可以求出两个 z 分数之间的区域所对应的面积。

如图 6-8 所示，通过计算表 A-2 中的两个面积之差，就可以得到阴影区域 B。

> **提示：** 不要死记硬背该规则或公式，而是要通过图来真正理解。画图并用阴影标出所求面积，然后思考如何通过左侧累积面积来求该面积。

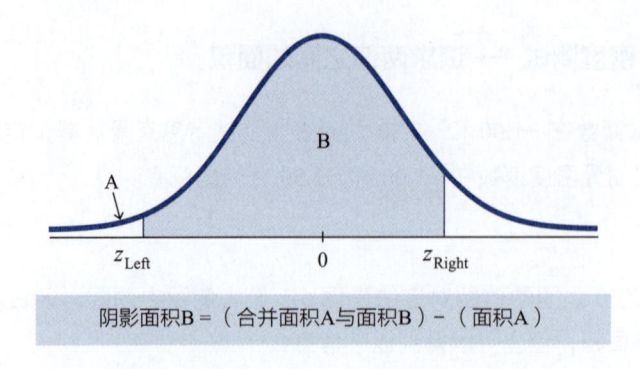

阴影面积B =（合并面积A与面积B）-（面积A）

图 6-8：求两个 z 分数之间的面积（概括）

前面例子中的概率也可以用以下符号表示。

$P(a < z < b)$　　z 分数在 a 和 b 之间的概率

$P(z > a)$　　　 z 分数大于 a 的概率

$P(z < a)$　　　 z 分数小于 a 的概率

如上所述，$P(-2.50 < z < -1.00) = 0.1525$ 的含义是 z 分数落在 -2.50 和 -1.00 之间的概率为 0.1525（参见"例5"）。

给定面积求 z 分数

"例3"、"例4"和"例5"都涉及标准正态分布，并且题目类型相同：给定 z 分数，求面积（或概率）。而有时候需要反过来求解：给定面积（或概率），求相应的 z 分数。在这种情况下，避免 z 分数和面积之间混淆就很重要了。务必厘清：z 分数是沿横坐标轴的距离，而面积（或概率）是密度曲线下的区域（表 A-2 的第一列和第一行列出的是 z 分数，但面积为表内的值）。还应该记住，位于曲线左半部分的 z 分数总是负的。如果已知概率并需要求对应的 z 分数，则应遵循以下步骤。

给定面积，求 z 分数的步骤

1. 画一条钟形曲线并确定与给定的概率相对应的曲线下区域。如果该区域不是左侧累积区域，则使用已知的左侧累积区域。

2. 使用统计软件或查询表 A-2 计算 z 分数。如果查询表 A-2，则用左侧累积面积定位到表内最接近的概率，并由内向外确定对应的 z 分数。

特例：在"例6"的解答中，根据表 A-2，z 分数是 1.645，介于 1.64 和 1.65 之间。这里通常可以通过选择表 A-2 中最接近的值来避免插值。表 6-1 列出了在不同的应用中经常使用到的特例（对于其中一个特例，虽然 $z=2.576$ 对应的面积更接近 0.9950，但是仍然使用 $z=2.575$，因为该值正好位于 $z=2.57$ 和 $z=2.58$ 的中间）。除了这些特例，通常还可以选择表中最接近的值（如果所需的值正好位于两个值的中间，则选择较大的值）。对于大于 3.49 的 z 分数，可以用 0.9999 作为左侧累积面积的近似值；而对于小于 -3.49 的 z 分数，可以用 0.0001 作为左侧累积面积的近似值。

表 6-1：表 A-2 中的特例

z 分数	左侧累积面积
1.645	0.9500
−1.645	0.0500
2.575	0.9950
−2.575	0.0050
大于 3.49	0.9999
小于 −3.49	0.0001

例 6：　骨密度测试——试求测试分数

沿用"例 3"，即骨密度测试分数服从标准正态分布。求 P_{95}（第 95 百分位数）对应的骨密度分数，即 95% 的骨密度分数低于该值（见图 6-9）。

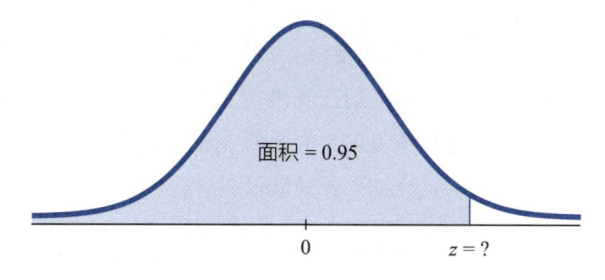

图 6-9：求第 95 百分位数

解答：

图 6-9 中展示了第 95 百分位数对应的 z 分数，即 95% 的面积低于该分数。

使用统计软件：如果使用 Excel，则可得左侧面积为 0.95 所对应的 z 分数是 $z=1.644853627$，舍入后为 1.645。

Excel

使用表 A-2： 如果查询表 A-2，则可先在表内找到 0.95 的值（面积），再找到对应的 z 分数。一般会先找到 0.9495 和 0.9505 的值，表中有一个星号并特别注明 0.9500 对应的 z 分数为 1.645。所以可得图 6-9 中的 z 分数是 1.645，即第 95 百分位数是 $z=1.645$。

解读

95% 的骨密度分数小于或等于 1.645；5% 的骨密度分数大于或等于 1.645。

▶ 轮到你了：试试 6-1 基础题的习题 37

例 7： 骨密度测试——试求分开最低 2.5% 和最高 2.5% 的分数

沿用"例 3"，即骨密度测试分数服从标准正态分布。试求分开最低 2.5% 和最高 2.5% 的两个骨密度分数。

解答：

图 6-10 中标出了所求的两个 z 分数。我们可以直接使用统计软件来计算 z 分数。如果使用表 A-2 查找位于左侧的 z 分数，则在表内搜索 0.025 的面积，得 $z=-1.96$。如果需要查找位于右侧的 z 分数，则在表内搜索 0.975 的面积（记住，表 A-2 总是给出左侧累积面积），得 $z=1.96$。$z=-1.96$ 和 $z=1.96$ 分别对应了分开最低 2.5% 和最高 2.5% 的两个骨密度分数，如图 6-10 所示。

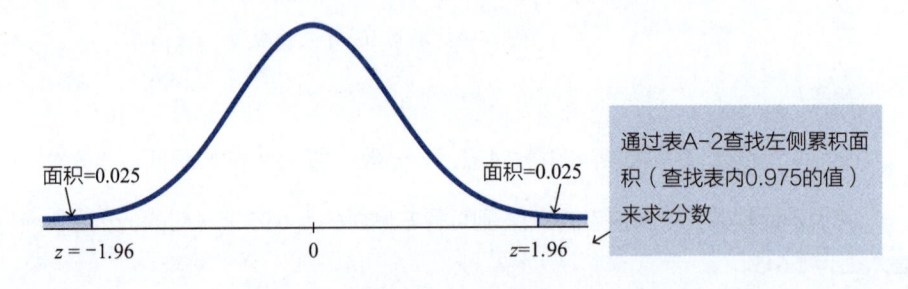

面积=0.025　　　　　　　面积=0.025
$z=-1.96$　　　　0　　　　$z=1.96$

通过表A-2查找左侧累积面积（查找表内0.975的值）来求z分数

图 6-10：求 z 分数

解读：

对于骨密度测试分数的总体，2.5% 的人的分数小于或等于 -1.96；2.5% 的人的分数大于或等于 1.96。也就是说，95% 的骨密度测试分数在 -1.96 和 1.96 之间。

▶ 轮到你了：试试 6-1 基础题的习题 39

左撇子死得早？

心理学家 Diane Halpern 和 Stanley Coren 的一项研究曾经得到极大的社会关注。该研究的结论是左撇子的寿命没有右撇子的寿命长，左撇子比右撇子平均少活 9 年。之后，左撇子早逝的观点便广为流传。但是他们的研究被批评使用了有缺陷的数据：通过调查最近去世人口的亲属得来的"二手"数据。此外，最新研究表明，左撇子的寿命并没有比右撇子的寿命短。

临界值

定义

对于标准正态分布，**临界值**是一个 z 分数，它位于分开显著低或显著高的分数的分界线上。

常用的临界值有 $z=-1.96$ 和 $z=1.96$，即"例 7"中的解。只有 2.5% 总体的 z 分数小于或等于 -1.96，所以 $z \leq -1.96$ 是显著低的值；相反，只有 2.5% 总体的 z 分数大于或等于 1.96，所以 $z \geq 1.96$ 是显著高的值。因此，只有 5% 的骨密度分数小于或等于 -1.96 或者大于或等于 1.96。在后面的章节中，临界值将变得极其重要。以下数学符号是通过标准正态分布得到的临界 z 值。

数学符号

z_α：右侧面积为 α 的 z 分数（α 为希腊字母）。

例 8： 试求临界值 z_α

求 $z_{0.025}$（$\alpha=0.025$）。

解答：

$z_{0.025}$ 表示右侧面积为 0.025 的 z 分数。参考图 6-10，发现 $z=1.96$ 对应的右侧面积为 0.025，所以 $z_{0.025}=1.96$。注意，$z_{0.025}$ 对应的左侧累积面积为 0.975。

▶ 轮到你了：试试 6-1 基础题的习题 41

注意：z_α 中的 α 是 z_α 右侧的区域，但是表 A-2 或其他工具给出的是给定的 z 分数的左侧累积面积。因此，计算 z_α 一般用 $1-\alpha$ 的值来解决冲突。例如，若求 $z_{0.1}$，则等于求左侧面积为 0.9 的 z 分数。

本节中"例 3"至"例 7"是基于骨密度测试的实际应用，其分数服从均值为 0，标准差为 1 的正态分布（即标准正态分布）。除骨密度测试分数之外，很少能找到这样简洁的参数，因为通常正态分布的均值不等于 0，标准差不等于 1。下一节将介绍处理此类正态分布的方法。

> **使用软件**
>
> **求标准正态分布的 z 分数/面积**
>
> **使用 Excel，求 z 分数的左侧累积面积**
>
> 1. 打开"公式"选项卡，点击"插入函数"，选择"统计"类别下的 NORM.DIST 函数。点击"确定"按钮。
>
> 2. 在 X 框中输入已知的 z 分数，在 Mean（均值）框中输入 0，在 Standard_dev（标准差）框中输入 1，在 Cumulative（是否为累积分布函数）框中输入 1。
>
> 3. 点击"确定"按钮。
>
> **使用 Excel，已知概率求 z 分数**
>
> 1. 打开"公式"选项卡，点击"插入函数"，选择"统计"类别下的 NORM.INV 函数。
>
> 2. 在 Probability 框中输入概率，在 Mean（均值）框中输入 0，在 Standard_dev（标准差）框中输入 1。
>
> 3. 点击"确定"按钮。

6-2 正态分布的实际应用

核心概念：上一节用了很多篇幅讨论服从标准正态分布的骨密度分数在现实世界中的应用。然而，在实际中很难找到关于标准正态分布的其他应用。现在扩展上一节的方法，以便可以处理任何非标准正态分布（均值不等于 0，标准差不等于 1）。其中的关键是一个可以"标准化"任何正态分布的简单转换（公式 6-2），即把 x 值转换为 z 分数，便可使用上一节的方法。

> **公式 6-2**
>
> $$z = \frac{x - \mu}{\sigma} \ （结果保留 2 位小数）$$

图 6-11 展示了从非标准正态分布到标准正态分布的转换。任何正态分布中以某个 x 值为边界的面积〔如图 6-11(a) 所示〕，与标准正态分布中以相应的 z 分数为边界的面积〔如图 6-11(b) 所示〕相同。

(a) 非标准正态分布　　　　　(b) 标准正态分布

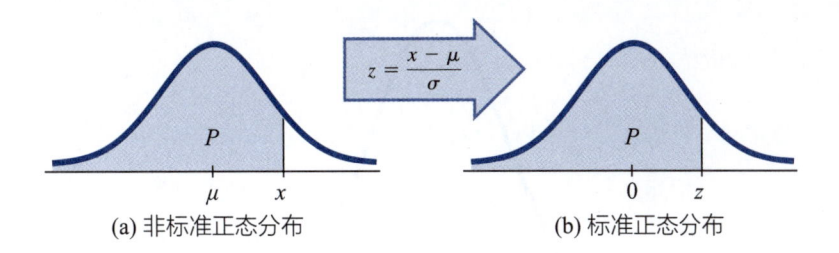

图 6-11：转换分布的过程

大多数统计软件都可以直接求概率，所以不需要通过公式 6-2 转换为 z 分数。但是如果查询表 A-2，则必须先将值转换为标准的 z 分数。

计算非标准正态分布的面积，请遵循以下步骤。

求非标准正态分布面积的步骤

1.画一条正态曲线，标记均值和任何特定的 x 值，然后用阴影标出需要求解的概率所对应的区域。

2.对于阴影区域边界上的每个相关 x 值，使用公式 6-2 将该值转换为等效的 z 分数（若使用统计软件，则可以跳过这一步）。

3.使用统计软件或查询表 A-2 求阴影区域的面积，即概率。

以下例子诠释了上述过程。

例 1：求身高高于 72 英寸的男性比例

男性身高服从均值为 68.6 英寸，标准差为 2.8 英寸的正态分布（数据来自数据集 1 "身体数据"）。求身高高于 72 英寸的男性比例。

解答：

1.图 6-12 展示了男性身高服从均值为 68.6 英寸，标准差为 2.8 英寸的正态分布。阴影区域代表了高于 72 英寸淋浴喷头高度的男性。

2.通过公式 6-2，将 72 英寸转换为 z 分数 1.21：

$$z = \frac{x - \mu}{\sigma} = \frac{72 - 68.6}{2.8} = 1.21 \text{（结果保留 2 位小数）}$$

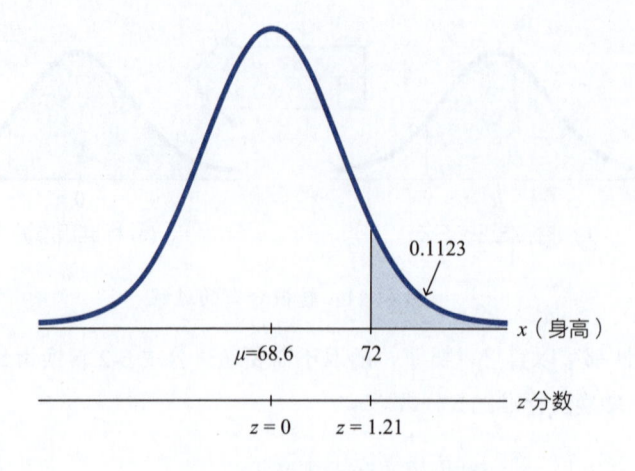

图 6-12：男性身高的正态分布

3. 使用统计软件：可求得图 6-12 中 72 英寸右侧的面积为 0.1123（舍入后）（所得结果比查表得到的结果更为准确）。

使用表 A-2：可求得 $z=1.21$ 的左侧累积面积为 0.8869（记住，表 A-2 给出的都是左侧累积面积）。由于曲线下的总面积为 1，因此图 6-12 中的阴影面积为 $1-0.8869=0.1131$。

解读：

身高高于 72 英寸的男性比例为 0.1123，即 11.23%。大约 11% 的男性可能会觉得淋浴喷头的设计不合适（注：一些 NBA 球队会故意在客队的更衣室里使用高度较低的淋浴喷头）。

▶ 轮到你了：试试 6-2 基础题的习题 13

例 2：求满足飞行员身高要求的女性比例

美国空军仍然要求飞行员身高在 64 英寸和 77 英寸之间。女性身高服从均值为 63.7 英寸，标准差为 2.9 英寸的正态分布（数据来自数据集 1 "身体数据"）。满足这一身高要求的女性比例是多少？

解答：

1. 图 6-13 展示了女性身高服从均值为 63.7 英寸，标准差为 2.9 英寸的正态分布。阴影区域代表了身高在 64 英寸和 77 英寸之间的女性。

2. 使用一些统计软件可以直接求图 6-13 中的阴影面积，这样就不需要把 64 英寸和 77 英寸的 x 值转换为 z 分数了（参见第 3 步）。

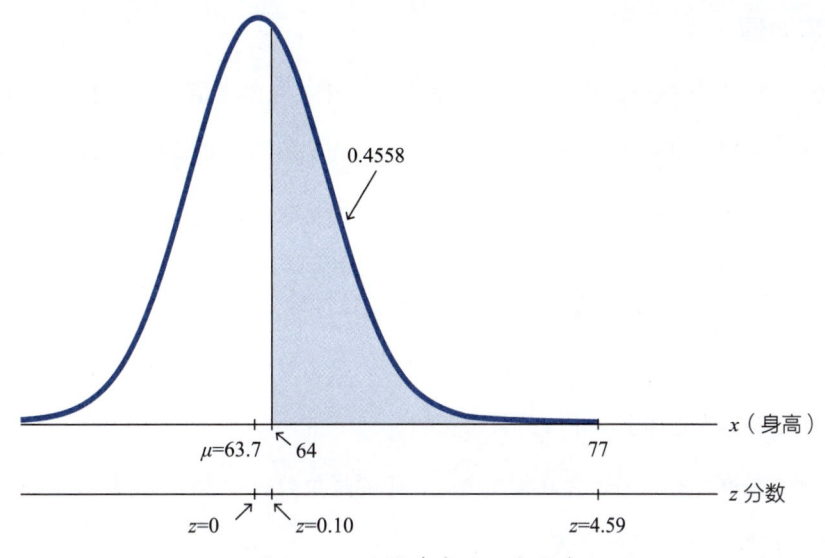

[图示：女性身高的正态分布曲线，标注 0.4558，μ=63.7，64，77，z=0，z=0.10，z=4.59]

图 6-13：女性身高的正态分布

不能通过查询表 A-2 直接求阴影面积，但可以使用 6-1 节介绍的方法间接求出阴影面积。步骤如下：①求从左至 77 英寸的累积面积（z=4.59）；②求从左至 64 英寸的累积面积（z=0.10）；③求两个面积之差。通过公式 6-2，将 77 英寸和 64 英寸的 x 值转换为 z 分数的计算如下：

对于 x=77 英寸：$z = \dfrac{x - \mu}{\sigma} = \dfrac{77 - 63.7}{2.9} = 4.59$

（z=4.59，求得面积为 0.9999）

对于 x=64 英寸：$z = \dfrac{x - \mu}{\sigma} = \dfrac{64 - 63.7}{2.9} = 0.10$

（z=0.10，求得面积为 0.5398）

3. 使用统计软件： 参考本节末尾的"使用软件"部分，可求得阴影面积为 0.4588。

使用表 A-2： 可求得 z=4.59 的左侧累积面积为 0.9999（记住，表 A-2 给出的都是左侧累积面积）。同样可求得 z=0.10 的左侧累积面积为 0.5398。由于 0.9999 和 0.5398 的面积都是左侧累积面积，因此可求得阴影面积为

阴影面积 = 0.9999 − 0.5398 = 0.4601

通过统计软件得到的面积 0.4588 与通过表 A-2 得到的面积 0.4601 有微小的差异。前者因其值未舍入而更为精确。

解读：

我们可以得出以下结论：约 46% 的女性满足身高在 64 英寸和 77 英寸之间的要求。约 54% 的女性没有达到该要求，因此她们没有资格成为美国空军飞行员。

▶ 轮到你了：试试 6-2 基础题的习题 15

已知面积求 x 值

有时候，我们需要根据面积（或概率、百分比）求相关的 x 值。以下是注意事项。

- **画图**：图对于可视化、理解和成功解决正态分布的问题非常有帮助。
- 不要混淆 z 分数和面积。牢记 z 分数是沿横坐标轴的距离，而面积是正态曲线下的区域。表 A-2 列出了第一列和第一行的 z 分数，但面积为表内值。
- 选择图的左侧或右侧。分开最高 10% 的值位于图的右侧，而分开最低 10% 的值位于图的左侧。
- 位于正态分布左半部分的 z 分数为负数。
- 面积（概率）的值总是在 0 和 1 之间，不会是负数。

已知面积或概率求 x 值的步骤

1. 画一条正态分布曲线，将给定的概率或百分比写在图的适当区域，并标记所求 x 值的位置。

2. 如果使用统计软件，则参考本节末尾的"使用软件"部分。如果使用表 A-2，则先在表内查找 x 值的左侧面积，再确定该面积对应的 z 分数。

3. 求得 z 分数后，将其转换为 x 值。根据公式 6-2，已知 μ、σ 以及在第 2 步中求得的 z 分数，求 x 值。

$$x = \mu + (z \cdot \sigma) \quad \text{（公式 6-2 的转换形式）}$$

（如果 z 在均值的左侧，那么它为负数）

4. 根据图和题意来验证答案是否合理。

以下例子展示了已知面积求 x 值的步骤。

例 3：一扇门的高度应该是多少

设计的一个常见标准是，该设计可以满足 95% 的人的需求。根据数据集 1 "身体数据"，假设成年人的身高服从均值为 66.2 英寸，标准差为 3.8 英寸的正态分布。一扇门的高度应该为多少才能让 95% 的成年人在进出时不用弯腰或者不会撞到头？根据结果，如何评价国际住宅规范要求的 80 英寸的门的高度？

解答：

1. 图 6-14 显示了成年人身高的正态分布和所求 x 值的位置。阴影区域代表了身高较矮的 95% 的成年人。

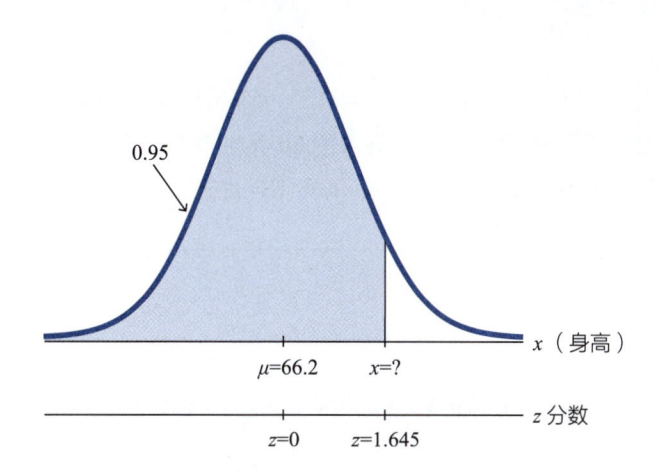

图 6-14：求第 95 百分位数

2. 使用统计软件：例如，使用 Excel（见下图），求得 x=72.45044378 英寸。

使用表 A-2：在表 A-2 中查找 0.9500 的面积（图 6-14 中 0.9500 的面积为左侧累积面积，与表 A-2 中列出的面积一致）。虽然 0.9500 的面积在表 A-2 中的 0.9495 和 0.9505 的面积之间，但是带星号的脚注直接告诉我们 0.9500 的面积对应 z=1.645。

Excel

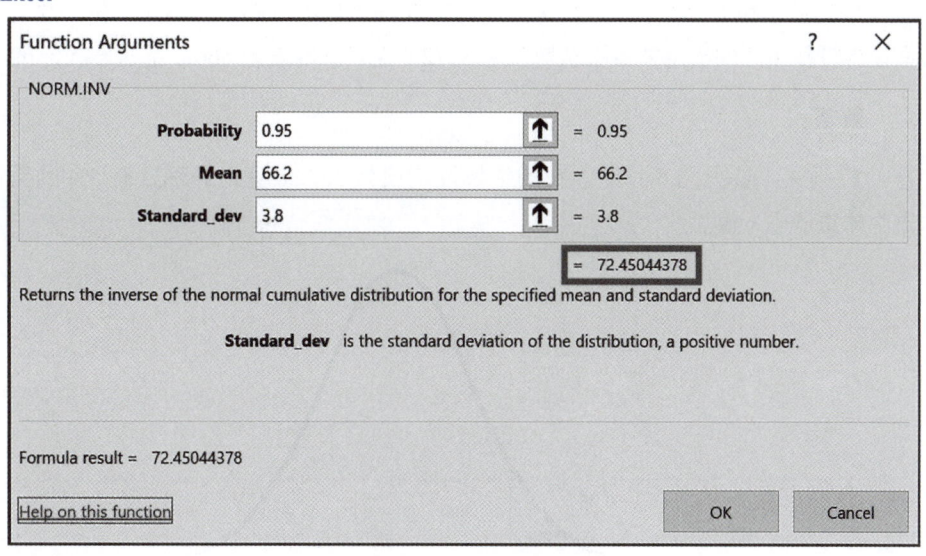

3. 已知 μ=66.2 英寸、σ=3.8 英寸以及在第 2 步中求得的 z=1.645，根据公式 6-2，求 x 值：

$$z = \frac{x - \mu}{\sigma} \rightarrow 1.645 = \frac{x - 66.2}{3.8}$$

解方程，得 x=72.451。

4. 因为求得的 x=72.451 英寸大于均值 66.2 英寸，所以可以认为答案是合理的。

解读：

72.5 英寸（舍入后）的前门高度可以让 95% 的成年人顺利通过而不用弯腰或者不会撞到头。该高度远低于国际住宅规范要求的 80 英寸高度，因此对于要求规定的门高，95% 以上的成年人可以在不弯腰或不撞到头的情况下自由进出。

▶ 轮到你了：试试 6-2 基础题的习题 21

显著性

第 4 章阐述了概率可以用来确定某个值是显著高还是显著低的。本节将第 4 章介绍的标准用于连续变量，如下所示。

显著高：如果 $P(x$ 或更大的值$) \leq 0.05$，那么 x 值显著高[1]。

显著低：如果 $P(x$ 或更小的值$) \leq 0.05$，那么 x 值显著低。

例 4： 显著低的出生体重

根据数据集 6 "新生儿"，采用上述标准确定显著低的男性新生儿的出生体重（克）。假设男性新生儿的出生体重服从均值为 3272.8 克，标准差为 660.2 克的正态分布。

解答：

1. 画图（参见图 6-15）。在图中标注均值为 3272.8 克，并确定有 5% 的男性新生儿的出生体重低于 x 值。

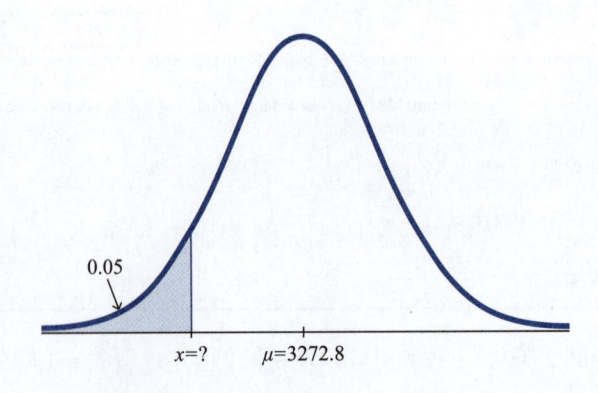

图 6-15：男性新生儿的出生体重

2. 使用统计软件：参考本节末尾的"使用软件"部分，可求得 $x=2186.9$ 克。

---

[1] 0.05 不是绝对的，可以使用 0.01 等其他值来代替。

使用表 A-2： x 值的左侧累积面积为 0.05，因此查找表中 0.05 的面积对应的 z 分数，得 $z=-1.645$（参见表中带星号的脚注）。接下来需要将 z 分数转换为出生体重。

3. 根据公式 6-2，直接解方程求得 x 值，或者使用以下公式 6-2 的变形求解：

$$x = \mu + (z \cdot \sigma) = 3272.8 + (-1.645 \cdot 660.2) = 2186.8 \text{ 克}$$

4. 参见图 6-15，因为男性新生儿的出生体重 $x = 2186.9$ 克（或查询表 A-2 得 2186.8 克）低于均值 3272.8 克，所以可以认为答案是合理的。

解读：

2186.9 克的重量是用来区分出生体重显著低和不显著低的男性新生儿的分界线（世界卫生组织以 2500 克作为新生儿低出生体重的临界值）。出生体重低的新生儿通常会得到特殊治疗，比如在新生儿重症监护室进行护理或使用保温箱。

▶ 轮到你了：试试 6-2 基础题的习题 23

使用软件

求 x 值 / 面积

使用 Excel，求 x 值的左侧累积面积

1. 打开"公式"选项卡，点击"插入函数"，选择"统计"类别下的 NORM.DIST 函数。点击"确定"按钮。

2. 在 X 框中输入 x 值，在 Mean（均值）框中输入均值，在 Standard_dev（标准差）框中输入标准差，在 Cumulative（是否为累积分布函数）框中输入 1。

3. 点击"确定"按钮。

使用 Excel，已知概率求 x 值

1. 打开"公式"选项卡，点击"插入函数"，选择"统计"类别下的 NORM.INV 函数。点击"确定"按钮。

2. 输入概率或所求 x 值的左侧面积，输入均值和标准差。

3. 点击"确定"按钮。

6-3 抽样分布和估计量

核心概念：本节学习抽样分布和估计量的概念。这里我们并不关注来自原始总体的数据值，而是关注所得的统计量（如样本比例或样本均值）。图 6-16 展示了需要学习的关键点，所以请读者认真理解此图。

关于统计量的故事：在所有成年人中，有 70% 的人在自动驾驶中感到不适（作者也刚巧了解到这一点）。在一项泰科电子发起的针对 1000 名成年人的调查中，69% 的受访者表示他们在自动驾驶中感到不适。在大量自动驾驶愿景的激励下，有 5 万名热血沸腾的调查员，他们每人就同一话题分别对随机选取的 1000 名成年人进行了个人调查。这 5 万名新手调查员每人都报告了他们得到的自动驾驶舒适与否的百分比，如 68%、72%、70%。作者得到了 5 万个关于该百分比的样本，并将其改为比例，然后构建了直方图，如图 6-17 所示。注意到直方图的形状了吗？它是正态分布的。注意到样本比例分布的均值了吗？它们的中心值是 0.70，这恰好是总体比例。

当从同一总体中抽取样本量相同的多个样本时，具有以下两个性质：

1. 样本比例的抽样分布会趋于正态分布。

2. 样本比例的抽样分布的均值等于总体比例的均值。

以上性质将在后面的章节中被广泛应用。

抽样分布的正式定义如下，即前面统计量故事的主要内容。

> **定义**
> 统计量的抽样分布是指当从同一总体中获取所有样本量为 n 的可能样本时，由这些样本的统计量形成的一个分布（比如样本比例或样本均值）（统计量的抽样分布通常以概率直方图、公式或表格的形式表示为概率分布）。

样本比例的抽样分布

前面是关于统计量的抽样分布的一般定义，现在可以针对样本比例进行重新表述：

> **定义**
> 样本比例的抽样分布是指当从同一总体中获取所有样本量为 n 的可能样本时，由这些样本的比例形成的一个分布（随机变量 $\hat{p}$ 的分布）（样本比例的抽样分布通常以概率直方图、公式或表格的形式表示为概率分布）。

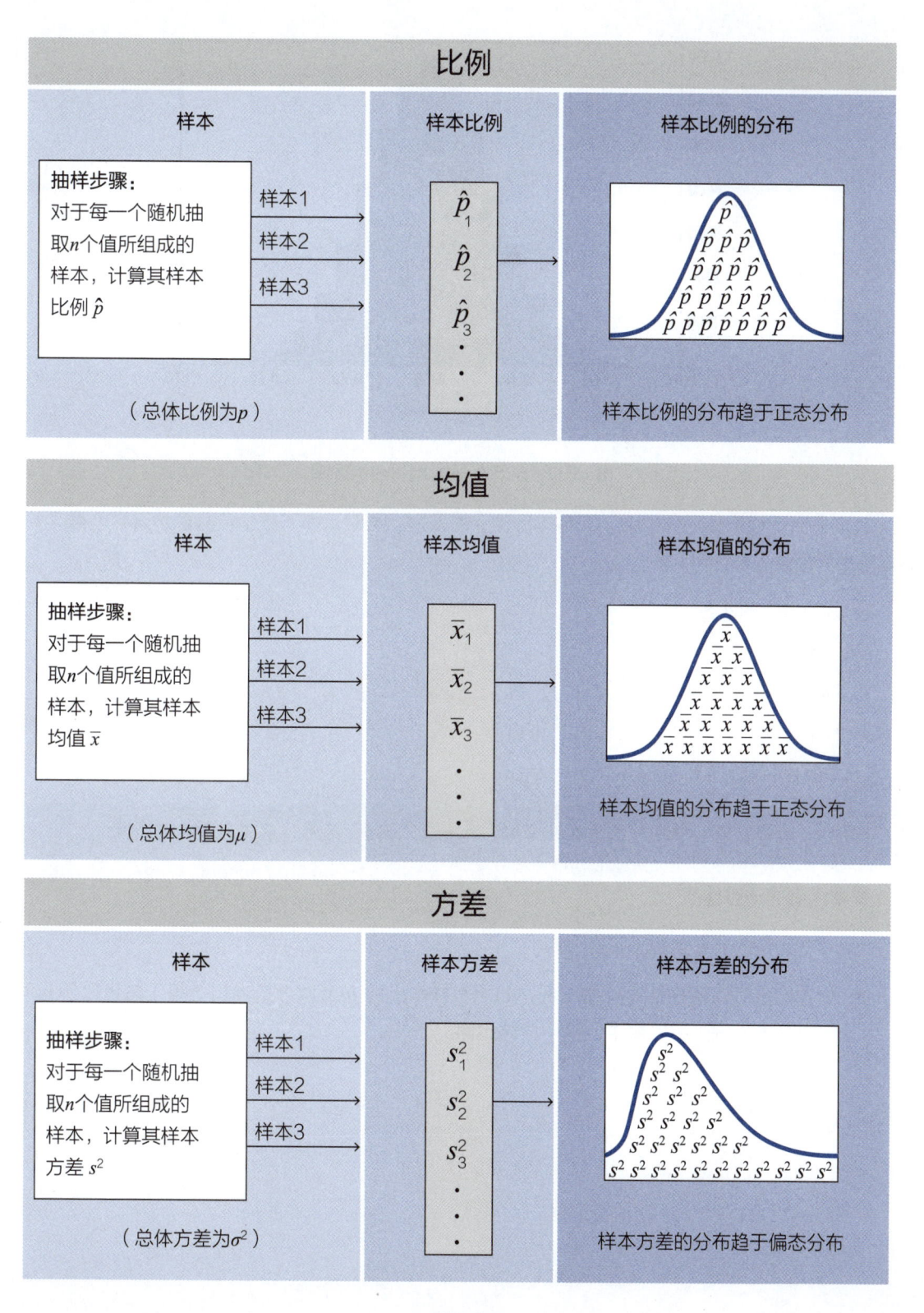

图 6-16：抽样分布的一般情况

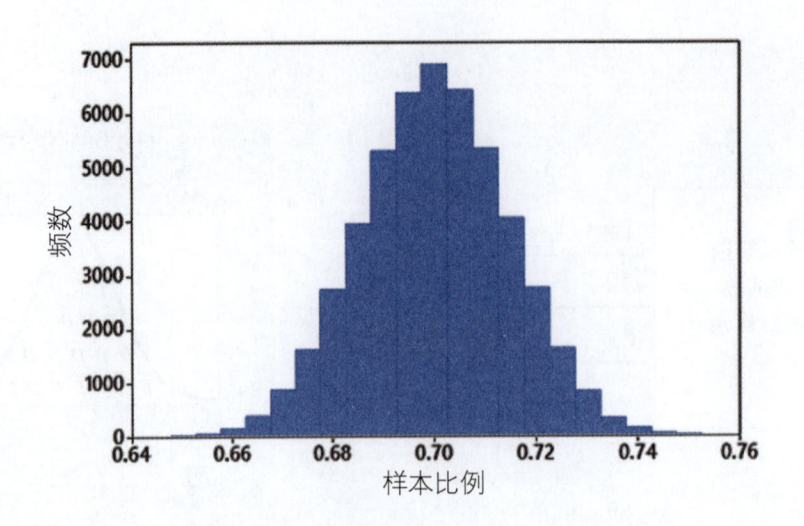

图 6-17：5 万个样本比例的直方图

我们需要明确掌握总体比例 p 和样本比例 $\hat{p}$ 的区别。通常用以下数学符号表示，这些数学符号在本书的其余部分都会用到。

x = 试验成功的次数

n = 样本量

N = 总体大小

$\hat{p}$ = 样本比例

p = 总体比例

> 提示：$\hat{p}$ 读作 p 尖。当字母上方有符号时，比如 $\bar{x}$ 或者 $\hat{p}$，通常代表统计量而非参数。

样本比例的一般性质

- 样本比例的分布会趋于正态分布。

- 样本比例可以用来估计总体比例，即所有样本比例 $\hat{p}$ 形成分布的均值等于总体比例 p，或者说样本比例分布的期望值等于总体比例。

例 1: 样本比例的抽样分布

假设重复以下过程：掷 5 次骰子并计算奇数的比例（1、3 或 5）。当该过程持续无限次时，所有的样本比例有什么特征？

解答：

图 6-18 以掷 5 次骰子为例诠释了求奇数比例的过程（图 6-18 的结果为实际重复该过程 1 万次，样本比例的真实抽样分布需要无限次重复该过程）。如图 6-18 所示，样本比例的分布趋于正态分布（由于掷出骰子每个点的概率相等，因此奇数在总体中的比例为 0.5。图 6-18 显示样本比例分布的均值也等于 0.5）。

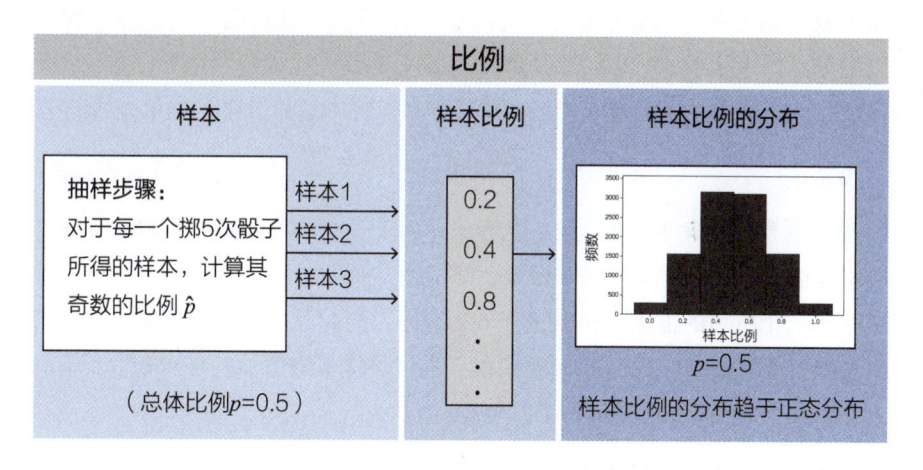

图 6-18：1 万次试验的样本比例

▶ 轮到你了：试试 6-3 基础题的习题 10

样本均值的抽样分布

现在我们来学习样本均值的抽样分布。

定义

样本均值的抽样分布是指当从同一总体中获取所有样本量为 n 的可能样本时，由这些样本的均值形成的一个分布（随机变量 $\bar{x}$ 的分布）（样本均值的抽样分布通常以概率直方图、公式或表格的形式表示为概率分布）。

样本均值的一般性质

- 样本均值的分布会趋于正态分布（具体内容会在下一节中进一步讨论，但可以简单理解为随着样本量的增大，分布趋于近似正态分布）。
- 样本均值可以用来估计总体均值，即所有样本均值形成的分布的均值等于总体均值，或者说样本均值分布的期望值等于总体均值。

例 2： 样本均值的抽样分布

作者的一个朋友有三个孩子，年龄分别为 4 岁、5 岁和 9 岁。假设总体就由 {4, 5, 9} 组成（我们通常并不知道总体中的所有值，也不会处理这么小的总体，但这里作为示例是合理的）。如果从 {4, 5, 9} 这个总体中有放回地随机抽取两个年龄，通过创建一个代表样本均值概率分布的表来确定样本均值的抽样分布。样本均值分布的均值是否与总体均值一致？

解答：

根据题意，构建表 6-2，其左边第一列列出了 9 个不同组合的样本，第二列列出了相应的样本均值。这 9 个样本的概率相等，即 1/9。回忆 5-1 节，概率分布是为每个随机变量的具体值赋予一个概率的描述，也就是表 6-2 的第二列和第三列。这两列构成了代表样本均值的随机变量的概率分布，因此第二列和第三列代表样本均值的抽样分布。而有些样本均值是重复的，因此我们在表 6-3 中进行合并处理。

表 6-2：样本均值的抽样分布

样 本	样本均值 $\bar{x}$	概 率
4, 4	4.0	1/9
4, 5	4.5	1/9
4, 9	6.5	1/9
5, 4	4.5	1/9
5, 5	5.0	1/9
5, 9	7.0	1/9
9, 4	6.5	1/9
9, 5	7.0	1/9
9, 9	9.0	1/9

表 6-3：样本均值的抽样分布（精简）

样本均值 $\bar{x}$	概 率
4.0	1/9
4.5	2/9
5.0	1/9
6.5	2/9
7.0	2/9
9.0	1/9

解读：

由于表 6-3 列出了样本均值的所有可能值及其对应的概率，因此它是一个关于样本均值抽样分布的例子。

总体 {4, 5, 9} 的均值为 μ=6.0。使用表 6-2 或表 6-3 计算可得所有样本值的均值为 6.0。两者相等，所以得出结论：样本均值确实可以用来估计总体均值。这听起来像是在说空话，但这确实说明了样本均值分布的均值等于总体均值 μ。

> **提示：** 若上面段落的最后一句没有充分理解，请多读几遍。

表 6-2 的概率直方图不会有正态分布的钟形特征，这是因为样本实在太小了。如果 {4, 5, 9} 的总体足够大，并且抽取的样本比该示例中的 n=2 也大很多，那么就会得到一个更接近钟形的概率直方图，即正态分布（如"例 3"）。

▶ 轮到你了：试试 6-3 基础题的习题 11

例 3: 所有样本均值的抽样分布

假设重复以下过程：掷 5 次骰子得到 5 个值的结果，可以计算出每次结果的均值 $\bar{x}$。当该过程持续无限次时，所有的样本均值有什么特征？

解答：

图 6-19 诠释了一个掷 5 次骰子并求每次结果的均值的过程。图 6-19 展示了重复此过程 1 万次的结果，但样本均值的真实抽样分布涉及无限次重复此过程。因为掷出骰子每个点的概率相等，所以可求得总体均值为 μ=3.5。图 6-19 所示的 1 万个样本均值的均值为 3.5。如果此过程无限次地持续下去，那么样本均值形成的分布的均值也将是 3.5。另外，图 6-19 显示样本均值的分布趋于正态分布。

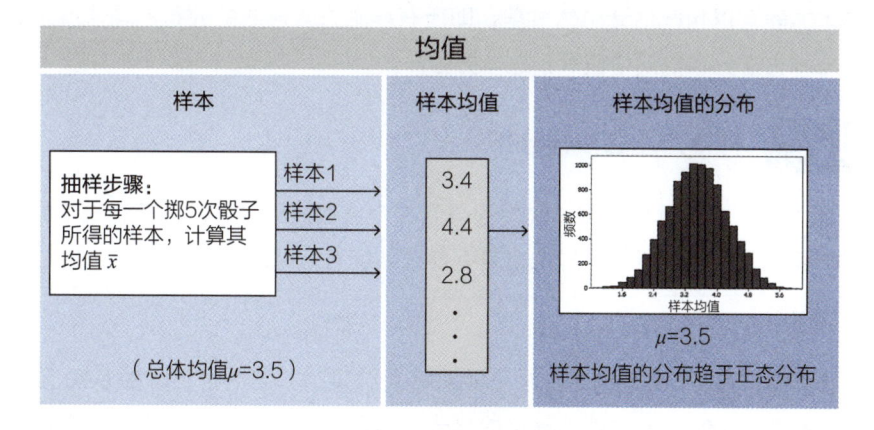

图 6-19：1 万次试验的样本均值

样本方差的抽样分布

现在我们来学习样本方差的抽样分布。

> **定义**
> 样本方差的抽样分布是指当从同一总体中获取所有样本量为 n 的可能样本时，由这些样本的方差形成的一个分布（随机变量 s^2 的分布）（样本方差的抽样分布通常以概率直方图、公式或表格的形式表示为概率分布）。

> **注意**：在使用总体标准差或方差时，请确保其计算公式的正确性。回忆 3-2 节，在计算总体标准差或方差时，需要除以总体大小 N，而不是 $n-1$，如下所示。

总体标准差：$\sigma = \sqrt{\dfrac{\sum(x-\mu)^2}{N}}$

总体方差：$\sigma^2 = \dfrac{\sum(x-\mu)^2}{N}$

> **注意**：小心正确区分统计软件里的样本方差和总体方差的计算方式。

样本方差的一般性质

- 样本方差的分布会趋于右偏态分布。
- 样本方差可以用来估计总体方差，即所有样本方差形成的分布的均值就是总体方差，或者说样本方差分布的期望值等于总体方差。

例 4：样本方差的抽样分布

假设重复以下过程：掷 5 次骰子得到 5 个值的结果，可以计算每次结果的方差 s^2。当该过程持续无限次时，所有的样本方差有什么特征？

解答：

图 6-20 诠释了一个掷 5 次骰子并求每次结果的方差的过程。图 6-20 展示了重复此过程 1 万次的结果，但样本方差的真实抽样分布涉及无限次重复此过程。因为掷出骰子每个点的概率相等，所以可求得总体方差为 σ^2=2.9。图 6-20 所示的 1 万个样本方差的均值为 2.9。如果此过程无限次地持续下去，那么样本方差形成的分布的均值也将是 2.9。另外，图 6-20 显示样本方差的分布趋于偏态分布，而不是有钟形曲线的正态分布。

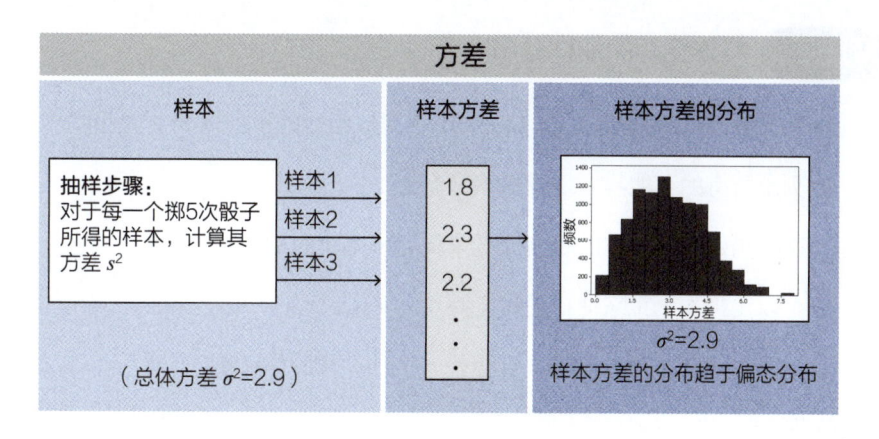

图 6-20：1 万次试验的样本方差

> 轮到你了：试试 6-3 基础题的习题 14

无偏估计量和有偏估计量

前面的例子表明，样本比例、样本均值和样本方差可以用来估计相应的总体参数。更正式地说，样本比例、样本均值和样本方差是无偏估计量。请参阅以下定义。

> **定义**
> 估计量：推断（或估计）总体参数的统计量。
> 无偏估计量：统计量抽样分布的均值等于相应的总体参数。

无偏估计量：以下统计量为无偏估计量，即其抽样分布的均值等于总体参数。

- 比例：$\hat{p}$
- 均值：$\bar{x}$
- 方差：s^2

有偏估计量：以下统计量为有偏估计量，它们不能正确地估计对应的总体参数。

- 中位数
- 全距
- 标准差：s

> **注意**：样本标准差的抽样分布的均值并不等于总体标准差，但在大样本情况下偏差相对较小。因此，虽然 s 是 σ 的有偏估计量，但通常还是会用 s 来估计 σ。

例 5： 样本全距的抽样分布

参考"例 2"，假设从总体 {4, 5, 9} 中有放回地随机抽取 $n=2$ 大小的样本。

1. 列出所有的可能样本及其概率和全距。
2. 通过构建概率分布的表格形式来描述样本全距的抽样分布。
3. 可以用样本全距来估计总体全距（9−4 = 5）吗？
4. 对于总体全距来说，样本全距是一个什么样的估计量？

解答：

1. 表 6-4 列出了所有 9 个不同组合的样本。这 9 个样本的概率相等，即概率都是 1/9。表 6-4 也列出了每个样本的全距。

表 6-4：样本全距的抽样分布

样　　本	样本全距	概　　率
4, 4	0	1/9
4, 5	1	1/9
4, 9	5	1/9
5, 4	1	1/9
5, 5	0	1/9
5, 9	4	1/9
9, 4	5	1/9
9, 5	4	1/9
9, 9	0	1/9

2. 表 6-4 的最后两列列出了样本全距和相应的概率，即该表为概率分布的表格形式。因此，表 6-4 描述了样本全距的抽样分布。

3. 根据表 6-4，所有样本全距的均值为 20/9 = 2.2。总体全距为 9−4 = 5。因为两者结果并不相等，所以并不能用样本全距来估计总体全距。

4. 因为并不能用样本全距来估计总体全距，所以我们说样本全距是总体全距的有偏估计量。

解读：

因为样本全距是总体全距的有偏估计量，所以通常我们不会用样本全距来估计总体全距。

▶ 轮到你了：试试 6-3 基础题的习题 13

为什么是有放回抽样？ 本节中的所有例子都是有放回抽样。无放回抽样有一个非常实际的好处，便是避免对同一对象进行重复的浪费性选择。但由于以下两个重要原因，在以后的章节中，许多统计过程都是基于有放回抽样的假设的。

选择有放回抽样的原因

1. 当从一个较大的总体中抽取一个相对较小的样本时，有放回抽样和无放回抽样没有显著区别。

2. 有放回抽样的前后两次结果是独立事件。独立事件更容易分析，其涉及的计算和公式也更简便。

6-4 中心极限定理

核心概念：在上一节中，我们看到随着样本量的增大，样本均值的抽样分布趋于正态分布。本节将介绍并应用中心极限定理。中心极限定理允许我们在一些重要的应用中使用正态分布。

给定任意分布（均匀分布、偏态分布等）的总体，当样本量足够大时（$n > 30$），样本均值 $\bar{x}$ 的分布可以近似于正态分布（对于一些非常特殊的非正态分布，$n > 30$ 的要求有时候并不太够。所以在这些情况下，样本量需要远远大于 30，但这种情况很少见）。

> **中心极限定理**
> 对于所有样本量都为 n（$n > 30$）的样本，其抽样分布 $\bar{x}$ 近似服从均值为 μ，标准差为 $\sigma/\sqrt{n}$ 的正态分布。

例 1： 波士顿通勤时间的正态分布

图 6-21 和图 6-22 展示了中心极限定理。

- **原始数据**：根据数据集 31 "通勤时间"，图 6-21 是 1000 个波士顿通勤时间（分钟）数据的直方图。

- **样本均值**：图 6-22 是 1000 个样本均值的直方图，其中每个样本都包含 50 个波士顿通勤时间数据（从数据集 31 "通勤时间"中随机抽取 50 个数据）。

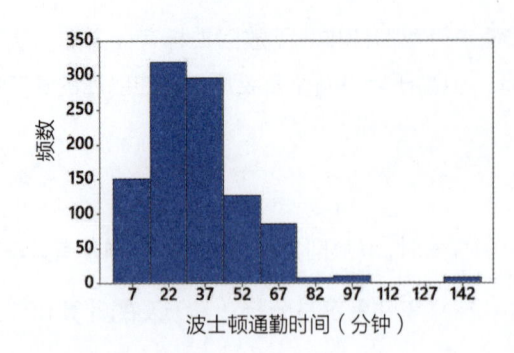

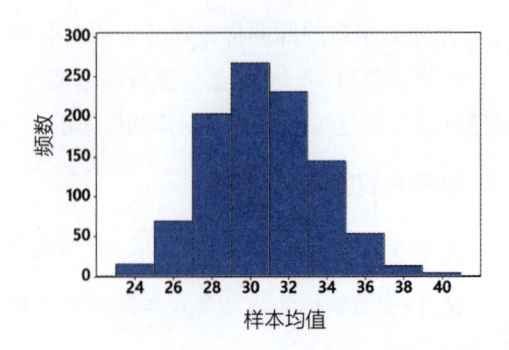

图 6-21：非正态分布：1000 个波士顿通勤时间数据　　图 6-22：1000 个样本均值的近似正态分布

解读：

　　图 6-21 中的原始波士顿通勤时间数据呈偏态分布，但是当我们收集样本并计算其均值后，发现样本均值趋于正态分布，如图 6-22 所示。

普遍的真理： 中心极限定理是非凡的，因为它描述了一种适用于整个宇宙的自然法则。如果我们能把一艘宇宙飞船送到"一个非常非常遥远的星系"的一颗行星上去收集岩石样本（每个样本都有相同的大样本量）并对它们称重，那么样本均值将会有一个近似正态的分布。想想这有多深刻！

　　以下关键要素构成了估计总体参数和假设检验的基础——在后续章节中会详细讨论的主题。

关键要素

中心极限定理和 $\bar{x}$ 的抽样分布

给定

1. 任何总体的均值 μ 和标准差 σ。

2. 从总体中选取样本量都为 n 的简单随机样本。

涉及样本均值 $\bar{x}$ 的实际应用的实用规则

满足条件： $n > 30$ 或者总体呈正态分布。

所有 $\bar{x}$ 的均值：$\mu_{\bar{x}} = \mu$

所有 $\bar{x}$ 的标准差：$\sigma_{\bar{x}} = \dfrac{\sigma}{\sqrt{n}}$

$\bar{x}$ 对应的 z 分数：$z = \dfrac{\bar{x} - \mu}{\dfrac{\sigma}{\sqrt{n}}}$

原始总体不呈正态分布并且 $n \leq 30$：$\bar{x}$ 的分布不能很好地近似正态分布，所以本节的方法不适用。需要使用诸如非参数检验（见第 13 章）或自助法（见 7-4 节）等其他方法。

解题的注意事项

1. **检查条件**：当使用样本均值时，通过确认原始总体是否呈正态分布或样本量 n 是否大于 30 来验证正态分布的假设是否可用。

2. **是单一 x 值还是样本均值**：确定是正态分布下的单一 x 值，还是一个样本量为 n 的样本均值 $\bar{x}$。

- **单一 x 值**：如果是总体呈正态分布下的单一 x 值，则使用 6-2 节的方法及其公式 $z = \dfrac{x-\mu}{\sigma}$。

- **样本均值**：如果是一个样本量为 n 的样本均值，则其标准差为 $\sigma/\sqrt{n}$，并使用公式 $z = \dfrac{\bar{x}-\mu}{\sigma/\sqrt{n}}$。

以下是 $\bar{x}$ 分布的均值和标准差的数学符号。

$\bar{x}$ 抽样分布的数学符号

如果从一个均值为 μ 和标准差为 σ 的总体中抽取样本量都为 n 并且足够大的随机样本，那么所有样本均值的均值被标记为 $\mu_{\bar{x}}$，所有样本均值的标准差被标记为 $\sigma_{\bar{x}}$。

所有 $\bar{x}$ 的均值：

$$\mu_{\bar{x}} = \mu$$

所有 $\bar{x}$ 的标准差：

$$\sigma_{\bar{x}} = \frac{\sigma}{\sqrt{n}}$$

注意：$\sigma_{\bar{x}}$ 又被称为均值的标准误差，通常会用 SEM（Standard Error of the Mean）来表示。

中心极限定理的应用

许多实际问题都可以用中心极限定理来解决。"例 2"很好地阐述了中心极限定理：单一 x 值和样本均值之间的区别。仔细研究"例 2"，理解第 1 问和第 2 问之间的根本区别。尤其要注意使用公式 $z = \dfrac{x-\mu}{\sigma}$ 计算 x 值，使用公式 $z = \dfrac{\bar{x}-\mu}{\sigma/\sqrt{n}}$ 计算样本均值。

例 2： 如何调整波音 737 飞机的座椅宽度

美国航空公司使用的是主舱有 126 个座位的波音 737 飞机。为了节省空间，工程师考虑将座椅宽度从 16.6 英寸缩小到 16.0 英寸（数据来源：《应用人体工程学》期刊）。成年男性的臀部宽度服从均值为 14.3 英寸，标准差为 0.9 英寸的正态分布。

1. 随机选取一个成年男性，试求其臀宽大于座椅宽度 16.0 英寸的概率。

2. 假设 126 个主舱位全部被男性坐满，试求他们平均臀宽大于 16.0 英寸的概率。

3. 从设计飞机座椅的角度考虑，第 1 问和第 2 问哪一个更可靠？为什么？结论会对缩小座椅宽度至 16.0 英寸有何影响？

解答：

1. 单一 x 值的解法：由题意可知，所求的是来自正态分布总体的单一的值。因此，根据 6-2 节介绍的方法，我们需要求图 6-23(a) 中阴影区域的面积。

使用统计软件：参考 6-2 节末尾的"使用软件"部分，可求得阴影面积为 0.0295。

使用表 A-2：先将 16.0 英寸的臀宽转换成对应的 z 分数，z=1.89，计算如下。

$$z = \frac{x - \mu}{\sigma} = \frac{16.0 - 14.3}{0.9} = 1.89$$

再查询表 A-2，得到 z=1.89 的左侧累积面积为 0.9706，因此阴影面积为 1−0.9706 = 0.0294。

2. 样本均值的解法：因为是来自 126 个男性样本的均值，所以需要应用中心极限定理。

第 2 问的条件检查：只有当原始总体呈正态分布或样本量 n > 30 时，才能使用正态分布。由题意得知样本量大于 30，因此样本均值呈正态分布。

因为我们处理的是样本均值的分布，所以必须用到参数 $\mu_{\bar{x}}$ 和 $\sigma_{\bar{x}}$，计算过程如下：

$$\mu_{\bar{x}} = \mu = 14.3$$

$$\sigma_{\bar{x}} = \frac{\sigma}{\sqrt{n}} = \frac{0.9}{\sqrt{126}} = 0.1$$

接下来需要求出图 6-23(b) 中阴影区域的面积〔注：图 6-23(b) 不是按比例绘制的。如果按真实的比例绘制图 6-23(b)，阴影区域将不可见，并且正态曲线将更薄、更高〕。

使用统计软件：可得所求的阴影面积为 0+，一个非常小的正数。

使用表 A-2：先将样本均值 16.0 英寸转换成对应的 z 分数，z=17.00，计算如下。

$$z = \frac{\bar{x} - \mu_{\bar{x}}}{\sigma_{\bar{x}}} = \frac{16.0 - 14.3}{0.1} = 17.00$$

再查询表 A-2，得到 $z=17.00$ 的左侧累积面积为 0.9999，因此阴影面积为 $1-0.9999=0.0001$。126 个成年男性的平均臀宽不太可能超过 16.0 英寸。

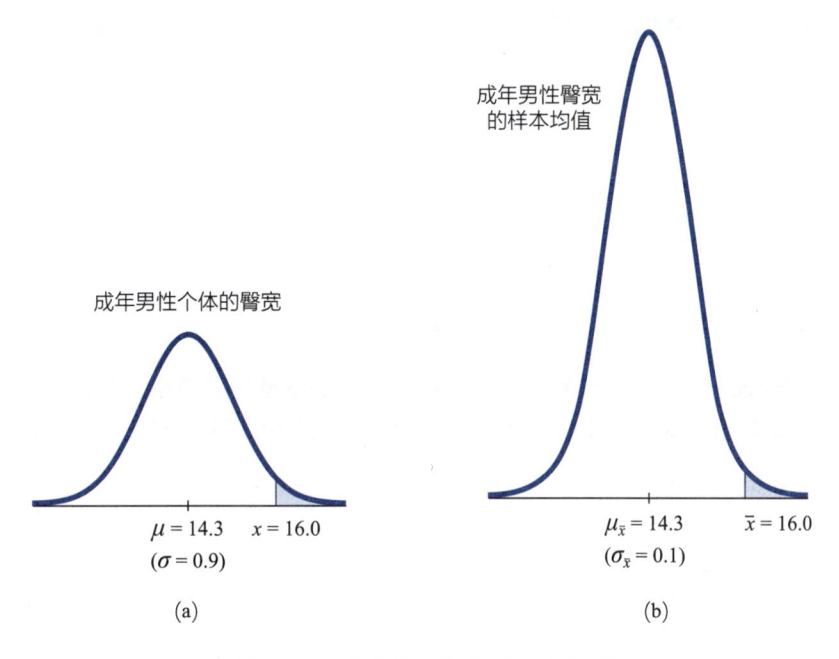

图 6-23：成年男性臀宽的正态分布

解读：

第 1 问的结果与飞机座椅的设计更相关。一个座椅只会承载一个乘客，而不是多个。第 1 问的结果说明大约 3% 的成年男性的臀宽大于座椅宽度。虽然 3% 看起来很小，但这将导致每次航班上都会有一些乘客需要额外服务，这可能会给乘客和机组人员都带来困难。因此，将座椅宽度缩小到 16.0 英寸看上去是不可行的。

▶ 轮到你了：试试 6-4 基础题的习题 5

模糊的中心极限定理

在 Gonick 和 Smith 的 *The Cartoon Guide to Statistics* 一书中，作者是这样描述模糊的中心极限定理的："受许多小而不相关的随机效应影响的数据近似正态分布。这就解释了为什么正态分布无处不在——股市波动、学生体重、年平均气温、高考分数——所有这些都是许多不同影响的结果。"例如，人的身高是遗传因素、环境因素、营养、医疗护理、地理区域和其他影响的结果，这些因素结合起来就是正态分布的值。

"例2"表明我们可以使用与6-2节中基本相同的解题步骤，但必须记住，在处理样本均值而不是单一的样本值时，要正确地调整标准差的计算。"例2"中使用的计算方法，与工程师在设计电梯、滑雪索道、自动扶梯、飞机、船只、游乐园游乐设施以及其他载人设备时使用的计算方法完全相同。

假设检验概述

"例3"将会展示假设检验过程的思维类型（在第8章中会正式介绍），请读者仔细思考"例3"的结论。"例3"运用了推理统计的稀有事件规则（参考4-1节）。

通过概率确定显著值：推断统计的稀有事件规则

在给定的假设下，如果某一特定观测到的事件发生的概率非常小，并且观测到的事件发生的概率明显低于或高于我们通常对该假设的预期，则可以得出结论：该假设可能不正确。

以下例子说明了上述稀有事件规则。该例也展示了将在第8章中正式介绍的假设检验的思考逻辑。

例3： 通过概率确定显著值——人的平均体温是 98.6 °F 吗

正如大众普遍的认知，假设人的平均体温是 98.6 °F（数据来自数据集 5 "体温"），并且继续假设该总体的标准差为 0.62 °F。现在随机选取 106 名受试者，得到其平均体温为 98.2 °F。如果平均体温真的是 98.6 °F，试求当样本量为 106 时，获得 98.2 °F 或更低样本均值的概率。根据结果，能否说明 98.2 °F 是显著低的？你现在怎么看待大家普遍认为平均体温是 98.6 °F？

解答：

虽然题目并没有给出总体的具体分布，但由于样本量 $n=106$ 超过 30，所以就能根据中心极限定理确定样本均值的分布呈正态分布，其参数如下：

$$\mu_{\bar{x}} = \mu = 98.6$$

$$\sigma_{\bar{x}} = \frac{\sigma}{\sqrt{n}} = \frac{0.62}{\sqrt{106}} = 0.0602197$$

图 6-24 展示了与所求的概率相对应的阴影面积（见图中很小的左尾）。又因为已经求得图 6-24 中分布的参数，所以可用 6-2 节的计算方法求解。

使用统计软件： 可求得阴影面积为 0.0000000000155，可以用 0+ 来表示。

使用表 A-2： 先将样本均值 98.2 °F 转换成对应的 z 分数，计算如下：

$$z = \frac{\bar{x} - \mu_{\bar{x}}}{\sigma_{\bar{x}}} = \frac{98.2 - 98.6}{0.0602197} = -6.64$$

再查询表 A-2，发现 $z=-6.64$ 这个值太小，以至于都不在表中了。对于小于 -3.49 的 z 分数，一般用 0.0001 的面积来表示左侧累积面积，因此图 6-24 中的阴影面积为 0.0001。

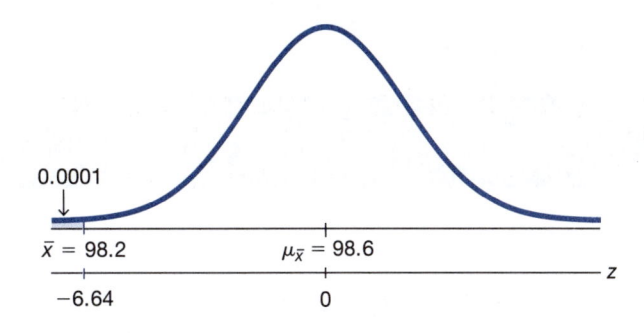

图 6-24：样本量为 $n=106$ 的体温样本均值

解读：

结果表明，如果真的像我们假设的那样，人的平均体温为 98.6 °F，那么随机选取的 106 名受试者的样本均值为 98.2 °F 或更低的概率是异常小的。也就是说，样本均值为 98.2 °F 是显著低的。事实上，马里兰大学的科研人员确实得到了该数据，并且在确认样本的可靠性后，他们做出了两个可行的解释：①总体均值的确是 98.6 °F，而他们的样本确实代表了一个极其罕见的偶然事件。②总体均值实际上低于 98.6 °F 的假设值，因此他们的样本是典型的。由于得到的概率如此之低，所以我们更有理由得出这样的结论：人们普遍认为人的平均体温为 98.6 °F 是不正确的。而根据样本数据，我们应该拒绝承认人的平均体温为 98.6 °F。

▶ 轮到你了：试试 6-4 基础题的习题 9

不完全是，但"至少是极端的"

在"例 3"中，我们假设人的平均体温 μ 为 98.6 °F，并且求得 $\bar{x}$ 为 98.2 °F 或更低的概率为 0.0001，这说明了人的平均体温实际上低于 98.6 °F。98.2 °F 的样本均值显著低，不是因为等于 98.2 °F 的概率很小，而是因为等于或者低于 98.2 °F 的概率很小（参见 5-1 节的"不完全是，但'至少是极端的'"的讨论）。

有限总体的修正

在应用中心极限定理时，对 $\sigma_{\bar{x}}=\sigma/\sqrt{n}$ 的使用其实是假设总体有无穷多的数据。对于有放回抽样，总体的确可以被认为是无限的。但对于从有限总体中无放回抽样，则需要调整 $\sigma_{\bar{x}}$。以下是常用规则：

如果是无放回抽样，且样本量 n 大于有限总体大小 N 的 5%（$n > 0.05N$），那么样本均值的标准差 $\sigma_{\bar{x}}$ 要乘以一个有限总体修正系数（如下所示）以做调整：

$$\sqrt{\frac{N-n}{N-1}}$$

除习题 20 "有限总体的修正"外，本节中的例子和习题都假设有限总体修正系数不适用，因为我们总是假设：①采用有放回抽样；②总体是无限的；③样本量不超过总体大小的 5%。

6-5 正态性检验

核心概念：后续章节会要求样本数据来自具有近似正态分布的总体。在本节中，我们将介绍检验样本数据是否满足正态分布要求的步骤和方法。

1. 构建直方图并确定其是否大致为钟形曲线。

2. 构建正态分位图并使用本节后面给出的标准。

第 1 部分：正态性检验的基本概念

为了确认一组数据是否具有近似的正态分布，我们可以直观地检查直方图以确认它是否大致为钟形曲线（在 2-2 节有过详细阐述），也可以构建正态分位图（在 2-2 节简要介绍过）。

> **定义**
>
> 正态分位图（又称正态概率图、正态 QQ 图或正态分位数图）是一个原始样本值为横坐标（x）、标准正态分布对应的 z 分数为纵坐标（y）的散点图。

确定样本数据来自正态分布的总体是否合理的过程

1. 直方图：构建直方图。如果直方图与钟形曲线有很大的偏离，则说明数据不是正态分布的。

2. 正态分位图：如果直方图基本对称，则使用统计软件生成正态分位图。根据以下准则来确定其分布是否为正态分布（对于小样本，这些准则可以不严格遵循，但对于大样本，则应该严格遵循这些准则）。

正态分布：如果图上点的分布接近一条直线，且这些点没有出现非直线的系统性特征，那么总体分布为正态分布。

非正态分布：如果以下两种情况之一或同时存在，那么总体分布就不是正态分布。

- 点的分布并没有接近一条直线。
- 点出现一些非直线的系统性特征。

高阶方法：除了直方图和正态分位图的方法，还有其他更高阶的方法来检验正态性，例如

Ryan-Joiner 检验（RJ 检验）（本节第 2 部分会做简要介绍）。其他正态性检验包括 Shapiro-Wilk 检验（W 检验）、D'Agostino-Pearson 检验（D 检验）、卡方检验、Kolmogorov-Smirnov 检验（KS 检验）、Lillefors 检验（一种 KS 修正检验）、Cramer-Von Mises 检验（CVM 检验）、Anderson-Darling 检验（AD 检验）、Jarque-Bera 检验和 Anscombe-Glynn 峰度检验。

直方图和正态分位图

本节第 2 部分将会介绍构建正态分位图的过程，但是这里我们主要来学习如何解读正态分位图。以下显示的是各类数据的直方图和对应的正态分位图。

正态分布：第一种情况是关于智商分数的直方图。因为其非常接近钟形曲线，所以表明智商分数来自正态分布。对应的正态分位图显示点的分布相当接近直线，并且这些点没有任何非直线的系统性特征。所以可以肯定地说，智商分数来自一个正态分布的总体。

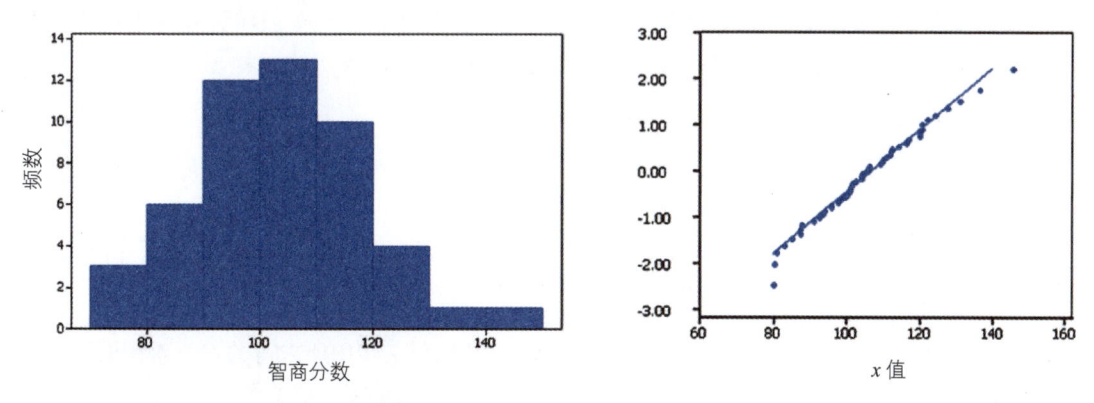

均匀分布：第二种情况是数据呈均匀分布的直方图。对应的正态分位图表明这些点不呈正态分布。虽然这些点具有相当接近直线的特征，但从图上可以看出，它们还有另一种非直线的系统性特征。所以我们得出结论，这些样本值来自一个非正态分布的总体。

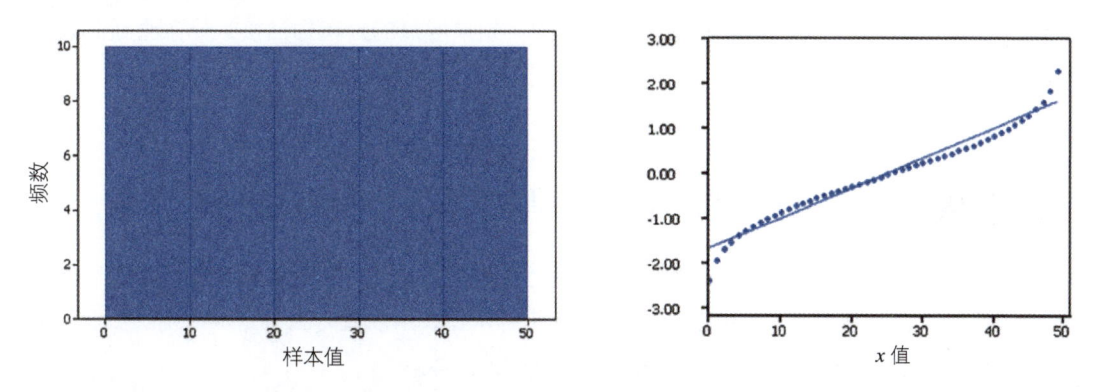

偏态分布：第三种情况的直方图是关于波士顿一年中每个周一的降雨量（英寸）的。直方图的高峰偏左而非钟形。对应的正态分位图显示所有点的分布完全不接近直线，因此降雨量来自一个非正态分布的总体。

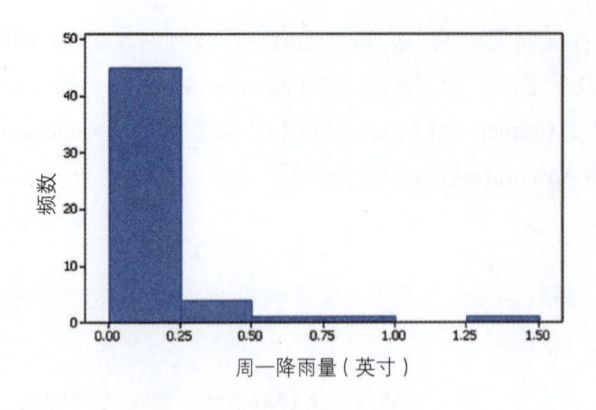

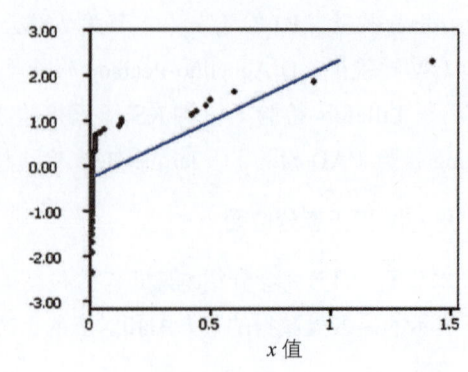

第2部分：正态分位图的手动构建

下面的步骤是手动构建正态分位图的一个相对简单的过程，这与一般统计软件采用的步骤相同。有些统计包会采用其他方法，但是对图表的解读基本上是相同的。

正态分位图的手动构建

1. 将数据从低到高排序。

2. 对于样本量为 n 的样本，每个值都代表样本 $1/n$ 的比例。利用已知的样本量 n，计算 $\frac{1}{2n}, \frac{3}{2n}, \frac{5}{2n}, \cdots$，直到得到 n 个值。这些值为对应样本值的左侧累积面积。

3. 根据标准正态分布，（使用统计软件或表 A-2）找出第 2 步中所求得的左侧累积面积对应的 z 分数（换句话说，如果样本的确来自正态分布，则是找其对应的 z 分数）。

4. 将原始排好序的数据与第 3 步中对应的 z 分数进行匹配，然后绘制横坐标（x）为原始样本数据、纵坐标（y）为对应的 z 分数的散点图。

5. 利用第 1 部分介绍的准则来检查正态分位图。如果散点的分布相当接近一条直线且没有显示其他的系统性特征，那么可以认为总体呈正态分布。

> **例 1：** 确定达拉斯通勤时间的样本是否来自正态分布的总体
>
> 数据集 31 "通勤时间"中包含了达拉斯市的通勤时间（分钟）。取前 5 个通勤时间数据作为此例：{20, 16, 25, 10, 30}。由于只有 5 个样本值，所以直方图不是很适用。因此，需要构建正态分位图来确定该样本是否来自正态分布的总体。
>
> **解答：**
>
> 以下步骤对应于上述正态分位图的手动构建步骤。
>
> 1. 将数据从低到高排序，得到 {10, 16, 20, 25, 30}。

2. 样本量为 5，则每个值都代表样本 1/5 的比例。又因为与样本值对应的其左侧累积面积为 $\frac{1}{2n}, \frac{3}{2n}, \frac{5}{2n}, \cdots$，所以计算得到 5 个值：$\frac{1}{10}, \frac{3}{10}, \frac{5}{10}, \frac{7}{10}, \frac{9}{10}$，即 {0.1, 0.3, 0.5, 0.7, 0.9}。

3. 使用统计软件或表 A-2，可得左侧累积面积 {0.1000, 0.3000, 0.5000, 0.7000, 0.9000} 对应的 z 分数为 {−1.28, −0.52, 0, 0.52, 1.28}（比如 z=−1.28 所对应的左侧累积面积为 0.1000）。

4. 通过匹配原始排好序的达拉斯通勤时间和对应的 z 分数，得到 (x, y) 坐标点并画图：

(10, −1.28), (16, −0.52), (20, 0), (25, 0.52), (30, 1.28)

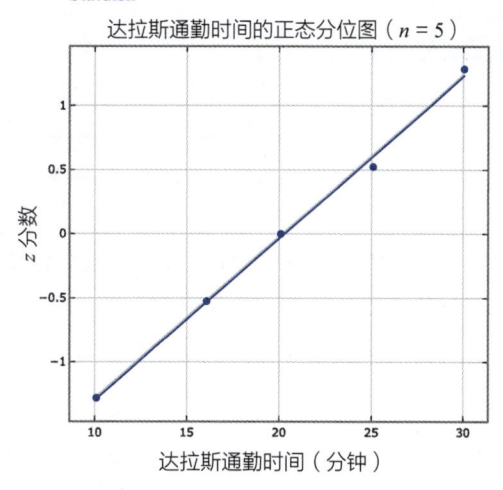

Statdisk
达拉斯通勤时间的正态分位图（$n = 5$）

解读：

观察正态分位图，可以看到这些点看起来确实接近一条直线，因此可以得出结论：这 5 个通勤时间样本来自一个正态分布的总体。

▶ 轮到你了：试试 6-5 基础题的习题 5

Ryan-Joiner 检验：Ryan-Joiner 检验是几种高阶的正态性检验方法之一（每种检验都有自己的优缺点）。大多数统计软件都具有正态性检验的功能，可以显示直方图、正态分位图、潜在异常值的数量以及 Ryan-Joiner 检验的结果。

例 2： **通过正态性检验评估达拉斯通勤时间的样本**

"例 1"只使用了"数据集 31"中的前 5 个通勤时间数据。下图显示的是使用 Statdisk 中的 Normality Assessment 功能获得的 1000 个达拉斯通勤时间的结果。

让我们通过图和正态性检验准则来评估：

1. 直方图——直方图的高峰偏左，远远不是钟形的。

2. 正态分位图——正态分位图中的点完全没有直线特征。因此可以得出这 1000 个通勤时间样本不是来自一个正态分布的总体的结论。

Statdisk

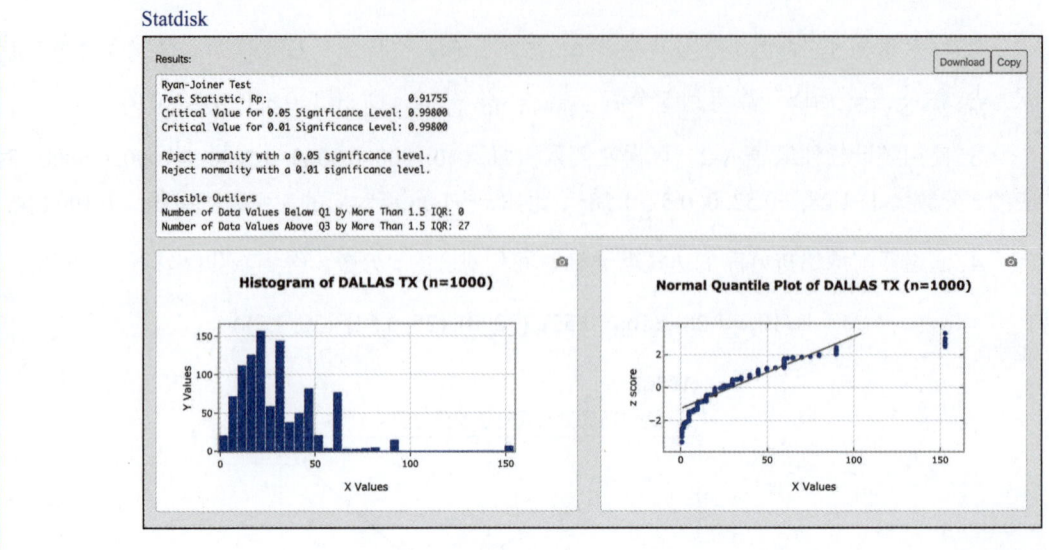

```
Results:                                                    Download  Copy
Ryan-Joiner Test
  Test Statistic, Rp:                          0.91755
  Critical Value for 0.05 Significance Level:  0.99800
  Critical Value for 0.01 Significance Level:  0.99800

Reject normality with a 0.05 significance level.
Reject normality with a 0.01 significance level.

Possible Outliers
  Number of Data Values Below Q1 by More Than 1.5 IQR: 0
  Number of Data Values Above Q3 by More Than 1.5 IQR: 27
```

Histogram of DALLAS TX (n=1000)

Normal Quantile Plot of DALLAS TX (n=1000)

▶ 轮到你了：试试 6-5 基础题的习题 11

异常值： 我们应该时刻注意数据中异常值的存在（因为其对结果可能会产生非常显著的影响）。如果应用统计方法来检验异常值对结果的影响，那么先包括数据中的异常值做一次检验，然后去除异常值再做一次检验。检查异常值的原因是，它们可能是数据的重要特征，并且揭示了数据的关键信息。只有当异常值被识别为错误时才能将其舍弃。

数据转换： 许多数据集不呈正态分布，但是可以对数据进行转换以达到修改后的值具有正态分布的特征。一种常见的转换是对 x 取对数（可以用自然对数或者以 10 为底的对数。如果任何原始值 $x=0$，则对 $x+1$ 的值取对数）。如果其对数的分布为正态分布，则原始值的分布为对数正态分布（参见"6-5 提高题"中的习题 21"数据转换"和习题 22"对数正态分布"）。除了对数转换，还有诸如将 x 转换为 $\sqrt{x}$、$1/x$ 或者 x^2 等方法。再者，除通过转换得到具有正态分布的特征以外，这种转换还可以用于纠正缺陷，例如不同的数据集具有相同方差的要求（在后面的章节中会加以论述）。

使用软件

正态分位图

R

R 命令：qqnorm(x)

提示：可以使用 R 命令 qqline(x) 在图中生成符合正态分布的期望直线。

7-1：总体比例的估计

7-2：总体均值的估计

7-3：总体标准差或方差的估计

7-4：自助法

第 7 章

参数估计和样本量确定

本章问题 调查：技术发展的窗口

  调查的重要性： 在数据驱动的新时代，掌握分析和理解民意调查以及其他问卷调查的技能是必不可少的，因为它对我们生活的方方面面都起着至关重要的指导作用。本章将介绍掌握该技能的工具。以下列出了一些调查，这些调查都侧重于不断发展的新技术领域。不难发现，每项调查都揭示了具有深远影响的结果。

- 在培生集团的一项调查中，59% 的 "00 后" 受访者（14~23 岁）认为 YouTube 是首选的学习工具（参见第 1 章的问题）。这条信息对于大学教授和教科书作者来说很有参考价值。

- 在美国国家卫生统计中心对 16,113 名受试者的调查中，53.9% 的人家中没有固定电话。这条信息对于固定电话服务商和现场应急人员来说很有参考价值。

- 在一项针对 2000 名成年人使用网上银行的研究中，91% 的人更喜欢使用手机软件，而不是去实体银行。这条信息对于银行职员来说很有参考价值。

- 学贷美公司在一项针对 950 名本科生的调查中发现，53% 的学生选择上网课。这条信息对于大学行政人员来说很有参考价值。

- 美国人力资源管理协会对 3490 名人力资源专业人士的调查显示，60% 的雇主为员工提供远程办公的工作方式。这条信息对于企业主来说很有参考价值。

- 生物识别安全技术：《今日美国》对 510 人进行了一项调查，53% 的人表示应该使用指纹等生物识别安全技术来取代传统密码。这条信息对于计算机、智能手机和平板电脑的制造商来说很有参考价值。

由于问卷调查现在如此普遍和广泛，并且调查结果经常被大众毫无保留地接受，因此我们应该通过考虑以下问题对问卷调查进行分析：

- 选取调查对象的方法是什么？
- 如何根据样本结果来估计总体参数？
- 样本结果有多准确？
- 通常媒体在报道调查结果时会遗漏一个极其重要的元素，遗漏的是什么？
- 我们应该如何正确解读调查结果？

例如，上面提到的"生物识别安全技术"的民意调查是基于自愿样本的（参见 1-1 节），因此它的基本有效性非常值得怀疑。其他的调查都采用了合理的抽样方法，所以通过这些调查，我们可以继续考虑上述其他问题。

本章目标

前面几章重点讨论了描述统计学的方法，本章将开始研究推断统计学的方法。后续章节都将涵盖推断统计学的主要内容，本章将介绍使用样本数据估计总体参数，第 8 章将介绍对总体参数的假设检验。

推理统计学的主要内容

1. 使用样本数据来估计总体参数（如总体比例或总体均值）。

2. 使用样本数据来检验关于总体参数的假设（或命题）。

以下是本章目标。

7-1：总体比例的估计

- 学会构建以及解读总体比例的置信区间估计。

- 理解构建置信区间步骤的必要条件，并学会判断是否满足条件。
- 学会如何确定估计总体比例所需的样本量。

7-2：总体均值的估计

- 学会构建以及解读总体均值的置信区间估计。
- 学会如何确定估计总体均值所需的样本量。

7-3：总体标准差或方差的估计

- 学会构建以及解读总体标准差或方差的置信区间估计。

7-4：自助法

- 通过统计软件来实现自助法，并学会构建与之对应的总体比例、总体均值、总体标准差和总体方差的置信区间估计。

7-1 总体比例的估计

核心概念：本节介绍使用样本比例来推断相应总体比例的方法。本节主要关注总体比例 p，但也可以使用概率或百分比。以下是本节包含的三个主要概念。

- **点估计**：样本比例（$\hat{p}$）是总体比例 p 的最佳点估计（或单值估计）。
- **置信区间**：我们可以通过样本比例（$\hat{p}$）构建关于总体比例 p 的置信区间估计，并学会构建和解读该置信区间。
- **样本量**：掌握如何确定估计总体比例 p 所需的样本量。

本节介绍的概念将在之后的章节中使用，因此请充分理解本节内容。以下是数学符号。

数学符号

x = 成功的次数

n = 样本量

N = 总体大小

$\hat{p} = x/n$：样本比例

$p = x/N$：总体比例

第 1 部分：点估计、置信区间和样本量

点估计

如果想通过单一的值来估计总体比例，那么最佳的估计值是样本比例 $\hat{p}$。$\hat{p}$ 包含了一个单一的值，就像直线上的一个点，因此它又被称为点估计。

> **定义**
> 点估计是用来估计总体参数的单一的值。

样本比例 $\hat{p}$ 是总体比例 p 的最佳点估计。

无偏估计量：因为 $\hat{p}$ 是无偏的，而且是所有估计量中最"一致"的，所以我们使用 $\hat{p}$ 作为 p 的点估计（无偏估计量的定义是统计量抽样分布的均值等于相应的总体参数）。样本比例 $\hat{p}$ 是 p 的最一致的估计量。换句话说，样本比例的标准差往往小于 p 的其他无偏估计量的标准差[1]。

例 1： 上网课学生比例的最佳点估计

"本章问题"提到了学贷美公司对 950 名本科生的调查，其中 53% 的学生选择上网课。根据该结果，试求所有选择上网课的学生比例的最佳点估计。

解答：

因为样本比例是总体比例的最佳点估计，所以 p 的最佳点估计是 0.53（如果使用该样本结果来估计所有选择上网课的学生百分比，则最佳点估计是 53%）。

▶ 轮到你了：试试 7-1 基础题的习题 13

置信区间

为什么需要置信区间？ "例 1"中的 0.53 是对总体比例 p 的最佳点估计，但我们不知道这个最佳估计到底有多好。通过给出与概率相关的值的范围，使用置信区间能更好地评估估计值的好坏。

> **定义**
> 置信区间（或区间估计）是用于估计总体参数真实值的所在范围（或区间）。置信区间有时可以用缩写 CI 来表示。

---

1 译者注：在数理统计中称为一致估计量，即随着样本量的无限增大，估计量的分布越来越集中在所估计的参数真实值的附近。

以下是后面的"例 2"给出的一个关于置信区间的例子。

总体比例 p 的 0.95（或 95%）置信区间估计是 $0.499 < p < 0.562$。

置信区间的两个关键要素是：①置信水平及其相关的临界值；②误差范围。对这些关键要素描述如下。

置信水平

> **定义**
> **置信水平**是假设重复多次估计过程，置信区间实际包含总体参数的概率 $1-\alpha$（如 0.95 或 95%）（置信水平也被称为**置信度**，或**置信系数**）。

表 7-1 展示了常用的置信水平与对应的 α 值的关系，其中最常用的置信水平是 95%。

表 7-1：常用的置信水平与对应的 α 值的关系

常用的置信水平	对应的 α 值
90%（0.90）	$\alpha = 0.10$
95%（0.95）	$\alpha = 0.05$
99%（0.99）	$\alpha = 0.01$

临界值： 在确定了置信水平之后，必须确定相关的临界值。临界值、样本量和样本比例可以用来计算误差范围。我们采用以下临界值的定义（6-1 节首次给出），该定义使用了标准正态分布的 z 分数。

> **定义**
> 对于标准正态分布，**临界值**是一个 z 分数，它位于分隔显著低或显著高的 z 分数的分界线上。

如图 7-1 所示，$z_{\alpha/2}$ 在标准正态分布的右侧分割 $\alpha/2$ 的面积。在图 7-2 中，$\alpha=0.05$，$z_{\alpha/2}=1.96$（参见 6-1 节的"例 8"）。

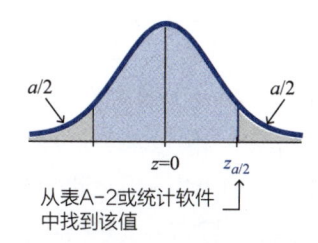

图 7-1：标准正态分布的临界值 $z_{\alpha/2}$

注意，在求95%置信水平的临界z分数时，左侧累积面积为0.9750（而不是0.95）。根据图7-2，思考逻辑如下：

置信水平	双侧面积	右侧面积	左侧累积面积
95% →	α=0.05 →	$\alpha/2$=0.025 →	1−0.025=0.975

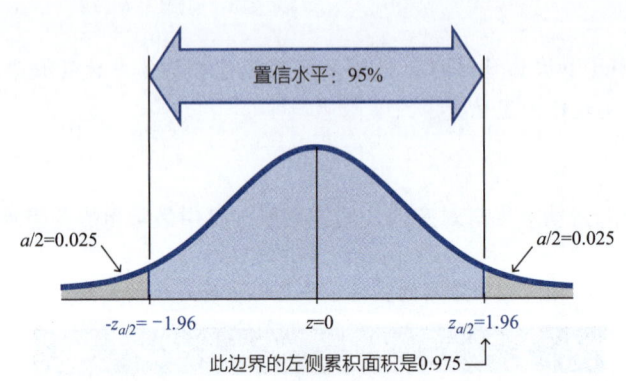

图7-2：求95%置信水平的临界值$z_{\alpha/2}$

表7-2展示了常用的临界值。

表7-2：常用的临界值

置信水平	α	临界值 $z_{\alpha/2}$
90%	0.10	1.645
95%	0.05	1.96
99%	0.01	2.575

网络调查

　　成年人的互联网普及率已经从1996年的14%增长到今天的90%，问卷调查也因此受到影响。互联网的问卷调查更迅捷、更便宜，并能更有效地分析所收集到的数据。重要的研究表明，对于大多数类型的调查问题，通过网络反馈与通过邮件或电话反馈没有太大的不同。然而，如果受访者仅限于互联网用户，那么诸如涉及技术类的一些话题可能会带有强烈的偏见。那些只通过互联网进行调查的人应该意识到潜在的隐患。请参见皮尤研究中心的文章"Coverage Error in Internet Surveys"。

误差范围：现在正式定义在媒体报道中经常出现的误差范围 E。

> **定义**
>
> 当使用样本统计量估计总体参数时，**误差范围** E 表示最大可能的误差量（样本统计量与总体参数之间的差值）。

当使用样本比例 $\hat{p}$ 估计总体比例 p 时，$\hat{p}$ 与 p 之差就是误差，而误差范围就是该误差的最大可能值。临界值与样本比例的估计标准差之乘积即为误差范围 E（参见公式 7-1）（样本比例抽样分布的估计标准差又被称为样本比例的标准误差）。

> **公式 7-1：比例的误差范围 E**
>
> $$E = z_{\alpha/2}\sqrt{\frac{\hat{p}\hat{q}}{n}}$$
>
> 其中，$z_{\alpha/2}$ 是临界值，$\sqrt{\dfrac{\hat{p}\hat{q}}{n}}$ 是样本比例的估计标准差。

Wald 置信区间：根据公式 7-1 中的误差范围 E 构建的置信区间又被称为 Wald 置信区间[1]。本节第 2 部分将讨论构建置信区间的其他方法。

解读置信区间

我们必须小心并正确地解读置信区间。对于置信区间 0.499<p<0.562，有一种正确的解读，但也会有许多不同且有创造性的错误解读。

正确：

"我们有 95% 的把握可以说 0.499 到 0.562 的区间确实包含总体比例的真实值。"

这是一个简短并且相对合理的说法。较正规的说法是：如果选取足够多且样本量相同的不同随机样本，构建与之对应的置信区间，那么 95% 的置信区间将包含总体比例 p。在正确的解读中，95% 的置信水平指的是通过反复选取不同的样本，构建可以正确估计总体比例的置信区间这一过程的成功率。

错误：

"真实值有 95% 的可能会落在 0.499 和 0.562 之间。"

错误的原因在于，p 作为总体参数，是固定值；它不是一个值会变化的随机变量。

错误：

"95% 的样本比例在 0.499 和 0.562 之间。"

错误的原因在于，0.499 到 0.562 的区间来自一个样本；该区间不是描述所有样本行为的参数。

---

1 译者注：Wald 置信区间通常被称为正态近似置信区间。

> **莎士比亚的词汇**
>
> 莎士比亚的作品包含 31,534 个不同的单词。Bradley Efron 和 Ronald Thisted 利用概率论得出结论：莎士比亚可能还知道其他至少 35,000 个没有出现在其作品中的单词。估计总体的大小是生态学研究中会经常遇到的一个重要问题，这里给出的结果则是概率论的另一个有趣的应用。
>
> （参见 "Estimating the Number of Unseen Species: How Many Words Did Shakespeare Know?", Biometrika, Vol. 63, No. 3.）

置信水平：过程的成功率

95% 的置信水平告诉我们，如果可以通过反复选取足够多且样本量相同的不同随机样本，从而构建多个估计总体比例的置信区间，那么这一过程所产生的所有置信区间中有 95% 会包含真实的总体比例。假设选择上网课的学生的真实比例是 $p=0.50$，图 7-3 展示了 20 个不同的置信区间中有 19 个（95%）包含 $p=0.50$。图 7-3 试图说明：在 95% 的置信水平下，我们预计 20 个置信区间中有 19 个（95%）包含真实值 p。

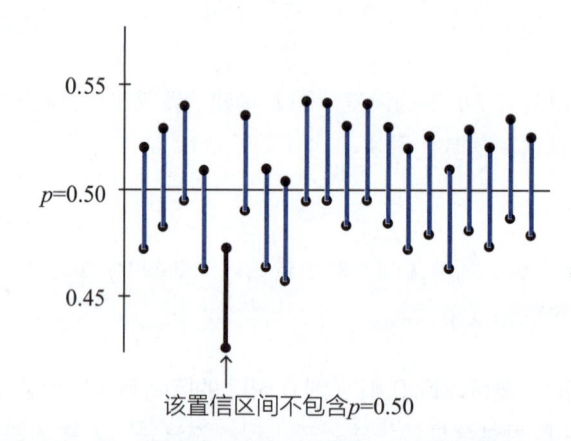

图 7-3：来自 20 个不同样本的置信区间

关键要素

估计总体比例 p 的置信区间

目标

构建用于估计总体比例 p 的 Wald 置信区间。

数学符号

p = 总体比例

$\hat{p}$ = 样本比例

n = 样本量

E = 误差范围

$z_{\alpha/2}$ = 临界值，即在标准正态分布下，分隔右侧面积 $\alpha/2$ 的 z 分数

条件

1. 样本为简单随机样本。

2. 满足二项分布的所有条件：有固定的试验次数；试验之间相互独立；结果有且仅有两种可能；每次试验的概率不变（参见 5-2 节）。

3. 至少有 5 次成功和至少有 5 次失败（该条件为验证 $np \geq 5$ 和 $nq \geq 5$ 的一种方法，以确保正态分布可以作为二项分布的合理近似，这里的二项分布即为比例分布）。

（如果第 3 个条件不满足，则一种替代方法是使用 7-4 节介绍的自助重采样法。）

p 的置信区间估计以及误差范围

$$\hat{p} - E < p < \hat{p} + E$$

其中，误差范围为

$$E = z_{\alpha/2}\sqrt{\frac{\hat{p}\hat{q}}{n}}$$

置信区间通常有以下两种数学表达式：

$$\hat{p} \pm E \text{ 或 } (\hat{p} - E, \hat{p} + E)$$

舍入规则：p 的置信区间估计

对置信区间保留 3 位有效数字。

构建 p 的置信区间的步骤

1. 确认上述"关键要素"的条件是否得到满足。

2. 通过表 A-2 或统计软件找到相应置信水平的临界值 $z_{\alpha/2}$。

3. 计算误差范围：$E = z_{\alpha/2}\sqrt{\frac{\hat{p}\hat{q}}{n}}$。

4. 把 $\hat{p}$ 和 E 代入置信区间：$(\hat{p} - E, \hat{p} + E)$。

5. 对所得置信区间保留 3 位有效数字。

例2： 构建置信区间——上网课

"本章问题"提到了学贷美对 950 名本科生的调查，其中 53% 的学生选择上网课。即 $n=950$, $\hat{p}=0.53$。

1. 试求置信水平为 95% 的误差范围 E。
2. 假设置信水平为 95%，试求总体比例 p 的置信区间。
3. 根据结果，是否可以得出超过 50% 的本科生选择上网课的结论？
4. 简单并准确地总结调查结果（应当包括所有相关信息）。

解答：

检查条件： ①该调查方法所得的样本可以被认为是一个简单随机样本。②满足二项分布的所有条件——试验次数是固定的（950 次）；试验之间相互独立（一名学生的调查结果不会影响另一名学生调查结果的概率）；结果有且仅有两种可能（一名学生选择上网课或者不上网课）；概率保持不变（在给定的时间内，学生选择上网课的概率是固定的）。③由题意可知，504 人选择上网课（0.53×950），另外 446 人没有选择上网课（950−504），"成功"（504）和"失败"（446）的次数都不少于 5 次。满足所有条件。

使用统计软件： 利用统计软件可以很容易求出置信区间和误差范围。Statdisk 软件的分析结果显示左侧是需要输入的参数，右侧是给出的结果。与大多数其他统计软件一样，Statdisk 需要输入值：成功次数，因此需要输入整数 504（0.53×950）。由此可得，误差范围为 $E=0.03174$，置信区间为 $0.499 < p < 0.562$（其中包含的威尔逊置信区间将在本节第 2 部分讨论）。

Statdisk

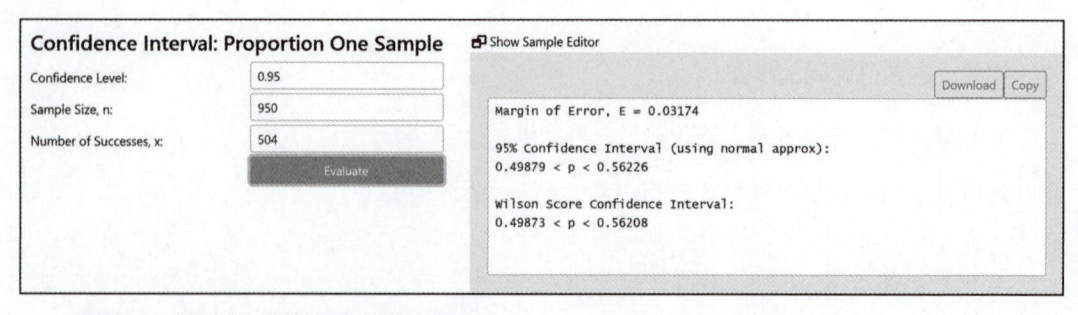

Confidence Interval: Proportion One Sample
Confidence Level: 0.95
Sample Size, n: 950
Number of Successes, x: 504
Evaluate

Show Sample Editor
Margin of Error, E = 0.03174
95% Confidence Interval (using normal approx):
0.49879 < p < 0.56226
Wilson Score Confidence Interval:
0.49873 < p < 0.56208

手算： 下面通过手算来求置信区间。

1. 根据公式 7-1，$z_{\alpha/2}=1.96$, $\hat{p}=0.53$, $\hat{q}=0.47$, $n=950$，可得误差范围：

$$E = z_{\alpha/2}\sqrt{\frac{\hat{p}\hat{q}}{n}} = 1.96\sqrt{\frac{(0.53)(0.47)}{950}} = 0.0317381$$

2. 把 $\hat{p}=0.53$ 和 $E=0.0317381$ 代入置信区间公式，可得：

$$\hat{p} - E < p < \hat{p} + E$$
$$0.53 - 0.0317381 < p < 0.53 + 0.0317381$$
$$0.498 < p < 0.562（保留3位有效数字）$$

结果也可被表示为 0.53 ± 0.032 或者 $(0.498, 0.562)$。如果想要得到总体百分比 95% 的置信区间，则可以将结果表示为 $49.8\% < p < 56.2\%$。

注意，手算结果与使用统计软件计算的结果略有不同。相差的原因在于，在手算结果中用到了 $z_{0.025}=1.96$，而在统计软件中用到了更为精确的 $z_{0.025}=1.959963986$。

3. 根据第 2 问所得的置信区间，我们不能得出超过 50% 的本科生选择上网课这一结论。由于置信区间在 0.499 和 0.562 之间，因此有可能总体比例会低于 50%。

4. 参考以下总结：53% 的本科生选择上网课。该比例是基于学贷美对 950 名随机选取的本科生的调查的。从理论上讲，在 95% 的此类调查中，所得出的比例与调查所有本科生所得出的比例之间的差异不应超过 3.2 个百分点。

▶ 轮到你了：试试 7-1 基础题的习题 13

网络调查中的偏差

由于科技和社交媒体的广泛使用，仅通过网络而不是传统方式进行问卷调查的趋势日益增长。网络调查的速度更快，成本更低，这在问卷设计和管理方面都具有重要优势。但是，网民仅占总体人口的 90%，在其中随机选取受访者进行问卷调查是否会存在偏差？通过对比仅线上和线上与线下都包括的调查结果，皮尤研究中心的研究发现，它们的差异通常很小，但如果是互联网和技术类相关话题的调查，那么其差异就会很大。我们应该谨慎地考虑网络调查所带来的偏差。

通过自助重采样法构建置信区间：7-4 节描述了通过自助重采样法构建总体参数的置信区间。基本方法是使用统计软件对样本数据进行多次"重采样"（如 1000 次），然后通过这 1000 个排好序的结果求得置信区间。如果使用自助重采样法重复"例 2"，则可能会得到 $0.498 < p < 0.561$。由于自助重采样法中的随机性，每次所得的置信区间可能都不相同。

分析问卷调查："例 2" 是一个典型的问卷调查例子。在分析此类问卷调查的结果时，请考虑以下几点。

1. 样本应该是一个简单随机样本（比如不能是自愿样本）。

2. 需要提供置信水平（通常是 95%，但媒体报道通常不会给出置信水平）。

3. 需要提供样本量（媒体应该提供，但并非总是如此）。

4. 除了相对罕见的情况，问卷调查结果的质量取决于抽样方法和样本量，而不是总体大小。

> **注意**：不要因为样本量是总体大小的一小部分，而认为调查结果就是不可靠的。总体大小通常不是决定调查结果可靠性的因素。

从置信区间倒推点估计和 E

我们有时候希望更好地从期刊文章中理解置信区间。如果已知置信区间，那么可以通过以下公式求得样本比例（最佳点估计）$\hat{p}$ 和误差范围 E：

$$\hat{p} = \frac{置信区间上限 + 置信区间下限}{2}$$

$$E = \frac{置信区间上限 - 置信区间下限}{2}$$

例 3： 试求样本比例和误差范围

Dale 等人的论文 "High-Dose Nicotine Patch Therapy"（Journal of the American Medical Association, Vol. 274, No. 17）中包含以下论述："在 71 名受试者中，70% 的人在 8 周后戒烟了（置信水平为 95% 的置信区间是 58%~81%）。"根据该论述，试求点估计 $\hat{p}$ 和误差范围 E。

解答：

由题意可知，95% 的置信区间为 $0.58<p<0.81$，且点估计是置信区间的上限和下限的中点，计算如下：

$$\hat{p} = \frac{置信区间上限 + 置信区间下限}{2}$$

$$= \frac{0.81 + 0.58}{2} = 0.695$$

误差范围计算如下：

$$E = \frac{置信区间上限 - 置信区间下限}{2}$$

$$= \frac{0.81 - 0.58}{2} = 0.115$$

本书作者出庭作证

本书作者作为专家证人在美国纽约州最高法院为以前的一个学生作证。这个学生在一个选区的选举中失败，原因是投票形式存在误导性。作者使用置信区间作为一项证据，而反方律师质疑该置信区间，认为 95% 的置信水平对应着 5% 的错误率，如果把 5% 的错误率加到 3 个百分点的误差范围上，就会得到一个很高的 8%。这种说法毫无意义，因为"5% 的错误率"和"3 个百分点的误差范围"完全是两码事，两者相加是荒谬的。在这个案件中，由于缺乏基本的统计学知识，对方律师的论点毫无意义，这个学生最终打赢了这场官司。

使用置信区间进行假设检验

置信区间可以作为工具来解决一些关于总体比例的假设问题。例如，如果抛掷硬币 100 次，出现 70 次正面，那么所得的 95% 的置信区间 $0.610 < p < 0.790$ 就是支持硬币正面比例与 50% 不同的证据（因为 0.50 不被包含在置信区间内）。

样本量的确定

为了估计某个总体比例 p，在制订收集样本数据的计划时，必须先确定样本量，即必须收集的样本单位的数量。如果给定误差范围 E，那么可以反推公式 7-1，从而得到关于样本量的公式 7-2。公式 7-2 要求 $\hat{p}$ 作为总体比例 p 的估计值，但如果这样的估计值是未知的（通常情况便是如此），那么可以假设 $\hat{p} = \hat{q} = 0.5$（公式 7-3）。由 $\hat{p} = \hat{q} = 0.5$ 可得样本量的最大值，因此可以确保有足够大的样本量来估计 p。

关键要素

估计总体比例 p 时样本量的确定

目标

在估计总体比例 p 时，确定样本量 n。

数学符号

p = 总体比例

$\hat{p}$ = 样本比例

n = 样本量

E = 误差范围

$z_{\alpha/2}$ = 临界值，即在标准正态分布下，分割右侧面积 $\alpha/2$ 的 z 分数

条件

样本必须是简单随机样本,且样本单位完全独立。

如果$\hat{p}$已知:公式 7-2

$$n = \frac{[z_{\alpha/2}]^2 \hat{p}\hat{q}}{E^2}$$

如果$\hat{p}$未知:公式 7-3

$$n = \frac{[z_{\alpha/2}]^2 0.25}{E^2}$$

如果可以利用以前的样本、初步研究的结果或某些专业知识对$\hat{p}$做出合理的估计,则使用公式 7-2;否则,使用公式 7-3。

舍入规则:样本量的确定

如果所得的样本量 n 不是一个整数,那么对 n 向上取整。这样可以保证样本量充足,而不是略有不足。例如,对 708.135 向上取整至 709。

例 4: 成年人选择网购的比例是多少

2016 年皮尤研究中心对 4787 名美国成年人的随机调查显示,79% 的受访者会选择网购。如果需要进行一项新的调查来确定选择网购的比例是否发生变化,那么必须调查多少成年人才能有 95% 的把握让样本百分比的误差不超过 3 个百分点?

1. 假设 79% 的成年人选择网购(根据 2016 年的皮尤调查)。

2. 假设成年人选择网购的比例未知。

解答:

1. 在 95% 的置信水平下,可得 $\alpha=0.05$,$z_{\alpha/2}=1.96$;由"3 个百分点"可得 $E=0.03$。由原先的调查可得$\hat{p}=0.79$,$\hat{q}=0.21$。将它们代入公式 7-2,计算如下:

$$n = \frac{[z_{\alpha/2}]^2 \hat{p}\hat{q}}{E^2} = \frac{[1.96]^2 (0.79)(0.21)}{0.03^2}$$
$$= 708.135 = 709 \text{(向上取整)}$$

因此,所需的简单随机样本必须包含至少 709 名成年人。

2. 根据题意,$\hat{p}$或者$\hat{q}$未知,则使用公式 7-3,计算如下:

$$n = \frac{[z_{\alpha/2}]^2 (0.25)}{E^2} = \frac{[1.96]^2 (0.25)}{0.03^2}$$
$$= 1067.11 = 1068 \text{(向上取整)}$$

因此，所需的简单随机样本必须包含至少 1068 名成年人。

解读：

为了保证在 95% 的置信水平下，样本百分比与所有成年人的真实百分比相差不超过 3 个百分点，如果没有先验知识，则需要至少 1068 名成年人的简单随机样本。通过将此结果与第 1 问中所得到的 709 的样本量进行比较，可以看到，如果没有初步研究的结果，则需要更大的样本量才能得出与 $\hat{p}$ 值已知时相同的结果。

▶ 轮到你了：试试 7-1 基础题的习题 31

注意：在计算样本量时，尽量避免以下三个常见错误。
1. "3 个百分点"对应的误差范围不是 $E=3$，而是 $E=0.03$。
2. 确保使用正确的 $z_{\alpha/2}$。例如，在 95% 的置信水平下，$z_{\alpha/2}=1.96$，而不是 0.95 或 0.05。
3. 一定要对 n 向上取整。

总体大小 N 的作用：值得注意的是，公式 7-2 和公式 7-3 表明样本量与总体大小（N）无关。样本量只取决于置信水平、误差范围和已知的对 $\hat{p}$ 的估计（参见 "7-1 提高题"的习题 39 "有限总体修正系数"：如果从有限总体中无放回地抽取一个相对较大的样本，那么样本量 n 确实取决于总体大小 N）。

第 2 部分：更准确的置信区间

Wald 置信区间的缺点

Wald 覆盖概率太自由了：一个用来衡量置信区间质量的概念是覆盖概率，定义如下。

定义

总体比例 p 的置信区间的覆盖概率是包含总体比例真实值的置信区间的实际比例。

一般来说，对于一个特定的置信水平，例如 95%，我们希望得到与预期的置信水平相等的实际覆盖概率。

路缘石

人口普查术语将"路缘石"定义为"人口普查员在没有实际走访的情况下编造一份住户调查问卷的行为"。也就是说，人口普查员坐在路缘石上（或其他任何地方），自己填写本应住户填写的调查表格。"路缘石"所引起的不真实数据会影响人口普查的有效性。有几项研究调查了"路缘石"的程度，其中一项研究显示，大约 4% 的人口普查员至少在某些时候会编造"路缘石"数据。7-1 节的方法假定样本数据的收集方式是适当的，因此，如果大部分样本来自"路缘石"数据，那么所得到的置信区间可能有很大的缺陷。

Wald 置信区间的缺点（参见第 1 部分）

过于"自由"：Wald 置信区间的覆盖概率通常小于或等于所选定的置信水平。

例如，假定置信水平为 95%，通常在所得的 Wald 置信区间中，95% 或更少的置信区间会包含总体比例 p。因此，Wald 置信区间在专业应用和专业期刊中很少使用。

更准确的置信区间

关于习题的注意事项：除一些提高题之外，7-1 节的习题都假设使用 Wald 置信区间，而不是这一部分介绍的置信区间。建议读者掌握第 1 部分介绍的方法，但需要认识到还存在更好的方法。

加四法：加四法置信区间比 Wald 置信区间更为准确，原因是其覆盖概率更接近所使用的置信水平。

加四法的步骤

1. 对于成功次数 x，加 2。

2. 对于失败次数，加 2（试验次数 n 增加 4）。

3. 使用与第 1 部分中相同的方法求置信区间。

加四法置信区间的覆盖概率与之后介绍的威尔逊置信区间的覆盖概率类似。

威尔逊分数：比 Wald 置信区间更准确的置信区间是威尔逊置信区间。威尔逊置信区间的上限和下限的公式如下：

$$\frac{\hat{p} + \frac{z_{\alpha/2}^2}{2n} \pm z_{\alpha/2}\sqrt{\frac{\hat{p}\hat{q} + \frac{z_{\alpha/2}^2}{4n}}{n}}}{1 + \frac{z_{\alpha/2}^2}{n}}$$

在某种意义上，威尔逊置信区间比 Wald 置信区间更准确，因为其覆盖概率更接近置信水平。但由于计算复杂，其在统计学导论课程中使用不多。我们可以通过使用一些统计软件来规避上述表达式的复杂性，从而得到威尔逊置信区间的结果。

Clopper-Pearson 法：该方法基于精确的二项分布而不是近似分布，因此 Clopper-Pearson 法是一种"精确"的方法。

Clopper-Pearson 置信区间的缺点

过于"保守"：Clopper-Pearson 置信区间的覆盖概率通常大于或等于所选定的置信水平。

Clopper-Pearson 置信区间的计算方法过于烦琐，因此此处省略。

哪种方法更好？ 构建置信区间还有其他的方法，但这里不展开讨论了。其实哪种方法更适合构建置信区间，并没有统一的答案。

- Wald 置信区间是向学生介绍置信区间的最佳教学工具。
- 加四法置信区间基本和 Wald 置信区间一样简单，并且因为其覆盖概率更接近所选定的置信水平，所以更为准确。

再次注意，除一些提高题之外，本节以及之后的习题都假设使用 Wald 置信区间，而不是这一部分讨论的更准确的置信区间。

现实世界的误差范围

据《纽约时报》报道，有研究表明某项典型民调的误差范围是理论值的 2 倍。该典型民调在 95% 的置信水平下误差范围是 3 个百分点，但 David Rothschild 和 Sharad Goel 通过对选举后进行的 4221 项民调的分析，认为现实世界的误差范围大约是 6 个百分点。他们比较了民调结果与实际选举结果，从而发现了更大的误差范围。存在两种解释：①受访者与实际投票者之间存在差异。②当应答调查的可能性在某种程度上与调查问题的应答方式有关时，就会出现无应答误差。他们发现，那些支持落后候选人的选民对调查做出回应的可能性较小。另外，调查问题的措辞也会产生偏差。这些都是实际误差范围与理论误差范围之间可能产生巨大差异的真实因素。

使用软件

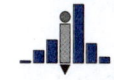

比例：置信区间和样本量确定

R

R 命令在本书的原版书出版时并不可用 [1]。

---

[1] 译者注：①置信区间：命令为 prop.test(x, n, conf.level = 0.95, correct = FALSE)，对于 x，输入成功次数；对于 n，输入试验次数；对于 conf.level，输入置信水平，默认值为 95%；对于 correct，输入 FALSE。②样本量确定：需要高阶的数理统计知识，故此处省略。

7-2 总体均值的估计

核心概念：本节将介绍使用样本均值 $\bar{x}$ 来推断相应总体均值 μ 的方法。以下是本节包含的三个主要概念。

- **点估计**：样本均值 $\bar{x}$ 是总体均值 μ 的最佳点估计（或单值估计）。
- **置信区间**：通过样本数据来构建和解读关于总体均值 μ 的置信区间估计。
- **样本量**：掌握如何确定估计总体均值所需的样本量。

估计总体均值

一般很少在估计总体均值 μ 时，恰好知道总体标准差 σ 的值。因此，这里更关注 σ 未知的情况。

点估计：回忆 6-3 节，样本均值 $\bar{x}$ 是总体均值 μ 的无偏估计量。此外，对于大多数总体来说，样本均值的变化比其他中心度量的变化要小。由于这些原因，样本均值 $\bar{x}$ 通常是总体均值 μ 的最佳点估计。

样本均值 $\bar{x}$ 是总体均值 μ 的最佳点估计。

即使是最好的点估计也不能告诉我们它有多精确，所以我们需要置信区间（或区间估计），即一个范围（或区间），而不仅仅是一个值。

置信区间：以下是在 σ 未知的情况下构建总体均值 μ 的置信区间的关键要素。

关键要素

估计 σ 未知时总体均值 μ 的置信区间

目标

构建用于估计总体均值的置信区间。

数学符号

μ = 总体均值

$\bar{x}$ = 样本均值

s = 样本标准差

n = 样本量

E = 误差范围

条件

1. 样本为简单随机样本。

2. 满足其中一个或两个条件：总体服从正态分布或 $n > 30$。

（如果第 2 个条件不满足，则一种替代方法是使用 7-4 节介绍的自助重采样法。）

置信区间

数学表达式：$\bar{x}-E<\mu<\bar{x}+E$ 或者 $\bar{x} \pm E$ 或者 $(\bar{x}-E, \bar{x}+E)$

- 误差范围：$E = t_{\alpha/2} \cdot \dfrac{s}{\sqrt{n}}$（使用 df=$n-1$）。
- 置信水平：置信区间与置信水平相关联，比如 0.95（或 95%）的置信水平，$\alpha=0.05$。
- 临界值：$t_{\alpha/2}$ 代表分割学生 t 分布右侧 $\alpha/2$ 面积的值。
- 自由度（df）：df=$n-1$ 为临界值对应的自由度。

舍入规则

1. 置信区间：比原始数据值多保留 1 位小数。

2. 概括统计量：对于 n、$\bar{x}$ 和 s，保留与样本均值相同的位数。

正态性或者 $n > 30$ 的条件

大样本的正态性条件（$n > 30$）：由中心极限定理可知，对于大样本而言，其样本均值的分布趋于正态分布。因此，如果样本量大于 30，则通常认为满足正态性条件（对于一些与正态分布完全不类似的总体分布来说，可能需要远大于 30 的样本量）。

小样本的正态性条件（$n \leq 30$）：在小样本的情况下，即使偏离正态性，构建 μ 的置信区间的方法也是具有鲁棒性的，即正态性条件是宽松的。此类分布不需要是完美的钟形曲线，但它应该满足以下条件。

1. 样本数据的分布应该接近于轴对称。

2. 样本数据的分布应该有一个众数。

3. 样本数据不应包括任何异常值。

解读置信区间：置信区间与置信水平相关联，比如 0.95（或 95%）。我们可以把置信水平理解为构建置信区间这一过程的成功率。例如，置信水平为 95% 的置信区间 8.5901 克 $< \mu <$ 9.0213 克的含义是：

"我们有 95% 的把握可以说 8.5901 克到 9.0213 克的区间包含 μ 的真实值。"

所谓 "95% 的把握" 的意思是，如果选取足够多且样本量相同的不同随机样本，构建与之对应的置信区间,其中 95% 的置信区间将包含总体均值 μ。

学生 t 分布

学生 t 分布通常被称为"t 分布"。威廉·戈塞(1876—1937)是 t 分布的提出者,当时他是吉尼斯啤酒厂的员工,他需要一个小样本的分布。虽然啤酒厂禁止发表研究结果,但他还是以"学生"的笔名发表了研究结果(本书作者曾亲自参观了吉尼斯啤酒厂,并品尝了一些样品)。以下是关于学生 t 分布的一些要点。

- **学生 t 分布**:如果总体呈正态分布,那么以下分布是样本量为 n 的学生 t 分布。

$$t = \frac{\bar{x} - \mu}{\frac{s}{\sqrt{n}}}$$

- **自由度**:求解临界值 $t_{\alpha/2}$ 需要自由度(df)的值。一般来说,一个样本数据的自由度是指在对所有数据值做出某些限制后,样本中可以自由变化的数据的个数(例如:如果 10 个考试分数的均值为 80,则考试分数总和必须等于 800,并且前面 9 个考试分数可以是任意值,但第 10 个考试分数必须是固定的。因此,在这种情况下自由度是 9)。对于本节的方法而言,自由度为样本量减 1。

$$df = n - 1$$

- **求解临界值 $t_{\alpha/2}$**:我们可以通过统计软件或者表 A-3 求解临界值 $t_{\alpha/2}$。在统计软件中自由度可以是任意数量,但表 A-3 中的自由度只能是给定的。如果使用表 A-3,但表中又不包括所需的自由度,那么我们可以使用最接近的值,或者保守地使用表中下一个更低的自由度,或者可以采用插值。

- 学生 t 分布随着样本量的不同而不同(参见图 7-4,$n=3$ 和 $n=12$)

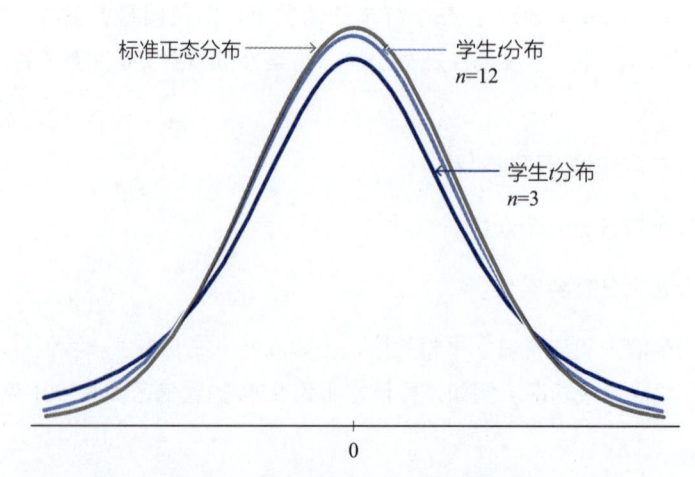

图 7-4:学生 t 分布($n=3$ 和 $n=12$)
学生 t 分布具有与标准正态分布相同的常规形状和
对称性,但其因样本小而具有更大的变异性。

- 学生 t 分布与标准正态分布具有相同的钟形曲线，但其因样本小而具有更大的变异性（更宽的分布）。

- 学生 t 分布的均值为 0。

- 学生 t 分布的标准差随着样本量的变化而变化，但肯定大于 1。

- 随着样本量 n 的增大，学生 t 分布越来越接近标准正态分布。

构建 μ 的置信区间的步骤

我们可以使用统计软件构建置信区间，也可以通过以下步骤构建。

1. 确认是否满足这两个条件：①样本为简单随机样本；②总体服从正态分布或 $n>30$。

2. 在通常情况下，σ 未知，自由度为 $n-1$，通过表 A-3 或统计软件找到与置信水平对应的临界值 $t_{\alpha/2}$。

3. 计算误差范围：$E=t_{\alpha/2}\cdot s/\sqrt{n}$。

4. 把 $\bar{x}$ 和 E 代入置信区间：$(\bar{x}-E, \bar{x}+E)$ 或者 $(\bar{x}-E<\mu<\bar{x}+E)$ 或者 $\bar{x}\pm E$。

5. 舍入规则：如果是原始数据值，则比原始数据值多保留 1 位小数。如果是概括统计量（n、$\bar{x}$、s），则保留与样本均值相同的位数。

估计野生动物的总体数量

美国《国家森林管理法案》（National Forest Management Act）保护包括北方斑点鸮在内的濒危物种，不允许林业部门在太平洋西北部大面积砍伐树木。生物学家和统计学家被要求在立法前分析此问题，他们得出的结论是，雌性猫头鹰的存活率和种群规模正在下降，而这在该物种的生存中发挥着重要作用。这些研究人员还研究了美国华盛顿州河流里的鲑鱼，以及新西兰的企鹅。在论文 "Sampling Wildlife Populations"（Chance, Vol. 9, No. 2）"中，作者 Bryan Manly 和 Lyman McDonald 认为在此类研究中生物学家和统计学家是双赢的，"生物学家获得了专业的统计建模技能；统计学家通过生物学家知道了关键的实际问题。"

例 1： 求解临界值 $t_{\alpha/2}$

试求与 95% 的置信水平对应的临界值 $t_{\alpha/2}$，假设样本量为 $n=6$。

解答：

因为 $n=6$，所以自由度为 $n-1=5$。95% 的置信水平对应 $\alpha=0.05$，因此 t 分布两侧的面积各为 0.025（参见图 7-5）。

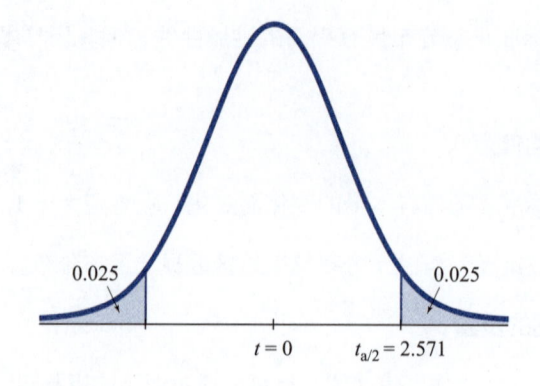

图 7-5：临界值 $t_{\alpha/2}$

使用统计软件：通过统计软件，可得 $t_{\alpha/2}=t_{0.025}=2.571$。

使用表 A-3：查询表 A-3，列数是"双侧面积"中的 0.05（"单侧面积"中的 0.025），行数是自由度 $n-1=5$，可得 $t_{\alpha/2}=t_{0.025}=2.571$。

▶ 轮到你了：试试 7-2 基础题的习题 2

估计橙子的含糖量

在美国佛罗里达州，统计学方法被广泛地用于柑橘产业。其中一项应用涉及向种植者支付用于制造橙汁的橙子的费用。一卡车的橙子，首先在收货工厂称重，然后随机抽取大约一打橙子的样本。称量样本，然后榨汁并测量果汁中的含糖量。根据抽样结果，估计整卡车橙子的含糖总量。即使两卡车橙子的重量可能是相同的，但甜的橙子肯定比不甜的橙子更有价值，所以业界是根据对含糖量的估计来支付费用的。

例 2： 花生巧克力的置信区间

以下列出的是随机选取的瑞斯花生巧克力的重量（克）。它们都来自同一个包装盒，且每盒有 38 块巧克力，包装盒上写着总重量是 340.2 克。如果 38 块巧克力的总重量的确是 340.2 克，那么每块巧克力的平均重量是 340.2/38 = 8.953 克。

8.639   8.689   8.548   8.980   8.936   9.042

1. 根据列出的样本数据，试求花生巧克力重量均值的点估计。

2. 根据列出的样本数据，试求花生巧克力重量均值的置信水平为 95% 的置信区间。根据结果，每盒是否是按照所显示的 340.2 克包装总重量进行填充的？

解答：

1. 数据的点估计是样本均值 $\bar{x}$，即 8.8057 克。

2. <u>检查条件</u>：在构建置信区间之前，必须先检查是否满足条件。①该样本是简单随机样本。②因为 n=6，为了满足"总体服从正态分布或 n>30"的条件，所以需要研究其正态性。在下面的正态分位图中，散点的分布相当接近一条直线，因此样本数据应该来自正态分布的总体，满足第 2 个条件。

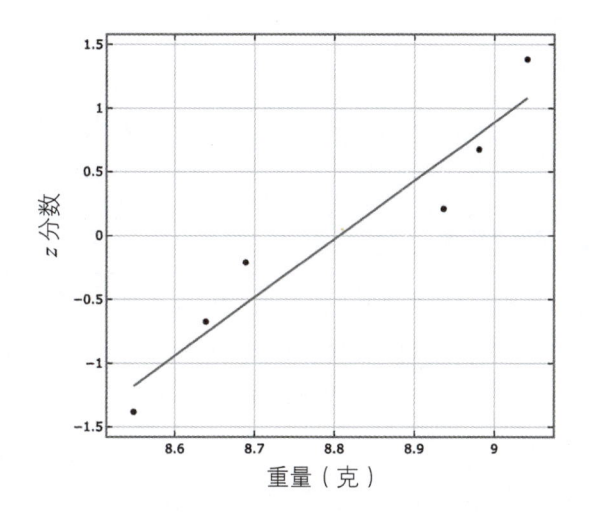

使用统计软件： 可以通过统计软件自动构建置信区间。此处显示的是使用 StatCrunch 软件对 6 个数据点分析的结果。图中显示的置信区间结果为置信区间下限（L. Limit）和置信区间上限（U. Limit）。保留 4 位小数（比原始数据多 1 位），可得置信区间为 8.5901 克 $< \mu <$ 9.0213 克。

StatCrunch

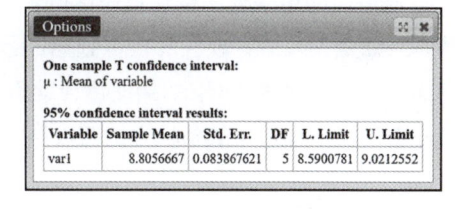

Variable	Sample Mean	Std. Err.	DF	L. Limit	U. Limit
var1	8.8056667	0.083867621	5	8.5900781	9.0212552

手算： 通过查询表 A-3，可得 $t_{0.025}$=2.571（参考"例 1"）。通过计算可得原始数据的标准差为 s=0.2054 克。误差范围 E 为

$$E = t_{\alpha/2} \frac{s}{\sqrt{n}} = 2.571 \times \frac{0.2054}{\sqrt{6}} = 0.215589$$

代入 $\bar{x}$=8.8057 克和 E=0.215589 克，可得置信区间如下：

$$\bar{x} - E < \mu < \bar{x} + E$$
$$8.8057 - 0.215589 < \mu < 8.8057 + 0.215589$$
$$8.5901 \text{克} < \mu < 9.0213 \text{克}（保留 4 位小数）$$

解读：

我们有 95% 的把握可以说 8.5901 克到 9.0213 克的区间包含 μ 的真实值。如果随机选取足够多且不同的 6 块花生巧克力，构建与之对应的置信区间，那么其中有 95% 的置信区间会包含花生巧克力的重量均值。

例子中讲到样本都来自同一个包装盒，且每盒有 38 块巧克力，包装盒上写着总重量是 340.2 克，因此每块巧克力的平均重量应为 8.953 克。置信区间确实包含该值，因此每盒应该是按照包装盒上显示的总重量进行填充的（理论上，应该抽取不同地区、不同包装盒中的 6 块花生巧克力，但作者没有时间这么做——他需要开长途车）。

▶ 轮到你了：试试 7-2 基础题的习题 13

缴获的坦克序列号揭示了坦克总数

在二战期间，盟军的情报专家想要确定德国生产的坦克数量。传统的间谍技术提供的情报并不可靠，但统计学家通过分析缴获的坦克序列号做出了准确的估计。举例来说，记录显示德国在 1941 年 6 月实际生产了 271 辆坦克。根据序列号估计的数字是 244，但传统的情报方法估计的数字是 1550。

（参见 "An Empirical Approach to Economic Intelligence in World War Ⅱ", Ruggles and Brodie, Journal of the American Statistical Association, Vol. 42.）

通过自助重采样法构建置信区间： 7-4 节将介绍通过自助重采样法构建总体参数的置信区间。基本方法是使用统计软件对样本数据进行多次"重采样"（如 1000 次），然后通过这 1000 个排好序的结果求得置信区间。如果使用自助重采样法重复"例2"，则可能会得到 8.6551 克 $<\mu<$ 8.9468 克。由于自助重采样法中的随机性，每次所得的置信区间可能都不相同。

例 3： 批判性思维——黑胶唱片的销量

以下列出的是黑胶唱片在美国的销量（单位：百万张）。销售数据从 1993 年开始按年列出。

0.3, 0.6, 0.8, 1.1, 1.1, 1.4, 1.4, 1.5, 1.2, 1.3, 1.4, 1.2, 0.9, 0.9,

1.0, 1.9, 2.5, 2.8, 3.9, 4.6, 6.1, 9.2, 11.9, 13.1, 14.3, 16.8

1. 根据列出的样本数据，构建总体均值的置信水平为 95% 的置信区间。

2. 是否能通过所得的置信区间来洞察数据背后的意义和趋势？

3. 除了置信区间，是否还有其他方法可以更好地洞察样本数据？在销售数据中最值得注意的是什么？

解答：

1. 根据本节介绍的方法，可得置信水平为 95% 的置信区间为 2.02<μ<5.92。

2. 样本量小于 30，并且数据不是来自正态分布的总体，因此不满足条件。在这里置信区间并不是一个好方法。

3. 时间序列图有助于揭示数据的规律。下面的时间序列图清楚地显示：近年的销量有明显的增长。这表明总体是随着时间的推移而变化的，但置信区间并没有揭示这种趋势。这也说明，我们不应该盲目地应用统计方法，而应该时刻思考自己在做什么！

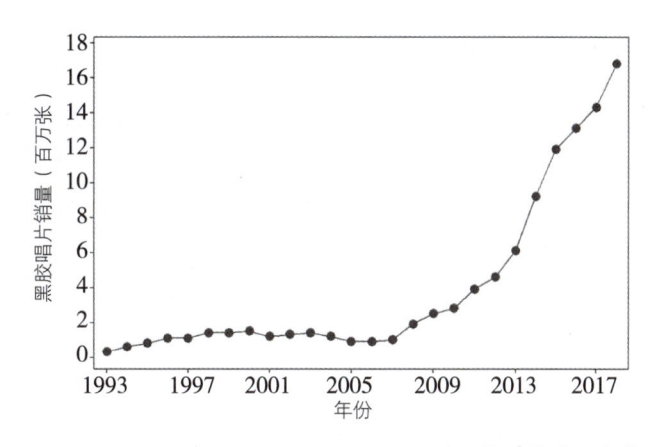

▶ 轮到你了：试试 7-2 基础题的习题 19

人群规模估计

分析人群的规模有许多复杂的方法。通过航空照片估计和人口密度测量的方法具有很高的精度。然而，报告中的人群规模估计通常只是简单的猜测。美国波士顿红袜队时隔 86 年再次赢得棒球世界大赛后，波士顿市政当局估计有 320 万名球迷参加了庆祝游行。波士顿警方提供的估计数字约为 100 万（但这是基于警察局领导的猜测）。航空照片的估计大约是 15 万。波士顿大学的 Farouk El-Baz 教授利用美国地质调查局提供的图像估计人群最多有 40 万。麻省理工学院的物理学家 Bill Donnelly 认为："如果人们只是随意给出一个数字，那么这是一件值得注意的事情。这意味着其他事情都没有被仔细地审查过。"

从置信区间求得点估计和误差范围 E

在期刊文章中，通常将置信区间表达为（10.0, 30.0）。样本均值 $\bar{x}$ 是置信区间的上限和下限的中点，误差范围 E 是置信区间的上限和下限之差的一半（因为上限是 $\bar{x}+E$，下限是 $\bar{x}-E$，所以它们之间的距离是 $2E$）。

$$\bar{x} = \frac{置信区间上限 + 置信区间下限}{2}$$

$$E = \frac{置信区间上限 - 置信区间下限}{2}$$

例如,由置信区间(10.0, 30.0)可得 $\bar{x}=20.0$, $E=10.0$。

通过置信区间描述、探索或比较数据

在某些情况下,置信区间可以作为描述、探索或比较数据的工具,请参考以下示例。

例 4: 关于二手烟置信区间的比较

图 7-6 显示了根据以下三个样本中的可替宁平均水平所构建的置信区间:①吸烟人群;② 家中至少有一名吸烟者的非吸烟者;③家中没有吸烟者的非吸烟者(置信区间基于数据集 15 "主动和被动吸烟"中的样本数据)。因为可替宁是人体吸收尼古丁时产生的,所以可替宁是尼古丁摄入量的指标。图 7-6 有助于观测二手烟的影响。吸烟者的置信区间没有与其他置信区间重叠,因此吸烟者的可替宁平均水平与其他两组人群不同。两组不吸烟人群的置信区间重叠,所以他们有可能具有相同的可替宁平均水平。(通过图)比较置信区间是有帮助的,但这种比较不应该被使用在判断均值相等与否的最终正式结论中。第 9 章和第 12 章将会介绍更好的方法用于均值的比较。

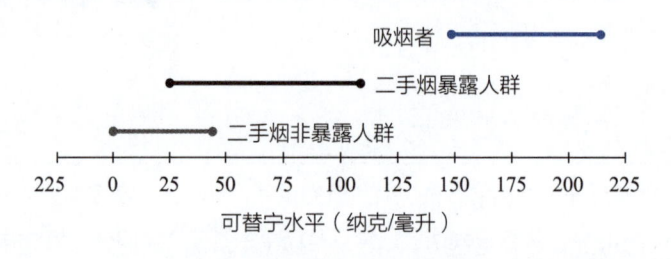

图 7-6:置信区间的比较

轮到你了:试试 7-2 基础题的习题 30

调查问卷的基准问题

为了帮助确认调查数据的准确性,皮尤研究中心的调查有时会包括"基准问题"。基准问题通常涉及政府统计数据已知的生活方式类问题。例如,一项调查可能包括这样的问题:"你结婚了吗?"美国普查局的统计数据是 48% 的成年人已婚,因此可以将调查问题的回答与 48% 的基准进行比较。如果在问卷调查中已婚比例与 48% 相差甚远,那么这将引发严重的问题。一种常见的更正方案是对未被代表的群体加上权重。

估计 σ 已知时的总体均值 μ

在现实世界中，统计学专业期刊和报告中很少出现估计总体均值 μ 但总体标准差 σ 已知的情况。如果 σ 的确已知，则使用标准正态分布而不是 t 分布来构建置信区间。因此，仍然可以使用本节之前提到的构建置信区间的方法，但应当使用以下误差范围：

$$E = z_{\alpha/2} \cdot \frac{\sigma}{\sqrt{n}}$$

该误差范围需要满足的条件和 t 分布一致：①样本为简单随机样本；②总体服从正态分布或 n>30。

选择正确的分布

在构建总体均值 μ 的置信区间时，应当注意使用正确的分布。总结如表 7-3 所示。

表 7-3：选择正确的分布

条　件	方　法
σ 未知且总体服从正态分布 或者 σ 未知且 n>30	使用 t 分布 $E = t_{\alpha/2} \dfrac{s}{\sqrt{n}}$
σ 已知且总体服从正态分布 或者 σ 已知且 n>30	使用正态分布 $E = z_{\alpha/2} \cdot \dfrac{\sigma}{\sqrt{n}}$
总体不服从正态分布并且 n ≤ 30	使用自助法（见 7-4 节）或者其他非参数方法

样本量的确定

在确定用于估计总体均值 μ 所需的样本量时，必须有总体标准差 σ 的估计值或已知值，参考"关键要素"中的公式 7-4。

关键要素

确定估计总体均值所需的样本量

目标

确定估计总体均值 μ 所需的样本量 n。

数学符号

μ = 总体均值

σ = 总体标准差

$\bar{x}$ = 样本均值

E = 误差范围

$z_{\alpha/2}$ = 临界值，即在标准正态分布下，分割右侧 $\alpha/2$ 面积的 z 分数

条件

样本必须是简单随机样本。

样本量

公式 7-4：

$$n = \left[\frac{z_{\alpha/2}\sigma}{E}\right]^2$$

舍入规则

如果所得的样本量 n 不是一个整数，则对 n 向上取整。

总体大小：公式 7-4 不取决于总体大小 N（除了从有限总体中无放回地抽取一个相对较大的样本）。

舍入规则：样本量必须是一个整数。如果所得的样本量 n 不是一个整数，则对 n 向上取整。这样可以保证样本量充足，而不是略有不足。

σ 未知：在公式 7-4 中，总体标准差 σ 需要是一个确定值，但在现实中，该值通常是未知的。因此在确定所需的样本量时，可以通过以下一些方法来解决 σ 未知的问题。

1. 范围经验法则。根据范围经验法则（参见 3-2 节）估计标准差：$\sigma \approx$ 全距 / 4，其中全距是样本数据的全距（从正态分布总体中随机选取 87 个或更多的样本，全距 / 4 大于或等于 σ 的概率至少为 95%）。

2. 迭代法。在 σ 未知的情况下，首先开始样本收集过程，根据前几个样本计算样本标准差 s 并估计 σ。然后随着获得更多的样本数据，σ 的估计值更为准确，所需的样本量也会随着收集更多的样本数据而做相应的调整。

3. 使用之前的结果。利用其他一些初步研究的结果估计 σ。此外，我们有时可以创造性地使用其他已知的结果。例如，在设计韦氏智商测试的时候，人为规定标准差为 15。统计学专业学生这一群体的差异性肯定比从总体中随机选取的群体要小，因此其智商分数的标准差小于 15。对于统计学专业学生而言，虽然具体的 σ 值未知，但可以肯定的是，$\sigma=15$ 是不会出错的。大于真实值的 σ 值将高估样本量，但太小的 σ 值将导致样本量不足。在确定样本量 n 时，任何误差都应该是保守的，即样本量可以过大，但不能太小。

例 5: 统计学专业学生的智商分数

假设需要估计统计学专业学生的平均智商分数,那么必须随机抽取多少统计学专业学生去参加智商测试,才能让样本均值与总体均值的智商分数相差不超过 3 个点(假设置信水平为 95%)?

解答:

根据题意,可得 $\alpha=0.05$,$z_{\alpha/2}=1.96$,$E=3$。此外,可以假设 $\sigma=15$(参考之前的讨论),因此根据公式 7-4,可得:

$$n = \left[\frac{z_{\alpha/2}\sigma}{E}\right]^2 = \left[\frac{1.96 \times 15}{3}\right]^2 = 96.04 = 97 \text{(向上取整)}$$

解读:

在众多统计学专业学生中,需要一个至少 97 人智商分数的简单随机样本,便可以有 95% 的把握认为样本均值与总体均值的智商分数相差不超过 3 个点。

▶ 轮到你了:试试 7-2 基础题的习题 23

7-3 总体标准差或方差的估计

核心概念:本节将介绍使用样本标准差 s(或样本方差 s^2)来推断相应的总体标准差 σ(或总体方差 σ^2)的方法。以下是本节包含的两个主要概念。

- **点估计**:样本方差 s^2 是总体方差 σ^2 的最佳点估计(或单值估计)。样本标准差 s 是总体标准差 σ 的最佳点估计(即使其为有偏估计量,也不影响结果。参见 6-3 节)。
- **置信区间**:可以通过卡方分布(χ^2 分布)构建关于总体标准差的置信区间。

卡方分布

以下是关于卡方分布的主要概念。

- 如果从一个总体服从方差为 σ^2 的正态分布中随机选取样本量为 n 的独立样本,且对于每一个样本都有样本方差 s^2,那么样本统计量 $\chi^2=(n-1)s^2/\sigma^2$ 所形成的样本分布被称为卡方分布(χ^2 分布)(参见公式 7-5)。

公式 7-5

$$\chi^2 = \frac{(n-1)s^2}{\sigma^2}$$

- χ^2 的临界值：右侧临界值记作 χ_R^2，左侧临界值记作 χ_L^2。我们可以通过统计软件或表 A-4 求临界值，但首先需要确定自由度。
- 自由度：在本节的方法中，自由度为样本量减 1。

$$df = n-1$$

- 不同于正态分布和 t 分布，卡方分布呈右偏态（参见图 7-7）。
- 卡方值为非负数（参见图 7-7）。
- 卡方分布随着自由度的不同而不同。随着自由度的增大，卡方分布趋近于正态分布（参见图 7-8）。

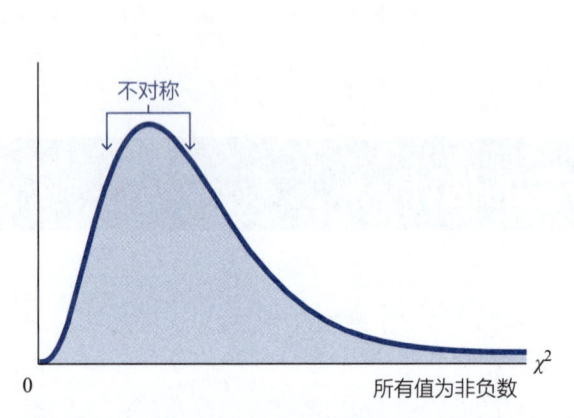

图 7-7：卡方分布

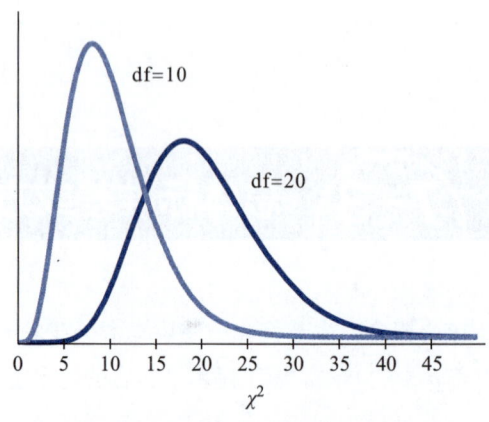

图 7-8：卡方分布（df=10 和 df=20）

注意：由于卡方分布的不对称性，σ^2 的置信区间估计不能使用表达式 $s^2-E<\sigma^2<s^2+E$，因此必须分别计算置信区间的上下限。也就是说，总体方差的置信区间只能使用诸如 $7.6<\sigma<14.2$ 或者 $(7.6,14.2)$ 这样的表达式，而不能使用 $s\pm E$ 来表达。

如果通过表 A-4 求临界值，则应当注意以下事项：

在表 A-4 中，χ_R^2 的每个临界值都对应于表的第一行给出的面积，第一行给出的面积都是临界值右侧的累积面积。

注意：标准正态分布的表 A-2 提供的是左侧累积面积，而卡方分布的表 A-4 提供的是右侧累积面积。

例 1： 试求 χ^2 临界值

假设有一个包含 22 个成人心率的简单随机样本，若要构建总体标准差的置信区间，则需要 95% 的置信水平以及 $n=22$ 的样本量所对应的 χ^2 左右侧临界值。试求 χ_L^2（分隔左侧面积 0.025 的 χ^2 临界值）和 χ_R^2（分隔右侧面积 0.025 的 χ^2 临界值）。

解答：

根据题意，可得 df=n-1=21（见图 7-9）。

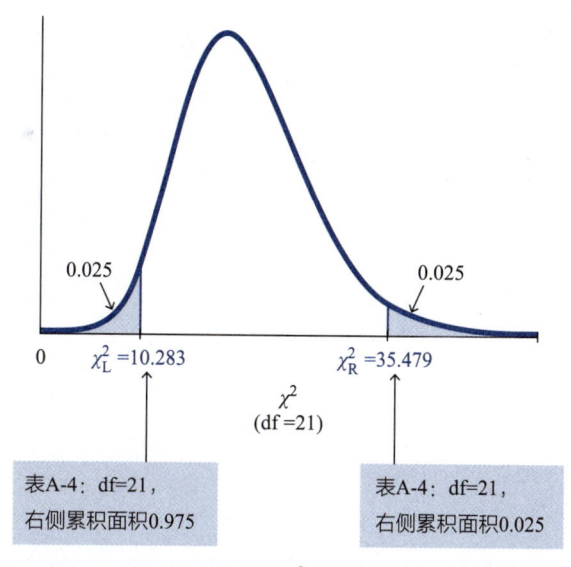

图中标注：
- 0.025（左侧）、0.025（右侧）
- χ_L^2=10.283，χ_R^2=35.479
- χ^2 (df =21)
- 表A-4：df=21，右侧累积面积0.975
- 表A-4：df=21，右侧累积面积0.025

图 7-9：χ^2 临界值

通过直接查询表 A-4，可得右侧临界值（χ_R^2=35.479）：在第一列自由度中确定 21，在第一行中确定 0.025。求左侧临界值（χ_L^2=10.283）也采用相同的方法，但因为第一行是右侧累积面积，所以在第一行确定的是 1-0.025=0.975。参见图 7-9，χ_L^2=10.283 右侧的总面积是 0.975。

▶ 轮到你了：试试 7-3 基础题的习题 5

当通过查询表 A-4 求 χ^2 临界值时，如果在表中找不到所需的自由度，则可以选择：使用下一个更低的自由度；或者，使用表中最接近的临界值；或者，使用插值法得到一个近似的结果。对于大于 100 的自由度，可以使用 "7-3 提高题" 的 "习题 23" 中的公式或者统计软件求解。

虽然 s^2 是 σ^2 的最佳点估计，但并不能说明它有多精确，因此可以使用置信区间。

关键要素

估计总体标准差或方差的置信区间

目标

构建用于估计总体标准差 σ 或方差 σ^2 的置信区间。

数学符号

σ = 总体标准差

σ^2 = 总体方差

s = 样本标准差

s^2 = 样本方差

n = 样本量

E = 误差范围

$\chi_L^2 = \chi^2$ 左侧临界值

$\chi_R^2 = \chi^2$ 右侧临界值

条件

1. 样本为简单随机样本。

2. （即使是大样本）总体必须服从正态分布。因为与正态分布的较大偏差会导致较大的误差，所以此处对正态分布的要求比前几节要严格得多。

（如果第 2 个条件不满足，那么一种替代方法是使用 7-4 节中介绍的自助法。）

置信区间估计

总体方差 σ^2 的置信区间：

$$\frac{(n-1)s^2}{\chi_R^2} < \sigma^2 < \frac{(n-1)s^2}{\chi_L^2}$$

总体标准差 σ 的置信区间：

$$\sqrt{\frac{(n-1)s^2}{\chi_R^2}} < \sigma < \sqrt{\frac{(n-1)s^2}{\chi_L^2}}$$

舍入规则

1. 置信区间：比原始数据值多保留 1 位小数。

2. 概括统计量：对于 n、s，保留与样本均值相同的位数。

构建 σ 或者 σ^2 的置信区间的步骤

我们可以使用统计软件构建置信区间，也可以使用表 A-4 通过以下步骤构建置信区间。

1. 确认是否满足两个条件：样本为来自正态分布总体的简单随机样本。

2. 给定 $n-1$ 的自由度以及所需的置信水平，通过查询表 A-4，找到相应的临界值 χ_L^2 和 χ_R^2（参考"例 1"）。

3. 通过以下公式计算 σ^2 的置信区间：

$$\frac{(n-1)s^2}{\chi_R^2} < \sigma^2 < \frac{(n-1)s^2}{\chi_L^2}$$

4. 若需要 σ 的置信区间，则对以上置信区间开根号。

5. 根据"关键要素"中介绍的规则，对所得的置信区间进行舍入。

使用置信区间进行比较或假设检验

比较：置信区间可以非正式地用来比较不同数据集的差异，但这种通过判断置信区间是否重叠的比较不应该被使用在判断方差或标准差相等与否的最终正式结论中。

例 2： 心率 σ 的置信区间估计

以下列出了成年女性心率（bpm，次/分钟）的简单随机样本（数据来自数据集 1"身体数据"）。构建 σ 的置信水平为 95% 的置信区间。

76	76	86	74	66	62	78	68	62	62	74
80	54	74	74	84	60	52	84	66	56	66

解答：

检查条件

1. ①样本为简单随机样本。②下面的正态分位图表明样本来自呈正态分布的总体（点分布趋近于直线）。

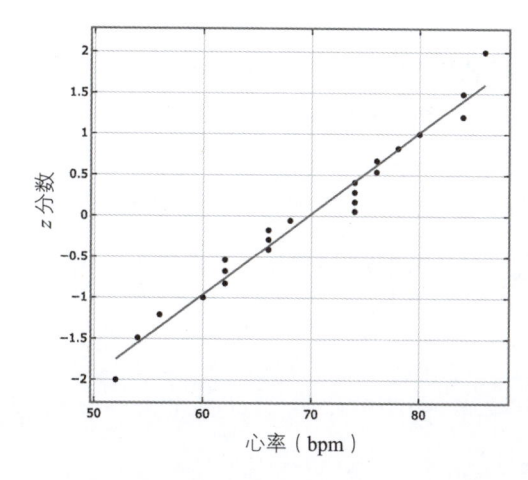

2. 使用统计软件：Statdisk 软件的分析结果显示了总体标准差 σ 和总体方差 σ^2 的置信区间。保留 1 位小数，可得 σ 的置信水平为 95% 的置信区间：7.6bpm< σ < 14.2bpm。

```
Statdisk
Using data from column 1
95% Confidence Interval for the Standard Deviation:
7.63165 < SD < 14.17573

95% Confidence Interval for the Variance:
58.24214 < VAR < 200.95129
```

使用表 A-4：根据题意，可得 df=n-1=21。在表 A-4 中，对应的是自由度为 21 的那一行，以及面积为 0.975 和 0.025 的那两列（对于 95% 的置信水平，将 α=0.05 均匀分在卡方分布的两侧）。临界值为 χ_L^2=10.283，χ_R^2=35.479（参见"例 1"）。

3. 将 χ_L^2=10.283，χ_R^2=35.479，s=9.91959，n=22 代入置信区间公式，可得：

$$\frac{(n-1)s^2}{\chi_R^2} < \sigma^2 < \frac{(n-1)s^2}{\chi_L^2}$$

$$\frac{(22-1)(9.91959)^2}{35.479} < \sigma^2 < \frac{(22-1)(0.91959)^2}{10.283}$$

4. 对上述结果开根号，并保留 1 位小数，可得总体标准差 σ 的置信水平为 95% 的置信区间：7.6bpm< σ < 14.2bpm

解读：

根据结果，我们有 95% 的把握认为 7.6bpm 到 14.2bpm 的区间包含 σ 的真实值。该置信区间可以被表达为 (7.6bpm,14.2bpm)，但不能使用 $s \pm E$ 来表达。

▶ 轮到你了：试试 7-3 基础题的习题 5

通过自助重采样法构建置信区间：7-4 节将介绍通过自助重采样法构建总体参数的置信区间。基本方法是使用统计软件对样本数据进行多次"重采样"（如 1000 次），然后通过这 1000 个排好序的结果求得置信区间。如果使用自助重采样法重复"例 2"，则可能会得到 7.2bpm< σ <11.5bpm。由于自助重采样法中的随机性，每次所得的置信区间可能都不相同。

置信区间的基本原理：参见图 7-9，如果从一个方差为 σ^2 的正态分布总体中选取一个样本量为

n 的随机样本，那么统计量 $(n-1)s^2/\sigma^2$ 落在临界值 χ_L^2 和 χ_R^2 之间的概率为 $1-\alpha$。也就是说，以下两种情况都为真的概率是 $1-\alpha$：

$$\frac{(n-1)s^2}{\sigma^2} < \chi_R^2 \quad \text{和} \quad \frac{(n-1)s^2}{\sigma^2} > \chi_L^2$$

在两个不等式的两边同时乘以 σ^2，再除以对应的 χ^2 临界值，可得：

$$\frac{(n-1)s^2}{\chi_R^2} < \sigma^2 \quad \text{和} \quad \frac{(n-1)s^2}{\chi_L^2} > \sigma^2$$

合并两个不等式，即得到本节所要求的置信区间：

$$\frac{(n-1)s^2}{\chi_R^2} < \sigma^2 < \frac{(n-1)s^2}{\chi_L^2}$$

样本量的确定

估计 σ 所需样本量的计算过程要复杂得多。对于正态分布的总体而言，可以使用表 7-4 或 "7-3 提高题"的"习题 24"中给出的公式来确定样本量。

表 7-4: σ 的样本量的确定

有 95% 的把握认为 s 的误差范围在……以内	样本量至少为……
1%	19,205
5%	768
10%	192
20%	48
30%	21
40%	12
50%	8
有 99% 的把握认为 s 的误差范围在……以内	样本量至少为……
1%	33,218
5%	1336
10%	226
20%	85
30%	38
40%	22
50%	14

> **例 3：** **求估计 σ 所需的样本量**
>
> 试求估计成年女性心率标准差所需的最小样本量。假设总体服从正态分布，置信水平为 99%，估计值需要在 σ 的 5 个百分点内。
>
> **解答：**
>
> 由表 7-4 可知，对应于置信水平为 99% 以及误差为 5%，所需的样本量为 1336。因此需要采集 1336 个成年女性心率的简单随机样本。

▶ 轮到你了：试试 7-3 基础题的习题 17

使用软件

标准差或方差：置信区间和样本量确定

R

R 命令在本书的原版书出版时并不可用[1]。

7-4 自助法

核心概念：前几节介绍了估计总体比例、均值和标准差（或方差）的方法。所有方法都因为需要满足特定的条件，而被限制了可以使用的场景。当某些条件不被满足时，通常可以使用自助法来估计参数的置信区间。自助法通常需要使用统计软件。

本节中介绍的自助重采样法需要满足以下条件：

1. 样本必须以适当的方式收集，例如简单随机样本（如果没有以适当的方式收集样本，那么很可能没有任何可用于估计参数的置信区间）。

2. 当使用自助重采样法生成统计量时，统计量的分布应该是近似对称的。

回忆之前介绍的方法，它们需要满足以下条件。

- 总体比例的置信区间（7-1 节）：至少 5 次成功以及至少 5 次失败（或者 $np \geq 5$ 以及 $nq \geq 5$）。

---

[1] 译者注：①置信区间：命令为 t.test(x, conf.level = 0.95, alternative = "two.sided")，对于 x，输入样本数据；对于 conf.level，输入置信水平，默认值为 95%。②样本量确定：需要数理统计知识，故此处省略。

- 总体均值的置信区间（7-2 节）：总体服从正态分布或 $n > 30$。
- 总体标准差或方差的置信区间（7-3 节）：（即使是大样本）总体必须服从正态分布。

若上述条件不被满足，则不能使用之前介绍的方法，但可以使用自助法。自助法不需要大样本，也不需要样本来自正态分布或任何其他特定分布的总体，因此自助法也被称为非参数法或不受分布限制统计法。其他非参数法可以参考第 13 章。

> **定义**
> 给定一个样本量为 n 的简单随机样本，自助样本是从原始样本中有放回抽取的另外 n 个值的随机样本（称其过程为重采样）。

如果是对原始样本无放回抽取 n 个值，那么新的样本就与原始样本完全相同了。因此，无论反复抽取多少次，比例、均值、标准差或方差都将相同，也就没有置信区间了。

> **注意**：自助样本涉及有放回抽样，因此，当其中一个样本被选取后，它会在下一次选取前被放回。

自助法的优点：自助重采样法给出了一个合理的估计，该估计能体现出参数的点估计如何变化。当有足够多的自助样本（多次重采样）时，所得样本统计量的分布会趋近于真实的分布。

自助法的缺点：应该注意的是，通过自助法生成的许多样本都会被用来计算用于估计参数的统计量。但是这些统计量形成的抽样分布是以原始样本数据的样本统计量为中心的，而不是总体参数。如果一个样本的点估计对总体参数估计得很差，那么自助法不会比该点估计更好。

百分位数自助法的置信区间限制：本节中介绍的自助法是对数据集进行重采样，然后通过所有统计量的百分位数构建置信区间，所得结果便是参数的置信区间估计。该方法中用到的百分位数并不是最理想的。还有一些更高阶的方法可以得到更好的置信区间，比如偏差纠正自助法的置信区间，但其超出了本节的范围。

例 1： 收入的自助样本

作者收集了当前统计学专业学生的年收入数据（千美元），得到数据 0, 2, 3, 7。

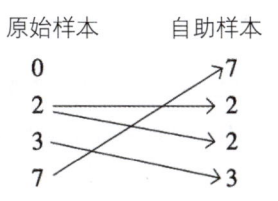

```
原始样本    自助样本
   0    ─────→ 7
   2  ╲ ╱───→ 2
   3  ╱ ╲───→ 2
   7 ╱   ╲──→ 3
```

{7, 2, 2, 3} 是从原始样本中获取的一个自助样本。其他自助样本可能不同。

收入的分布往往是呈偏态而非正态的，因此不能认为 7-2 节的小样本条件得到了满足。在这种情况下，可以通过自助法解答。

你认识多少人

任何人都很难获得他认识的所有人的数量,但统计方法可以用来估计我们平均认识的人数。在过去,只是简单地询问一个人认识多少人的调查结果是很不可靠的。一种更好的方法是选择一个具有代表性的样本,然后询问样本中的每个人认识多少个叫亦舒、亓田或者毛兰的人(常用的名字会让人更难以准确回忆,不常用的名字反而更有效)。这些回答被用来预测他们认识的所有人(如果样本中的受访者平均认识 1.76 个叫亦舒的人,并且总人口中有 0.288% 的人叫亦舒,那么平均认识的人数就是 1.76/0.00288 = 611)。根据一次估计结果,平均认识的人数是 611 人,中位数是 472 人。

(参见 "How Many People Do You Know? Efficiently Estimating Personal Network Size", McCormick, Salganik, and Zheng, Journal of the American Statistical Association, Vol. 105, No. 4。)

为什么叫"自助法"? 之所以使用术语"自助",是因为数据"通过自力更生"生成新的数据集。

需要多少数据? 为了提供易于操控且不冗长的例子,本节中的示例涉及非常小的数据集,通常不超过 20 个自助样本,但在正式的应用中,一般应该至少重采样 1000 次。统计学家或相关从业人员通常重采样 1 万次或以上。

自助法步骤:参数的置信区间估计

1. 给定样本量为 n 的简单随机样本,重复生成许多(如 1000 个或更多)样本量为 n 的自助样本。

2. 对于每个自助样本,计算需要估计的参数所对应的统计量(例如:μ 的置信区间估计,对于每个自助样本,计算样本均值 $\bar{x}$)。

3. 对所有计算得到的统计量从小到大排序。

4. 根据已排序的统计量,通过找到相应的百分位数来构建置信区间。3-3 节给出了求百分位数的步骤(举例来说,根据已排序的样本均值,置信水平为 90% 的置信区间的百分位点是 P_5 和 P_{95}。即 μ 的置信水平为 90% 的置信区间估计是 $P_5 < \mu < P_{95}$,其中 P_5 和 P_{95} 是从样本数据中计算出的实际百分位数)。

以下例子的局限性: 为了展示自助法的过程,"例 2"、"例 3"和"例 4"都用到了很小的样本,且只重采样 20 次。因此,所得的置信区间几乎包含了整个样本值的范围,而这些置信区间并不实用。较大的样本加上重采样 1000 次或以上会提供更好的结果。

比例

通过 0 和 1 来编码比例数据中的两个类别非常实用,如下面的例子所示。

例2： 眼睛色彩调查——比例的自助法置信区间

在一项调查中，随机选取了4名受试者并询问他们是否有棕色眼睛，结果如下: 0, 0, 1, 0（其中 0= 否，1= 是）。使用自助重采样法，试求总体比例 p 的置信水平为 90% 的置信区间，总体比例即所有人口中棕色眼睛的人的比例。

解答：

检查条件：样本是一个简单随机样本（无须满足以下条件：至少 5 次成功以及至少 5 次失败，或者 $np \geq 5$ 以及 $nq \geq 5$；样本必须来自正态分布的总体）。

步骤 1：如表 7-5 所示为根据原始样本 {0, 0, 1, 0}，重采样 20 次生成的自助样本。

表 7-5：p 的自助样本

自助样本				$\hat{p}$	排序后的 $\hat{p}$
1	0	0	1	0.50	0.00
1	0	1	0	0.50	0.00
0	1	1	1	0.75	0.00
0	0	0	0	0.00	0.00
0	1	0	0	0.25	0.25
1	0	0	0	0.25	0.25
0	1	0	1	0.50	0.25
1	0	0	0	0.25	0.25
0	0	0	0	0.00	0.25
0	0	1	1	0.50	0.25
0	0	0	1	0.25	0.25
0	0	1	0	0.25	0.25
1	1	1	0	0.75	0.50
0	0	0	0	0.00	0.50
0	1	0	1	0.50	0.50
0	0	1	0	0.25	0.50
1	0	0	0	0.25	0.75
1	1	1	0	0.75	0.75
0	0	0	1	0.25	0.75

$P_5 = 0.00$

90% 的置信区间 $0.00 < p < 0.75$

$P_{95} = 0.75$

步骤 2：对于每个自助样本，计算样本比例 $\hat{p}$，并将所得到的样本比例记录在表 7-5 中"自助样本"的右边一列。

步骤 3：表 7-5 中最右边一列为 20 个从小到大排序后的样本比例。

步骤 4：因为置信水平为 90%，我们需要找到百分位点 P_5 和 P_{95}。回想一下，P_5 表示 5% 的数低于该值，P_{95} 表示 5% 的数高于该值。根据 3-3 节给出的求百分位数的步骤，可得 P_5=0.00，P_{95}=0.75。因此，总体比例的置信水平为 90% 的置信区间为 0.00<p<0.75。

解读：

0.00<p<0.75 的置信区间相当宽。毕竟，所有总体比例的置信区间都必须在 0 和 1 之间，因此该置信区间似乎没有实际用处。不过作为示例，它仅基于 4 个样本值。

▶ 轮到你了：试试 7-4 基础题的习题 5

提示： "例 2"仅重采样 20 次，要想有效地展示自助法，通常需要使用统计软件重采样 1000 次或以上。

均值

在 7-2 节中，构建总体均值的置信区间的条件是：样本来自正态分布的总体，或者样本量大于 30。当该条件不被满足时，可以使用自助法。

例 3： 年收入——均值的自助法置信区间

作者收集了当前统计学专业学生的年收入数据（千美元），得到数据 0, 2, 3, 7。使用自助重采样法，试求总体均值 μ 的置信水平为 90% 的置信区间，总体均值即作者的所有统计学专业学生的平均年收入。

解答：

检查条件： 样本是一个简单随机样本（无须满足以下条件：样本必须来自正态分布的总体）。收入的分布通常是呈偏态而非正态的，因此不能使用 7-2 节中的方法计算置信区间；但是可以使用自助法。

步骤 1： 如表 7-6 所示为根据原始样本 {0, 2, 3, 7}，重采样 20 次生成的自助样本（由于篇幅限制，这里仅用 20 次举例，通常在实际操作中需要重采样至少 1000 次）。

步骤 2： 对于每个自助样本，计算样本均值 $\bar{x}$，并将所得到的样本均值记录在表 7-6 中"自助样本"的右边一列。

步骤 3： 表 7-6 中最右边一列为 20 个从小到大排序后的样本均值。

步骤 4： 因为置信水平为 90%，我们需要找到百分位点 P_5 和 P_{95}。回想一下，P_5 表示 5% 的数低于该值，P_{95} 表示 5% 的数高于该值。根据 3-3 节给出的求百分位数的步骤，可得 P_5=1.75，P_{95}=4.875。因此，总体均值的置信水平 90% 的置信区间为 1.75 < μ < 4.875。

表7-6：μ 的自助样本

自助样本				$\bar{x}$	排序后的 $\bar{x}$
3	3	0	2	2.00	1.75
0	3	2	2	1.75	1.75
7	0	2	7	4.00	1.75
3	2	7	3	3.75	2.00
0	0	7	2	2.25	2.00
7	0	0	3	2.50	2.25
3	0	3	2	2.00	2.50
3	7	3	7	5.00	2.50
0	3	2	2	1.75	2.50
0	3	7	0	2.50	2.75
0	7	2	2	2.75	3.00
7	2	2	3	3.50	3.25
7	2	3	7	4.75	3.25
2	7	2	7	4.50	3.50
0	7	2	3	3.00	3.75
7	3	7	2	4.75	4.00
3	7	0	3	3.25	4.50
0	0	3	7	2.50	4.75
3	3	7	0	3.25	4.75
2	0	2	3	1.75	5.00

$P_5 = 1.75$

90%的置信区间
$1.75 < \mu < 4.875$

$P_{95} = 4.875$

▶ 轮到你了：试试7-4基础题的习题7

标准差

在7-3节中，构建总体标准差的置信区间的条件是：样本必须来自正态分布的总体。当该条件不被满足时，可以使用自助法。即使样本量很大，用于估计总体标准差的正态性条件也比用于估计总体均值的正态性条件严格得多。因此，自助法对于 σ 或 σ^2 的置信区间估计而言更为重要。

例4：年收入——标准差的自助法置信区间

根据"例3"中的年收入数据：0, 2, 3, 7（千美元），使用自助重采样法，试求总体标准差 σ 的置信水平为90%的置信区间，总体标准差即作者的所有统计学专业学生年收入的标准差。

解答：

检查条件：与"例3"的检查条件相同。

与"例3"的基本过程相同。"例3"已经包括20个自助样本,所以这里计算每个自助样本的标准差,并排序,结果如下:

1.26　1.26　1.26　1.41　1.41　2.22　2.31　2.38　2.63　2.63

2.87　2.87　2.89　2.94　2.99　3.30　3.32　3.32　3.32　3.56

90%的置信水平对应的百分位点是P_5和P_{95}。根据3-3节给出的求百分位数的步骤,可得P_5=1.26,P_{95}=3.44。因此,总体标准差的置信水平为90%的置信区间为 1.26<σ<3.44。

▶ 轮到你了:试试7-4基础题的习题8

再啰唆一句,由于实际原因,本节的示例包含了很小的数据集且重采样少于20次。较大的样本加上重采样1000次或以上,则会提供更好的结果。

8-1： 假设检验的基础
8-2： 总体比例的假设检验
8-3： 总体均值的假设检验
8-4： 总体标准差或方差的假设检验
8-5： 重采样法的假设检验

第 8 章

假设检验

本章问题 网络安全：是否大多数互联网用户都使用双重认证来保护他们的网络数据？

在如今这个数字化和网络化的世界里，网络攻击和数据泄露十分常见。随着网上个人信息的不断增多，保护数据安全，避免网络犯罪变得越来越重要。抵御黑客的第一道防线是账户密码，但仅凭密码是十分脆弱的。保护网络信息安全更有效的方法是"双重认证"，也就是将你知道的（如用户名和密码）和你拥有的（如智能手机、指纹扫描、人脸识别）结合起来。双重认证在各大网站（如谷歌、苹果、亚马逊、推特）上越来越多地用于账户保护。在皮尤研究中心的一项调查中，52% 的互联网用户（$n=926$）报告他们至少对一个网络账户使用双重认证。根据这一调查结果，是否有理由相信以下命题："大多数互联网用户使用双重认证来保护他们的网络数据"（我们把大多数理解为超过一半，或超过 50%）。

关于"大多数互联网用户"的说法可以通过本章中的假设检验方法来验证。我们用 $p>0.5$ 这一数学表达式来表达口头上的"大多数（或超过一半）互联网用户使用双重认证来保护他们的网络数据"。本章将介绍假设检验的标准方法。需要注意的是，假设检验并不是统计学特有的，它也适用于许多不同的学科，包括卫生、医学、商业和广告等。要找到一个不使用假设检验的学科反而不容易。因此，本章的内容在统计学之外也有着广泛的应用。

本章目标

8-1：假设检验的基础

- 给定关于总体参数（如比例、均值、标准差或方差）的假设或命题，学会建立和区分原假设和备择假设。

- 学会计算检验统计量、临界值、p 值，并对原命题做出判断。以下是假设检验中应当包括的组成部分。

    - 原假设和备择假设的数学表达式。
    - 检验统计量。
    - 用于假设检验的抽样分布。
    - p 值和/或临界值。
    - 做出判断：拒绝原假设，或不能拒绝原假设。
    - 使用非技术用语对原命题进行总结。

8-2：总体比例的假设检验

- 根据样本数据，掌握关于总体比例的假设检验的基本步骤。

8-3：总体均值的假设检验

- 根据样本数据，掌握关于总体均值的假设检验的基本步骤。

8-4：总体标准差或方差的假设检验

- 根据样本数据，掌握关于总体标准差或方差的假设检验的基本步骤。

8-5：重采样法的假设检验

- 使用自助法和置换检验的重采样法，对总体参数（如比例、均值、标准差或方差）进行假设检验。

8-1 假设检验的基础

核心概念：本节将介绍假设检验的关键组成部分。本节的概念具有一般性，适用于比例、均值、标准差或方差的假设检验。第 1 部分先从大框架入手，理解假设检验的基本方法。然后介绍基本概念：原假设、备择假设、显著性水平、检验类型（双侧检验、左侧检验、右侧检验）、检验统计量、p 值、临界值，以及对原命题做出判断。第 2 部分介绍错误的类型（第一类错误与第二类错误）。第 3 部分介绍统计功效。

第 1 部分：假设检验的基本方法

我们先从两个非常基本的定义开始介绍。

> **定义**
> 在统计学中，假设是一个关于总体性质的命题。
> 假设检验（也被称为显著性检验）是检验关于总体某个性质的某个命题的过程。

在上述定义中，"总体性质"一般指的是总体参数，因此参考以下关于假设（命题）的例子。

- $p>0.5$："大多数互联网用户（超过一半）使用双重认证来保护他们的网络数据"。
- $\mu<98.6\ °F$："人的体温均值小于 $98.6\ °F$"。
- $\sigma=15$："大学生总体智商分数的标准差等于 15"。

CP 例 1： 大多数互联网用户使用双重认证来保护他们的网络数据

考虑"本章问题"中的命题："大多数互联网用户使用双重认证来保护他们的网络数据"。定义 p 为互联网用户使用双重认证的比例，命题"大多数互联网用户"与命题"比例大于一半"或"$p>0.5$"等价。表达式 $p>0.5$ 是原命题的数学表达式。

CP 大框架： "本章问题"中的调查结果显示 926 位互联网用户中的 52% 使用双重认证来保护他们的网络数据。在"例 1"中，我们可以看到该命题与 $p>0.5$ 等价。那么：

在 926 位互联网用户中，有多少人使用双重认证才算是一个显著高的数字？

- 肯定不是显著高的数字：926 人中有 464 人（50.1%）的结果刚刚超过一半。显然 464 不是显著高的数字。

- 肯定是显著高的数字：926 人中有 925 人（99.9%）的结果显然是显著高的。
- 不是很明确：但如果 926 人中有 510 人（55.1%）呢？假设检验会帮助我们判断这样的结果是否是显著高的。

使用统计软件：利用统计软件会很容易得到假设检验的结果，因为不需要任何手算。通过查看这四个来自不同统计软件的分析结果，我们可以看到一些共同的元素——它们都显示了"检验统计量"（Test Statistic）：z=1.25（舍入后），以及 p=0.1059（舍入后）。这两个结果非常关键，但理解假设检验的步骤更为重要。只有先充分理解其术语和原理，统计软件的分析结果才有意义。

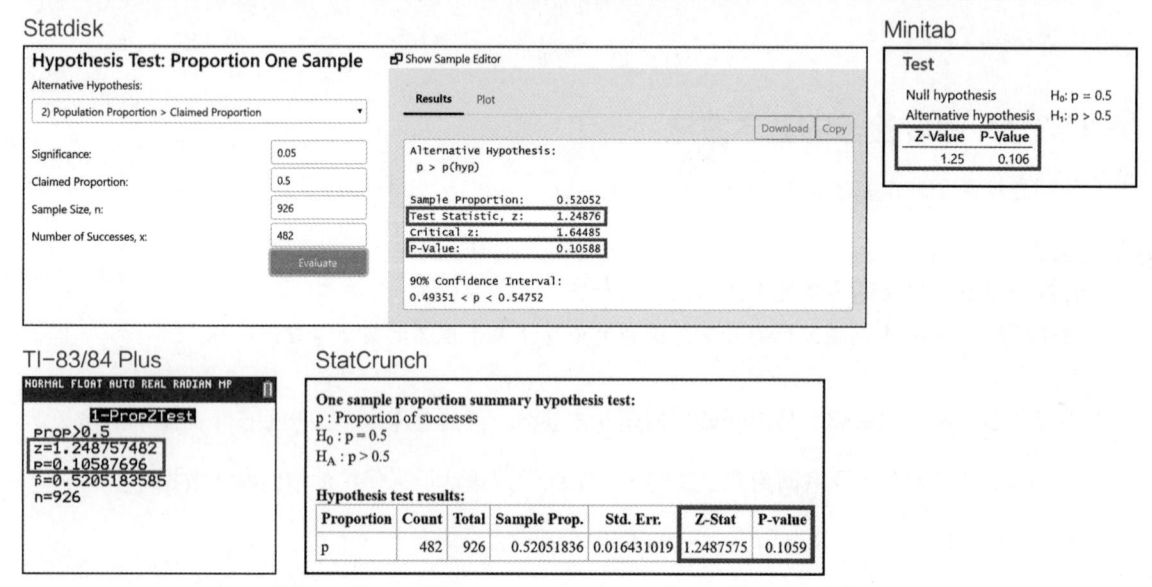

显著性：假设检验也被称为显著性检验。在 4-1 节中，我们使用了概率来确定样本的结果是显著低的还是显著高的。本章使用统一的步骤将这些概念模式化，此统一的步骤通常在许多不同的应用领域中也被使用。图 8-1 总结了假设检验的两种略有不同的方法。我们将使用"本章问题"中涉及的样本数据，继续对"例 1"中 p>0.5 的命题进行正式的检验，其中 n=926，$\hat{p}$=0.52。

术语的重要性：本章介绍在不同的领域中使用的相同的术语，这些术语并不仅仅被应用在统计学中。例如，原假设、备择假设和 p 值也被应用在医学、广告学、犯罪学、法学和许多其他学科中。

第 8 章 假设检验

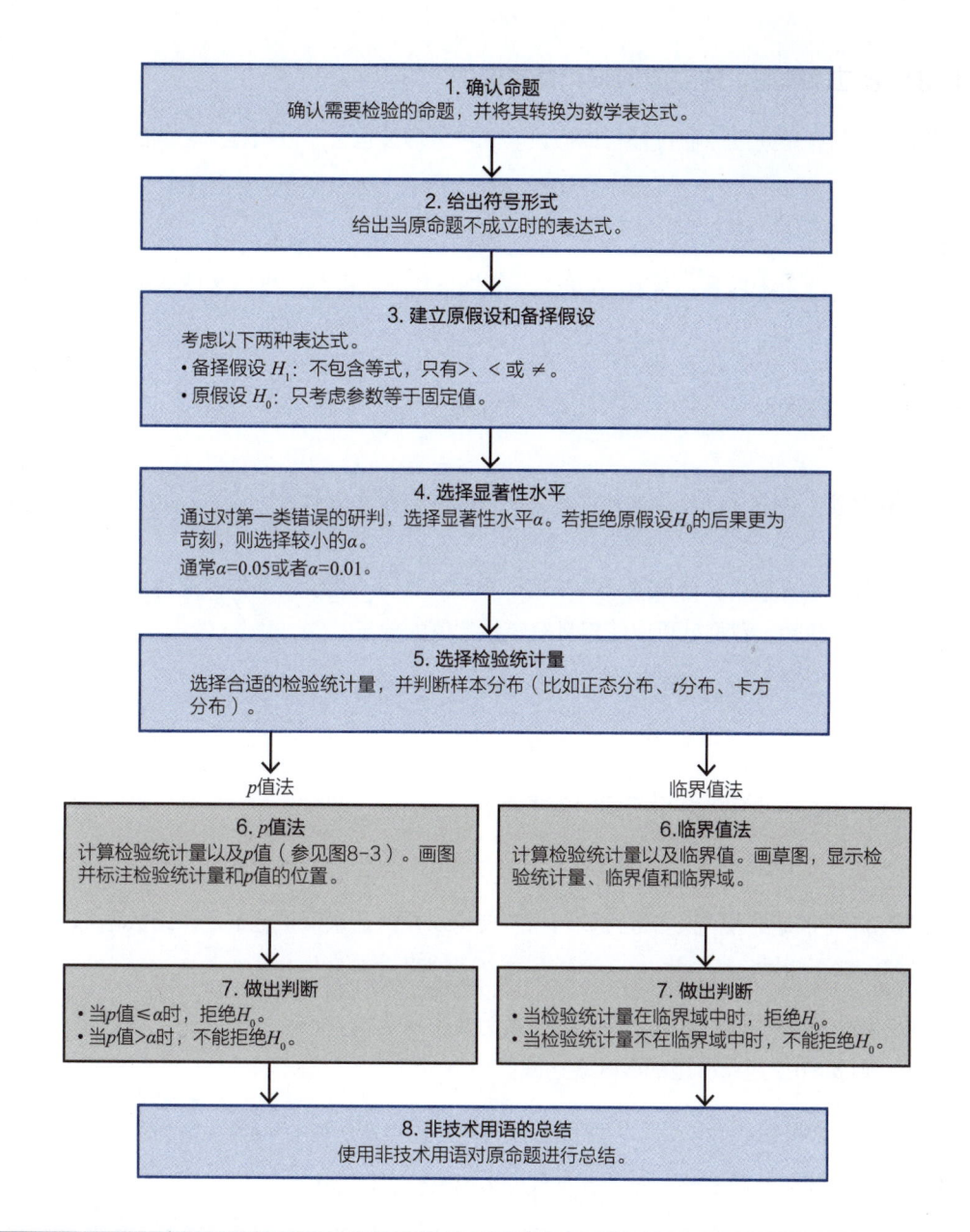

```
┌─────────────────────────────────────────┐
│ 1. 确认命题                              │
│ 确认需要检验的命题,并将其转换为数学表达式。 │
└─────────────────────────────────────────┘
                    ↓
┌─────────────────────────────────────────┐
│ 2. 给出符号形式                          │
│ 给出当原命题不成立时的表达式。           │
└─────────────────────────────────────────┘
                    ↓
┌─────────────────────────────────────────┐
│ 3. 建立原假设和备择假设                  │
│ 考虑以下两种表达式。                     │
│ • 备择假设 $H_1$:不包含等式,只有>、<或≠。│
│ • 原假设 $H_0$:只考虑参数等于固定值。    │
└─────────────────────────────────────────┘
                    ↓
┌─────────────────────────────────────────┐
│ 4. 选择显著性水平                        │
│ 通过对第一类错误的研判,选择显著性水平α。 │
│ 若拒绝原假设 $H_0$ 的后果更为苛刻,       │
│ 则选择较小的α。                          │
│ 通常α=0.05或者α=0.01。                   │
└─────────────────────────────────────────┘
                    ↓
┌─────────────────────────────────────────┐
│ 5. 选择检验统计量                        │
│ 选择合适的检验统计量,并判断样本分布      │
│ (比如正态分布、t分布、卡方分布)。       │
└─────────────────────────────────────────┘
         ↓ p值法              ↓ 临界值法
┌────────────────────┐  ┌────────────────────┐
│ 6. p值法           │  │ 6. 临界值法        │
│ 计算检验统计量以及 │  │ 计算检验统计量以及 │
│ p值(参见图8-3)。│  │ 临界值。画草图,   │
│ 画图并标注检验统计 │  │ 显示检验统计量、   │
│ 量和p值的位置。    │  │ 临界值和临界域。   │
└────────────────────┘  └────────────────────┘
         ↓                        ↓
┌────────────────────┐  ┌────────────────────┐
│ 7. 做出判断        │  │ 7. 做出判断        │
│ • 当p值≤α时,      │  │ • 当检验统计量在   │
│   拒绝 $H_0$。     │  │   临界域中时,     │
│ • 当p值>α时,      │  │   拒绝 $H_0$。     │
│   不能拒绝 $H_0$。 │  │ • 当检验统计量不在 │
│                    │  │   临界域中时,     │
│                    │  │   不能拒绝 $H_0$。 │
└────────────────────┘  └────────────────────┘
                    ↓
┌─────────────────────────────────────────┐
│ 8. 非技术用语的总结                      │
│ 使用非技术用语对原命题进行总结。         │
└─────────────────────────────────────────┘
```

置信区间法

使用表8-1中的置信水平,构建置信区间。若置信区间不包含总体参数,则拒绝原假设;否则,不能拒绝。

表8-1 置信区间的置信水平

假设检验的置信水平	双侧检验	单侧检验
0.01	99%	98%
0.05	95%	90%
0.10	90%	80%

图 8-1:假设检验的步骤

步骤 1~3：通过原命题，建立原假设和备择假设

步骤 1~3 的目标是建立原假设和备择假设。其中原假设包含了以检验为目的的"工作设想"。以下为定义：

> **定义**
> 原假设（也被称为零假设，用 H_0 表示）：总体参数（如比例、均值或标准差）等于某个特定值的假设。
> 备择假设（用 H_1 或 H_a 或 H_A 表示）：参数值与原假设不同的假设。对于本章中的方法，备择假设的表达式必须使用 >、< 或 ≠ 符号中的一个。

> **提示**：原假设是一个可以相信也可以否定的"工作设想"。

原假设也被称为零假设，这里的"零"用于表示没有影响或没有差异。通过假设参数等于某个特定值来进行假设检验，我们就可以使用具有该特定值的分布。

示例：以下为关于比例的原假设。

$$H_0: p = 0.5$$

示例：以下为关于比例的几个不同的备择假设。

$$H_1: p > 0.5 \qquad H_1: p < 0.5 \qquad H_1: p \neq 0.5$$

给定"例 1"中的原命题"大多数互联网用户使用双重认证来保护他们的网络数据"，应用图 8-1 中的步骤 1~3，如下所示。

步骤 1：确认需要检验的命题，并将其转换为数学表达式。若用 p 来定义互联网用户使用双重认证的概率，则 $p > 0.5$ 是原命题的数学表达式。

步骤 2：给出当原命题不成立时的表达式。如果原命题 $p > 0.5$ 不成立，那么 $p \leq 0.5$ 必须成立。

步骤 3：此步骤分为两部分：建立备择假设 H_1 和建立原假设 H_0。

- 建立备择假设 H_1：使用表达式 $p > 0.5$ 和 $p \leq 0.5$，因为备择假设表达式不包含等式，所以有 $H_1: p > 0.5$。

- 建立原假设 H_0：原假设表达式只考虑参数等于固定值的情况，因此有 $H_0: p = 0.5$。

根据前三步，可以建立原假设和备择假设：

$$H_0: p = 0.5$$
$$H_1: p > 0.5$$

关于自定义命题（假设）的注意事项：如果我们在进行一项研究，并且需要假设检验来支持自己的命题，那么该命题必须为备择假设（只能用 >、< 或 ≠ 表示）。永远不可能支持参数等于某个值的命题。

步骤 4：选择显著性水平

> **定义**
> 假设检验的**显著性水平** α 是一个用作判断界限的概率，该界限用来确定样本何时具有能够显著推翻原假设的证据。根据其性质，显著性水平 α 是原假设为真时，错误地拒绝原假设的概率：
> $$\text{显著性水平 } \alpha = P(\text{拒绝 } H_0 \mid H_0 \text{ 为真})$$

显著性水平 α 和 7-1 节中的临界值 α 一致。α 的取值通常为 0.05、0.01 或 0.10。最常见的是 0.05。

步骤 5：选择检验统计量并判断样本分布（如正态分布、t 分布、卡方分布）

表 8-2 列出了参数及其对应的检验统计量。

表 8-2：参数及其对应的检验统计量

参数	抽样分布	条件	检验统计量
比例 p	正态分布	$np \geq 5, nq \geq 5$	$z = \dfrac{\hat{p} - p}{\sqrt{\dfrac{pq}{n}}}$
均值 μ	t 分布	σ 未知且总体服从正态分布 或者 σ 未知且 $n > 30$	$t = \dfrac{\bar{x} - \mu}{\dfrac{s}{\sqrt{n}}}$
均值 μ	正态分布	σ 已知且总体服从正态分布 或者 σ 已知且 $n > 30$	$z = \dfrac{\bar{x} - \mu}{\dfrac{\sigma}{\sqrt{n}}}$
标准差 σ 或方差 σ^2	卡方分布	样本必须来自正态分布的总体	$\chi^2 = \dfrac{(n-1)s^2}{\sigma^2}$

示例：命题 $p > 0.5$ 是关于总体比例 p 的，因此，若满足前置条件，则采用正态分布（在"例 1"中，$n = 926$，$p = 0.5$，$q = 0.5$，因此 $np \geq 5$ 以及 $nq \geq 5$ 都满足）。

步骤 6：先求检验统计量，再求 p 值或临界值

检验统计量提供了对样本统计量与原假设下总体参数之间差值的度量。对于比例来说，检验统计量是样本比例 $\hat{p}$ 和原假设下总体比例 p 之间差值的度量。

> **定义**
> 检验统计量是一个用于判断原假设的值。当假设原假设为真时，可以通过将样本统计量（如 $\hat{p}$、$\bar{x}$ 或 s）转换为对应的分数（如 z、t 或 χ^2）来计算检验统计量。

本章中使用的检验统计量都在表 8-2 的最后一列中列出了。

(CP) 示例：根据"例 1"，有 $n=926$，$\hat{p}=0.52$，原假设 H_0：$p=0.5$，可得 $q=1-p=0.5$，检验统计量 $z=1.22$，计算如下。

$$z = \frac{\hat{p} - p}{\sqrt{\dfrac{pq}{n}}} = \frac{0.52 - 0.5}{\sqrt{\dfrac{(0.5)(0.5)}{926}}} = 1.22$$

前面统计软件分析结果中的检验统计量更为精确：$z=1.25$（用 $482/926=0.5205183585$ 替换 0.52）。

在确定 p 值和临界值之前，我们需要先判断该假设检验是双侧检验、左侧检验还是右侧检验。

双侧 / 左侧 / 右侧

> **定义**
> 临界域（或拒绝域）是指可以拒绝原假设的所有检验统计量所在的区域。

取决于假设检验的类型，临界域可以在双侧、左侧或右侧。

- 双侧检验：临界域在曲线下的两侧（见图 8-2 上）。
- 左侧检验：临界域在曲线下的左侧（见图 8-2 中）。
- 右侧检验：临界域在曲线下的右侧（见图 8-2 下）。

> **提示**：下面是备择假设中使用的符号。
> - >，指代右侧检验。
> - <，指代左侧检验。
> - ≠，指代双侧检验。
>
> **示例**：H_0：$p=0.5$，H_1：$p>0.5$，若样本比例远远大于 0.5，则拒绝原假设，并接受备择假设。因此，该假设检验为右侧检验。

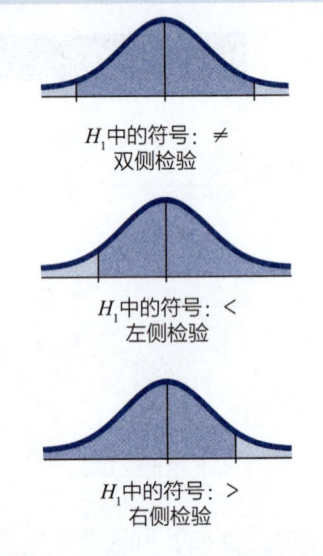

图 8-2：双侧 / 左侧 / 右侧的临界域

p 值法

我们可以通过比较 p 值和显著性水平对假设检验做出判断。

> **定义**
> 在假设检验中，p 值是当假设原假设为真时，得到至少与实际样本的检验统计量一样极端的检验统计量的概率。

> **注意**：不要混淆以下数学符号。
> - p 值 = 当假设原假设 H_0 为真时，得到至少与实际样本的检验统计量一样极端的检验统计量的概率
> - p = 总体比例
> - $\hat{p}$ = 样本比例

为了求 p 值，首先需要找到分布中超出检验统计量的面积（使用统计软件或表 A-2），然后遵循图 8-3 中的步骤。对该步骤总结如下。

- 临界域在左侧：p 值 = 检验统计量左侧的面积。
- 临界域在右侧：p 值 = 检验统计量右侧的面积。
- 临界域在两侧：p 值 = 超出检验统计量面积的 2 倍。

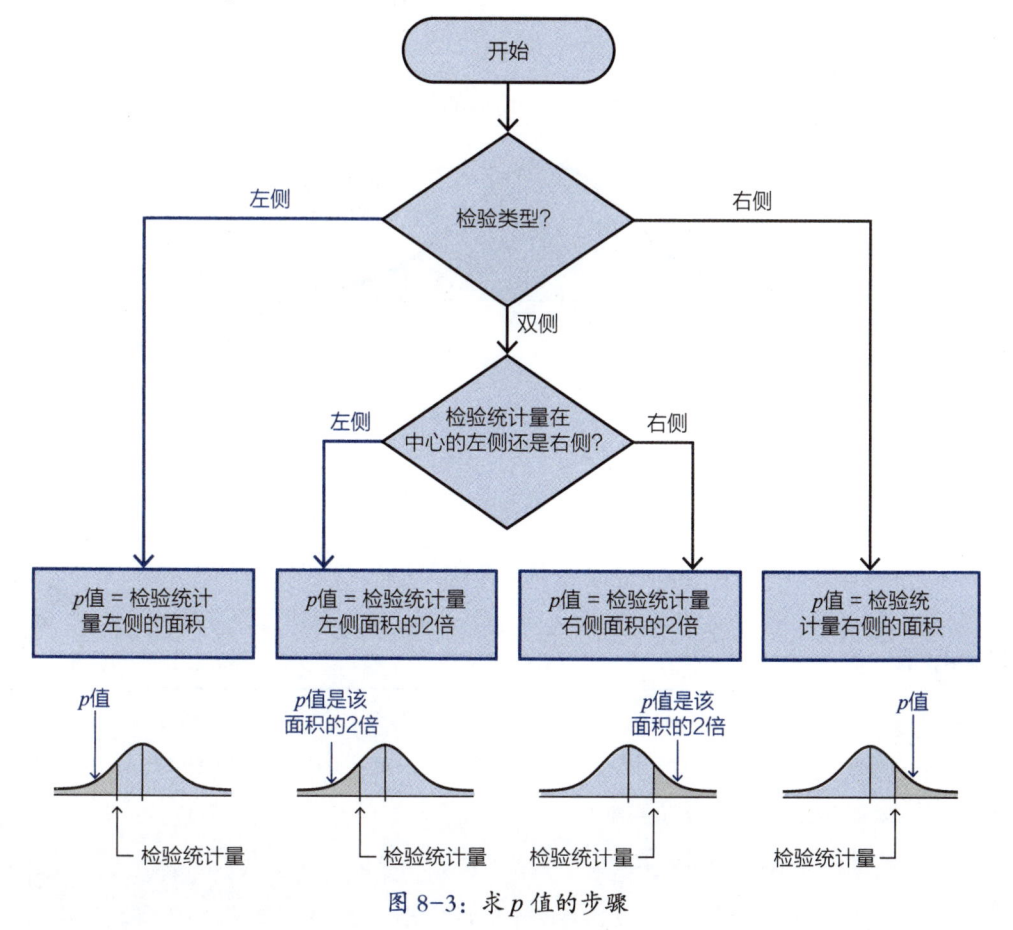

图 8-3：求 p 值的步骤

示例：继续使用"本章问题"以及"例1"中的数据，可得检验统计量 $z=1.25$。使用表 A-2，可得检验统计量右侧的面积为 1−0.8944=0.1056，即 p 值为 0.1056。由于四舍五入，该 p 值与前面统计软件分析结果中 0.1059 的 p 值略有不同。

p 值与假设检验的争议

检验假设的标准方法和 p 值法被广泛接受和使用，但不是每个人都相信这些方法是可靠的。《基础与应用社会心理学》（*Basic and Applied Social Psychology*）期刊的编辑们表示，他们将不再接收包含 p 值的文章。他们说，太容易通过的 p 值标准有时成为低质量研究的借口。在过去，p 值一直被滥用和误用，因此严肃而重要的统计分析不能只依靠 p 值的结果。请参阅第 15 章中关于应该考虑其他方面的讨论。其中的一些方面也会在本章中讨论。

临界值法

我们可以通过比较临界值和检验统计量对假设检验做出判断。

> **定义**
> 在假设检验中，分开临界域（拒绝域）和非临界域的数值被称为**临界值**。

临界值的确定取决于原假设、抽样分布以及显著性水平 α。

示例：图 8-4 中的蓝色区域为临界域，它所对应的显著性水平为 $\alpha=0.05$，临界值为 $z=1.645$。

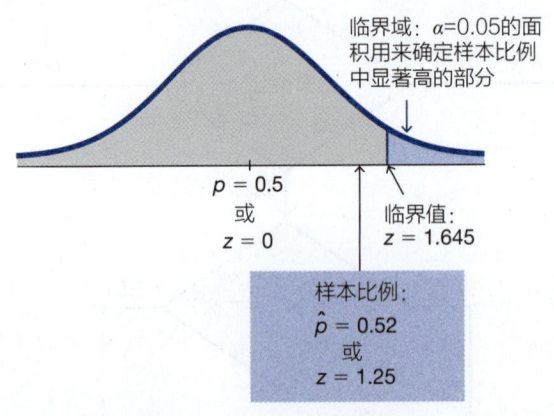

图 8-4：临界域、临界值和检验统计量

期刊禁用 p 值！

虽然假设检验的 p 值已经在科研领域被广泛接受，但《基础与应用社会心理学》期刊的编辑们调侃地表示，他们将不再接收包含 p 值的文章。在一篇社论中，David Trafimow 和 Michael Marks 认为"太容易通过的 p 值标准有时成为低质量研究的借口"。但 David Trafimow 也表示，他不知道应该用哪种统计方法来代替 p 值。

支持禁用 p 值的一方也承认，尽管 p 值可能被滥用和误用，但它仍然是有价值的研究工具。

步骤 7：做出拒绝或者不能拒绝原假设 H_0 的判断

p 值法的判断标准

- 当 p 值 ≤ α 时，拒绝 H_0。
- 当 p 值 > α 时，不能拒绝 H_0。

(CP) 示例：p 值 = 0.106（舍入后），α=0.05，p 值 > α，因此不能拒绝原假设 H_0。因为 p 值是当假设原假设为真时得到至少与实际观测样本一样极端的样本的概率，所以，如果 p 值很高（高于 α），则样本统计量既不显著高也不显著低。

临界值法的判断标准

- 当检验统计量在临界域内时，拒绝 H_0。
- 当检验统计量不在临界域内时，不能拒绝 H_0。

示例：检验统计量 z=1.25，临界值 z=1.645（如图 8-4 所示），检验统计量不在临界域内，因此不能拒绝原假设 H_0。

步骤 8：非技术用语的总结

不要用大多数人不理解的技术用语对原命题进行总结，而是应该采用那些没有统计知识的人也可以理解的用语对原命题进行总结。

(CP) 示例：没有足够的证据支持这种说法——大多数互联网用户使用双重认证来保护他们的网络数据。

假设检验总结模板：请参考图 8-5。

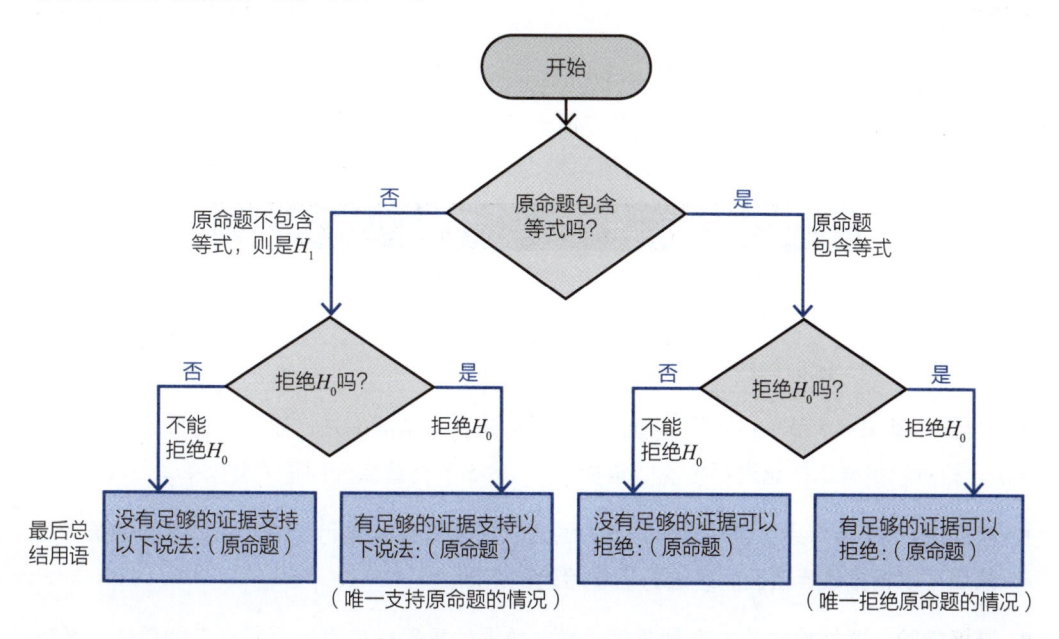

图 8-5：假设检验总结模板

"接受"具有误导性：我们应该说"不能拒绝原假设"，而不是"接受原假设"。"接受"这个词是有误导性的，因为它错误地暗示了原假设已经被证明或者以某种方式得到支持，但事实上我们永远无法证明原假设。"不能拒绝"这个短语更准确地说明了现有的证据不足以拒绝原假设。

多重否定：假设检验的总结可能包括多达三重否定（例如："没有足够的证据可以拒绝 0.5 和总体比例之间没有差异的说法"）。对于这种令人困惑的结论，最好是对其重新叙述以便易于理解。更好的说法是，"在没有更有力的证据之前，可以继续假设总体比例等于 0.5"。有效沟通正确的结论是很重要的。

> **注意**：不要使用"拒绝原假设"或"不能拒绝原假设"来总结假设检验，而是要使用非技术用语来总结。

假设检验的置信区间法

本节已经介绍了假设检验中的各个组成部分，因此之后的章节不再进行拆分讲解，而是统一讲解假设检验。我们通常可以采用 p 值法或临界值法来进行假设检验，但也可以使用置信区间。

总体参数的置信区间估计包含该参数的可能值。如果置信区间不包含原假设的总体参数值，则拒绝原假设。对于双侧检验，构建置信水平为 $1-\alpha$ 的置信区间，而对于显著性水平为 α 的单侧检验，则构建置信水平为 $1-2\alpha$ 的置信区间（参见表 8-1）。构建置信区间完毕后，使用以下准则：

总体参数的置信区间估计包含该参数的可能值。因此，如果置信区间不包含原假设的总体参数值，则拒绝原假设。

等价方法

注意：在某些情况下，基于置信区间得出的结论可能与其他两个方法得出的结论不同。从是否能够得出相同结论的角度来讲，p 值法和临界值法是等价的。下表展示了通过总体比例的置信区间得出的结论可能与其他方法得出的结论有所不同。

参　　数	置信区间法与其他两个方法是否等价
比例	否
均值	是
标准差或方差	是

重采样法（参见 8-5 节）：除了 p 值法、临界值法和置信区间法，还有一种假设检验的方法是重采样法，即对原始样本数据进行多次"重抽样"。8-5 节将重点介绍重采样法。

- **自助法**：7-4 节介绍了自助重采样法，通过该方法可以构建用于估计总体参数的置信区间。然后可以根据该置信区间来进行假设检验的判断。

- **置换检验**：置换检验的大意是通过对样本数据的重采样来模拟原假设下的总体参数值。重采样后的数据有助于判断样本统计量是否与原假设的参数值一致。

> **阿司匹林对双子座和天秤座没有帮助**
>
> Richard Peto 医生向英国医学杂志《柳叶刀》（*Lancet*）提交了一篇文章。该文章表明，如果病人在心脏病发作后的几个小时内服用阿司匹林，那么他们的存活率会更大。《柳叶刀》的编辑们让 Peto 医生把他的研究结果拆成几个子组（比如按不同的性别分类），以便观测不同群组的康复效果是否相同。Peto 医生认为他被要求使用太多的子组，但编辑们坚持这样做。Peto 医生随后同意，但他为了表示反对，就在文章中展示了如果按十二星座分类，那么阿司匹林对双子座和天秤座的心脏病患者没用，但对其他星座的人来说，阿司匹林是救星。这表明了在对多个不同的子组进行多重假设检验时，会有很大的概率得到一些错误的结果。

第 2 部分：第一类错误和第二类错误

假设检验的结果有两种：拒绝原假设或者不能拒绝原假设。但即使假设检验的步骤都应用正确，最后的结果也是有时正确，有时错误的。不同类型的错误会产生截然不同的结果，这就是我们需要区分第一类错误和第二类错误的原因。例如，考虑以下两类错误之间的差异：

- 得出新药是有效的结论，而实际上它是无效的。
- 得出新药是无效的结论，而实际上它是有效的。

表 8-3 总结了这两类错误，我们称其为第一类错误和第二类错误，定义如下。

- **第一类错误（弃真错误）**：当原假设为真时，拒绝原假设的错误。使用 α 表示犯第一类错误的概率。

$$\alpha = P(\text{第一类错误}) = P(\text{拒绝 } H_0 | H_0 \text{ 为真})$$

- **第二类错误（存伪错误）**：当原假设为假时，没有拒绝原假设的错误。使用 β 表示犯第二类错误的概率。

$$\beta = P(\text{第二类错误}) = P(\text{没有拒绝 } H_0 | H_0 \text{ 为假})$$

表 8-3：第一类错误和第二类错误

		真实情况	
		原假设为真	原假设为假
观测情况	拒绝原假设	第一类错误： $\alpha = P(\text{第一类错误})$	正确决策
	不能拒绝原假设	正确决策	第二类错误： $\beta = P(\text{第二类错误})$

> 用于描述第一类错误和第二类错误的提示：对第一类错误和第二类错误的描述指的是原假设为真还是为假，但当表述是第一类错误或第二类错误时，要确保结论与原命题相符（而不一定是与原假设相符），参见"例2"。

作为安慰剂的假手术

假手术在手术干预的临床试验中被用作对照组（类似于在药物试验中使用安慰剂）。在假手术中，患者接受的术前以及术后的流程与真手术相同。患者会被禁食，给以麻醉，在其患处模仿手术切口，唯一的区别是没有进行实际的手术。令人惊讶的是，一项包含53项试验的研究表明，在大约一半的案例中，假手术和真手术一样有效。半月板手术的结果显示，真手术并不比假手术更好。这表明有些手术可能并不像人们想象的那么有效，假手术也能带来一些真正的好处。出于伦理考虑，假手术只有在病人同意的情况下才能进行。

例2： 描述第一类错误和第二类错误

考虑以下命题：一种增加新生儿是女孩可能性的医疗方法是有效的，即生女孩的概率 $p>0.5$。给定以下原假设和备择假设，试描述第一类错误和第二类错误。

$$H_0: p = 0.5$$

$$H_1: p > 0.5$$

解答：

1. **第一类错误**：实际上 $p=0.5$，但根据观测到的样本，可以得出 $p>0.5$。也就是说，第一类错误是实际上医疗方法无效，却得出该方法有效的结论。

2. **第二类错误**：实际上 $p>0.5$，但却拒绝支持该结论。也就是说，第二类错误是实际上医疗方法有效，却得出该方法无效的结论。

> 轮到你了：试试8-1基础题的习题25

对第一类错误和第二类错误的控制：假设检验标准步骤中的步骤4是选择显著性水平 α（如0.05），即犯第一类错误的概率。α、β 的值和样本量 n 都是相关的，也就是说，如果确定其中的任意两个，那么第三个将被自动确定（通常还需要一个总体参数的估计值，才能确定 β）。

良好的实践

- 考虑并比较第一类错误和第二类错误的严重性。
- 一种常见的做法是选择显著性水平 α 和一个可行的样本量，就可以自动确定 β。

- 如果降低 α 和 β 的概率是最重要的，那么就选择相应的 α 和 β 的值，然后可以自动确定样本量 n。

> **p 值操控**
>
> 科研人员需要得到有意义的研究成果，例如潜在药品有效的结果，因此他们经常感到压力巨大。p 值操控是指为了获得有意义的结果，而在实验时进行作弊的行为。p 值操控的一些方法如下：多次重复实验，但只包括 p 值小于 0.05 的情况；删除任何导致 p 值超过 0.05 的样本数据；一旦发现 p 值小于 0.05，就停止抽样。防止 p 值操控的有效方法之一是"预先注册"，即事先准备详细的研究计划，并在 Open Science Framework 等类似的注册机构进行预先注册。

第 3 部分：统计功效

β 是当原假设为假时，没有拒绝原假设的概率，即 $\beta=P($第二类错误$)$。因此，$1-\beta$ 是正确拒绝原假设的概率。$1-\beta$ 也是假设检验有效性的一种度量方式。

> **定义**
>
> 统计功效（检验功效）是当原假设为假时，正确拒绝原假设的概率，即 $1-\beta$。计算统计功效可以通过以下两个变量：①显著性水平 α；②总体参数的估计值，该值不能等于原假设中的总体参数值[1]。

由于统计功效的确定需要一个总体参数估计的真实值来替代原假设中的总体参数值 $1-\beta$，因此统计功效取决于该估计的真实值。

例 3： **求统计功效**

考虑以下 XSORT 性别选择法的初步结果：在 14 个新生儿中，有 13 个女孩。我们需要检验以下命题：采用 XSORT 方法更可能生女孩（$p>0.5$）。原假设和备择假设如下：

$$H_0: p = 0.5$$

$$H_1: p > 0.5$$

假设显著性水平为 $\alpha=0.05$。给定总体参数（p）的估计值：0.6、0.7、0.8 和 0.9（可以发现，它们都不等于原假设中的 0.5），试求其对应的统计功效。

---

[1] 译者注：因为统计功效的条件是原假设是错误的，也就是说，原假设中的总体参数值肯定是不正确的。因此，该总体参数的估计值其实是假设的总体参数的真实值，并且该值不能等于原假设中的总体参数值（若等于，则等同于假设原假设是正确的，失去了意义）。可参见"例 3"中的解读部分。

解答：

下表中的统计功效可由 Minitab 软件求得，其中使用了直接求解法，而不是二项分布的正态近似法。

p 的估计值	β	统计功效 $1-\beta$
0.6	0.820	0.180
0.7	0.564	0.436
0.8	0.227	0.773
0.9	0.012	0.988

解读：

可以看出，当总体比例 p 的真实值为 0.6 时，拒绝 $H_0: p=0.5$ 的统计功效是 0.180（18.0%）。也就是说，当总体比例 p 的真实值为 0.6 时，有 18.0% 的概率可以正确拒绝错误的原假设 $p=0.5$。当然，18.0% 的统计功效偏低。

当总体比例 p 的真实值为 0.7 时，有 43.6% 的概率可以正确拒绝 $p=0.5$。可以看出，相较于总体比例 p 的真实值等于 0.6，当该值等于 0.7 时，此检验拒绝原假设更为有效（当判断某个动物是不是马的时候，相较于骡子，判断大象不是马的概率更高，因为其差异更大）。一般情况下，参数真实值与参数假设值的差值越大，统计功效就会越大（如上表所示）。

> 轮到你了：试试 8-1 提高题的习题 30

因为统计功效的计算比较复杂，所以强烈建议使用统计软件（本节中 "8-1 提高题" 的习题 29、习题 30、习题 31 涉及统计功效的计算）。

统计功效与实验设计

正如 0.05 是显著性水平的常见选择，至少为 0.80 的统计功效是确定假设检验是否有效的常见选择（某些统计学家认为可以使用更高的统计功效，比如 0.85 或 0.90）。在设计实验时，考虑参数真实值与参数假设值之间的差异是十分重要的。例如，在检验 XSORT 性别选择法的有效性时，女孩的比例从 0.5 到 0.501 的变化不是很重要，而该比例从 0.5 到 0.9 的变化是非常重要的。如此级别的差异会影响统计功效。在设计实验时，至少为 0.80 的统计功效通常可以用于最小样本量的确定，如下所示。

例 4： 达到 80% 的统计功效所需的样本量

这里引用某篇文章的一段话："某实验设计假设在 0.05 的显著性水平下，需要随机选取 153 名受试者，才能达到 80% 的统计功效。该统计功效可以检测出冠心病的发病率从 0.5 降低到 0.4。" 综上所述，可以知道以下事实：

- 在进行该实验之前，研究人员选择了 0.05 的显著性水平和至少为 0.80 的统计功效。
- 研究人员想要检测到的重要差异是冠心病的发病率从 0.5 降低到 0.4（通过正确拒绝错误的原假设）。
- 使用 0.05 的显著性水平、0.80 的统计功效和 0.4 的总体比例真实值，应用 Minitab 或其他统计软件可得所需的最小样本量为 153。

根据所得结果，研究人员随机选取至少 153 名受试者进行该项实验（参见"8-1 提高题"的习题 31）。

▶ 轮到你了：试试 8-1 提高题的习题 31

药品审批流程

美国药监局对新药的批准既贵又慢。以下是新药批准的不同阶段。

- **一期**：在小范围内对药品进行安全性测试，一般包含 20~100 名志愿者。
- **二期**：大范围的随机试验，对药品进行有效性测试，一般包含 100~300 名志愿者。这一阶段的受试者通常被随机分配到实验组或安慰剂组。
- **三期**：这一期的目的是更好地了解药物的有效性及其不良反应。通常受试者人数达到 1000~3000 名，可能需要耗时数年。

Lisa Gibbs 在《金钱》（*Money*）杂志上写道："（制药）行业指出，在 5000 个药品测试中，只有 5 个进入临床试验，而最终只有 1 个进入药店。"总成本估计从 4000 万美元到 15 亿美元不等。

8-2 总体比例的假设检验

核心概念：本节将介绍关于总体比例的完整假设检验过程。有三种方法来进行假设检验：① p 值法；②临界值法；③置信区间法。此外，也可以使用 8-5 节介绍的自助法和置换检验。本节的方法可用于关于总体比例、概率或百分比的命题。

本节第 1 部分介绍二项分布的正态近似法，该方法用于基本概念的介绍恰到好处，但不是专业统计学家使用的方法。第 2 部分讨论可能需要使用统计软件的其他方法。

> **求成功次数的提示**：在使用统计软件进行总体比例的假设检验时，通常必须输入样本量 n 和成功次数 x，但在实际应用中，通常给定的是样本比例 $\hat{p}$ 而不是 x。我们可以很容易地通过 $x=n\hat{p}$ 求得成功次数 x（结果必须是整数）。
> **注意**：在对比例进行假设检验时，使用给定的样本比例计算检验统计量的结果可能会与使用 $x=n\hat{p}$ 的舍入值计算的结果有所出入。

第 1 部分：正态近似法

后面的假设检验步骤是基于正态分布作为二项分布近似的方法的。当有相同的样本量 n 且 n 足够大时，其样本比例的抽样分布近似于正态分布。

等价方法

在进行总体比例的假设检验时，从是否能够得出相同结论的角度来说，p 值法和临界值法是等价的。然而，置信区间法与这两者都不等价（p 值法和临界值法使用的都是原假设中比例 p 的标准差，而置信区间法使用的是样本比例的标准差）。因此，置信区间法可能会得到不同的结论。

建议：使用 p 值法或临界值法来进行假设检验（参见"8-2 提高题"的习题 34），而使用置信区间法来估计总体比例。

关键要素

总体比例的假设检验（正态近似法）

目标

总体比例 p 的假设检验。

数学符号

n = 样本量或试验次数

$\hat{p} = x/n$（样本比例）

p = 总体比例（原假设中的 p）

$q = 1-p$

条件

1. 样本为简单随机样本。

2. 满足二项分布的所有条件：

- 有固定的试验次数。
- 试验之间相互独立。
- 结果有且仅有两种可能。
- 每次试验的概率不变。

3. 同时满足条件 $np \geq 5$ 和 $nq \geq 5$，以确保样本比例的二项分布能够用正态分布近似，即 $\mu = np$ 和 $\sigma = \sqrt{npq}$（参见 6-6 节）。注意，这里的 p 为原假设中的比例，而不是样本比例 $\hat{p}$。

（如果第 3 个条件不满足，则替代方法是使用自助重采样法、8-5 节介绍的置换检验、本节第 2 部分介绍的精确法或 13-2 节介绍的符号检验。）

检验统计量

$$z = \frac{\hat{p} - p}{\sqrt{\dfrac{pq}{n}}}$$

p 值：使用统计软件或表 A-2（参见图 8-3）。

临界值：使用表 A-2。

(CP) 命题：大多数互联网用户使用双重认证来保护他们的网络数据

"本章问题"中的调查结果显示 926 位互联网用户中的 52% 使用双重认证来保护他们的网络数据。根据该结果，检验命题："大多数互联网用户使用双重认证来保护他们的网络数据"。

检查以下三个条件：

1. 926 位互联网用户是随机选取的。

2. 试验次数固定（926）且相互独立；结果有且仅有两种可能（使用或者不使用双重认证）。

3. $n=926$，$p=0.5$，$q=0.5$，满足 $np \geq 5$ 和 $nq \geq 5$（从假设中可得 $p=0.5$，$np=(926)(0.5)=463$，$nq=(926)(0.5)=463$，因此 np 和 nq 都大于或等于 5）。

(CP) p 值法

使用统计软件：统计软件通常提供 p 值的计算。右图为 TI-83/84 Plus 计算器的计算结果。图中显示了备择假设 "prop > 0.5"（$p>0.5$），检验统计量为 $z=1.25$（舍入后），p 值为 0.1059（舍入后）。

TI-83/84 Plus

```
NORMAL FLOAT AUTO REAL RADIAN MP
        1-PropZTest
prop>0.5
z=1.248757482
p=0.10587696
p̂=0.5205183585
n=926
```

使用表 A-2： 图 8-1 给出了 p 值法的步骤，以下为具体步骤。

步骤 1： 原命题的表达式为 $p>0.5$。

步骤 2： 如果原命题 $p>0.5$ 不成立，那么 $p \leq 0.5$ 必须成立。

步骤 3： 因为表达式 $p>0.5$ 不包含等式，所以其为备择假设。而原假设为 p 等于固定值 0.5。即

$$H_0: p = 0.5$$

$$H_1: p > 0.5 \text{（原命题）}$$

步骤 4： 选择常见的显著性水平，$\alpha=0.05$。

步骤 5： 因为是关于总体比例 p 的假设检验，所以样本统计量 $\hat{p}$ 与该检验相关。样本比例 $\hat{p}$ 的抽样分布近似于正态分布。

步骤 6： 检验统计量 $z=1.25$ 可通过统计软件求得，也可通过以下计算求得：

$$z = \frac{\hat{p} - p}{\sqrt{\frac{pq}{n}}} = \frac{\frac{482}{926} - 0.5}{\sqrt{\frac{(0.5)(0.5)}{926}}} = 1.25$$

p 值可以通过统计软件或以下步骤求得（参见图 8-3）。

- **左侧检验：** p 值 = 检验统计量 z 左侧的面积。
- **右侧检验：** p 值 = 检验统计量 z 右侧的面积。
- **双侧检验：** p 值 = 检验统计量 z 所限定面积的 2 倍。

因为该假设检验是检验统计量 $z=1.25$ 的右侧检验，所以 p 值是检验统计量右侧的面积。查询表 A-2，可得 $z=1.25$ 的左侧累积面积是 0.8944，因此 p 值（右侧累积面积）是 $1-0.8944 = 0.1056$。图 8-6 显示了该例的检验统计量和 p 值（使用统计软件求得的 p 值为 0.1059，因为其使用未舍入的值而更为精确）。

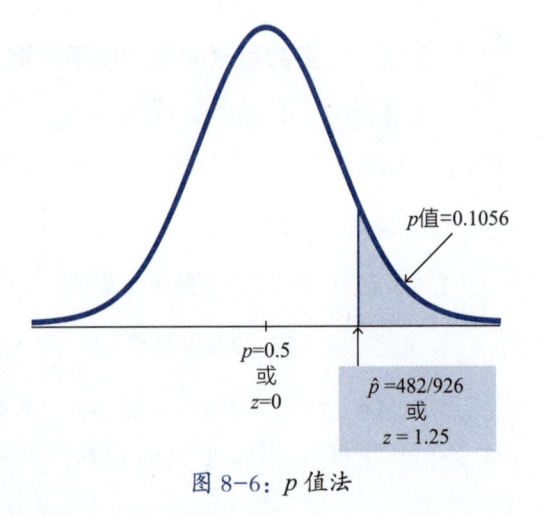

图 8-6：p 值法

步骤 7： 因为 0.1056 的 p 值大于 0.05 的显著性水平，所以不能拒绝原假设。

步骤 8： 由于不能拒绝 $H_0: p=0.5$，因此可以得出结论：没有足够的样本证据支持"大多数互联网用户使用双重认证来保护他们的网络数据"这种说法。

> **0.05 是一个糟糕的选择吗？**
>
> 0.05 的值是一个非常常见的关于判断界限的选择。科学作家 John Timmer 发表于 Ars Technica 网站上的文章认为，科学结论中的一些问题可归因于如下事实：0.05 的显著性水平不够有效。比如，粒子物理和遗传学实验中的 p 值必须远远低于 0.05。他引用了统计学家 Valen Johnson 的一项研究，后者建议应该通过要求实验使用 0.005 或更低的 p 值来提高标准。0.05 的选择在很大程度上是随意的，因此，降低显著性水平会导致产生更少的显著性结论，从而得出更少的错误结论。

CP 临界值法

图 8-1 总结了临界值法的步骤，其中的步骤 1~5 与上述 p 值法的完全相同。下面从步骤 6 开始讲解。

步骤 6：如上述 p 值法所示，检验统计量为 $z=1.25$。使用临界值法的关键步骤便是求得临界值。这是一个右侧检验，所以临界域是右侧的面积 $\alpha=0.05$。参考 6-1 节中的方法，查询表 A-2 可得临界值为 $z=1.645$（参见图 8-7）。

步骤 7：因为检验统计量没有落在临界域内，所以不能拒绝原假设。

步骤 8：由于不能拒绝 H_0：$p=0.5$，因此无法支持备择假设 $p>0.5$。于是可以得出结论：没有足够的样本证据支持"大多数互联网用户使用双重认证来保护他们的网络数据"这种说法。

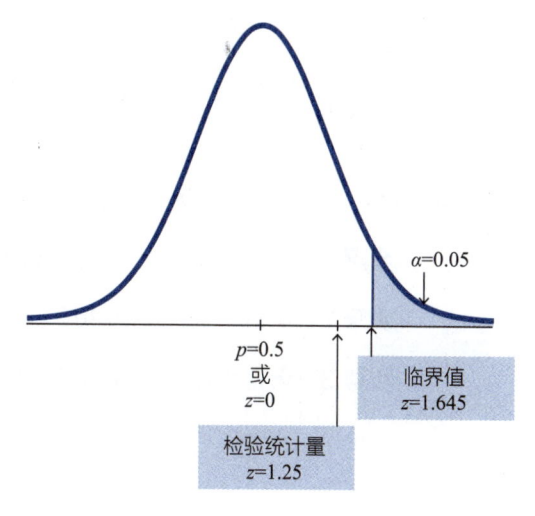

图 8-7：临界值法

CP 置信区间法

对于 8-1 节中"例 1"的原命题："大多数互联网用户使用双重认证来保护他们的网络数据"，可以构建置信水平为 90% 的置信区间（参考表 8-2 来理解为何 0.05 的显著性水平对应 90% 的置信水平）。

根据 7-1 节中的方法，可得以下置信区间：

$$0.494 < p < 0.548$$

该置信区间表明，总体比例 p 的真实值很可能在 0.494 和 0.548 之间。也就是说，它可能小于

0.5，但也可能等于 0.5。因此，我们不能得出 $p>0.5$ 的结论，即不能确定大多数互联网用户使用双重认证来保护他们的网络数据。在这种情况下，该结论与 p 值法和临界值法所得的结论相同，但并不总是这样。置信区间法的结论有可能与这两者都不相同。

CP 自助法和置换检验

请参考 8-5 节对该方法的详细介绍。

左侧检验：上面讨论的是比例的假设检验，且为右侧检验。以下例子展示的是左侧检验。

例 1：少于 30% 的成年人有过梦游吗

一项关于梦游或"夜间漫步"的研究被发表于《神经病学》（*Neurology*）期刊中，研究中的 19,136 名美国成年人有 29.2% 有过梦游。我们能否由此认为："少于 30% 的成年人有过梦游"？假设使用 0.05 的显著性水平来检验在成年人口中有过梦游的比例小于 0.30 的说法。

解答：

检查条件：①样本是简单随机样本。②试验次数固定（19,136）且相互独立，结果有且仅有两种可能（受访者有过或者没有过梦游）。③$n=19,136$，$p=0.30$，计算可得 $np \geq 5$ 和 $nq \geq 5$，满足条件。因此，所有三个条件都满足。

步骤 1：原命题的表达式为 $p < 0.30$。

步骤 2：如果原命题 $p < 0.30$ 不成立，那么 $p \geq 0.30$ 必须成立。

步骤 3：因为表达式 $p < 0.30$ 不包含等式，所以其为备择假设。于是可得：

$$H_0: p = 0.30$$

$$H_1: p < 0.30$$

步骤 4：题中给定显著性水平为 $\alpha=0.05$。

步骤 5：因为是总体比例 p 的假设检验，所以样本统计量 $\hat{p}$ 与该检验相关。样本比例 $\hat{p}$ 的抽样分布近似于正态分布。

步骤 6：若使用统计软件，那么如下图中 StatCrunch 的分析结果所示，可得 $z=-2.41$（舍入后）以及 p 值 $=0.008$。

StatCrunch

Hypothesis test results:
p : Proportion of successes
H_0 : p = 0.3
H_A : p < 0.3

Proportion	Count	Total	Sample Prop.	Std. Err.	Z-Stat	P-value
p	5588	19136	0.29201505	0.0033127149	-2.4103945	0.008

若使用表 A-2，则先求得检验统计量 z。计算如下：

$$z = \frac{\hat{p} - p}{\sqrt{\dfrac{pq}{n}}} = \frac{0.292 - 0.30}{\sqrt{\dfrac{(0.30)(0.70)}{19,136}}} = -2.41$$

因为该检验是左侧检验，所以 p 值是检验统计量左侧的面积。查询表 A-2，可得 $z=-2.41$ 的左侧累积面积是 0.0080，该值即为 p 值。

步骤 7：因为 0.0080 的 p 值小于 0.05 的显著性水平，所以拒绝原假设。

解读：

因为结果是拒绝原假设，所以接受备择假设。因此，有足够的证据支持以下说法："少于 30% 的成年人有过梦游"。

▶ 轮到你了：试试 8-2 基础题的习题 9

临界值法：如果使用临界值法重复"例 1"，那么在步骤 6 中可得临界值为 $z=-1.645$（使用统计软件或表 A-2）。在步骤 7 中，因为 $z=-2.41$ 落在边界为 $z=-1.645$ 的临界域内，所以拒绝原假设，即与"例 1"的结论相同。

置信区间法：如果使用置信区间法重复"例 1"，那么所需的置信水平为 90%（左侧检验，参见表 8-1）。计算可得置信水平为 90% 的置信区间为 $0.287<p<0.297$。因为整个置信区间低于 0.30，所以有足够的证据支持"少于 30% 的成年人有过梦游"的说法。

测谎仪和法律

为什么不要求所有犯罪嫌疑人都接受测谎仪测试并取消陪审团的审判呢？根据美国医学会下属科学事务委员会（Council of Scientific Affairs）的说法，通过测谎来判断是否有罪的准确率在 75% 和 97% 之间。然而，即使是 97% 的高准确率，也仍然可能导致高比例的假阳性，所以有可能有 50% 的无辜者被错误地认为有罪。如此高的假阳性排除了使用测谎仪作为判定有罪的唯一标准。

第 2 部分：精确法

除了二项分布的正态近似法，我们也可以通过二项分布直接得到确切的结果。直接手算二项分布的概率是一件麻烦事儿，而使用统计软件会变得很简单。而且，精确法不要求 $np \geq 5$ 和 $nq \geq 5$，这样就有了一个该条件不满足时的替代方法。使用精确法求解 p 值的方法如下。

精确法：假设已知样本量 n、成功次数 x，以及原假设中的总体比例 p，利用统计软件求解二项分布的概率，其总和即为 p 值，如下所示。

- 左侧检验：p 值 = $P($ 在 n 次试验中，x 或更少的成功次数 $)$。
- 右侧检验：p 值 = $P($ 在 n 次试验中，x 或更多的成功次数 $)$。
- 双侧检验：p 值 = $2 \cdot \min($ 上述左侧值，上述右侧值 $)$。

注：双侧检验的精确法并没有统一的方法，因此在该情况下可以使用其他不同的方法，其中有些方法相对复杂。例如，Minitab 软件使用的是"似然比检验"。

例 2：应用精确法评估"例 1"的结论

回忆在"例 1"中，有 $n=19,136$ 名受试者，其中 29.2%（或 5588 人）有过梦游。我们通过假设检验来确定 29.2% 是否显著小于 30%（或确定 5588 人是否显著低）。这里也可以通过二项分布来计算当随机选取 19,136 名受试者时，5588 人或更少的人有过梦游的概率。下图中，通过 Statdisk 输入 $n=19,136$，$p=0.30$，所求得的 5588 人或更少的人有过梦游的概率是 0.0080286，该值即为 p 值（因为该值是和得到 5588 人有过梦游的结果"至少一样极端"的结果的概率）。通过判断 p 值和 0.05 的显著性水平的大小，如同"例 1"一样，我们拒绝原假设。我们接受备择假设，并得出结论，有足够的证据支持"少于 30% 的成年人有过梦游"的说法。

Statdisk

x	P(x)	P(x or fewer)	P(x or greater)
5588	0.0003421	0.0080286	0.9923135

▶ 轮到你了：试试 8-2 提高题的习题 33

改进精确法：对精确法的一个批评是认为其过于保守，因为犯第一类错误的实际概率小于或等于 α，也可能远远小于 α。

在精确法中，犯第一类错误的实际概率小于或等于 α，而 α 是犯第一类错误的预期概率。

连续性校正：通过对 p 值做出调整来改进精确法，该调整是从原 p 值中减去边界上二项概率的一半，如下所示（参见"习题 33"）。通过统计软件很容易应用该方法求解二项概率。

精确法的连续性校正

- 左侧检验：p 值 = $P(x$ 或更少 $) - \dfrac{1}{2} P(x)$。
- 右侧检验：p 值 = $P(x$ 或更多 $) - \dfrac{1}{2} P(x)$。
- 双侧检验：p 值 = $2 \cdot \min($ 上述左侧值，上述右侧值 $)$。

关于"连续性校正"的更多内容，可以参阅"Modifying the Exact Test for a Binomial Proportion and Comparisons with Other Approaches", Alan Huston, Journal of Applied Statistics, Vol. 33, No. 7。关于另外一种方法：基于偏度度量的加权尾部面积，请参阅 Alan Huston 之前的论文。

假阳性的后果

在 Michael Kearney 即将出狱的前一周，他被告知他的一项非法止痛药检测呈阳性，因此他被额外判处 120 天监禁。7 个月后，检测结果被发现呈假阳性。虽然 Michael Kearney 知道自己没有使用任何药物，但他仍然在监狱里额外度过了 120 天。

使用软件

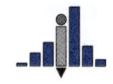

假设检验：比例

R

R 命令：prop.test(x, n, p = NULL, alternative = c("two.sided", "less", "greater"), conf.level = 0.95, correct = FALSE)

提示："本章问题"的假设检验命令是 prop.test (482, 926, 0.5, alternative = "greater", 0.95, correct = FALSE)。

8-3 总体均值的假设检验

核心概念：总体均值的假设检验是本书中介绍的最为重要的方法之一。本节讨论的是一种非常常见的情况：当总体标准差 σ 未知时总体均值的假设检验（虽然 σ 已知的可能性很小，但本节也会对此进行简短的讨论）。

σ 未知时总体均值 μ 的假设检验

事实上，很少会出现 μ 未知，但 σ 已知的情况。一般情况是 σ 未知时检验关于总体均值的假设。通常我们使用样本标准差 s 来估计 σ。由中心极限定理（见 6-4 节）可知，样本均值 $\bar{x}$ 的分布近似于均值为 $\mu_{\bar{x}}=\mu$ 和标准差为 $\sigma_{\bar{x}}=\sigma/\sqrt{n}$ 的正态分布。但若 σ 未知，则用 $s/\sqrt{n}$ 来估计，即 t 分布下的检验统计量。下面的"关键要素"部分汇总了其条件、检验统计量、p 值以及临界值。

等价方法

对于本节中的 t 检验,从是否能够得出相同结论的角度来讲,p 值法、临界值法和置信区间法是等价的。

关键要素

σ 未知时总体均值的假设检验

目标

关于总体均值 μ 的假设检验。

数学符号

n = 样本量

s = 样本标准差

$\bar{x}$ = 样本均值

$\mu_{\bar{x}}$ = 总体均值(该值为原假设 H_0 中的 μ)

条件

1. 样本为简单随机样本。

2. 总体服从正态分布或 $n > 30$。

(如果第 2 个条件不满足,则替代方法是使用自助重采样法、8-5 节介绍的置换检验、13-2 节介绍的符号检验或 13-3 节介绍的威尔科克森符号秩检验。)

检验统计量

$$t = \frac{\bar{x} - \mu_{\bar{x}}}{\frac{s}{\sqrt{n}}}$$ (保留 3 位小数)

p 值:通过统计软件或使用 df=$n-1$ 查询表 A-3(参考图 8-3)。

临界值:使用 df=$n-1$ 查询表 A-3(如果表 A-3 中没有所需的自由度,则可以使用表中下一个较小的自由度或最为接近的自由度,也可以采用插值法)。

正态性或者 $n > 30$ 的条件

大样本的正态性条件($n > 30$):由中心极限定理可知,对于大样本而言,其样本均值的分布趋于正态分布。因此,通常认为如果样本量大于 30,则满足正态性条件(对于一些与正态分布完全不类似的总体分布来说,可能需要远大于 30 的样本量)。

小样本的正态性条件（$n \leq 30$）：在小样本的情况下，即使偏离正态性，构建 μ 的置信区间的方法也是具有鲁棒性的。也就是说，对正态性的要求是宽松的。此类分布不需要具有完美的钟形曲线，但它应该满足以下条件：

1. 样本数据的分布应该接近于轴对称。

2. 样本数据的分布应该有一个众数。

3. 样本数据不应包括任何异常值。

学生 t 分布的重要性质

以下为 7-2 节中关于学生 t 分布重要性质的简要回顾。

- 学生 t 分布随着样本量的不同而不同（参见 7-2 节中的图 7-4）。

- 学生 t 分布与标准正态分布具有相同的钟形曲线，但其因样本小而具有更大的变异性（更宽的分布）。

- 学生 t 分布的均值为 $t=0$。

- 学生 t 分布的标准差随着样本量的变化而变化，但肯定大于 1。

- 随着样本量 n 的增大，学生 t 分布越来越接近于标准正态分布。

使用统计软件计算 p 值

如果使用统计软件，那么 p 值的计算会十分简单。

> **例 1：成年人睡眠时间——使用统计软件计算 p 值**
>
> 以下是作者从《美国国家健康与营养检查调查》中随机选取的成年人受试者的睡眠时间（小时）。该样本的统计量为 $n=12$，$\bar{x}=6.83333333$ 小时，$s=1.99240984$ 小时。常见的指导意见是成年人每晚的睡眠时间应为 7~9 小时。使用 p 值法与 0.05 的显著性水平来检验以下命题：成年人的平均睡眠时间少于 7 小时。
>
> 4 8 4 4 8 6 9 7 7 10 7 8
>
> **解答：**
>
> 检查条件：①样本为简单随机样本。②样本量没有超过 30，因此必须检验样本数据的正态性。下面的直方图和正态分位图显示没有明显的异常值，所以该样本应该来自一个近似正态分布的总体。两个条件都满足。

Statdisk

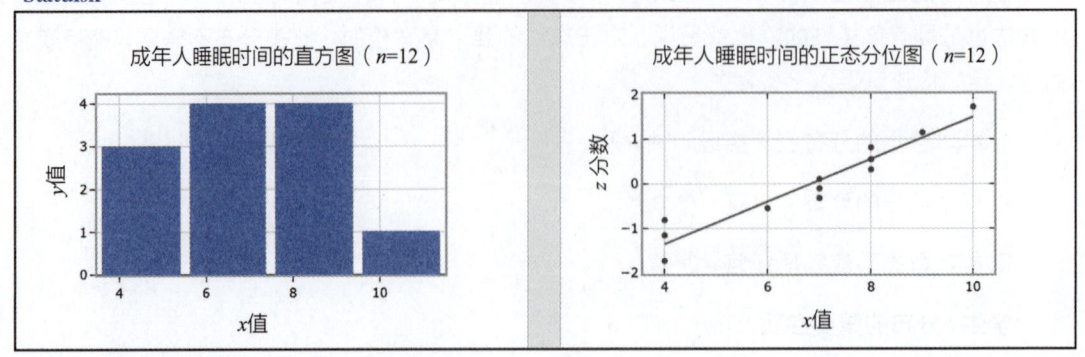

成年人睡眠时间的直方图（$n=12$）

成年人睡眠时间的正态分位图（$n=12$）

以下为根据图 8-1 给出的具体步骤。

步骤 1：原命题的表达式为 $\mu < 7$。

步骤 2：如果原命题 $\mu < 7$ 不成立，那么 $\mu \geq 7$ 必须成立。

步骤 3：因为表达式 $\mu < 7$ 不包含等式，所以其为备择假设。而原假设为 μ 等于固定值 7 小时。即

$$H_0: \mu = 7 \text{（原假设）}$$

$$H_1: \mu < 7 \text{（备择假设和原命题）}$$

步骤 4：给定的显著性水平为 $\alpha=0.05$。

步骤 5：因为是关于总体均值 μ 的假设检验，所以样本统计量 $\bar{x}$ 与该检验相关。我们选用 t 分布。

步骤 6：检验统计量 $t=-0.290$ 可通过统计软件求得，也可通过以下计算求得：

$$t = \frac{\bar{x} - \mu_{\bar{x}}}{\frac{s}{\sqrt{n}}} = \frac{6.83333333 - 7}{\frac{1.99240984}{\sqrt{12}}} = -0.290$$

p **值**：我们可以使用统计软件来求 p 值。下面的图为各种统计软件的分析结果。可以看到，p 值等于 0.3887（舍入后）（SPSS 的 p 值结果 0.777 来自双侧检验，因此需要减半）。

步骤 7：因为 p 值 0.3887 大于 0.05 的显著性水平，所以不能拒绝原假设。

解读：

步骤 8：因为不能拒绝原假设，所以没有足够的证据支持"成年人的平均睡眠时间少于 7 小时"的说法。

▶ 轮到你了：试试 8-3 基础题的习题 13

TI-83/84 Plus

```
NORMAL FLOAT AUTO REAL RADIAN MP
            T-Test
 µ<7
 t=-.2897748534
 p=.3886888459
 x̄=6.833333333
 Sx=1.99240984
 n=12
```

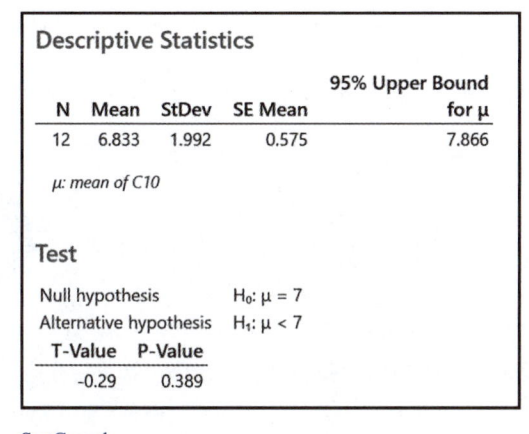

Statdisk

```
t Test
Test Statistic, t:  -0.28977
Critical t:         -1.79588
P-Value:             0.38869

90% Confidence interval:
5.80041 <  µ < 7.86625
```

Minitab

Descriptive Statistics

N	Mean	StDev	SE Mean	95% Upper Bound for µ
12	6.833	1.992	0.575	7.866

µ: mean of C10

Test

Null hypothesis $H_0: \mu = 7$
Alternative hypothesis $H_1: \mu < 7$

T-Value	P-Value
-0.29	0.389

JMP

Hypothesized Value	7
Actual Estimate	6.83333
DF	11
Std Dev	1.99241

t Test

Test Statistic	-0.2898
Prob > |t|	0.7774
Prob > t	0.6113
Prob < t	0.3887

StatCrunch

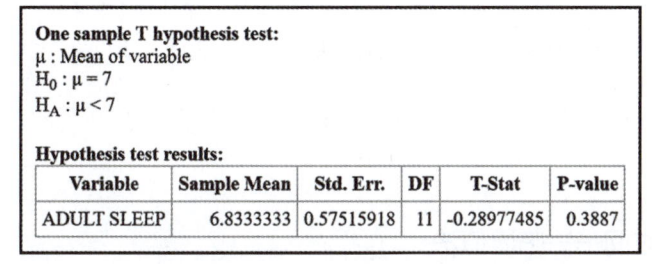

One sample T hypothesis test:
µ : Mean of variable
$H_0 : \mu = 7$
$H_A : \mu < 7$

Hypothesis test results:

Variable	Sample Mean	Std. Err.	DF	T-Stat	P-value
ADULT SLEEP	6.8333333	0.57515918	11	-0.28977485	0.3887

SPSS

Test Value = 7

	t	df	Sig. (2-tailed)	Mean Difference	95% Confidence Interval of the Difference Lower	Upper
SLEEP	-.290	11	.777	-.16667	-1.4326	1.0993

在所有展示的统计软件分析结果中，可以发现只有 1 个含有临界值的结果，但都含有 *p* 值。这也是近年来假设检验的 *p* 值法得到广泛应用的一个主要原因。

手算 *p* 值法

我们也可以通过查询表 A-3 来确定含有 *p* 值的范围。请记住，表 A-3 中只包含 *t* 值为正的右侧面积，左侧面积对应的是相同的 *t* 值，但符号为负。

例 2： 成年人睡眠时间——手算 p 值法

"例 1"为左侧检验，其检验统计量为 $t = -0.290$（舍入后），样本量为 $n = 12$，因此自由度为 df = $n-1$=11。使用 df =11 查询表 A-3，会发现对应行中所有的 t 值都大于 0.290，这就意味着小于检验统计量 $t = -0.290$ 的左侧面积大于 0.10。在这种情况下，由表 A-3 可得 p 值大于 0.10。对比"例 1"结果的 p 值，结论一致。

▶ 轮到你了：试试 8-3 基础题的习题 21

> 提示：通过查询表 A-3 所得的是 p 值的范围，这可能有点儿棘手，因此临界值法可能比 p 值法更容易使用（参见"例 3"）。

整体统计学

与其只使用 p 值法对总体均值进行假设检验，不如运用有各种方法的整体统计学知识。首先对抽样方法进行分析，然后探索样本数据，包括异常值检测、分布的性质以及数据中任何值得注意的地方。除了本节描述的 t 检验，还可以构建置信区间（参见 7-2 节）、使用符号检验（参见 13-2 节）、威尔科克森符号秩检验（参见 13-3 节）、使用自助法获得总体均值的置信区间估计（参见 7-4 节），以及使用置换检验（参见 8-5 节）。这种整体性的方法能让我们更加清晰地理解所要检验的命题（参见第 15 章）。

临界值法

例 3： 成年人睡眠时间——临界值法

"例 1"为左侧检验，其检验统计量为 $t=-0.290$（舍入后），样本量为 $n=12$，因此自由度为 df = $n-1$=11。使用 df =11 以及 $\alpha=0.05$（单侧）查询表 A-3，可得 $t=1.796$。又因为是左侧检验，所以临界值为 $t=-1.796$。图 8-8 显示了 $t=-0.290$ 没有落在 $t=-1.796$ 的拒绝域内，因此我们不能拒绝原假设，与"例 1"的结果一致。

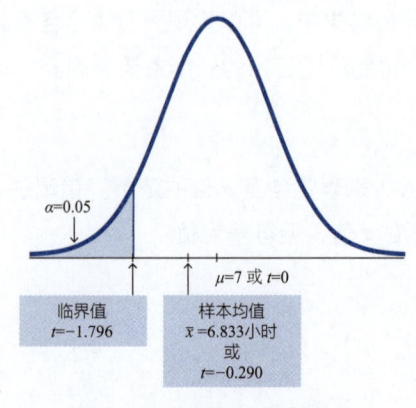

图 8-8：t 检验：临界值法

置信区间法

> **例 4：** 成年人睡眠时间——置信区间法
>
> "例 1"是显著性水平为 0.05 的左侧检验，因此对应的置信水平为 90%（参见图 8-1）。根据"例 1"的样本数据，可得置信水平为 90% 的置信区间是 5.8 小时 < μ < 7.9 小时。因为原假设中的 7 小时在该置信区间内，所以没有足够的证据可以拒绝原假设，与"例 1"的结果一致。

当总体服从正态分布或 $n > 30$ 的条件不满足时使用的其他方法

本节的方法需要满足以下两个条件：①样本是简单随机样本。②总体服从正态分布或 $n > 30$。如果不能通过适当的方法收集样本数据，比如自愿应答的样本，那么很可能没有任何方法可以挽救数据，也就不能使用本节的方法了。但如果仅仅是第 2 个条件不被满足，那么可以使用以下方法。

- 自助重采样法：7-4 节介绍了自助重采样法，通过该方法可以构建用于估计总体参数的置信区间，然后可以根据该置信区间来进行假设检验的判断。关于该方法的详细信息，参见 8-5 节。

- 置换检验：置换检验的大意是通过对样本数据的重采样来模拟原假设下的总体参数值。重采样后的数据有助于判断样本统计量是否与原假设的参数值一致。关于该方法的详细信息，参见 8-5 节。

- 符号检验：参见 13-2 节。

- 威尔科克森符号秩检验：参见 13-3 节。

实际显著性

默克公司对治疗失眠的药物苏沃雷生进行了临床试验。主要结论如下：①服用苏沃雷生片的受试者比服用安慰剂的受试者快 6 分钟入睡；②苏沃雷生片受试者比安慰剂受试者多睡 16 分钟。③前两项结果均具有统计显著性。

默克公司在一年内为苏沃雷生的推广投入了 9,600 万美元，公司预计最终苏沃雷生的销量将超过目前市场领先的思诺思和鲁尼斯塔。苏沃雷生片每片大约售价 12 美元，但由于高昂的费用和潜在的副作用，其销量并不乐观。鉴于苏沃雷生片对睡眠的帮助相对较小，它虽然具有统计显著性，但并没有实际显著性。

双侧检验

之前所有的例子都是基于左侧检验的。接下来的例子是关于双侧检验的。

例 5： 人的平均体温真的是 98.6 ℉ 吗

数据集 5 "体温" 中包含 106 个在第二天凌晨 12 点测量的成年人体温：$n=106$，$\bar{x}=98.20$ ℉，$s=0.62$ ℉。检验人们普遍认为 98.6 ℉ 为人的平均体温的看法。（取 $\alpha=0.05$）

解答：

检查条件：①根据该研究的设计，可以假设样本为简单随机样本。②样本量超过 30。两个条件都满足。

以下为根据图 8-1 给出的具体步骤。

步骤 1： 原命题的表达式为 $\mu = 98.6$ ℉。

步骤 2： 如果原命题 $\mu = 98.6$ ℉ 不成立，那么 $\mu \neq 98.6$ ℉ 必须成立。

步骤 3： 因为表达式 $\mu \neq 98.6$ ℉ 不包含等式，所以其为备择假设。而原假设为 μ 等于固定值 98.6 ℉。即

$$H_0: \mu = 98.6 \text{ ℉}$$
$$H_1: \mu \neq 98.6 \text{ ℉}$$

步骤 4： 题中给定显著性水平为 $\alpha = 0.05$。

步骤 5： 因为是关于总体均值 μ 的假设检验，所以样本统计量 $\bar{x}$ 与该检验相关。我们选用 t 分布，且其条件均已满足。

步骤 6： 检验统计量可通过统计软件求得，也可通过以下计算求得：

$$t = \frac{\bar{x} - \mu_{\bar{x}}}{\frac{s}{\sqrt{n}}} = \frac{98.20 - 98.6}{\frac{0.62}{\sqrt{106}}} = -6.64$$

- **p 值：** p 值为 0.0000 或 0+（查询表 A-3，可得："小于 0.01"）。
- **临界值：** 临界值为 ±1.983（查询表 A-3，可得：±1.984）。
- **置信区间：** 置信水平为 95% 的置信区间是 98.08 ℉ $< \mu <$ 98.32 ℉，不包含 98.6 ℉。

步骤 7： 以上三种方法都可以得出相同的结论，即拒绝原假设。

- **p 值：** p 值 0.0000 小于 0.05 的显著性水平。
- **临界值：** 检验统计量 $t=-6.64$ 落在临界值为 ±1.983 所构成的拒绝域内。
- **置信区间：** 置信区间 98.08 ℉ $< \mu <$ 98.32 ℉ 不包含 98.6 ℉。

解读：

步骤 8： 我们有足够的证据可以拒绝 98.6 ℉ 为人的平均体温的看法。

▶ 轮到你了：试试 8-3 基础题的习题 23

真人测谎仪

研究人员调查了 13,000 人测试其识破他人何时撒谎的能力。他们发现有 31 人具有识破谎言的特殊技能。这些人辨识谎言的准确率约为 90%。他们还发现,联邦探员和警长非常善于识破谎言,准确率约为 80%。心理学家莫琳·奥沙利文对那些善于识破谎言的人表示怀疑,她说:"他们中所有的人都注意到了非语言线索和用词的细微差别,并以不同的方式对不同的人加以运用。看完一段仅有 2 秒钟的录像后,他们可以告诉你关于一个人的 8 件事。这些人所注意到的事情实在太可怕了。"统计学方法可以用来区分某人是否善于识破他人的谎言。

σ 已知时总体均值 μ 的假设检验

事实上,很少会出现 μ 未知,但 σ 已知的情况。如果的确已知 σ,那么假设检验的过程与本节之前介绍的基本相同:检查的条件相同,但检验统计量、p 值和临界值略有不同,如下所示。

> **注意**:在现如今的软件计算中,σ 已知通常用于以下场景——如果 $n>30$,则把样本标准差 s 当作 σ 的已知值,即还是使用 t 分布而不是正态分布。因此,σ 已知的情况实际上已经过时了。

关键要素

σ 已知时总体均值的假设检验

条件

① 样本为简单随机样本。② σ 已知。③ 总体服从正态分布或 $n>30$。

检验统计量

$$z = \frac{\bar{x} - \mu_{\bar{x}}}{\frac{\sigma}{\sqrt{n}}}$$

p **值**:使用统计软件或表 A-2(参见图 8-3)。

临界值:使用表 A-2。

使用软件

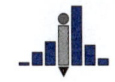

假设检验:均值

R

R 命令:t.test(x, alternative=c("two.sided", "less", "greater"), mu=0, conf.level=0.95)

提示:对于"例 1",命令是 t.test(x, alternative = "less", mu = 7, conf.level = 0.95)。

8-4 总体标准差或方差的假设检验

核心概念：业界的一个重要目标是通过减少差异性来提高商品和服务的质量。假设检验可以通过判断相关的标准差有无降低来确定产品有无改进。本节将介绍关于总体标准差 σ 或总体方差 σ^2 的假设检验方法。本节将用到 7-3 节介绍的卡方分布。假设、检验统计量、p 值以及临界值被汇总如下。

关键要素

总体标准差或方差的假设检验

目标

总体标准差 σ 或方差 σ^2 的假设检验。

数学符号

n = 样本量

s = 样本标准差

s^2 = 样本方差

σ = 总体标准差

σ^2 = 总体方差

条件

1. 样本为简单随机样本。

2. 总体必须服从正态分布。

（如果第 2 个条件不满足，则替代方法是使用假设检验的置信区间法，但使用 8-5 节介绍的自助重采样法得到置信区间。）

检验统计量

$$\chi^2 = \frac{(n-1)s^2}{\sigma^2}$$（保留 3 位小数）

p 值：使用统计软件或者使用 df=n-1 查询表 A-4（参考后面的"双侧检验中的 p 值"提示）。

临界值：使用 df=n-1 查询表 A-4。

注意：卡方检验在偏离正态性的情况下是不具有鲁棒性的。也就是说，在总体不服从正态分布的情况下，卡方检验不适用。总体标准差或方差的假设检验对总体正态性的要求比总体均值的假设检验严格得多。

等价方法

在进行总体标准差或方差的假设检验时，从是否能够得出相同结论的角度来讲，p 值法、临界值法和置信区间法是等价的。

卡方分布的性质

以下是对 7-3 节中卡方分布重要性质的简要回顾：

1. 卡方值为非负数，且分布不具有对称性（参见图 8-9）。
2. 卡方分布随着自由度的不同而不同（参见图 8-10）。
3. 使用 df=n-1，查询表 A-4 得到临界值。

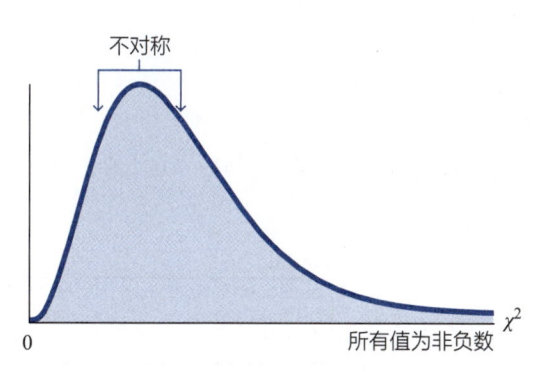

图 8-9：卡方分布的性质

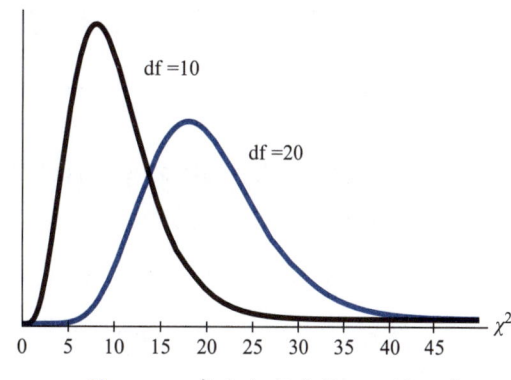

图 8-10：卡方分布（df=10, df=20）

如果使用表 A-4 求临界值，则应当注意以下事项：

在表 A-4 中，χ^2 的每个临界值都对应表的第一行给出的面积，第一行中的面积是临界值右侧的累积面积。

> **注意：** 标准正态分布的表 A-2 提供的是左侧累积面积，而卡方分布的表 A-4 提供的是右侧累积面积（参见 7-3 节中的"例 1"）。

例 1： 铸造 25 美分硬币——使用统计软件

假设根据规格要求，1964 年后铸造的 25 美分硬币的平均重量是 5.670g 克，标准差是 0.062 克。现在采用一种可以减小标准差的新的铸造工艺，该工艺可以使硬币之间的重量更一致。以下列出的是新工艺下的硬币重量的简单随机样本。检验命题："该重量样本来自标准差小于 0.062 克的总体"。（取 α=0.05）

5.7424	5.7328	5.7268	5.5938	5.6342	5.6839	5.6651	5.6925
5.6803	5.6245	5.7985	5.7180	5.7299	5.6582	5.7360	5.6546
5.7222	5.6619	5.7041	5.6528	5.6210	5.6613	5.6484	5.6502

解答：

检查条件：①样本为简单随机样本。②检验正态性，可以看到该样本没有异常值。正态分位图展示了点的分布接近于一条直线，且这些点没有出现其他非直线特征。所有条件都满足。

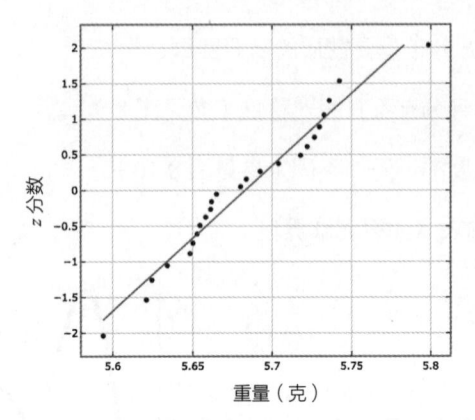

使用统计软件： 右图为 Statdisk 的检验结果，可得检验统计量为 $\chi^2=13.795$（舍入后），p 值为 0.0674。

步骤 1： 原命题的表达式为 $\sigma < 0.062$ 克。

步骤 2： 如果原命题 $\sigma < 0.062$ 克不成立，那么 $\sigma \geq 0.062$ 克必须成立。

步骤 3： 因为表达式 $\sigma < 0.062$ 克不包含等式，所以其为备择假设。而原假设为 $\sigma = 0.062$ 克。即

$$H_0: \sigma = 0.062 \text{ 克}$$

$$H_1: \sigma < 0.062 \text{ 克}$$

步骤 4： 题中给定显著性水平为 $\alpha = 0.05$。

步骤 5： 因为是关于总体标准差的假设检验，所以采用卡方分布。

步骤 6： Statdisk 的检验结果显示检验统计量为 $\chi^2=13.795$（舍入后），p 值为 0.0674。

步骤 7： 因为所得的 p 值大于 0.05 的显著性水平，所以拒绝原假设。

解读：

步骤 8： 我们没有足够的证据支持"该重量样本来自标准差小于 0.062 克的总体"的命题。目前还没有足够的证据表明，新的铸造工艺可以减小硬币之间重量的差异。

▶ 轮到你了：试试 8-4 基础题的习题 7

临界值法

通过查询表 A-4 所得的是 p 值的范围，而这样得到的 p 值在计算上有一定的难度，因此临界值法可能比 p 值法更容易使用。其步骤 1~5 与"例 1"中的相同，所以这里省略。在步骤 6 中，检验统计量计算如下：

$$\chi^2 = \frac{(n-1)s^2}{\sigma^2} = \frac{(24-1)(0.0480164)^2}{0.062^2} = 13.795$$

通过自由度 23 和"右侧累积面积"0.95（基于 0.05 的显著性水平以及左侧检验），查询表 A-4 可得 χ^2=13.091。在步骤 7 中，χ^2=13.091 没有落在临界域内，所以不能拒绝原假设（参见图 8-11）。我们没有足够的证据支持"该重量样本来自标准差小于 0.062 克的总体"的命题。

α=0.05

临界值
χ^2=13.091

检验统计量
χ^2=13.795

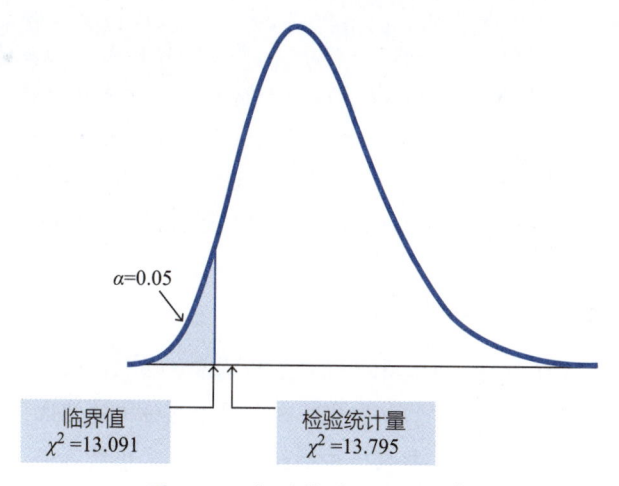

图 8-11：假设检验 σ<0.062 克

置信区间法

如之前所述，在进行总体标准差或方差的假设检验时，从是否能够得出相同结论的角度来讲，p 值法、临界值法和置信区间法是等价的。参见"例 2"。

例 2： 铸造 25 美分硬币——置信区间法

使用置信区间法，重复"例 1"。

解答：

因为该假设检验为左侧检验，并且显著性水平为 α=0.05，所以置信水平为 90%（参见表 8-1，以便选择正确的置信水平）。

通过 7-3 节中介绍的方法，我们使用"例 1"中的样本数据来构建置信水平为 90% 的置信区间，其中 n=24，s=0.0480164，χ_L^2=13.091，χ_R^2=35.172（查询表 A-4，可得 χ_L^2=13.091，χ_R^2=35.172。自由度为 df = n−1=23，90% 的置信水平对应 α=0.10，并将 α 均匀分在卡方分布的两侧，可得临界值的右侧面积分别是 0.95 和 0.05）。

$$\sqrt{\frac{(n-1)s^2}{\chi_R^2}} < \sigma < \sqrt{\frac{(n-1)s^2}{\chi_L^2}}$$

$$\sqrt{\frac{(24-1)(0.0480164)^2}{35.172}} < \sigma < \sqrt{\frac{(24-1)(0.0480164)^2}{13.091}}$$

$$0.03883 \text{克} < \sigma < 0.06365 \text{克}$$

因为 0.062 并不在置信区间内，所以我们不能支持 $\sigma<0.062$ 克的说法。该置信区间仅能表明 σ 可以是 0.03883 克和 0.06365 克之间的任意值，而不能表明 $\sigma<0.062$ 克。该结论与使用 p 值法和临界值法所得的结论相同。

双侧检验中的 p 值：由于卡方分布的不对称性，求解双侧检验中的 p 值很不方便。一种常见的方法是通过加倍尾部面积来近似 p 值，本章之前的章节也用到过该方法。由于卡方分布在较大的样本量下会变得更加对称，因此该近似法也会随着样本量的增大而更精确。Minitab、Statdisk 和 StatCrunch 软件使用该近似法（而 SPSS 和 JMP 并没有关于总体标准差的假设检验）。当然，我们也可以使用临界值法来进行双侧检验。

当总体为非正态分布时使用的替代方法

本节的方法需要满足两个条件：①样本为简单随机样本。②总体服从正态分布。如果样本数据不是随机采集的，则本节的方法不适用。如果样本来自非正态分布的总体，则可以使用假设检验的置信区间法，但使用 8-5 节介绍的自助重采样法得到置信区间，也可以使用置换检验。参见 8-5 节中的"习题 13"。

8-5 重采样法的假设检验

核心概念：本章前几节介绍的方法有各自需要满足的条件，因此限制了可以使用它们的场景。当某些条件不能得到满足时，我们通常可以使用重采样法，即使用统计软件对原始样本数据进行多次"重采样"。即使在满足所有条件的情况下，重采样法也可以与其他方法一起使用，以提供对数据的额外视角。运用两种或多种不同的方法来达到"整体统计"的目的是可取的。重采样法可以作为一个很好的"第二意见"。

重采样法的有效性

重采样法有以下优势：

1. 对数据的分布没有要求，比如没有要求数据必须来自正态分布的总体。

2. 没有最小样本量的要求。

本章前几节介绍的大多数方法都不能用于从非正态分布总体中抽取的小样本，但重采样法适用于该情况。

本节包括以下两种重采样法。

- **自助法**：自助重采样法用于构建置信区间，该置信区间可被用于总体参数的假设检验。请参阅 7-4 节了解自助重采样法的更多细节。
- **置换检验**：置换检验作为另一种重采样法，用于假设检验。自助法对同一原始数据进行重采样，而置换检验要求对样本数据进行修改，使其与原假设一致。

因为自助重采样法在 7-4 节中已经介绍过了，所以这里介绍置换检验。置换检验适用于关于总体比例、总体均值或总体标准差的假设检验。

置换检验

> **定义**[1]
> 置换检验是一种假设检验的方法，该方法会先修改样本数据使其与原假设中的总体参数一致，然后有放回地重采样。

有放回地重采样？ 如果对原始样本无放回地全部重采样，那么新的样本就与原始样本完全相同了，这是毫无意义的。

以下例子展示了对一个样本的置换检验。

例 1： **置换检验**

假设需要使用置换检验来检验以下命题：某流动餐饮车的平均等待时间等于 6.5 分钟。即

$$H_0: \mu = 6.5$$

$$H_1: \mu \neq 6.5$$

下表左边第一栏是原始样本的 5 个等待时间（分钟）：2、3、6、8、11。由于该样本的均值为 6.0 分钟，而原假设为 6.5 分钟，因此需要对原始数据集进行修改——对每个值加 0.5 分钟，使其均值变为原假设中的 6.5 分钟。然后，对修改后的数据进行重采样，下表右边第一栏是一个可能的重采样后的样本。

---

[1] 译者注：单个样本的置换检验在业界并不常用，更常用的是两个样本的置换检验，参见 9-5 节。

原始数据（分钟）$\bar{x}=6.0$	修改后的数据（分钟）$\bar{x}=6.5$	重采样后的样本（对修改后的数据有放回地重采样）$\bar{x}=7.1$
2	2.5	3.5
3	3.5	3.5
6	6.5	8.5
8	8.5	8.5
11	11.5	11.5

如果继续重采样多次（如 1000 次），并记录每次重采样的样本均值，那么就可以根据这 1000 个样本均值来确定 $\bar{x}=6.0$ 的原始样本均值在 $\mu=6.5$ 的总体中出现的概率（可能性），判断总体均值是不是 6.5。以下是一个关键的问题：

重采样所得的结果能否证明原始样本均值与原假设中的均值有显著性差异？

解答：

以下步骤基于 1000 次重采样。虽然可以重采样任意次数，但建议最小值是 1000 次。使用统计软件可以大大简化以下步骤。

步骤 1： 找出原假设中的均值与样本均值之差 d。

示例：本题中的差值是 $d=6.5-6.0=0.5$。

步骤 2： 修改样本数据，使其与原假设中的总体参数一致。

示例：对每个样本值加 $d=0.5$，使得修改后的样本均值等于原假设中的 6.5 分钟。

步骤 3： 重采样 1000 次或以上，并记录每次重采样的样本均值。

示例：使用统计软件对修改后的数据重采样 1000 次（或以上）。

步骤 4： 找到和原始样本均值"至少一样极端"的重采样的样本均值的数量。

示例：可能得到至少 743 个重采样的样本均值和原始样本均值 6.0 一样极端。有关"至少一样极端"的正确解读请参阅"例 1"之后的讨论。

步骤 5： 将步骤 4 中得到的值除以重采样次数，即得到 p 值。

示例：p 值为 $743/1000 = 0.743$。

解读：

使用 0.05 的显著性水平，我们不能拒绝原假设，因为 0.743 的 p 值大于 0.05。因此，根据置换检验的结果，没有足够的证据可以拒绝以下命题：某流动餐饮车的平均等待时间等于 6.5 分钟。

轮到你了：试试 8-5 基础题的习题 9

"至少一样极端"的标准：以下是针对均值的"至少一样极端"的标准，但比例或标准差也适合使用相同的标准。

在以下标准中，$\bar{x}$ 是原始样本均值，μ 是原假设中的总体均值。"值"指的是每次重采样的样本均值。

- 左侧检验：至少和 $\bar{x}$ 一样极端的值要小于或等于 $\bar{x}$。
- 右侧检验：至少和 $\bar{x}$ 一样极端的值要大于或等于 $\bar{x}$。
- 双侧检验：计算 $d=|\bar{x}-\mu|$。至少和 $\bar{x}$ 一样极端的值要小于或等于 $(\mu-d)$，或者大于或等于 $(\mu+d)$。

"例 1"展示的是双侧检验，$\bar{x}=6.0$，$\mu=6.5$，则有 $d=|6.0-6.5|=0.5$。$\mu-d=6.5-0.5=6.0$，$\mu+d=6.5+0.5=7.0$，因此和 $\bar{x}$ 一样极端的值小于或等于 6.0，或者大于或等于 7.0。

需要重采样多少次？ 一般应该至少重采样 1000 次。统计学家或相关从业人员通常要重采样 1 万次或以上。

总体比例的假设检验：8-2 节介绍了总体比例的假设检验，"例 2"展示了重采样法。

例 2： 总体比例的假设检验——重采样法

使用自助法和置换检验来检验"本章问题"中的命题："大多数互联网用户使用双重认证来保护他们的网络数据"。

自助法：使用自助法得到的置信区间可以用来判断总体比例 p 的可能值，进而可以判断原假设。

示例：使用自助法得到的置信水平为 90% 的置信区间近似为 $0.495<p<0.548$。由于自助法中的随机性，每次所得的置信区间可能都不相同。因为该置信区间包括 $p=0.5$，所以不能拒绝原假设。

置换检验：修改原始样本数据，使其与原假设中的比例值相同（可以使用只含有 0 和 1 的数据，其中含有 1 的比例即为原假设中的比例）。接下来，根据多次重采样的结果，来判断至少和原始样本比例一样极端的重采样的样本比例的可能性。

示例：使用统计软件修改原始样本数据，使其样本比例等于原假设中的 0.5，然后使用修改后的数据重采样 1000 次。一个可能的结果是在这 1000 个重采样的样本比例中，有 114 个至少大于或等于 0.52，即 p 值等于 0.114，因此不能拒绝原假设。

▶ 轮到你了：试试 8-5 基础题的习题 5

总体均值的假设检验：8-3 节介绍了总体均值的假设检验，"例 3"展示了重采样法。

例 3：　成年人睡眠时间——重采样法

8-3 节中的"例 1"包括了随机选取的成年人受试者的睡眠时间（小时），如下所示。检验命题："成年人的平均睡眠时间少于 7 小时"。（取 $\alpha=0.05$）

$$4\quad 8\quad 4\quad 4\quad 8\quad 6\quad 9\quad 7\quad 7\quad 10\quad 7\quad 8$$

自助法：使用自助法得到的置信区间可以用来判断总体均值 μ 的可能值，进而可以判断原假设。

示例：使用自助法得到的置信水平为 90% 的置信区间近似为 $5.9<\mu<7.8$。该结果与 8-3 节中得到的 $5.8<\mu<7.9$ 的置信区间非常相近。因为该置信区间包括 $\mu=7.0$，所以不能拒绝原假设。

置换检验：修改原始样本数据，使其与原假设中的均值相同。接下来，根据多次重采样的结果，来判断至少和原始样本均值一样极端的重采样的样本均值的可能性。

示例：使用统计软件修改原始样本数据，使其样本均值等于原假设中的 7.0（$n=12$，$\bar{x}=6.83333333$ 小时），然后使用修改后的数据重采样 1000 次。一个可能的结果是在这 1000 个重采样的样本均值中，有 377 个至少小于或等于 6.83333333，即 p 值等于 0.377，因此不能拒绝原假设。

▶ 轮到你了：试试 8-5 基础题的习题 11

总体标准差或方差的假设检验：8-4 节介绍了总体标准差或方差的假设检验，"例 4"展示了重采样法。

例 4：　铸造 25 美分硬币——重采样法

8-4 节中的"例 1"包括了随机选取的硬币重量（克），如下所示。检验命题："该重量样本来自标准差小于 0.062 克的总体"。（取 $\alpha=0.05$）

5.7424	5.7328	5.7268	5.5938	5.6342	5.6839	5.6651	5.6925
5.6803	5.6245	5.7985	5.7180	5.7299	5.6582	5.7360	5.6546
5.7222	5.6619	5.7041	5.6528	5.6210	5.6613	5.6484	5.6502

自助法：使用自助法得到的置信区间可以用来判断总体标准差或方差的可能值，进而可以判断原假设。

示例：使用自助法得到的置信水平为 90% 的置信区间近似为 0.03374 克 $<\sigma<0.05851$ 克。由于自助法中的随机性，每次所得的置信区间可能都不相同。因为该置信区间不包括 $\sigma=0.062$ 克，所以拒绝原假设。注意，该结果与 8-4 节中"例 2"所得的结果不同。

置换检验：截至撰写本书时，还没有统计软件对标准差或方差进行置换检验。参见"习题 13"中作者使用的方法。

9-1：两个总体比例

9-2：两个总体均值：独立样本

9-3：配对样本

9-4：两个总体方差或标准差

9-5：重采样法的统计推断

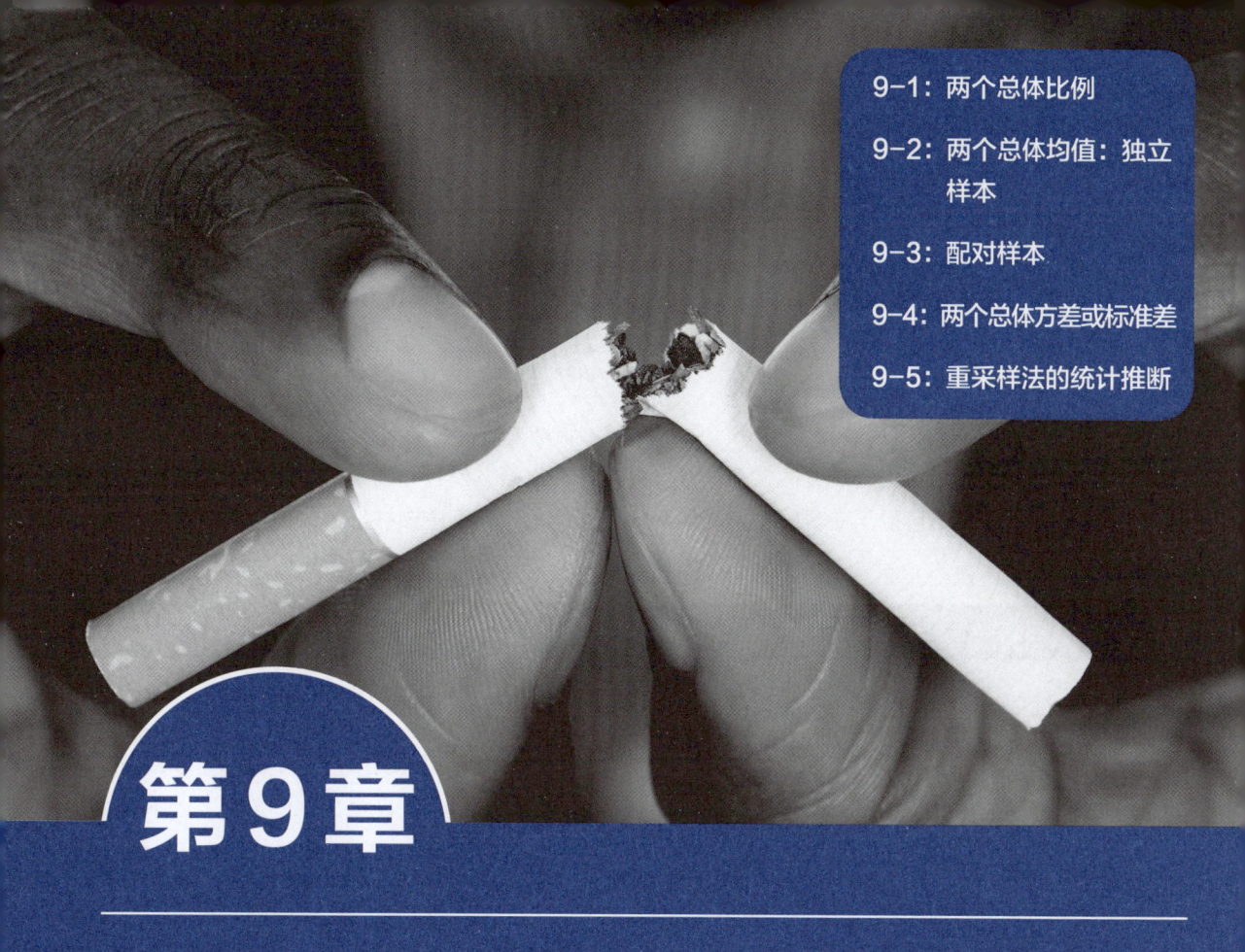

第 9 章

两个样本的统计推断

本章问题 哪种方法的戒烟效果更好：电子烟还是尼古丁替代品？

研究人员进行了一项试验，将 884 名吸烟者随机分为两组进行戒烟治疗，其中一组使用电子烟，另一组使用尼古丁替代品（尼古丁贴片、尼古丁口香糖等）。表 9-1 展示了治疗 52 周后的结果（数据来源："A Randomized Trial of E-Cigarettes versus Nicotine-Replacement Therapy", Hajek, et al., New England Journal of Medici.）。

通过表 9-1 中的数据，可以计算出电子烟组的戒烟成功率为 18.0%，尼古丁替代品组的戒烟成功率为 9.9%。显然，18.0% 高于 9.9%，但该差异是否具有统计显著性？本章将介绍解决这类问题的方法。对于该案例，答案将告诉我们相较于尼古丁替代品，电子烟的戒烟效果是不是会更好一些。

表 9-1：戒烟治疗结果

	电子烟组	尼古丁替代品组
52 周后戒烟成功的人数	79	44
受试者人数	438	446

除了使用表 9-1 中的数据来评估电子烟作为戒烟辅助手段的有效性，我们还必须考虑其他因素，例如健康和行为风险。电子烟可能含有有害成分、让人上瘾、损害呼吸系统，以及可能对大脑发育有损害。虽然电子烟可以用来帮助戒烟，但使用电子烟本身绝不应该被视为一种健康的行为。

本章目标

推断统计是对总体参数进行总结（或推断）。推断统计的两种主要方法是：①使用置信区间估计总体参数（参见第 7 章）。②检验关于总体参数的命题（参见第 8 章）。第 7 章和第 8 章中的方法都适用于来自一个总体的样本，而本章会将这些方法扩展到适用于两个总体的情况。以下是本章目标。

9-1：两个总体比例

- 掌握两个总体比例的假设检验。
- 学会构建两个总体比例差的置信区间。

9-2：两个总体均值：独立样本

- 学会判断两个样本是否相互独立。
- 掌握两个总体均值的假设检验。
- 学会构建两个总体均值差的置信区间。

9-3：配对样本

- 学会判断包含成对数据的样本。
- 掌握配对样本的假设检验。
- 学会构建配对样本均值差的置信区间。

9-4：两个总体方差或标准差

- 掌握两个总体方差或标准差的假设检验。

9-5：重采样法的统计推断

- 使用自助法和置换检验的重采样法，对两个独立总体的比例和均值、配对样本的均值，以及两个总体的方差或标准差进行假设检验。

9-1 两个总体比例

核心概念：本节将介绍两种方法——①两个总体比例的假设检验。②构建两个总体比例差的置信区间。本节介绍的方法也适用于两个总体的概率或百分比。

> **关键要素**
>
> **两个总体比例的统计推断**
>
> 目标
>
> 1. 两个总体比例的假设检验。
>
> 2. 构建两个总体比例差的置信区间。
>
> 数学符号
>
> 使用下标"1"表示第一个总体，定义如下：
>
> p_1= 总体比例
>
> n_1= 样本量
>
> x_1= 样本中的成功次数
>
> $\hat{p}_1 = \dfrac{x_1}{n_1}$（样本比例）
>
> $\hat{q}_1 = 1 - \hat{p}_1$（$\hat{p}_1$的对立事件）
>
> 第二个总体相应的数学符号分别是 p_2、n_2、x_2、$\hat{p}_2$、$\hat{q}_2$。
>
> 合并样本比例
>
> 合并样本比例（$\bar{p}$）是指将两个样本比例合并为一个比例，即：
>
> $$\bar{p} = \frac{x_1 + x_2}{n_1 + n_2}$$
>
> $$\bar{q} = 1 - \bar{p}$$
>
> 条件
>
> 1. 样本比例来自两个简单随机样本。
>
> 2. 两个样本相互独立（如果从一个总体中选取的样本值与从另一个总体中选取的样本值没有关联或者自然成对，则样本间相互独立）。

3. 对于每个样本，同时满足条件：至少 5 次成功和至少 5 次失败，即 $n\hat{p} \geq 5$ 和 $n\hat{q} \geq 5$。

（如果第 3 个条件不满足，则替代方法是使用 9-5 节介绍的自助法或置换检验、11-2 节介绍的费希尔精确检验。）

检验统计量（$H_0: p_1=p_2$）

$$z = \frac{(\hat{p}_1 - \hat{p}_2) - (p_1 - p_2)}{\sqrt{\frac{\bar{p}\bar{q}}{n_1} + \frac{\bar{p}\bar{q}}{n_2}}}$$

其中，$p_1-p_2=0$（来自原假设）。

$$\bar{p} = \frac{x_1 + x_2}{n_1 + n_2}$$

$$\bar{q} = 1 - \bar{p}$$

p 值：使用统计软件或表 A-2（参考图 8-3）。

临界值：使用表 A-2（参考 8-1 节）。

p_1-p_2 的置信区间

$$(\hat{p}_1 - \hat{p}_2) - E < (p_1 - p_2) < (\hat{p}_1 - \hat{p}_2) + E$$

其中，误差范围为

$$E = z_{\alpha/2}\sqrt{\frac{\hat{p}_1\hat{q}_1}{n_1} + \frac{\hat{p}_2\hat{q}_2}{n_2}}$$

舍入规则：对置信区间保留 3 位有效数字。

等价方法

对两个总体比例进行假设检验时：

- p 值法和临界值法是等价的。
- 置信区间法不与 p 值法或临界值法等价。

建议：对两个总体比例进行假设检验时，请使用 p 值法或临界值法。对两个总体比例差进行估计时，请使用置信区间法。

假设检验

对于两个总体比例的假设检验，我们只考虑 $H_0: p_1=p_2$。因此，根据 p_1 和 p_2 相等的假设，可以将 p_1 和 p_2 结合成一个合并样本比例（$\bar{p}$）（参见"关键要素"），作为 p_1 和 p_2 共同的最佳估计值。"例 1"会帮助我们理解这一点。值得注意的是，根据总体比例相等的假设，对于共同的总体比例，其最佳估计值来自合并两个样本后的一个大样本，所以 $\bar{p}$ 是共同的总体比例的估计量。

> **治疗比疾病本身更差吗?**
>
> 本章介绍的方法表明,对于试图戒烟的吸烟者来说,电子烟比尼古丁替代品更为有效。然而,批判性思维指导我们跳出现有框架,去思考使用电子烟作为治疗手段是否明智。普通香烟和电子烟都含有尼古丁,尼古丁是一种会造成血压升高和心跳加快的成瘾性有毒物质。已有死亡/疾病的报告显示,其似乎与电子烟的使用有关。美国马萨诸塞州已经暂时禁止电子烟的销售。根据在撰写本书时获得的已有证据,似乎不应该推荐使用电子烟。

p 值法

例 1: 电子烟的戒烟成功率和尼古丁替代品的戒烟成功率有差异吗

"本章问题"中的表 9-1 包含了两个样本的戒烟成功比例。

成功比例(52 周后的戒烟结果)

电子烟组:$\hat{p}_1 = 79/438 = 0.180$

尼古丁替代品组:$\hat{p}_2 = 44/446 = 0.099$

使用 0.05 的显著性水平和 p 值法,检验命题:"两组间的戒烟成功率没有差异"。

解答:

检查条件:我们首先需要验证三个条件是否满足。①通过对研究对象的描述以及组之间的随机分配,可以证实这两个样本是简单随机样本。②因为样本中的受试者并不是成对或者相互匹配的,所以两个样本相互独立。③通过表 9-1 计算可知,对于每个样本,都满足至少 5 次成功和至少 5 次失败的条件。所有三个条件都满足。

以下为 p 值法的解题步骤,可以参考图 8-1。

步骤 1: 原命题的表达式为 $p_1 = p_2$。

步骤 2: 如果原命题 $p_1 = p_2$ 不成立,那么 $p_1 \neq p_2$ 必须成立。

步骤 3: 因为表达式 $p_1 \neq p_2$ 不包含等式,所以其为备择假设。而原假设含有等式,即

$$H_0: p_1 = p_2$$
$$H_1: p_1 \neq p_2$$

步骤 4: 题中规定了显著性水平为 $\alpha=0.05$。(我们能向谁抱怨呢?)

步骤 5: 使用统计软件,可以跳过步骤 5 和步骤 6。下图为 Statdisk 的检验结果,其中含有检验统计量和 p 值。

```
Statdisk
Alternative Hypothesis:     p1 not = p2

Pooled Proportion:   0.13914
Test Statistic, z:   3.50965
Critical z:          ±1.95996
P-Value:             0.00045

95% Confidence Interval:
0.03630 < p1-p2 < 0.12712
```

手算：如果不使用统计软件，则可以使用正态分布（以及"关键要素"中给出的检验统计量）作为二项分布的近似。通过计算合并样本比例 $\bar{p}$ 来估计 p_1 和 p_2，并保留多位小数以确保后续计算的准确性。

$$\bar{p} = \frac{x_1 + x_2}{n_1 + n_2} = \frac{79 + 44}{438 + 446} = 0.13914027$$

$$\bar{q} = 1 - \bar{p} = 1 - 0.13914027 = 0.86085973$$

步骤 6：因为假设 $p_1 = p_2$，即 $p_1 - p_2 = 0$，所以可得如下检验统计量。

$$z = \frac{(\hat{p}_1 - \hat{p}_2) - (p_1 - p_2)}{\sqrt{\frac{\bar{p}\bar{q}}{n_1} + \frac{\bar{p}\bar{q}}{n_2}}}$$

$$= \frac{\left(\frac{79}{438} - \frac{44}{446}\right) - 0}{\sqrt{\frac{(0.13914027)(0.86085973)}{438} + \frac{(0.13914027)(0.86085973)}{446}}}$$

$$= 3.51$$

该假设检验为双侧检验，所以 p 值是 $z=3.51$ 右侧面积的 2 倍。查询表 A-2，可得 $z=3.51$ 的右侧面积是 0.0001，则 p 值等于 $2 \times 0.0001 = 0.0002$。图 9-1(a) 展示了检验统计量及 p 值（使用统计软件所得的 p 值为 0.00045，其因为使用了没有四舍五入的 z 值而更加精确）。

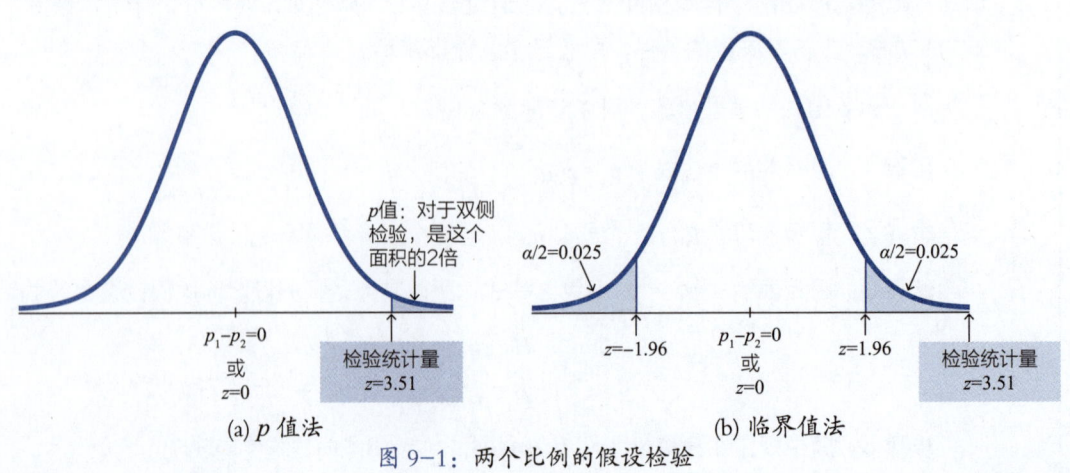

图 9-1：两个比例的假设检验

(a) p 值法

(b) 临界值法

步骤 7：因为 0.00045 的 p 值小于 0.05 的显著性水平，所以拒绝原假设。

解读：

我们有足够的证据可以拒绝"两组间的戒烟成功率没有差异"这一说法。因为我们拒绝原假设，所以有充分的证据拒绝 $p_1=p_2$。很显然，两组间的戒烟成功率存在显著差异。

但先等一等，还未结束。根据样本数据，电子烟组的戒烟成功率要高于尼古丁替代品组的戒烟成功率。我们可以通过右侧检验 $p_1>p_2$ 来证实，可得相同的检验统计量 $z=3.51$，对应的 p 值为 0.00022（双侧检验的 p 值为 0.00045，而右侧检验的 p 值为 0.00022）。然而，电子烟组的戒烟成功率也只有 18.0%（不到 20%）。相比于尼古丁替代品，电子烟的疗效可能更好，但有效性并没有那么好。

▶ **轮到你了**：试试 9-1 基础题的习题 7 中的第 1 问

领先的误差范围

Stephen Ansolabehere 和 Thomas Belin 在《机会》（*Chance*）期刊中发表了一篇文章《民意调查的错误》（*Poll Faulting*），其中写道："我们对民调结果报道的最大批评是，当媒体的注意力被领先的候选人吸引时，所报道的误差范围来自单样本比例（通常是 ±3%）。"他们指出领先优势实际上是两个比例之差（p_1-p_2），并继续解释他们提出的经验法则：领先优势大约是任何一个比例的误差范围的 $\sqrt{3}$ 倍。在一个典型的选前民调中，如果报道的误差范围为 ±3%，那么可以认为一个候选人领先于另一个候选人的优势大约是 ±5%。他们认为该领先优势的误差范围应该被报道。

临界值法

假设检验的临界值法（参见图 8-1）也能用于"例 1"。在步骤 6 中，0.05 的面积的一半所对应的临界值为 $z=\pm1.96$。图 9-1(b) 中的检验统计量 $z=3.51$ 落在临界域内，所以拒绝原假设，所得结论与"例 1"的结论一致。

置信区间法

根据"关键要素"中给出的公式，我们可以通过构建置信区间来估计总体比例差。如果所构建的置信区间 p_1-p_2 不包含 0，那么就可以证明 p_1 和 p_2 有不同的值。置信区间法中的标准差是基于总体比例的估计值的，而假设检验中的标准差是基于两个总体比例相等的假设的，因此，使用置信区间法得出的结论有可能与使用 p 值法和临界值法得出的结论都不相同（参见"例 2"后的"注意"内容）。

例 2： 两个总体比例的置信区间

使用"例 1"中的样本数据，试求两个总体比例差的置信水平为 95% 的置信区间。从结果中可以对"两组间的戒烟成功率没有差异"的说法做出怎样的判断？

解答：

检查条件：参见"例 1"，所有三个条件都满足。

我们可以通过统计软件求解置信区间，也可以通过以下步骤手算。

查询表 A-2，95% 的置信水平对应于 $z_{\alpha/2}$=1.96。先求误差范围：

$$E = z_{\alpha/2}\sqrt{\frac{\hat{p}_1\hat{q}_1}{n_1} + \frac{\hat{p}_2\hat{q}_2}{n_2}}$$

$$= 1.96\sqrt{\frac{\left(\frac{79}{438}\right)\left(\frac{359}{438}\right)}{438} + \frac{\left(\frac{44}{446}\right)\left(\frac{402}{446}\right)}{446}}$$

$$= 0.04541521$$

其中，$\hat{p}_1$=79/438=0.18036530，$\hat{p}_2$=44/446=0.09865471，可得 $\hat{p}_1 - \hat{p}_2$=0.08171059。

再计算置信区间，保留 3 位有效数字。

$$(\hat{p}_1 - \hat{p}_2) - E < p_1 - p_2 < (\hat{p}_1 - \hat{p}_2) + E$$
$$0.08171059 - 0.04541521 < p_1 - p_2 < 0.08171059 + 0.04541521$$
$$0.0363 < p_1 - p_2 < 0.127$$

解读：

所求得的置信区间不包含 0，这意味着两个比例之间有着显著差异，因此我们拒绝 $\hat{p}_1 = \hat{p}_2$ 的原假设。电子烟组和尼古丁替代品组有着不同的戒烟成功率。

▶ 轮到你了：试试 9-1 基础题的习题 7 中的第 2 问

注意：使用单个置信区间——不要试图通过比较两个关于总体比例的置信区间之间有无重叠来检验两个总体比例是否相等。比较两个置信区间之间有无重叠的分析更加保守（更不能拒绝原假设了），它的统计功效也就更小了（在真实情况为 $p_1 \neq p_2$ 时，更不可能拒绝 $p_1 - p_2$ 了）。参考"9-1 提高题"的习题 25。

脊髓灰质炎的实验

1954 年进行了一项实验，检验索尔克疫苗预防麻痹性脊髓灰质炎的有效性。大约 20 万名儿童注射了无效的生理盐水，另外 20 万名儿童注射了疫苗。因为接受注射的儿童不知道他们注射的是真正的疫苗还是安慰剂，并且进行注射和评估结果的医生也不知道，所以该实验为"双盲"实验。20 万名接种疫苗的儿童中只有 33 名后来患上脊髓灰质炎，而 20 万名注射了生理盐水的儿童中有 115 名后来患上该病。针对该实验结果的统计分析得出的结论是，索尔克疫苗确实对脊髓灰质炎的预防有效。

替代方法：重采样法

我们也可以使用重采样法中的自助法或者置换检验来检验两个总体比例。参见 9-5 节。

基本原理：为什么这一节的方法是可行的

假设检验： 假设满足 $n_1\hat{p}_1 \geq 5$ 和 $n_1\hat{q}_1 \geq 5$，那么可以用均值等于 p_1，标准差等于 $\sqrt{p_1q_1/n_1}$ 的正态分布来近似 $\hat{p}_1$ 的分布（参见 6-6 节和 7-1 节）。同理，也可以用相同的方法近似 $\hat{p}_2$ 的分布。因此，可以用均值等于 p_1-p_2，标准差等于

$$\sigma^2_{(\hat{p}_1-\hat{p}_2)} = \sigma^2_{\hat{p}_1} + \sigma^2_{\hat{p}_2} = \frac{p_1q_1}{n_1} + \frac{p_2q_2}{n_2}$$

的正态分布来近似 $\hat{p}_1 - \hat{p}_2$ 的分布（该结果基于这个性质：两个独立随机变量之差的方差等于随机变量的方差之和[1]）。

p_1 和 p_2 的合并估计值为 $\bar{p}=(x_1+x_2)/(n_1+n_2)$。如果用 $\bar{p}$ 替换 p_1 和 p_2，用 $\bar{q}$ 替换 q_1 和 q_2，那么 $\sigma^2_{(\hat{p}_1-\hat{p}_2)}$ 的标准差形式如下：

$$\sigma_{(\hat{p}_1-\hat{p}_2)} = \sqrt{\frac{\bar{p}\bar{q}}{n_1} + \frac{\bar{p}\bar{q}}{n_2}}$$

即 $\hat{p}_1-\hat{p}_2$ 的分布可以用均值为 p_1-p_2，标准差为上述形式的正态分布近似，也就是"关键要素"中的检验统计量。

置信区间： 置信区间中的方差与上面所得的方差不同。在构建两个总体比例差的置信区间时，并不能假设两个总体比例相等，而是使用以下标准差估计：

$$\sqrt{\frac{\hat{p}_1\hat{q}_1}{n_1} + \frac{\hat{p}_2\hat{q}_2}{n_2}}$$

---

1 译者注：如果两个随机变量相互独立，则有 var(X−Y)=var(X)+var(Y)。

> **使用软件**
>
> **两个总体比例的统计推断**
>
> **R**
>
> R 命令：prop.test(x, y, alternative=c("two.sided", "less", "greater"), conf.level=0.95, correct = FALSE)
>
> 其中，x 是第一组与第二组中成功次数的向量，y 是第一组与第二组的样本量。
>
> 提示：结果给出的检验统计量为 χ^2，对其开根号可得 z 值。
>
> 提示：对于"例 1"，命令是 prop.test (x, y, alternative="two.sided", conf.level=0.95, correct = FALSE)；where x=c(79,44) and y=c(438,466)。

9-2 两个总体均值：独立样本

核心概念：这一节将介绍关于两个独立样本的研究方法：①两个总体均值的假设检验；②构建两个总体均值差的置信区间。本节第 1 部分讨论的情况是假设两个总体标准差未知且不相等。第 2 部分将简要讨论另外两种情况：①假设两个总体标准差未知但相等；②假设两个总体标准差已知。

第 1 部分：独立样本，σ_1 与 σ_2 未知且不相等

首先，有必要了解独立样本和非独立样本的区别。

> **定义**
>
> 如果从两个总体中分别选取的样本值之间没有关联或者没有自然成对，那么这两个样本为<u>独立样本</u>。
>
> 如果样本值之间相互成对，且这种配对关系是基于某些固有的关联的（成对的样本值来自同一对象的两次观测值，比如先后测量的数据；或者成对的样本值相互匹配，比如夫妻间的数据，即这种配对有其特有的关联），那么这两个样本为含有成对数据的<u>非独立样本</u>。
>
> 注意：非独立样本之间没有直接的因果关系。

以下为关于独立样本和含有成对数据的非独立样本的例子。

- **独立样本**：男女身高。数据集 1 "身体数据"中包含了以下男女样本的身高（厘米），样本间没有任何固有的关联，因此这是两个独立样本。这里只是碰巧以一种我们可能会误认

为它们是配对样本的方式列出。

| 男子身高（厘米） | 172 | 154 | 156 | 158 | 169 |
| 女子身高（厘米） | 186 | 161 | 179 | 167 | 179 |

- **非独立样本：夫妻身高。** 以下列出的是夫妻身高的数据（厘米），每一列都是一对夫妻的数据。每列的两个样本值是非独立的，因为每个丈夫的身高都与其妻子的身高成对出现。

| 丈夫身高（厘米） | 175 | 180 | 173 | 176 | 178 |
| 妻子身高（厘米） | 160 | 165 | 163 | 162 | 166 |

房产中介会给你提供最好的价格吗？

史蒂芬·列维特和史蒂芬·都伯纳在《魔鬼经济学》中提出了一个问题：当一个房地产经纪人卖房子时，他会为卖家争取到最好的价格吗？他们收集了芝加哥附近数千户家庭的数据，其中还包括中介自己的不动产。他们写道："有一种方法可以找到答案，就是比较中介自己房屋的销售价格与他们代表客户销售的价格。使用这些数据并控制一些变量，比如房屋的地段、建造时间、质量、美感度等，结果是房地产经纪人会把他们自己的房子多挂在市场上10天，以额外的3%以上的价格出售（一套30万美元的房子多获利1万美元）。"这样的结论可以通过本节中的方法得到。

下面的"关键要素"中汇总了关于两个总体均值的统计推断方法。

关键要素

两个总体均值的统计推断：独立样本

目标

1. 两个独立总体均值的假设检验。
2. 构建两个独立总体均值差的置信区间。

数学符号

使用下标"1"表示第一个总体，定义如下：

μ_1 = 总体均值

σ_1 = 总体标准差

n_1 = 样本量

$\bar{x}_1$ = 样本均值

s_1 = 样本标准差

第二个总体相应的数学符号分别是 μ_2、σ_2、n_2、$\bar{x}_2$、s_2。

条件

1. σ_1 与 σ_2 未知且不相等。

2. 两个样本为独立样本。

3. 两个样本都是简单随机样本。

4. 任意一个条件或两者都满足：两个总体同时服从正态分布，或者两个样本量足够大（$n_1>30$，$n_2>30$）。

（如果第 3 个条件不满足，则替代方法是使用 9-5 节介绍的自助法或置换检验、13-4 节介绍的威尔科克森秩和检验。）

检验统计量

$$t = \frac{(\bar{x}_1 - \bar{x}_2) - (\mu_1 - \mu_2)}{\sqrt{\frac{s_1^2}{n_1} + \frac{s_2^2}{n_2}}} \quad \text{（通常假设 } \mu_1-\mu_2=0\text{）}$$

自由度：

1. 通常采用以下简单且保守的自由度的估计：

$$df = \min(n_1-1, n_2-1)$$

2. 通常统计软件会采用公式 9-1 给出的自由度的估计：

公式 9-1：

$$df = \frac{(A+B)^2}{\frac{A^2}{n_1-1} + \frac{B^2}{n_2-1}}$$

其中，$A = \frac{s_1^2}{n_1}$，$B = \frac{s_2^2}{n_2}$。

注：附录 D 中包含根据公式 9-1 估计的统计软件结果，以及使用表 A-3 得到的结果。

p 值：使用统计软件或者表 A-3（参考图 8-3 中总结的流程）。

临界值：查询表 A-3。

$\mu_1-\mu_2$ 的置信区间：独立样本

$$(\bar{x}_1 - \bar{x}_2) - E < (\mu_1 - \mu_2) < (\bar{x}_1 - \bar{x}_2) + E$$

其中，误差范围为

$$E = t_{\alpha/2}\sqrt{\frac{s_1^2}{n_1} + \frac{s_2^2}{n_2}}$$

（本书中采用 $df=\min(n_1-1, n_2-1)$）

等价方法

p 值法、临界值法以及置信区间法中的分布和标准差都相同,因此,从是否能够得出相同结论的角度来说,它们是等价的。

p 值法

例 1: 人们越来越高了吗

下面列出的是随机选取的 1988 年美国陆军男性人员的身高(毫米)(来自数据集 2 "人体测量调查 I 1988")和随机选取的 2012 年美国陆军男性人员的身高(毫米)(来自数据集 3 "人体测量调查 II 2012")。显著性水平为 $\alpha=0.05$,检验命题:1988 年总体的平均身高小于 2012 年总体的平均身高。

1988 年:1698, 1727, 1734, 1684, 1667, 1680, 1785, 1885, 1841, 1702, 1738, 1732

2012 年:1810, 1850, 1777, 1811, 1780, 1733, 1814, 1861, 1709, 1740, 1694, 1766, 1748, 1794, 1780

解答:

检查条件:①两个总体的标准差是未知的,且不相等。②因为测量对象是不同的人,所以两个样本相互独立。③两个样本都是简单随机样本。④由于样本量都小于 30,所以需要确定两个样本是否都来自正态分布的总体。两个样本的正态分位图表明,两个样本都来自分布接近于正态分布的总体。所有条件都满足。

以下为 p 值法的解题步骤,可以参考图 8-1。

步骤 1:原命题的表达式为 $\mu_1 < \mu_2$。

步骤 2:如果原命题 $\mu_1 < \mu_2$ 不成立,那么 $\mu_1 \geq \mu_2$ 必须成立。

步骤 3:因为表达式 $\mu_1 < \mu_2$ 不包含等式,所以其为备择假设。而原假设含有等式,即

$$H_0: \mu_1 = \mu_2$$
$$H_1: \mu_1 < \mu_2$$

我们继续假设 $\mu_1 = \mu_2$ 或 $\mu_1 - \mu_2 = 0$。

步骤 4:题中给定显著性水平为 $\alpha=0.05$。

步骤 5:**使用统计软件**,可以跳过步骤 5 和步骤 6。右图的 Statdisk 的检验结果中含有检验统计量和 p 值。

手算:如果不使用统计软件,则可以使用 t 分布以及"关键要素"中的检验统计量。

步骤 6:由列出的样本数据可得以下统计量,进而求得检验统计量。

Statdisk
```
Test Statistic, t: -1.67937
Critical t:        -1.72744
P-Value:            0.05457

Degrees of Freedom:  19.37038

90% Confidence Interval:
-77.86539 < µ1-µ2 < 1.09872
```

样本 1：$n_1=12$，$\bar{x}_1=1739.417$，$s_1=66.6012$。

样本 2：$n_2=15$，$\bar{x}_2=1777.8$，$s_2=47.86618$。

代入可求得检验统计量如下：

$$t = \frac{(\bar{x}_1 - \bar{x}_2) - (\mu_1 - \mu_2)}{\sqrt{\dfrac{s_1^2}{n_1} + \dfrac{s_2^2}{n_2}}} = \frac{(1739.417 - 1777.8) - 0}{\sqrt{\dfrac{66.6012^2}{12} + \dfrac{47.86618^2}{15}}} = -1.679$$

该假设检验为左侧检验且 df=min(n_1-1, n_2-1)=11。

p 值：使用检验统计量 *t* = −1.679，参照表 A-3（*t* 分布）。自由度为 n_1-1 和 n_2-1 中更小的值，也就是 11。表 A-3 显示 *p* 值大于 0.05（小于 0.1）。使用原始数据或未近似的样本统计量，通过统计软件计算可得 *p* 值为 0.0546。

步骤 7：因为 *p* 值大于 0.05 的显著性水平，所以我们不能拒绝原假设。

解读：

步骤 8：我们没有足够的证据可以支持"1988 年总体的平均身高小于 2012 年总体的平均身高"的命题。

人们越来越高了吗？也许是，也许不是，但至少所给的数据并没有提供足够的证据可以支持这种说法。1988 年的样本均值确实大于 2012 年的样本均值。也许更大的样本量可以提供更多的证据。此外，样本数据来自美国陆军男性人员，该样本对应的总体可能与一般人群的总体不同。

▶ 轮到你了：试试 9-2 基础题的习题 5 中的第 1 问

昂贵的减肥药

过去有许多案例表明，无效的治疗手段在市场上反而获得了暴利。英富曼天然产品公司（Enforma Natural Products）生产的"脂肪捕捉器"和"瓶中健身"胶囊被宣传为有效的减肥药。广告声称服用这种胶囊后，即使不运动也会燃烧卡路里。美国联邦贸易委员会（Federal Trade Commission）发现广告中有未经证实的虚构内容，该公司因其广告具有欺骗性而被罚款 1000 万美元。

这种产品的有效性可以通过对照实验来确定：随机选取的受试者被分配到实验组和对照组。由此产生的减肥疗效可以通过统计方法进行比较（例如本节中的方法）。

临界值法

如果手算，那么在检验两个总体均值差时，使用临界值法会比使用 *p* 值法相对容易。"例 1"即可使用临界值法来解题。比起采用公式 9-1 中烦琐的计算方法，通过表 A-3 求临界值是一种相对简单的方法。使用 df=min(n_1-1, n_2-1)，得到自由度为 11。根据 *α*=0.05 以及左侧检验，查询表 A-3

可得临界值 $t=-1.796$（$t=-1.727$ 为统计软件计算结果）。图 9-2 显示检验统计量没有落在临界域内，因此我们不能拒绝原假设，与"例 1"的结果一致。

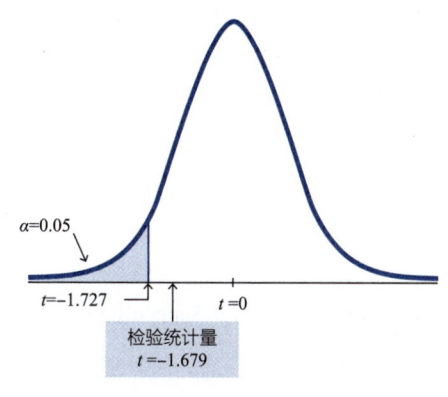

图 9-2：两个独立总体均值的假设检验

置信区间法

例 2：身高差的置信区间估计

重复"例 1"，构建 1988 年和 2012 年身高均值差的置信区间估计。

解答：

通过左侧检验和显著性水平 $\alpha=0.05$，可得置信水平为 90%（参见表 8-1）。

检查条件：参考"例 1"，所有条件都满足。

使用统计软件：通过统计软件求得置信区间为 $-77.9 < (\mu_1-\mu_2) < 1.1$（参考"例 1"中的统计软件检验结果）。

手算：查询表 A-3，$\alpha=0.05$，df=11 对应 $t=1.796$。通过 $t=1.796$，$n_1=12$，$s_1=66.6012$，$n_2=15$，$s_2=47.86618$，求得误差范围为

$$E = t_{\alpha/2}\sqrt{\frac{s_1^2}{n_1} + \frac{s_2^2}{n_2}} = 1.796\sqrt{\frac{66.6012^2}{12} + \frac{47.86618^2}{15}} = 41.049035$$

通过 $E=41.049035$，$\bar{x}_1=1739.417$，$\bar{x}_2=1777.8$，求得置信区间为

$$(\bar{x}_1 - \bar{x}_2) - E < (\mu_1 - \mu_2) < (\bar{x}_1 - \bar{x}_2) + E$$
$$-79.4 < (\mu_1 - \mu_2) < 2.7$$

解读：

由于置信区间包含 0，所以说明 1988 年总体的平均身高和 2012 年总体的平均身高之间没有显著差异。

▶ 轮到你了：试试 9-2 基础题的习题 5 中的第 2 问

> **超级碗比赛**
>
> 在被邀请观看一场超级碗比赛的学生中,有一半的人得到了 4 升容量的零食,而另一半的人得到了 2 升容量的零食。得到大容量零食的学生比得到小容量零食的学生多摄入 56% 的食物。(参见 "Super Bowls: Serving Bowl Size and Food Consumption", Wansink and Cheney, Journal of the American Medical Association, Vol. 293, No. 14。)
>
> 另一项研究表明,"在超级碗比赛电视直播后的几个小时内,美国本土有人员死亡的车祸数量显著增加"。研究人员分析了 20,377 例车祸死亡,其中 27 例发生在有超级碗比赛的星期日。作为对照,另外的车祸死亡案例则发生在其他的 54 个星期日。他们发现在超级碗比赛后,死亡人数增加了 41%。(参见 "Do Fatal Crashes Increase Following a Super Bowl Telecast?", Redelmeier and Stewart, Chance, Vol. 18, No. 1。)

替代方法:重采样法

我们也可以使用重采样法中的自助法或者置换检验来检验两个总体均值。参见 9-5 节。

第 2 部分:其他方法

本节第 1 部分讨论了两个总体标准差未知且不相等的情况。在这一部分中,我们将讨论另外两种情况:

1. 两个总体标准差未知且相等。

2. 两个总体标准差已知。

情况一:$\sigma_1 = \sigma_2$,合并样本方差

如果 σ_1 与 σ_2 未知且相等,那么可以通过合并 s_1 和 s_2 得到关于共同的总体方差 σ^2 的估计。我们称其为合并样本方差,用 s_p^2 表示。s_p^2 实际上是 s_1^2 和 s_2^2 的加权平均数,并且被应用于检验统计量中:

$$t = \frac{(\bar{x}_1 - \bar{x}_2) - (\mu_1 - \mu_2)}{\sqrt{\dfrac{s_p^2}{n_1} + \dfrac{s_p^2}{n_2}}}$$

其中

$$s_p^2 = \frac{(n_1 - 1)s_1^2 + (n_2 - 1)s_2^2}{(n_1 - 1) + (n_2 - 1)} \quad (\text{合并样本方差})$$

$$\mathrm{df} = n_1 + n_2 - 2$$

在该情况下,所需满足的条件与第 1 部分中的相同(除了第 1 个条件:σ_1 与 σ_2 未知且不相等)。置信区间的误差范围为

$$E = t_{\alpha/2}\sqrt{\dfrac{s_p^2}{n_1} + \dfrac{s_p^2}{n_2}}$$

其中，s_p^2 在上面的检验统计量中已经给出，并且 $df=n_1+n_2-2$。

何时需要假设 $\sigma_1=\sigma_2$？ 如果我们随机将受试者分配到实验组或对照组，那么就可以假设样本来自相同的总体。因此，如果需要进行两个总体均值相等的假设检验，那么就可以合理地假设样本来自具有相同标准差的总体。

合并样本方差的优势： 自由度略高，因此假设检验会有更大的统计功效，且置信区间会更窄。

情况二：σ_1 与 σ_2 已知

实际上，一般很少会有 σ_1 与 σ_2 已知的情况，但如果的确已知，那么检验统计量以及置信区间是基于正态分布而不是 t 分布的。因此，需要使用表 A-2 并进行 z 检验。同样，在该情况下，所需满足的条件与第 1 部分中的相同，除了第 1 个条件。检验统计量如下：

$$z = \frac{(\bar{x}_1 - \bar{x}_2) - (\mu_1 - \mu_2)}{\sqrt{\frac{\sigma_1^2}{n_1} + \frac{\sigma_2^2}{n_2}}}$$

置信区间可以通过 $(\bar{x}_1-\bar{x}_2)-E<(\mu_1-\mu_2)<(\bar{x}_1-\bar{x}_2)+E$ 求得，其中：

$$E = z_{\alpha/2}\sqrt{\frac{\sigma_1^2}{n_1} + \frac{\sigma_2^2}{n_2}}$$

如果一个标准差已知，而另一个标准差未知呢？ 在该情况下，使用本节第 1 部分中的方法，但需要进行如下更改：将 s_1 用已知的 σ_1 替换，并使用以下自由度。（参见 "The Two-Sample t Test with One Variance Unknown", Maity and Sherman, The American Statistician, Vol. 60, No. 2.）

$$df = \frac{\left(\frac{\sigma_1^2}{n_1} + \frac{s_2^2}{n_2}\right)^2}{\frac{(s_2^2/n_2)^2}{n_2 - 1}}$$

对两个独立均值的建议

一般情况下，假设两个标准差未知且不相等，那么使用本节第 1 部分中的检验统计量以及置信区间。

利用统计方法识别监守自盗者

统计方法可以用来识别员工（如便利店员工）是否监守自盗，并且也可以用于估计失窃的金额。在可比较的时间段内，销售样本的均值是否显著不同？平均销售额是否显著下降？现金收入与支票的比率是否显著下降？（参见 "How to Catch a Thief", Manly and Thomson, Chance, Vol. 11, No. 4.）

> **使用软件**
>
> **两个总体均值的统计推断：独立样本**
>
> **Excel（需要 Excel 加载项：分析工具库）**
>
> 1. 点击"数据"选项卡，然后点击"数据分析"。
>
> 2. 选择"t-检验：双样本异方差假设"，点击"确定"按钮。
>
> 3. 在"变量区域"框中输入每个变量的数据范围。如果数据第一行是变量名，则勾选"标志"复选框。
>
> 4. 对于"假设平均差"，输入 0。
>
> 5. 在"α"框中输入所需的显著性水平，点击"确定"按钮。检验统计量显示的是"t Stat"；取决于该检验是单侧检验还是双侧检验，对应的 p 值显示的分别是"P(T<=t) 单尾"和"P(T<=t) 双尾"。
>
> **R**
>
> R 命令：t.test(x, y, alternative=c("two.sided", "less", "greater"), paired=FALSE, conf.level=0.95)
>
> 其中，x 是第一组样本数据的向量，y 是第二组样本数据的向量。
>
> 提示：对于"例 1"，命令是 t.test(x, y, alternative="less", paired=FALSE, conf.level=0.90)。

9-3 配对样本

核心概念：本节将介绍配对样本差值的均值检验。配对样本必须通过某些关联相互匹配，例如：

- 对同一对象的先后测量。
- 丈夫和妻子的智商分数。
- 受试者的实测体重和自报体重的样本。

好的实验设计

许多实验曾经用于检验药物在治疗高血压方面的有效性。当设计此类实验时，可以采用许多不同的方法。例如：

1. 测量每个受试者治疗前后的血压，分析"治疗前后"的差异。

2. 对于整个样本，分别求得治疗前的平均血压以及治疗后的平均血压。

3. 选取一个由受试者组成的随机样本，并将其随机分配到实验组和对照组。

使用第一种方法（配对样本/成对数据）的一个优点是减小了外部差异性。外部差异性在不同的独立样本间很容易发生。好的实验设计原则可以被概括如下：

当设计实验时，使用配对样本通常优于使用两个独立样本。

似曾相识：本节中的假设检验方法与 8-3 节（总体均值的假设检验）中的方法相同，不同的是，这里使用的是配对样本差值。

没有关于配对样本的精确步骤，但通常使用以下近似方法。

关键要素

配对样本差值的统计推断

目标

1. 配对样本差值的检验。

2. 基于配对样本，构建其差值的总体均值的置信区间。

数学符号

d = 配对样本值的差值

u_d = 配对样本差值的总体均值

$\bar{d}$ = 配对样本差值的均值

s_d = 配对样本差值的标准差

n = 配对样本的样本量，即对数

条件

1. 样本数据是配对样本。

2. 配对样本为简单随机样本。

3. 由成对数据差值构成的总体服从正态分布或 $n > 30$。

（如果第 3 个条件不满足，则替代方法是 9-5 节介绍的自助法或置换检验、13-2 节介绍的符号检验。）

检验统计量（$H_0 : \mu_d = 0$）

$$t = \frac{\bar{d} - \mu_d}{\frac{s_d}{\sqrt{n}}}$$

***p* 值**：使用统计软件或表 A-3（参考图 8-3）。

临界值：使用表 A-3，df=$n-1$。

配对样本的置信区间

$$\bar{d} - E < \mu_d < \bar{d} + E$$

其中，误差范围为

$$E = t_{\alpha/2} \frac{s_d}{\sqrt{n}}$$

配对样本的统计推断步骤

1. 验证样本数据是否由成对数据构成，并检查是否满足"关键要素"中的条件。

2. 求每一对样本值的差值 d（请注意计算差值的顺序是 x_i-y_i 还是 y_i-x_i）。

3. 求 $\bar{d}$（配对样本差值的均值）和 s_d（配对样本差值的标准差）。

4. 假设检验和构建置信区间，使用与单个总体均值相同的 t 检验步骤（参见 8-3 节）。

等价方法

p 值法、临界值法以及置信区间法中使用的分布和标准差都相同，因此，从是否能够得出相同结论的角度来说，它们是等价的。

配对样本

20 世纪 50 年代末，宝洁公司推出了第一款含氟的佳洁士牙膏。为了测试其预防龋齿的有效性，研究人员对若干对双胞胎进行了实验。每对双胞胎中的一个人使用含氟的佳洁士牙膏刷牙，而另一个人继续使用不含氟的普通牙膏刷牙。一般认为双胞胎有着相似的饮食/刷牙习惯和基因特征。结果显示，使用佳洁士牙膏的龋齿发生率明显少于使用普通牙膏的。将双胞胎作为配对样本，使得研究人员能够控制许多导致龋齿的不同变量。

例 1：人们会谎报体重吗

人们普遍认为，当询问别人的体重时，所得到的体重值往往比实际体重值要低一些。表 9-2 列出的是随机选取的男性受访者的实测体重和自报体重（磅）（数据来源于数据集 4 "实测和自报"）。检验命题：男性的实测体重往往高于自报体重（使用 0.05 的显著性水平）。

表 9-2：实测体重和自报体重

受访者	1	2	3	4	5	6	7	8
实测体重（磅）	152.6	149.3	174.8	119.5	194.9	180.3	215.4	239.6
自报体重（磅）	150	148	170	119	185	180	224	239

解答：

检查条件：①因为每一对值都来自同一个受访者，因此可以认为数据是配对样本。②配对样本为简单随机样本。③样本量没有超过 30，因此必须检验差值的正态性。通过正态分位图可以看到没有明显的异常值，所以该样本应该来自一个近似于正态分布的总体。所有条件都满足。

下面我们采用单个总体均值的检验步骤（参考图 8-1），但针对的是差值而非原始样本数据。

步骤 1： 原命题"男性的实测体重往往高于自报体重"的表达式为 $\mu_d > 0$。

步骤 2： 如果原命题 $\mu_d > 0$ 不成立，那么 $\mu_d \leq 0$ 必须成立。

步骤 3： 因为表达式 $\mu_d > 0$ 不包含等式，所以其为备择假设。而原假设为 μ_d 等于固定值 0，即

$$H_0: \mu_d = 0$$

$$H_1: \mu_d > 0 \text{（原命题）}$$

步骤 4： 题中给定显著性水平为 $\alpha = 0.05$。

步骤 5：使用统计软件，可以跳过步骤 5 和步骤 6。下图的 XLSTAT 的检验结果中含有检验统计量（$t=0.778$）和 p 值（0.231）。

Excel（XLSTAT）	
Difference	1.425
t (Observed value)	0.778
t (Critical value)	1.895
DF	7
p-value (one-tailed)	0.231
alpha	0.05

手算： 使用 t 分布以及差值（见步骤 6）。

步骤 6： 求得每对样本值的差值。"实测体重－自报体重"：2.6, 1.3, 4.8, 0.5, 9.9, 0.3, −8.6, 0.6。

根据差值数据，可得 $n=8$，$\bar{d}=1.425$，$s_d=5.181216$。将它们代入 t 检验公式中，可得：

$$t = \frac{\bar{d} - \mu_d}{\frac{s_d}{\sqrt{n}}} = \frac{1.425 - 0}{\frac{5.181216}{\sqrt{8}}} = 0.778$$

***p* 值**：因为我们使用了 *t* 分布，所以参照表 A-3，df=7，可得检验统计量为 *t* = 0.778，*p* 值 > 0.10。

临界值：查询表 A-3，可得临界值为 *t* = 1.895〔参见图 9-3(b)〕。

步骤 7：不能拒绝原假设。

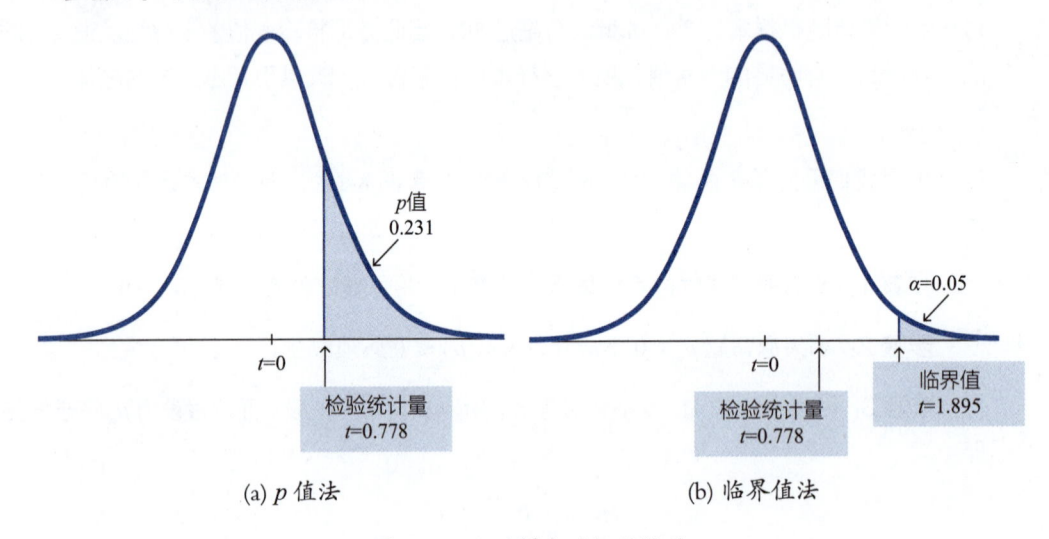

(a) *p* 值法

(b) 临界值法

图 9-3：配对样本的假设检验

解读：

没有足够的证据支持 $\mu_d > 0$。我们没有足够的证据支持"男性的实测体重往往高于自报体重"的命题。该小样本告诉我们，男性并没有自报比实际体重值高出很多的值。但更大的样本可能会得出不同的结论。

▶ 轮到你了：试试 9-3 基础题的习题 5 中的第 1 问

双胞胎堡（Twinsburg）的双胞胎

美国俄亥俄州的双胞胎堡在每年 8 月的第一个周末会庆祝一年一度的"双胞胎堡双胞胎节"。每年都会有来自世界各地的数千对双胞胎参加这个节日。科学家把该节日看作是研究同卵双胞胎的机会。因为同卵双胞胎有着相同的遗传基因，所以他们是研究遗传和环境对各种性状的不同影响的理想对象，例如男性秃顶、心脏病和耳聋——这些都是在双胞胎节所研究的课题。一项对双胞胎的研究表明，近视主要受遗传因素的影响，而不是看电视、上网或电子游戏等环境因素。

例2： 置信区间法——估计男性的实测体重和自报体重差值的均值

使用表 9-2 中的数据，构建 μ_d 的置信水平为 90% 的置信区间估计。

解答：

检查条件：参考"例1"，所有条件都满足。

误差范围 E 计算如下：

$$E = t_{\alpha/2}\frac{s_d}{\sqrt{n}} = 1.895 \times \frac{5.181216}{\sqrt{8}} = 3.4713301$$

代入 $\bar{d} - E < \mu_d < \bar{d} + E$，则置信区间为

$$1.425 - 3.4713301 < \mu_d < 1.425 + 3.4713301$$

$$-2.05 \text{ 磅} < \mu_d < 4.90 \text{ 磅}$$

解读：

我们有 90% 的把握可以认为 −2.05 磅到 4.90 磅的区间包含"实测体重 − 自报体重"差值的真实均值。如果重采样多次，那么所有样本产生的置信区间中有 90% 会包含该差值的总体均值。由于该置信区间包含 0，因此很有可能差值的均值就等于 0，说明实测体重和自报体重之间没有显著差异。但值得一提的是，该结论是基于一个非常小的样本得出的。

▶ 轮到你了：试试 9-3 基础题的习题 5 中的第 2 问

药物检测中的性别差异

一项关于心脏病与阿司匹林剂量之间相关性的研究由 22,000 名男性医生参与。和其他许多研究一样，该项研究中没有包含女性受试者。美国政府问责署（General Accounting Office）批评美国国立卫生研究院（National Institutes of Health）在许多研究中没有把不同性别的受试者都包括在内。仅针对男性的药物检测结果并不一定适用于女性，例如，女性心脏与男性心脏在许多重要方面是不同的。在根据样本结果进行总结时，如果将所抽取的样本总体延伸到更大的总体，那么我们应当警惕基于更大总体的推论。

替代方法：重采样法

对于"男性的实测体重往往高于自报体重"的命题，也可以使用置换检验来检验配对样本的差值。参见 9-5 节。

> **使用软件**
>
> **两个总体均值的统计推断：配对样本**
>
> **Excel**（需要 Excel 加载项：分析工具库）
>
> 1. 点击"数据"选项卡，然后点击"数据分析"。
>
> 2. 选择"*t*- 检验：平均值的成对二样本分析"，点击"确定"按钮。
>
> 3. 在"变量区域"框中输入每个变量的数据范围。如果数据第一行是变量名，则勾选"标志"复选框。
>
> 4. 对于"假设平均差"，输入 0。
>
> 5. 在"α"框中输入所需的显著性水平，点击"确定"按钮。检验统计量显示的是"t Stat"；取决于该检验为单侧检验还是双侧检验，对应的 p 值显示的分别是"P(T<=t) 单尾"和"P(T<=t) 双尾"。
>
> **R**
>
> R 命令：t.test(x, y, alternative=c("two.sided", "less", "greater"), paired=TRUE, conf.level=0.95)
>
> 其中，x 和 y 分别是配对样本数据的向量。
>
> 提示：对于"例 1"，命令是 t.test(x, y, alternative="greater", paired=TRUE, conf.level=0.95)。

9-4 两个总体方差或标准差

核心概念：本节将介绍用于两个总体方差（或标准差）的 F 检验。F 检验（以统计学家罗纳德·费希尔的名字命名）会用到 F 分布，且必须满足两个总体服从正态分布的条件。该检验对偏离正态分布的总体非常敏感，因此正态性条件非常严格。本节第 1 部分的内容是 F 检验，第 2 部分会简要介绍比较两个样本方差的其他方法。

第 1 部分：两个总体方差或标准差的 F 检验

下面的"关键要素"中介绍了关于两个总体方差或标准差的假设检验。虽然该检验流程是基于两个样本方差给出的，但它同样适用于关于两个总体标准差的检验。

实际中的 F 检验可以是双侧检验、左侧检验或右侧检验，但为了简化左侧临界值的计算，规定两个样本方差中较大的值为 s_1^2，较小的值为 s_2^2。

关键要素

两个总体方差或标准差的假设检验

目标

两个总体方差或标准差的假设检验（任何关于两个总体标准差的假设都可以被等价表述为关于总体方差的假设，因此它们的检验流程相同）。

数学符号

假设两个样本方差中较大的样本来自第一个总体，则有如下定义：

s_1^2 = 样本方差

n_1 = 样本量

σ_1^2 = 总体方差

第二个总体相应的数学符号分别是 s_2^2、n_2、σ_2^2。

条件

1. 两个总体相互独立。

2. 两个样本为简单随机样本。

3. 两个总体必须服从正态分布。

（如果第 3 个条件不满足，则替代方法是重采样法、计数五法、Levene-Brown-Forsythe 检验。）

检验统计量 H_0: $\sigma_1^2 = \sigma_2^2$

p 值：使用统计软件或表 A-5。

临界值：使用表 A-5，通过以下各项求得临界 F 值。

1. 显著性水平 α（在表 A-5 中，临界值为 $\alpha=0.025$ 或 $\alpha=0.05$）。

2. 分子自由度：$df_1 = n_1 - 1$。

3. 分母自由度：$df_2 = n_2 - 1$。

对于 $\alpha=0.05$，根据不同的检验类型，使用 0.025 或者 0.05 的右侧面积。

- 双侧检验：在表 A-5，0.025 的右侧面积（显著性水平 0.05 的一半）。
- 单侧检验：在表 A-5 中，0.05 的右侧面积。

求右侧的临界 F 值：因为假设较大的样本方差为 s_1^2，所以所有的单侧检验都是右侧检验；对于双侧检验，只需求得右侧的临界值（我们没有必要求得左侧的临界值，其实求解并不难，可参考"9-4 提高题"的习题 19）。

检查数据！ 因为 F 检验对正态性条件极为敏感，所以务必检查直方图或者正态分位图，以确保两个样本中没有异常值（参见 6-5 节）。

F 分布

对于方差相等（$\sigma_1^2=\sigma_2^2$）且来自正态分布的两个总体，其检验统计量 $F=s_1^2/s_2^2$ 的抽样分布服从 F 分布（参见图 9-4）（注意：在定义中没有假设较大的样本方差为 s_1^2）。换句话说，如果从两个方差相等的正态分布中重复抽取足够多的样本，那么 s_1^2/s_2^2 形成的分布为 F 分布。

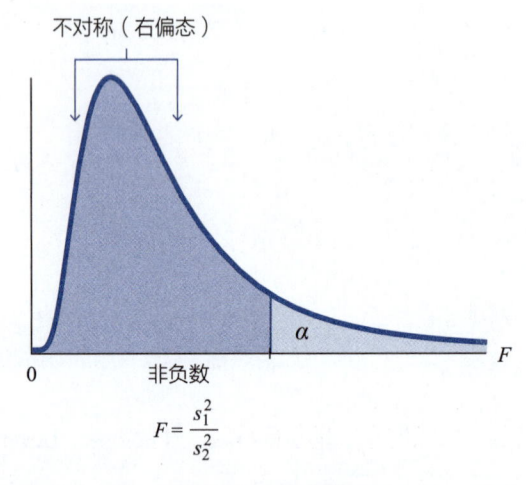

图 9-4：F 分布

对于分子自由度和分母自由度的不同组合，其 F 分布也不同。

参考图 9-4，注意 F 分布的这些性质：

- F 分布不对称。
- F 分布的值为非负数。
- F 分布的具体形状取决于两个自由度的值。

解读 F 检验统计量

如果两个总体的方差相等，那么 s_1^2/s_2^2 将趋近于 1。又因为假设较大的样本方差为 s_1^2，所以，如果 s_1^2 与 s_2^2 的值相差很大，那么 s_1^2/s_2^2 将变得更大。因此，如果你得到的 F 值接近于 1，那么可以印

证 $\sigma_1^2=\sigma_2^2$，反之则不然。

F 值越大，$\sigma_1^2=\sigma_2^2$ 的可能性就越小。

例 1： 美国陆军男性人员的体重

下面列出的是随机选取的 1988 年和 2012 年的美国陆军男性人员的体重（千克）（来自数据集 2 "人体测量调查 I 1988" 和数据集 3 "人体测量调查 II 2012"）。检验命题：1988 年总体的体重方差与 2012 年的相等。（取 $\alpha=0.05$）

1988 年：63.0, 88.9, 71.1, 83.6, 84.2, 76.3, 69.5, 74.4, 81.4, 72.0, 85.5, 111.1

2012 年：90.8, 86.1, 101.1, 76.9, 63.0, 98.4, 83.5, 65.1, 111.5, 78.0

解答：

检查条件：①两个总体相互独立，样本也不是配对样本。②根据题意，可以假设两个样本为简单随机样本。③在每个样本对应的正态分位图中可以看到没有明显的异常值，所以两个样本应该来自一个近似于正态分布的总体。所有条件都满足。

首先求得样本的相关统计量，并且假设较大的样本方差为 s_1^2。

- 1988 年：$n_2=12$，$s_2=12.4149$
- 2012 年：$n_1=10$，$s_1=15.5306$

步骤 1：原命题 "1988 年总体的体重方差与 2012 年的相等" 可被表述为 $\sigma_1=\sigma_2$。

步骤 2：如果原命题 $\sigma_1=\sigma_2$ 不成立，那么 $\sigma_1 \neq \sigma_2$ 必须成立。

步骤 3：因为表达式 $\sigma_1 \neq \sigma_2$ 不包含等式，所以其为备择假设。而原假设含有等式，即

$$H_0: \sigma_1=\sigma_2 \text{（原命题）}$$

$$H_1: \sigma_1 \neq \sigma_2$$

步骤 4：题中给定显著性水平为 $\alpha=0.05$。

步骤 5：**使用统计软件**，可以跳过步骤 5 和步骤 6。下图的 StatCrunch 的检验结果中含有检验统计量（$F=1.5637842$）和 p 值（0.4779）。

StatCrunch

Hypothesis test results:

Ratio	Num. DF	Den. DF	Sample Ratio	F-Stat	P-value
σ_1^2/σ_2^2	9	11	1.5637842	1.5637842	0.4779

手算：使用 F 分布（见步骤 6）。

步骤 6：求得的检验统计量为

$$F = \frac{s_1^2}{s_2^2} = \frac{15.5306^2}{12.4194^2} = 1.5638$$

p 值法：如果不使用统计软件，则 p 值不容易求得。对于双侧检验以及 $\alpha=0.05$，对应的是表 A-5 中的"0.05 的右侧面积"。自由度如下：

- 分子自由度 = $n_1-1=10-1=9$
- 分母自由度 = $n_2-1=12-1=11$

通过查询表 A-5，可得临界值为 $F=3.5879$。因为检验统计量 $F=1.5638$ 小于临界值，所以检验统计量的右侧面积大于 0.025。对于双侧检验，可得 p 值 > 0.05。

临界值法：如同 p 值法，检验统计量 $F=1.5638$ 小于临界值，即检验统计量没有落在临界域内（参见图 9-5）。

步骤 7：图 9-5 显示检验统计量 $F=1.5638$ 没有落在临界域内，因此不能拒绝方差相等的原假设。

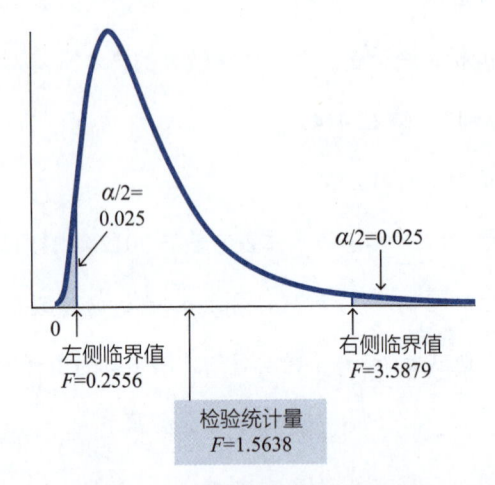

图 9-5：标准差相等的 F 检验

解读：

步骤 8：我们没有充分的证据能够拒绝两个标准差相等，即"1988 年美国陆军男性人员的体重差异性与 2012 年的相等"的命题。

▶ 轮到你了：试试 9-4 基础题的习题 5

> **注意**：9-2 节的第 2 部分介绍了 $\sigma_1=\sigma_2$ 时两个总体均值的检验方法。不建议使用 F 检验来事先确定 $\sigma_1=\sigma_2$ 这一条件是否满足。在该情况下，使用 F 检验会存在风险，因为两个样本的差异性太小，以至于对独立样本的 t 检验没有效果。这种事先检验 $\sigma_1=\sigma_2$ 的做法类似于用小船（初步的 F 检验）来检验远洋轮船渡海是否安全（t 检验）。

第 2 部分：其他方法

这一节的第 1 部分介绍了关于两个独立总体方差（或标准差）的 F 检验。该检验对于不服从正态分布的总体非常敏感，这一部分将简要介绍对偏离正态分布不敏感的其他方法。

计数五法（Count Five）

计数五法是一种相对简单且不需要正态分布假设的 F 检验替代方法。具体步骤请参见 "9-4 提高"的习题 17 的描述。

（参见 "A Quick, Compact, Two-Sample Dispersion Test: Count Five", McGrath and Yeh, American Statistician, Vol. 59, No. 1.）

Levene-Brown-Forsythe 检验

Levene-Brown-Forsythe 检验是 F 检验的另一种替代方法，其对偏离正态分布有更好的鲁棒性。该检验首先需要将每个样本中的 x 值转换为 y 值，$y = |x - $ 样本中位数 $|$，然后对 y 值进行独立样本均值的 t 检验（参见 9-2 节的第 1 部分）。因为 y 值是离散程度的值，所以实际上该 t 检验是一种比较样本偏差的检验（参见 "9-4 提高题"的习题 18）。

关于 F 检验的其他替代方法，可以参见 "Fixing the F Test for Equal Variances", Shoemaker, American Statistician, Vol. 57, No. 2。

使用软件

两个总体标准差的统计推断

Excel（需要 Excel 加载项：分析工具库）

1. 点击"数据"选项卡，然后点击"数据分析"。

2. 选择"F- 检验：双样本方差"，点击"确定"按钮。

3. 在"变量区域"框中输入每个变量的数据范围。如果数据第一行是变量名，则勾选"标志"复选框。

4. 在"α"框中输入所需的显著性水平，点击"确定"按钮。输出结果中包括 F 检验统计量（"F"）、p 值（"P(F<=f) 单尾"）以及临界值（"F 单尾临界"）。

R

R 命令在本书的原版书出版时并不可用[1]。

---

[1] 译者注：命令是 var.test(x, y, ratio = 1, alternative = c("two.sided","less","greater"), conf.level = 0.95)。

9-5 重采样法的统计推断

核心概念： 本章前几节介绍了关于两个总体比例、两个独立总体均值、配对样本差值的均值和两个总体方差（或标准差）的检验方法。这些方法都需要满足特定的条件，因此限定了它们的使用场景。当某些条件不被满足时，我们通常可以使用重采样法。即使在条件都被满足的情况下，也可以使用重采样法，以提供对数据的额外理解。重采样法通常需要统计软件的支持。

以下是自助法和置换检验之间的关键区别。

- 自助法：通过有放回地重采样构建置信区间。
- 置换检验：通过无放回地重采样进行假设检验。

双样本的自助法

单样本自助法的基本概念可以参考 7-4 节。双样本的自助法与之类似，但根据不同的检验，需要一些额外的步骤。这些额外的步骤会在后面的示例中加以诠释。

双样本的置换检验

单样本的置换检验可以参考 8-5 节。现在介绍双样本的置换检验。

> **定义**
> 双样本的置换检验是先将样本合并，再随机将数据无放回地重新分配为两个样本。

以下为双样本置换检验的核心概念，下面的示例也会体现这一点：

如果两个样本之间没有差异，那么任意样本值无论在哪一个样本中都不会有区别。

重采样需要进行多少次？ 一般应该至少重采样 1000 次。统计学家或相关从业人员通常需要重采样 1 万次或以上。

例 1： 双样本的置换检验

假设两个样本是不同性别的大学生收入（数千美元）。下表描述的是该数据的置换检验过程。注意，数据已经在两个样本之间进行了随机重新分配，并且是无放回随机选取的。还需要注意的是，原始的样本量分别为 3 和 4，该样本量在置换检验后保持不变。

假设需要检验不同性别的大学生收入之间没有差异，即 $H_0: \mu_1 = \mu_2$，$H_1: \mu_1 \neq \mu_2$。

- 原始数据的均值差为 -4.0。
- 一次置换检验结果的均值差为 -1.1。

- 我们需要重复 1000 次该过程，以判断 −4.0 的均值差是显著高的（很稀有）还是显著低的（不稀有）。

原始数据：独立双样本	
男性	女性
2	5
3	6
7	9
	12

均值差：$d=4.0-8.0=-4.0$

合并双样本
2
3
7
5
6
9
12

一次置换检验结果：合并双样本后的重新分配	
男性	女性
2	3
6	5
9	7
	12

均值差：$d=5.7-6.8=-1.1$

以下是关于上述双样本数据重新分配的两个重要结果。

1. 将数据重新分配到两组反映了原假设中的两组之间没有差异。因此，重采样模拟了一个基于原假设的均值差的分布，即使用该分布来检验均值差。

2. 将数据重新分配到两组破坏了两个原始样本的个性特征（如平均值、标准差、分布）。因此，根据该均值差的分布来构建置信区间是没有意义的。

解答：

我们需要通过置换检验估计 p 值。以下过程基于重采样 1000 次。

步骤 1：求原始样本的均值差 d。

示例：$d=4.0-8.0=-4.0$

步骤 2：重采样 1000 次或以上。

示例：无放回地抽取数据并随机分配到两组。重复该过程 1000 次。

步骤 3：对于每个重采样样本，记录其均值差，并将所得到的所有均值差按升序排列。

示例：记录每次重采样所得到的男女均值差，并排序。

步骤 4：找到和均值差"至少一样极端"的重采样样本均值差（步骤 3）的个数。

此处"和均值差'至少一样极端'"的意思是找到所有大于或等于 $|d|$ 的重采样样本均值差的个数[1]。

---

[1] 译者注：另一种求 p 值的方法是通过按升序排列的 1000 个重采样样本的均值差，找到其相应的百分位数来构建置信区间。若 d 在该置信区间内，则不能拒绝原假设；若不在，则拒绝原假设。举例来说，$α=0.05$ 对应的（重采样样本的均值差的）百分位点是 $P_{2.5}$ 和 $P_{97.5}$。若 d 在 $P_{2.5}$ 和 $P_{97.5}$ 之间，则不能拒绝原假设；若不在，则拒绝原假设（与 7-4 节中自助法的步骤 4 类似）。

示例：在 1000 个重采样样本中，有 89 个样本均值差小于或等于 −4，有 90 个样本均值差大于或等于 4。

步骤 5：步骤 4 中所有均值差的个数在重采样次数中所占的比例即为估计的 p 值。

示例：p 值 = (89+90)/1000=0.179。

解读：

采用 0.05 的显著性水平，因为 0.179 的 p 值小于 0.05，所以不能拒绝原假设。根据置换检验结果，我们没有足够的证据能够拒绝"不同性别的大学生收入之间没有差异"这一命题。

▶ 轮到你了：试试 9-5 基础题的习题 9

两个总体比例："例 2"展示了使用重采样法构建两个总体比例的置信区间和假设检验。

例 2： 重采样法——检验总体比例差

重复 9-1 节的"例 1"，检验"两组间的戒烟成功率没有差异"这一命题（取 $\alpha=0.05$）。数据如下：

成功比例（52 周后的戒烟结果）

电子烟组：$\hat{p}_1$=79/438=0.180

尼古丁替代品组：$\hat{p}_2$=44/446=0.099

样本比例差为 $d=\hat{p}_1-\hat{p}_2$=0.180−0.099=0.081

自助法：分别对两个样本进行有放回的重采样（创建自助样本）。求这两个自助样本的比例并做差（求比例差）。重采样多次并记录每次所得的比例差，然后对所有比例差排序，求得 $P_{2.5}$ 和 $P_{97.5}$，即置信水平为 95% 的置信区间的上限和下限。

示例：一个可能的置信水平为 95% 的置信区间是 0.0363< (p_1-p_2) <0.123。该置信区间与 9-1 节所得的置信区间很接近，所以结论也是一致的——因为其不包含 0，所以两组间的戒烟成功率是有差异的。另外，该置信区间也是对差值大小的估计。

置换检验：合并所有的样本数据（合并所有的 0 和 1），然后从合并的样本数据中无放回地随机抽取和原始样本相同的样本量。

示例：一个可能的结果是，重采样 1000 次，其中没有一个样本比例差大于或等于 0.081。也就是说，和样本比例差"至少一样极端"的重采样样本的比例差一个都没有，即 p 值为 0。该结果和 9-1 节 p 值法的结果（p 值 =0.000452）相近。

两个独立总体的均值："例 3"展示了使用重采样法构建两个独立总体均值的置信区间和假设检验。

例3： 重采样法——检验独立总体的均值差

重复9-2节的"例1",下面列出的是随机选取的1988年美国陆军男性人员的身高（毫米）（来自数据集2"人体测量调查Ⅰ1988"）和随机选取的2012年美国陆军男性人员的身高（毫米）（来自数据集3"人体测量调查Ⅱ2012"）。检验1988年总体的平均身高是否小于2012年总体的平均身高。（取 α=0.05）

1988年：1698, 1727, 1734, 1684, 1667, 1680, 1785, 1885, 1841, 1702, 1738, 1732

2012年：1810, 1850, 1777, 1811, 1780, 1733, 1814, 1861, 1709, 1740, 1694, 1766, 1748, 1794, 1780

样本均值差为 $d=\bar{x}_1-\bar{x}_2$=1739.4−1777.8=−38.4

自助法：分别对两个样本进行有放回的重采样（创建自助样本）。求这两个自助样本的均值并做差（求均值差）。重采样多次并记录每次所得的均值差，然后对所有均值差排序，求得 $P_{2.5}$ 和 $P_{97.5}$，即置信水平为95%的置信区间的上限与下限。

示例：左侧检验对应的是90%的置信水平，因此置信区间的上限与下限分别是 $P_{0.05}$ 和 $P_{0.95}$。一个可能的置信水平为90%的置信区间是 $-74.1<(\mu_1-\mu_2)<0.683$。该置信区间与9-2节的"例2"所得的置信区间很接近，所以结论也是一致的——因为其包含0，所以1988年总体的平均身高与2012年总体的平均身高之间没有显著差异（注意：在该例中，如果进行多次重采样，则很有可能会得到一个包含0的置信区间，与9-2节的"例1"所得的结果矛盾。因此，在本例中，样本数据并没有提供令人信服的证据）。

置换检验：和"例2"类似，需要合并所有的样本数据，然后从合并的样本数据中无放回地随机抽取和原始样本相同的样本量，求得样本均值差。重复上述过程多次，以确定样本均值差很少出现还是经常出现。

示例：因为是左侧检验，所以一个可能的结果是，重采样1000次，其中有51个样本均值差小于或等于−38.4（p值为0.051）。该结果和9-2节"例1"的p值（0.0546）相近（注意：和上述自助法的例子类似，样本数据在接近于支持或反对该假设的边界上，因此没有提供可靠的证据）。

▶ 轮到你了：试试9-5基础题的习题11

提示："例3"中的置换检验，求得的一个重采样结果是有51个样本均值差小于或等于原始均值差。但如果进行多次重采样，那么上述可能出现的结果范围是35~65。

配对样本："例4"展示了使用重采样法构建配对样本的置信区间和假设检验。

例4：　重采样法——配对样本

重复 9-3 节的"例 1"和"例 2"，数据如表 9-2 所示。检验男性的实测体重往往高于自报体重。（取 $\alpha=0.05$）

自助法：首先求得配对样本中每对样本值的差值 d，之后的步骤与 7-4 节中介绍的针对单个均值的自助法的步骤完全相同，这里不再赘述。

示例：置信水平为 90% 的置信区间的上限与下限分别是 $P_{0.05}$ 和 $P_{0.95}$，因此一个可能的置信区间是 $-1.46<\mu_d<4.08$。该置信区间与 9-3 节所得的置信区间很接近，所以结论也是一致的——因为其包含 0，所以实测体重与自报体重之间没有显著差异。

置换检验：因为假设原假设为 $\mu_d=0$，所以原始样本中的每对样本值可以以任意顺序组合。因此，我们从配对样本中随机选择每对样本值的顺序[1]，先计算每对样本值的差值 d，再计算差值的均值 $\bar{d}$。重采样多次，比如 1000 次，以确定样本差值的均值是否能经常出现。

示例：因为是右侧检验，所以一个可能的结果是，重采样 1000 次，其中有 222 个差值的均值大于或等于原始样本差值的均值 $\bar{d}=1.425$（p 值为 0.222）。该结果和 9-3 节求得的 p 值（0.231）相近。

▶ 轮到你了：试试 9-5 基础题的习题 13

两个总体的方差或标准差：与 9-4 节介绍的方法相同，假设

1. 两个样本方差中较大的样本来自第一个总体。
2. 使用检验统计量：$F=s_1^2/s_2^2$。

例5：　重采样法——检验两个总体的方差或标准差

重复 9-4 节的"例 1"，下面列出的是随机选取的 1988 年和 2012 年的美国陆军男性人员的体重（千克）。检验 1988 年总体的体重方差与 2012 年的相等。（取 $\alpha=0.05$）

1988 年：63.0, 88.9, 71.1, 83.6, 84.2, 76.3, 69.5, 74.4, 81.4, 72.0, 85.5, 111.1

2012 年：90.8, 86.1, 101.1, 76.9, 63.0, 98.4, 83.5, 65.1, 111.5, 78.0

---

[1] 译者注：①假设配对样本为 (x_i, y_i)，重新组合的样本只能是 (x_i, y_i) 或 (y_i, x_i)，而不能拆散每对样本进行组合，比如 (x_i, y_j) 或 (y_i, x_j)。② 此处"合并样本"的概念较为模糊，读者可以将其理解为分别对每一对样本 (x_i, y_i) 进行合并，再无放回地从 (x_i, y_i) 中抽样，那么所得的结果只有两种可能：(x_i, y_i) 或 (y_i, x_i)。

自助法：①分别对两个样本重采样，以获取自助样本。②求得每个样本的标准差（s_1 和 s_2）并计算 s_1^2/s_2^2。③重复步骤①和步骤②，以获得一定数量的重采样样本。④对所有统计量 s_1^2/s_2^2 排序。⑤对排序后的统计量求相应的百分位数。如果所得的置信区间包含 1（$\sigma_1=\sigma_2$），则可以说明 σ_1 与 σ_2 之间没有显著差异；反之，则可以说明它们之间有显著差异。

示例：一个可能的置信水平为 95% 的置信区间是 $0.67<\sigma_1/\sigma_2<2.72$。因为其包含 1，所以没有充分的证据能够拒绝两个标准差（或方差）相等，即 1988 年总体的体重方差与 2012 年的相等。

置换检验：合并所有的样本数据，然后从合并的样本数据中无放回地随机抽取和原始样本相同的样本量，并求得 s_1^2/s_2^2。重复这个过程多次（比如 1000 次）。求得和原始样本方差比 s_1^2/s_2^2 至少一样极端的重采样样本方差比的个数，并根据结果来判断两个方差（或标准差）之间是否存在显著差异。

10-1：相关分析

10-2：线性回归

10-3：预测区间

10-4：多元线性回归

10-5：非线性回归

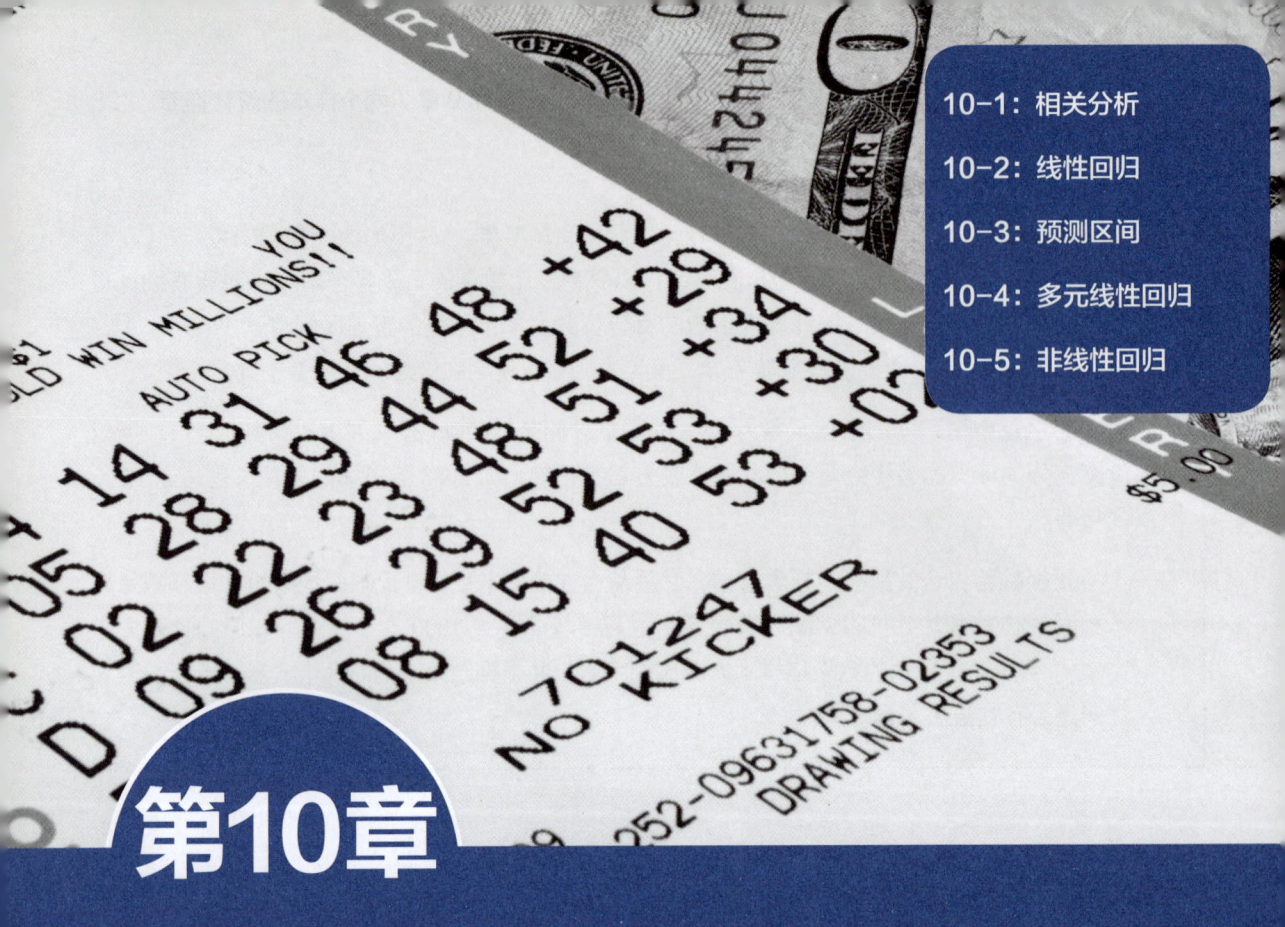

第10章

相关分析与回归分析

本章问题：当强力球彩票[1]的头奖金额更高时，彩票销售量会更好吗？

表 10-1 列出了由强力球彩票的头奖金额（百万美元）和销售量（百万张）组成的成对数据。我们很多人都见过，当彩票头奖金额很高时，买彩票的队伍通常会很长。这只是一个趣闻轶事，还是有数据可以支持这一理论？通过分析表 10-1 中的数据，可以解决以下问题：

- 彩票的头奖金额和销售量之间存在相关性吗？
- 如果两者之间存在相关性，那么是否可以用一个方程来表达，以便以后在给定彩票头奖金额的情况下预测销售量？
- 增加彩票的头奖金额会导致销售量增加吗？

---

1 译者注：强力球彩票是在美国境内 45 个州发行的彩票。在美国，它是一种非常知名的全国性彩票。

表 10-1：强力球彩票的头奖金额与销售量

头奖金额	334	127	300	227	202	180	164	145	255
销售量	54	16	41	27	23	18	18	16	26

在考虑前两个问题时，必须认识到两个变量之间的相关性并不一定意味着其中一个变量是导致另一个变量变化的原因。在统计学入门课程中，最令人难忘的一句话是："相关不蕴涵因果"。也许增加彩票的头奖金额会增加销售量，但我们无法根据统计分析得出这一结论。

在考虑最后一个问题时，常识性知识至少是和统计知识一样重要的。就像统计学的其他主题一样，常识性知识或批判性思维被证明是不可或缺的工具。

本章目标

本章的重点是分析配对样本。9-3 节首次出现了配对样本的概念，但其目标是研究关于配对样本差值的均值的统计推断。而本章将要考查两个变量之间是否存在相关性。对于线性相关性，可以通过线性方程拟合数据，也可以通过该方程在给定一个变量值时来预测另一个变量值。以下为本章目标。

10-1：相关分析

- 掌握计算线性相关系数 r。
- 掌握相关系数的假设检验。
- 掌握相关系数的置换检验。

10-2：线性回归

- 掌握回归方程。
- 掌握在给定一个变量值时，求解另一个变量的预测值。

10-3：预测区间

- 掌握并学会解读决定系数 r^2。
- 掌握在给定一个变量值时，求解另一个变量的预测区间。

10-4：多元线性回归

- 学会解读多元线性回归模型。
- 学会判断最佳模型。

10-5：非线性回归

- 掌握如何判断不同的非线性回归模型。
- 学会判断最佳模型。

10-1 相关分析

核心概念：本节第 1 部分将介绍线性相关系数 r，根据该系数可以判断配对样本（也称为双变量数据）与直线的拟合程度。我们可以通过 r 值来确定两个变量之间是否存在线性关系。在本节中，我们只考虑线性关系，即散点图中的点是否近似于一条直线。第 2 部分将讨论通过假设检验来判断两个变量之间是否存在线性相关性。第 3 部分将讨论相关系数的置换检验，即重采样多次来检验变量间不存在相关性的原假设。

第 1 部分：相关性的基本概念

首先对相关性进行定义。

> **定义**
>
> 如果一个变量的值与另一个变量的值具有某种关联，那么这两个变量之间存在**相关性**
>
> 如果两个变量之间存在相关性，且其散点图中的点近似于一条直线，那么这两个变量之间存在**线性相关性**

接下来，我们会学习如何判断两个变量之间是否存在线性相关性。例如，表 10-1 中的头奖金额与销售量，我们将判断在变量 x（头奖金额）与变量 y（销售量）之间是否存在线性相关性。但在盲目地计算线性相关系数 r 之前，让我们先探索一下数据。

探索数据

我们可以根据散点图来判断表 10-1 中的成对数据是否具有明显的特征。观察图 10-1 所示的散点图，可以发现一个明显的特征，即在销售量增加的同时，头奖金额也在增加且没有明显的异常值。

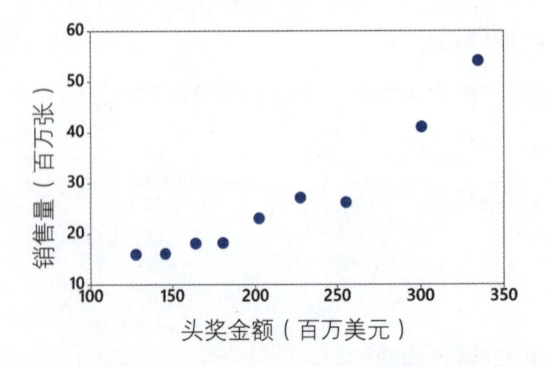

图 10-1：表 10-1 中数据的散点图

解读散点图

图 10-2 展示了 4 种具有不同特点的散点图。

- 图 10-2(a)：点呈直线，即有线性特征。因为在 x 值增大的同时 y 值也在增大，所以我们说 x 与 y 之间为线性正相关。

- 图 10-2(b)：点呈直线，即有线性特征。因为在 x 值增大的同时 y 值在减小，所以我们说 x 与 y 之间为线性负相关。

- 图 10-2(c)：点没有任何特征，因此 x 与 y 之间不存在相关性。

- 图 10-2(d)：点显示出某种特征，但不是直线，因此 x 与 y 之间存在相关性，但不是线性相关性。

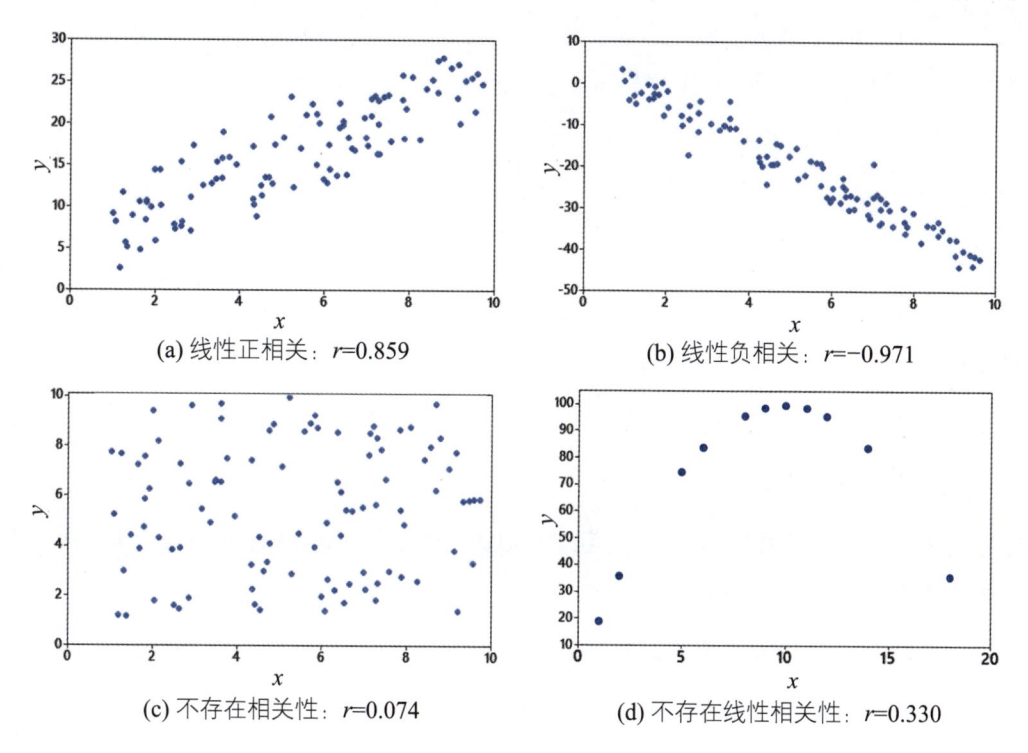

(a) 线性正相关：$r=0.859$

(b) 线性负相关：$r=-0.971$

(c) 不存在相关性：$r=0.074$

(d) 不存在线性相关性：$r=0.330$

图 10-2：散点图

使用 r 度量线性相关性的强度

由于根据散点图中的点所得的结论在很大程度上是主观的，因此我们需要更为客观的度量。我们使用线性相关系数 r 来度量两个变量之间线性相关性的强度。

> **定义**
> 线性相关系数 r（也称为皮尔逊积矩相关系数）用于度量样本中 x 值与 y 值之间线性相关性的强度，其计算公式为公式 10-1 或公式 10-2（参见"关键要素"）。

因为线性相关系数 r 的计算涉及样本数据，所以它是一个用于度量 x 与 y 之间线性关系的样本统计量。如果我们有总体中的每一对 x 值与 y 值，那么使用公式 10-1 或公式 10-2 计算所得的结果是总体参数，记作 ρ。

> **关键要素**
>
> **计算与解读线性相关系数 r**
>
> **目标**
>
> 确定两个变量之间是否存在线性相关性。
>
> **数学符号**
>
> n = 配对样本的对数，即数据的组数
>
> r = 样本数据的相关系数
>
> ρ = 配对样本总体的相关系数
>
> **条件**
>
> 给定一组成对数据，对线性相关系数 r 的计算没有任何限制。但是当使用成对数据来推断其总体的线性相关性时，应当满足以下条件：
>
> 1. 配对样本 (x, y) 是简单随机样本。
>
> 2. 对应的散点图中的点近似为直线 *。
>
> 3. 线性相关系数易受异常值的影响。我们可以通过比较包含或者排除异常值的 r，判断是否需要删除异常值 *。
>
> *注：第 2 个条件和第 3 个条件实则是以下条件的简化版本。
>
> (x, y) 必须服从二元正态分布，即给定任意 x 值，对应的 y 值近似服从正态分布。反之亦然，给定任意 y 值，对应的 x 值也需要近似服从正态分布。因为很难检验该条件，所以这里使用第 2 个条件和第 3 个条件。
>
> （如果第 1 个条件不满足，则不能进行相关分析。如果第 2 个条件和第 3 个条件不满足，则替代方法是 13-6 节介绍的秩相关系数或者本节第 3 部分讨论的置换检验。）
>
> **计算 r 的公式**
>
> 公式 10-1（便于计算）：
>
> $$r = \frac{n(\Sigma xy) - (\Sigma x)(\Sigma y)}{\sqrt{n(\Sigma x^2) - (\Sigma x)^2}\sqrt{n(\Sigma y^2) - (\Sigma y)^2}}$$

公式 10-2（便于理解）：

$$r = \frac{\Sigma(z_x z_y)}{n-1}$$

其中，z_x 为样本中 x 的 z 分数，z_y 为样本中 y 的 z 分数。

舍入规则

对 r 保留 3 位小数，以便可以与表 A-6 中的临界值进行直接比较。

解读线性相关系数 r

- 使用统计软件中的 p 值解读 r：如下所示，使用 p 值及显著性水平 α。
  - p 值 $\leq \alpha$：拒绝原假设，存在线性相关性。
  - p 值 $> \alpha$：不能拒绝原假设，不存在线性相关性。

- 使用表 A-6 解读 r：表 A-6 中的临界值为绝对值，参考图 10-3 以及后面的"例 4"，根据以下准则做出决定。
  - 存在相关性：如果通过计算所得的线性相关系数 r 位于左尾部或者小于或等于左临界值，或位于右尾部或者大于或等于右临界值（$|r| \geq$ 临界值），则可得出结论——有足够的证据支持线性相关假设。
  - 不存在相关性：如果通过计算所得的线性相关系数 r 位于两个临界值之间（$|r| <$ 临界值），则可得出结论——没有足够的证据支持线性相关假设。

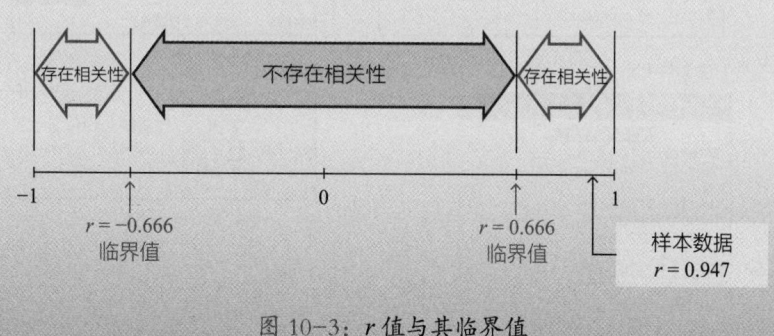

图 10-3：r 值与其临界值

注意：切记，本节的方法仅适用于线性相关性。即使所得出的结论是不存在线性相关性，也是有可能存在其他非线性相关性的，如图 10-2(d) 所示。通过对应的散点图检验其他相关性。

线性相关系数 r 的性质

1. r 值总是在 -1 和 1 之间，即 $-1 \leq r \leq 1$。

2. 即使改变变量值的单位，r 值也不受影响。

3. 交换所有的 x 值和 y 值，r 值不受影响。

4. r 值仅度量线性关系的强度，并不适用于非线性关系〔参见图 10-2(d)〕。

5. r 值对异常值很敏感。一个异常值就会对 r 值产生极大的影响。

计算线性相关系数 r

以下为计算线性相关系数 r 的三个示例。

例 1： 通过统计软件求 r

使用统计软件，试求表 10-1 中头奖金额与销售量之间的线性相关系数 r。

解答：

以下为通过各种统计软件所得的线性相关系数 $r=0.947$（保留 3 位小数）。

Statdisk

Correlation Results:
Correlation Coeff, r: 0.94735
Critical r: ±0.66638
P-Value (two-tailed): 0.00010

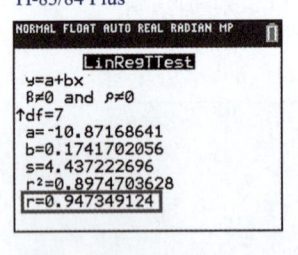

Minitab

Correlations

	Jackpot
Tickets	0.947

StatCrunch

Sample size: 9
R (correlation coefficient) = 0.94734912
R-sq = 0.89747036
Estimate of error standard deviation: 4.4372227

XLSTAT

Variables	Jackpot	Tickets
Jackpot	1	0.947
Tickets	0.947	1

TI-83/84 Plus

```
NORMAL FLOAT AUTO REAL RADIAN MP
       LinRegTTest
y=a+bx
β≠0 and ρ≠0
↑df=7
a=-10.87168641
b=0.1741702056
s=4.437222696
r²=0.8974703628
r=0.947349124
```

JMP

Summary Statistics

	Value	Lower 95%	Upper 95%	Signif. Prob
Correlation	0.947349	0.763736	0.989145	0.0001*
Covariance	865.8194			
Count	9			

SPSS

Correlations

		Jackpot	Tickets
Jackpot	Pearson Correlation	1	.947**
	Sig. (2-tailed)		.000
	N	9	9
Tickets	Pearson Correlation	.947**	1
	Sig. (2-tailed)	.000	
	N	9	9

**. Correlation is significant at the 0.01 level (2-tailed).

▶ 轮到你了：试试 10-1 基础题的习题 13

例 2: 通过公式 10-1 求 r

使用公式 10-1，试求表 10-1 中头奖金额与销售量之间的线性相关系数 r。

解答：

设头奖金额为 x，销售量为 y，且有 9 组数据，即 $n=9$。表 10-2 展示了公式 10-1 的计算过程。

表 10-2：公式 10-1 的计算过程

x	y	x^2	y^2	xy
334	54	111,556	2916	18,036
127	16	16,129	256	2032
300	41	90,000	1681	12,300
227	27	51,529	729	6129
202	23	40,804	529	4646
180	18	32,400	324	3240
164	18	26,896	324	2952
145	16	21,025	256	2320
255	26	65,025	676	6630
$\sum x=1934$	$\sum y=239$	$\sum x^2=455,364$	$\sum y^2=7961$	$\sum xy=58,285$

使用表 10-2 中的数据，通过公式 10-1 计算 r 值如下：

$$r = \frac{n\Sigma xy - (\Sigma x)(\Sigma y)}{\sqrt{n(\Sigma x^2) - (\Sigma x)^2}\sqrt{n(\Sigma y^2) - (\Sigma y)^2}}$$

$$= \frac{9(58,285) - (1934)(239)}{\sqrt{9(455,364) - (1934)^2}\sqrt{9(7691) - (239)^2}}$$

$$= \frac{62,339}{\sqrt{357,920}\sqrt{12,098}} = 0.947$$

▶ 轮到你了：试试 10-1 基础题的习题 13

例 3: 通过公式 10-2 求 r

使用公式 10-2，试求表 10-1 中头奖金额与销售量之间的线性相关系数 r。

解答：

在手算情况下，使用公式 10-1 肯定比使用公式 10-2 更容易计算。但是公式 10-2 的优点是便于理解 r 的基本原理。与"例 2"相同，设头奖金额为 x，销售量为 y。将公式 10-2 中的每一个样本值都转换成对应的 z 分数。举例来说，$\bar{x}=214.8889$，$s_x=70.5061$，可以求得第一个样本值 $x=334$ 所对应的 z 分数为 1.6894：

$$z_x = \frac{x - \bar{x}}{s_x} = \frac{334 - 214.8889}{70.5061} = 1.6894$$

表 10-3 展示了公式 10-2 的计算过程。

表 10-3：公式 10-2 的计算过程

x	y	z_x	z_y	$z_x \cdot z_y$
334	54	1.6894	2.1172	3.5768
127	16	−1.2465	−0.8143	1.01502
300	41	1.2071	1.1143	1.34507
227	27	0.1718	0.0343	0.00589
202	23	−0.1828	−0.2743	0.05014
180	18	−0.4948	−0.66	0.32657
164	18	−0.7218	−0.66	0.47639
145	16	−0.9912	−0.8143	0.80713
255	26	0.5689	−0.0429	−0.02441
				$\sum z_x \cdot z_y = 7.57862$

使用表 10-3 中的 $\sum z_x \cdot z_y = 7.57862$，通过公式 10-2 计算 r 值如下：

$$r = \frac{\sum(z_x \cdot z_y)}{n - 1} = \frac{7.57862}{9 - 1} = 0.947$$

▶ 轮到你了：试试 10-1 基础题的习题 13

是否存在线性相关性

通过前面的几个例子，可得头奖金额与销售量之间的线性相关系数为 $r=0.947$。接下来，我们的目标是解读该线性相关系数。根据"关键要素"中介绍的准则，我们可以通过 p 值或者临界值来解读。

> **教师评价与学生成绩的相关性**
>
> 学生对教师的评价经常被用来衡量教学成果。有多项研究揭示了两者之间的相关性：学生成绩越高，对教师的评价就越高。美国杜克大学的一项研究收集了学生在最后出成绩前后分别对教师的评价。该研究表明，"对最终成绩的期望或收到的最终成绩会导致学生对教师和教学质量的看法发生变化"。有人指出，学生的评价"会促使教师操纵评分标准以提高他们的评价"。所以最终结论是，"这种操纵的最终后果是美国教育质量的下滑"。（参见"Teacher Course Evaluations and Student Grades: An Academic Tango"，Valen Johnson, Chance, Vol. 15, No. 3.）

例 4： 两个变量之间是否存在线性相关性

给定 0.05 的显著性水平、表 10-1 中的数据以及 $r=0.947$，是否有足够的证据支持两个变量之间存在线性相关性？

解答：

检查条件：①该样本是简单随机样本。②散点图中的点呈直线（见图 10-1）。③在散点图中没有发现异常值。所有条件都满足。

- 使用统计软件中的 p 值解读 r：
  - p 值 ≤ α，存在线性相关性。
  - p 值 > α，不存在线性相关性。

  Statdisk 的检验结果显示 p 值为 0.0001。根据以上准则，我们可以得出有足够的证据支持两个变量之间存在线性相关性的结论。

  ```
  Statdisk
  Correlation Results:
  Correlation Coeff, r:   0.94735
  Critical r:             ±0.66638
  P-Value (two-tailed):   0.00010
  ```

- 使用表 A-6 解读 r：参考图 10-3，表 A-6 中的临界值为绝对值，可得临界值为 $r=0.666$。根据图 10-3 所示的结果及以下准则比较线性相关系数 $r=0.947$ 和临界值 $r=\pm 0.666$。

  - 存在相关性：如果通过计算所得的线性相关系数 r 位于左尾部或者小于或等于左临界值，或位于右尾部或者大于或等于右临界值（$|r|$ ≥ 临界值），则可得出结论——有足够的证据支持线性相关假设。

  - 不存在相关性：如果通过计算所得的线性相关系数 r 位于两个临界值之间（$|r|$ < 临界值），则可得出结论——没有足够的证据支持线性相关假设。

由此可以得出相同的结论：两个变量之间存在线性相关性。

解读：

彩票的头奖金额和销售量之间存在线性相关性。并且，头奖金额越高，卖出的彩票就越多。此外，常识性知识和批判性思维也支持这一观点。

虽然变量间存在线性相关性，但我们不应该得出两个变量之间存在因果关系这一结论。虽然我们有理由相信彩票的头奖金额越高，销售量就越大，但通过统计分析并不能证明这种观点是正确的。相关关系并不意味着因果关系。

▶ 轮到你了：试试 10-1 基础题的习题 15

例 5: 伪相关

表 10-4 列出的成对数据是美国人均人造黄油的消费量（磅）和美国缅因州的离婚率（离婚数量/千人）。每对数据都来自同一年份（数据来自美国农业部和美国普查局）。两者之间是否存在线性相关性？

表 10-4：人造黄油消费量与离婚率

人造黄油消费量	8.2	7.0	6.5	5.3	5.2	4.0	4.6	4.5	4.2	3.7
离婚率	5.0	4.7	4.6	4.4	4.3	4.1	4.2	4.2	4.2	4.1

解答：

以下为关键点：

- 满足所有条件。
- 散点图中的点呈明显的直线且没有异常值。
- 求得 $r=0.993$。
- p 值为 0.000。
- 临界值为 $r=\pm 0.632$（假设显著性水平为 $\alpha=0.05$）。

根据结果，我们应该支持人造黄油消费量和离婚率这两个变量之间存在线性相关性这一观点。但是，这明显有问题！通过常识性知识能明显判断出这两个变量之间没有任何关联。如果认为它们之间有关联纯粹是无稽之谈。统计学不仅仅是通过公式盲目地处理数据——它更需要批判性思维！

> 轮到你了：试试 10-1 基础题的习题 25

定义
伪相关是指没有实质联系的一种相关性（参考"例 5"）。

在大数据时代，伪相关也变得更加普遍，尤其是在具有类似趋势的时间序列数据中。

解读 r: 可解释变异[1]

如果 x 和 y 之间存在线性相关性，那么可以用一个线性方程来表达，即给定 x 值（自变量），

---

[1] 译者注：通常会用方差来量化变异，故又称为可解释方差或可解释差异。读者可以直接把变异理解为离散程度。

可以预测 y 值（因变量）（参见 10-2 节）。但 y 的预测值未必准确，因为除了 x，还有其他因素会影响 y，比如随机变异等未被纳入研究的特征。我们可以先利用以下性质，其具体原理及细节会在 10-3 节中讨论：

r^2 的值是因变量 y 中的变异能被 x 与 y 之间的线性关系所解释的部分所占的比例。

例6：可解释变异

根据表 10-1 中的数据，得到线性相关系数 $r=0.947$。试求彩票销售量中的变异能被头奖金额与其之间的线性关系所解释的部分所占的比例。

解答：

当 $r=0.947$ 时，$r^2=0.897$。

解读：

彩票销售量中 89.7% 的变异可由头奖金额与其之间的线性关系所解释。也就是说，大约有 10% 的变异不能通过它们之间的线性关系来解释。

千万不要根据 r 解释因果论！

"例 4" 告诉我们：相关不蕴涵因果！

关于相关性的常见错误

以下是在解释相关性时最常见的三个错误。

1. 假设相关关系具有因果关系：经典的例子之一是德国奥尔登堡的鹳的数量和人类婴儿出生数量之间的关系。从 1930 年到 1936 年的数据显示，两者呈线性相关。实际上，这两个变量都不是其中另一个变量的原因，而是它们都受到另一个潜变量的影响（潜变量是指会影响需要研究的变量，但并没有被纳入研究的变量）。这里的因果关系是人口的增加导致盖了更多茅草屋顶的房子，而这吸引了鹳。

2. 使用基于均值的数据：均值与个体差异/变异互为矛盾，因此可能会夸大相关系数。一项针对个人收入和教育程度相关的研究所得的线性相关系数是 0.4，但如果使用区域的平均数据，则线性相关系数变为 0.7。

3. 忽略可能的非线性关系：如果不存在线性相关性，则可能存在其他非线性相关性，如图 10-2(d) 所示。

第 2 部分：假设检验

假设检验：当检验两个变量之间是否存在显著的线性关系时，可以建立关于 ρ 的原假设和备择假设。

$$原假设\ H_0: \rho = 0\ (不存在相关性)$$

$$备择假设\ H_1: \rho \neq 0\ (存在相关性)$$

检验统计量：可以使用第 1 部分中的检验统计量 r，也可以使用 t 检验统计量：

$$t = \frac{r}{\sqrt{\dfrac{1-r^2}{n-2}}}$$

如果使用 t 检验统计量，则可以使用之前章节中介绍过的方法来求 p 值和临界值。参考以下例子。

例 7： 相关系数的 t 检验

根据表 10-1 中的数据，检验彩票的头奖金额和销售量之间是否存在线性相关性。（取 $\alpha=0.05$）

解答：

检查条件：参考"例 4"，所有条件都满足。

根据题意，原假设和备择假设分别为

$$H_0: \rho = 0\ (不存在线性相关性)$$

$$H_1: \rho \neq 0\ (存在线性相关性)$$

线性相关系数为 $r=0.947$，$n=9$（有 9 对样本数据），因此检验统计量计算如下：

$$t = \frac{r}{\sqrt{\dfrac{1-r^2}{n-2}}} = \frac{0.947}{\sqrt{\dfrac{1-0.947^2}{9-2}}} = 7.800$$

$df=n-2=7$，查询表 A-3，可得对应的 p 值小于 0.01。所以拒绝原假设。

解读：

t 检验的结果与"例 4"的结果相同，即彩票的头奖金额和销售量之间存在线性相关性。

▶ 轮到你了：试试 10-1 基础题的习题 17

看手相

有些人认为手掌上的生命线长度可以用来预测寿命。在《美国医学会期刊》的一篇文章中，作者 M. E. 威尔逊和 L. E. 马瑟通过对尸体的研究反驳了这一观点。他们记录了死亡年龄以及手掌上生命线的长度。作者的结论是两者之间没有任何相关性。毫无疑问，手相术没有理论依据。

单侧检验：本节的例子与习题大部分是关于双侧检验的，但是当出现负相关性或正相关性的假设时，即为单侧检验，如表 10-5 所示。

表 10-5：单侧检验

假设存在负相关性（左尾检验）	假设存在正相关性（右尾检验）
$H_0: \rho=0$	$H_0: \rho=0$
$H_1: \rho<0$	$H_1: \rho>0$

对于单侧检验，具体方法可以参考之前章节中的 p 值法。

本节方法的基本原理：下面列出的公式 10-1、公式 10-2 和其他公式都是等价的。

公式 10-1：

$$r = \frac{n\Sigma xy - (\Sigma x)(\Sigma y)}{\sqrt{n(\Sigma x^2) - (\Sigma x)^2}\sqrt{n(\Sigma y^2) - (\Sigma y)^2}}$$

公式 10-2：

$$r = \frac{\Sigma(z_x z_y)}{n-1}$$

其他公式：

$$r = \frac{\Sigma(x-\bar{x})(y-\bar{y})}{(n-1)s_x s_y}$$

$$r = \frac{\Sigma\left[\dfrac{(x-\bar{x})(y-\bar{y})}{s_x \quad s_y}\right]}{n-1}$$

$$r = \frac{s_{xy}}{\sqrt{s_{xx}}\sqrt{s_{yy}}}$$

我们通过公式 10-2 来理解线性相关系数背后的原理。因为公式 10-2 使用了 z 分数，所以 $\sum(z_x z_y)$ 不受 x 值与 y 值的单位的影响。图 10-4 展示了将表 10-1 中的数据转换为 z 分数后的散点图。图 10-4 与图 10-1 在本质上是相同的，不同的只是单位（刻度）。图 10-4 中的灰色线将该图划分为四个象限。

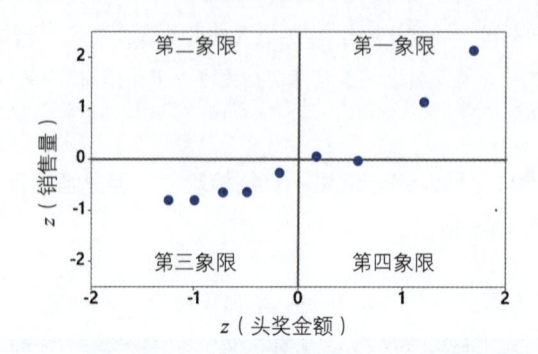

图 10-4：表 10-1 中数据对应的 z 分数的散点图

如果散点图中的点近似于一条从左下到右上的直线，那么 $z_x \cdot z_y$ 的值趋向于正数（因为大部分的点在第一象限和第三象限，即 z_x 与 z_y 的值同正或同负）。因此，$\sum(z_x z_y)$ 趋向于正数。反过来，如果散点图中的点近似于一条从左上到右下的直线，那么 $\sum(z_x z_y)$ 趋向于负数。另外，如果散点图中的点没有线性特征，那么所有的点将分散在四个象限，因此 $\sum(z_x z_y)$ 趋向于 0。

可见，$\sum(z_x z_y)$ 实则度量了所有的点在四个象限的分配情况，可得如下关系。

- **正相关**：如果 $\sum(z_x z_y)$ 是一个较大的正值，那么大部分的点在第一象限和第三象限。
- **负相关**：如果 $\sum(z_x z_y)$ 是一个较大的负值，那么大部分的点在第二象限和第四象限。
- **没有相关性**：如果 $\sum(z_x z_y)$ 接近于 0，那么所有的点分散在四个象限。

如果直接保留 $\sum(z_x z_y)$ 为最终结果，那么该值会随着样本量的增大而变大，因此除以 $n-1$ 将得到一个平均数（这里分母是 $n-1$ 而不是 n 的原因与计算标准差时的原因一致）。最后，对公式 10-2 进行代数变形化简，可以得到任何一个关于 r 的其他公式。

第 3 部分：置换检验

相关系数的置换检验是基于变量间不存在相关性的原假设的。通过固定 x 值不变，我们可以无放回地随机抽取 y 值与 x 值配对。

表 10-6 列出了表 10-1 中的数据和两组对销售量随机重采样的结果。对于每次重采样，都计算线性相关系数 r。在重采样 m 次后，可得 m 个 r 值用来判断原始的 $r=0.947$ 是否显著，即如果不存在相关性，那么原始值的出现是否是偶然的。

表 10-6：表 10-1 中的数据和两组对销售量随机重采样的结果

头奖金额	销售量	第一组对销售量重采样的样本	第二组对销售量重采样的样本
334	54	16	18
127	16	54	16
300	41	16	54
227	27	26	27
202	23	18	41
180	18	27	23
164	18	41	18
145	16	23	16
255	26	18	26

根据上述步骤，使用统计软件创建 1000 个重采样样本。一个可能的结果是：在所得的 1000 个重采样样本的 r 值中，没有一个比 $r=0.947$ 更极端，即 p 值为 0.000。这就证明了头奖金额和销售量之间存在线性相关性。

使用软件

相关分析

Excel

- 线性相关系数

1. 打开"公式"选项卡，点击"插入函数"，选择"统计"类别下的 CORREL 函数。点击"确定"按钮。

2. 对于参数 Array1（数组 1），输入自变量 x 的数据范围；对于参数 Array2（数组 2），输入因变量 y 的数据范围。

3. 点击"确定"按钮。

- 散点图

1. 选择数据范围。

2. 点击"插入"选项卡。

3. 在"图表"区域内，选择"散点图"图表类型。

4. 右击图表进行自定义设置。

R

R 命令：

相关性：cor(x,y)

散点图：plot(x,y)

在散点图中加入回归线：abline(lm(y~x))

10-2 线性回归

核心概念：本节将介绍求拟合成对数据散点图中的点的最佳线性方程的方法。这条最佳拟合线被称为回归线，其对应的方程被称为回归方程。通过给定其中一个变量的值，我们可以使用回归方程来预测另一个变量的值。本节第 2 部分将介绍相关性以及线性回归的分析工具：边际效应、强影响点、残差图。

第 1 部分：回归的基本概念

在某些情况下，两个变量之间存在确定关系，即给定一个变量的值，能完全无误地确定另一个变量的值，比如将距离 x 的单位从英寸转换为厘米的方程：$y=2.54x$。通常在初等代数的课程中会介绍这类方程，但统计学课程关注的是概率模型，即不能通过一个变量的值完全确定另一个变量的值。例如，子女的身高不能完全由父亲和 / 或母亲的身高来决定。弗朗西斯·高尔顿（1822—1911）研究了一种遗传现象，其结果表明，高个子或者矮个子的夫妇的子女身高更倾向于回归（恢复）到平均身高。即使之后的研究不再涉及高尔顿的身高数据，我们也仍然继续使用高尔顿的"回归"术语。

> **定义**
>
> 给定一组成对数据，回归线（又称为最小二乘线）是其对应散点图中点的最佳拟合线（最佳拟合的标准是最小二乘法，在本节第 2 部分会介绍）。
>
> 回归线的代数方程被称为回归方程，其代数表达式如下：
>
> $$\hat{y}=b_0+b_1x$$
>
> 回归方程中的自变量 x 又被称为解释变量或预测变量，因变量 $\hat{y}$ 又被称为响应变量。

上述定义中的回归方程 $\hat{y}=b_0+b_1x$ 实质上是一次函数（线性函数）$y=mx+b$，其中 b_0 是 y 轴截距，b_1 是斜率，可以通过统计软件（如"例 1"）或者手算（如"例 2"）求得。

> **关键要素**
>
> **求回归方程**
>
> **目标**
>
> 求回归方程。
>
> **数学符号**
>
> | | 样本统计量 | 总体参数 |
> | --- | --- | --- |
> | y 轴截距 | b_0 | β_0 |
> | 斜率 | b_1 | β_1 |
> | 回归方程 | $\hat{y}=b_0+b_1 x$ | $y=\beta_0+\beta_1 x$ |
>
> **条件**
>
> 1. 配对样本 (x, y) 是简单随机样本。
>
> 2. 对应的散点图中的点近似为直线 *。
>
> 3. 线性相关系数易受异常值的影响。一般而言,需要删除影响回归线拟合的异常值 *。
>
> *注:第 2 个条件和第 3 个条件实则是以下条件的简化版本。
>
> - 对于每个 x 值,对应的 y 值服从正态分布。
>
> - 同方差性:对于不同的 x 值,对应的 y 值分布的标准差相等(如果其散点图中的点没有均匀地分布在回归线附近,那么该条件不满足。参见本节第 2 部分对残差图的讨论)。
>
> - 对于不同的 x 值,对应的 y 值分布的均值在同一条直线上。
>
> 只要大概近似于正态分布并且标准差大概相等,就可以认为满足条件。
>
> **斜率 b_1 和 y 轴截距 b_0 的公式**
>
> 公式 10-3(斜率):
>
> $$b_1 = r \frac{s_y}{s_x}$$
>
> 其中,r 为线性相关系数,s_x 和 s_y 分别为 x 值和 y 值的标准差。
>
> 公式 10-4(y 轴截距):
>
> $$b_0 = \bar{y} - b_1 \bar{x}$$
>
> 如果需要手算或者使用统计软件,则建议使用以下关于 b_0 和 b_1 的公式:
>
> $$b_1 = \frac{n(\Sigma xy) - (\Sigma x)(\Sigma y)}{n(\Sigma x^2) - (\Sigma x)^2} \qquad b_0 = \frac{(\Sigma y)(\Sigma x^2) - (\Sigma x)(\Sigma xy)}{n(\Sigma x^2) - (\Sigma x)^2}$$

例1: 使用统计软件求回归方程

使用统计软件,试求表10-1中数据的回归方程。其中,解释变量(x变量)为头奖金额,响应变量(y变量)为销售量。

解答:

检查条件: ①该样本是简单随机样本。②散点图中的点近似为直线(见图10-1)。③在散点图中没有发现异常值。所有条件都满足。

使用统计软件: 参考以下软件的统计分析结果,可得回归方程为 $\hat{y}=-10.9+0.174x$,其中 x 为头奖金额,$\hat{y}$ 为销售量的预测值。

Statdisk

```
Regression Results:
Y= b0 + b1x:
Y Intercept, b0:    -10.87169
Slope, b1:            0.17417
```

Excel (XLSTAT)

Equation of the model (Tickets):
Tickets = -10.87169+0.17417*Jackpot

Minitab

Regression Equation
Tickets = -10.87 + 0.1742 Jackpot

TI-83/84 Plus

```
NORMAL FLOAT AUTO REAL RADIAN MP
      LinRegTTest
y=a+bx
β≠0 and ρ≠0
t=7.82770351
p=1.047161296E-4
df=7
a=-10.87168641
b=0.1741702056
↓s=4.437222696
```

SPSS

Model		Unstandardized Coefficients B	Std. Error	Standardized Coefficients Beta	t	Sig.
1	(Constant)	-10.872	5.005		-2.172	.066
	Jackpot	.174	.022	.947	7.828	.000

JMP

Parameter Estimates

Term	Estimate	Std Error	t Ratio	Prob>|t|
Intercept	-10.87169	5.004925	-2.17	0.0664
Column 1	0.1741702	0.02225	7.83	0.0001*

StatCrunch

Simple linear regression results:
Dependent Variable: Tickets
Independent Variable: Jackpot
Tickets = -10.871686 + 0.17417021 Jackpot

该回归方程是总体的回归方程估计。如果从同一总体中随机抽取另一组样本,则可能会得到不同的回归方程。

▶ 轮到你了:试试10-2基础题的习题13

例 2： 通过手算求回归方程

重复"例 1"，使用公式 10-3 和公式 10-4 求回归方程。

解答：

检查条件：参考"例 1"，所有条件都满足。

根据公式 10-3 和公式 10-4，可得：

$$b_1 = r\frac{s_y}{s_x} = (0.947349)\left(\frac{12.96255}{70.50611}\right) = 0.174170$$

$$b_0 = \bar{y} - b_1\bar{x} = 26.55556 - (0.174170)(214.88889) = -10.87164$$

舍入后，b_1=0.174，b_0=-10.9。回归方程为 $\hat{y}$=-10.9+0.174x，其中 x 为头奖金额，$\hat{y}$ 为销售量的预测值。

▶ 轮到你了：试试 10-2 基础题的习题 13

例 3： 绘制回归线

对"例 1"与"例 2"中求得的回归方程 $\hat{y}$=-10.9+0.174x 作图，并主观判断回归线拟合数据的情况。

解答：

参考以下含有回归线的散点图，可以认为该回归线与点的拟合程度高。

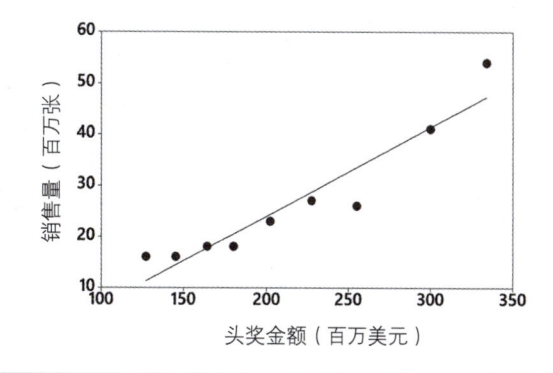

> **推迟死亡**
>
> 有数项研究是关于人类是否有推迟死亡至某个重要节日后的能力的。例如，社会学家大卫·菲利普斯分析了在逾越节前后犹太男子的死亡率，他发现死亡率在逾越节前一周急剧下降，但在逾越节后一周上升。然而，其他研究癌症患者的研究人员指出，"没有证据表明人类可以推迟死亡"。基于 130 万条死亡记录，该研究发现，死亡时间与圣诞节、感恩节或个人生日之间没有关系。大卫·菲利普斯对这一结果提出了质疑，他认为该研究的对象是癌症患者，但他们最不可能受到精神上的影响。
> （参见 "Holidays, Birthdays, and Postponement of Cancer Death", Young and Hade, Journal of the American Medical Association, Vol. 292, No. 24.）

模型预测

给定一个特定的变量值，我们可以通过回归方程预测另一个变量值[1]。在进行模型预测时，需要考虑以下几点。

1. 效果差的模型：对于拟合效果不佳的模型而言，对 y 的最佳预测值是其样本均值。而样本均值明显不是最佳预测值，因此不建议将其用于模型预测。

2. 效果好的模型：只有当散点图上的回归线可以证实其与数据拟合程度高时，才能使用回归方程进行预测[2]。

3. 相关性：只有在 r 证实两个变量之间存在相关性的情况下，才能使用回归方程进行预测。

4. 预测范围：使用回归方程进行预测仅在样本 x 值的定义域内有效（在 x 值的定义域外的预测被称为外推，通常其预测结果的准确性差）。

图 10-5 总结了上述预测情况。如果模型效果好，则代入 x 值以预测 y 值；如果模型效果不好，则预测值为 $\bar{y}$（但 $\bar{y}$ 本身不是一个好的预测值，因为无论 x 值的大小如何，预测值都为 $\bar{y}$）。需要特别注意的是，该方法仅适用于呈线性特征的散点图，如果散点图呈非线性特征，则不适用。

---

[1] 译者注：如果给定的变量值 x 不属于样本数据，则 $\hat{y}$ 为预测值；如果 x 属于样本数据，则 $\hat{y}$ 被称为拟合值。

[2] 译者注：此处的介绍仅适用于简单回归（一元回归），并不适用于多元线性回归（见 10-4 节）。

```
是否是好的线性模型?
• 散点图显示回归线与点的拟合程度高
• r 证实两个变量之间存在相关性
• 没有超出预测范围
```

是 → 代入 x 值以预测 y 值 $\hat{y}=b_0+b_1x$

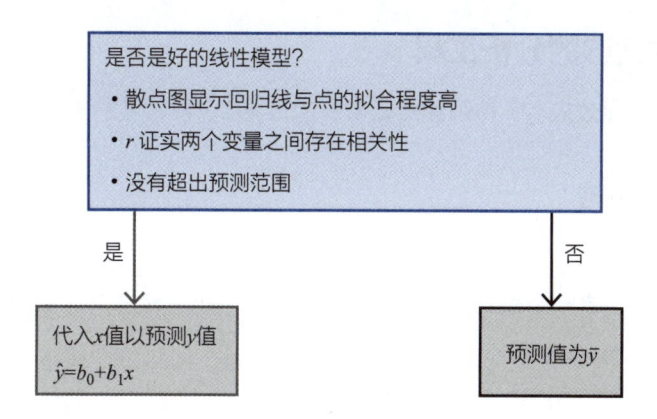

否 → 预测值为 $\bar{y}$

图 10-5:模型预测方法

机器学习

机器学习是一个相对较新的领域。系统中的机器学习(如自动驾驶)通过人工智能(AI)使得系统能够从过往的经验中学习,而不是直接进行人工干预。这个新的领域需要统计学的支持,包括描述统计学、异常值检测、数据抽样、实验设计、显著性检验、正态分布、相关性、置信区间、假设检验等概念。本书涵盖了这些内容,因此也可以认为本书是机器学习的一个前置基础。

例 4: 模型预测

1.使用表 10-1 中的数据。当头奖金额(百万美元)为 625 时,预测销售量(百万张)是多少?试比较预测值与真实值 90。

2.预测 175 厘米高的成年人的智商分数是多少?

解答与解读:

1.**效果好的模型:**"例 3"中得出回归线与点的拟合程度高的结论,且在上一节中证实头奖金额和销售量这两个变量之间存在线性相关性,因此可以使用线性模型进行预测。将 $x=625$ 代入回归方程 $\hat{y}=-10.9+0.174x$ 中,可得 $\hat{y}=97.9$。该预测值与真实值 90 非常接近。

2.**效果差的模型:**身高与智商分数之间没有相关性,因此对应的线性模型的预测效果差。我们可以直接使用平均智商分数即 100 进行预测。

▶ 轮到你了:试试 10-2 基础题的习题 5

第 2 部分：线性回归的分析工具

这一部分将介绍边际效应（一种解读回归方程的工具）、异常值的影响、强影响点以及残差图。

解读回归方程：边际效应

> **定义**
> 在回归方程中，当其中一个变量改变一个单位时，另一个变量所改变的量称为**边际效应**。

继续考虑"本章问题"中的头奖金额和销售量的问题，其回归方程是 $\hat{y}=-10.9+0.174x$，其中斜率为 0.174。如果增加一个单位的头奖金额（100 万美元），那么销售量的预测值会增加 0.174 个单位（174,000 张彩票）。也就是说，头奖金额每增加 100 万美元，预计将额外售出 174,000 张彩票。认识到这一点后，彩票管理人员可以调整规则，使中奖变得更加困难，这样头奖金额就会大幅增加，从而推动销售量的增长。

异常值与强影响点

相关分析以及回归分析应当包含对异常值和强影响点的检测，其定义如下：

> **定义**
> 在散点图中，**异常值**为显著偏离其他观测值的点。
> **强影响点**是指足以改变回归线的点。成对数据可能包含一个或多个强影响点。

异常值的检测方法是直接检查散点图，观察某些点是否显著偏离其他观测值。强影响点的检测方法是，如果在保留某个点以及删除该点两种情况下建立的回归线有显著变化，那么该点就是强影响点。

例 5：强影响点

考虑"本章问题"中的数据（见表 10-1）。以下左侧散点图显示了对应的回归线。现在增加一个额外的点 (980,12)，得到的回归线如右侧散点图所示。对比这两个图，可以发现回归线有显著变化，因此额外的点 (980,12) 为强影响点。另外，该点显著偏离其他观测值，因此该点也是异常值。

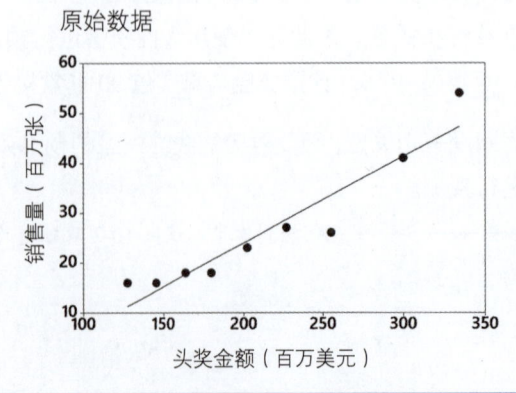

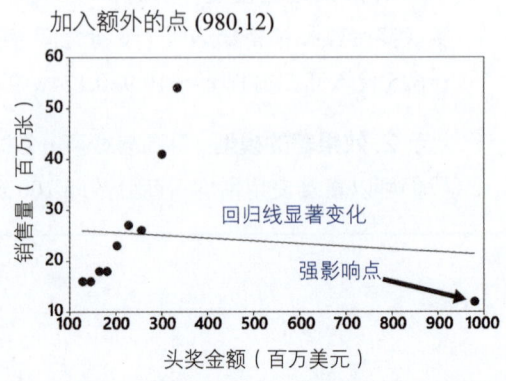

残差以及最小二乘法

回归方程是代表数据的"最佳"拟合线。确定这条线优于其他所有线的标准是基于原始数据点和回归线之间的垂直距离的。该距离被称为残差。

> **定义**
> 残差是观测值与回归线预测值之间的垂直距离,即
> $$残差 = y\,观测值 - y\,预测值 = y - \hat{y}$$

我们可以通过图 10-6 来直观地理解残差,其中观测值由图中的点表示,残差由图中的虚线表示。

x	8	12	20	24
y	4	24	8	32

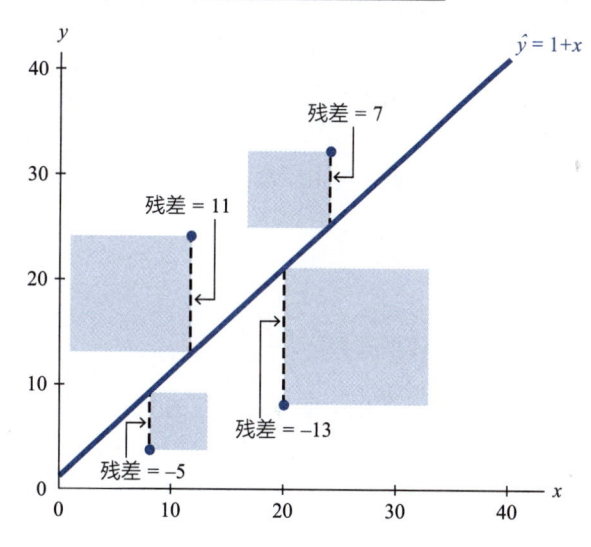

图 10-6:残差与残差平方

考虑图 10-6 中的一个观测值 (8, 4),可得:

- **观测值**:$y=4$。
- **预测值**:将 $x=8$ 代入 $\hat{y}=1+x$ 中,得到 $\hat{y}=9$。
- **残差**:观测值与预测值的差值即为残差,即 $y-\hat{y}=4-9=-5$。

根据以下最小二乘法的性质,可以得出回归方程代表数据的"最佳"拟合线。

> **定义**
> 如果一个直线方程的残差平方和最小,那么该直线方程符合最小二乘法的性质。

在图 10-6 中，我们可以看到残差为 −5、11、−13 和 7，因此其平方和为

$$(-5)^2+11^2+(-13)^2+7^2=364$$

参考图 10-6 来理解最小二乘法，其中残差的平方由带阴影的正方形区域表示，其面积和是 364。由其他任何直线组成的正方形的面积都会超过 364，因此 364 是最小值。

幸运的是，我们不需要直接使用最小二乘法来求回归方程。公式 10-3 和公式 10-4 的推导应用了最小二乘法，但其中涉及微积分，故此处省略。

残差图

之前介绍的相关分析以及回归分析的先决条件是一个简化版本，即检查散点图中的点是否呈直线以及有无异常值。残差图也可以作为分析结果或者检查条件的工具。

> **定义**
> 残差图是一个横轴为观测值（x），纵轴为残差值（$y-\hat{y}$）的散点图。

在构建残差图时，首先经过残差值 0 画一条水平参考线，然后绘制（$x, y-\hat{y}$）。由于手绘非常烦琐，因此使用统计软件将是更好的选择。

残差图的有用性

- 残差图可以帮助我们判断回归模型的好坏。
- 残差图可以帮助我们检查对于不同的 x 值，其对应的 y 值分布的标准差是否相同（是否具有同方差性）。

残差图的准则

- 残差图不应该有任何明显的特征（甚至不能呈一条直线）（这种没有任何特征的残差图所对应的样本数据的散点图呈直线）。
- 残差图中的残差值不应该随着观测值的增大而增大（或变小）（若没有该特征，则证明对于不同的 x 值，其对应的 y 值分布具有相同的标准差，即具有同方差性）。

例 6： 残差图

下图是表 10-1 中样本数据的残差图。可见，该残差图满足上述残差图的准则。

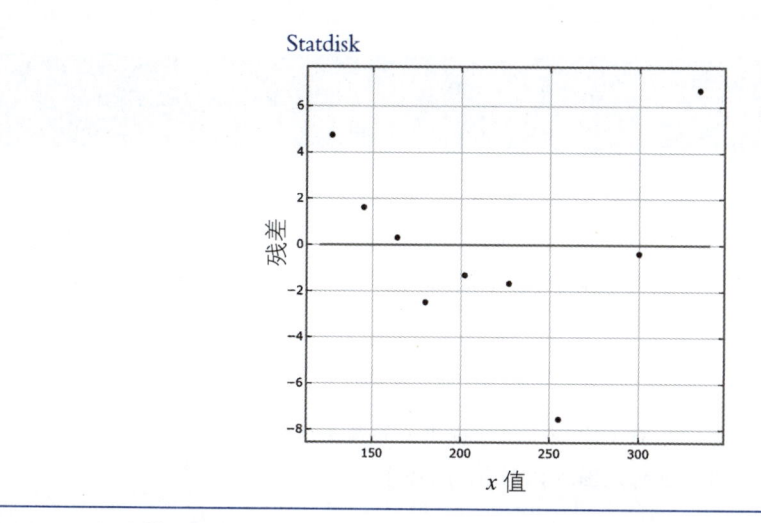

参考以下三张残差图。最左边的残差图表明回归模型满足所有的条件。中间的残差图具有明显的其他特征，表明样本数据的散点图不呈直线。最右边的残差图显示残差值随着观测值的增大而增大，说明同方差性的条件不满足。

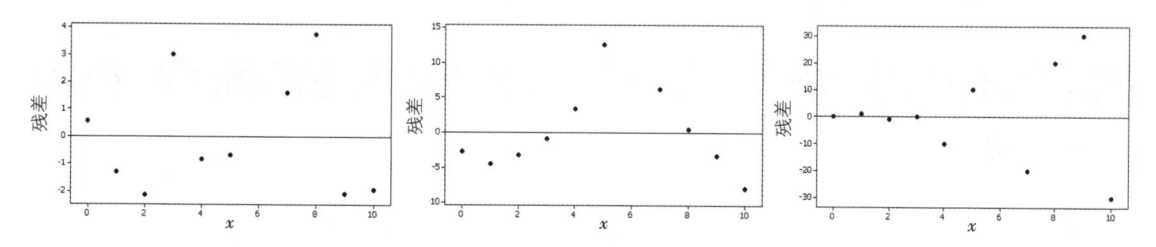

使用软件

回归分析

Excel（需要 Excel 加载项：分析工具库）

1. 点击"数据"选项卡，然后点击"数据分析"。

2. 选择"分析工具"中的"回归"，点击"确定"按钮。

3. 在"Y 值输入区域"中输入因变量 y 的数据范围，在"X 值输入区域"中输入自变量 x 的数据范围。

4. 如果数据第一行是变量名，则勾选"标志"复选框。

5. 勾选"残差图"复选框和"线性拟合图"复选框，点击"确定"按钮，显示结果。b_0 的估计结果是 Intercept，b_1 的估计结果是 x。

R

R 命令：

线性回归建模：lm(y~x)

回归结果：summary(lm(y~x))

10-3 预测区间

核心概念：10-2 节介绍了如何通过回归方程求 y 的预测值，但我们并不知道该预测值的精度。本节将介绍预测区间，即对 y 的预测值的区间估计。关于置信区间和预测区间的区别，参见以下定义：

> **定义**
> 预测区间用于估计变量的范围（比如回归方程中 y 的预测值）。
> 置信区间用于估计总体参数的范围（比如 p、μ、σ）。

举例来说，10-2 节"例 4"中的回归方程是 $\hat{y}=-10.9+0.174x$。当 $x=625$ 时，y 的"最佳"预测值是 97.9。但我们并不知道该估计的精度如何，因此需要一个区间估计。$\hat{y}$ 的预测区间的概念及其计算可以参考下面的"关键要素"。

> **关键要素**
>
> **预测区间**
>
> **目标**
>
> 求 $\hat{y}$ 的预测区间。
>
> **条件**
>
> 对于不同的 x 值，其对应的 y 值服从关于回归线的正态分布，并且这些正态分布有相同的方差（具有同方差性）。
>
> **预测区间估计公式**
>
> $$\hat{y}-E<y<\hat{y}+E$$
>
> 其中，误差范围为
>
> $$E=t_{\alpha/2}\, s_e \sqrt{1+\frac{1}{n}+\frac{n(x_0-\bar{x})^2}{n(\Sigma x^2)-(\Sigma x)^2}}$$
>
> x_0 是 x 的一个给定值，$t_{\alpha/2}$ 的自由度为 $n-2$，s_e 是估计标准误差（见公式 10-5 或公式 10-6），使用它作为度量残差的离散程度的指标。
>
> **公式 10-5**：
>
> $$s_e=\sqrt{\frac{\Sigma(y-\hat{y})^2}{n-2}}$$

公式 10-6（便于计算）：

$$s_e = \sqrt{\frac{\Sigma y^2 - b_0 \Sigma y - b_1 \Sigma xy}{n-2}}$$

例 1： 彩票的头奖金额与销售量的预测区间

对于表 10-1 中的数据，我们在 10-2 节中求得其回归方程是 $\hat{y}=-10.9+0.174x$。当头奖金额（百万美元）为 $x=625$ 时，销售量（百万张）的预测值为 $\hat{y}=97.9$。当 $x=625$ 时，试求置信水平为 95% 的销售量的预测区间。

解答：

通过统计软件，可得置信水平为 95% 的预测区间为 $73.7 < y < 122$（舍入后）。

StatCrunch

Predicted values:				
X value	Pred. Y	s.e.(Pred. y)	95% C.I. for mean	95% P.I. for new
625	97.984692	9.2442639	(76.125482, 119.8439)	(73.737738, 122.23165)

Minitab

Prediction
Fit	SE Fit	95% CI	95% PI
97.9847	9.24426	(76.1255, 119.844)	(73.7377, 122.232)

通过公式计算，也可得相同的结果。此处省略具体的计算过程，以下为关键数值结果：$s_e=4.437223$，$t_{\alpha/2}=2.365$。

解读：

所得预测区间包含销售量的真实值 90。其含义是，如果选定 625 的头奖金额，那么我们有 95% 的把握认为 73.7 到 122 的范围可以包含真实的销售量。由于样本量较小，并且 $x=625$ 远离 $\bar{x}=214.8889$，所以该预测区间相对较宽。

▶ 轮到你了：试试 10-3 基础题的习题 13

可解释变异和未解释变异

假设有一个简单样本（样本量足够大），并且其具有如下性质（参见图 10-7）：

- x 与 y 之间的线性相关性具有统计显著性。
- 回归方程为 $\hat{y}=3+2x$。
- y 的均值为 $\bar{y}=9$。
- $(5,19)$ 为其中一个观测值。

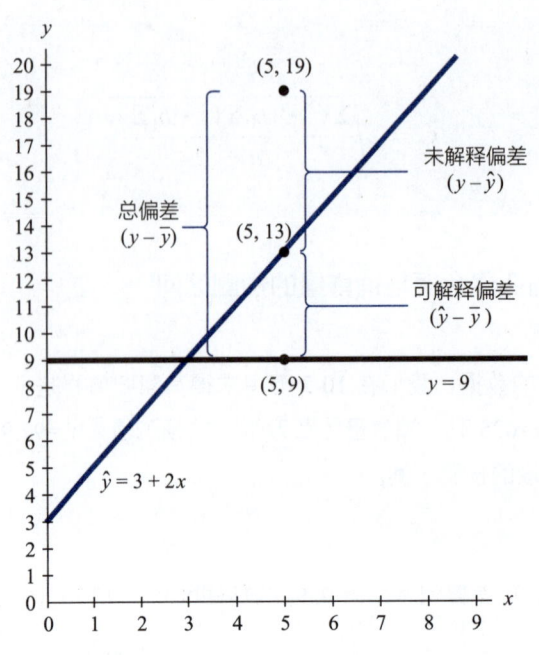

图 10-7：总偏差、可解释偏差和未解释偏差

如图 10-7 所示，原始样本数据 (5,19) 并不在回归线上。假设给定 $x=5$，需要预测 y 值。如果完全不考虑相关性以及线性回归，那么预测值为 $\bar{y}=9$。但若考虑相关性以及线性回归，则预测值为 $\hat{y}=3+2x=13$。也就是说，我们可以通过回归线所描述的线性关系来解释 $\bar{y}=9$ 与 $\hat{y}=13$ 之间的差异。但即便如此，y 的实际值也是 19，而不是 13。因此，$y=19$ 与 $\hat{y}=13$ 之间的差异是不能通过回归线解释的，这也被称为未解释偏差或残差，即 $y-\hat{y}$。

本书 3-2 节定义了标准差，此处我们再次考虑数据值与均值的差值（这里均值为 $\bar{y}=9$）。

- $\bar{y}=9$ 到 $y=19$ 的总偏差（总方差）：$y-\bar{y}=19-9=10$。
- $\bar{y}=9$ 到 $y=19$ 的可解释偏差（可解释方差）：$\hat{y}-\bar{y}=13-9=4$。
- $\bar{y}=9$ 到 $y=19$ 的未解释偏差（未解释方差）：$y-\hat{y}=19-13=6$。

一般而言，这些偏差的定义如下：

> **定义**
> 如果给定一组成对数据 (x,y)，$\hat{y}$ 为 y 的预测值（来自回归方程），样本值 y 的均值为 $\bar{y}$，那么：
> 总偏差为 y 的实际值与样本均值 $\bar{y}$ 的距离，即 $y-\bar{y}$。
> 可解释偏差为 y 的预测值 $\hat{y}$ 与样本均值 $\bar{y}$ 的距离，即 $\hat{y}-\bar{y}$。
> 未解释偏差为 y 的实际值与 y 的预测值 $\hat{y}$ 的距离，即 $y-\hat{y}$。

通过图 10-7，可以观察到以下性质：

总偏差 = 可解释偏差 + 未解释偏差

$$y - \bar{y} = (\hat{y} - \bar{y}) + (y - \hat{y})$$

如果计算所有 (x, y) 的偏差平方和，则将得到变异值，且上述表达式的平方和形式恒成立（此处省略代数推导过程）。在公式 10-7 中，我们称总偏差的平方和为总变异，可解释偏差的平方和为可解释变异，未解释偏差的平方和为未解释变异。

> **公式 10-7**
>
> 总变异 = 可解释变异 + 未解释变异
>
> $$\sum(y - \bar{y})^2 = \sum(\hat{y} - \bar{y})^2 + \sum(y - \hat{y})^2$$

决定系数

10-1 节介绍了线性相关系数 r 可以用来描述线性相关性在 y 的总变异中所占的比例。回忆 10-1 节介绍的性质：

r^2 的值是因变量 y 中的变异能被 x 与 y 之间的线性关系所解释的部分所占的比例。

重新整理该性质，定义如下：

> **定义**
>
> 决定系数是 y 的总变异中回归线可解释的部分所占的比例，即：
>
> $$r^2 = \frac{可解释变异}{总变异}$$

我们可以通过以上定义以及公式 10-7 计算 r^2，或者直接对 r 做平方运算。

例 2： 彩票的头奖金额与销售量数据——求决定系数

根据表 10-1 中的数据，头奖金额与销售量的线性相关系数是 $r=0.947$，试求决定系数。

解答：

当 $r=0.947$ 时，决定系数为 $r^2=0.897$。

解读：

销售量中 89.7% 的变异可由头奖金额来解释。另外，10.3% 的变异可以通过其他因素或者随机变异来解释。

▶ 轮到你了：试试 10-3 基础题的习题 5

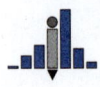

> **使用软件**
>
> **预测区间**
>
> **Excel（需要 Excel 加载项：分析工具库）**
>
> Excel 并没有直接提供预测区间的工具，但可以通过回归方程的 b_0（结果名称：Intercept）、b_1（结果名称：x）、估计标准误差（结果名称：标准误差）和决定系数（结果名称：R Square）求得。
>
> 1. 点击"数据"选项卡，然后点击"数据分析"。
>
> 2. 选择"分析工具"中的"回归"，点击"确定"按钮。
>
> 3. 在"Y 值输入区域"中输入因变量 y 的数据范围，在"X 值输入区域"中输入自变量 x 的数据范围。
>
> 4. 如果数据第一行是变量名，则勾选"标志"复选框。
>
> 5. 点击"确定"按钮，显示结果。
>
> **R**
>
> R 命令：predict(lm(y~x), interval ="confidence", conf.level = 0.95)

10-4 多元线性回归

核心概念：本章到目前为止，我们所讨论的都是两个变量之间的相关分析和回归分析，但本节将介绍两个以上变量间的回归分析。我们主要关注以下两点：①求多元回归方程；②使用调整后 R^2 和 p 值作为度量多元回归方程拟合样本数据好坏的指标。由于所需的计算量较为庞大，因此本节重点介绍对结果的解读。

第 1 部分：多元回归方程的基本概念

以下为多元回归方程的定义：

> **定义**
>
> 多元回归方程表示因变量 y 与两个以上的预测变量 $(x_1, x_2, \cdots, x_k)$ 之间的线性关系，其一般表达式为
>
> $$\hat{y} = b_0 + b_1 x_1 + b_2 x_2 + \cdots + b_k x_k$$

系数 $b_0, b_1, b_2, \cdots, b_k$ 是总体参数估计 $\beta_0, \beta_1, \beta_2, \cdots, \beta_k$ 的样本统计量。而且，可以看出，多元回归方程是一元回归方程 $\hat{y}=b_0+b_1x_1$ 的自然延伸。

> **关键要素**
>
> **求多元回归方程**
>
> **目标**
>
> 使用多元回归方程估计和预测 y 值。
>
> **数学符号**
>
> $\hat{y}=b_0+b_1x_1+b_2x_2+\cdots+b_kx_k$（根据样本数据估计的多元回归方程）
>
> $y=\beta_0+\beta_1x+\beta_2x_2+\cdots+\beta_kx_k$（总体参数的多元回归方程）
>
> $\hat{y} = y$ 的预测值
>
> k = 预测变量的个数
>
> n = 样本量
>
> **条件**
>
> 总体参数的多元回归方程有一个误差项 ε。假设 ε 服从均值为 0，标准差为 σ 的正态分布，且误差项相互独立。
>
> **估计多元回归方程**
>
> 手算不切合实际，请参考本节末尾的"使用软件"部分。

1886 年，弗朗西斯·高尔顿是最早使用回归方法研究遗传学的学者之一。他在"Regression Towards Mediocrity in Hereditary Stature"论文中提出身高会向平均水平回归。虽然我们仍然在使用"回归"这个说法，但它的应用已经远远超出了当时的含义。

例 1： **预测体重**

数据集 1 "身体数据"中包含 153 个男性样本，其中的三个变量分别是身高（厘米）、腰围（厘米）和体重（千克）。试求体重 y 关于身高 x_1 与腰围 x_2 的多元回归方程。

解答：

参考以下 Statdisk 软件的回归结果，可得多元回归方程为

$$\hat{y}=-149+0.769x_1+1.01x_2$$

或者

体重 = −149 + 0.769 身高 + 1.01 腰围

这里建议使用上面的第二个式子以便记录变量名。

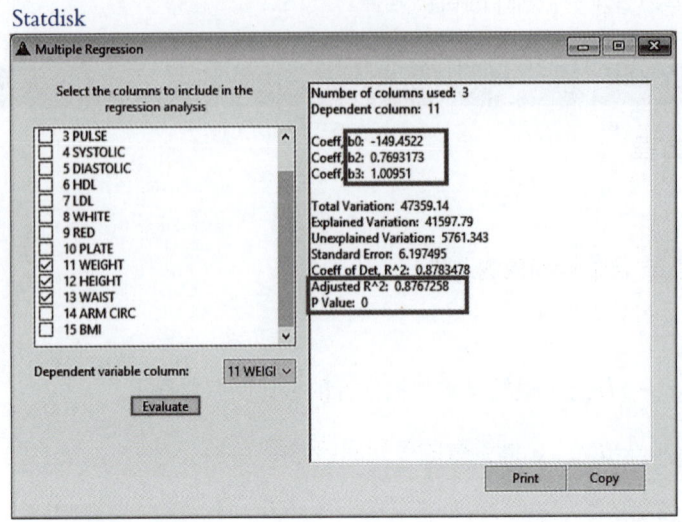

[Statdisk 多元回归截图：Number of columns used: 3; Dependent column: 11; Coeff. b0: -149.4522; Coeff. b2: 0.7693173; Coeff. b3: 1.00951; Total Variation: 47359.14; Explained Variation: 41597.79; Unexplained Variation: 5761.343; Standard Error: 6.197495; Coeff of Det, R^2: 0.8783478; Adjusted R^2: 0.8767258; P Value: 0]

> 轮到你了：试试 10-4 基础题的习题 13

如果多元回归方程对样本数据的拟合程度较好，则可用于预测。例如，如果确定"例1"中的模型拟合程度高，那么就可以用一个男性的身高和腰围来预测他的体重。但如何确定多元回归方程的拟合程度呢？这里介绍两个工具：调整后 R^2 的值和 p 值。

R^2 和调整后 R^2

多元决定系数（记作 R^2）用来度量多元回归方程对样本数据的拟合程度。完美的拟合会得到 $R^2=1$，较好的拟合会得到 R^2 接近于 1，而很差的拟合会导致 R^2 接近于 0。"例1"中 $R^2=0.878$，该值表明身高和腰围可以解释男性 87.8% 的体重变异。然而，R^2 有一个严重的缺陷：若在模型中添加更多的变量，则 R^2 会增大（R^2 可以保持不变，但通常会增大）。因此，可以简单地把全部变量都放入模型中以得到最大的 R^2，但是具有最佳拟合度的多元回归方程不一定需要所有的变量。所以，我们引入了调整后 R^2：考虑变量个数和样本量，调整以后所得的 R^2。

> **定义**
> 调整后 R^2 是考虑变量个数和样本量调整后的多元决定系数，其计算公式见公式 10-8。
>
> **公式 10-8**
> $$调整后\ R^2 = 1 - \frac{(n-1)}{[n-(k+1)]}(1-R^2)$$
>
> 其中：
> $n=$ 样本量
> $k=$ 预测变量的个数

"例1"中 Statdisk 软件的回归结果显示调整后 R^2 为 0.877（舍入后的结果）。使用公式 10-8，R^2=0.8783478，n=153，k=2，可以得到调整后 R^2 为 0.877（舍入后的结果）。如果需要与其他回归方程进行比较，从而选出最佳方程，则建议使用调整后 R^2，而不是 R^2。0.877 的调整后 R^2 较高（接近于 1），因此，该多元回归方程对样本数据的拟合程度高。

p 值

p 值是度量多元回归方程总体显著性的指标。"例1"中显示的 p 值为 0，说明多元回归方程总体显著性高，并可用于预测。因此，与调整后 R^2 类似，p 值可以用于评估模型的拟合程度。在"例1"中，p 值所对应的原假设为 $\beta_1=\beta_2=0$。拒绝原假设，则意味着 β_1 和 β_2 中至少有一个不为 0，说明该回归方程在预测男性体重方面是有效的。一个完整的结果分析还包括其他元素，例如单个系数的显著性，但为了简化分析流程，这里将讨论仅限于三部分：多元回归方程、调整后 R^2 和 p 值。

求最佳多元回归方程

最佳多元回归方程不一定需要包含所有的预测变量。求最佳多元回归方程需要大量的常识性知识和判断，并没有精确的或自动的流程步骤可以遵循。确定最佳多元回归方程往往是相当困难的，超出了本节的范围，但以下指南对我们会有所帮助。

求最佳多元回归方程指南

1. 根据常识性知识和实际情况来添加或排除变量。例如，在预测女儿的身高时，应当排除接生女儿医生的身高，因为医生的身高显然是无关的。

2. 考虑 p 值。回归方程需要具有总体显著性。

3. 考虑调整后 R^2 较高的方程，且尽量包含较少的变量。与其包含所有可用的变量，不如尝试包含相对较少的预测变量。可以参考以下几点：

- 如果添加一个额外的预测变量，调整后 R^2 不会增大很多，那么不用添加该预测变量。
- 如果最终预测变量的个数必须是一个固定值，则选择调整后 R^2 最大的回归方程。
- 在排除对响应变量没有太大影响的预测变量时，可以考查预测变量间的线性相关系数 r。如果两个预测变量具有非常高的线性相关系数（称为多重共线性），则不需要同时包含两个预测变量，而是应当排除调整后 R^2 较低的变量。

"例2"说明了常识性知识以及批判性思维是有效使用统计方法的基本工具。

例2： 根据足迹证据预测身高

数据集 9 "足与身高"中包含 40 个不同受试者的年龄、足长、鞋印长度、鞋码和身高。使用这些样本数据，试求预测嫌疑人身高的最佳回归方程。

解答：

预测变量之间一共有 15 种不同的组合，表 10-7 中包含了其中 5 种组合的结果。如果盲目地照搬回归分析步骤，那么最后得到的最佳回归方程一定是使用全部四个预测变量，因为该组合的调整后 R^2 为其最大值（0.7585）。然而，考虑到目标是根据证据来估计嫌疑人的身高，我们运用了如下批判性思维。

1. 排除年龄变量，因为罪犯很少能留下准确年龄的证据。

2. 排除鞋码变量，因为它就是足长的另一种形式。

3. 对于剩下的两个变量：足长和鞋印长度，如果只使用单个变量，那么因为它们对应的调整后 R^2 分别是 0.7014（足长）和 0.6520（鞋印长度），考虑较大的值，所以优先选择足长。而同时包含两个变量的方程的调整后 R^2 为 0.7484，该值并没有比 0.7014 大很多。综上所述，尽量选择包含较少变量的方程，因此选择只包含单个变量"足长"的方程。

4. 虽然看起来使用单个变量"足长"就已经足够了，但需要注意到罪犯通常是穿鞋的，所以鞋印长度比足长更容易获取。

表 10-7：来自数据集 9 的回归结果

预测变量	调整后 R^2	p 值	
年龄	0.1772	0.004	← 不是最佳的：调整后 R^2 比足长的 0.7014 小很多
足长	0.7014	0.000	← 最佳的：高调整后 R^2，低 p 值
鞋印长度	0.6520	0.000	← 不是最佳的：调整后 R^2 比足长的 0.7014 小
足长/鞋印长度	0.7484	0.000	← 不是最佳的：调整后 R^2 并没有比单个变量"足长"的 0.7014 大很多
年龄/足长/鞋印长度/鞋码	0.7585	0.000	← 不是最佳的：调整后 R^2 并没有比单个变量"足长"的 0.7014 大很多

解读：

考虑到罪犯通常穿鞋作案，我们最终使用单个预测变量"鞋印长度"，所以最佳回归方程是：身高 =80.9+3.22 鞋印长度。0.000 的 p 值也表明该回归方程的拟合程度高。

因为只有 40 个受试者的样本数据，所以对身高的估计不会十分准确。在通常情况下，使用更大的样本可能会得到更好的结果。

▶ 轮到你了：试试 10-4 基础题的习题 13

检验回归系数：上面介绍了通过调整后 R^2 和 p 值求最佳多元回归方程的方法，另外一种方法则是对每个回归系数进行检验。考虑回归系数 β_1，通过原假设 $\beta_1=0$ 的检验，可以确定是否需要在回归方程中添加对应的预测变量。若拒绝 $\beta_1=0$，则表明 β_1 为非零值，因此有助于预测响应变量（参见"10-4 提高题"的习题 17）。

多元回归预测

在 10-2 节中讨论的模型预测需要考虑的几个要点（效果好坏的模型、相关性、预测范围），也可以被应用在多元回归预测中。

第 2 部分：虚拟变量与逻辑回归

到目前为止，本章中提到的所有变量都是连续型数据。但在很多情况下，变量可以是表示两种可能的定性值（如男性/女性、死亡/存活或治愈/未治愈）。如果需要估计包含此类变量的回归方程，则必须以某种方式为这两个不同的类别标记数字。一种常见的方法是用 0 和 1 表示两种可能，其中 0 表示"失败"，1 表示"成功"。对于疾病结果，1 通常用于表示疾病或死亡的事件，而 0 用于表示非事件。

> **定义**
>
> **虚拟变量**（或称为**哑变量**）是一种只有 0 和 1 的变量，用于表示定性变量中的两个不同的类别。

虚拟变量有时也被称为二分变量。之所以使用"虚拟"（或者"哑"）这个词，是因为该变量本身没有任何定量值，但我们把它作为替身来表示定性变量中的不同类别。

虚拟变量作为预测变量

虚拟变量在回归方程中是作为预测变量（x）还是作为响应变量（y），会极大地影响回归分析的本质。如果其作为预测变量（x），则可以使用与本节第 1 部分中相同的方法，参考"例 3"。

> **冻结踢球手**
>
> 当橄榄球比赛中的踢球手准备踢球得分时，对方教练通常会叫暂停来"冻结"踢球手。从理论上说，这使得踢球手有更多的时间思考，反而会变得紧张和不自信，但这种战术真的有效吗？Scott M. Berry 在《机会》（*Chance*）期刊上发表的"冷脚效应"（Cold-Foot Effect）一文中，介绍了他对 NFL 两个赛季的统计分析结果。他使用了逻辑回归模型，其中包含了球场天气情况、降雨量、踢球时球员的压力以及是否在踢球前被叫暂停等变量。他写道："从模型得出的结论是，'冻结'踢球手会降低踢球的成功率。"

例3: 虚拟变量作为预测变量

表10-8中的数据来自数据集10"家庭身高"。使用子女性别的虚拟变量(0=女性,1=男性),建立多元线性模型。给定父亲身高69英寸,母亲身高63英寸,分别预测女儿和儿子的身高。

表10-8: 父母以及子女的身高(英寸)

父亲身高	母亲身高	子女身高	子女性别(1=男性,0=女性)
66.5	62.5	70	1
70	64	68	1
67	65	69.7	1
68.7	70.5	71	1
69.5	66	71	1
70	65	73	1
69	66	70	1
68.5	67	73	1
65.5	60	68	1
69.5	66.5	70.5	1
70.5	63	64.5	0
71	65	62	0
70.5	62	60	0
66	66	67	0
68	61	63.5	0
68	63	63	0
71	62	64.5	0
65.5	63	63.5	0
64	60	60	0
71	63	63.5	0

解答:

根据本节第1部分介绍的多元回归方法,通过统计软件,可得以下回归方程:

子女身高 = 36.5 − 0.0336(父亲身高) + 0.461(母亲身高) + 6.14(子女性别)

其中,子女性别的虚拟变量为0代表女性,1代表男性。

1. 预测女儿身高: 将虚拟变量0、父亲身高69英寸、母亲身高63英寸代入回归方程中,可得女儿身高为63.2英寸。

2. 预测儿子身高：将虚拟变量 1、父亲身高 69 英寸、母亲身高 63 英寸代入回归方程中，可得儿子身高为 69.4 英寸。

因此，子女性别的回归系数 6.14 的含义是，给定父母身高，儿子身高的预测值会比女儿身高的预测值大 6.14 英寸。

▶ 轮到你了：试试 10-4 提高题的习题 19

逻辑回归：如果虚拟变量为响应变量（y），那么应当使用另一种方法，即逻辑回归。本节不会详述逻辑回归，但是很多其他文献或教科书都对此有专门的讨论。"例 4"简要介绍了逻辑回归。

例 4： 逻辑回归

假设一个样本数据来自数据集 1 "身体数据"中的男女身高（厘米）和臂围（厘米），并设响应变量（y）为性别（0 = 女性，1 = 男性）。通过性别变量（y）以及对应的身高和臂围，可得如下逻辑回归模型：

$$\ln\left(\frac{p}{1-p}\right) = -40.6 + 0.242（身高）+ 0.000129（臂围）$$

在上面的表达式中，p 为男性的概率，即 $p=1$ 表示肯定为男性，$p=0$ 表示肯定为女性（假设等式右边的值为 v，则有 $p = e^v/(1+e^v)$）。

- 如果代入 183 厘米的身高以及 33 厘米的臂围，则可得 $p=0.976$。该值表明此人是男性的概率为 97.6%。

- 如果代入 150 厘米的身高以及 20 厘米的臂围，则可得 $p=0.0134$。该值表明此人有很大的可能是女性。

使用软件

多元线性回归

Excel（需要 Excel 加载项：分析工具库）

1. 点击"数据"选项卡，然后点击"数据分析"。选择"分析工具"中的"回归"，点击"确定"按钮。

2. 在"Y 值输入区域"中输入因变量 y 的数据范围，在"X 值输入区域"中输入自变量 x 的数据范围。注意，x 变量必须为相邻列数据。

3. 如果数据第一行是变量名，则勾选"标志"复选框。

4. 点击"确定"按钮，显示结果。

R

R 命令：

线性回归建模：lm(y~x+z)

回归结果：summary(lm(y~x+z))

线性回归预测：predict(lm(y~x+z), interval = "confidence", conf.level = 0.95)

提示：额外的独立变量可以加在 z 之后。

10-5 非线性回归

核心概念：本章前几节只讨论了线性关系，但并不是世界上所有的关系都是线性的。本节将简要介绍拟合样本数据的非线性函数。本节专注于统计软件的计算结果，因为所需的计算相当复杂。

下面是本节中所考虑的五个通用模型。每个模型都给出了一个通用公式和一个函数实例及其图像。

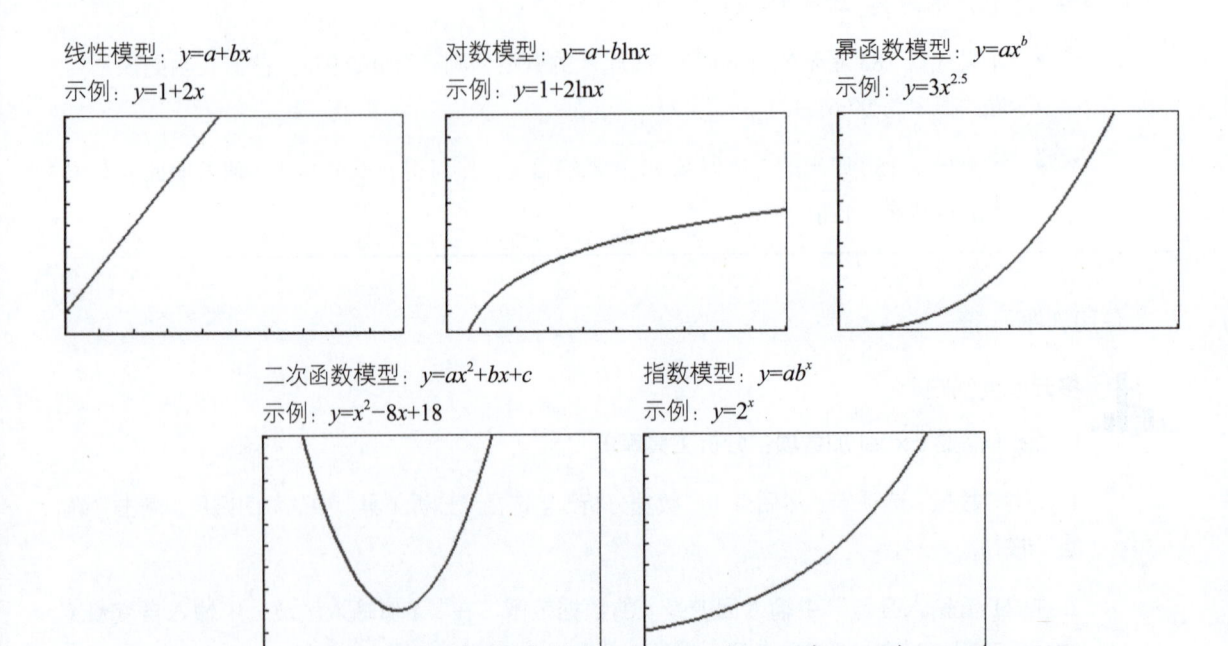

线性模型：$y=a+bx$
示例：$y=1+2x$

对数模型：$y=a+b\ln x$
示例：$y=1+2\ln x$

幂函数模型：$y=ax^b$
示例：$y=3x^{2.5}$

二次函数模型：$y=ax^2+bx+c$
示例：$y=x^2-8x+18$

指数模型：$y=ab^x$
示例：$y=2^x$

以下是识别一个适当的数学模型的三条基本规则。

1. 作图找规律：作图，与上面的模型比较。

2. 比较 R^2：对于每个候选模型，比较并选择 R^2 较大的模型。

- 不要太过于抠细节，例如两个模型的 R^2：$R^2=0.984$ 和 $R^2=0.989$。
- 因为本节的例子仅使用一个预测变量，所以不需要使用调整后 R^2。
- 除了 R^2，另一个评估模型质量的指标是残差平方和。参见"10-4 提高题"的习题 18。

3. **多思考**：结合常识性知识。不要使用预测值不合理的模型。不要预测超出观测值范围的 y 值。

缩短临床试验

假设你在测试一种新疗法，并且在研究结束之前发现它明显有效，那么你会怎么做？你应该缩短研究周期并告知所有参与者该治疗的有效性，这就是羟基脲被用于测试治疗镰刀型红细胞贫血症时所发生的情况。该研究计划持续约 40 个月，但因治疗效果明显，研究在 36 个月后就停止了。（参见 "Trial Halted as Sickle Cell Treatment Proves Itself", Charles Marwick, Journal of the American Medical Association, Vol. 273, No. 8.）

例 1：求最佳人口模型

表 10-9 列出了每隔 20 年的美国人口（百万人）。建立人口规模的数学模型，并预测 2040 年的美国人口规模。

表 10-9：美国人口（百万人）

实际年份	1800	1820	1840	1860	1880	1900	1920	1940	1960	1980	2000	2020
年份编码	1	2	3	4	5	6	7	8	9	10	11	12
人口	5	10	17	31	50	76	106	132	179	227	281	335

解答：

首先将年份编码成 1, 2, 3, ⋯, 12 的形式。这种缩小 x 的编码的优势在于易于计算。

1. **作图找规律**：比较函数图像与通用模型图像，可得候选模型为二次函数模型、指数模型以及幂函数模型。

TI-83/84 Plus

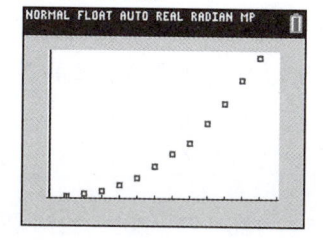

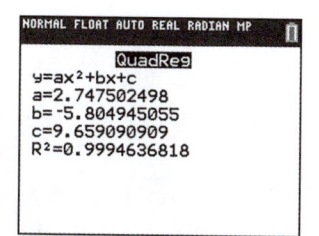

QuadReg
y=ax²+bx+c
a=2.747502498
b=-5.804945055
c=9.659090909
R²=0.9994636818

2. 比较 R^2：表 10-10 总结了三个候选模型的拟合结果。可以看到，二次函数模型的 R^2 最高。如果选择二次函数模型作为最佳模型，那么人口规模的模型表达式是 $y=2.75x^2-5.80x+9.66$（注意：x 为编码后的年份）。

表 10-10：人口规模的候选模型

候选模型	R^2	拟合方程
二次函数模型	0.9995	$y=2.75x^2-5.80x+9.66$
指数模型	0.9573	$y=5.76(1.45^x)$
幂函数模型	0.9779	$y=3.26x^{1.79}$

虽然选择了二次函数模型，但是其余模型的 R^2 也不低。我们对人口增长的一般认识可能表明指数模型是最合适的（在出生率恒定且没有限制因素的情况下，人口将呈指数增长）。

在预测 2040 年的美国人口规模时，需要注意 2040 年对应的年份编码是 $x=13$，将其代入二次函数模型的拟合方程中，可得 $y=399$。

3. 多思考：3.99 亿人的预测结果应该是合理的（在撰写本书时，美国普查局预计 2040 年美国人口将达到 3.73 亿人）。然而，对超出现有数据范围的时间进行估计是相当危险的。例如，二次函数模型表明 1492 年美国人口为 6.63 亿人，而这显然是荒谬的。二次函数模型的预测范围更适合现有的数据（1800—2020 年）。因此，如果需要对未来人口进行估计，那么使用其他模型可能更好。

▶ 轮到你了：试试 10-5 基础题的习题 5

例 2： 解读 R^2

试解读"例 1"中二次函数模型的 R^2。

解答：

$R^2=0.9995$：使用人口规模与年份相关的二次函数模型可以解释人口规模变异中的 99.95%。

▶ 轮到你了：试试 10-5 基础题的习题 3

例 3： 新型冠状病毒感染疫情——判断预测值的准确性

以下列出的是美国从 2020 年 3 月 16 日开始，每日死于新型冠状病毒感染的人数。预测未来的死亡人数变得至关重要，因为其可能决定比如呼吸机等重要资源的分配。根据所列数据，试建立数学模型，并预测第二天的死亡人数。第二天的实际值为死亡 367 人，判断预测值的准确性。

19　22　48　59　53　126　73　203　225　264

解答：

将天数编码为 1, 2, 3, …。二次函数模型和指数模型的 R^2 非常接近，分别为 0.918817 和 0.918732。考虑到人口倾向于指数增长，即使指数模型的 R^2 略小于二次函数模型的 R^2，最后也还是选择 $y=15.1(1.34^x)$ 的指数模型作为最佳模型。第二天的预测值是死亡 378 人，非常接近 367 人的实际死亡人数（二次函数模型预测的死亡人数为 329 人）。

▶ 轮到你了：试试 10-5 基础题的习题 7

使用软件

非线性回归

R

R 命令：nls(formula, data, start)

其中：① formula 为包含变量以及参数的非线性模型公式。② data 为样本数据。③ start 为参数初始值。

11-1：拟合优度

11-2：列联表

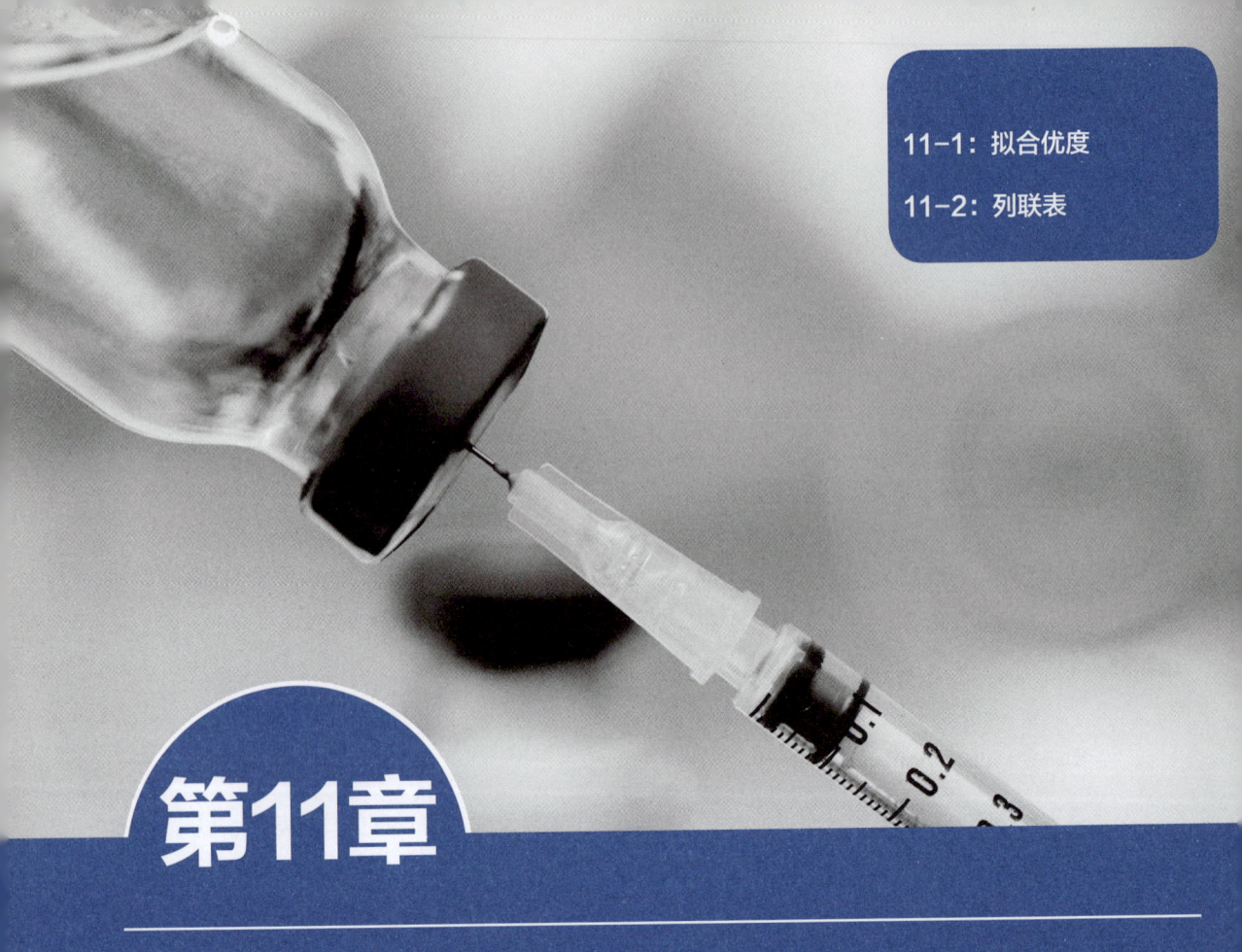

第11章
拟合优度与列联表

本章问题　麻疹疫苗和自闭症之间有关联吗？

世界卫生组织报告称，在20世纪80年代大规模接种疫苗之前，麻疹每年会导致约260万人死亡。在撰写本书时，每年大约有10万人死于麻疹，并且麻疹正在美国爆发。有些父母认为麻腮风三联疫苗与自闭症之间存在联系，因此不让其子女接种该疫苗。

麻疹疫苗和自闭症之间的关联在一定程度上是由胃肠病学家安德鲁·韦克菲尔德（Andrew Wakefield）进行的研究推动的。1998年，韦克菲尔德和他的同事在《柳叶刀》（*Lancet*）杂志上发表了疫苗与自闭症有关的研究结果。其小样本量（$n=12$）、实验设计以及他们的结论性质导致该篇论文被撤回。论文作者被指控违反道德、伪造数据和欺诈。

表11-1所列的1878个研究对象都是4岁的儿童，其哥哥或姐姐患有自闭症。接种疫苗的儿童接种的是一剂麻腮风三联疫苗。作者总结道："研究结果表明，即使是在高风险的儿童中，接种麻腮风三联疫苗和自闭症之间也不存在有害的关联。"表11-1中的数据是否支持这一结论？也就是说，在4岁的儿童中，自闭症是否与孩子接种疫苗无关？

（数据来源："Autism Occurrence by MMR Vaccine Status Among U.S. Children with Older Siblings With and Without Autism", Jain et al., Journal of the American Medical Association, Vol. 313, No. 15.）

表 11-1：是否接种疫苗与自闭症

	未接种疫苗	接种疫苗
患有自闭症	25	64
没有自闭症	362	1427

本章目标

本章将分析分类数据，并且所介绍的方法会涉及 χ^2 分布（可参阅 7-3 节或 8-4 节复习 χ^2 分布的性质）。以下是本章目标。

11-1：拟合优度

- 掌握数据是否服从特定分布的卡方检验。

11-2：列联表

- 掌握独立性检验。
- 掌握如何检验不同总体在某个特征上是否具有相同的比例。

11-1 拟合优度

核心概念：拟合优度是指观测数据按单个类别构成的频数（单因子频数表）符合某些特定的分布（如正态分布）。一般会检验观测值的频数是否符合某一理论分布。

> **定义**
> 拟合优度检验用于检验观测值的频数分布是否符合某一理论分布的假设。

> **关键要素**
>
> **拟合优度检验**
>
> **目标**
>
> 拟合优度检验：单因子频数是否符合某一理论分布（如正态分布或均匀分布）。
>
> **数学符号**
>
> O = 观测频数（来自样本）

E = 理论频数（或称期望频数）（来自某一分布）

k = 类别的个数

n = 观测值的个数，即样本量

p = 观测值在某一类别中出现的概率

条件

1. 数据是随机选取的。
2. 观测值为分类数据。
3. 在每个类别下，理论频数至少大于5（该条件对观测频数没有限制）。

原假设与备择假设

H_0：频数符合理论分布。

H_1：频数不符合理论分布。

检验统计量

$$\chi^2 = \sum \frac{(O-E)^2}{E}$$

- p 值：使用统计软件或表 A-4。
- 临界值：查询表 A-4（df=k-1），该检验为右侧检验。

求理论频数

拟合优度检验需要先求得观测频数（用 O 表示）以及理论频数（用 E 表示），其中理论频数有两种情况。

- **理论频数相等**：如果所有的理论频数都相等，那么每个类别的理论频数都为 $E=n/k$，其中 n 为观测值的个数，k 为类别的个数。

- **理论频数不相等**：如果理论频数不全相等，那么每个类别的理论频数都为 $E=np$，其中 p 为观测值在某一类别中出现的概率。

这两种情况的本质在于：“如何将观测频数划分到不同的类别中，以使其与理论分布完全一致？"

注意：观测频数必须是整数（因为是实际计数），而理论频数不必是整数。

示例：

1. 理论频数相等：假设有一枚公平的骰子，连续掷 45 次，其结果如下。试求每个类别下的理论频数 E。

结　　果	1	2	3	4	5	6
观测频数 O	13	6	12	9	3	2
理论频数 E						

在 $n=45$ 和 $k=6$ 的情况下，每个类别下的理论频数相等，即 $E=n/k=45/6=7.5$。

2. 理论频数不相等：假设有一枚假骰子，同样连续掷 45 次，掷出点数 1 的概率是 50%，掷出其余点数的概率是 10%。我们可以看到，在这种情况下，每个类别下的理论频数不全相等，点数 1 的理论频数是 $E=np=(45)(0.5)=22.5$，而其余点数的理论频数是 $E=np=(45)(0.1)=4.5$。

结 果	1	2	3	4	5	6
概 率	0.5	0.1	0.1	0.1	0.1	0.1
观测频数 O	13	6	12	9	3	2
理论频数 E	22.5	4.5	4.5	4.5	4.5	4.5

观测分布与理论分布的差异

我们知道观测频数多多少少与理论上的期望值有所不同，因此需要考虑的关键问题是：

观测频数 O 与理论频数 E 之间的差异是否显著？

我们可以使用"关键要素"中的检验统计量来度量 O 与 E 之间的差异（本节末尾会介绍其原理，但现在可以看到公式中有关键的差值项 $O-E$）。

$$\chi^2 = \sum \frac{(O-E)^2}{E}$$

χ^2 检验统计量被用来度量观测值和期望值之间的差异。若观测值和期望值接近，则 χ^2 检验统计量小，p 值高。若两者不接近，则 χ^2 检验统计量大，p 值低。图 11-1 总结了两者之间的关系。本节中的假设检验为右侧检验。如果你还是感到困惑，则可以记住这句口诀："**p 值低，原假设弃**"。

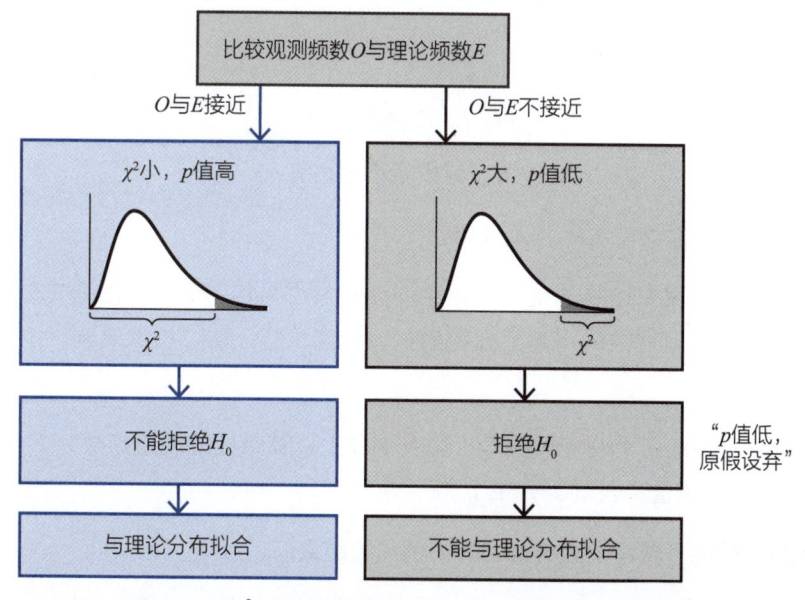

图 11-1：χ^2 检验统计量、p 值和拟合优度之间的关联

例1: 实测数据与自报数据

众所周知，人们自报的数据与实际测量的数据可能非常不同，尤其是涉及体重或身高等敏感数据时。我们可以认为实测体重值的末位数字出现的频数往往是相同的。数据集 4 "实测和自报" 中包含受试者自报和实测的体重。表 11-2 汇总了男性体重值的末位数字。根据数据，检验体重值末位数字出现的频数是否相同。根据检验结果，表 11-2 中的数据是来自自报数据还是实测数据？

表 11-2: 男性体重值的末位数字

末位数字	0	1	2	3	4	5	6	7	8	9
频数	1175	44	169	111	112	731	96	110	171	65

解答:

检查条件: ①数据来自随机选取的受试者。②观测值为分类数据。③如果 2784 个观测值在 10 个类别下出现的概率是相同的，那么每个类别下的理论频数是 278.4，大于 5。所有条件都满足。

检验末位数字出现的频数是否相同等价于检验 10 个类别下的相对频数（或概率，$p_0, p_1, \cdots, p_9$）是否相等。实际上，该检验即是检验样本是否服从均匀分布。

步骤 1: 原命题的表达式为 $p_0=p_1=p_2=\cdots=p_9$。

步骤 2: 如果原命题不成立，那么"诸概率不全相等"必须成立。

步骤 3: 原假设含有等式，即[1]

$$H_0: p_0=p_1=p_2=\cdots=p_9$$

$$H_1: 诸概率不全相等$$

步骤 4: 选择显著性水平为 $\alpha=0.05$。

步骤 5: 因为需要检验的是末位数字的分布是否为均匀分布（所有末位数字出现的概率是否相同），所以这里采用本节介绍的拟合优度检验，即"关键要素"中的 χ^2 分布及其检验统计量。

步骤 6: 题中给定了观测频数 O（见表 11-2），其对应的理论频数为 $E=2784/10=278.4$（假设 2784 个观测值来自均匀分布）。

使用统计软件: 参考下图中 XLSTAT 的检验结果。

---

[1] 译者注: 对于拟合优度检验，通常备择假设可以省略不写。

XLSTAT	
Chi-square (Observed value)	4490.174
Chi-square (Critical value)	16.919
DF	9
p-value	< 0.0001
alpha	0.05

手算：表 11-3 展示了具体计算 χ^2 检验统计量的过程。检验统计量 χ^2=4490.174，查询表 A-4 得 p 值小于 0.0001，对应的临界值为 χ^2=16.919（df=k−1=9）。可以参考图 11-2 中的检验统计量以及临界值。

表 11-3：计算 χ^2 检验统计量的过程

类别	观测频数 O	理论频数 E	$O-E$	$(O-E)^2$	$\dfrac{(O-E)^2}{E}$
0	1175	278.4	896.6	803,891.56	2887.5415
1	44	278.4	−234.4	54,943.36	197.3540
2	169	278.4	−109.4	11,968.36	42.9898
3	111	278.4	−167.4	28,022.76	100.6565
4	112	278.4	−166.4	27,688.96	99.4575
5	731	278.4	452.6	204,846.76	735.8001
6	96	278.4	−182.4	33,269.76	119.5034
7	110	278.4	−168.4	28,358.56	101.8626
8	171	278.4	−107.4	11,534.76	41.4323
9	65	278.4	−213.4	45,539.56	163.5760

$$\chi^2=\sum \dfrac{(O-E)^2}{E} = 4490.174$$

步骤 7：因为 p 值小于 0.05 的显著性水平，所以拒绝原假设。

步骤 8：我们有足够的证据证明体重值末位数字的相对频数不全相等。

解读：

检验结果表明样本数据并非来自均匀分布，即样本数据更可能来自自报数据。检查表 11-2，可以发现两个最高的频数分别对应于末位数字 0 和 5，这也是样本数据更有可能来自自报数据而非实测数据的强烈信号。

图 11-2：拟合优度检验

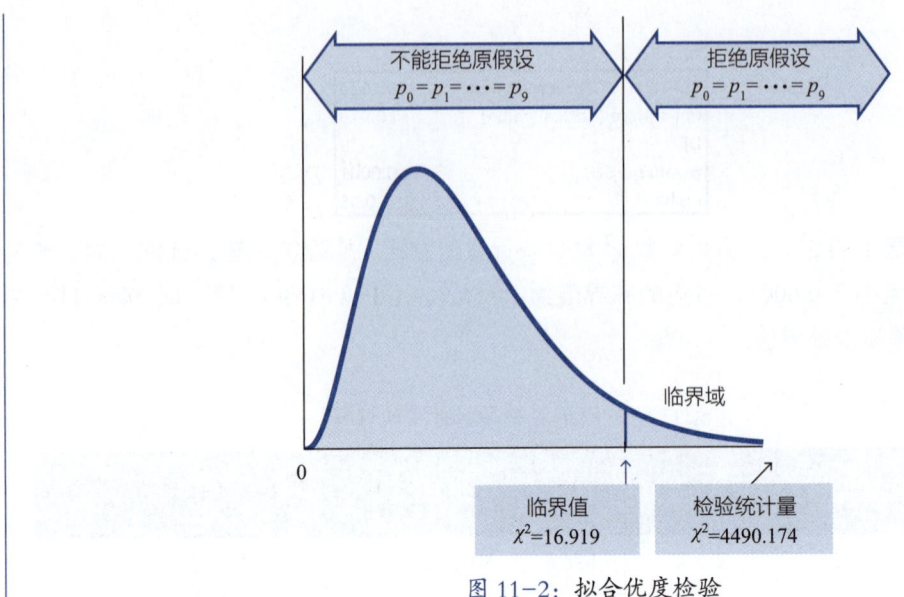

▶ 轮到你了：试试 11-1 基础题的习题 5

"例 1"考虑的情况是所有类别下的理论频数都相等。当理论频数不全相等时，本节的方法照样适用，参见"例 2"。

本福特定律

根据本福特定律，许多数据都具有首位数字（最左边的第一个数字）呈特定分布的性质，如表 11-4 的前两行所示。很多实际数据都符合本福特定律，比如推特的粉丝数、股票价格、人口规模、报税金额、河流长度和支票金额。本福特定律在实际生活中的应用非常广泛。在《纽约时报》的一篇题为"Following Benford's Law, or Looking Out for No. 1"的文章中，马尔科姆·布朗（Malcolm Browne）写道："包括美国加州在内的几个州和其他几个国家的税务机构都依据使用本福特定律的软件来检测欺诈行为。"许多会计公司和其他大型企业也会依据本福特定律来识别公司的欺诈行为。

哪个座位最安全？

许多人认为汽车后排座位是最安全的，但事实果真如此吗？纽约州立大学布法罗分校的研究人员分析了超过 6 万起致命车祸后，发现后排中间的座位是汽车中最安全的位置。该座位上乘客的存活率比前排乘客高 86%，比后排靠窗的乘客高 25%。分析还指出，如果乘客在后排座位不系安全带，那么在事故中死亡的可能性是在同一座位上系安全带的乘客的 3 倍。出于安全考虑，乘客应坐在后排中间的座位并系好安全带。

网络安全：本福特定律还被用于检测对计算机系统的网络攻击，方法是根据数据包到达的时间间隔来实时分析互联网流量。其基本思想是通过判断该时间间隔的首位数字是否服从本福特定律的理论分布，从而检测互联网流量的异常。正常的互联网流量遵循本福特定律，而明显偏离本福特定律的数据可能意味着受到网络攻击。该方法的主要优点是算法简单且能实时计算，黑客无法通过配置恶意软件而逃过检测。（参见 "Benford's Law Behavior of Internet Traffic", Arshadi and Jahangir, Journal of Network and Computer Applications, Vol. 40, No. 2014.）

例 2: 本福特定律：检测计算机入侵

表 11-4 列出的 271 个样本来自网络流量的时间间隔的首位数字。检验该样本是否服从本福特定律的理论分布（表 11-4 的前两行）？结果是否表明这是一次潜在的网络攻击？

表 11-4：网络流量的时间间隔的首位数字

首位数字	1	2	3	4	5	6	7	8	9
本福特定律：首位数字的分布	0.301	0.176	0.125	0.097	0.079	0.067	0.058	0.051	0.046
首位数字的观测频数	69	40	42	26	25	16	16	17	20

解答：

检查条件：①数据是从一个很大的总体中随机选取的。②观测值为分类数据。③因为最小的概率是 0.046，所以最小的理论频数为 271·0.046=12.446，大于 5。所有条件都满足。

步骤 1：根据题意，可得原命题的表达式为 p_1=0.301, p_2=0.176, ⋯, p_9=0.046。

步骤 2：如果原命题不成立，那么"诸等式不全相等"必须成立。

步骤 3：原假设含有等式，即

$$H_0: p_1=0.301, p_2=0.176, \cdots, p_9=0.046$$

H_1：诸等式不全相等

步骤 4：选择显著性水平为 α=0.05。

步骤 5：因为需要检验的是首位数字是否服从本福特定律的理论分布，所以这里采用本节中介绍的拟合优度检验，即"关键要素"中的 χ^2 分布及其检验统计量。

步骤 6：使用统计软件，参考下图中 TI-84 Plus CE 计算器的检验结果（p 值为 0.186）。

TI-84 Plus CE

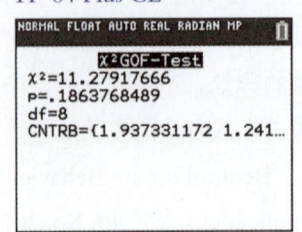

```
NORMAL FLOAT AUTO REAL RADIAN MP
        χ²GOF-Test
χ²=11.27917666
p=.1863768489
df=8
CNTRB={1.937331172 1.241…
```

手算：表 11-5 展示了计算 χ^2 检验统计量的部分过程（仅展示首位数字 1 和 2）。如果包括所有的类别，则可得检验统计量为 χ^2=11.2792。查询表 A-4，可得对应的临界值为 χ^2=15.507（df=k-1=8）。

表 11-5：计算 χ^2 检验统计量的部分过程

首位数字	观测频数 O	理论频数 $E=np$	$O-E$	$(O-E)^2$	$\dfrac{(O-E)^2}{E}$
1	69	(271)(0.301)=81.5710	−12.5710	158.0300	1.9373
2	40	(271)(0.176)=47.6960	−7.6960	59.2284	1.2418

步骤 7：因为 0.186 的 p 值大于 0.05 的显著性水平，所以不能拒绝原假设。

步骤 8：我们没有足够的证据可以拒绝该样本不服从本福特定律的理论分布的命题。

解读：

检验结果表明，没有证据可以证明这是一次潜在的网络攻击。

▶ 轮到你了：试试 11-1 基础题的习题 21

孟德尔的数据造假？

由于孟德尔著名的遗传学实验中的一些数据似乎完美得令人难以置信，统计学家费希尔认为这些数据很可能是伪造的。他使用卡方分布来表明，如果检验统计量远离左侧，那么其对应的 p 值就非常接近于 1。在这种情况下，样本数据与理论分布的拟合优度几乎完美契合，这是样本数据并非随机选取的证据。因此有人认为，孟德尔的助手知道了孟德尔理论的预测结果，并随后调整结果以符合该理论。

Ira Pilgrim 在《遗传杂志》（*The Journal of Heredity*）上写道：此处使用卡方分布是不合适的。他进而指出，这里的问题不是特定分布的拟合优度，而是数据是否来自一个随机样本。Ira Pilgrim 通过二项分布求得孟德尔实验结果的概率。根据研究结果，他得出结论："没有任何理由质疑孟德尔的诚信"。孟德尔的结果并不是以假乱真，而是的确来自一个随机过程。

我们可以通过图 11-3 来检验拟合优度。图中蓝线为本福特定律下的期望比例（见表 11-4），灰线为"例 2"中的观测比例。可以看出，这两条线有多处重叠，因此可以认为观测数据与期望数据十分接近。

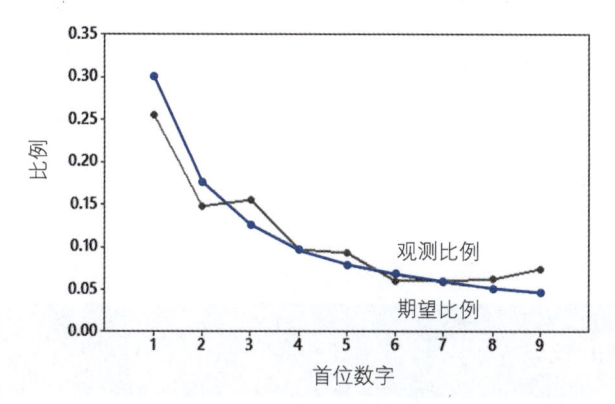

图 11-3：时间间隔——观测比例与本福特定律下的期望比例

卡方检验的基本原理："例 1"和"例 2"表明，χ^2 检验统计量度量了观测频数 O 与理论频数 E 之间的差异。简单地对 O 和 E 的差值求和并不能说明任何问题[1]，而应该求其平方和（原因与标准差中的平方和相同）。然而，$\sum(O-E)^2$ 的值只度量了差值的绝对大小，并不能度量差值与理论频数之间的相对大小。也就是说，我们需要一种平均数而不是累计总数。因此，这个相对检验统计量是 $\sum(O-E)^2/E$。

$\sum(O-E)^2/E$ 的可能值的数量是有限的，所以该理论分布是离散分布。对于所有的理论频数，如果都有 $E \geq 5$，那么该分布可以被近似为连续的卡方分布（有一些方法可以避免 $E < 5$ 的问题，例如组合一些类别，使得所有的理论频数都至少为 5）。

我们可以将此处的自由度数量理解为在确定每个类别的频数之前，可以自由地将频数分配至 $k-1$ 个类别。（虽然在字面上是可以"自由地"将频数分配至 $k-1$ 个类别，但频数不能为负，也不可能出现频数大于所有类别的观测频数总和的情况）。

使用软件

拟合优度检验

Excel

1. 打开"公式"选项卡，点击"插入函数"，选择"统计"类别下的 CHISQ.TEST 函数。

2. 对于参数 Actual_range，输入观测频数的单元格范围；对于参数 Expected_range，输入理论频数的单元格范围。

---

[1] 译者注：不能简单地使用两者差值和的原因是差值的结果有正有负，对其求和会导致正负抵消，因此不能判断两者真正的离散程度。

3. 点击"确定"按钮，输出值为卡方检验统计量。

R

R 命令：

理论频数相等：chisq.test(x)

理论频数不相等：chisq.test(x, p=y)

其中，x 是观测值，y 是期望比例。

11-2 列联表

核心概念：本节我们介绍分析列联表的方法。列联表是指分类数据按至少两行或至少两列构成的频数表。本节第 1 部分将介绍行变量和列变量的独立性检验。这种独立性检验在实际生活中有着广泛的应用。第 2 部分将介绍第 1 部分的方法的三种变体：同质性检验、费希尔精确检验和配对卡方检验（McNemar 检验）。

第 1 部分：独立性检验的基本概念

这一部分将介绍分析列联表的标准统计方法。

> **定义**
> 列联表（或称双因子频数表）是指分类数据按两个变量（一个变量为行变量，另一个变量为列变量）构成的频数表。

> **定义**
> 独立性检验即检验列联表中两个变量之间的独立性。

> **关键要素**
>
> **列联表**
>
> **目标**
>
> 独立性检验：检验列联表中两个变量之间的独立性。
>
> **数学符号**
>
> O = 观测频数（来自样本，即列联表中的每个单元）

E = 理论频数（或期望频数）（假设两个变量相互独立）

r = 行的类别个数

c = 列的类别个数

条件：

1. 样本数据是随机选取的。

2. 观测值为分类数据。

3. 变量间每一个组合（单元）的理论频数至少大于 5（该条件对观测频数没有限制）。

原假设和备择假设

H_0：两个变量相互独立

H_1：两个变量相互不独立

检验统计量

$$\chi^2 = \sum \frac{(O-E)^2}{E}$$

其中，O 为每个单元的观测频数，E 为每个单元的理论频数，公式如下：

$$E = \frac{（行总频数）（列总频数）}{（总频数）}$$

- p **值**：通过统计软件或查询表 A-4。

- **临界值**：查询表 A-4，df=$(r-1)(c-1)$，该检验为右侧检验。

注意：

- 如果 p 值大于显著性水平 α，则无法认定变量相互独立，而只能表明没有足够的证据拒绝独立性。

- 如果 p 值小于或等于显著性水平 α，则无法认定变量间存在因果关系。

假设所有类别（列联表的每个单元）下的理论频数都至少大于 5，那么检验统计量 χ^2 分布可以用卡方分布近似。与 11-1 节的自由度类似，可以将 df=$(r-1)(c-1)$ 理解为在确定列联表的频数之前，可以自由地将频数分配至 $r-1$ 个行类别和 $c-1$ 个列类别。

观测频数与理论频数：我们可以使用 χ^2 检验统计量度量观测值和假设两个变量相互独立下的期望值之间的差异。越是在卡方分布的右侧，χ^2 检验统计量越大。如同 11-1 节介绍的拟合优度检验，若观测频数与理论频数接近，则 χ^2 检验统计量小，p 值高；若两者不接近，则 χ^2 检验统计量大，p 值低。图 11-4 总结了两者之间的关系。

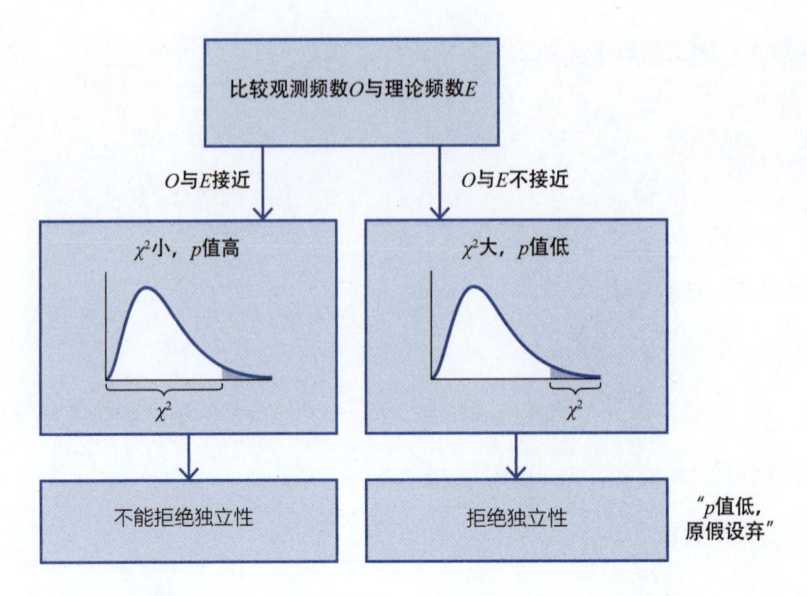

图 11-4：χ^2 检验统计量、p 值和独立性之间的关联

求理论频数 E

列联表中每个单元的理论频数可以通过该行总频数与该列总频数的乘积，再除以总频数求得，参见以下公式和"例1"：

$$E = \frac{（行总频数）（列总频数）}{（总频数）}$$

例 1： 求理论频数

以下数据来自"本章问题"中的表 11-1，同时也给出了行总频数和列总频数。试求观测频数为 25 的那一个单元的理论频数 E。

	未接种疫苗	接种疫苗	总计
患有自闭症	25（$E=?$）	64	89
没有自闭症	362	1427	1789
总　　计	387	1491	1878

解答：

根据公式，可得：

$$E = \frac{（行总频数）（列总频数）}{（总频数）} = \frac{(89)(387)}{1878} = 18.340$$

同理，可求得所有单元的理论频数，如表 11-6 所示。

表 11-6：表 11-1 中所有单元的理论频数

	未接种疫苗	接种疫苗
患有自闭症	25（E=18.340）	64（E=70.660）
没有自闭症	362（E=368.660）	1427（E=1420.340）

解读：

假设接种疫苗与自闭症两个变量相互独立，那么在观测数据中未接种疫苗且患有自闭症的儿童人数预期为 18.340 人。然而，O=25 与 E=18.340 之间存在差异，该差异将成为检验统计量中的一个关键部分。

▶ 轮到你了：试试 11-2 基础题的习题 1

例 2： 接种疫苗与自闭症之间是否有关联

根据"例 1"中的样本数据，检验接种疫苗与自闭症之间的独立性。（取 α=0.05）

解答：

检查条件：①根据该研究的描述，可以认为随机选取的受试者被随机分配到不同的组。②观测值为分类数据。③表 11-6 中显示的所有理论频数都至少大于 5。所有条件都满足。

原假设和备择假设如下：

H_0：接种疫苗与自闭症相互独立

H_1：接种疫苗与自闭症相互不独立

列联表的独立性检验所对应的是 χ^2 分布以及如下检验统计量：

$$\chi^2 = \sum \frac{(O-E)^2}{E} = \frac{(25-18.340)^2}{18.340} + \cdots + \frac{(1427-1420.340)^2}{1420.340} = 3.198$$

使用统计软件：参考下图中 TI-83/84 Plus 的分析结果（取 α=0.05）。

TI-83/84 Plus

```
NORMAL FLOAT AUTO REAL RADIAN MP
           χ²-Test
χ²=3.197517514
p=0.073750137
df=1
```

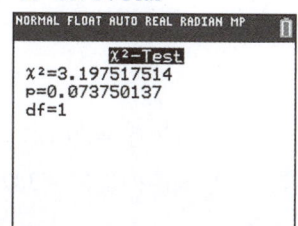

手算：通过检验统计量 χ^2=3.198，并取 α=0.05，查询表 A-4，可得 p 值大于 0.05，对应的临界值为 χ^2=3.198（df=$(r-1)(c-1)$=1）。

因此，我们可以得出不能拒绝原假设的结论。

解读：

根据表 11-1 中的数据，可以得出接种疫苗与自闭症之间没有关联的结论。该数据支持"即使是在高风险的儿童中，接种麻腮风三联疫苗和自闭症之间也没有有害关联"的结论。美国药监局生物制品审评和研究中心主任彼得·马克斯（Peter Marks）对此评论："麻腮风三联疫苗不仅保护成人和儿童，而且还保护未接种疫苗的人群，比如因疾病及其治疗（如癌症）而导致免疫系统受损的儿童。"

▶ 轮到你了：试试 11-2 基础题的习题 5

2×2 列联表和双样本比例：表 11-1 中的数据可以被表达成两个比例的形式。

- 未接种疫苗组：P(自闭症)=25/387
- 接种疫苗组：P(自闭症)=64/1491

那能不能运用本书 9-1 节的双样本比例检验呢？答案是当然可以！参见"11-2 提高题"的习题 21，验证通过两种不同方法所得的结论是相同的。

临床试验的替代方案

风湿病学家 Jennifer Frankovich 诊断出一名病人患有红斑狼疮，但她注意到，该患者由于特殊的并发症导致其过去有血栓形成。她的同事建议不要使用抗凝药物进行治疗，为此她做了一些研究，但一无所获。之后，她检索了过去 5 年在该医院接受治疗的所有红斑狼疮患者的数据，并使用了基本统计方法发现这些患者确实有更高的血栓风险，于是她开始使用抗凝药物进行治疗。由实验组和安慰剂组组成的随机临床试验可能会比她的检索方法更好，但这类试验很少针对这种特定的并发症。

理论频数 E 的基本原理：假设我们只知道表 11-6 中的行总频数和列总频数，并且变量之间相互独立。因为 1878 人中有 89 人患有自闭症，1878 人中有 387 人未接种疫苗，所以，若从 1878 个受试者中随机抽取一人，则有：

$$P(\text{自闭症})=89/1878$$

$$P(\text{未接种疫苗})=387/1878$$

又因为假设变量之间相互独立（原假设），所以有：

$$P(未接种疫苗且患有自闭症) = (\frac{89}{1878})(\frac{387}{1878}) = 0.00976584$$

0.00976584 即为列联表第一个单元（第一行第一列）的概率。因此，我们预期在所有 1878 个受试者中，有 (1878)(0.00976584)=18.340 个受试者在列联表的第一个单元。据此，我们可以推出理论频数公式的一般式，如下所示：

$$E = 总频数 \cdot \frac{行总频数}{总频数} \cdot \frac{列总频数}{总频数}$$

简化上述式子，可得：

$$E = \frac{(行总频数)(列总频数)}{(总频数)}$$

第 2 部分：同质性检验、费希尔精确检验和配对卡方检验

同质性检验

独立性检验中的样本数据来自同一总体，且每个样本值通过行变量或列变量进行分类。而在同质性卡方检验中，我们从不同的总体中随机选取样本，并检验总体在某个特征上是否具有相同的比例（同质的字面意思是"具有相同的质量"，而在同质性检验中，其含义是比例是否相同）。本书 9-1 节介绍了两个总体比例差的检验，但同质性卡方检验允许我们检验两个或多个总体中的多个类别。

> **定义**
> 同质性卡方检验是检验不同总体在某个特征上是否具有相同的比例[1]。

多个总体的抽样：在独立性检验中，我们从一个总体中随机选取样本，并且观测记录两个不同的变量值。而在同质性检验中，我们从不同的总体中随机选取样本。

检验方法：同质性检验的方法和独立性检验的方法几乎完全相同，唯一的区别在于其原假设为不同总体的某个特征比例相同。

---

[1] 译者注：同质性检验（或称为齐性检验）一般在学术界和业界特指方差同质性检验，即第 12 章"方差分析"中的内容。而本节介绍的"同质性检验"其实就是独立性检验下的一种类型，一般没有特定称谓。但为了全书统一，本书中出现的同质性检验即为本节所讲内容，第 12 章不再用方差同质性检验代指方差分析，望读者加以区分。

商用飞机上最安全的座位

航空作家兼研究员大卫·诺兰的一项研究表明，坐在商用飞机的后排在空难中会增加幸存的概率。研究认为每个座位的幸存概率是不一样的，因此拟合优度检验会拒绝原假设，即每个座位的乘客幸存率都相等。根据 1971 年以后发生的 20 起商用飞机坠机的分析结果，商务舱或头等舱的幸存率为 49%，经济舱中间或者前面的幸存率为 56%，而经济舱尾部的幸存率为 69%。大卫·诺兰表示他并不会刻意坐在机舱的尾部，因为发生空难的可能性很低。他更喜欢靠窗的座位。

例 3： 归还钱包实验

《读者文摘》杂志曾在全球 16 个大城市进行了一项归还钱包实验，在每个城市故意丢弃 12 个钱包。表 11-7 列出了钱包归还与否的结果。检验每个城市归还钱包的比例是否相同。（取 $\alpha=0.05$）

表 11-7：归还钱包实验结果

城　　市	A	B	C	D	E	F	G	H	I	J	K	L	M	N	O	P
归还钱包的数量	8	5	7	11	5	8	6	7	3	1	4	2	4	6	4	9
未归还钱包的数量	4	7	5	1	7	4	6	5	9	11	8	10	8	6	8	3

解答：

检查条件： ①根据该研究的描述，可以认为随机选取的受试者被随机分配到不同的城市。②观测值为分类数据。③所有的理论频数都至少大于 5（理论频数为 5.625 或 6.375）。所有条件都满足。

原假设和备择假设如下：

H_0：是否归还钱包与所在的城市之间没有关联

H_1：是否归还钱包与所在的城市之间有关联

使用统计软件，在下面的 StatCrunch 的分析结果中，显示检验统计量为 $\chi^2=35.388$，p 值为 0.002，因此拒绝原假设。

StatCrunch

Chi-Square test:
Statistic	DF	Value	P-value
Chi-square	15	35.388235	0.0022

解读：

我们有足够的证据可以证明是否归还钱包与所在的城市之间有关联。

费希尔精确检验

为了使 χ^2 分布能够近似于 χ^2 检验统计量的精确分布,必须满足变量间每一个组合的理论频数都至少大于 5 的条件。而费希尔精确检验的 p 值为精确解,因此该检验可以用于任何理论频数小于 5 的 2×2 列联表。建议使用统计软件进行费希尔精确检验,因为其所需的计算量较大。

例 4: 打哈欠会传染吗

探索频道的《流言终结者》(*MythBusters*)节目进行了一项实验,以检验一个人们普遍持有的观点:看到别人打哈欠时,自己也更容易打哈欠。表 11-8 汇总了实验结果。因为其中一个理论频数为 4.480,所以不满足独立性检验的条件。改用费希尔精确检验后,所得的 p 值为 0.513,因此没有足够的证据表明看到别人打哈欠时,自己也更容易打哈欠。

表 11-8:打哈欠实验结果

	看到别人打哈欠	没有看到别人打哈欠
受试者打哈欠	10	4
受试者未打哈欠	24	12

配对卡方检验

如果 2×2 表格中的频数来自配对样本,那么显然不能使用独立性检验。在这种情况下,应该采用配对卡方检验(McNemar 检验)。其原假设为两组不一致类别(结果不同的类别)的频数比例(发生概率)相同。

表 11-9 显示的是配对样本频数的一般汇总格式。这种格式表示两种不同的治疗方法(比如两种眼药水)分别被应用于每个受试者的两个不同部分(比如左眼和右眼)。参考以下示例理解该表格的结构:a=100 表示两种治疗方法治愈了 100 个受试者;b=50 表示治疗方法 Y 治愈了 50 个受试者,而治疗方法 X 没有治愈这 50 个受试者。受试者总人数为 $a+b+c+d$,且每个受试者都有配对样本中两种治疗的结果。再次重申,表 11-9 的单元是受试者的频数,而不是配对样本中观测值的总数。也就是说,如果有 500 人接受了两种眼药水的治疗,则 $a+b+c+d$=500(受试者的总数),而不是 $a+b+c+d$=1000(眼睛的总数)。

表 11-9:配对样本的频数

	治疗方法 X: 治愈	治疗方法 X: 未治愈
治疗方法 Y: 治愈	a	b
治疗方法 Y: 未治愈	c	d

配对卡方检验的条件：对于诸如表 11-9 这样的格式，满足 $b+c \geq 10$。该检验为右侧检验，其检验统计量为

$$\chi^2 = \frac{(|b-c|-1)^2}{b+c}$$

通常可以通过统计软件求其 p 值，或者查询表 A-4 求得其对应的临界值（df=1）。特别需要注意的是，配对卡方检验用到的是"不一致"的配对样本所对应的两组频数，即表 11-9 中的 b 和 c（它们都是一组治愈，另一组未治愈）。

例 5： 髋关节保护器的效果

研究人员设计了一个随机对照试验，用于测试髋关节保护器在预防老年人髋关节骨折方面的有效性。疗养院的老人都在其中一个髋关节上戴了保护器。表 11-10 记录了汇总结果。配对卡方检验用于检验以下两个比例（概率）相同的原假设：

- 一个髋关节上戴了保护器且没有骨折，而另一个髋关节上没戴保护器但有骨折的受试者比例（概率）。

- 一个髋关节上戴了保护器但有骨折，而另一个髋关节上没戴保护器也没有骨折的受试者比例（概率）。

（数据来源："Efficacy of Hip Protector to Prevent Hip Fracture in Nursing Home Residents", Kiel et al., Journal of the American Medical Association, Vol. 298, No. 4.）

表 11-10：髋关节保护器的随机对照试验结果

	没戴保护器——没有骨折	没戴保护器——有骨折
戴保护器——没有骨折	309	10
戴保护器——有骨折	15	2

根据表 11-10 中不一致的配对样本，可得 $b=10$，$c=15$。其对应的检验统计量为

$$\chi^2 = \frac{(|b-c|-1)^2}{b+c} = \frac{(|10-15|-1)^2}{10+15} = 0.640$$

取 $\alpha=0.05$，df=1，查询表 A-4 得临界值为 $\chi^2=3.841$。因为该检验为右侧检验，$\chi^2=0.640$ 没有落在临界域内，所以我们不能拒绝原假设（使用 p 值法，可得 p 值为 0.424）。也就是说，戴保护器发生骨折的比例与不戴保护器发生骨折的比例没有显著区别，即髋关节保护器的保护效果没那么好。

使用软件

列联表

R

R 命令：

理论频数相等：chisq.test(Con_Table, correct=FALSE)

其中，Con_Table 是列联表，correct 是耶茨连续性修正。

12-1：单因素方差分析

12-2：双因素方差分析

第12章

方差分析

本章问题 在车祸中越大的车越安全吗？

人们普遍认为在车祸中越大的车会越安全。表12-1列出了在汽车碰撞测试中不同车型对头部损伤测量的结果（数据来自数据集35"汽车碰撞数据"）。头部损伤是车祸中造成人员死亡和致残的主要原因。在汽车碰撞测试中，头部损伤结果是根据"头部损伤标准"（Head Injury Criterion，HIC）来衡量的。HIC被用来衡量撞击造成头部损伤的可能性。HIC值越大，在车祸中造成头部损伤的概率就越高。

在介绍统计方法之前，我们应当先探索一下数据。样本统计数据如表12-2所示。参考数据的统计量以及不同车型HIC的箱形图。非正式的比较表明，小型车的均值高于其他类型的车。但箱形图中四类车的数据有所重叠，所以差异并不明显。因此，我们需要使用统计方法来判断差异是否显著。我们可以使用本书9-2节介绍的两个总体均值差的检验方法，但是该检验需要进行两两比较，而这里的样本来自四个不同的总体。当有来自三个或三个以上总体的样本时，通常使用方差分析（Analysis of Variance，简称ANOVA）方法以检验总体均值是否相等（该方法将在12-1节中介绍）。

表 12-1：在汽车碰撞测试中头部损伤结果（HIC）

小型车	中型车	大型车	SUV
253	117	249	121
143	121	90	112
124	204	178	261
301	195	114	145
422	186	183	198
324	178	87	193
258	157	180	193
271	203	103	111
467	132	154	276
298	212	129	156
315	229	266	213
304	235	338	143

表 12-2：样本统计数据

	小型车	中型车	大型车	SUV
n	12	12	12	12
$\bar{x}$	290.0	180.8	172.6	176.8
s	96.7	40.6	77.9	55.1
分布	正态分布	正态分布	正态分布	正态分布
异常值	124, 143, 467	0	0	0

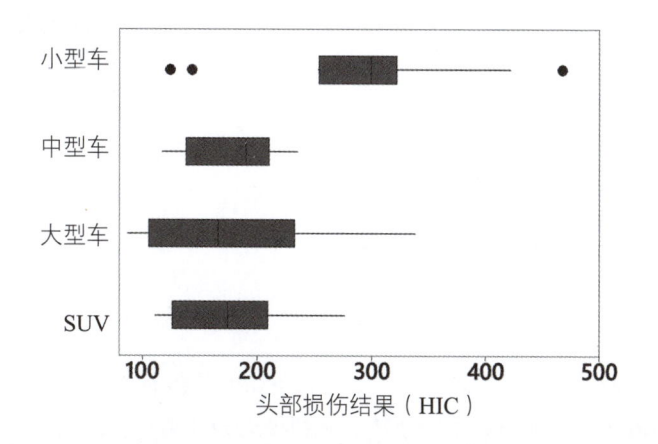

本章目标

本书 9-2 节讨论了如何检验两个独立总体的均值是否相等，而本章将介绍如何检验三个或三个以上总体的均值是否相等。以下为本章目标。

12-1：单因素方差分析

- 通过单因素方差分析，掌握检验三个或三个以上总体的均值是否相等的方法。本节重点是如何解读统计分析的结果。

12-2：双因素方差分析

- 通过双因素方差分析，掌握：①双因素有无交互作用；②两个因素是否分别有主效应。本节重点是如何解读统计分析的结果。

12-1 单因素方差分析

核心概念：本节将介绍单因素方差分析的方法，用于检验三个或三个以上总体的均值是否相等（比如 $H_0: \mu_1=\mu_2=\mu_3$）。因为计算量较大，所以我们将着重介绍如何（通过统计软件）解读统计分析的结果。

F 分布

首先回忆 F 分布（见 9-4 节）的如下性质（参见图 12-1）：

- F 分布不对称。
- F 分布的值为非负数。
- F 分布的具体形状取决于两个自由度的值。

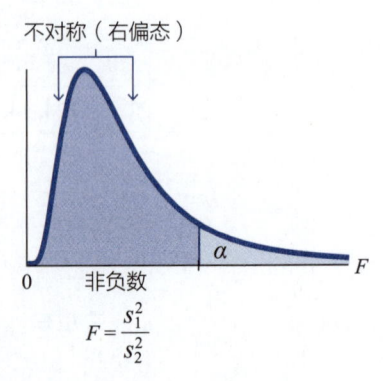

$$F = \frac{s_1^2}{s_2^2}$$

图 12-1：F 分布

第 1 部分：单因素方差分析的基本概念

> **定义**
> 单因素方差分析（ANOVA）用于检验三个或三个以上总体的均值是否相等。单因素方差分析可以用一个因素（或称为因子、处理）对数据进行分类。

"因素"之所以也被称为"处理"，是因为方差分析的早期应用涉及农业实验，在这些实验中，农田的不同地块使用各种化肥、种子、杀虫剂等进行了处理。

表 12-1 中的单因素（或处理）为汽车类型。该因素有四个不同的分类：小型车、中型车、大型车和 SUV。

> **关键要素**
>
> **单因素方差分析**
>
> **目标**
>
> 单因素方差分析：检验三个或三个以上总体的均值是否相等。
>
> **条件**
>
> 1. 总体近似服从正态分布。如果总体的分布与正态分布相差甚远，则可以使用 13-5 节介绍的 Kruskal-Wallis 检验。
>
> 2. 各总体的方差相同。只要所有的方差近似相等即可。统计学家乔治·博克斯曾经证明，只要满足所有的样本量（接近于）相等，最大的方差就不会超过最小方差的 9 倍，且方差分析的统计结果仍然有效。
>
> 3. 样本为随机选取的数据。
>
> 4. 样本间相互独立（不是配对样本）。
>
> 5. 不同样本来自的总体仅有一个因素可用于分类。
>
> **检验 H_0：$\mu_1=\mu_2=\cdots=\mu_k$**
>
> 1. 使用统计软件获得分析结果，包括检验统计量和 p 值。
>
> 2. 方差分析检验为右侧检验。
>
> 3. 根据以下准则做出判断。
>
> - p 值 $\leq \alpha$：拒绝原假设，至少有一个总体的均值与其他均值不同。
> - p 值 $> \alpha$：不能拒绝原假设。

由于单因素方差分析的计算过程非常烦琐，因此建议读者使用统计软件并且采纳以下学习策略。

1. 如果 p 值较小（比如小于或等于 0.05），那么拒绝均值相等的原假设。如果 p 值较大（比如大于 0.05），那么不能拒绝均值相等的原假设。

2. 通过以下示例理解单因素方差分析。

例 1： 车型与头部损伤结果

根据表 12-1 中的数据，检验 4 个样本是否来自均值都相等的总体。（取 $\alpha=0.05$）

解答：

检查条件：①根据表 12-1 中数据对应的正态分位图，可以判断出 4 个样本来自近似服从正态分布的总体。② 4 个样本的标准差并不相等，但可以认为其差异并不显著。③根据研究设计，可以将样本视为简单随机样本。④样本间相互独立。⑤单因素为车型。所有条件都满足。

原假设和备择假设如下：

$$H_0: \mu_1=\mu_2=\mu_3=\mu_4$$

$$H_1: 总体均值不全相等$$

以下为通过各种统计软件所得的方差分析结果。

Statdisk

```
Source:     DF:   SS:              MS:
Treatment:  3     115887.08333     38629.02778
Error:      44    221158.83333     5026.33712
Total:      47    337045.91667

Test Stat, F:   7.68532
Critical F:     2.81647
P-Value:        0.00031
```

Minitab

Analysis of Variance

Source	DF	Adj SS	Adj MS	F-Value	P-Value
Factor	3	115887	38629	7.69	0.000
Error	44	221159	5026		
Total	47	337046			

Excel

ANOVA

Source of Variation	SS	df	MS	F	P-value	F crit
Between Groups	115887.1	3	38629.03	7.685324	0.000309	2.816466
Within Groups	221158.8	44	5026.337			
Total	337045.9	47				

StatCrunch

ANOVA table

Source	DF	SS	MS	F-Stat	P-value
Columns	3	115887.08	38629.028	7.6853237	0.0003
Error	44	221158.83	5026.3371		
Total	47	337045.92			

TI-83/84 Plus

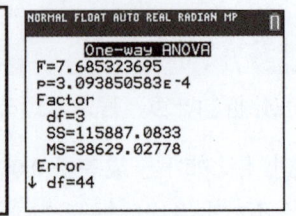

```
NORMAL FLOAT AUTO REAL RADIAN MP
        One-way ANOVA
F=7.685323695
p=3.093850583E-4
Factor
  df=3
  SS=115887.0833
  MS=38629.02778
Error
↓ df=44
```

SPSS

ANOVA
HIC

	Sum of Squares	df	Mean Square	F	Sig.
Between Groups	115887.083	3	38629.028	7.685	.000
Within Groups	221158.833	44	5026.337		
Total	337045.917	47			

JMP

Analysis of Variance

Source	DF	Sum of Squares	Mean Square	F Ratio	Prob > F
Column 1	3	115887.08	38629.0	7.6853	0.0003*
Error	44	221158.83	5026.3		
C. Total	47	337045.92			

方差分析结果显示，$F=7.6853$，对应的 p 值等于 0.000。因此拒绝原假设。

解读：

我们有足够的证据可以拒绝原假设：4 个样本来自均值都相等的总体。虽然根据方差分析的结果不能得出具体哪一个均值与其他均值不同，但通过图表可以看到小型车的均值高于其他类型的车。因此，在汽车碰撞测试中，小型车的头部损伤结果的值更高。

▶ 轮到你了：试试 12-1 基础题的习题 5

注意： 在"例 1"中，根据方差分析的结果仅能拒绝总体均值不全相等的假设，但不能得出具体哪一个均值与其他均值不同的结论（本节第 2 部分会介绍一些可用于判断特定的均值与其他均值不同的方法）。

方差分析中 p 值与检验统计量的关联：检验统计量越大，对应的 p 值越小，因此方差分析检验为右侧检验。图 12-2 展示了 p 值与 F 检验统计量的关联。假设各总体的方差都相同，记作 σ^2，那么 F 检验统计量为以下两个 σ^2 估计值之比：①组间变异量（基于样本均值的方差）；②组内变异量（基于样本的方差）。

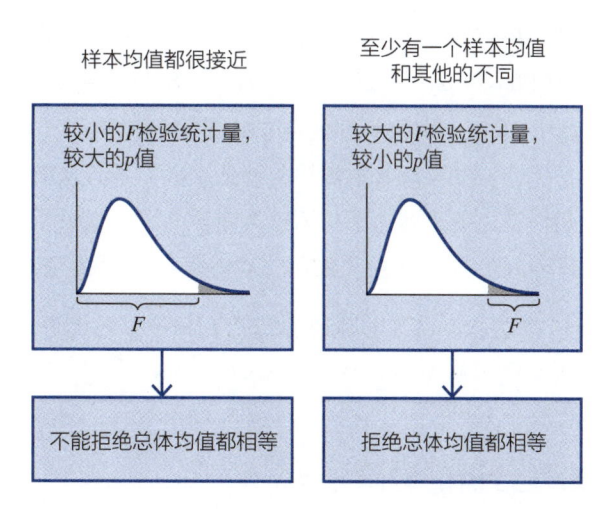

图 12-2：p 值与 F 检验统计量的关联

> **为什么使用 0.05 的显著性水平?**
>
> 　　1925 年，罗纳德·费希尔（R. A. Fisher）出版了一本介绍方差分析方法的书。在该书中，他需要一个包含分子自由度和分母自由度的临界值表，如同表 A-5。因为该表使用两个不同的自由度，所以，如果包含许多不同的临界值，那么该表会非常冗长。于是，费希尔在该表中只使用了 0.05。在后来的版本中，他还加入了 0.01 的显著性水平。
>
> 　　著名的统计历史学家史蒂芬·史蒂格勒（Stephen Stigler）在《机会》（*Chance*）期刊上写道：0.05 的显著性水平是一个随意选取的数字。但即便如此，选择 0.05 也可以实现以下重要目标。① 0.05 的显著性水平对应的样本量不会偏大且合理。② 所选择的 0.05 足够大，使我们有合理的概率判断出重要的结果（统计功效）。③ 所选择的 0.05 不会小到迫使我们错过重要的结果（第二类错误）。

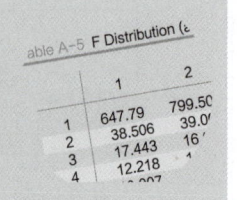

单因素方差分析的检验统计量：

$$F = \frac{\text{组间变异量}}{\text{组内变异量}}$$

　　F 检验统计量的分子度量样本均值间的差异，而其分母中的方差估计值仅取决于样本的方差，不会受到样本均值间差异的影响。因此，若样本均值非常接近，则 F 检验统计量较小，p 值较大。反之，若样本均值间差异显著，则 F 检验统计量较大，p 值较小。

　　为什么不对样本两两比较？ 举例来说，如果对表 12-1 中的数据进行两两比较，那么可以进行如下 6 个假设检验：

$$H_0: \mu_1 = \mu_2 \quad H_0: \mu_1 = \mu_3 \quad H_0: \mu_1 = \mu_4$$
$$H_0: \mu_2 = \mu_3 \quad H_0: \mu_2 = \mu_4 \quad H_0: \mu_3 = \mu_4$$

　　这里的问题在于：假设对于每一次检验都使用 0.05 的显著性水平，那么实际的总体置信水平可以低至 $0.95^6 = 0.735$。一般而言，如果增加显著性检验的次数，那么就增加了偶发显著性的风险，而不是真实的显著性。换句话说，就是增加了犯第一类错误的风险（明明没有差异，但我们认为其中一次检验有差异）。而方差分析方法通过仅使用一次检验来帮助我们避免该风险。

> **注意：** 如果需要检验三个或三个以上总体的均值是否相等，则使用方差分析（同时使用两个样本的多重检验可能会对显著性水平产生极大的影响）。

第 2 部分：单因素方差分析的进阶

具有相同样本量 n 的 F 检验统计量的计算

　　表 12-3 有助于我们理解方差分析方法。该表中的数据集 A 和数据集 B 基本完全相同，除了两个数据集中所有样本 1 的差值为 10。假设两个数据集的样本量相同且都等于 4，那么 F 检验统计量

的计算如表 12-3 所示。

表 12-3：F 检验统计量的计算

数据集A			数据集B		
样本1	样本2	样本3	样本1	样本2	样本3
7	6	4	**17**	6	4
3	5	7	**13**	5	7
6	5	6	**16**	5	6
6	8	7	**16**	8	7
$n_1=4$	$n_2=4$	$n_3=4$	$n_1=4$	$n_2=4$	$n_3=4$
$\bar{x}_1=5.5$	$\bar{x}_2=6.0$	$\bar{x}_3=6.0$	$\bar{x}_1=\mathbf{15.5}$	$\bar{x}_2=6.0$	$\bar{x}_3=6.0$
$s_1^2=3.0$	$s_2^2=2.0$	$s_3^2=2.0$	$s_1^2=3.0$	$s_2^2=2.0$	$s_3^2=2.0$

（样本1的值加10）

数据集A：

步骤1：组间变异量 $ns_{\bar{x}}^2 = 4(0.0833) = 0.3332$

步骤2：组内变异量 $s_p^2 = \dfrac{3.0+2.0+2.0}{3} = 2.3333$

数据集B：

$ns_{\bar{x}}^2 = 4(30.0833) = 120.3332$

$s_p^2 = \dfrac{3.0+2.0+2.0}{3} = 2.3333$

步骤3：F 检验统计量 $F = \dfrac{ns_{\bar{x}}^2}{s_p^2} = \dfrac{0.3332}{2.3333} = \mathbf{0.1428}$

p 值 **p值=0.8688**

$F = \dfrac{ns_{\bar{x}}^2}{s_p^2} = \dfrac{120.3332}{2.3333} = \mathbf{51.5721}$

p值=0.0000118

步骤 1：求组间变异量 / 方差

组间变异量的计算公式是 $ns_{\bar{x}}^2$，其中 n 为每组样本的样本量，$s_{\bar{x}}^2$ 为样本均值的方差，即把所有的样本均值视为一组数据，并计算其方差（根据中心极限定理，有 $\sigma_{\bar{x}}=\sigma/\sqrt{n}$，反过来则有 $\sigma=\sqrt{n}\cdot\sigma_{\bar{x}}$，即用 $\sqrt{n}\cdot\sigma_{\bar{x}}$ 来估计 σ）。举例来说，表 12-3 中数据集 A 的三个样本均值分别为 5.5, 6.0, 6.0，其方差为 $s_{\bar{x}}^2=0.0833$，因此代入组间变异量的公式中，可得组间变异量为 $ns_{\bar{x}}^2=4(0.0833)=0.3332$。

步骤 2：求组内变异量 / 方差

组内变异量可由合并方差 s_p^2 来估计，而合并方差其实就是样本方差的均值。举例来说，表 12-3 中数据集 A 的样本方差分别为 3.0, 2.0, 2.0，因此其合并方差为 $s_p^2=(3.0+2.0+2.0)/3=2.3333$。

步骤 3：计算检验统计量

F 检验统计量计算如下：

$$F = \frac{\text{组间变异量}}{\text{组内变异量}} = \frac{ns_{\bar{x}}^2}{s_p^2} = \frac{0.3332}{2.3333} = 0.1428$$

求临界值

假设有 k 个样本，每个样本的样本量都为 n，则其对应的分子自由度为 $\mathrm{df}_1=k-1$，分母自由度为 $\mathrm{df}_2=k(n-1)$。

对于表 12-3 中的数据集 A，$k=3$，$n=4$，所以有 $df_1=2$，$df_2=9$。查询表 A-5，可得临界值为 4.2565。因为方差分析检验为右侧检验，检验统计量没有落在临界域内，因此不能拒绝样本均值都相等的原假设。

F 检验中的均值效应：为了充分理解方差分析方法的原理，考虑表 12-3 中的数据，并注意以下要点。

- 在数据集 A 中，样本 1 的值各加 10（成为数据集 B 中样本 1 的值），可使 F 检验统计量（从 0.1428 变为 51.5721）和 p 值（从不显著的 0.8688 变为显著的 0.0000118）有显著改变。

- 数据集 A 的三个均值（5.5，6.0，6.0）非常接近，而数据集 B 的三个均值（15.5，6.0，6.0）则不接近。

- 两个数据集的样本方差都相等。

- 数据集 B 的组间变异量（120.3332）远大于数据集 A 的组间变异量（0.3332），说明数据集 B 的样本均值间有很大差异。

- 两个数据集的组内变异量相等（都为 2.3333）。这是因为样本值各加上一个常数不会影响组内变异量。也就是说，该例中 F 检验统计量和 p 值的改变仅受到 $\bar{x}_1$ 的影响。这个发现揭示了单因素方差分析的一个重要特征：

虽然 F 检验统计量为总体方差 σ^2 的两个估计值的比值，但是 F 检验统计量对样本均值更为敏感。

具有不同样本量的 F 检验统计量的计算

当样本量不同时，虽然计算量较大，但是其基本原理和样本量相同的情况一致。此处我们可以使用统计软件，因此就不展开讨论了。需要注意的是，在样本量不同的情况下，我们需要考虑不同的权重。但检验统计量和对其的解读都与之前的相同。

实验设计

在单因素方差分析中，即使得出均值间差异显著的结论，我们也不能绝对肯定该差异可由这个因素所解释。它可能是由其他一些未知因素的变化造成的。减少外部因素影响的一种方法是采用完全随机设计，在该设计中，每个样本值属于不同组的概率相同。例如，受试者通过一种等同于抽签的随机选取方式被分配至三个实验组中的任意一个。减少外部因素影响的另一种方法是使用严格控制的设计，在该设计中，我们需要精挑细选每个样本值，以使其他所有因素没有改变的可能。一般来说，好的实验结果都需要精心设计实验并且贯彻始终。

显著的均值效应

本节前面已经讲到，我们不能通过方差分析得出具体哪一个均值与其他均值不同的结论。我们可以通过偏理论或偏经验的方法来确定是否存在与其他均值有显著差异的均值。以下为两种偏经验的方法：

- 构建箱形图，并检查各样本是否有重叠，从而确定是否有一个或多个样本的箱形图与其他的箱形图有明显不同。
- 为每个不同的样本构建其样本均值的置信区间，然后比较这些置信区间，从而确定是否有一个或多个置信区间与其他的置信区间不重叠。

在偏理论的方法中，一类检验被称为全距检验（或称为极差检验），该类检验用于判断所有均值的一个子集是否与其他的均值有显著差异；另一类检验被称为多重比较检验，即两两均值进行比较，但这类检验会做出一些调整，以克服显著性水平随着检验次数的增加而增加的问题。对于在这两类检验中哪一类是最佳检验并没有达成共识，但一些比较常见的检验有：Duncan 新多重极差检验（Duncan's new multiple range test）、SNK 法（Student-Newman-Keuls method）、图基法（Tukey method）、谢弗法（Scheffé method）、Dunnett 检验、最小显著差异检验（Least Significant Difference Test，LSD 检验）和邦费罗尼校正（Bonferroni Correction）。这里我们介绍邦费罗尼校正。

邦费罗尼多重比较检验

步骤 1：将所有样本两两配对，进行独立总体均值差的 t 检验，但需要做出如下步骤中的调整。

步骤 2：对于每个 t 检验，使用如下检验统计量：

$$t = \frac{\bar{x}_1 - \bar{x}_2}{\sqrt{\mathrm{MS}_e \cdot \left(\frac{1}{n_1} + \frac{1}{n_2}\right)}}$$

其中，MS_e（Mean of Squares Due to Error，误差均方/组内均方）为方差 σ^2 的估计值，一般可通过统计软件求得[1]。

步骤 3：通过以下步骤调整所得的 p 值或临界值，使得整体显著性水平不会增加。

p 值：df=$N-k$，其中 k 为样本的个数，N 为所有 k 个样本中样本值的个数。查询表 A-3 或使用统计软件求得 p 值后，在 p 值的基础上乘以同时进行的检验次数，其结果为调整后 p 值〔举例来说，如果有三个样本，对应有三种不同的配对方式（检验次数），则在原 p 值的基础上乘以 3〕。

临界值：在原 α 的基础上除以同时进行的检验次数，其结果为调整后 α〔举例来说，如果有三个样本，对应有三种不同的配对方式（检验次数），则调整后的显著性水平为 $\alpha/3$〕。

可以发现，如果需要拒绝原假设，那么调整后的检验会要求均值间的差异更大。邦费罗尼校正的步骤 3 正是弥补了多重检验的不足。

---

[1] 译者注：设 y_{ij} 为第 i 个样本的第 j 个样本值，$\bar{y}_i$ 为第 i 个样本的均值，k 为样本的个数，N 为所有 k 个样本中样本值的个数，则误差均方的计算公式为 $\sum_i\sum_j(y_{ij}-\bar{y}_i)^2/(N-k)$。

例 2： 邦费罗尼校正

根据"例 1"的数据，使用邦费罗尼校正判断哪一个均值与其他均值显著不同。（取 $\alpha=0.05$）

解答：

本例需要进行多重检验，以下为 6 个原假设：

$$H_0: \mu_1 = \mu_2 \quad H_0: \mu_1 = \mu_3 \quad H_0: \mu_1 = \mu_4$$
$$H_0: \mu_2 = \mu_3 \quad H_0: \mu_2 = \mu_4 \quad H_0: \mu_3 = \mu_4$$

以 $H_0: \mu_1=\mu_2$ 为例，可得 $n_1=n_2=12$，$\bar{x}_1=290.0$，$\bar{x}_2=180.75$。根据"例 1"中使用统计软件所得的方差分析结果，可以得到 $\text{MS}_e=5026.337121$。

将以上所得值代入检验统计量的公式中，可得：

$$t = \frac{\bar{x}_1 - \bar{x}_2}{\sqrt{\text{MS}_e \cdot \left(\frac{1}{n_1} + \frac{1}{n_2}\right)}}$$

$$= \frac{290.0 - 180.75}{\sqrt{(5026.337121)\left(\frac{1}{12} + \frac{1}{12}\right)}} = 3.775$$

df=$N-k$=48-4=44，可得对应的 p 值为 0.000476。调整后 p 值为 0.000476·6=0.003（舍入后）。因此拒绝原假设：样本 1 与样本 2 的均值有显著差异。

类似地，可以重复剩余的 5 个检验的计算过程。下图为 SPSS 的邦费罗尼校正结果。在该结果中，1、2、3、4 分别对应于小型车、中型车、大型车和 SUV。结果的第一行对应于上述样本 1 和样本 2 的 t 检验结果，其中最后一列"Sig."即为 p 值。可以发现，小型车的均值和大型车以及 SUV 的均值也显著不同。

```
SPSS
Dependent Variable: HIC
Tukey
(I) Size  (J) Size  Mean Difference  Std. Error  Sig.
                    (I-J)
1         2         109.250*         28.943      .003
          3         117.417*         28.943      .001
          4         113.167*         28.943      .002
2         1         -109.250*        28.943      .003
          3         8.167            28.943      .992
          4         3.917            28.943      .999
3         1         -117.417*        28.943      .001
          2         -8.167           28.943      .992
          4         -4.250           28.943      .999
4         1         -113.167*        28.943      .002
          2         -3.917           28.943      .999
          3         4.250            28.943      .999
* The mean difference is significant at the 0.05 level.
```

解读：

尽管通过方差分析可以得出至少有一个均值与其他均值显著不同的结论，但邦费罗尼校正明确表明，小型车 HIC 的均值与其他三个均值显著不同，而其他三个样本的均值都没有显著差异。

➤ 轮到你了：试试 12-1 提高题的习题 18

使用软件

单因素方差分析

Excel（需要 Excel 加载项：分析工具库）

1. 点击"数据"选项卡，然后点击"数据分析"。

2. 选择"分析工具"下的"方差分析：单因素方差分析"，点击"确定"按钮。

3. 在"输入区域"中输入数据范围。

4. 在"分组方式"中，选择数据按行还是按列分类。

5. 如果数据第一行是变量名，则勾选"标志位于第一行"复选框。

6. 输入所需的 α 值。

7. 点击"确定"按钮，展示包含 F 检验统计量和 p 值的结果。

R

R 命令：

方差分析建模：aov(y~x)

方差分析的额外信息：summary(aov(y~x))

其中，y 为数据值，x 为对应的分类名称。

12-2 双因素方差分析

核心概念：使用双因素方差分析方法，我们需要先根据两个因素将数据分为两类，然后检验两个因素之间是否存在交互作用，最后检验两个因素是否分别具有主效应。

表 12-4 中包含了在汽车碰撞测试中测得的股骨受力数据（千牛顿）。该表根据以下两个因素进行分类。

1. 股骨部位：左腿股骨或右腿股骨。

2. 车型：小型车、中型车、大型车、SUV。

表 12-4：汽车碰撞测试——双因素

	小型车	中型车	大型车	SUV
左腿股骨	1.6 1.4 0.5 0.2 0.4	0.4 0.7 1.1 0.7 0.5	0.6 1.8 0.3 1.3 1.1	0.4 0.4 0.6 0.2 0.2
右腿股骨	2.8 1.0 0.3 0.3 0.2	0.6 0.8 1.3 0.5 1.1	1.5 1.7 0.2 0.6 0.9	0.7 0.7 3.0 0.2 0.2

表 12-4 中的每个子分类都被称为单元，所以该表中有 8 个单元，每个单元中各有 5 个值。

当然，我们可以根据车型或者股骨部位分别进行单因素方差分析，但该方法忽略了一个重要特征：两个因素之间可能的交互作用。

> **定义**
> 如果一个因素对结果的影响依赖另一个因素中不同的类型，那么这两个因素之间存在交互作用（或称为交互效应）。

作为两个因素之间交互作用的例子，可以考虑食物搭配。花生酱和果冻搭配所产生的交互作用就很好，但番茄酱和冰淇淋搭配所产生的交互作用会导致口感不佳。一般来说，把交互作用看作是由于两个因素的结合而产生的效应。

均值与交互图

计算表 12-4 中每个单元的均值（见表 12-5）并作图（见图 12-3）。每个单元的均值从 0.68 到 1.02 不等，可以看出均值间存在明显的差异。我们称图 12-3 为均值交互图，并可以通过如下方法进行解读。

- 交互作用：如果线段之间明显不平行，则可能存在交互作用。
- 无交互作用：如果线段之间近似于平行，则可能不存在交互作用。

表 12-5：汽车碰撞测试——双因素均值

	小型车	中型车	大型车	SUV
左腿股骨	0.82	0.68	1.02	0.36
右腿股骨	0.92	0.86	0.98	0.96

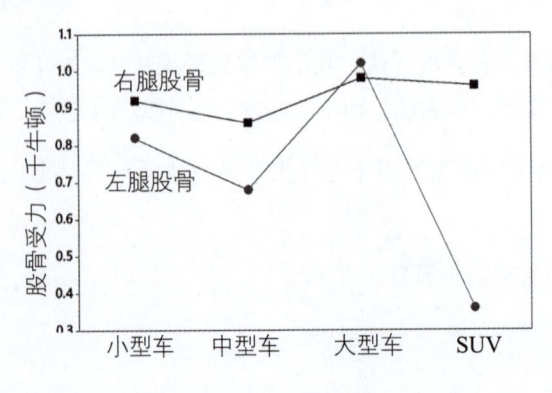

图 12-3：交互图

由于依赖表 12-5 和图 12-3 做出的判断过于主观，我们还是需要更为客观的方法来判断两个因素之间是否存在交互作用，即使用双因素方差分析方法。参考以下"关键要素"。

> **关键要素**
>
> **双因素方差分析**
>
> 目标
>
> 双因素方差分析：①检验两个因素之间是否存在交互作用。②检验两个因素是否分别具有主效应。
>
> 条件
>
> 1. 对于每个单元，样本值近似服从正态分布。
>
> 2. 各总体的方差 σ^2 近似相同。
>
> 3. 样本为随机选取的数据。
>
> 4. 样本间相互独立。
>
> 5. 样本值可被分为两类。
>
> 6. 所有单元内样本值的数量相等（该条件称为平衡设计）。
>
> 双因素方差分析流程（见图 12-4）
>
> 假设两个因素分别为因素 A 和因素 B。
>
> **步骤 1 交互作用**：原假设为两个因素之间不存在交互作用。通过统计软件计算以下检验统计量以及相应的 p 值。
>
> $$F = \frac{\mathrm{MS}_{A \times B}}{\mathrm{MS}_e}$$
>
> 其中，MS_e 被称为误差均方（Mean of Squares Due to Error），$\mathrm{MS}_{A \times B}$ 被称为交互项均方（Mean of Squares Due to Interaction）。
>
> 根据以下准则做出判断。
>
> - p 值 $\leq \alpha$：拒绝原假设，两个因素之间存在交互作用。
>
> - p 值 $> \alpha$：不能拒绝原假设。
>
> **步骤 2 主效应**：如果在步骤 1 中发现两个因素之间存在交互作用，则跳过此步骤。如果得出两个因素之间不存在交互作用的结论，则对每个因素分别检验其主效应。以因素 A 为例，该检验的原假设是因素 A 没有主效应（检验因素 A 下所有的样本是否来自均值都相等的总体）。通过统计软件计算以下检验统计量以及相应的 p 值。
>
> $$F = \frac{\mathrm{MS}_A}{\mathrm{MS}_e}$$
>
> 其中，MS_A 被称为因素 A 均方（Mean of Squares Due to A）。

根据以下准则做出判断。

- p 值 $\leq \alpha$：拒绝原假设，因素 A 具有主效应。
- p 值 $> \alpha$：不能拒绝原假设。

```
开始
   ↓
检验两个因素之间是否存在交互作用，根据以下检验统计量计算 p 值：
        $$F = \frac{MS_{A \times B}}{MS_e}$$
如果 p 值小（比如小于 0.05），则可以得出两个因素之间存在交互作用的结论。
   ↓
两个因素之间是否存在交互作用？
   → 存在交互作用，拒绝原假设 → 检验结束，无须考虑因素的主效应
   ↓ 不存在交互作用，不能拒绝原假设
分别检验两个因素有无主效应，根据以下检验统计量计算 p 值：
        $$F = \frac{MS_A}{MS_e}$$
如果 p 值小（比如小于 0.05），则可以得出相应的因素具有主效应的结论。
```

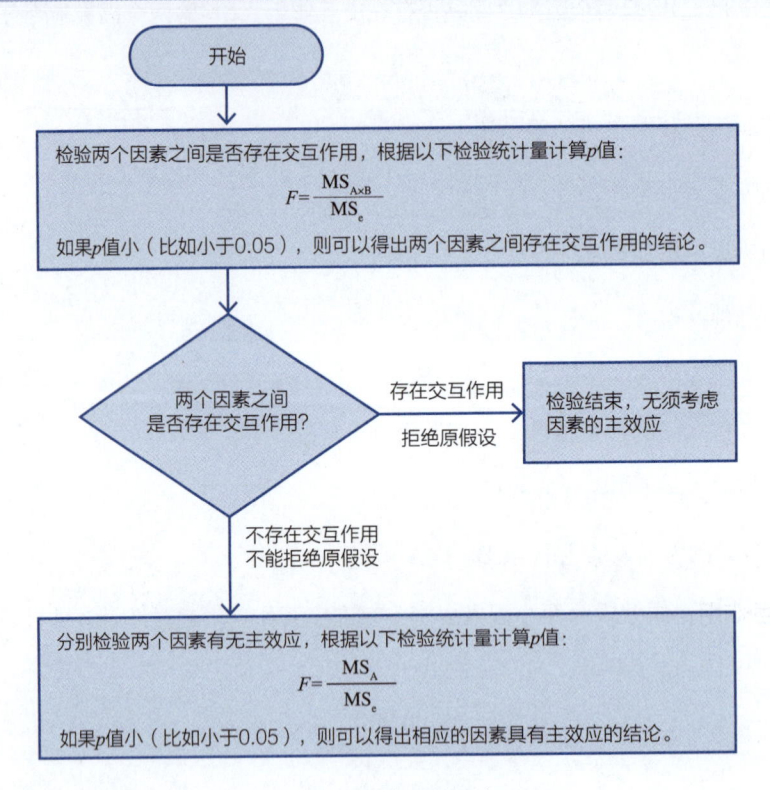

图 12-4：双因素方差分析流程

例 1：汽车碰撞测试中的股骨受力情况

给定表 12-4 中的数据：①检验两个因素之间是否存在交互作用，其中一个因素为车型（小型车、中型车、大型车、SUV），另一个因素为股骨部位（左腿股骨、右腿股骨）。②分别检验两个因素是否具有主效应。（取 $\alpha = 0.05$）

解答：

检查条件：①根据正态分位图，大部分单元内的样本值近似服从正态分布。右腿股骨/小型车和右腿股骨/SUV 单元内的样本也能通过正态性检验（取 $\alpha = 0.01$）。②各单元的方差并不相等，但该检验对偏离齐方差具有鲁棒性。③根据研究设计，可以将样本视为简单随机样本。④样本间相互独立。⑤样本值可被分为两类：股骨部位和车型。⑥所有单元内的样本量都为 5。所有条件都满足。

以下是 StatCrunch 的双因素方差分析结果。

StatCrunch

Source	DF	SS	MS	F-Stat	P-value
Femur Side	1	0.441	0.441	0.90022965	0.3498
Car Size	3	0.629	0.20966667	0.42800034	0.7343
Interaction	3	0.569	0.18966667	0.3871736	0.763
Error	32	15.676	0.489875		
Total	39	17.315			

步骤 1　交互作用：StatCrunch 的分析结果显示 F=0.3872。该值可通过上图中的另外两个值计算得到。

$$F = \frac{\text{MS}_{A \times B}}{\text{MS}_e} = \frac{0.18966667}{0.489875} = 0.3872$$

其对应的 p 值为 0.763，因此我们不能拒绝原假设。股骨受力情况并不与股骨部位和车型的交互作用有关。

步骤 2　主效应：因为没有发现存在交互作用，所以分别检验两个因素的主效应。这里以股骨部位为例，其对应的原假设是股骨部位没有主效应（股骨部位的样本来自均值相等的总体）。

参考 StatCrunch 的分析结果，显示 F=0.9002。该值可通过上图中的另外两个值计算得到。

$$F = \frac{\text{MS}_A}{\text{MS}_e} = \frac{0.441}{0.489875} = 0.9002$$

其对应的 p 值为 0.3498，因此我们不能拒绝原假设。股骨受力情况不会受是左腿股骨还是右腿股骨所影响。类似地，检验另一个因素的主效应，可以得出股骨受力情况也不会受车型所影响的结论。

解读：

根据表 12-4 中的样本数据，可以得出结论：股骨受力情况不会受股骨部位（是左腿股骨还是右腿股骨）和车型所影响，也不会与股骨部位和车型之间的交互作用有关。

▶ 轮到你了：试试 12-2 基础题的习题 5

注意：双因素方差分析并不是重复两次单因素方差分析，因为它需要检验交互作用。

使用软件

双因素方差分析

Excel（需要 Excel 加载项：分析工具库）

在创建数据表格时，如果每个单元内有多个样本值（多次试验），那么同一单元内的样本值按列往下依次列出（不能按行）。每个因素对应的各个类别（标签）都应被输入 A 列和第一行，参见下表：

	A	B	C	D
1		低	中	高
2	男性	85	78	93
3	男性	90	107	97
⋮	⋮	⋮	⋮	⋮

1. 点击"数据"选项卡，然后点击"数据分析"。

2. 在"分析工具"下选择"方差分析：可重复双因素分析"，点击"确定"按钮。

3. 在"输入区域"中输入数据范围。

4. 在"每一样本的行数"中，输入每个单元内样本值的数量。

5. 输入所需的 x 值。

6. 点击"确定"按钮，展示结果。

R

R 命令：

方差分析建模：aov(y~x1+x2+x1*x2)

双因素方差分析的额外信息：summary(aov(y~x1+x2+x1*x2))

其中，y 为数据值，x1 和 x2 为对应的分类名称，x1*x2 为交互作用。

13-1：非参数检验的基本方法
13-2：符号检验
13-3：威尔科克森符号秩检验
13-4：威尔科克森秩和检验
13-5：Kruskal-Wallis 检验
13-6：秩相关性检验
13-7：游程检验

第13章

非参数检验方法

本章问题 质量好的智能手机售价更高吗？

表 13-1 列出了来自《消费者报告》的智能手机的排名和售价（美元），排名越高的智能手机质量越好。排名和售价之间是否存在相关性？如果是的话，是不是质量越好的智能手机就会越贵？真的是一分钱一分货吗？

我们可以先从数据探索开始。因为需要解决的是相关性的问题，所以创建了如下所示的散点图。可以看出，该图呈明显的线性趋势，所以排名与售价之间应该具有线性相关性。当然，除了这种主观判断，我们也可以计算线性相关系数 r 以判断相关性，但让我们先考虑一下数据的性质。具体来说，排名（或等级）只是一种排序，并没有任何具体的测量或计数，因此本书 10-1 节中的相关性分析方法可能并不适用，我们可以使用本章 13-6 节中介绍的秩相关方法。

表 13-1：智能手机的排名和售价

排名/等级	1	2	3	4	5	6	7	8	9	10
售价（美元）	1000	1100	900	1000	750	1000	900	700	750	600

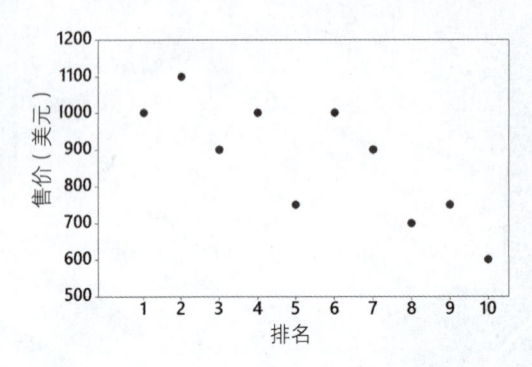

本章目标

以下为本章目标。

13-1：非参数检验的基本方法

- 理解参数检验和非参数检验的区别。
- 理解非参数检验的优势和劣势。
- 理解非参数检验的效率。
- 掌握秩次的概念。

13-2：符号检验

- 在涉及配对样本、名目数据或单个总体的中位数命题的情况下，掌握如何使用符号检验。

13-3：威尔科克森符号秩检验

- 掌握在不同的情况下如何使用符号秩检验。

13-4：威尔科克森秩和检验

- 掌握独立双样本的秩和检验。

13-5：Kruskal-Wallis 检验

- 掌握样本来自多个总体的 Kruskal-Wallis 检验。

13-6：秩相关性检验

- 掌握秩相关系数 r_s 以及秩相关性检验。

13-7：游程检验

- 掌握游程检验。

13-1 非参数检验的基本方法

本章将介绍非参数检验的方法。一般参数检验必须满足的条件，在非参数检验中并不严格要求满足。

> **定义**
> 参数检验要求样本服从某一特定的总体分布，而非参数检验则不涉及有关总体分布的参数。因此，非参数检验又被称为"不受分布限制检验"。

误导性术语：不受分布限制检验正确地阐述了该检验不要求满足特定的分布。而"非参数检验"的名字会让人误以为该检验不需要参数，但实际上有些非参数检验还是需要用到参数的，比如中位数。由于"非参数检验"这一术语已经被广泛使用，因此这里我们还是采用该名词。

优势和劣势

非参数检验的优势

1. 因为一般参数检验必须满足的条件，在非参数检验中并不严格要求满足，所以非参数检验的适用范围更为广泛。

2. 非参数检验适用的数据类型要比参数检验的多。例如排名/等级，或者分类数据（如性别）。

非参数检验的劣势

1. 非参数检验通常把定量数据转换为定性数据，从而浪费了部分信息。比如，在13-2节介绍的符号检验中，受试者的实测体重与自报体重的差值被记录为负数，而其数据值的实际大小则被忽略了。

2. 非参数检验的"效率"较低，因此通常需要更多的证据（如更大的样本或更大的差异）用于拒绝原假设。

非参数检验的效率：当满足特定分布的条件时，非参数检验的效率一般低于相应的参数检验。例如，与线性相关性检验相比，13-6节介绍的秩相关性检验的效率得分是0.91。这意味着，在其他条件都相同的情况下，假设满足所有使用参数检验的条件，那么秩相关性检验需要100个样本观测值，才能与线性相关性检验仅使用91个样本观测值所得的结果相同。表13-2列出了非参数检验以及相应的参数检验和效率得分。从该表可以看出，一些非参数检验的效率得分都在0.90以上。因此，较低的效率可能不是选择参数方法还是非参数方法的影响因素。然而，由于参数检验确实比非参数检验具有更高的效率得分，所以通常在满足所需的假设时，使用参数检验会更好。

表 13-2：效率得分——参数检验与非参数检验的比较

应用	参数检验	非参数检验	非参数检验的效率得分
配对样本	t 检验	符号检验 威尔科克森符号秩检验	0.63 0.95
独立双样本	t 检验	威尔科克森秩和检验	0.95
多个独立样本	方差分析（F 检验）	Kruskal-Wallis 检验	0.95
相关性	线性相关性检验	秩相关性检验	0.91
随机性	N/A	游程检验	N/A

秩次

13-2 节到 13-5 节介绍的非参数检验方法将基于秩次的概念，其定义如下。

> **定义**
> 数据可以通过某种准则进行排序，比如从小到大或者从好到坏。**秩次**（或称**秩**）是根据单个样本值在排序列表中的顺序为其分配的一个数字。我们规定排序后的第一个样本值的秩次为 1，第二个样本值的秩次为 2，以此类推。

平均秩次：如果数据值相等，则一般会取其平均秩次，并将该平均秩次分配给所有相等的数据值。参考以下示例。

例 1： 平均秩次

高尔夫球单个洞的记分为 4, 5, 5, 5, 10, 11, 12, 12，其对应的秩次为 1, 3, 3, 3, 5, 6, 7.5, 7.5。计算过程参考如下：

排序数据	初始秩次	最终秩次
4	1	1
5 5 5	2 3 } 均值为 3 4	3 3 3
10	5	5
11	6	6
12 12	7 } 均值为 7.5 8	7.5 7.5

13-2 符号检验

核心概念:本节将介绍符号检验。符号检验的大致过程是先将数据值转换为正负符号,再检验其中一个符号的个数是否显著高于另一个符号的个数。

> **定义**
>
> 符号检验是指通过使用正负符号对如下类型的命题进行假设检验:
> - 配对样本。
> - 具有两个分类的名目数据。
> - 单个总体的中位数。

符号检验的基本概念:符号检验的基本思想是通过分析正符号和负符号的频数,以确定两者是否显著不同。例如,考虑 XSORT 性别选择法的临床试验结果:在 726 对使用该方法打算生女孩的夫妇中,有 668 对最后生了女孩,那么 726 个新生儿中有 668 个女孩的结果具有显著性吗?直觉告诉我们这个观测结果是具有显著性的,但是如果 726 个新生儿中有 365 个女孩呢?或者有 400 个女孩呢?符号检验能够帮助我们确定什么样的结果是具有显著性的。符号检验的流程如图 13-1 所示。

这里做如下统一处理:假设检验统计量是基于符号出现较少那一组的个数。

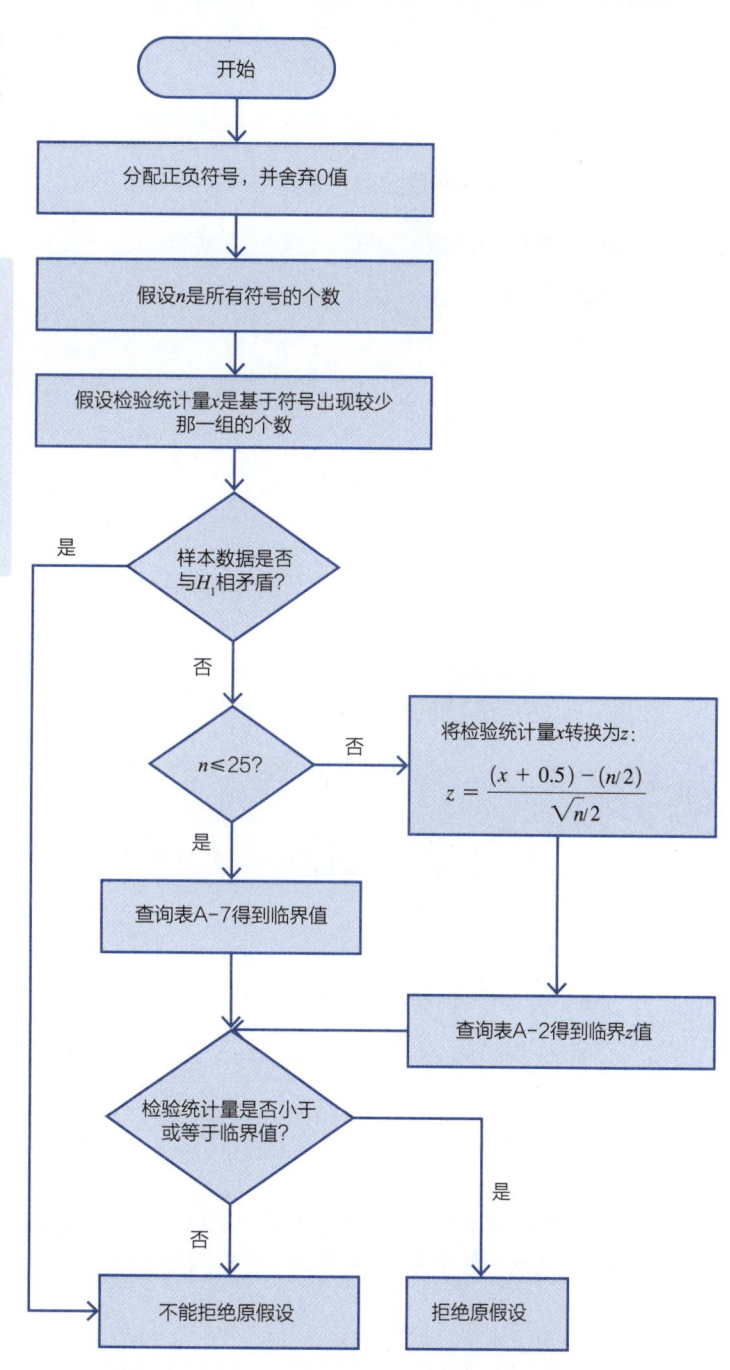

```
开始
  ↓
分配正负符号,并舍弃0值
  ↓
假设n是所有符号的个数
  ↓
假设检验统计量x是基于符号出现较少那一组的个数
  ↓
样本数据是否与H₁相矛盾?
  是↓          否→ 不能拒绝原假设
n≤25?
  是↓          否→ 将检验统计量x转换为z:
                    $z = \dfrac{(x + 0.5) - (n/2)}{\sqrt{n}/2}$
查询表A-7得到临界值          ↓
                      查询表A-2得到临界z值
  ↓                        ↓
检验统计量是否小于或等于临界值?
  否↓          是→ 拒绝原假设
不能拒绝原假设
```

图 13-1:符号检验的流程

关键要素

符号检验

目标

对如下类型的命题进行符号检验。

1. **配对样本**：计算每对数据的差值[1]，记录差值的符号并舍去所有差值为 0 的数据。

2. **具有两个分类的名目数据**：将其中一类归为正符号，另一类归为负符号。

3. **单个总体的中位数**：高于中位数的数据符号为正，低于中位数的数据符号为负，并舍去所有等于中位数的数据。

数学符号

n = 所有正负符号的个数

x = 符号出现较少那一组的个数[2]

条件

样本数据是简单随机样本（注意：没有限制样本来自何种分布）。

检验统计量

如果 $n \leqslant 25$，那么检验统计量为 x。

如果 $n > 25$，那么检验统计量计算如下（连续性修正）：

$$z = \frac{(x + 0.5) - \left(\frac{n}{2}\right)}{\frac{\sqrt{n}}{2}}$$

- p 值：使用统计软件或 z 检验统计量。
- 临界值：若 $n \leqslant 25$，则查询表 A-7；若 $n > 25$，则查询表 A-2。

提示：因为假设 x 或 z 是符号出现较少那一组的个数，所以所有的单侧检验都为左侧检验。

注意：当使用符号检验进行单侧检验时，切记不要做出与样本数据自相矛盾的结论。例如，不可能通过一个仅含有 7% 的男孩的样本，得出支持男孩比例大于 50% 的结论，参见"例 1"。

---

[1] 译者注：请注意统一计算差值的顺序，是 x_i-y_i 还是 y_i-x_i。

[2] 译者注：使用数学表达式，即设正符号的个数为 n_+，负符号的个数为 n_-，则有 $n_++n_-=n$，$x=\min(n_+, n_-)$。

例 1： 与备择假设相矛盾的样本数据

假设在 945 对使用 XSORT 性别选择法打算生女孩的夫妇中，有 66 对生了男孩（样本比例为 66/945=0.0698）。现考虑这个命题：使用 XSORT 方法会提高生男孩的比例，即备择假设为 $p>0.5$。

通过直觉也能看出男孩的样本比例只有 0.0698，远远无法支持 $p>0.5$ 的备择假设。我们至少需要男孩的样本比例显著大于 0.5，才能拒绝原假设。也就是说，此处 0.0698 的男孩样本比例与备择假设相矛盾。

解读：

如果进行符号检验，则可能会得出结果具有显著性的结论，但该显著性的方向有误[1]。因此，无法支持与样本数据相矛盾的备择假设。

▶ 轮到你了：试试 13-2 基础题的习题 3

配对样本

在进行配对样本的符号检验时，通过以下步骤将原始数据转换成正负符号。

1. 计算每对样本值的差值。
2. 记录所得差值的符号，并舍去所有差值为 0 的数据。

该检验的核心概念是：**如果两组数据的中位数相同，那么正负差值的个数应该近似相等。**

例 2： 实测体重与自报体重之间是否存在显著差异

表 13-3 列出的是随机选取的男性受试者的实测体重与自报体重（磅）（来自数据集 4 "实测和自报"）。检验男性的实测体重与自报体重的差值中位数是否为 0。（取 $\alpha=0.05$）

表 13-3：男性的实测体重和自报体重

实测体重	220.0	268.7	213.4	201.3	107.1	172.0	187.4	132.5	122.1	151.9
自报体重	220	267	210	204	107	176	187	135	122	150
差值符号	0	+	+	−	+	−	+	−	+	+

解答：

检查条件：样本数据是简单随机样本。条件满足。

---

1 译者注：造成相矛盾的根本原因是本节规定符号出现较少那一组的个数为检验统计量，因此在单侧检验的最后需要额外判断是否与直觉相符。

如果实测体重与自报体重之间没有差异，那么正负差值的个数应该近似相等。根据原始数据，可知有 6 个正差值和 3 个负差值（舍去一个 0 差值）。该符号检验的原假设和备择假设如下：

H_0：差值中位数等于 0

H_1：差值中位数不等于 0

根据图 13-1 所示的流程，$n=3+6=9$，$x=3$（符号出现较少那一组的个数，即 3 和 6 的较小值）。

因为通过 6 个正差值和 3 个负差值可以看出样本数据之间有差异，所以样本数据本身和备择假设并不相矛盾。因此，可以继续通过符号检验来确定该差异是否显著。

查询表 A-7（$n=9$，$\alpha=0.05$），可得双侧检验的临界值为 1。因为 $n = 9 \leq 25$，检验统计量为 $x=3$，所以我们不能拒绝原假设（参考表 A-7 的"注 2"：如果符号出现较少那一组的个数 x 小于或等于表中的临界值，那么拒绝原假设）。

解读

我们没有足够的证据可以拒绝男性的实测体重与自报体重的差值中位数为 0 的命题。

▶ 轮到你了：试试 13-2 基础题的习题 5

具有两个分类的名目数据

在第 1 章中，我们学习到名目尺度下的数据由名称、标签或类别构成。该数据类型天然地限制了计算的可能性，但可以确定每个类别下的样本比例，以及对总体比例进行假设检验。"例 3"展示了由不同性别组成的名目数据以及相应的符号检验。

例 3： 性别选择

GIVF 开发了 XSORT 性别选择法，用于提高生女孩的可能性。在一项临床试验中，945 个新生儿中有 879 个是女孩。检验该方法对生女孩是否有效。（使用符号检验，取 $\alpha=0.05$）

解答：

检查条件：样本数据是简单随机样本。条件满足。

设 p 为女孩的总体比例。该符号检验的原假设和备择假设如下：

H_0: $p=0.5$

H_1: $p>0.5$

将女孩编为正符号（+），男孩编为负符号（−）（符号的分配是随意的），清点后得到 879 个正符号和 66 个负符号。根据图 13-1 所示的流程，x=66。注意，这里我们不直接检验 879 个女孩是否是一个显著高的数字，而是等价检验 66 个男孩是否是一个显著低的数字，即进行左侧检验。

因为女孩的样本比例为 879/945=0.930，大于 0.5，所以该样本数据与备择假设并不相矛盾。因为 n=945，大于 25，所以将 x 转换为检验统计量 z，计算如下：

$$z = \frac{(x+0.5) - \left(\frac{n}{2}\right)}{\frac{\sqrt{n}}{2}}$$

$$= \frac{(66+0.5) - \left(\frac{945}{2}\right)}{\frac{\sqrt{945}}{2}} = -26.41$$

p 值：由检验统计量 z=−26.41，可得 p 值为 0.0000（查表得 0.0001）。

临界值：查询表 A-2，可得临界值为 z=−1.645。

因此，拒绝原假设。图 13-2 展示了检验统计量 z=−26.41 落在临界域内。

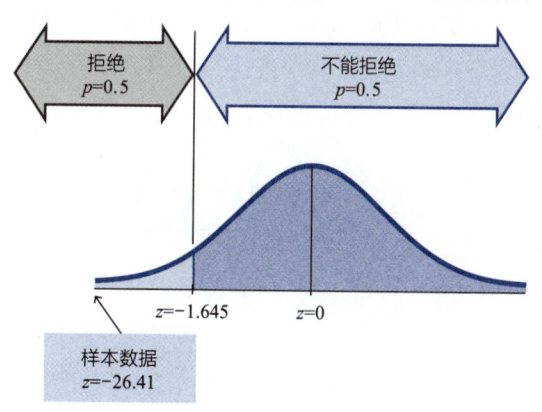

图 13-2：XSORT 方法有效性的符号检验

解读：

我们有充足的证据可以支持使用 XSORT 方法出生的女孩比例会更高，因此该方法对生女孩有效（但是该检验不能证明 XSORT 方法是女孩增加的原因）。

▶ 轮到你了：试试 13-2 基础题的习题 9

单个总体的中位数

以下示例展示了单个总体中位数的符号检验。

例 4： 体温的中位数检验

数据集 5 "体温"中包含了 106 个在第二天凌晨 12 点测量的受试者的体温数据，其中 68 个低于 98.6 ℉，23 个高于 98.6 ℉，15 个等于 98.6 ℉。检验体温的中位数是否低于 98.6 ℉。（使用符号检验，取 $\alpha=0.05$）

解答：

检查条件：样本数据是简单随机样本。条件满足。

该符号检验的原假设和备择假设如下：

$$H_0: 中位数 = 98.6\ ℉$$

$$H_1: 中位数 < 98.6\ ℉$$

将 23 个高于 98.6 ℉ 的数据编为正符号（+），68 个低于 98.6 ℉ 的数据编为负符号（−），舍去 15 个等于 98.6 ℉ 的数据。由此可得 $n=91$，$x=23$。因为 91 个数据中有 68 个低于 98.6 ℉，所以该样本数据与备择假设并不相矛盾。因为 $n=91$，大于 25，所以将 x 转换为检验统计量 z，计算如下：

$$z = \frac{(x+0.5) - \left(\frac{n}{2}\right)}{\frac{\sqrt{n}}{2}}$$

$$= \frac{(23+0.5) - \left(\frac{91}{2}\right)}{\frac{\sqrt{91}}{2}} = -4.61$$

p 值：由检验统计量 $z=-4.61$，可得 p 值为 0.0000（查表得 0.0001），p 值 < 0.05。

临界值：查询表 A-2，可得临界值为 $z=-1.645$。

因此，拒绝原假设。图 13-3 展示了检验统计量 $z=-4.61$ 落在临界域内。

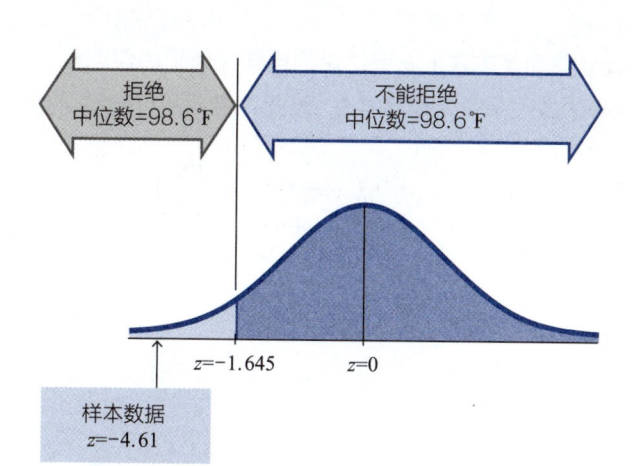

图 13-3:中位数低于 98.6 °F 的符号检验

解读:

我们有充足的证据可以支持体温的中位数低于 98.6 °F。

▶ 轮到你了:试试 13-2 基础题的习题 13

在 "例 4" 中,符号检验的检验统计量为 $z=-4.61$,p 值为 0.00000202。然而,$\mu<98.6$ °F 的参数检验结果显示,检验统计量为 $t=-6.611$,p 值为 0.000000000813。因为符号检验的 p 值没有参数检验的 p 值低,所以前者没有后者灵敏。虽然这两种检验都得出拒绝原假设的结论,但符号检验得出的结论并不认为样本数据出现的可能性更为极端,部分原因是符号检验只使用了关于数据方向的信息,而忽略了数据值的大小。下一节介绍的威尔科克森符号秩检验会在很大程度上克服这个缺点。

当 $n>25$ 时,检验统计量的基本原理: 在表 A-7 中只能找到 $n \leqslant 25$ 对应的临界值。当 $n > 25$ 时,检验统计量 z 的计算是基于二项分布的正态近似法的。根据本书 6-6 节的介绍,我们知道,当 $np \geqslant 5$ 和 $nq \geqslant 5$ 同时得到满足时,可以使用正态分布来近似二项分布。假设在符号检验中 $p=q=1/2$,因此只要满足 $n \geqslant 10$,$np \geqslant 5$ 和 $nq \geqslant 5$ 就能同时得到满足。回忆本书 5-2 节的内容,二项分布的均值为 $\mu=np$,$\sigma=\sqrt{npq}$,所以有 $\mu=np=n/2$,$\sigma=\sqrt{npq}=\sqrt{n}/2$。将其代入标准 z 分数公式中,则有:

$$z = \frac{x-\mu}{\sigma} = \frac{x-\left(\dfrac{n}{2}\right)}{\dfrac{\sqrt{n}}{2}}$$

x 的值为离散数据,而正态分布为连续性分布,也就是说,我们是用 9.5 到 10.5 的一个区间来表示 10 的。因此，此处使用了本书 6-6 节讨论的连续性修正。但区别在于，x 代表符号出现较少那一组的个数，所以保守的做法是只考虑 $x+0.5$。因此，最后的检验统计量 z 为

$$z = \frac{(x+0.5) - \left(\frac{n}{2}\right)}{\frac{\sqrt{n}}{2}}$$

使用软件

符号检验

Excel

Excel 没有专门用于符号检验的功能，但可以求符号检验的 p 值。

1. 打开"公式"选项卡，点击"插入函数"，选择"统计"类别下的 BINOM.DIST 函数，点击"确定"按钮。

2. 对于参数 Number_s（试验成功次数 x），输入 x；对于参数 Trials（试验次数），输入 n；对于参数 Probability_s（概率），输入 0.5；对于参数 Cumulative（是否为累积分布函数），输入 TRUE。

3. 点击"确定"按钮。输出值为单侧检验的 p 值。若为双侧检验，则将该结果乘以 2。

R

R 没有专门用于符号检验的功能，但可以求符号检验的 p 值。

R 命令：binom.test(x, n, p=0.5, alternative=c("less" or "two.sided")

13-3 威尔科克森符号秩检验

核心概念：本节将介绍威尔科克森符号秩检验。该检验可以被应用于以下定义中描述的两种场景。

> **定义**
>
> 威尔科克森符号秩检验（Wilcoxon Signed-Ranks Test）作为一种非参数检验，可被应用的场景如下：
>
> 1. 检验配对样本对应的总体的差值中位数是否等于 0。
> 2. 检验单个总体的中位数是否等于某个值。

在检验单个总体的中位数是否等于某个值时，其实就是将该值与每个样本值进行一一配对。因此，对于以上两种不同的场景，可以采用同一种统计方法。

配对样本

符号检验仅使用了配对样本中差值符号的信息，而威尔科克森符号秩检验使用了秩次，没有使用符号。因此，符号秩检验考虑了差值大小的信息，从而使其检验结果能够更好地反映数据的真实性。

关键要素

威尔科克森符号秩检验

目标

对如下类型的命题进行威尔科克森符号秩检验。

- 配对样本：检验配对样本对应的总体的差值中位数是否等于0。
- 单个总体的中位数：检验总体的中位数是否等于某个值。

数学符号

T_+ = 非零差值 d 的正秩和 [1]

T_- = 非零差值 d 的负秩和

$T = \min(|T_-|, |T_+|)$

（计算 T 的具体步骤，参考以下"检验统计量"的具体步骤。）

条件

1. 样本数据是简单随机样本。

2. 差值的总体分布近似于对称（如果是单个总体，那么其差值为该特定值与每个样本值之差。如果是配对样本，那么其差值为配对样本的两个样本值之差）。（注意：没有限制样本来自何种分布。）

检验统计量

如果 $n \leq 30$，那么检验统计量为 T。

如果 $n > 30$，那么检验统计量计算如下：

$$z = \frac{T - \dfrac{n(n+1)}{4}}{\sqrt{\dfrac{n(n+1)(2n+1)}{24}}}$$

---

[1] 译者注：秩和即秩次之和或等级之和。正秩和即所有差值为正的秩次之和；负秩和即所有差值为负的秩次之和。

- **p 值**：使用统计软件，或者使用 z 检验统计量和表 A-2。
- **临界值**：若 $n \leq 30$，则查询表 A-8；若 $n > 30$，则查询表 A-2。

威尔科克森符号秩检验的步骤："例1"将展示威尔科克森符号秩检验的 8 个步骤。当数据量较大时，排序以及求秩次的过程会很枯燥，因此建议使用相关统计软件。另外，茎叶图在数据排序方面会有很大的帮助。

例1: 实测体重和自报体重

表 13-4 列出的前两行是随机选取的男性受试者的实测体重和自报体重（来自数据集 4 "实测和自报"）。每列数据来自同一个受试者。检验男性的实测体重与自报体重的差值中位数是否为 0，即检验实测体重与自报体重之间是否存在显著差异。（使用威尔科克森符号秩检验，取 $\alpha = 0.05$）

表 13-4：男性的实测体重和自报体重

实测体重	152.6	149.3	174.8	119.5	194.9	180.3	215.4	239.6
自报体重	150	148	170	119	185	180	224	239
差值 d	2.6	1.3	4.8	0.5	9.9	0.3	−8.6	0.6
$\|d\|$ 的秩次	5	4	6	2	8	1	7	3
符号秩次	5	4	6	2	8	1	−7	3

解答：

检查条件：①样本数据是简单随机样本。②根据表 13-4 的第 3 行的差值，创建直方图，其图像近似于对称。所有条件都满足。

威尔科克森符号秩检验的步骤

步骤1：求每对数据的差值 d，并舍去所有为 0 的差值。

示例：表 13-4 的第 3 行是实测体重与自报体重的差值，并舍去了所有为 0 的差值。

步骤2：按 $|d|$ 升序排列。若 $|d|$ 相等，则取其平均秩次（见 13-1 节）。

示例：表 13-4 的第 4 行是 $|d|$ 的秩次。例如，$|d|$ 的最小值为 0.3，因此其秩次为 1；第二小的 $|d|$ 是 0.5，因此其秩次为 2。

步骤3：将 d 的正负符号添加至 $|d|$ 的秩次中。

示例：表 13-4 的第 5 行与第 6 行的秩次完全相同，唯一的区别在于第 5 行包含了 d 的符号。

步骤4：分别求正秩和的绝对值（$|T_+|$）以及负秩和的绝对值（$|T_-|$）。

示例：根据表 13-4 的第 5 行的符号秩次，正秩和为 |5+4+6+2+8+1+3|=29，负秩和为 |−7|=7。

步骤 5：求 $T=\min(|T_-|, |T_+|)$。

示例：$T=\min(|T_-|, |T_+|)=\min(29, 7)=7$。

步骤 6：设 n 为所有差值不为 0 的样本对数。

示例：$n=8$。

步骤 7：求检验统计量以及临界值（参考"关键要素"部分）。

示例：$T=7$。该检验为双侧检验，查询表 A-8，可得临界值为 4。

步骤 8：若检验统计量落在临界域内（检验统计量小于或等于临界值），则拒绝原假设；否则，不能拒绝原假设。

示例：$T=7$，大于 4，因此不能拒绝原假设。

解读：

我们没有充足的证据可以支持实测体重与自报体重之间存在显著差异的命题。该检验基于一个很小的样本，若基于更大的样本，则可能会得出不同的结论。

▶ 轮到你了：试试 13-3 基础题的习题 5

单个总体的中位数

只需对上述检验步骤进行简单调整，即可将威尔科克森符号秩检验应用于单个总体的情况：

当检验单个总体的中位数是否等于某个值时，通过将该值与每个样本值进行一一配对，就可以使用"例 1"中的检验步骤。

例 2：体温的中位数检验

数据集 5 "体温"中包含了 106 个在第二天凌晨 12 点测量的受试者的体温数据，使用所有 106 个体温数据，检验体温的中位数是否低于 98.6 °F。（使用威尔科克森符号秩检验，取 $\alpha=0.05$）

解答：

检查条件：①样本数据是简单随机样本。②其差值直方图显示的图像近似于对称。所有条件都满足。

将样本数据与 98.6 ℉ 进行一一配对以构成成对数据，并输入统计软件中进行分析。Statdisk 的检验结果显示 $T=661$，转换后 $z=-5.67$（该统计软件假设该检验为双侧检验，左侧检验的检验统计量为 $z=-1.645$），其对应的 p 值为 0.000。因此，我们拒绝原假设。我们有充足的证据可以支持体温的中位数低于 98.6 ℉ 这一命题。该结论与 13-2 节的"例 4"的结论不谋而合。

```
Statdisk

Num Unequal pairs: 91

Using Approximation
Test Statistic, T: 661.0000
Mean, μ: 2093
Standard Deviation: 252.6589
Test Statistic, z: -5.6677
Critical z: ±1.959962
```

▶ 轮到你了：试试 13-3 基础题的习题 9

基本原理：在"例 1"中，（未分配正负符号的）|d| 的秩和为 36。如果数据间的确不存在显著差异，那么正秩和与负秩和都应该在 36/2=18 附近。也就是说，正秩和与负秩和的比例约为 18∶18 或者 17∶19。在表 A-8 中，在 8 对样本数据和 $α=0.05$ 的情况下显示的临界值为 4，这意味着与原假设有显著区别的比例约为 4∶32，比该比例还要极端的结果肯定具有显著性。相反，5∶31 和 18∶18 就不存在显著差异，也就不能拒绝原假设。而威尔科克森符号秩检验是基于较低的秩和的，因此我们不用分析两边的比例，只需要考虑较低一边的比例即可。

秩和即 $1+2+3+\cdots+n=n(n+1)/2$。另外，如果秩和能被均匀地分为正负两组，那么正秩和与负秩和都为 $n(n+1)/2$ 的一半，即 $n(n+1)/4$。这两个表达式就是当 $n>30$ 时，z 的分子和分母的由来。

使用软件

威尔科克森符号秩检验
R

R 命令：wilcox.test(x, y, paired = TRUE)

其中，x、y 为配对样本。

13-4 威尔科克森秩和检验

核心概念：威尔科克森秩和检验通过两个独立样本的秩次来检验两个独立总体的中位数是否相同。威尔科克森秩和检验等价于曼—惠特尼 U 检验（Mann-Whitney U Test）（参见 "13-4 提高题" 的 "习题 13"），后者常被用于统计软件中。以下是威尔科克森秩和检验的基本思想：如果两个样本来自两个相同的总体，那么将所有的样本值排序并合并为一组值后，秩次的高低应该均匀地分布在两个样本中。如果较低的秩次主要出现在一个样本中，而较高的秩次主要出现在另一个样本中，那么就表明两个总体的中位数并不相同。

与两个独立样本的 t 检验不同，威尔科克森秩和检验不需要具有正态分布的总体，并且可以被用于次序尺度下的数据，例如由等级组成的数据。我们注意到，与参数检验相比，表 13-2 中秩和检验的效率得分为 0.95。由于威尔科克森秩和检验具有很高的效率得分且易于计算，因此，即使在满足正态性的条件下，它也往往优于 t 检验。

> **定义**
>
> **威尔科克森秩和检验**为非参数检验，该检验通过样本数据的秩次来检验两个独立总体的中位数是否相同。

关键要素

威尔科克森秩和检验

目标

检验两个独立总体的中位数是否相同。

数学符号

n_1 = 样本 1 的样本量

n_2 = 样本 2 的样本量

R_1 = 样本 1 的秩和

R_2 = 样本 2 的秩和

$R = R_1$

$\mu_R = R$ 在原假设下的均值

$\sigma_R = R$ 在原假设下的标准差

条件

1. 两个样本相互独立且都是简单随机样本。

2. 每个样本的样本量大于 10。

（注意：没有限制样本来自何种分布。）

检验统计量

$$z = \frac{R - \mu_R}{\sigma_R}$$

其中，$\mu_R = \dfrac{n_1(n_1 + n_2 + 1)}{2}$，$\sigma_R = \sqrt{\dfrac{n_1 n_2 (n_1 + n_2 + 1)}{12}}$。

- **p 值**：使用统计软件，或者使用 z 检验统计量和表 A-2。
- **临界值**：使用 A-2。

求检验统计量的过程

表 13-5 中的数据是从数据集 2 "人体测量调查 I 1988" 和数据集 3 "人体测量调查 II 2012" 中随机选取的男性身高（毫米）。参考表 13-5 的示例，理解求检验统计量的过程。

表 13-5：男性身高（毫米）

人体测量调查 I 1988	人体测量调查 II 2012
1698 **(5)**	1810 **(21)**
1727 **(8)**	1850 **(25)**
1734 **(11)**	1777 **(16)**
1684 **(3)**	1811 **(22)**
1667 **(1)**	1780 **(17.5)**
1680 **(2)**	1733 **(10)**
1785 **(19)**	1814 **(23)**
1885 **(27)**	1861 **(26)**
1841 **(24)**	1709 **(7)**
1702 **(6)**	1740 **(13)**
1738 **(12)**	1694 **(4)**
1732 **(9)**	1766 **(15)**
	1748 **(14)**

续表

人体测量调查 I 1988	人体测量调查 II 2012
	1794 **(20)**
	1780 **(17.5)**
n_1=12	n_2=15
R_1=127	R_2=251

步骤 1：将两个样本合并并按升序计算秩次。如果数据值相等，则取其平均秩次。

示例：在表 13-5 中，每个数据值的括号内为其对应的秩次。

步骤 2：分别求出两个样本的秩和。

示例：R_1=5+8+11+…+9=127，R_2=21+25+16+…+17.5=251。

步骤 3：根据"关键要素"中的检验统计量，计算 z，其中任何一个样本都可以被视为"样本 2"（如果两个样本的样本量都大于 10，那么 R 的抽样分布近似服从均值为 μ_R，标准差为 σ_R 的正态分布）。

示例：参考"例 1"中的计算过程。

例 1： 男性身高样本数据检验

表 13-5 中的数据是从数据集 2 "人体测量调查 I 1988"和数据集 3 "人体测量调查 II 2012"中随机选取的男性身高（毫米）。检验两个样本是否来自中位数相同的总体。（取 α=0.05）

解答：

检查条件：①两个样本相互独立且都是简单随机样本。②n_1=12，n_2=15。所有条件都满足。

该命题的原假设是两个样本来自中位数相同的总体，备择假设是两个样本来自中位数不相同的总体。

我们假设 $R=R_1$，则有 R=127（参考上述"求检验统计量的过程"）。将上面的这些值代入以下公式中，则有：

$$\mu_R = \frac{n_1(n_1 + n_2 + 1)}{2} = \frac{12(12 + 15 + 1)}{2} = 168$$

$$\sigma_R = \sqrt{\frac{n_1 n_2(n_1 + n_2 + 1)}{12}} = \sqrt{\frac{(12)(15)(12 + 15 + 1)}{12}} = 20.4939$$

$$z = \frac{R - \mu_R}{\sigma_R} = \frac{127 - 168}{20.4939} = -2.00$$

该检验是双侧检验：如果 z 是一个较大的正值，那么证明了样本 1 中存在很多较高的秩次；如果 z 是一个较大的负值，那么证明了样本 1 中存在很多较低的秩次。在上述任何一种情况下，我们都有足够的证据可以拒绝原假设。

通过未舍入的 z，可得 p 值为 0.045，临界值为 ±1.96，因此拒绝原假设。

解读：

我们有足够的证据可以拒绝两个样本的男性身高来自中位数相同的总体的假设。

▶ 轮到你了：试试 13-4 基础题的习题 5

在"例 1"中，如果假设 $R=R_2$，则有 $R=251$，$\mu_R=210$，$\sigma_R=20.4939$，$z=2.00$。在此情况下，所得的假设检验结论与"例 1"中的结论相同。

例 2： 男性身高——更大的样本

重复"例 1"，但使用数据集 2"人体测量调查 I 1988"中的所有 1774 个样本以及数据集 3"人体测量调查 II 2012"中的所有 4082 个样本。使用统计软件进行分析，Statdisk 的检验结果显示 $z=-0.10546$，并求得 p 值为 0.9160。因此不能拒绝原假设，该结论与"例 1"中的结论相反。

```
Statdisk

Total Number of Values:    5856
Rank Sum 1:                5188889.00000
Rank Sum 2:                11960407.00000

Mean, μ:                   5195159.00000
Standard Deviation:        59451.15507
Test Statistic, z:         -0.10546
Critical z:                ±1.95996
```

▶ 轮到你了：试试 13-4 基础题的习题 9

使用软件

威尔科克森秩和检验

R

R 命令：wilcox.test(x, y, paired = FALSE)

其中，x、y 为独立样本。

13-5 Kruskal-Wallis 检验

核心概念：假设有 3 个或 3 个以上相互独立的简单随机样本，Kruskal-Wallis 检验根据其秩次关系来检验样本是否都来自中位数相同的总体。

本书 12-1 节介绍的单因素方差分析用于检验样本是否都来自均值相同的总体，但该方法要求所有的总体都服从正态分布。而本节介绍的 Kruskal-Wallis 检验则不需要满足该条件。

> **定义**
> 假设有 3 个或 3 个以上相互独立的简单随机样本，*Kruskal-Wallis 检验*（又称为 *H 检验*）根据上述样本合并后的秩次，检验样本是否都来自中位数相同的总体。

如果每个样本都至少有 5 个观测值，那么 Kruskal-Wallis 检验中的检验统计量 H 所对应的分布近似于卡方分布。H 度量不同样本的 $R_1, R_2, \cdots, R_k$ 秩和的方差。如果秩次均匀分布在每组样本中，那么 H 值相对较小。反之，如果样本间差异较大，那么一些组中的秩次就会过低，而另一些组中的秩次就会过高，从而导致 H 值偏大。而只有偏大的 H 值会让我们拒绝原假设，因此 Kruskal-Wallis 检验为右侧检验。

关键要素

Kruskal-Wallis 检验

目标

检验 3 个或 3 个以上总体的中位数是否相同。

数学符号

N = 所有样本合并后的观测个数

k = 所有样本的个数

n_i = 第 i 个样本的样本量

R_i = 第 i 个样本的秩和

$i = 1, 2, \cdots, k$

条件

1. 至少有 3 个相互独立的简单随机样本。

2. 每个样本都至少有 5 个观测值。

（注意：没有限制样本来自何种分布。）

检验统计量

$$H = \frac{12}{N(N+1)}\left(\frac{R_1^2}{n_1} + \frac{R_2^2}{n_2} + \cdots + \frac{R_k^2}{n_k}\right) - 3(N+1)$$

- p 值：使用统计软件，或者使用 H 检验统计量和表 A-4（df=$k-1$）。
- 临界值：使用表 A-4（df=$k-1$）。

求 H 检验统计量的过程

表 13-6 中的数据来自在汽车碰撞测试中不同车型对头部损伤测量的结果（数据集 35 "汽车碰撞数据"中的部分数据）。参考表 13-6 的示例，理解求 H 检验统计量的过程。

步骤 1：将所有样本合并并按升序计算秩次。如果数据值相等，则取其平均秩次。

示例：在表 13-6 中，每个数据值的括号内为其对应的秩次。

步骤 2：分别求得每个样本的样本量以及秩和。

示例：R_1=110，R_2=47.5，R_3=32.5。

步骤 3：根据"关键要素"中的检验统计量，计算 H。

示例：参考"例 1"中的计算过程。

表 13-6：汽车碰撞测试中的头部损伤结果（HIC）

小型车	253 **(14)**	143 **(6)**	124 **(5)**	301 **(17)**	422 **(19)**	324 **(18)**	258 **(15)**	271 **(16)**	n_1=8	R_1=110
中型车	117 **(3)**	121 **(4)**	204 **(12)**	195 **(11)**	186 **(10)**	178 **(7.5)**			n_2=6	R_2=47.5
大型车	249 **(13)**	90 **(1)**	178 **(7.5)**	114 **(2)**	183 **(9)**				n_3=5	R_3=32.5

例 1： 车型与头部损伤结果

根据表 13-6 中的数据，检验 3 个样本是否都来自中位数相同的总体。（取 α=0.05）

解答：

检查条件：①样本间相互独立且都是简单随机样本。②每个样本的样本量都大于 5。所有条件都满足。

该命题的原假设是样本都来自中位数相同的总体，备择假设是样本不全来自中位数相同的总体。

样本秩和以及样本量都已列在表 13-6 最后两列，且 $k=3$，$N=19$。将它们代入 H 检验统计量的计算公式中，可得：

$$H = \frac{12}{N(N+1)}\left(\frac{R_1^2}{n_1} + \frac{R_2^2}{n_2} + \cdots + \frac{R_k^2}{n_k}\right) - 3(N+1)$$

$$= \frac{12}{19(19+1)}\left(\frac{110^2}{8} + \frac{47.5^2}{6} + \frac{32.5^2}{5}\right) - 3(19+1)$$

$$= 6.309$$

该检验是右侧检验，查询表 A-4（df=2），可得对应的 p 值小于 0.05，或者通过统计软件，可得 p 值为 0.043，临界值为 5.991。因此，我们拒绝原假设。

解读：

我们有足够的证据可以拒绝 HIC 样本都来自中位数相同的总体的假设。至少有一个总体的中位数与其他的中位数显著不同。

▶ 轮到你了：试试 13-5 基础题的习题 5

基本原理： H 检验统计量是方差分析中 F 检验统计量的"秩次版本"。用秩次 R 取代原 x 值后，原始公式中的大部分项就可以被确定下来，比如所有的秩和为 $N(N+1)/2$。表达式

$$H = \frac{12}{N(N+1)}\Sigma n_i(\overline{R}_i - \overline{\overline{R}})^2$$

中的 $\overline{R}_i = R_i/n_i$ 和 $\overline{\overline{R}} = \Sigma R_i/\Sigma n_i$ 为秩次的加权方差。上述表达式与"关键要素"中的 H 检验统计量等价。

> **使用软件**
>
> **Kruskal–Wallis 检验**
>
> **R**
>
> R 命令：kruskal.test(list(x, y, z))

13-6 秩相关性检验

核心概念：本节将介绍根据配对样本的秩次来检验两个变量之间的相关性。如第10章所述，我们先通过判断散点图上的特征和异常值来分析配对样本。

> **定义**
> 秩相关性检验（又称为**斯皮尔曼秩相关性检验**）是通过配对样本的秩次来检验两个变量之间的相关性的。

为了与线性相关系数 r 相区别，秩相关系数被记作 r_s。其中，使用下标 s 是为了纪念首先提出秩相关性概念的查尔斯·斯皮尔曼（Chalres Spearman），因此 r_s 也被称为斯皮尔曼秩相关系数。秩相关性检验的关键组成部分参见下面的"关键要素"。秩相关性检验的流程如图13-4所示。

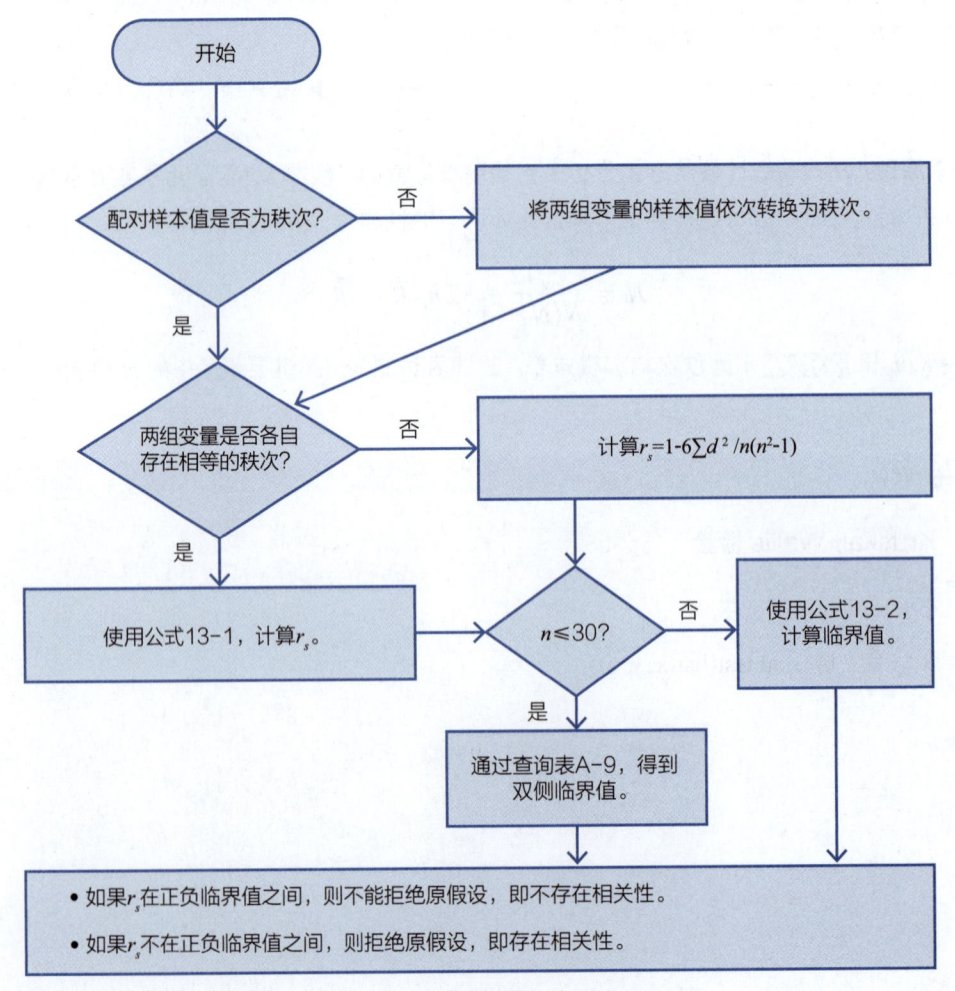

```
                    开始
                      │
                      ▼
          ┌─────────────────────┐      否    ┌──────────────────────────┐
          │ 配对样本值是否为秩次？│──────────▶│ 将两组变量的样本值依次转换为秩次。│
          └─────────────────────┘           └──────────────────────────┘
                      │ 是                              │
                      ▼                                 │
          ┌─────────────────────┐      否    ┌──────────────────────────┐
          │ 两组变量是否各自      │──────────▶│ 计算 $r_s = 1 - 6\sum d^2/n(n^2-1)$ │
          │ 存在相等的秩次？     │           └──────────────────────────┘
          └─────────────────────┘                       │
                      │ 是                              │
                      ▼                                 ▼
          ┌─────────────────────┐           ┌─────────────┐   否   ┌──────────────┐
          │ 使用公式13-1，计算 $r_s$。│           │  $n ≤ 30$？  │───────▶│ 使用公式13-2，│
          └─────────────────────┘           └─────────────┘        │ 计算临界值。  │
                                                  │ 是             └──────────────┘
                                                  ▼
                                      ┌──────────────────────┐
                                      │ 通过查询表A-9，得到   │
                                      │ 双侧临界值。          │
                                      └──────────────────────┘
```

- 如果 r_s 在正负临界值之间，则不能拒绝原假设，即不存在相关性。
- 如果 r_s 不在正负临界值之间，则拒绝原假设，即存在相关性。

图13-4：秩相关性检验的流程

> **关键要素**
>
> **秩相关性检验**
>
> **目标**
>
> 通过秩相关系数 r_s 来检验两个变量之间的相关性
>
> $$H_0: \rho_s = 0 \text{（不存在相关性）}$$
>
> $$H_1: \rho_s \neq 0 \text{（存在相关性）}$$
>
> **数学符号**
>
> n = 配对样本的对数，即数据的组数
>
> r_s = 样本数据的秩相关系数
>
> ρ_s = 配对样本总体的秩相关系数
>
> d = 配对样本的差值
>
> **条件**
>
> 给定一组成对数据，对相关系数的计算没有任何限制。但是，当使用成对数据来推断其总体的线性相关性时，应当满足以下条件：
>
> 1. 配对样本是简单随机样本。
>
> 2. 数据值是秩次，或者可以转换为秩次。
>
> （注意：没有限制样本必须服从二元正态分布。）
>
> **计算 r_s 的公式**
>
> 将样本值转换为秩次后，使用公式 13-1 来计算 r_s。
>
> 公式 13-1：
> $$r_s = \frac{n(\Sigma xy) - (\Sigma x)(\Sigma y)}{\sqrt{n(\Sigma x^2) - (\Sigma x)^2}\sqrt{n(\Sigma y^2) - (\Sigma y)^2}}$$
>
> 如果两个变量各自的秩次都不相等，则可以使用以下简化公式：
>
> $$r_s = 1 - \frac{6\Sigma d^2}{n(n^2 - 1)}$$
>
> - p **值**：通过统计软件（注意：请使用通过斯皮尔曼秩相关性检验的 p 值，而不是使用通过秩次的线性相关性检验的 p 值）。

- **临界值**：如果 $n \leq 30$，则使用表 A-9；如果 $n > 30$，则使用公式 13-2。

公式 13-2：
$$r_s = \frac{\pm z}{\sqrt{n-1}}$$

其中，z 的值与显著性水平相对应（比如 $\alpha=0.05$，则有 $z=1.96$）。

秩相关性检验的优点：与第 10 章介绍的参数方法相比，秩相关性检验具有以下优点。

1. 秩相关性检验不需要样本服从正态分布。
2. 秩相关性检验可以检测出部分（不是全部）非线性关系。

秩相关性检验的缺点：秩相关性检验的效率得分只有 0.91（参考 13-1 节）。

例 1：质量好的智能手机售价更高吗

"本章问题"中的表 13-1 列出了智能手机的排名和售价（美元）。排名越高的智能手机质量越好。试求秩相关系数 r_s，并检验质量和售价之间是否存在相关性。基于结果，是否能够说明质量好的智能手机售价更高？（取 $\alpha=0.05$）

解答：

检查条件：①配对样本是简单随机样本。②数据值是秩次，或者可以转换为秩次。所有条件都满足。

质量排名为连续整数且其总体不是正态分布的，因此这里使用秩相关系数而非线性相关系数来检验质量和售价之间的关系。其原假设和备择假设如下：

$H_0: \rho_s = 0$（质量和售价之间不存在相关性）

$H_1: \rho_s \neq 0$（质量和售价之间存在相关性）

因为质量排名已经是秩次，所以无须转换，只需要将售价转换为秩次即可。表 13-7 的最后一行是售价秩次，当数据值相等时，使用平均秩次。

表 13-7：智能手机排名与售价及其秩次

质量排名	1	2	3	4	5	6	7	8	9	10
售价（美元）	1000	1100	900	1000	750	1000	900	700	750	600
售价秩次	8	10	5.5	8	3.5	8	5.5	2	3.5	1

因为有秩次相等的情况，所以必须使用公式 13-1 求 r_s，计算如下：

$$r_s = \frac{n\Sigma xy - (\Sigma x)(\Sigma y)}{\sqrt{n(\Sigma x^2) - (\Sigma x)^2}\sqrt{n(\Sigma y^2) - (\Sigma y)^2}}$$

$$= \frac{10(238) - (55)(55)}{\sqrt{10(385) - (55)^2}\sqrt{10(382) - (55)^2}} = -0.796$$

查询表 A-9，可得临界值为 ±0.648（基于 α=0.05 和 n=10）。因此拒绝原假设，有足够的证据可以证明手机的质量与售价之间存在相关性。看来我们可以花更多的钱来获得质量更好的手机，但这个结论错误地暗示了因果关系。

▶ 轮到你了：试试 13-6 基础题的习题 7

例 2： 大样本的情况

"例 1"仅展示了小样本的情况（n=10）。假设有如下按质量由高到低排序的 33 部手机（排名高的手机秩次低，即质量排名第一的手机是第一个数据值），检验质量和售价之间是否存在相关性。（取 α=0.05）

1000	1100	900	1000	750	1000	900	700	750	600	550
700	600	470	900	850	800	400	400	800	490	470
230	850	500	255	800	400	330	800	550	850	120

解答：

检查条件：①配对样本是简单随机样本。②数据值是秩次，或者可以转换为秩次。所有条件都满足。

检验统计量：通过统计软件，可得 r_s=-0.572。

临界值：因为 n=33，大于 30，所以根据公式 13-2 求临界值。计算如下：

$$r_s = \frac{\pm z}{\sqrt{n-1}} = \frac{\pm 1.96}{\sqrt{33-1}} = \pm 0.346$$

r_s 不在两个临界值之间，因此拒绝原假设，即有足够的证据可以支持手机的质量和售价之间存在相关性。

▶ 轮到你了：试试 13-6 基础题的习题 13

检测非线性特征：使用线性相关性检验无法检测出非线性相关性，而使用秩相关性检验有时可以检测出非线性相关性。下面的散点图显示点之间存在 S 型特征。如果使用线性相关性检验，则可得 $r=0.627$，临界值为 ± 0.632，因此没有足够的证据可以支持 x 和 y 之间存在线性相关性。而如果使用秩相关性检验，则可得 $r=0.997$，临界值为 ± 0.648，因此有足够的证据可以支持 x 和 y 之间存在线性相关性。

使用秩相关性检验，有时可以检测出非线性相关性。

非线性特征

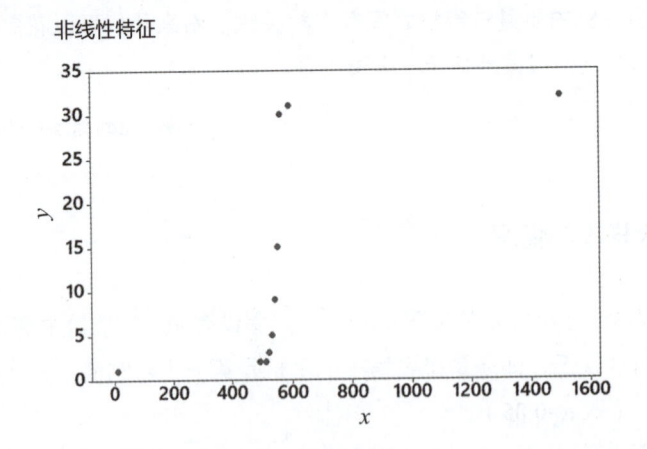

吸烟与癌症的直接联系

当发现两个变量之间具有统计相关性时，就必须非常小心，以避免得出因果关系的错误结论。烟草业一直强调相关性并不意味着因果关系，因此否认烟草制品致癌。然而，约翰霍普金斯大学的 David Sidransky 博士和其他研究人员发现了实证：吸烟者中一种特定基因的突变。通过对基因变化的分子分析，研究人员可以确定吸烟是否是癌症的诱因。虽然统计方法不能证明吸烟致癌，但可以用来确定两者之间的关联，进而研究人员可以寻找因果关系的实证。

（参见"Association Between Cigarette Smoking and Mutation of the p53 Gene in Squamous-Cell Carcinoma of the Head and Neck", Brennan, Boyle, et al., New England Journal of Medicine, Vol 332, No. 11.）

使用软件

秩相关性检验

Excel

Excel 并没有函数直接用于计算原始样本数据的秩相关系数，但可以通过以下步骤转换后计算。

1. 将原始样本数据转换为其对应的秩次。

2. 打开"公式"选项卡，点击"插入函数"，选择"统计"类别下的 CORREL 函数，点击"确定"按钮。

3. 对于参数 Array1（数组 1），输入变量 x 的数据范围；对于参数 Array2（数组 2），输入变量 y 的数据范围。

4. 点击"确定"按钮。

R

R 命令：cor.test (x, y, method="spearman")

13-7 游程检验

核心概念：本节介绍的游程检验用于确定样本数据的序列是否具有随机顺序。该检验要求每个数据值都可以被分类为两个类别之一，然后根据两个类别中的游程判断结果是否来自随机过程。

> **定义**
> 将每个数据值都分类为两个类别之一之后，一个游程是指连续出现同一类别的区段。在该区段之后，可以有另一个类别的区段或者没有数据。
> 游程检验（或称为连贯检验）根据样本数据中游程出现的次数判断数据是否来自随机过程。

游程检验的基本原理

以下是游程检验的核心概念：

如果游程的总数过高或者过低，那么我们拒绝数据来自随机过程。

- 示例：一组性别序列 FFFFFMMMMM 并不是随机顺序的，因为该序列只有 2 个游程，即游程出现的次数过低。

- 示例：一组性别序列 FMFMFMFMFM 并不是随机顺序的，因为该序列有 10 个游程，即游程出现的次数过高。

判断游程出现的次数过高或者过低的具体准则参见下面的"关键要素"部分。游程检验的流程如图 13-5 所示。

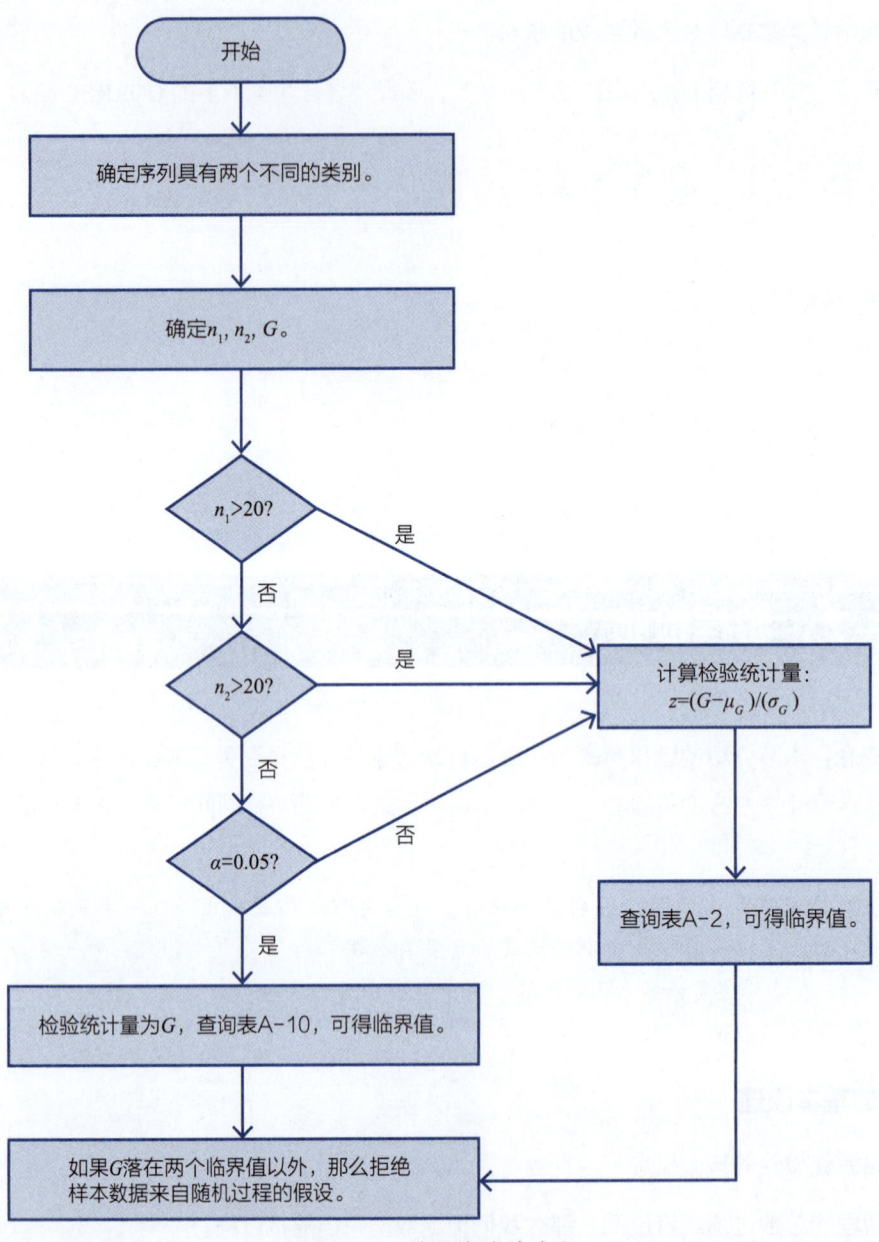

```
                    ┌─────────┐
                    │  开始   │
                    └────┬────┘
                         ↓
          ┌──────────────────────────────┐
          │ 确定序列具有两个不同的类别。 │
          └──────────────┬───────────────┘
                         ↓
          ┌──────────────────────────────┐
          │ 确定 $n_1$, $n_2$, $G$。     │
          └──────────────┬───────────────┘
                         ↓
                    ┌─────────┐     是
                    │$n_1>20$?├──────────→┐
                    └────┬────┘           │
                       否↓                │
                    ┌─────────┐     是    │
                    │$n_2>20$?├──────────→┤
                    └────┬────┘           │
                       否↓                │
                    ┌─────────┐     否    │
                    │$α=0.05$?├──────────→┤
                    └────┬────┘           ↓
                       是↓       ┌────────────────────┐
                                 │ 计算检验统计量：   │
                                 │$z=(G-μ_G)/(σ_G)$   │
                                 └─────────┬──────────┘
                                           ↓
          ┌──────────────────────────────┐ ┌────────────────────┐
          │检验统计量为$G$，查询表A-10， │ │查询表A-2，可得临界值。│
          │可得临界值。                  │ └─────────┬──────────┘
          └──────────────┬───────────────┘           │
                         ↓                           │
          ┌──────────────────────────────┐           │
          │如果$G$落在两个临界值以外，那么拒绝├←──────┘
          │样本数据来自随机过程的假设。  │
          └──────────────────────────────┘
```

图13-5：游程检验的流程

注意：游程检验是基于数据出现的顺序而不是数据出现的频数的。例如，一个由3位男性和20位女性依次排序组成的序列可能是随机的，但由3位男性和20位女性组成的样本是否有偏样本不是游程检验可以解决的问题。

关键要素

游程检验

目标

检验样本数据的序列是否具有随机顺序。

H_0：样本数据来自随机过程；H_2：样本数据并非来自随机过程。

数学符号

n_1 = 第一个类别的游程个数（第一个或第二个类别的选择是任意的）。

n_2 = 第二个类别的游程个数

G = 游程总数

条件

1. 样本数据按照某种排序方案排列，例如样本值的获取顺序。

2. 每个数据值都可以被分类为两个类别之一（比如男性/女性）。

检验统计量与临界值

- 小样本（$n_1 \leq 20$，$n_2 \leq 20$）并且 $\alpha=0.05$
  - 检验统计量：G。
  - 临界值：使用表 A-10。
  - 做出判断：如果 G 落在两个临界值以外，那么拒绝样本数据来自随机过程。

- 大样本（$n_1 > 20$，$n_2 > 20$）或者 $\alpha \neq 0.05$
  - 检验统计量：

$$z = \frac{G - \mu_G}{\sigma_G}$$

其中

$$\mu_G = \frac{2n_1n_2}{n_1 + n_2} + 1$$

$$\sigma_G = \sqrt{\frac{(2n_1n_2)(2n_1n_2 - n_1 - n_2)}{(n_1 + n_2)^2(n_1 + n_2 - 1)}}$$

- 临界值：使用表 A-2。
- 做出判断：如果 z 落在两个临界值以外，那么拒绝样本数据来自随机过程的假设。

手热期

人们普遍认为运动员通常会有"手热期"，也就是短暂的但手感好的成功时刻。斯坦福大学心理学家阿摩司·特沃斯基和其他研究人员，利用统计数据分析了费城 76 人篮球队在一个完整赛季和另一个半个赛季中的数千次投篮。他们发现"手热期"的数量与独立随机试验的结果没有区别。也就是说，投篮命中的概率并不依赖之前命中的概率。

检测高于或低于均值（或中位数）的随机性

有些序列可以自然地分为两个类别，例如连续当选美国总统的党派序列（参见"例 1"）。此外，我们也可以使用游程检验来判断定量数据在其均值或中位数上下波动的随机性。以中位数为例，将高于中位数的值标记为 A，低于中位数的值标记为 B，并删除所有等于中位数的值。然后，按照之前描述的步骤进行游程检验（参见"例 2"）。

经济学家通常采用该方法来判断经济趋势或经济周期。上行经济趋势会在开始时由 B 主导，在结束时由 A 主导，所以游程总数会较少。下行经济趋势则相反，A 在开始时占主导地位，B 在结束时占主导地位，所以游程总数也较少。周期性模式会产生系统性变化的序列，因此游程总数往往会很多。

例 1： 小样本——总统的政党

以下序列为截至撰写本书时，美国前 15 任总统的政党。将共和党标记为 R，民主党标记为 D。检验样本数据是否来自随机过程。（取 $α=0.05$）

R D D R D D R R D R R D R D R

解答：

检查条件：①样本数据按序排列。②数据值为二元分类数据。所有条件都满足。

如下所示，我们调整了序列的间距，以便更好地判断不同的游程。

R　DD　R　DD　RR　D　RR　D　R　D　R
第1个游程　第2个游程　第3个游程　第4个游程　第5个游程　第6个游程　第7个游程　第8个游程　第9个游程　第10个游程　第11个游程

由此可得如下结果：

n_1 = 共和党的游程个数 =8

n_2 = 民主党的游程个数 =7

G = 游程总数 =11

因为 $n_1 \leq 20$，$n_2 \leq 20$ 并且 $\alpha=0.05$，所以检验统计量为 $G=11$。查询表 A-10，可得临界值为 4 和 13。$G=11$ 落在两个临界值之间，因此不能拒绝样本数据来自随机过程的假设。根据样本数据，民主党和共和党的候选人是以随机顺序成为总统的。

▶ 轮到你了：试试 13-7 基础题的习题 5

例 2： 大样本——气温的随机性

以下序列为近 50 年连续的全球平均气温（℃）。检验样本数据是否随机高于或低于均值。（取 $\alpha=0.05$）

13.98	14.10	14.05	14.03	13.65	13.75	13.93	13.98	13.91	14.00
14.04	13.90	13.95	14.18	13.94	13.98	13.79	14.16	14.07	14.13
14.27	14.40	14.10	14.34	14.16	14.13	14.19	14.35	14.42	14.28
14.49	14.44	14.16	14.18	14.31	14.47	14.36	14.40	14.71	14.44
14.41	14.56	14.70	14.64	14.60	14.77	14.64	14.66	14.68	14.70

解答：

检查条件：①样本数据按序排列。②数据值可以根据其均值分为两个类别。所有条件都满足。

该检验的原假设和备择假设如下。

H_0：样本数据来自随机过程。

H_1：样本数据并非来自随机过程。

数据均值为 14.250。将高于均值的值标记为 A，低于均值的值标记为 B，则有如下序列：

B B B B B B B B

B B B B B B B B

A A B A B B B A A A

A A B B A A A A A A

A A A A A A A A A A

由此可得如下结果：

n_1 = B 的游程个数 = 26

n_2 = A 的游程个数 = 24

G = 游程总数 = 8

因为 $n_1>20$，$n_2>20$，所以需要计算检验统计量 z，过程如下：

$$\mu_G = \frac{2n_1n_2}{n_1+n_2} + 1 = \frac{2(26)(24)}{26+24} + 1 = 25.96$$

$$\sigma_G = \sqrt{\frac{(2n_1n_2)(2n_1n_2 - n_1 - n_2)}{(n_1+n_2)^2(n_1+n_2-1)}}$$

$$= \sqrt{\frac{(2)(26)(24)[2(26)(24) - 26 - 24]}{(26+24)^2(26+24-1)}} = 3.49355558$$

$$z = \frac{G - \mu_G}{\sigma_G} = \frac{8 - 25.96}{3.49355558} = -5.14$$

其对应的 p 值为 0.000，临界值为 ±1.96。检验统计量 z=-5.14 落在临界域内，因此我们拒绝原假设。

解读：

我们有足够的证据可以拒绝连续 50 年的全球平均气温来自随机过程。可以发现，B 主要出现在序列的开头，而 A 主要出现在序列的末尾。这表明在这 50 年间，全球平均气温正在上升。

▶ 轮到你了：试试 13-7 基础题的习题 9

14-1：均值和波动的控制图
14-2：比例的控制图

第14章

统计过程控制

本章问题：全球变暖是真实存在的吗？

统计过程控制的原理被广泛用于服务质量和制成品质量的检测上。科学家也应用该原理来监测全球气温，以便更好地理解和预测大气与气候的变化。表14-1列出了自1880年以来每年全球表面的平均温度（℃）（最后两年为预测值）。该数据来自美国宇航局戈达德全球表面温度分析（GISTEMP）。

注：每年的全球温度是通过将每天的测量值与特定地点和时间的"正常"值进行比较来计算的。在该分析中，"正常"值被定义为1951年至1980年30年内的平均气温。若测量值与正常值有显著差异，则称其为"异常"，而科学家监测和评估的正是这些异常值。表14-1中的数据不是实际的全球温度数据，而是基于美国宇航局戈达德空间研究所（GISS）的数据。

大多数科学家都认为全球变暖正在发生，并且温度的升高是由温室气体（如二氧化碳）的增加引起的,而另一些人否认全球变暖,并认为人类活动不会导致全球变暖。本章将学习如何使用统计方法来监测和评估地球温度的趋势。具体来说,我们要判断全球变暖是由不受控的过程造成的,还是全球变暖本应如此。

表 14-1:年地球温度(℃)

	0	1	2	3	4	5	6	7	8	9	$\bar{x}$	全距
1880—1889 年	13.88	13.88	14.00	13.96	13.59	13.77	13.75	13.55	13.77	14.04	13.819	0.49
1890—1899 年	13.78	13.44	13.60	13.61	13.68	13.68	13.73	13.85	13.79	13.76	13.692	0.41
1900—1909 年	13.95	13.95	13.70	13.64	13.58	13.75	13.85	13.6	13.70	13.69	13.741	0.37
1910—1919 年	13.79	13.74	13.67	13.72	13.98	14.06	13.8	13.54	13.67	13.91	13.788	0.52
1920—1929 年	13.85	13.95	13.91	13.84	13.89	13.85	14.04	13.95	14.00	13.78	13.906	0.26
1930—1939 年	13.97	14.03	14.04	13.89	14.05	13.92	14.01	14.12	14.15	13.98	14.016	0.26
1940—1949 年	14.14	14.11	14.10	14.06	14.11	13.99	14.01	14.12	13.97	13.91	14.052	0.23
1950—1959 年	13.83	13.98	14.03	14.12	13.91	13.91	13.82	14.08	14.10	14.05	13.983	0.30
1960—1969 年	13.98	14.10	14.05	14.03	13.65	13.75	13.93	13.98	13.91	14.00	13.938	0.45
1970—1979 年	14.04	13.90	13.95	14.18	13.94	13.98	13.79	14.16	14.07	14.13	14.014	0.39
1980—1989 年	14.27	14.40	14.10	14.34	14.16	14.13	14.19	14.35	14.42	14.28	14.264	0.32
1990—1999 年	14.49	14.44	14.16	14.18	14.31	14.47	14.36	14.4	14.71	14.44	14.396	0.55
2000—2009 年	14.41	14.56	14.70	14.64	14.6	14.77	14.64	14.66	14.68	14.70	14.636	0.36
2010—2019 年	14.52	14.40	14.60	14.81	14.59	14.96	14.83	15.61	15.49	14.97	14.878	1.21

本章目标

本章将介绍构建和解读控制图的方法。控制图是一种包含中心线以及控制界限的图,该图通常用于监控数据随时间变化的特征,从而判断某一过程是否处于统计稳定(统计可控)状态。以下是本章的目标。

14-1:均值和波动的控制图

- 学会构建趋势图。

- 学会构建 R 控制图。
- 学会构建 $\bar{x}$ 控制图。
- 掌握非受控准则，并据此判断某一过程是否处于统计稳定状态。

14-2：比例的控制图

- 学会构建 p 控制图。
- 掌握非受控准则，并据此判断某一过程是否处于统计稳定状态。

14-1 均值和波动的控制图

核心概念：本节将介绍用于监控时间序列数据的趋势图、R 控制图和 $\bar{x}$ 控制图。我们可以根据这些图来判断某一过程是否处于统计稳定（统计可控）状态。

过程数据

参考以下关于过程数据的定义。

> **定义**
> 过程数据是指按时间序列排序的数据。该数据来自产品或服务中某一特征的观测结果。特征可以是设备、人员、材料、方法或条件的某种组合。

例 1： 全球温度——过程数据

表 14-1 中的数据是按时间序列排序的全球温度的测量值，因此其为过程数据。

持续的过程监控对于在非受控之前发现问题是至关重要的。无数的公司因为在没有持续监控的情况下任由生产过程持续恶化而破产。让我们先来学习一种用于监控过程数据的工具：趋势图。

趋势图

趋势图需要确保目标特征不会改变。其本质和时间序列图一致，参考以下定义。

> **定义**
> 趋势图是一种数据按时间序列排序所形成的图,其中纵坐标表示数据值,横坐标表示时间序列。趋势图通常用于监控过程数据随时间产生的特征变化。

弗林效应:智商分数递增趋势

一般而言,可以通过智力标准测试评估得出一个人的智商(IQ)。关于智商分数的趋势图或控制图,显示智商分数在全球范围内从 1930 年起呈现稳定递增趋势。这一趋势对不同类型的智商测试结果都是一致的,即使是那些非常抽象和非语言推理的智商测试也是如此。这种递增趋势被称为弗林效应,其得名于政治学家詹姆斯·弗林对美国新兵的研究。智商分数的递增趋势相当可观:目前的平均智商分数为 100,而估计 1920 年的平均智商分数大约只有 77。因此,现在的学生相较于其曾祖父母是非常聪明的。但目前还不清楚智商分数的递增趋势是因为现代人越来越聪明,还是因为智商测试的方法存在问题。

例 2: 全球温度——趋势图

使用表 14-1 中的数据,构建趋势图。试判断温度随着时间的推移呈现的趋势。

解答:

如图 14-1 所示为根据表 14-1 中的数据所构建的趋势图。其中,横坐标为样本编码,即年份的编码(1880 年的编码为 1,1881 年的编码为 2,以此类推),纵坐标为全球平均温度(℃)。

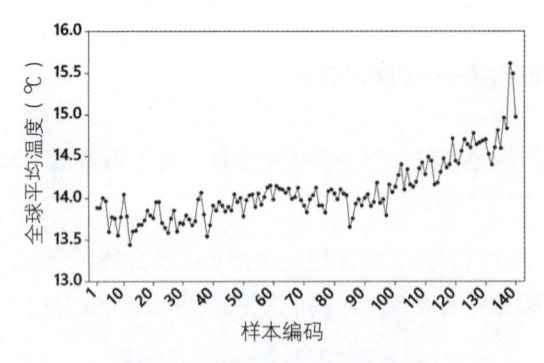

图 14-1:全球温度的趋势图

解读:

从图 14-1 中可以看出,随着时间的推移,温度呈现递增趋势。我们认为该趋势图可以作为全球变暖的证据。

▶ 轮到你了:试试 14-1 基础题的习题 6

> **定义**
> 如果某种过程只有自然的变化，而没有任何特征、周期规律或者异常值，那么该过程处于统计稳定（统计可控）状态。

解读趋势图

如果趋势图没有显示明显的特征，那么可以认为数据来自一个统计稳定的过程，并且其对应的分布均值、标准差或其他特征都是常数。图 14-1 显示数据呈现递增趋势，因此该过程不处于统计稳定状态（或处于统计不可控状态）。违反以下一条或多条准则，则意味着该过程不处于统计稳定状态（或处于统计不可控状态）。

非受控准则

- 异方差性：纵坐标点的方差随着时间的推移而增大，这是质量控制中常见的问题。如果出现这种问题，那么最终的结果是产品的波动越来越大，直到几乎所有产品都有缺陷。

- 递增趋势：纵坐标的数值随着时间的推移而增大。

- 递减趋势：纵坐标的数值随着时间的推移而减小。

- 向上跳跃：时间序列上较小的点明显比较大的点要低。

- 向下跳跃：时间序列上较小的点明显比较大的点要高。

- 例外值：某点显著比其他点高或低。

- 周期性：呈现周期性。

> **通过减少波动提高汽车质量**
>
> 福特和马自达生产的汽车变速箱非常类似并且本应采用相同的规格，但很快人们就发现，福特的变速箱比日系马自达的变速箱需要更多的保养维修。福特的研究人员对此进行了调查，他们发现福特的变速箱符合要求的规格，但其波动要比马自达的波动大得多。马自达使用性能更佳且造价更贵的齿轮，但增加的成本与更少的保养维修相抵消。有了这一发现，福特公司进行了改进，不仅满足了要求的规格，而且通过减少波动提高了汽车质量。
>
> （参见 "Taguchi Techniques for Quality Engineering", Phillip J. Ross.）

造成波动的原因

许多质量控制的方法都试图减少产品或服务中的波动[1]。过程中的波动性通常来源于以下两种

---

[1] 译者注："波动"一词根据上下文有时会被称为差异、变异、方差。其英文都为 variation。

可能。

> **定义**
> 随机波动是任何过程中固有的一种波动，即不能每次都以完全相同的方式生产每个产品或服务。
> 可指定波动（或称为异常波动）是由非过程事件引起的，比如人为失误或者机械故障。

本章之后的内容会讨论区分这两种波动的方法。现在让我们来学习另一种用于监控过程数据的工具：控制图。

控制图

控制图是沃特·休哈特于1924年发明的，因此我们也称该图为休哈特图。其基本定义如下。

> **定义**
> 某个过程特征（如均值或波动性）的控制图（或称为休哈特图、管制图）包含按时间序列排序的数据点、中心线、下控制界限（Lower Control Limit, LCL）和上控制界限（Upper Control Limit, UCL）。其中，中心线是我们所关注特征的观测值的中心值，控制界限是用于区分显著高或者显著低的点的界限。

假设总体标准差 σ 未知，考虑以下两种不同类型的控制图：

1. 用于监控波动的 R 控制图（全距控制图）。

2. 用于监控均值的 $\bar{x}$ 控制图。

由于统计不稳定的过程通常会造成波动的增加、均值的改变或两者同时发生，因此在监控某一过程时，一般会同时考虑使用 R 控制图和 $\bar{x}$ 控制图。

解读控制图

在解读控制图时，请务必注意以下事项。

> **注意**：控制图的控制界限是根据过程的实际表现而不是期望表现而设定的。控制界限并不与制造商颁布的任何工艺规范有对应关系。

在调查任何过程的质量时，我们需要关注以下两个问题：

1. 根据现有的过程表现，能否得出该过程处于统计稳定状态的结论？

2. 产品或服务是否符合设计规范？

本章将解决第一个问题，而不讨论第二个问题。我们需要掌握以下用于判断过程是否处于统计稳定状态的准则。

非受控准则

> **定义**
>
> 如果满足以下一条或多条非受控准则，那么该过程**不处于统计稳定状态**（或处于统计不可控状态）。
> 1. 控制图有明显的不是随机的特征、趋势或周期。
> 2. 控制图上至少有一个点落在控制界限以外。
> 3. 控制图上至少有连续 8 个点落在中心线的一侧（如果过程处于统计稳定状态，那么每个点有 50% 的概率会落在中心线的上侧或下侧，因此连续 8 个点落在中心线的一侧是十分罕见的）。

在本书中，我们仅使用以上列出的 3 条准则，但业界也会采用以下额外的准则：

- 至少有连续 6 个点递增或递减。
- 在连续的 14 个点中，相邻的点总是上下交替的。
- 在连续的 3 个点中，有 2 个点落在离中心线 2 个标准差的同侧控制界限以外。
- 在连续的 5 个点中，有 4 个点落在离中心线 1 个标准差的同侧控制界限以外。

> **请勿过度调整**
>
> Nashua 公司因其纸张涂布机出了问题而曾考虑花费 100 万美元来更换设备。后来，统计学家爱德华兹·戴明研究这一过程后发现机器运行良好并且过程稳定，但是经常每隔一段时间工作人员就要对其取样并根据结果进行不必要的调整。这一过度调整导致原本良好的分布发生偏离，反而造成更多的故障。因此，戴明建议除非有信号表明过程发生了变化或变得不稳定，否则不要进行任何调整。

用于监控波动的 R 控制图

> **定义**
>
> R 控制图（或全距控制图）是一种使用样本全距而非样本值构建的图。除样本全距以外，R 控制图上还应当包含代表所有样本全距均值的中心线以及控制界限。R 控制图用于监控过程中的波动。

一般认为可以使用样本标准差来监控过程中的波动，但是当样本量或者子组个数小于或等于 10 时，R 控制图的效果更佳。如果样本量大于 10，那么一般建议使用 s 控制图（标准差控制图），而不使用 R 控制图（参见"14-1 提高题"的"习题 13"）。下面是 R 控制图的关键要素。

关键要素

R 控制图

目标

构建用于判断过程是否处于统计稳定状态的 R 控制图。

条件

1. 数据是由一系列样本量都为 n 的样本所组成的过程数据。
2. 过程数据服从正态分布。
3. 样本数据相互独立。

数学符号

n = 样本量或子组个数

$\bar{R}$ = 样本全距的均值

图表构成要素

- 数据点：样本全距（每个点代表每个子组的全距）
- 中心线：$\bar{R}$（样本全距的均值）
- 上控制界限（UCL）：$D_4\bar{R}$（其中 D_4 是表 14-2 中的常数）
- 下控制界限（LCL）：$D_3\bar{R}$（其中 D_3 是表 14-2 中的常数）

表 14-2：控制图常数

n	R 控制图：D_3	R 控制图：D_4	$\bar{x}$ 控制图：A_2	$\bar{x}$ 控制图：A_3	s 控制图：B_3	s 控制图：B_4
2	0.000	3.267	1.880	2.659	0.000	3.267
3	0.000	2.574	1.023	1.954	0.000	2.568
4	0.000	2.282	0.729	1.628	0.000	2.266
5	0.000	2.114	0.577	1.427	0.000	2.089
6	0.000	2.004	0.483	1.287	0.030	1.970
7	0.076	1.924	0.419	1.182	0.118	1.882
8	0.136	1.864	0.373	1.099	0.185	1.815
9	0.184	1.816	0.337	1.032	0.239	1.761
10	**0.223**	**1.777**	**0.308**	**0.975**	**0.284**	**1.716**

表格来源：ASTM Manual on the Presentation of Data and Control Chart Analysis, © 1976 ASTM, pp. 134-136. 转载已获美国材料和试验协会（American Society for Testing and Materials International，简称 ASTM）授权。

D_4 和 D_3 是用于简化计算过程的常数。$D_4\bar{R}$ 和 $D_3\bar{R}$ 的控制界限近似于置信水平为 99.7% 的置信区间。因此，处于统计稳定状态的过程的数据极不可能落在控制界限以外。

> **代价高昂的可指定波动**
>
> 火星气候探测者号是由美国宇航局发射的火星探测卫星。探测器由于过于靠近火星而损毁，估计损失约为 1.25 亿美元。损毁的原因是混淆了计算单位，加速度数据的单位是英制单位的磅力（lbf），而喷气推进实验室假设单位是公制单位的牛顿，于是航天器的推进器随后在调整航天器坐标时提供了错误的力。该差异导致的误差一开始不足为虑，但在航天器飞行数月后则是致命的。
>
> 1962 年，携带"水手 1 号"卫星的火箭由于计算机程序中缺少一个负号而偏离了轨道，之后被地面控制人员摧毁。

例 3：全球温度——R 控制图

使用表 14-1 中的数据，构建 R 控制图，其中子组个数为 10（每 10 年为一组，每组样本量为 n=10）。

解答：

参考表 14-1 中的样本全距，14 个样本全距的均值 $\bar{R}$ 计算如下：

$$\bar{R} = \frac{0.490 + 0.410 + \cdots + 1.210}{14} = 0.4371$$

因此，R 控制图的中心线位于 $\bar{R}$=0.4371。根据表 14-2，n=10，可得 D_4=1.777 和 D_3=0.223，控制界限的计算如下：

$$\text{UCL}: D_4\bar{R} = (1.777)(0.4371) = 0.7767$$
$$\text{LCL}: D_3\bar{R} = (0.223)(0.4371) = 0.0975$$

汇总所有所得的结果，可得如下 R 控制图。

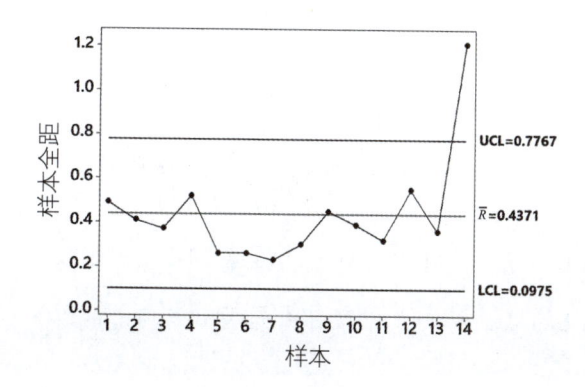

> **解读：**
> 从 R 控制图中可以看出，有一个点落在控制界限以外，因此该过程的波动处于统计不可控状态。

▶ 轮到你了：试试 14-1 基础题的习题 7

用于监控均值的 $\bar{x}$ 控制图

> **定义**
> $\bar{x}$ 控制图是一种关于样本均值的图。除样本均值以外，$\bar{x}$ 控制图上还应当包含代表所有样本均值的均值的中心线以及控制界限。$\bar{x}$ 控制图用于监控过程中的中心。

$\bar{x}$ 控制图常被用于商业和工业中，其控制界限通过全距而非标准差计算得出（参见"14-1 提高题"的"习题 14"）。

> **关键要素**
>
> $\bar{x}$ 控制图
>
> **目标**
>
> 构建用于判断过程是否处于统计稳定状态的 $\bar{x}$ 控制图。
>
> **条件**
>
> 1. 数据是由一系列样本量都为 n 的样本所组成的过程数据。
>
> 2. 过程数据服从正态分布。
>
> 3. 样本数据相互独立。
>
> **数学符号**
>
> n = 样本量或子组个数
>
> $\bar{\bar{x}}$ = 样本均值的均值
>
> **图表构成要素**
>
> - 数据点：样本均值
> - 中心线：$\bar{\bar{x}}$
> - 上控制界限（UCL）：$\bar{\bar{x}} + A_2 \bar{R}$（其中 A_2 是表 14-2 中的常数）
> - 下控制界限（LCL）：$\bar{\bar{x}} - A_2 \bar{R}$（其中 A_2 是表 14-2 中的常数）

例 4： 全球温度——$\bar{x}$ 控制图

使用表 14-1 中的数据，构建 $\bar{x}$ 控制图，其中子组个数为 10（每 10 年为一组，每组样本量为 $n=10$）。根据结果，判断该过程的均值是否处于统计可控状态。

解答：

参考表 14-1 中的样本均值 $\bar{x}$，14 个样本均值的均值 $\bar{\bar{x}}$ 以及全距的均值计算如下：

$$\bar{\bar{x}} = \frac{13.819 + 13.692 + \cdots + 14.878}{14} = 14.0802$$

$$\bar{R} = \frac{0.490 + 0.410 + \cdots + 1.210}{14} = 0.4371$$

根据表 14-2，$n=10$，可得 $A_2=0.308$，则控制界限的计算如下：

UCL: $\bar{\bar{x}} + A_2\bar{R} = 14.0802 + (0.308)(0.4371) = 14.2148$

LCL: $\bar{\bar{x}} - A_2\bar{R} = 14.0802 - (0.308)(0.4371) = 13.9456$

汇总所有所得的结果，可得如下 $\bar{x}$ 控制图。

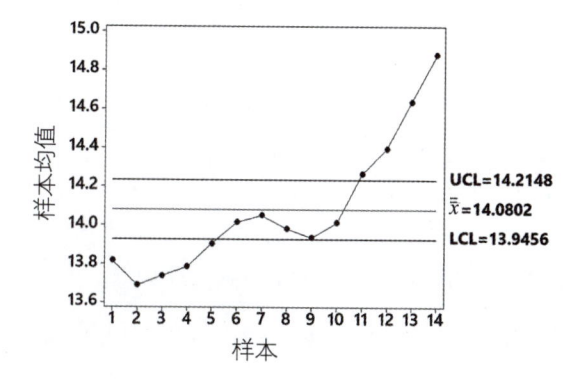

解读：

从 $\bar{x}$ 控制图中可以看出，有数个点落在控制界限以外且至少有连续 8 个点落在中心线的下侧，因此该过程的均值处于统计不可控状态。

▶ 轮到你了：试试 14-1 基础题的习题 8

通过关于全球气温的趋势图、R 控制图和 $\bar{x}$ 控制图的分析，可以得出这一过程已经处于统计不可控状态的结论，这表明全球变暖是一个真实存在的现象。

14-2 比例的控制图

核心概念：本节将介绍用于监控某些特征比例 p 的控制图，这里的特征可以是服务或产品是否有缺陷或者不合格，即不良率或合格率。对该控制图的解读使用的是和上一节完全相同的"非受控准则"，并且图上需要包含时间序列的数据点、中心线以及控制界限。

> **定义**
> p 控制图是一种关于某种特征（比如产品是否有缺陷）比例的图。除样本比例以外，p 控制图上还应当包含中心线以及控制界限。

为了方便讲解，我们在下面的"关键要素"中使用"不良率"作为特征。但任何可以被分成两个类别的特征都是可以的。

关键要素

p 控制图

目标

构建用于判断过程是否处于统计稳定状态的 p 控制图。

条件

1. 数据是由一系列样本量都为 n 的样本所组成的过程数据。

2. 每个样本值都属于两个类别之一（比如合格或不合格）。

3. 样本数据相互独立。

数学符号

n = 样本量或子组个数

$\bar{p}$ = 过程中不良率的估计值 = $\dfrac{\text{所有样本中的不合格产品}}{\text{所有样本中的产品}}$

$\bar{q} = 1 - \bar{p}$ = 过程中合格率的估计值

图表构成要素

- 数据点：每个样本中的比例
- 中心线：$\bar{p}$

- 上控制界限（UCL）：$\bar{p} + 3\sqrt{\dfrac{\bar{p}\,\bar{q}}{n}}$（若结果大于 1，则使用 1）
- 下控制界限（LCL）：$\bar{p} - 3\sqrt{\dfrac{\bar{p}\,\bar{q}}{n}}$（若结果小于 0，则使用 0）

注意：$\bar{p}$ 的分母是所有数据值的个数，而不是样本量。控制界限中所使用的是样本量，而不是所有数据值的个数。

对于中心线，使用 $\bar{p}$ 的原因是其为过程中不良率的最佳点估计。控制界限近似于置信水平为 99.7% 的置信区间。因为 99.7% 的置信水平对应的 z 分数是 2.97，所以舍入后即为控制界限中的常数 3。

例 1： 不合格的飞机高度计

某公司每批生产 100 个高度计，且每个高度计都经过检验以确定是否合格。以下列出的是数个连续批次中不合格高度计的数量。试构建关于高度计不良率的 p 控制图。根据结果，判断该过程是否处于统计可控状态。

不合格产品：2, 0, 1, 3, 1, 2, 2, 4, 3, 5, 12, 7

解答：

首先计算控制图中心线的 $\bar{p}$：

$$\bar{p} = \frac{\text{所有样本中的不合格产品}}{\text{所有样本中的产品}}$$

$$= \frac{2 + 0 + 1 + \cdots + 7}{12 \cdot 100} = \frac{42}{1200} = 0.035$$

因此，可得 $\bar{q}=1-\bar{p}=0.965$。将 $\bar{p}=0.035$，$\bar{q}=0.965$，$n=10$ 代入控制界限公式中，可得：

$$\text{UCL}: \bar{p} + 3\sqrt{\dfrac{\bar{p}\,\bar{q}}{n}} = 0.035 + 3\sqrt{\dfrac{(0.035)(0.965)}{100}} = 0.090$$

$$\text{LCL}: \bar{p} - 3\sqrt{\dfrac{\bar{p}\,\bar{q}}{n}} = 0.035 - 3\sqrt{\dfrac{(0.035)(0.965)}{100}} = -0.020$$

因为 LCL 小于 0，所以我们使用 0。汇总所有所得的结果，可得如下 p 控制图。

Minitab

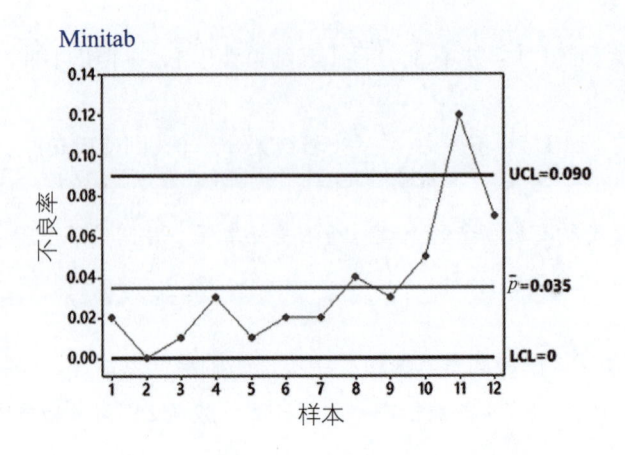

解读：

该控制图有明显的不是随机的递增趋势，并且有一个点落在控制界限以外，因此该过程处于统计不可控状态，该公司应该立即采取纠正措施。

▶ 轮到你了：试试14-2基础题的习题5

Perstorp 的质量控制

Perstorp集团公司使用由计算机自动生成的控制图来监控其为福特皮卡和牧马人大切诺基制造的汽车底座绝缘材料的厚度。之前采用人工绘制控制图的方法以确保绝缘材料的厚度在2.912mm和2.988mm的规格之间，而这台花费2万美元的计算机可以抵消第一年的人工成本。通过控制图以及其他质量控制的方法，Perstorp减少了超过三分之二的成本。

第15章

整体统计学

本章问题 98.6 ℉的体温是错误的吗？

在最后一章中，我们将回顾第1章中介绍的统计与批判性思维的流程（参考图1-3，见第5页），注意这里的重点是批判性思维而不是如何计算。千万不要直接使用统计方法进行数据分析，而是应该先考虑数据的含义以及研究的目标，思考数据来源和抽样方法，然后通过图表探索数据并判断有无异常值和重要的统计量，再使用两种或两种以上的统计方法获得分析结果，最后得出结论并确定结果是否具有统计显著性和/或实际显著性。

本章将运用统计与批判性思维来研究人的体温是否为98.6 ℉。

本章目标

以下为本章目标：

通过使用适当的统计方法来解决统计问题，可以考虑使用多种方法。

- 考虑背景知识、数据来源以及抽样方法。通过相关图表来探索数据。
- 使用多种相关的统计方法,并使用至少两种不同的统计软件来生成图表并进行数据分析。
- 得出结论,突出数据中最重要的特征。研究该问题是否具有统计显著性以及实际显著性。
- 从头开始,通过收集新的样本数据来重复研究,然后重复分析数据的整个过程。确认原始研究的结果是否仍然有效。

98.6 °F 的体温是错误的吗

让我们思考一个常见的说法:人的体温为 98.6 °F。数据集 5 "体温"中包含了数份关于体温的数据,本章我们仅使用该数据集中第二天凌晨 12 点测量的受试者的体温数据。(参见"A Critical Appraisal of 98.6 Degrees F, the Upper Limit of the Normal Body Temperature, and Other Legacies of Carl Reinhold August Wunderlich", Mackowiak, Wasserman, and Levine, Journal of the American Medical Association, Volume 268, Number 12.)

准备阶段

背景知识: 在马里兰大学医学院疫苗研究中心进行的一项入院疫苗试验招募了身体健康的志愿者作为受试者。研究人员在受试者接种疫苗的前两天测量其体温,所记录的数据便是参与研究的受试者的体温(°F)。

数据来源: 数据来自上面引用的文章的作者(Mackowiak、Wasserman 和 Levine),并且该项研究得到了美国退伍军人事务部和美国陆军的支持,因此数据来源应该是真实可靠的。

抽样方法: 招募的受试者身体健康,因此不可能有异常体温。此外,体温是由研究人员测量得到的,而不是受试者自报的,所以抽样方法应该是合理的。

分析

作图: 以下是体温样本的直方图和箱形图(见图 15-1)以及正态分位图(见图 15-2)。直方图和正态分位图显示样本数据服从正态分布。

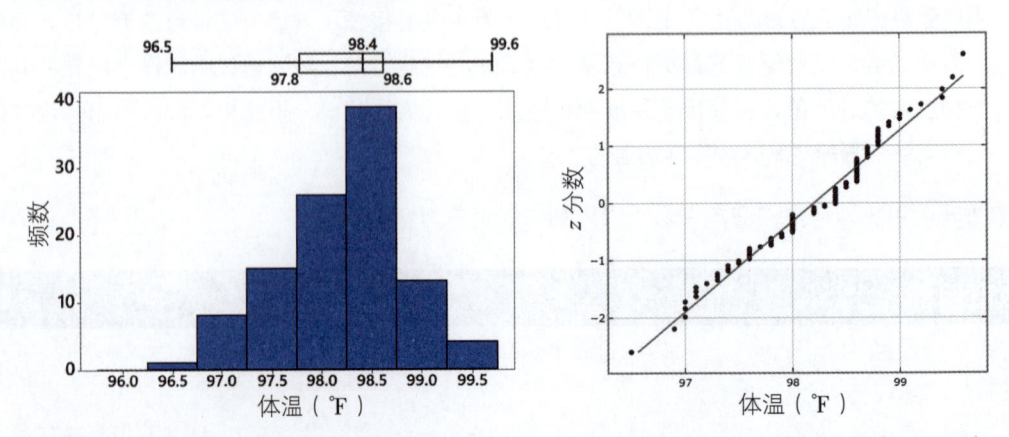

图 15-1:体温样本的直方图和箱形图   图 15-2:体温样本的正态分位图($n = 106$)

探索数据：下面列出了体温样本的一些重要统计量。注意，样本均值为 98.2 ℉，而不是 98.6 ℉。

统计量名称	值（℉）
样本量	106
均值	98.2
中位数	98.4
中程数	98.05
方差	0.388
标准差	0.6228965
全距	3.1

五数概括法	
统计量名称	值（℉）
最小值	96.5
Q_1	97.8
Q_2	98.4
Q_3	98.6
最大值	99.6

有异常值吗？ 通过检查正态分位图以及样本数据的最大值和最小值，可以发现一个潜在的异常值为 96.5 ℉。但是将其与最小的 10 个值（96.5，96.9，97.0，97.0，97.0，97.1，97.1，97.1，97.2，97.3）进行比较，可以看到 96.5 ℉ 并没有明显地远离其他值，因此排除其为异常值的可能。

应用统计方法

t **检验**：检验总体均值是否等于 98.6 ℉（取 $\alpha=0.05$）。参考本书 8-3 节的"例 5"，$H_0: \mu = 98.6$ ℉，$H_1: \mu \neq 98.6$ ℉。参考以下两种统计软件的分析结果，我们拒绝原假设，即有充分的证据能够拒绝总体均值等于 98.6 ℉。

Statdisk
```
Alternative Hypothesis:
    μ not equal to μ(hyp)

t Test
Test Statistic, t:  -6.61146
Critical t:         ±1.98281
P-Value:             0.00000

95% Confidence interval:
98.08004  <  μ  < 98.31996
```

Minitab
```
Test
Null hypothesis         H₀: μ = 98.6
Alternative hypothesis  H₁: μ ≠ 98.6
 T-Value    P-Value
  -6.61      0.000
```

置信区间：虽然通过上述方法我们可以拒绝总体均值等于 98.6 ℉，但是该结果不能回答"总体平均体温的真实值是多少"这个问题，因此需要使用置信区间法。通过置信区间法，我们可以得出置信水平为 95% 的置信区间是 98.08 ℉ $< \mu <$ 98.32 ℉，即我们有 95% 的把握认为在 98.08 ℉ 和 98.32 ℉ 之间包含总体平均体温的真实值。同时我们发现，该置信区间没有包含 98.6 ℉，这也从侧面印证了总体均值不等于 98.6 ℉。

置换检验：修改原始样本数据，使得样本均值与原假设中的 98.6 ℉ 相同。接下来，重采样 1000 次并记录每次的样本均值。根据其结果，求出至少和 98.2 ℉ 一样极端的重采样样本均值的个数。一个可能的结果是在这 1000 个重采样的样本均值中，没有一个和 98.2 ℉ 一样极端（参考以下统计软件的分析结果），即 p 值为 0。这说明：如果总体均值为 98.6 ℉，那么我们极其不可能得到一个均值为 98.2 ℉ 的样本。然而，我们却得到了。因此，一个合理的解释是总体均值不等于 98.6 ℉。

```
Statdisk

Mean of Original Data:                 98.20000

Number of means 98.20000 or below:  0
Number of means 99.00000 or above:  0

Proportion of means 98.20000 or below:  0.00000
Proportion of means 99.00000 or above:  0.00000
```

```
Minitab

Randomization Test

Null hypothesis        H₀: μ = 98.6
Alternative hypothesis H₁: μ ≠ 98.6

Number of
Resamples    Mean    StDev   P-Value
  1000      98.5976  0.0621  < 0.0020
```

自助法：使用该方法，一个可能的结果是置信水平为 95% 的置信区间为 98.07 ℉ < μ < 98.31 ℉，该结果与 t 分布的置信区间很接近。

非参数检验方法——威尔科克森符号秩检验：使用威尔科克森符号秩检验，可求得检验统计量为 $z=-5.67$，临界值为 ±1.96（取 $\alpha=0.05$）。因此，我们有充分的证据能够拒绝总体均值等于 98.6 ℉。注意，非参数检验方法对异常值不敏感。

非参数检验方法——符号检验：使用符号检验，可求得检验统计量为 $z=-4.61$，临界值为 ±1.96（取 $\alpha=0.05$）。因此，我们有充分的证据能够拒绝总体均值等于 98.6 ℉。

统计模拟：使用统计软件生成 106 个服从均值为 98.6 ℉，标准差为 0.6228965 ℉ 的正态分布的样本，其中假设样本量以及标准差与原始样本的相同。重复以上过程 50 次并记录每次结果的模拟样本均值，其结果按升序排列如下：

98.5	98.5	98.5	98.5	98.5	98.5	98.5	98.6	98.6	98.6
98.6	98.6	98.6	98.6	98.6	98.6	98.6	98.6	98.6	98.6
98.6	98.6	98.6	98.6	98.6	98.6	98.6	98.6	98.6	98.6
98.6	98.6	98.6	98.6	98.6	98.6	98.6	98.6	98.6	98.6
98.6	98.6	98.6	98.6	98.7	98.7	98.7	98.7	98.7	98.8

解读：

1. 如果总体均值真的是 98.6 ℉，那么 98.2 ℉ 的样本均值便不太可能出现。

2. 因为 98.2 ℉ 的样本均值实际出现了，所以，要么是该样本很罕见，要么是假设的 98.6 ℉ 的均值是错误的。

3. 既然在模拟的样本中没有一个样本的均值接近 98.2 ℉ 的实际样本均值，那么更有可能的解释便是假设的 98.6 ℉ 的均值是错误的。

结论

统计显著性与实际显著性：上述各种统计方法都指向同一个结论——总体的体温均值不等于 98.6 ℉，所以该结果具有统计显著性。根据 98.2 ℉ 的样本均值和所得的置信区间，98.6 ℉ 与实际均值之间的差异应该在 0.28 ℉ 和 0.55 ℉ 之间。因为差异较大，所以该结果具有实际显著性。

更多的故事

重复实验：上述例子的结论是人的平均体温不等于 98.6 ℉。此外，还可以得出实际总体的体温均值可能在 98.08 ℉ 和 98.32 ℉ 之间的结论。这些结果是基于 1992 年 Mackowiak、Wasserman 和 Levine 所进行的研究的。Jonathan Hausman 和其他研究人员于 2018 年通过智能手机众包，从 329 名受试者那里收集了 5038 份体温样本。受试者使用不同的温度计测量体温，并通过一个 APP 手动上传他们的体温数据。这项研究的结果表明人的平均体温应该是 97.7 ℉。我们不必对平均体温的真实值达成一致意见，但平均体温肯定不是 98.6 ℉。此外，因为体温在一天中不停地变化且因人而异，所以正常体温不应该是一个单一的数值。（参见"Using Smartphone Crowdsourcing to Redefine Normal and Febrile Temperatures in Adults: Results from the Feverprints Study", Jonathan S. Hausmann et al., in Journal of General Internal Medicine.）

98.6 ℉ 的出处

98.6 ℉ 的数值来自 19 世纪德国医生卡尔·温德利希（Carl Wunderlich）收集的 25,000 名患者的腋下体温。他采用的方式是将 1 英尺长的温度计放于患者腋下 20 分钟。该数值一直被广泛使用，直到 1992 年 Mackowiak 等人发表了他们的研究结果。现在的温度计本身更为精确，并且通常测量的是口腔体温而不是腋下体温，因此结果更为可靠。尽管我们现在有更好的数据可以证明 98.6 ℉ 是错误的，但是仍然有许多人相信 98.6 ℉ 才是人的正常体温。

关键要点

上述分析展示了各种可以用到的方法。以下是进行重要统计分析的一些关键要点。

- **初步分析**：从考虑数据的含义开始，我们需要明确研究的目标，思考数据来源和抽样方法，根据相关图表探索数据，判断有无异常值和重要的统计量。

- **不仅仅是 p 值**！不要仅仅根据 p 值做出结论，因为 p 值只能告诉我们一个二元结论：拒绝原假设或者不能拒绝原假设。我们更应该综合使用多种方法，比如置信区间能提供范围的信息；图表能提供深层的见解。若样本满足某些分布的条件，则使用参数方法；若不满足，则使用非参数方法。此外，置换检验和自助法有时也是必要的辅助方法。

- **使用多种统计软件**：不要完全依赖一种统计软件，有些统计软件可能会提供容易被误解或误读的结果。

- **重复实验**：收集一组新的数据后重复整个研究，并且比较原始研究和新研究的结果。

附录A 附表和公式

表A-1：二项分布函数表

n	x	.01	.05	.10	.20	.30	.40	.50	.60	.70	.80	.90	.95	.99	x
2	0	.980	.903	.810	.640	.490	.360	.250	.160	.090	.040	.010	.003	0+	0
	1	.020	.095	.180	.320	.420	.480	.500	.480	.420	.320	.180	.095	.020	1
	2	0+	.003	.010	.040	.090	.160	.250	.360	.490	.640	.810	.903	.980	2
3	0	.970	.857	.729	.512	.343	.216	.125	.064	.027	.008	.001	0+	0+	0
	1	.029	.135	.243	.384	.441	.432	.375	.288	.189	.096	.027	.007	0+	1
	2	0+	.007	.027	.096	.189	.288	.375	.432	.441	.384	.243	.135	.029	2
	3	0+	0+	.001	.008	.027	.064	.125	.216	.343	.512	.729	.857	.970	3
4	0	.961	.815	.656	.410	.240	.130	.063	.026	.008	.002	0+	0+	0+	0
	1	.039	.171	.292	.410	.412	.346	.250	.154	.076	.026	.004	0+	0+	1
	2	.001	.014	.049	.154	.265	.346	.375	.346	.265	.154	.049	.014	.001	2
	3	0+	0+	.004	.026	.076	.154	.250	.346	.412	.410	.292	.171	.039	3
	4	0+	0+	0+	.002	.008	.026	.063	.130	.240	.410	.656	.815	.961	4
5	0	.951	.774	.590	.328	.168	.078	.031	.010	.002	0+	0+	0+	0+	0
	1	.048	.204	.328	.410	.360	.259	.156	.077	.028	.006	0+	0+	0+	1
	2	.001	.021	.073	.205	.309	.346	.313	.230	.132	.051	.008	.001	0+	2
	3	0+	.001	.008	.051	.132	.230	.313	.346	.309	.205	.073	.021	.001	3
	4	0+	0+	0+	.006	.028	.077	.156	.259	.360	.410	.328	.204	.048	4
	5	0+	0+	0+	0+	.002	.010	.031	.078	.168	.328	.590	.774	.951	5
6	0	.941	.735	.531	.262	.118	.047	.016	.004	.001	0+	0+	0+	0+	0
	1	.057	.232	.354	.393	.303	.187	.094	.037	.010	.002	0+	0+	0+	1
	2	.001	.031	.098	.246	.324	.311	.234	.138	.060	.015	.001	0+	0+	2
	3	0+	.002	.015	.082	.185	.276	.312	.276	.185	.082	.015	.002	0+	3
	4	0+	0+	.001	.015	.060	.138	.234	.311	.324	.246	.098	.031	.001	4
	5	0+	0+	0+	.002	.010	.037	.094	.187	.303	.393	.354	.232	.057	5
	6	0+	0+	0+	0+	.001	.004	.016	.047	.118	.262	.531	.735	.941	6
7	0	.932	.698	.478	.210	.082	.028	.008	.002	0+	0+	0+	0+	0+	0
	1	.066	.257	.372	.367	.247	.131	.055	.017	.004	0+	0+	0+	0+	1
	2	.002	.041	.124	.275	.318	.261	.164	.077	.025	.004	0+	0+	0+	2
	3	0+	.004	.023	.115	.227	.290	.273	.194	.097	.029	.003	0+	0+	3
	4	0+	0+	.003	.029	.097	.194	.273	.290	.227	.115	.023	.004	0+	4
	5	0+	0+	0+	.004	.025	.077	.164	.261	.318	.275	.124	.041	.002	5
	6	0+	0+	0+	0+	.004	.017	.055	.131	.247	.367	.372	.257	.066	6
	7	0+	0+	0+	0+	0+	.002	.008	.028	.082	.210	.478	.698	.932	7
8	0	.923	.663	.430	.168	.058	.017	.004	.001	0+	0+	0+	0+	0+	0
	1	.075	.279	.383	.336	.198	.090	.031	.008	.001	0+	0+	0+	0+	1
	2	.003	.051	.149	.294	.296	.209	.109	.041	.010	.001	0+	0+	0+	2
	3	0+	.005	.033	.147	.254	.279	.219	.124	.047	.009	0+	0+	0+	3
	4	0+	0+	.005	.046	.136	.232	.273	.232	.136	.046	.005	0+	0+	4
	5	0+	0+	0+	.009	.047	.124	.219	.279	.254	.147	.033	.005	0+	5
	6	0+	0+	0+	.001	.010	.041	.109	.209	.296	.294	.149	.051	.003	6
	7	0+	0+	0+	0+	.001	.008	.031	.090	.198	.336	.383	.279	.075	7
	8	0+	0+	0+	0+	0+	.001	.004	.017	.058	.168	.430	.663	.923	8

注：小于0.0005的概率值记作0+。
资料来源：Frederick C. Mosteller, Robert E. K. Rourke, and George B. Thomas, Jr., Probability with Statistical Applications, 2nd ed., © 1970. 经培生教育出版集团许可，转载及电子转载。

负 z 分数

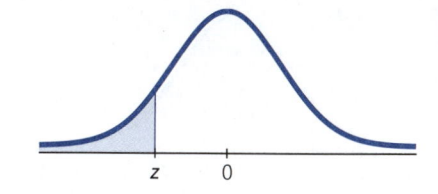

表A-2：标准正态分布函数表（左侧累积面积）

z	.00	.01	.02	.03	.04	.05	.06	.07	.08	.09
小于或等于 −3.50	.0001									
−3.4	.0003	.0003	.0003	.0003	.0003	.0003	.0003	.0003	.0003	.0002
−3.3	.0005	.0005	.0005	.0004	.0004	.0004	.0004	.0004	.0004	.0003
−3.2	.0007	.0007	.0006	.0006	.0006	.0006	.0006	.0005	.0005	.0005
−3.1	.0010	.0009	.0009	.0009	.0008	.0008	.0008	.0008	.0007	.0007
−3.0	.0013	.0013	.0013	.0012	.0012	.0011	.0011	.0011	.0010	.0010
−2.9	.0019	.0018	.0018	.0017	.0016	.0016	.0015	.0015	.0014	.0014
−2.8	.0026	.0025	.0024	.0023	.0023	.0022	.0021	.0021	.0020	.0019
−2.7	.0035	.0034	.0033	.0032	.0031	.0030	.0029	.0028	.0027	.0026
−2.6	.0047	.0045	.0044	.0043	.0041	.0040	.0039	.0038	.0037	.0036
−2.5	.0062	.0060	.0059	.0057	.0055	.0054	.0052	.0051	* .0049	.0048
−2.4	.0082	.0080	.0078	.0075	.0073	.0071	.0069	.0068	.0066	.0064
−2.3	.0107	.0104	.0102	.0099	.0096	.0094	.0091	.0089	.0087	.0084
−2.2	.0139	.0136	.0132	.0129	.0125	.0122	.0119	.0116	.0113	.0110
−2.1	.0179	.0174	.0170	.0166	.0162	.0158	.0154	.0150	.0146	.0143
−2.0	.0228	.0222	.0217	.0212	.0207	.0202	.0197	.0192	.0188	.0183
−1.9	.0287	.0281	.0274	.0268	.0262	.0256	.0250	.0244	.0239	.0233
−1.8	.0359	.0351	.0344	.0336	.0329	.0322	.0314	.0307	.0301	.0294
−1.7	.0446	.0436	.0427	.0418	.0409	.0401	.0392	.0384	.0375	.0367
−1.6	.0548	.0537	.0526	.0516	.0505 *	.0495	.0485	.0475	.0465	.0455
−1.5	.0668	.0655	.0643	.0630	.0618	.0606	.0594	.0582	.0571	.0559
−1.4	.0808	.0793	.0778	.0764	.0749	.0735	.0721	.0708	.0694	.0681
−1.3	.0968	.0951	.0934	.0918	.0901	.0885	.0869	.0853	.0838	.0823
−1.2	.1151	.1131	.1112	.1093	.1075	.1056	.1038	.1020	.1003	.0985
−1.1	.1357	.1335	.1314	.1292	.1271	.1251	.1230	.1210	.1190	.1170
−1.0	.1587	.1562	.1539	.1515	.1492	.1469	.1446	.1423	.1401	.1379
−0.9	.1841	.1814	.1788	.1762	.1736	.1711	.1685	.1660	.1635	.1611
−0.8	.2119	.2090	.2061	.2033	.2005	.1977	.1949	.1922	.1894	.1867
−0.7	.2420	.2389	.2358	.2327	.2296	.2266	.2236	.2206	.2177	.2148
−0.6	.2743	.2709	.2676	.2643	.2611	.2578	.2546	.2514	.2483	.2451
−0.5	.3085	.3050	.3015	.2981	.2946	.2912	.2877	.2843	.2810	.2776
−0.4	.3446	.3409	.3372	.3336	.3300	.3264	.3228	.3192	.3156	.3121
−0.3	.3821	.3783	.3745	.3707	.3669	.3632	.3594	.3557	.3520	.3483
−0.2	.4207	.4168	.4129	.4090	.4052	.4013	.3974	.3936	.3897	.3859
−0.1	.4602	.4562	.4522	.4483	.4443	.4404	.4364	.4325	.4286	.4247
−0.0	.5000	.4960	.4920	.4880	.4840	.4801	.4761	.4721	.4681	.4641

注：如果z分数小于或等于−3.49，则其对应面积为0.0001。

*使用以下来自插值法的常用值：

z 分数	面积
−1.645	0.0500
−2.575	0.0050

正 z 分数

表A-2：标准正态分布函数表（左侧累积面积） （续表）

z	.00	.01	.02	.03	.04	.05	.06	.07	.08	.09
0.0	.5000	.5040	.5080	.5120	.5160	.5199	.5239	.5279	.5319	.5359
0.1	.5398	.5438	.5478	.5517	.5557	.5596	.5636	.5675	.5714	.5753
0.2	.5793	.5832	.5871	.5910	.5948	.5987	.6026	.6064	.6103	.6141
0.3	.6179	.6217	.6255	.6293	.6331	.6368	.6406	.6443	.6480	.6517
0.4	.6554	.6591	.6628	.6664	.6700	.6736	.6772	.6808	.6844	.6879
0.5	.6915	.6950	.6985	.7019	.7054	.7088	.7123	.7157	.7190	.7224
0.6	.7257	.7291	.7324	.7357	.7389	.7422	.7454	.7486	.7517	.7549
0.7	.7580	.7611	.7642	.7673	.7704	.7734	.7764	.7794	.7823	.7852
0.8	.7881	.7910	.7939	.7967	.7995	.8023	.8051	.8078	.8106	.8133
0.9	.8159	.8186	.8212	.8238	.8264	.8289	.8315	.8340	.8365	.8389
1.0	.8413	.8438	.8461	.8485	.8508	.8531	.8554	.8577	.8599	.8621
1.1	.8643	.8665	.8686	.8708	.8729	.8749	.8770	.8790	.8810	.8830
1.2	.8849	.8869	.8888	.8907	.8925	.8944	.8962	.8980	.8997	.9015
1.3	.9032	.9049	.9066	.9082	.9099	.9115	.9131	.9147	.9162	.9177
1.4	.9192	.9207	.9222	.9236	.9251	.9265	.9279	.9292	.9306	.9319
1.5	.9332	.9345	.9357	.9370	.9382	.9394	.9406	.9418	.9429	.9441
1.6	.9452	.9463	.9474	.9484	.9495 *	.9505	.9515	.9525	.9535	.9545
1.7	.9554	.9564	.9573	.9582	.9591	.9599	.9608	.9616	.9625	.9633
1.8	.9641	.9649	.9656	.9664	.9671	.9678	.9686	.9693	.9699	.9706
1.9	.9713	.9719	.9726	.9732	.9738	.9744	.9750	.9756	.9761	.9767
2.0	.9772	.9778	.9783	.9788	.9793	.9798	.9803	.9808	.9812	.9817
2.1	.9821	.9826	.9830	.9834	.9838	.9842	.9846	.9850	.9854	.9857
2.2	.9861	.9864	.9868	.9871	.9875	.9878	.9881	.9884	.9887	.9890
2.3	.9893	.9896	.9898	.9901	.9904	.9906	.9909	.9911	.9913	.9916
2.4	.9918	.9920	.9922	.9925	.9927	.9929	.9931	.9932	.9934	.9936
2.5	.9938	.9940	.9941	.9943	.9945	.9946	.9948	.9949 *	.9951	.9952
2.6	.9953	.9955	.9956	.9957	.9959	.9960	.9961	.9962	.9963	.9964
2.7	.9965	.9966	.9967	.9968	.9969	.9970	.9971	.9972	.9973	.9974
2.8	.9974	.9975	.9976	.9977	.9977	.9978	.9979	.9979	.9980	.9981
2.9	.9981	.9982	.9982	.9983	.9984	.9984	.9985	.9985	.9986	.9986
3.0	.9987	.9987	.9987	.9988	.9988	.9989	.9989	.9989	.9990	.9990
3.1	.9990	.9991	.9991	.9991	.9992	.9992	.9992	.9992	.9993	.9993
3.2	.9993	.9993	.9994	.9994	.9994	.9994	.9994	.9995	.9995	.9995
3.3	.9995	.9995	.9995	.9996	.9996	.9996	.9996	.9996	.9996	.9997
3.4	.9997	.9997	.9997	.9997	.9997	.9997	.9997	.9997	.9997	.9998
大于或等于3.50	.9999									

注：如果z分数大于或等于3.49，则其对应面积为0.9999。

*使用以下来自插值法的常用值：

z 分数	面积
1.645	0.9500
2.575	0.9950

常用临界值

置信水平	临界值
0.90	1.645
0.95	1.96
0.99	2.575

表A-3：t分布临界值表

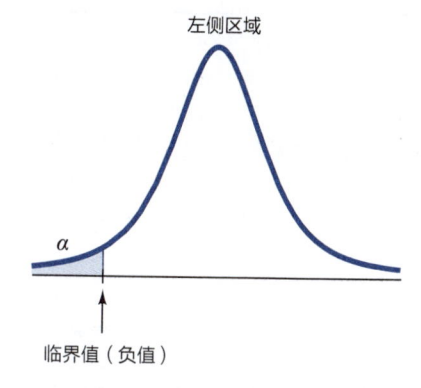

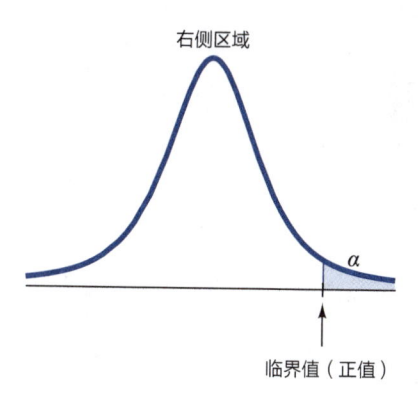

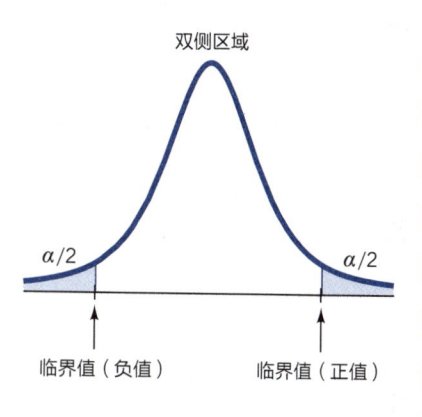

	单侧区域				
	0.005	0.01	0.025	0.05	0.10
	双侧区域				
自由度	0.01	0.02	0.05	0.10	0.20
1	63.657	31.821	12.706	6.314	3.078
2	9.925	6.965	4.303	2.920	1.886
3	5.841	4.541	3.182	2.353	1.638
4	4.604	3.747	2.776	2.132	1.533
5	4.032	3.365	2.571	2.015	1.476
6	3.707	3.143	2.447	1.943	1.440
7	3.499	2.998	2.365	1.895	1.415
8	3.355	2.896	2.306	1.860	1.397
9	3.250	2.821	2.262	1.833	1.383
10	3.169	2.764	2.228	1.812	1.372
11	3.106	2.718	2.201	1.796	1.363
12	3.055	2.681	2.179	1.782	1.356
13	3.012	2.650	2.160	1.771	1.350
14	2.977	2.624	2.145	1.761	1.345
15	2.947	2.602	2.131	1.753	1.341
16	2.921	2.583	2.120	1.746	1.337
17	2.898	2.567	2.110	1.740	1.333
18	2.878	2.552	2.101	1.734	1.330
19	2.861	2.539	2.093	1.729	1.328
20	2.845	2.528	2.086	1.725	1.325
21	2.831	2.518	2.080	1.721	1.323
22	2.819	2.508	2.074	1.717	1.321
23	2.807	2.500	2.069	1.714	1.319
24	2.797	2.492	2.064	1.711	1.318
25	2.787	2.485	2.060	1.708	1.316
26	2.779	2.479	2.056	1.706	1.315
27	2.771	2.473	2.052	1.703	1.314
28	2.763	2.467	2.048	1.701	1.313
29	2.756	2.462	2.045	1.699	1.311
30	2.750	2.457	2.042	1.697	1.310
31	2.744	2.453	2.040	1.696	1.309
32	2.738	2.449	2.037	1.694	1.309
33	2.733	2.445	2.035	1.692	1.308
34	2.728	2.441	2.032	1.691	1.307
35	2.724	2.438	2.030	1.690	1.306
36	2.719	2.434	2.028	1.688	1.306
37	2.715	2.431	2.026	1.687	1.305
38	2.712	2.429	2.024	1.686	1.304
39	2.708	2.426	2.023	1.685	1.304
40	2.704	2.423	2.021	1.684	1.303
45	2.690	2.412	2.014	1.679	1.301
50	2.678	2.403	2.009	1.676	1.299
60	2.660	2.390	2.000	1.671	1.296
70	2.648	2.381	1.994	1.667	1.294
80	2.639	2.374	1.990	1.664	1.292
90	2.632	2.368	1.987	1.662	1.291
100	2.626	2.364	1.984	1.660	1.290
200	2.601	2.345	1.972	1.653	1.286
300	2.592	2.339	1.968	1.650	1.284
400	2.588	2.336	1.966	1.649	1.284
500	2.586	2.334	1.965	1.648	1.283
1000	2.581	2.330	1.962	1.646	1.282
2000	2.578	2.328	1.961	1.646	1.282
≥2000	2.576	2.326	1.960	1.645	1.282

表A-4: χ^2分布表

	临界值右侧面积									
自由度	0.995	0.99	0.975	0.95	0.90	0.10	0.05	0.025	0.01	0.005
1	—	—	0.001	0.004	0.016	2.706	3.841	5.024	6.635	7.879
2	0.010	0.020	0.051	0.103	0.211	4.605	5.991	7.378	9.210	10.597
3	0.072	0.115	0.216	0.352	0.584	6.251	7.815	9.348	11.345	12.838
4	0.207	0.297	0.484	0.711	1.064	7.779	9.488	11.143	13.277	14.860
5	0.412	0.554	0.831	1.145	1.610	9.236	11.071	12.833	15.086	16.750
6	0.676	0.872	1.237	1.635	2.204	10.645	12.592	14.449	16.812	18.548
7	0.989	1.239	1.690	2.167	2.833	12.017	14.067	16.013	18.475	20.278
8	1.344	1.646	2.180	2.733	3.490	13.362	15.507	17.535	20.090	21.955
9	1.735	2.088	2.700	3.325	4.168	14.684	16.919	19.023	21.666	23.589
10	2.156	2.558	3.247	3.940	4.865	15.987	18.307	20.483	23.209	25.188
11	2.603	3.053	3.816	4.575	5.578	17.275	19.675	21.920	24.725	26.757
12	3.074	3.571	4.404	5.226	6.304	18.549	21.026	23.337	26.217	28.299
13	3.565	4.107	5.009	5.892	7.042	19.812	22.362	24.736	27.688	29.819
14	4.075	4.660	5.629	6.571	7.790	21.064	23.685	26.119	29.141	31.319
15	4.601	5.229	6.262	7.261	8.547	22.307	24.996	27.488	30.578	32.801
16	5.142	5.812	6.908	7.962	9.312	23.542	26.296	28.845	32.000	34.267
17	5.697	6.408	7.564	8.672	10.085	24.769	27.587	30.191	33.409	35.718
18	6.265	7.015	8.231	9.390	10.865	25.989	28.869	31.526	34.805	37.156
19	6.844	7.633	8.907	10.117	11.651	27.204	30.144	32.852	36.191	38.582
20	7.434	8.260	9.591	10.851	12.443	28.412	31.410	34.170	37.566	39.997
21	8.034	8.897	10.283	11.591	13.240	29.615	32.671	35.479	38.932	41.401
22	8.643	9.542	10.982	12.338	14.042	30.813	33.924	36.781	40.289	42.796
23	9.260	10.196	11.689	13.091	14.848	32.007	35.172	38.076	41.638	44.181
24	9.886	10.856	12.401	13.848	15.659	33.196	36.415	39.364	42.980	45.559
25	10.520	11.524	13.120	14.611	16.473	34.382	37.652	40.646	44.314	46.928
26	11.160	12.198	13.844	15.379	17.292	35.563	38.885	41.923	45.642	48.290
27	11.808	12.879	14.573	16.151	18.114	36.741	40.113	43.194	46.963	49.645
28	12.461	13.565	15.308	16.928	18.939	37.916	41.337	44.461	48.278	50.993
29	13.121	14.257	16.047	17.708	19.768	39.087	42.557	45.722	49.588	52.336
30	13.787	14.954	16.791	18.493	20.599	40.256	43.773	46.979	50.892	53.672
40	20.707	22.164	24.433	26.509	29.051	51.805	55.758	59.342	63.691	66.766
50	27.991	29.707	32.357	34.764	37.689	63.167	67.505	71.420	76.154	79.490
60	35.534	37.485	40.482	43.188	46.459	74.397	79.082	83.298	88.379	91.952
70	43.275	45.442	48.758	51.739	55.329	85.527	90.531	95.023	100.425	104.215
80	51.172	53.540	57.153	60.391	64.278	96.578	101.879	106.629	112.329	116.321
90	59.196	61.754	65.647	69.126	73.291	107.565	113.145	118.136	124.116	128.299
100	67.328	70.065	74.222	77.929	82.358	118.498	124.342	129.561	135.807	140.169

资料来源：Donald B. Owen, Handbook of Statistical Tables.

自由度	应用场景
$n-1$	标准差为σ的置信区间或假设检验
$k-1$	k个不同类别的拟合优度检验
$(r-1)(c-1)$	$r \times c$的独立性检验
$k-1$	k个不同类别的Kruskal-Wallis检验

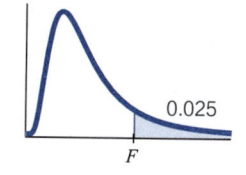

表A-5：F 分布表（右侧区域 $\alpha=0.025$）

		分子自由度（df_1）								
		1	2	3	4	5	6	7	8	9
分母自由度（df_2）	1	647.79	799.50	864.16	899.58	921.85	937.11	948.22	956.66	963.28
	2	38.506	39.000	39.165	39.248	39.298	39.331	39.335	39.373	39.387
	3	17.443	16.044	15.439	15.101	14.885	14.735	14.624	14.540	14.473
	4	12.218	10.649	9.9792	9.6045	9.3645	9.1973	9.0741	8.9796	8.9047
	5	10.007	8.4336	7.7636	7.3879	7.1464	6.9777	6.8531	6.7572	6.6811
	6	8.8131	7.2599	6.5988	6.2272	5.9876	5.8198	5.6955	5.5996	5.5234
	7	8.0727	6.5415	5.8898	5.5226	5.2852	5.1186	4.9949	4.8993	4.8232
	8	7.5709	6.0595	5.4160	5.0526	4.8173	4.6517	4.5286	4.4333	4.3572
	9	7.2093	5.7147	5.0781	4.7181	4.4844	4.3197	4.1970	4.1020	4.0260
	10	6.9367	5.4564	4.8256	4.4683	4.2361	4.0721	3.9498	3.8549	3.7790
	11	6.7241	5.2559	4.6300	4.2751	4.0440	3.8807	3.7586	3.6638	3.5879
	12	6.5538	5.0959	4.4742	4.1212	3.8911	3.7283	3.6065	3.5118	3.4358
	13	6.4143	4.9653	4.3472	3.9959	3.7667	3.6043	3.4827	3.3880	3.3120
	14	6.2979	4.8567	4.2417	3.8919	3.6634	3.5014	3.3799	3.2853	3.2093
	15	6.1995	4.7650	4.1528	3.8043	3.5764	3.4147	3.2934	3.1987	3.1227
	16	6.1151	4.6867	4.0768	3.7294	3.5021	3.3406	3.2194	3.1248	3.0488
	17	6.0420	4.6189	4.0112	3.6648	3.4379	3.2767	3.1556	3.0610	2.9849
	18	5.9781	4.5597	3.9539	3.6083	3.3820	3.2209	3.0999	3.0053	2.9291
	19	5.9216	4.5075	3.9034	3.5587	3.3327	3.1718	3.0509	2.9563	2.8801
	20	5.8715	4.4613	3.8587	3.5147	3.2891	3.1283	3.0074	2.9128	2.8365
	21	5.8266	4.4199	3.8188	3.4754	3.2501	3.0895	2.9686	2.8740	2.7977
	22	5.7863	4.3828	3.7829	3.4401	3.2151	3.0546	2.9338	2.8392	2.7628
	23	5.7498	4.3492	3.7505	3.4083	3.1835	3.0232	2.9023	2.8077	2.7313
	24	5.7166	4.3187	3.7211	3.3794	3.1548	2.9946	2.8738	2.7791	2.7027
	25	5.6864	4.2909	3.6943	3.3530	3.1287	2.9685	2.8478	2.7531	2.6766
	26	5.6586	4.2655	3.6697	3.3289	3.1048	2.9447	2.8240	2.7293	2.6528
	27	5.6331	4.2421	3.6472	3.3067	3.0828	2.9228	2.8021	2.7074	2.6309
	28	5.6096	4.2205	3.6264	3.2863	3.0626	2.9027	2.7820	2.6872	2.6106
	29	5.5878	4.2006	3.6072	3.2674	3.0438	2.8840	2.7633	2.6686	2.5919
	30	5.5675	4.1821	3.5894	3.2499	3.0265	2.8667	2.7460	2.6513	2.5746
	40	5.4239	4.0510	3.4633	3.1261	2.9037	2.7444	2.6238	2.5289	2.4519
	60	5.2856	3.9253	3.3425	3.0077	2.7863	2.6274	2.5068	2.4117	2.3344
	120	5.1523	3.8046	3.2269	2.8943	2.6740	2.5154	2.3948	2.2994	2.2217
	∞	5.0239	3.6889	3.1161	2.7858	2.5665	2.4082	2.2875	2.1918	2.1136

表A-5：F分布表（右侧区域$\alpha=0.025$） （续表）

df$_2$ \ df$_1$	10	12	15	20	24	30	40	60	120	∞
1	968.63	976.71	984.87	993.10	997.25	1001.4	1005.6	1009.8	1014.0	1018.3
2	39.398	39.415	39.431	39.448	39.456	39.465	39.473	39.481	39.490	39.498
3	14.419	14.337	14.253	14.167	14.124	14.081	14.037	13.992	13.947	13.902
4	8.8439	8.7512	8.6565	8.5599	8.5109	8.4613	8.4111	8.3604	8.3092	8.2573
5	6.6192	6.5245	6.4277	6.3286	6.2780	6.2269	6.1750	6.1225	6.0693	6.0153
6	5.4613	5.3662	5.2687	5.1684	5.1172	5.0652	5.0125	4.9589	4.9044	4.8491
7	4.7611	4.6658	4.5678	4.4667	4.4150	4.3624	4.3089	4.2544	4.1989	4.1423
8	4.2951	4.1997	4.1012	3.9995	3.9472	3.8940	3.8398	3.7844	3.7279	3.6702
9	3.9639	3.8682	3.7694	3.6669	3.6142	3.5604	3.5055	3.4493	3.3918	3.3329
10	3.7168	3.6209	3.5217	3.4185	3.3654	3.3110	3.2554	3.1984	3.1399	3.0798
11	3.5257	3.4296	3.3299	3.2261	3.1725	3.1176	3.0613	3.0035	2.9441	2.8828
12	3.3736	3.2773	3.1772	3.0728	3.0187	2.9633	2.9063	2.8478	2.7874	2.7249
13	3.2497	3.1532	3.0527	2.9477	2.8932	2.8372	2.7797	2.7204	2.6590	2.5955
14	3.1469	3.0502	2.9493	2.8437	2.7888	2.7324	2.6742	2.6142	2.5519	2.4872
15	3.0602	2.9633	2.8621	2.7559	2.7006	2.6437	2.5850	2.5242	2.4611	2.3953
16	2.9862	2.8890	2.7875	2.6808	2.6252	2.5678	2.5085	2.4471	2.3831	2.3163
17	2.9222	2.8249	2.7230	2.6158	2.5598	2.5020	2.4422	2.3801	2.3153	2.2474
18	2.8664	2.7689	2.6667	2.5590	2.5027	2.4445	2.3842	2.3214	2.2558	2.1869
19	2.8172	2.7196	2.6171	2.5089	2.4523	2.3937	2.3329	2.2696	2.2032	2.1333
20	2.7737	2.6758	2.5731	2.4645	2.4076	2.3486	2.2873	2.2234	2.1562	2.0853
21	2.7348	2.6368	2.5338	2.4247	2.3675	2.3082	2.2465	2.1819	2.1141	2.0422
22	2.6998	2.6017	2.4984	2.3890	2.3315	2.2718	2.2097	2.1446	2.0760	2.0032
23	2.6682	2.5699	2.4665	2.3567	2.2989	2.2389	2.1763	2.1107	2.0415	1.9677
24	2.6396	2.5411	2.4374	2.3273	2.2693	2.2090	2.1460	2.0799	2.0099	1.9353
25	2.6135	2.5149	2.4110	2.3005	2.2422	2.1816	2.1183	2.0516	1.9811	1.9055
26	2.5896	2.4908	2.3867	2.2759	2.2174	2.1565	2.0928	2.0257	1.9545	1.8781
27	2.5676	2.4688	2.3644	2.2533	2.1946	2.1334	2.0693	2.0018	1.9299	1.8527
28	2.5473	2.4484	2.3438	2.2324	2.1735	2.1121	2.0477	1.9797	1.9072	1.8291
29	2.5286	2.4295	2.3248	2.2131	2.1540	2.0923	2.0276	1.9591	1.8861	1.8072
30	2.5112	2.4120	2.3072	2.1952	2.1359	2.0739	2.0089	1.9400	1.8664	1.7867
40	2.3882	2.2882	2.1819	2.0677	2.0069	1.9429	1.8752	1.8028	1.7242	1.6371
60	2.2702	2.1692	2.0613	1.9445	1.8817	1.8152	1.7440	1.6668	1.5810	1.4821
120	2.1570	2.0548	1.9450	1.8249	1.7597	1.6899	1.6141	1.5299	1.4327	1.3104
∞	2.0483	1.9447	1.8326	1.7085	1.6402	1.5660	1.4835	1.3883	1.2684	1.0000

资料来源：Maxine Merrington and Catherine M. Thompson, "Tables of Percentage Points of the Inverted Beta (F) Distribution", Biometrika 33 (1943): 80–84.

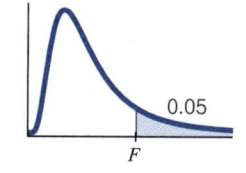

表A-5：F分布表（右侧区域$\alpha=0.05$） （续表）

		分子自由度（df_1）								
		1	2	3	4	5	6	7	8	9
分母自由度（df_2）	1	161.45	199.50	215.71	224.58	230.16	233.99	236.77	238.88	240.54
	2	18.513	19.000	19.164	19.247	19.296	19.330	19.353	19.371	19.385
	3	10.128	9.5521	9.2766	9.1172	9.0135	8.9406	8.8867	8.8452	8.8123
	4	7.7086	6.9443	6.5914	6.3882	6.2561	6.1631	6.0942	6.0410	6.9988
	5	6.6079	5.7861	5.4095	5.1922	5.0503	4.9503	4.8759	4.8183	4.7725
	6	5.9874	5.1433	4.7571	4.5337	4.3874	4.2839	4.2067	4.1468	4.0990
	7	5.5914	4.7374	4.3468	4.1203	3.9715	3.8660	3.7870	3.7257	3.6767
	8	5.3177	4.4590	4.0662	3.8379	3.6875	3.5806	3.5005	3.4381	3.3881
	9	5.1174	4.2565	3.8625	3.6331	3.4817	3.3738	3.2927	3.2296	3.1789
	10	4.9646	4.1028	3.7083	3.4780	3.3258	3.2172	3.1355	3.0717	3.0204
	11	4.8443	3.9823	3.5874	3.3567	3.2039	3.0946	3.0123	2.9480	2.8962
	12	4.7472	3.8853	3.4903	3.2592	3.1059	2.9961	2.9134	2.8486	2.7964
	13	4.6672	3.8056	3.4105	3.1791	3.0254	2.9153	2.8321	2.7669	2.7144
	14	4.6001	3.7389	3.3439	3.1122	2.9582	2.8477	2.7642	2.6987	2.6458
	15	4.5431	3.6823	3.2874	3.0556	2.9013	2.7905	2.7066	2.6408	2.5876
	16	4.4940	3.6337	3.2389	3.0069	2.8524	2.7413	2.6572	2.5911	2.5377
	17	4.4513	3.5915	3.1968	2.9647	2.8100	2.6987	2.6143	2.5480	2.4943
	18	4.4139	3.5546	3.1599	2.9277	2.7729	2.6613	2.5767	2.5102	2.4563
	19	4.3807	3.5219	3.1274	2.8951	2.7401	2.6283	2.5435	2.4768	2.4227
	20	4.3512	3.4928	3.0984	2.8661	2.7109	2.5990	2.5140	2.4471	2.3928
	21	4.3248	3.4668	3.0725	2.8401	2.6848	2.5727	2.4876	2.4205	2.3660
	22	4.3009	3.4434	3.0491	2.8167	2.6613	2.5491	2.4638	2.3965	2.3419
	23	4.2793	3.4221	3.0280	2.7955	2.6400	2.5277	2.4422	2.3748	2.3201
	24	4.2597	3.4028	3.0088	2.7763	2.6207	2.5082	2.4226	2.3551	2.3002
	25	4.2417	3.3852	2.9912	2.7587	2.6030	2.4904	2.4047	2.3371	2.2821
	26	4.2252	3.3690	2.9752	2.7426	2.5868	2.4741	2.3883	2.3205	2.2655
	27	4.2100	3.3541	2.9604	2.7278	2.5719	2.4591	2.3732	2.3053	2.2501
	28	4.1960	3.3404	2.9467	2.7141	2.5581	2.4453	2.3593	2.2913	2.2360
	29	4.1830	3.3277	2.9340	2.7014	2.5454	2.4324	2.3463	2.2783	2.2229
	30	4.1709	3.3158	2.9223	2.6896	2.5336	2.4205	2.3343	2.2662	2.2107
	40	4.0847	3.2317	2.8387	2.6060	2.4495	2.3359	2.2490	2.1802	2.1240
	60	4.0012	3.1504	2.7581	2.5252	2.3683	2.2541	2.1665	2.0970	2.0401
	120	3.9201	3.0718	2.6802	2.4472	2.2899	2.1750	2.0868	2.0164	1.9588
	∞	3.8415	2.9957	2.6049	2.3719	2.2141	2.0986	2.0096	1.9384	1.8799

表A-5：F分布表（右侧区域α=0.05） （续表）

df$_2$ \ df$_1$	10	12	15	20	24	30	40	60	120	∞
1	241.88	243.91	245.95	248.01	249.05	250.10	251.14	252.20	253.25	254.31
2	19.396	19.413	19.429	19.446	19.454	19.462	19.471	19.479	19.487	19.496
3	8.7855	8.7446	8.7029	8.6602	8.6385	8.6166	8.5944	8.5720	8.5494	8.5264
4	5.9644	5.9117	5.8578	5.8025	5.7744	5.7459	5.7170	5.6877	5.6581	5.6281
5	4.7351	4.6777	4.6188	4.5581	4.5272	4.4957	4.4638	4.4314	4.3985	4.3650
6	4.0600	3.9999	3.9381	3.8742	3.8415	3.8082	3.7743	3.7398	3.7047	3.6689
7	3.6365	3.5747	3.5107	3.4445	3.4105	3.3758	3.3404	3.3043	3.2674	3.2298
8	3.3472	3.2839	3.2184	3.1503	3.1152	3.0794	3.0428	3.0053	2.9669	2.9276
9	3.1373	3.0729	3.0061	2.9365	2.9005	2.8637	2.8259	2.7872	2.7475	2.7067
10	2.9782	2.9130	2.8450	2.7740	2.7372	2.6996	2.6609	2.6211	2.5801	2.5379
11	2.8536	2.7876	2.7186	2.6464	2.6090	2.5705	2.5309	2.4901	2.4480	2.4045
12	2.7534	2.6866	2.6169	2.5436	2.5055	2.4663	2.4259	2.3842	2.3410	2.2962
13	2.6710	2.6037	2.5331	2.4589	2.4202	2.3803	2.3392	2.2966	2.2524	2.2064
14	2.6022	2.5342	2.4630	2.3879	2.3487	2.3082	2.2664	2.2229	2.1778	2.1307
15	2.5437	2.4753	2.4034	2.3275	2.2878	2.2468	2.2043	2.1601	2.1141	2.0658
16	2.4935	2.4247	2.3522	2.2756	2.2354	2.1938	2.1507	2.1058	2.0589	2.0096
17	2.4499	2.3807	2.3077	2.2304	2.1898	2.1477	2.1040	2.0584	2.0107	1.9604
18	2.4117	2.3421	2.2686	2.1906	2.1497	2.1071	2.0629	2.0166	1.9681	1.9168
19	2.3779	2.3080	2.2341	2.1555	2.1141	2.0712	2.0264	1.9795	1.9302	1.8780
20	2.3479	2.2776	2.2033	2.1242	2.0825	2.0391	1.9938	1.9464	1.8963	1.8432
21	2.3210	2.2504	2.1757	2.0960	2.0540	2.0102	1.9645	1.9165	1.8657	1.8117
22	2.2967	2.2258	2.1508	2.0707	2.0283	1.9842	1.9380	1.8894	1.8380	1.7831
23	2.2747	2.2036	2.1282	2.0476	2.0050	1.9605	1.9139	1.8648	1.8128	1.7570
24	2.2547	2.1834	2.1077	2.0267	1.9838	1.9390	1.8920	1.8424	1.7896	1.7330
25	2.2365	2.1649	2.0889	2.0075	1.9643	1.9192	1.8718	1.8217	1.7684	1.7110
26	2.2197	2.1479	2.0716	1.9898	1.9464	1.9010	1.8533	1.8027	1.7488	1.6906
27	2.2043	2.1323	2.0558	1.9736	1.9299	1.8842	1.8361	1.7851	1.7306	1.6717
28	2.1900	2.1179	2.0411	1.9586	1.9147	1.8687	1.8203	1.7689	1.7138	1.6541
29	2.1768	2.1045	2.0275	1.9446	1.9005	1.8543	1.8055	1.7537	1.6981	1.6376
30	2.1646	2.0921	2.0148	1.9317	1.8874	1.8409	1.7918	1.7396	1.6835	1.6223
40	2.0772	2.0035	1.9245	1.8389	1.7929	1.7444	1.6928	1.6373	1.5766	1.5089
60	1.9926	1.9174	1.8364	1.7480	1.7001	1.6491	1.5943	1.5343	1.4673	1.3893
120	1.9105	1.8337	1.7505	1.6587	1.6084	1.5543	1.4952	1.4290	1.3519	1.2539
∞	1.8307	1.7522	1.6664	1.5705	1.5173	1.4591	1.3940	1.3180	1.2214	1.0000

资料来源：Maxine Merrington and Catherine M. Thompson, "Tables of Percentage Points of the Inverted Beta (F) Distribution", Biometrika 33 (1943): 80–84.

表A-6：检验相关系数r的临界值表

n	$\alpha=.05$	$\alpha=.01$
4	.950	.990
5	.878	.959
6	.811	.917
7	.754	.875
8	.707	.834
9	.666	.798
10	.632	.765
11	.602	.735
12	.576	.708
13	.553	.684
14	.532	.661
15	.514	.641
16	.497	.623
17	.482	.606
18	.468	.590
19	.456	.575
20	.444	.561
25	.396	.505
30	.361	.463
35	.335	.430
40	.312	.402
45	.294	.378
50	.279	.361
60	.254	.330
70	.236	.305
80	.220	.286
90	.207	.269
100	.196	.256

注：相关系数检验：$H_0: \rho=0$，$H_1: \rho \neq 0$。
若$|r| \geq$表中临界值，则拒绝H_0；反之，则不能拒绝。

表A-7：符号检验的临界值表

	α			
	.005 (单侧区域)	.01 (单侧区域)	.025 (单侧区域)	.05 (单侧区域)
n	.01 (双侧区域)	.02 (双侧区域)	.05 (双侧区域)	.10 (双侧区域)
1	*	*	*	*
2	*	*	*	*
3	*	*	*	*
4	*	*	*	*
5	*	*	*	0
6	*	*	0	0
7	*	0	0	0
8	0	0	0	1
9	0	0	1	1
10	0	0	1	1
11	0	1	1	2
12	1	1	2	2
13	1	1	2	3
14	1	2	2	3
15	2	2	3	3
16	2	2	3	4
17	2	3	4	4
18	3	3	4	5
19	3	4	4	5
20	3	4	5	5
21	4	4	5	6
22	4	5	5	6
23	4	5	6	7
24	5	5	6	7
25	5	6	7	7

注：
1.*表示临界域内没有有效的临界值，因此不能拒绝原假设。
2.如果符号出现较少那一组的个数 x 小于或等于表中临界值，则拒绝原假设。
3.如果 n>25，则使用以下正态近似的检验统计量：

$$z = \frac{(x+0.5) - \left(\frac{n}{2}\right)}{\frac{\sqrt{n}}{2}}$$

表A-8：威尔科克森符号秩检验的临界值T表

	α			
	.005 (单侧区域)	.01 (单侧区域)	.025 (单侧区域)	.05 (单侧区域)
n	.01 (双侧区域)	.02 (双侧区域)	.05 (双侧区域)	.10 (双侧区域)
5	*	*	*	1
6	*	*	1	2
7	*	0	2	4
8	0	2	4	6
9	2	3	6	8
10	3	5	8	11
11	5	7	11	14
12	7	10	14	17
13	10	13	17	21
14	13	16	21	26
15	16	20	25	30
16	19	24	30	36
17	23	28	35	41
18	28	33	40	47
19	32	38	46	54
20	37	43	52	60
21	43	49	59	68
22	49	56	66	75
23	55	62	73	83
24	61	69	81	92
25	68	77	90	101
26	76	85	98	110
27	84	93	107	120
28	92	102	117	130
29	100	111	127	141
30	109	120	137	152

注：
1. *表示临界域内没有有效的临界值，因此不能拒绝原假设。
2. 如果T≤表中临界值，则拒绝原假设；反之，则不能拒绝。

资料来源：Some Rapid Approximate Statistical Procedures, Copyright © 1949, 1964 Lederle Laboratories Division of American Cyanamid Company.

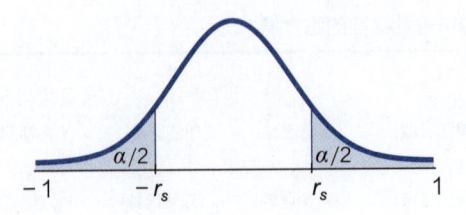

表A-9：检验秩相关系数r_s的临界值表

n	α = 0.10	α = 0.05	α = 0.02	α = 0.01
5	.900	—	—	—
6	.829	.886	.943	—
7	.714	.786	.893	.929
8	.643	.738	.833	.881
9	.600	.700	.783	.833
10	.564	.648	.745	.794
11	.536	.618	.709	.755
12	.503	.587	.678	.727
13	.484	.560	.648	.703
14	.464	.538	.626	.679
15	.446	.521	.604	.654
16	.429	.503	.582	.635
17	.414	.485	.566	.615
18	.401	.472	.550	.600
19	.391	.460	.535	.584
20	.380	.447	.520	.570
21	.370	.435	.508	.556
22	.361	.425	.496	.544
23	.353	.415	.486	.532
24	.344	.406	.476	.521
25	.337	.398	.466	.511
26	.331	.390	.457	.501
27	.324	.382	.448	.491
28	.317	.375	.440	.483
29	.312	.368	.433	.475
30	.306	.362	.425	.467

注：
1. 如果$n>30$，则使用$r_s = \pm z/\sqrt{(n-1)}$，其中z对应于显著性水平（比如$\alpha=0.05$，则有$z=1.96$）。
2. 若$|r_s| \geq$表中临界正值，则拒绝$H_0: \rho_s=0$；反之，则不能拒绝。

资料来源：Biostatistical Analysis, 4th edition © 1999, Jerrold Zar, Prentice Hall, Inc., Upper Saddle River, New Jersey, and "Distribution of Sums of Squares of Rank Differences to Small Numbers with Individuals", The Annals of Mathematical Statistics, Vol. 9, No. 2.

表A-10：游程检验——游程G的临界值表

n_1 \ n_2	2	3	4	5	6	7	8	9	10	11	12	13	14	15	16	17	18	19	20
2	1 6	1 6	1 6	1 6	1 6	1 6	1 6	1 6	1 6	1 6	2 6	2 6	2 6	2 6	2 6	2 6	2 6	2 6	2 6
3	1 6	1 8	1 8	1 8	2 8	2 8	2 8	2 8	2 8	2 8	2 8	2 8	2 8	3 8	3 8	3 8	3 8	3 8	3 8
4	1 6	1 8	1 9	2 9	2 9	2 10	3 10	3 10	3 10	3 10	3 10	3 10	3 10	3 10	4 10	4 10	4 10	4 10	4 10
5	1 6	1 8	2 9	2 10	3 10	3 11	3 11	3 12	3 12	4 12	4 12	4 12	4 12	4 12	4 12	4 12	4 12	5 12	5 12
6	1 6	2 8	2 9	3 10	3 11	3 12	3 12	4 13	4 13	4 13	4 13	5 14	5 14	5 14	5 14	5 14	5 14	6 14	6 14
7	1 6	2 8	2 10	3 11	3 12	3 13	4 13	4 14	5 14	5 14	5 14	5 15	5 15	6 15	6 16	6 16	6 16	6 16	6 16
8	1 6	2 8	3 10	3 11	3 12	4 13	4 14	5 14	5 15	5 15	6 16	6 16	6 16	6 16	6 17	7 17	7 17	7 17	7 17
9	1 6	2 8	3 10	3 12	4 13	5 14	5 14	5 15	6 16	6 16	6 16	7 17	7 17	7 18	7 18	7 18	8 18	8 18	8 18
10	1 6	2 8	3 10	3 12	4 13	5 14	5 15	5 16	6 16	6 17	7 17	7 18	7 18	7 18	8 19	8 19	8 19	8 20	9 20
11	1 6	2 8	3 10	4 12	4 13	5 14	5 15	6 16	6 17	7 17	7 18	7 19	8 19	8 19	8 20	9 20	9 20	9 21	9 21
12	2 6	2 8	3 10	4 12	4 13	5 14	6 16	6 16	7 17	7 18	7 19	8 19	8 20	8 20	9 21	9 21	9 21	10 22	10 22
13	2 6	2 8	3 10	4 12	5 14	5 15	6 16	6 17	7 18	7 19	8 19	8 20	9 20	9 21	9 21	10 22	10 22	10 23	10 23
14	2 6	2 8	3 10	4 12	5 14	5 15	6 16	7 17	7 18	8 19	8 20	9 20	9 21	9 22	10 22	10 23	10 23	11 23	11 24
15	2 6	3 8	3 10	4 12	5 14	6 15	6 16	7 18	7 18	8 19	8 20	9 21	9 22	10 22	10 23	11 23	11 24	11 24	12 25
16	2 6	3 8	4 10	4 12	5 14	6 16	6 17	7 18	8 19	8 20	9 21	9 21	10 22	10 23	11 24	11 25	11 25	12 25	12 25
17	2 6	3 8	4 10	4 12	5 14	6 16	7 17	7 18	8 19	9 20	9 21	10 22	10 23	11 23	11 24	11 25	12 25	12 26	13 26
18	2 6	3 8	4 10	5 12	5 14	6 16	7 17	8 18	8 19	9 20	9 21	10 22	10 23	11 24	11 25	12 25	12 26	13 26	13 27
19	2 6	3 8	4 10	5 12	6 14	6 16	7 17	8 18	8 20	9 21	10 22	10 23	11 23	11 24	12 25	12 26	13 26	13 27	13 27
20	2 6	3 8	4 10	5 12	6 14	7 16	8 17	9 18	9 20	10 21	10 22	11 23	12 24	12 25	13 25	13 26	13 27	14 27	14 28

注：
1. 表中的值为游程G的临界值（假设为双侧检验且$\alpha=0.05$）。
2. 如果G落在两个临界值以外，则拒绝样本数据来自随机过程；反之，则不能拒绝。

资料来源："Tables for Testing Randomness of Groupings in a Sequence of Alternatives", The Annals of Mathematical Statistics, Vol. 14, No. 1.

本书公式

第3章：描述性统计

均值：$\bar{x} = \dfrac{\Sigma x}{n}$

均值（频数分布表）：$\bar{x} = \dfrac{\Sigma(f \cdot x)}{\Sigma f}$

标准差：$s = \sqrt{\dfrac{\Sigma(x - \bar{x})^2}{n - 1}}$

标准差（简便计算）：$s = \sqrt{\dfrac{n(\Sigma x^2) - (\Sigma x)^2}{n(n - 1)}}$

标准差（频数分布表）：$s = \sqrt{\dfrac{n[\Sigma(f \cdot x^2)] - [\Sigma(f \cdot x)]^2}{n(n - 1)}}$

方差 $= s^2$

第4章：概率

如果事件A和事件B为互斥事件，则有：
$P(A \cup B) = P(A) + P(B)$

如果事件A和事件B不是互斥事件，则有：
$P(A \cup B) = P(A) + P(B) - P(A \cap B)$

如果事件A和事件B是独立的，则有：
$P(A \cap B) = P(A) \cdot P(B)$

如果事件A和事件B不是独立的，则有：
$P(A \cap B) = P(A) \cdot P(B|A)$

对立事件：$P(\bar{A}) = 1 - P(A)$

排列（元素相异）：$P_r^n = \dfrac{n!}{(n - r)!}$

排列（元素重复）：$\dfrac{n!}{n_1! \, n_2! \, \ldots \, n_k!}$

组合：$C_r^n = \dfrac{n!}{(n - r)! \, r!}$

第5章：概率分布

概率分布的均值：$\mu = \Sigma[x \cdot P(x)]$

概率分布的标准差：$\sigma = \sqrt{\Sigma[x^2 \cdot P(x)] - \mu^2}$

二项分布的概率公式：$P(x) = \dfrac{n!}{(n - x)! \, x!} \cdot p^x \cdot q^{n-x}$

二项分布的均值：$\mu = np$

二项分布的方差：$\sigma^2 = npq$

二项分布的标准差：$\sigma = \sqrt{npq}$

泊松分布的概率公式：$P(x) = \dfrac{\mu^x \cdot e^{-\mu}}{x!}$

第6章：正态分布

标准z分数：$z = \dfrac{x - \mu}{\sigma}$ 或 $z = \dfrac{x - \bar{x}}{s}$

中心极限定理，x的均值：$\mu_{\bar{x}} = \mu$

中心极限定理，x的标准差（标准误差）：$\sigma_{\bar{x}} = \dfrac{\sigma}{\sqrt{n}}$

第7章：置信区间（单个总体）

总体比例的置信区间：$\hat{p} - E < p < \hat{p} + E$

其中 $E = z_{\alpha/2} \sqrt{\dfrac{\hat{p}\hat{q}}{n}}$

总体均值的置信区间：$\bar{x} - E < \mu < \bar{x} + E$

其中 $E = t_{\alpha/2} \dfrac{s}{\sqrt{n}}$（$\sigma$未知）

或者 $E = z_{\alpha/2} \dfrac{\sigma}{\sqrt{n}}$（$\sigma$已知）

总体方差的置信区间：$\dfrac{(n - 1)s^2}{\chi_R^2} < \sigma^2 < \dfrac{(n - 1)s^2}{\chi_L^2}$

第7章：样本量确定

比例：$n = \dfrac{[z_{\alpha/2}]^2 \cdot 0.25}{E^2}$

比例（$\hat{p}$已知）：$n = \dfrac{[z_{\alpha/2}]^2 \hat{p}\hat{q}}{E^2}$

均值：$n = \left[\dfrac{z_{\alpha/2} \sigma}{E}\right]^2$

第9章：检验统计量（单个总体）

单个总体的比例：$z = \dfrac{\hat{p} - p}{\sqrt{\dfrac{pq}{n}}}$

单个总体的均值（σ未知）：$t = \dfrac{\bar{x} - \mu}{\dfrac{s}{\sqrt{n}}}$

单个总体的均值（σ已知）：$z = \dfrac{\bar{x} - \mu}{\dfrac{\sigma}{\sqrt{n}}}$

单个总体的方差/标准差：$\chi^2 = \dfrac{(n - 1)s^2}{\sigma^2}$

第9章：置信区间（两个总体）

两个总体比例差：$(\hat{p}_1 - \hat{p}_2) - E < (p_1 - p_2) < (\hat{p}_1 - \hat{p}_2) + E$

其中 $E = z_{\alpha/2}\sqrt{\dfrac{\hat{p}_1\hat{q}_1}{n_1} + \dfrac{\hat{p}_2\hat{q}_2}{n_2}}$

两个独立总体均值差：$(\bar{x}_1 - \bar{x}_2) - E < (\mu_1 - \mu_2) < (\bar{x}_1 - \bar{x}_2) + E$

如果 $\sigma_1 \neq \sigma_2$ 且都未知，则：$E = t_{\alpha/2}\sqrt{\dfrac{s_1^2}{n_1} + \dfrac{s_2^2}{n_2}}$

df=min(n_1-1, n_2-1)

如果 $\sigma_1 = \sigma_2$ 且都未知，则：$E = t_{\alpha/2}\sqrt{\dfrac{s_p^2}{n_1} + \dfrac{s_p^2}{n_2}}$

$s_p^2 = \dfrac{(n_1-1)s_1^2 + (n_2-1)s_2^2}{(n_1-1)+(n_2-1)}$

df=n_1+n_2-2

如果 σ_1 和 σ_2 已知，则：$E = z_{\alpha/2}\sqrt{\dfrac{\sigma_1^2}{n_1} + \dfrac{\sigma_2^2}{n_2}}$

配对样本：$\bar{d} - E < \mu_d < \bar{d} + E$

其中 $E = t_{\alpha/2}\dfrac{s_d}{\sqrt{n}}$

df=$n-1$

第9章：检验统计量（两个总体）

两个总体的比例：$z = \dfrac{(\hat{p}_1 - \hat{p}_2) - (p_1 - p_2)}{\sqrt{\dfrac{\bar{p}\bar{q}}{n_1} + \dfrac{\bar{p}\bar{q}}{n_2}}}$

其中 $\bar{p} = \dfrac{x_1 + x_2}{n_1 + n_2}$

两个总体的均值（独立样本，$\sigma_1 \neq \sigma_2$ 且都未知）：

$t = \dfrac{(\bar{x}_1 - \bar{x}_2) - (\mu_1 - \mu_2)}{\sqrt{\dfrac{s_1^2}{n_1} + \dfrac{s_2^2}{n_2}}}$

df=min(n_1-1, n_2-1)

两个总体的均值（独立样本，$\sigma_1 = \sigma_2$ 且都未知）：

$t = \dfrac{(\bar{x}_1 - \bar{x}_2) - (\mu_1 - \mu_2)}{\sqrt{\dfrac{s_p^2}{n_1} + \dfrac{s_p^2}{n_2}}}$ $s_p^2 = \dfrac{(n_1-1)s_1^2 + (n_2-1)s_2^2}{n_1 + n_2 - 2}$

df=$n_1 + n_2 - 2$

两个总体的均值（独立样本，σ_1 和 σ_2 已知）：

$z = \dfrac{(\bar{x}_1 - \bar{x}_2) - (\mu_1 - \mu_2)}{\sqrt{\dfrac{\sigma_1^2}{n_1} + \dfrac{\sigma_2^2}{n_2}}}$

配对样本：$t = \dfrac{\bar{d} - \mu_d}{\dfrac{s_d}{\sqrt{n}}}$ (df=$n-1$)

两个总体的方差/标准差：$F = \dfrac{s_1^2}{s_2^2}$, $(s_1^2 \geq s_2^2)$

第10章：线性相关和线性回归

线性相关系数：$r = \dfrac{n\Sigma xy - (\Sigma x)(\Sigma y)}{\sqrt{n(\Sigma x^2)-(\Sigma x)^2}\sqrt{n(\Sigma y^2)-(\Sigma y)^2}}$

或 $r = \dfrac{\Sigma(z_x z_y)}{n-1}$，其中 z_x 为 x 的 z 分数，z_y 为 y 的 z 分数。

斜率：$b_1 = \dfrac{n\Sigma xy - (\Sigma x)(\Sigma y)}{n(\Sigma x^2) - (\Sigma x)^2}$ 或 $b_1 = r\dfrac{s_y}{s_x}$

y 截距：$b_0 = \bar{y} - b_1\bar{x}$ 或 $b_0 = \dfrac{(\Sigma y)(\Sigma x^2) - (\Sigma x)(\Sigma xy)}{n(\Sigma x^2) - (\Sigma x)^2}$

最佳拟合线/回归线：$\hat{y} = b_0 + b_1 x$

$r^2 = \dfrac{\text{可解释变异}}{\text{总变异}}$

$s_e = \sqrt{\dfrac{\Sigma(y-\hat{y})^2}{n-2}}$ 或 $s_e = \sqrt{\dfrac{\Sigma y^2 - b_0\Sigma y - b_1\Sigma xy}{n-2}}$

预测区间：$\hat{y} - E < y < \hat{y} + E$

其中 $E = t_{\alpha/2}s_e\sqrt{1 + \dfrac{1}{n} + \dfrac{n(x_0 - \bar{x})^2}{n(\Sigma x^2) - (\Sigma x)^2}}$

第11章：拟合优度与列联表

拟合优度检验：$\chi^2 = \sum\dfrac{(O-E)^2}{E}$ (df=$k-1$)

独立性检验：$\chi^2 = \sum\dfrac{(O-E)^2}{E}$ (df=$(r-1)(c-1)$)

$E = \dfrac{(\text{行总频数})(\text{列总频数})}{(\text{总频数})}$

配对卡方检验：$\chi^2 = \dfrac{(|b-c|-1)^2}{b+c}$ (df=1)

第12章：单因素方差分析

检验 H_0：$\mu_1 = \mu_2 = \cdots = \mu_k$

1. 使用统计软件的分析结果，包含检验统计量和p值。
2. 根据以下准则做出判断：
- p值$\leq \alpha$：拒绝原假设，至少有一个总体均值和其余的有差异。
- p值$>\alpha$：不能拒绝原假设。

第12章：双因素方差分析

检验双因素方差分析的流程：
1. 使用统计软件的分析结果。
2. 检验两个因素之间是否存在交互作用。
3. 如果在步骤2中发现两个因素之间存在交互作用，则跳过以下步骤；否则，对每个因素分别检验其主效应。

第13章：非参数检验

符号检验（$n>25$）：$z = \dfrac{(x+0.5) - (n/2)}{\dfrac{\sqrt{n}}{2}}$

威尔科克森符号秩检验（$n>30$）：$z = \dfrac{T - n(n+1)/4}{\sqrt{\dfrac{n(n+1)(2n+1)}{24}}}$

威尔科克森秩和检验（两个独立样本）：$z = \dfrac{R - \mu_R}{\sigma_R} = \dfrac{R - \dfrac{n_1(n_1+n_2+1)}{2}}{\sqrt{\dfrac{n_1 n_2 (n_1+n_2+1)}{12}}}$

Kruskal-Wallis检验：
$$H = \dfrac{12}{N(N+1)}\left(\dfrac{R_1^2}{n_1} + \dfrac{R_2^2}{n_2} + \cdots + \dfrac{R_k^2}{n_k}\right) - 3(N+1)$$
$\text{df} = k - 1$

秩相关性检验：$r_s = 1 - \dfrac{6\Sigma d^2}{n(n^2-1)}$

$n>30$的临界值：$r_s = \dfrac{\pm z}{\sqrt{n-1}}$

游程检验（$n>20$）：
$$z = \dfrac{G - \mu_G}{\sigma_G} = \dfrac{G - \left(\dfrac{2n_1 n_2}{n_1+n_2} + 1\right)}{\sqrt{\dfrac{(2n_1 n_2)(2n_1 n_2 - n_1 - n_2)}{(n_1+n_2)^2(n_1+n_2-1)}}}$$

第14章：控制图

R 控制图：关于样本全距
中心线：$\bar{R}$
UCL：$D_4 \bar{R}$
UCL：$D_3 \bar{R}$

$\bar{x}$ 控制图：关于样本均值
中心线：$\bar{x}$
UCL：$\bar{x} + A_2 \bar{R}$
UCL：$\bar{x} - A_2 \bar{R}$

p 控制图：关于样本比例
中心线：$\bar{p}$
UCL：$\bar{p} + 3\sqrt{\dfrac{\bar{p}\,\bar{q}}{n}}$
UCL：$\bar{p} - 3\sqrt{\dfrac{\bar{p}\,\bar{q}}{n}}$

控制图常数

n	R 控制图：D_3	R 控制图：D_4	$\bar{x}$ 控制图：A_2
2	0.000	3.267	1.880
3	0.000	2.574	1.023
4	0.000	2.282	0.729
5	0.000	2.114	0.577
6	0.000	2.004	0.483
7	0.076	1.924	0.419

μ 检验时分布的选择

抽样分布	条件
t 分布	σ 未知且总体服从正态分布 或者 σ 未知且 $n>30$
正态分布	σ 已知且总体服从正态分布 或者 σ 已知且 $n>30$
非参数方法/自助法	总体不服从正态分布或者 $n \leq 30$

假设检验的步骤

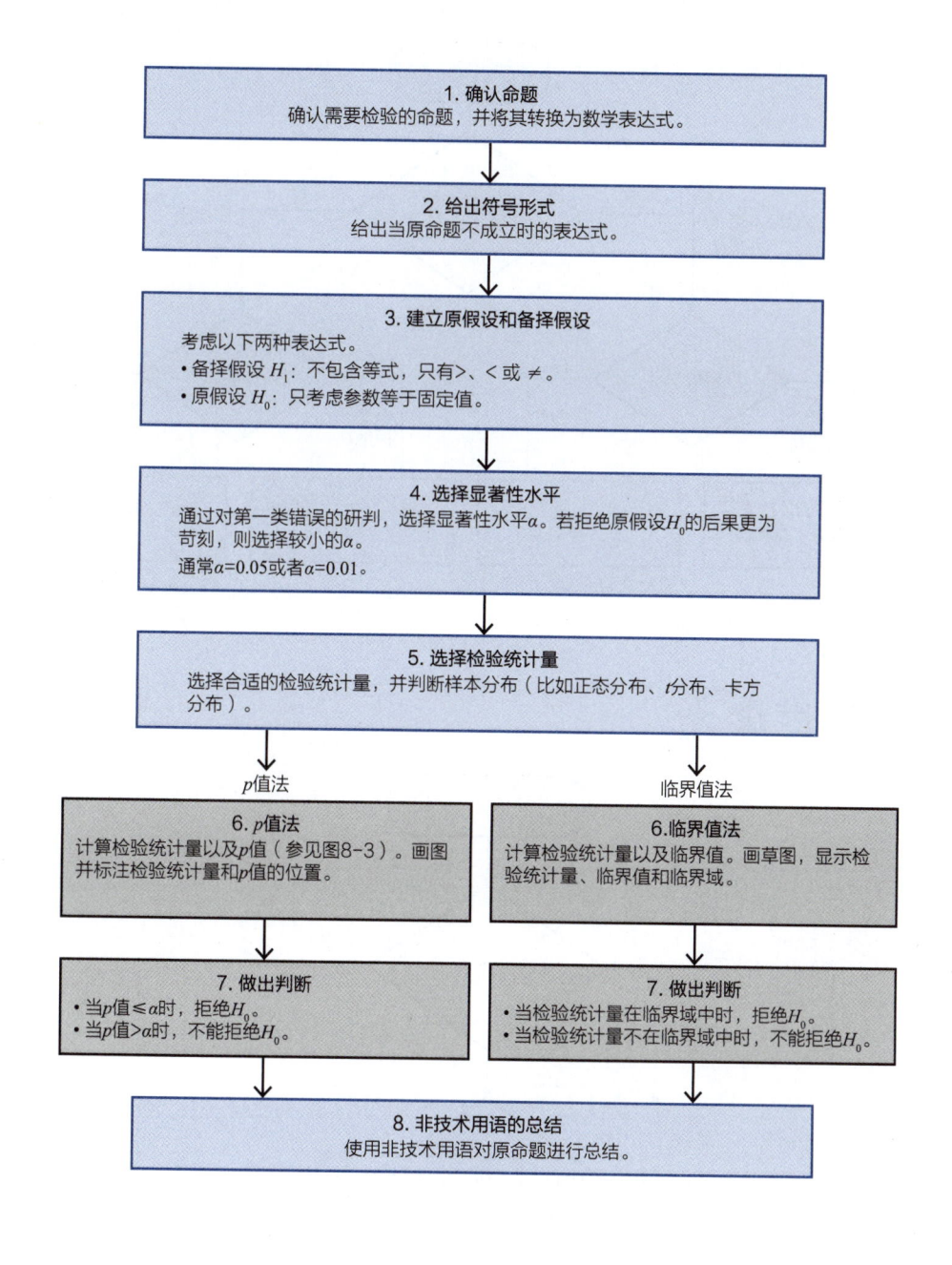

1. 确认命题
确认需要检验的命题,并将其转换为数学表达式。

2. 给出符号形式
给出当原命题不成立时的表达式。

3. 建立原假设和备择假设
考虑以下两种表达式。
- 备择假设 H_1:不包含等式,只有 >、< 或 ≠。
- 原假设 H_0:只考虑参数等于固定值。

4. 选择显著性水平
通过对第一类错误的研判,选择显著性水平 α。若拒绝原假设 H_0 的后果更为苛刻,则选择较小的 α。
通常 $\alpha=0.05$ 或者 $\alpha=0.01$。

5. 选择检验统计量
选择合适的检验统计量,并判断样本分布(比如正态分布、t 分布、卡方分布)。

p值法

6. p 值法
计算检验统计量以及 p 值(参见图8-3)。画图并标注检验统计量和 p 值的位置。

7. 做出判断
- 当 p 值 ≤ α 时,拒绝 H_0。
- 当 p 值 > α 时,不能拒绝 H_0。

临界值法

6. 临界值法
计算检验统计量以及临界值。画草图,显示检验统计量、临界值和临界域。

7. 做出判断
- 当检验统计量在临界域中时,拒绝 H_0。
- 当检验统计量不在临界域中时,不能拒绝 H_0。

8. 非技术用语的总结
使用非技术用语对原命题进行总结。

假设检验总结模板

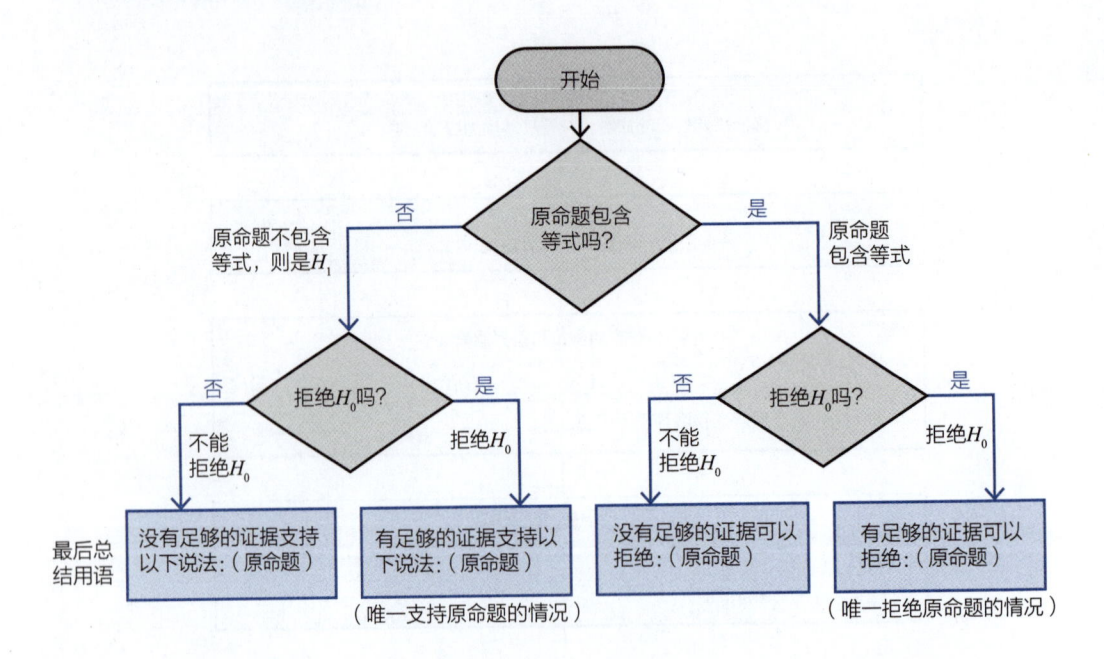

```
                          开始
                            │
                            ▼
                    ┌──────────────┐
         否         │ 原命题包含    │      是
     ┌──────────────│ 等式吗？      │──────────────┐
     │              └──────────────┘              │
原命题不包含                                  原命题
等式，则是 $H_1$                              包含等式
     │                                            │
     ▼                                            ▼
 ┌─────────┐                                 ┌─────────┐
否│ 拒绝 $H_0$ 吗？│是                        否│ 拒绝 $H_0$ 吗？│是
 └─────────┘                                 └─────────┘
  │         │                                  │         │
不能       拒绝                              不能       拒绝
拒绝 $H_0$  $H_0$                            拒绝 $H_0$  $H_0$
  │         │                                  │         │
  ▼         ▼                                  ▼         ▼
┌────────┐┌────────┐                        ┌────────┐┌────────┐
│没有足够││有足够的│                        │没有足够││有足够的│
│的证据支││证据支持│                        │的证据可││证据可以│
│持以下说││以下说法│                        │以拒绝：││拒绝：  │
│法：(原 ││：(原命 │                        │(原命题)││(原命题)│
│命题)   ││题)     │                        └────────┘└────────┘
└────────┘└────────┘
```

最后总结用语

（唯一支持原命题的情况）　　　　（唯一拒绝原命题的情况）

求 p 值的步骤

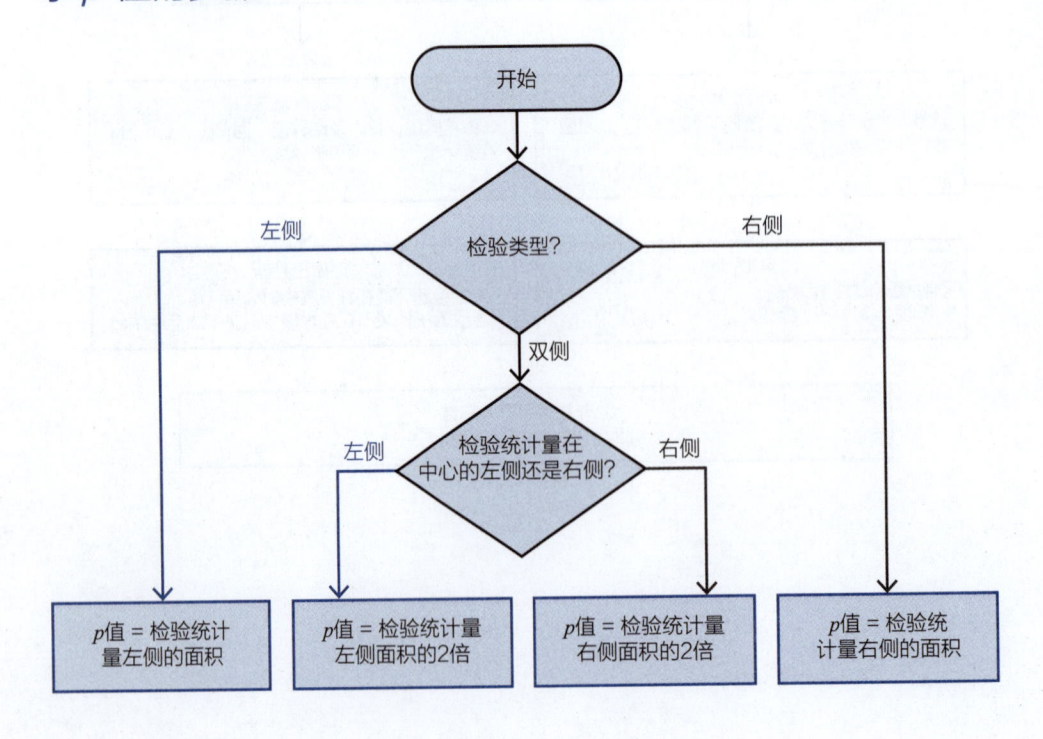

```
                       开始
                         │
                         ▼
                  ┌──────────────┐
       左侧       │  检验类型？   │       右侧
   ┌──────────────│              │──────────────┐
   │              └──────────────┘              │
   │                     │双侧                   │
   │                     ▼                      │
   │              ┌──────────────┐              │
   │   左侧       │ 检验统计量在 │    右侧       │
   │   ┌──────────│ 中心的左侧还是右侧？│──────┐│
   │   │          └──────────────┘      │      │
   ▼   ▼                                ▼      ▼
┌──────┐ ┌──────┐              ┌──────┐ ┌──────┐
│$p$值=│ │$p$值=│              │$p$值=│ │$p$值=│
│检验统│ │检验统│              │检验统│ │检验统│
│计量左│ │计量左│              │计量右│ │计量右│
│侧的面│ │侧面积│              │侧面积│ │侧的面│
│积    │ │的2倍 │              │的2倍 │ │积    │
└──────┘ └──────┘              └──────┘ └──────┘
```